羊と長城

草原と大地の〈百年〉民族誌

楊海英

風響社

凡例

一、本書で用いるモンゴル語のローマ字転写はアントワーヌ・モスタールト（Antoine Mostaert）の *Erdeni-yin Tobči, Mongolian Chronicle*, Part I, Harvard University, 1956 に準じている。

二、モンゴル語のカタカナ表記は現代オルドス・モンゴル語口語発音を現わす。ただし、グルチンやガラチン、ガルハ等、モンゴル高原全体に関する表現はハルハ・モンゴル語の発音を優先し、ホルチンやハラチン、それにハルハと表記する。オルドス・モンゴル語の口語の発音の特徴はモスタールト（Antoine Mostaert）の以下の記述に依拠している。Le Dialecte des Mongols Urdus（Sud）, *Anthropos*, XXI, 1926, pp. 851-869. 同 Le Dialecte des Mongols Urdus（Sud）, *Anthropos*, XXII, 1927, pp. 160-186. Mostaert の記述通り、調査地では本来「ウルドス」と発音するが、本書では学界で定着している「オルドス」を用いる。

三、本書はモンゴルの集合的記憶と共通した見解に即し、漢人を中国人と表現する。また、「民族」は現代中国の政治色の強い概念である為、イデオロギー色を避ける目的から極力「何々民族」よりも「何々人」を用いる。

四、本書における「中国」は、中国人すなわち漢人が歴史的に住んで来た長城以南の地域を指す。内モンゴル自治区と新疆ウイグル自治区、それにチベット自治区も現時点では中国の施政下にあることを意味する際にのみ「中華人民共和国」を用いる。

五、現地オルドスの各種儀礼や生業はすべて伝統的な「オルドス暦」に従って運営されているが（第三章参照）、記述に当たっては、太陰暦を併記した。

六、本書の登場人物が近現代史について語った際の年月は基本的に本人の記憶・記録に従い、同時にガタギン・チャガンドンの年代記『ウーシン旗の歴史』（Qatagin Čayandong, *Üüsin Teüke-yin tugai*, 1982, Üüsin Qosiyun-u Mongyol Kele Bičig-ün Alaban Ger）とエルクート・ボーシャン編『シニ・ラマ年譜紀要』（Erkegüd Buu Šan, *Sinelam-a-yin Čiqula Yabudal-un Tobčiyan*,1991, Ordus-un Soyul-un Öb-ün Čobural 6）を参照した。また、共産党時代の出来事については政府が編纂した『烏審旗志』（二〇〇一）と『鄂托克旗志』（一九九三）、それに『鄂托克前旗志』（一九九五）等を参照した。

七、本書に現れる歴史上の人物の生卒年については、クリストファー・アトウッド（Christopher P. Atwood）の *Encyclopedia of Mongolia and the Mongol Empire*, 2004 内の記述を採用している。

●プロローグ

トラックに乗って我が家の草原に闖入して来た中国の地質調査隊。彼らの態度は極めて横柄であった。草原の破壊を阻止しようとする父の姿が小さく見えた。(1991 年 8 月)

民族誌は民族史

「民族」とは何か。異なる民族間の交流と対立の実態はどのようなものなのか。民族問題は何故、勃発するのか。このような政治色の強い領域に対し、民族学者とも称される人類学者は必ずしも積極的に正面から切り込もうとして来なかった。表面的には「学問は政治と距離を置くべきだ」ともっともらしい言説を展開するが、実際はきちんとした答案を用意できないで避けて来たからであろう。

政治色を帯びている民族問題を忌避する傾向は、日本は欧米諸国よりも強い。特に中国の民族問題に関しては、まるで腫れ物に触るかのような印象すらある。一九九〇年代以降に中国の民族問題が国際化して来た段階で、同国でフィールドワークする人類学者が豊富な学識に沿って分析するという姿勢は見られない。自身の現地調査に影響が及ぶのを危惧しているのと、日本の現代史の負の側面に飛び火するのを怖がっているからであろう。中国の民族問題、とりわけ内モンゴルの民族問題はそのまま現代日本の大陸進出と連動しているからである。

ないものを強請《ねだ》っても意味がないし、挑戦したくない課題を他人に期待しても、所詮は自分ががっかりするだけである。本書は、右で示した学問上の空白を埋めようとして、モンゴル人の視点でモンゴルの民族問題の現在と、その歴史的、国際的原因と背景を掘り起こして分析したものである。モンゴルの民族問題は常に中国が原因で発生して来たが、近代に入ってからは日本も主役を演じた時期がある。モンゴル人の視点から描いた民族と民族問題に関する民族誌を相対化できるのは、第三者が創出した同様な作品が誕生した暁になるのであろう。

私は自身の民族誌をまた民族史とも位置づけている。世界的なベストセラー『銃・病原菌・鉄——一万三〇〇〇年にわたる人類史の謎』の著者ジャレド・ダイアモンドは次のように指摘している。人類史の解明に欠落部分が残る原因は、社会モラル上の問題が放置されているからである。「歴史は、民族によって異なる経路をたどった。これは、人種差別主義者であるかどうかにかかわらず、誰にとっても明白な事実である」。その原因はどこにあるかといえば、「人びとのおかれた環境の差異によるものであって、人びとの生物学的差異によるものではない」［ダイアモンド　二〇一二a：四三、四五］。

人類学者は基本的に生業に依拠して人類の諸集団の優劣を差別化しない。産業化社会が狩猟採集社会よりも優れていると考えないし、狩猟生活から鉄器に基づく近代国家への移行を進歩とも謳歌しない。いわば、ダーウィニズムを幅広く適用しようとしない建前である［ダイアモンド　二〇一二a：三二—

三二〕。

民族問題の背景を成す中華思想はダーウィンの進化論と相性がいい。長城以南の住民は古来、壁の外側の人間を動物や鳥禽と同様であると理解し、自分達より生物学的に遥かに劣っているし、文明開化していないと断じた。古代では北方の遊牧民で、近世に入ると、西洋人も含まれるようになった。こうした人間を序列化する思想には当然、日本もその範疇に入っている〔佐藤　二〇一五〕。

二十世紀になり、ユーラシア大陸のほとんどが社会主義陣営に統合されても、人間の序列化は止まなかった。マルクス・レーニン主義の発展段階論もまた中華思想とみごとに合体したからである。中国共産党員達はソ連のアファーマティブ理論で多数の民族を創成してから、順位付けした。中国人すなわち漢族の理論家は辺境の住民の一部を「原始社会の残余集団」と呼び、別のグループを「奴隷社会」か「封建社会」の段階に入っている、と一方的に根拠なく断じた。[1] そして、これらの「野蛮」で、「立ち遅れた民族」は「先進的な漢民族による解放と援助を待っている」、と弁じた〔李維漢　一九七九：九―一三〕。社会主義のイデオロギーだけでなく、外国で人類学を学んだ者でも、ひたすら中国人すなわち漢族の「凝集力」や「中心性」を強調し、諸民族の中国人への同化を正当化する。学説というよりも、政治的スローガンに近い悪名高き「中華民族論」〔費　二〇〇八〕はその典型的な一例である。外国から何をどう学ぼうと、中国に入ると忽ち同化政策の道具に悪用されるのが現状ではないか。「中華民族」を暴力的に創造しようとしているからこそ、ジェノサイドが横行するほど、中国の民族問題は深刻化しているのではないか〔楊　二〇一八a、b、c、ムカイダス　二〇二一、グルバハール　二〇二一、サライグルアレクサンドラ　ロゼン・モルガ　二〇二二〕。

本書はモンゴル人の視点から中国の民族問題、それもモンゴル民族問題の深層を究明しようとするものである。遊牧民のモンゴル人と農耕民の中国人は対立しながら、交易を進め、共生して来た。共生しているからこそ、民族問題は生じる。中国人は自身が営む農耕を至上の生業と位置づけ、遊牧の民を差別する。騎馬の遊牧民は長城以内の世界で冒険し、政権を建てることもあったが、近世以降は衰退の一途をたどった。それは、中国人が「進歩」し続け、遊牧民が「奴隷社会」や「封建社会」に留まっていたからではない。イスラームをめぐる宗教間の対立とカトリックに代表される西洋勢力の介入が原因である。いわば、モンゴル人と中国人の民族関係史が世界史の一部になり、世界史の舞台となったからである。そういう意味で、本書は民族誌であると同時に、民族史の性質をも帯同しているのである。もっとも、それはあくまでもモンゴル人と、部分的には中国人が語った世界史である。

犠牲の羊と長城

モンゴル人は遊牧民である。私の師匠である松原正毅はユーラシア各地に分布するテュルク・モンゴル系遊牧民諸集団内で長期間にわたって参与観察を実施し、次のように指摘する［松原　二〇二一：三］。

遊牧は、農耕とならぶ現生人類の古い生活様式のひとつである。遊牧は、群れをなす習性をもつ有蹄類と共生しながら、そこから産出する乳や毛、皮、肉などの利用を基盤に移動性に富んだ暮らしをいとなむ生活様式である。

松原は遊牧の起源は場合によっては農耕よりも古い可能性があると唱えながらも、移動を基盤としていたから、考古学的検証が困難だと認めている。また、遊牧研究を困難にしている要因の一つに、遊牧民自身が文字資料を残さなかったことがある。遊牧生活の外部の人間、それも中国の場合は当然ながら記録者の偏見が加えられている。古代においては匈奴等を「人面獣心」の存在とし、近代国家体制が確立するとまた、強圧的な定住化政策や遊牧絶滅政策がおこなわれた。敵視し、絶滅へと追い込む理由は、移動している人々を脅威と感じ取ったからである［松原　二〇二一：三―六］。

松原が指摘する近代国家の遊牧絶滅政策の前奏曲は既に十九世紀末から始まっていた。中国人の草原侵入と放牧地の狭小化である。放牧地の狭小化は遊牧民の貧困化に繋がった。追い打ちをかけるかのように、遊牧民を敵視する人間集団が近代国家の支配者となった瞬間に、強圧的な定住化政策は社会の末端まで徹底された。こうした近代化の過程に、イスラームと西洋勢力も加勢している事実を読者は本書から読み取ることができよう。

遊牧民のモンゴル人と農耕民の中国人との民族間・国家間・文明間の関係を物語る上で、本書は羊と長城、という二つの鍵観念を用いている。イングランドの羊飼いで、羊研究者のサリー・クルサードの観点を借りれば、人間によって、新石器時代から品種改良されて来た羊は、逆に我々人間を変えたのである［クルサード　二〇二〇］。遊牧民の場合だと、羊は中国人との交易品の一つであり続けたが、同時にモンゴル人自身の草原と生活のパターン、人生観まで変えた存在である。その羊はまた中国人によって長城以南に運ばれているだけでなく、日本企業のモンゴル進出で世界各国に輸出されている。本書では羊が文化のシンボルとして、草原の主人公達と共に頻繁に登場する。また、遊牧民の残影として、定住化政策の犠牲として登場する羊である。

遊牧文明はユーラシアで誕生し、爛熟期を経て、現在は風前の灯火の状態に至っている。遊牧民にとって最適の草原は長城以北にあった。長城は古代から近世にかけて、中国人が建設し、補修して来た防御用のラインである。昔の中国人もある程度は気候的、環境学的差異に気づいていたので、遊牧民世界との線引きを諮った。長城は物理的な壁であると同時に、心理的・思想的障壁でもあった。外からの遊牧民の進入を防ぐと同時に、内地からユーラシアへ冒険に出ようとする中国人の行動を制限する役割も果たした［楊　二〇一九a：一一八―一三八］。そういう意味で、中国とは「長城以内の国」であり、長城は中国の象徴であるのに異論はなかろう。

ユーラシアの遊牧民は地理学的境界（geographic demarcation）を利用し、農耕民と接触するコンダクト・ゾーンを作っていた［Khazanov 2005: 165］。長城沿線はそのような地理学的境界であると同時に、民族の国境線でもあった。古代においては、長城以北は「人面獣心」の人々の棲み家であったが、現代の政治的用語を用いれば、「辺境の少数民族」、モンゴル人の土地である。歴史家に言わせると、古代において、その政治的文明的な境界線を打破したのはモンゴル人と満洲人であったが［Elliott 2001: 358-359］、近現代に入ると、中国人自身がそれを乗り越えてステップに入植した。それまで彼らが「荒地」や「草地」と認識していた領域もほぼ例外なく穀倉地帯に改造され、やがては沙漠化した。

歳時記的記録

本書は「たて」の時間軸と「よこ」の広がりをベースとしている。モンゴル帝国史専門の杉山正明によると、「たて」とは中央ユーラシアやインド、イランやヨーロッパ等の「文明圏」ごとに、時間を縦断して扱う立場である。一方、「よこ」とは、歴史の同時性を重視し、地域の枠を超えてユーラシアを横切りして研究する方法である。人類史上最大の超域国家を形成したモンゴルの実像を研究する際に有効な手法である［杉山　二〇〇〇：一九〇―一九一］。

本書は超域国家の後継者たるモンゴル人が百年という時間軸を中心に、長城南北に広がる世界を生きた歴史を描いている。「たて」では十九世紀後半から一九九〇年代までのモンゴル人と中国人、それに西洋人との交渉史である。「よこ」では南からのイスラームと西からのキリスト教と出会うユーラシア規模の民族誌である。モンゴル高原最南端のオルドス高原が舞台であるが、地域史や村落レベルの民族誌ではない。

本書は一九九一年から翌年にかけて、約一年にわたって内モンゴル自治区西部オルドスで実施した参与調査の野帳記録（フィールド・ノート＝日誌）である（地図1）。

調査対象者のオルドス・モンゴルは特殊な政治集団である。

チンギス・ハーンの四人の妃が主宰していた四大オルド（宮帳）から発展し、モンゴル帝国の国家祭祀を運営して来た万戸（万人隊）である。歴代のハーン位に即く者はオルドス・モンゴルが主催する国家祭祀の場で自らの正統性を示さなければならなかった。言い換えれば、オルドス・モンゴルの政治祭祀から「チンギス統原理」の正統性を獲得しなければならなかった［楊 二〇〇四a、二〇二〇a］。「チンギス統原理」とは、ユーラシアの遊牧民世界において、唯一、チンギス・ハーン家の者のみが大ハーンとして統治に当たる、という政治理念である。このように、オルドス・モンゴルの「たて」の歴史軸はそのままユーラシア遊牧民の「チンギス統原理」の中心軸でもあったのである。

オルドス・モンゴルは十六世紀に二度にわたって中央アジアのアラル海付近まで遠征し、イスラーム化したテュルク系の遊牧民と接触した。その後は度々チベット高原に入って夏営しながら、かの地の仏教を再度、モンゴル草原に導入した。長城に沿ってチベット高原に上がる際には時折、中国北部の長城沿線の諸都市、農耕地帯を攻略した。こちらの「よこ」に広がって来た歴史的生活は十七世紀に清朝に帰順してからは大幅に制限され、緩やかに定住生活に移行せざるを得なくなった。

黄河以南、長城以北に定住させられても、そこは決して閉鎖的な空間ではなかった。近代に入ると、イスラームとカトリック、そして中国人が四方から進出して来た。現代では更にソ連淵源のコミンテルンと帝国日本、中国南部で結成した共産党等、凡そ二十世紀の主役達は皆、オルドス高原を舞台にそれぞれの役を演じた。本書はまず、こうした世界史を現代のモンゴル人と中国人がどのように語り、理解しているかを伝えている。そして、世界史の一員たるモンゴル人と中国人が現在、どのような生活を送り、相互を如何に認識し、どんな関係を結んでいるかについても、記録した。一年間に及ぶ、季節ごとの記録であると同時に世界史の歳時記でもある。

現地調査は極めて困難な状況下で実施した。国際的にはソ連邦が崩壊し、ユーラシア各地で共産主義国家が解体し、新生の国民国家が誕生しつつあった。国内的には民主化を求める学生と市民が北京市内で武力によって鎮圧された「天安門事件」の直後であった。中国はソ連崩壊後に予想される西側諸国からの干渉（平和的演変）を警戒し、国内の不穏な動きを強権的に押さえ込みながら、社会主義市場経済へ突進していた。人民公社の公有制は壊滅し、人びとは豊かになる夢を追いかけていた。正にここでもやはり、「よこ」は国際社会の影響を受けながら、「たて」では千載一遇の激動期を経験した。そういう意味で、本書はまた同時代史の記録でもある。

注

（1）イデオロギーに基づく洗脳と政治的思想教育を重視する中国は建国直後の一九五〇年から相次いで『社会発展簡史』をモンゴル語に翻訳した［Sodnomjams 1950;Sodnamjamsu 1952］。共産党の理論家がマルクス主義発展段階論に即して中国の農村社会を分析したものであるが、その理論と政策はそのままモンゴルにも適用された。

●羊と長城――草原と大地の〈百年〉民族誌

目次

装丁＝オーバードライブ・前田幸江

第一部　短い夏から不穏な秋へ

●第一章　家路から世界史を体得する

草原から帰って来る我が家の羊達。1860年代から変わらぬ風景であるが、20世紀に入ってから、固定建築に移り住んだ。(1991年8月)

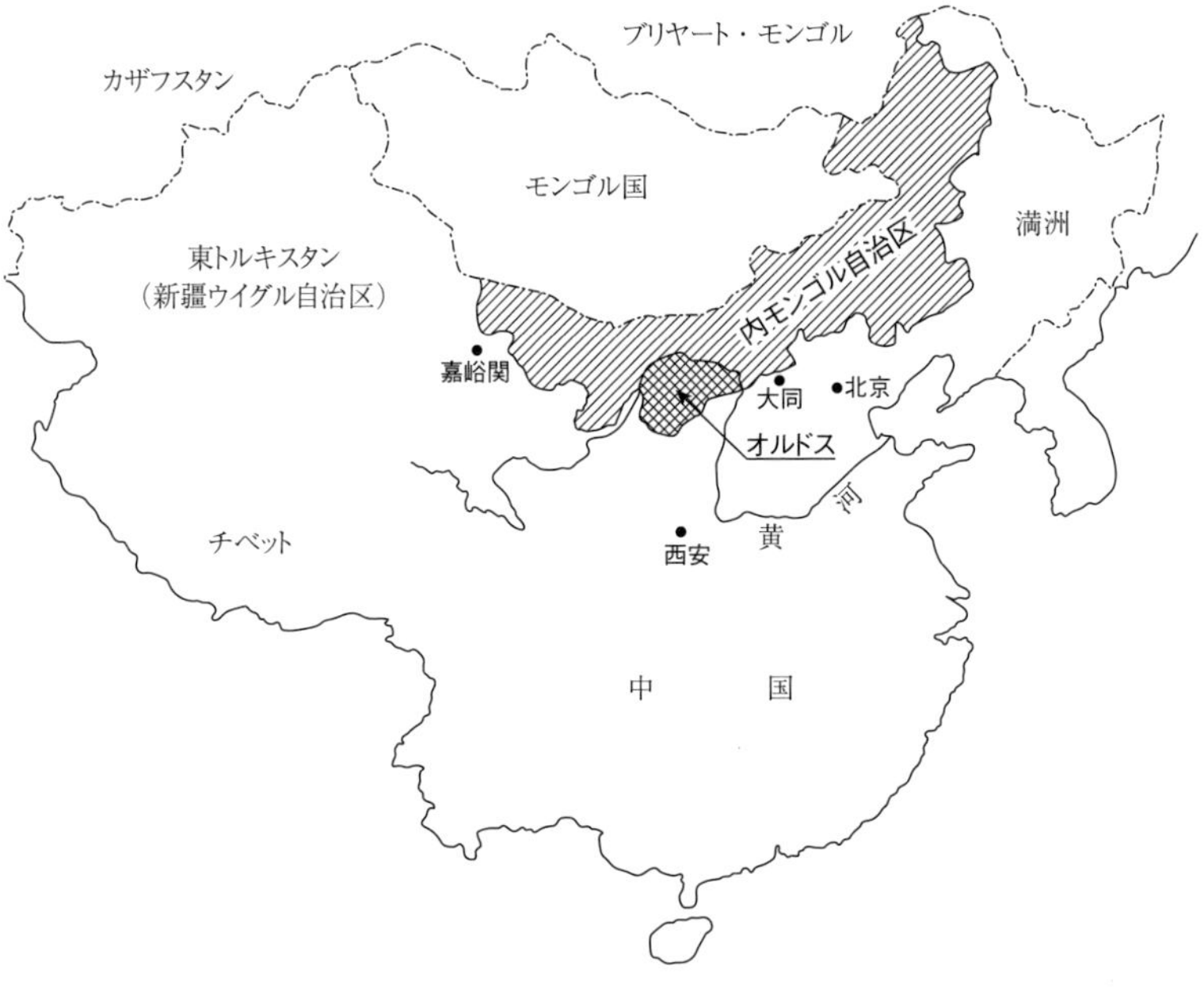

地図1　中華人民共和国内におけるオルドスの位置

自文化への帰還

一九九一年七月二九日の昼、私は内モンゴル自治区西部の工業都市、包頭市からオルドス高原の東勝市行きのバスに乗っていた。私は日本から帰郷して、文化人類学が必須とする、最低一年間のフィールドワークをおこなう予定である。国立民族学博物館併設・総合研究大学院大学で一年間、文化人類学の理論と方法を学んだ上での実地調査である。

人類学者は普通、異文化社会に入って調査する。自分の出身と異なる言葉と歴史を有する社会を異文化と呼ぶ。私の場合はモンゴル高原から日本に留学し、日本語で文化人類学を学んでいる。その日本語と日本社会が異文化になる。異文化的な日本社会で文化人類学を習いながら、出身地に帰って、異文化を見る視点で調査するよう、国立民族学博物館（以下、民博と略す）の指導教員達に言われていた。

「自分の出身地なら知っている。自分が生まれ育った社会の歴史文化は熟知している、と絶対に思わないように。一から謙虚に調べるよう」、と私はこのように厳しく指導された。こうした点については、納得している。私はモンゴル人でも、モンゴルの歴史文化について体系的に知らないから、これを機会にきちんと把握する予定である。

もう一つは立場の問題だ。

「お前は自分の民族の歴史を、自分の視点で書いていい」

「もっとはっきり言えば、モンゴルのことをモンゴル人の視点で書いたらいい」

「色んな視点が可能だろうが、モンゴル人はモンゴルの視点を貫くように」

「西洋人や日本人が描いたモンゴル史やモンゴル文化論は無数にあるが、モンゴル人自身の民族誌の出現に期待している」

これらはすべて日本を出発した際に、指導教員達からの指示である。「客観的になれ」、「自民族中心主義（エスノセントリズム）にならないよう」、と戒められたことは一度もない。ちなみに研究者になってからも、私は自民族中心主義者だと批判されたことはほとんどない。

歴史は固有名詞からなる

バスの中で、私は幼馴染のメシル（Mesir、当時二三歳、写真1―1）に会った。

私の実家はオルドス高原の南西部、ウーシン旗（Ügüsin qosiyu）の西にある。メシルは私の家の北に位置するボル・クデー（Boru Ködege、ボロコディとも表記）に住んでおり、有名な父系親族集団ガタギン・オボク（Qatagin obuγ）の一員である。オボクとは、モンゴル語で父系親族集団を指す。人類学的には、オボクは氏族やクラン等と翻訳されている。私はモンゴル人

写真 1-1　ガタギンという父系親族集団のメシル（左）。彼は若いが、地元の歴史に詳しかった。1992 年 4 月にチンギス・ハーンの祭殿前で再会した時の一枚。（1992 年 4 月 20 ～ 23 日）

のオボク集団について、徹底的に調べる予定であった。ガタギンはモンゴル民族の開祖であるチンギス・ハーンを生んだキヤート・ボルジギン（Kiyad Borjigin）集団と同じ神話上の祖先を共有する名門であるので、ここから着手するのは幸運だと思った。

メシルと私はオルドス七旗の一つ、ウーシン旗に属す。旗の下にはかつて人民公社があったが、現在はソム（somu）に変わった。ソムとは「矢」を意味し、「旗」と同じく清朝時代から続く軍事行政組織である。私達は共にシャルリク・ソムの一員である。

シャルリク・ソムには西からチャンホク[1]（Čamquγ）、チョーダイ[2]、ボル・クデー、ダライン・チャイダム（Dalai-yin čayidam）という四つのガチャー（γačiy-a）がある。ガチャーは旧人民公社時代の生産大隊である。現在、生産大隊は自然村ガチャーになった。それでも、私達は人民公社や生産大隊という言葉を好む。社会主義の制度を愛しているというよりも、単に慣れているからだ。慣れてしまっていることは、現代史の理解に有用である。親切なメシルは生産大隊ごとに、ガタギンの歴史をよく知っている人達の名を私に教えてくれた。

メシルはウーシン旗のウラーントルガイ・ソム（Ulaγan toluγai、「頭部のような赤い峠」との意）のモンゴル語中学校の教師で、現在、内モンゴル師範学院で研修中である。

バスの中で、メシルは自身が属する名門ガタギン・オボクについて次のように語った（地図2）。

ガタギン集団は十八世紀に五つの領地ハイルチャク（qayirčaγ）に分かれた。それはハラブルン・ハイルチャク（Qar-a bulung-un qayirčaγ、カラ・ブルンとも表記）、トリーン・ハイルチャク（Toli-yin qayirčaγ）、トゥキーン・ハイルチャク（Töki qayirčaγ）、チョーダイ・ハイルチャク（Čudai-yin qayirčaγ）、ソースハイ・ハイルチャク（Susqai-yin qayirčaγ）である。トリーン・ハイルチャクはまたシルデク・ハイルチャク（Sirdeg-ün qayirčaγ）やウスン・チャイダム・ハイルチャク（Usun Čayidam-un qayirčaγ）ともいう。

メシルはハラブルン・ハイルチャクの一員だ。現在、メシルの父オユーンババ（Ouyunbaba, 故人）とオジのオユーンバト（Oyunbatu, 四十代）等四戸のガタギンが住んでいる。彼の実家には羊二百頭、馬四～五匹、牛二十数頭がいる。母親と三番目

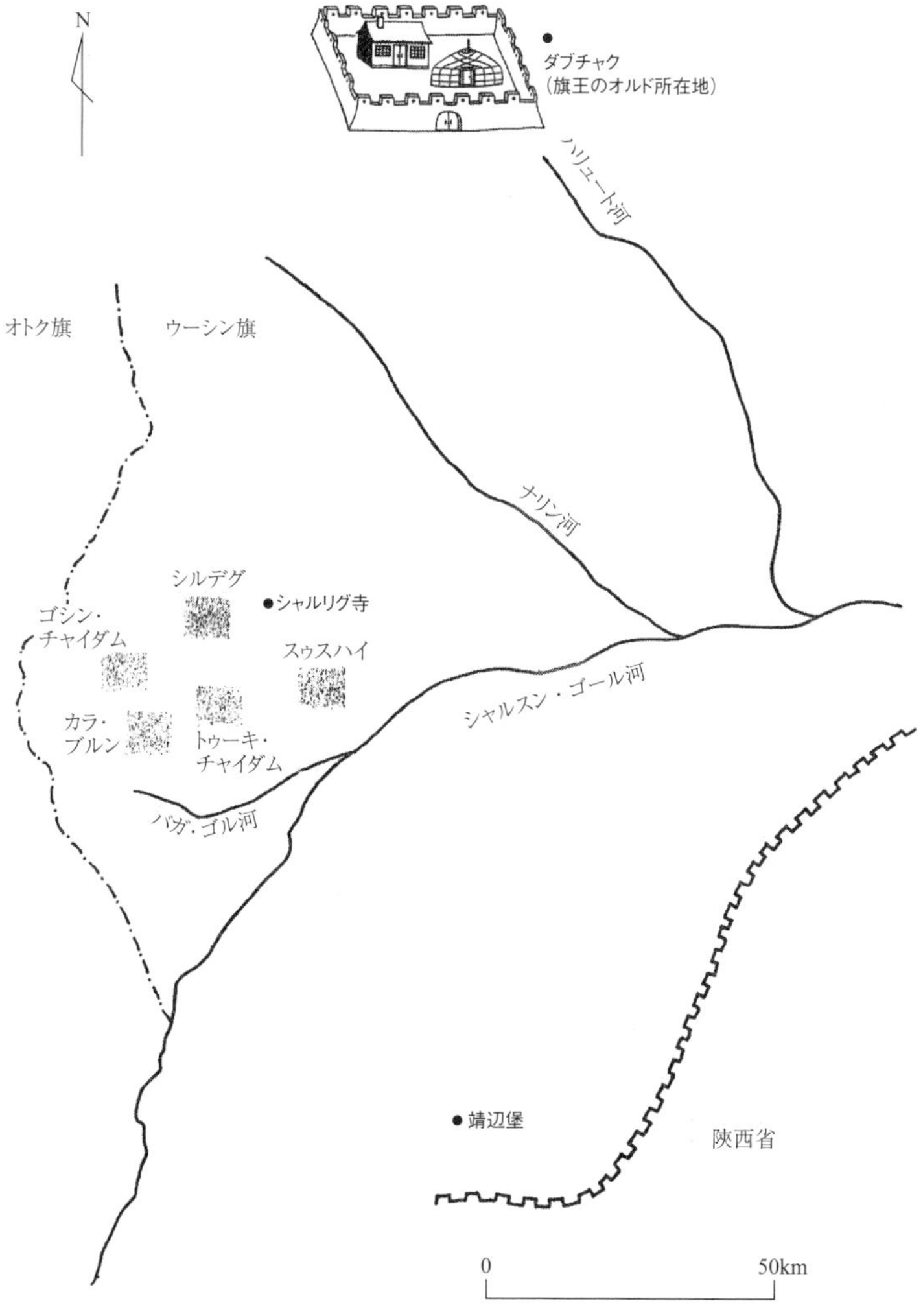

地図２　名門の父系親族集団ガタギンの五つの領地。インフォーマントによって、領地の名称が異なっていた。

の兄夫婦と暮らしている。チョーダイ・ハイルチャクにはサインチョクト（Sayinčoγtu）とアルダルチョクト（Aldarčoγtu）らがいるという。

こうした情報を私は激しく揺れるバスの中でメモした。「固有名詞は大事だ。人名と地名から記録するように」、と京都大学大学院東洋史のゼミでこう指示された。民博の大学院に在籍しながら、歴史学的訓練は京都大学の杉山正明助教授（当時）のところで受けた。『元史』「世祖本記」とモンゴル帝国時代の石刻史料を読む会合だった。一体の石碑でも、ウイグル文字モンゴル語とパクパ文字モンゴル語、それに漢文とチベット語等多言語多文字が刻まれたもので、モンゴル帝国の多様性を反映した史料だった。誰が、いつ、どこで、という基本的な情報を記録しない限り、歴史は語れない、と杉山は強調していた。

ガタギンは現在、葛という漢字の姓を用いているが、これはガタギンの頭文字、ガの発音から採用したものである。メシルの漢字名は、葛小栄である。ガタギンはチンギス・ハーン家を生んだキヤート・ボルジギン・オボクと共通の祖先を有しているが、通婚もするという。両者とも「ハーン・ヤス（qan yasu）」に属す。ヤスとは、骨の意味である。「ハーン・ヤス」はまた「白い骨」とも呼ばれる。ユーラシア大陸の各地に分布するチンギス・ハーンの子孫達は皆、「白い骨」に属し、私のような平民は「黒い骨」の範疇に入る。

長城南北の哲学的風土

このように、私の文化人類学的フィールドワークは生まれ故郷のオルドスに帰るバスの中で始まった。私にとって、実に四年ぶりの帰郷である。一九八八年春、当時の勤務地北京から短期間帰省して以来のことである。一九八九年三月に日本に渡り、翌年には大学院に入った。その間に、民主化を求める市民と学生が虐殺される天安門事件は勃発し、帰郷できる状況ではなかった。今回、入国した際も、天安門事件前に出国した人に対するチェックは厳しかった。

私が勤めていた北京第二外国語学院の学生と教師も民主化運動に積極的に参加した為に鎮圧された。今回、内モンゴル自治区に帰る前の日の深夜に、私は母校を訪ね、親しくしていた恩師らに会った。いつ逮捕されてもいい、と意外に落ち着いていた。学生運動のリーダー達は北京を離れ、彼らは様々なルートで海外へ亡命していた時期である。

母校の隣に広播学院（現伝媒大学）という中国全国のアナウンサーや記者を育成する大学があった。外国語学院も広播学院も一九八〇年代の募集要項に「男子身長一七〇センチ、女子一六〇センチ以上で、容姿端麗」とあったので、北京市では体育大学に次いで背が高かった。女子学生は募集要項通りに「容姿端麗」の面では一、二位だった。その広播学院は人民解放軍の戒厳部隊に包囲され、銃撃されて亡くなった女子学生がいたと聞かされたので、私は暗い気持ちで内モンゴル行きの列車に乗り込んだものである。抑圧された北京から北へ、長城を越えていくにつれ、次第に明るくなった。

メシルとウーシン旗の草原に入った時、長城以南の政治的抑圧はどことなく薄れて行った瞬間を私は体で感じた。草原と長城以南は風土が異なる。私が感じ取った風土は正に和辻哲郎［和辻　一九九二、楊　二〇一一a：二一―四五］がいうところの哲学的、歴史的精神である。

七月三十日

馬路街道

翌日は晴天万里の日であった。

私はウーシン旗政府所在地のダブチャク（Dabčay）鎮で再びメシルに会い、ダー・クレー(3)（Da Küriy-e）の貴族、バトラブダン（Baturabdan）に会いに行った。ダー・クレーのダーとは中国語の「大」で、クレーとは要塞、砦を意味する。ダー・クレーのことをモンゴル人はまた、イヘ・クレーとも表現する。

バトラブダンは家にいなかった。町を歩きながら、メシルはガダギン・オボクに属すチャガンドン（Čayandong）とハスチョロー（Qasčilayu、葛玉山）の名を挙げた。チャガンドンは中華民国時代に国民党駐オルドスの有力幹部だったし、有名な知識人でもある。ハスチョローは私の父の同僚で、共に人民公社のトラクターの運転手だった。ハスチョローは今、借金まみれの生活を送っているという。その息子の一人が一九九〇年夏に中国人すなわち漢人を殺した刑事事件を起こしたので、不運の日々を送っているらしい。

メシルは私に複数の重要な人物の名を教えてくれた。それはすべて父系親族集団オボクごとになっていた(4)。彼のアドバイスを聞いて、私は感激した。二十三歳の青年教師がこんなに地元の社会的状況に詳しいのには驚かされた。高校時代から地元を離れ、大学も北京だった為に、私にとってのオルドスの歴史はすっかり異文化になってしまったと自覚せざるを得ない。彼が紹介してくれた人達に、私はその後、数カ月かけて会えるよう努力した。特にバトラブダンには複数回にわたってインタビューしたし、調査期間の最後には一緒に陝西省北部まで旅行した。

ダブチャク鎮はすっかり変わった。一九八八年までは一本の通りしかなかった。モンゴル人はその通りをマール（馬路）と呼ぶ。今や、東西に四本もの馬路《マール》が横たわっている。南から北へと、一馬路《イーマール》、二馬路《アルマール》と呼ばれている。以前の馬路は砂利道だったが、現在はセメントで固められている。馬路に面

写真1-2　モンゴル高原のオルドス西部のウーシン旗に展開する中国人の店。人民解放軍瀋陽軍区の軍人達も商売していた。カメラを向けると、柄の悪そうな兵士に制止された。（1991年8月）

した店も清潔になったし、町を行きかう人々の服装もこざっぱりしている。緑の街路樹は垂れ柳で、その下をバイクに乗ったモンゴル人女性達が走っている。

内モンゴル自治区と隣接する陝西省北部の靖辺県とグーテイ・ゴト（Göti qota、横山県）から入植して来た中国人の店舗が多い（写真1―2）。中国南部の浙江省から出稼ぎに来た人は既に百戸を超す、と陝西省からの中国人達は浙江省人をライバル視している。また、四川省の広元県からやって来た中国人はゲームセンターを経営している。

モンゴル人青年の逮捕と調査の視点

人間は歩けば、政治に当たる。中国人の入植と人口増加に対し、モンゴル人の反発も強まっている、とメシルとその知人は話す。シャルリク人民公社の出身で、師範学院の学生だったグチュントグス（Küčintegüs）らの青年達は一九八九年五月二十六日に「オルドス文化協会」（Ordus-un soyul-un neyigemlel）を組織し、モンゴル民族の生来の権益を守るデモを実施した。当時、オルドスのウーシン旗を陝西省に、オトク旗を新設のウーハイ（烏海）市に割譲する計画が秘密裏に進められていた。どちらもモンゴル人の土地であるにもかかわらず、中国人の省や市に分割され、モンゴル人の自治権を削ぐ密案である。

グチュントグスとその仲間達は一九九一年五月末に逮捕された。私が帰って来る三カ月前である。彼はまた、一九八一年に自治区で勃発した大規模学生運動のリーダーの一人でもあった。この時は、四川省等から百万人もの中国人を内モンゴルへ移住させる計画に反対する運動だった。私は高校二年生で、反中国人移民のデモに参加したかったが、先生達に止められていた。グチュントグスの他、ウーシン旗党史弁公室のナソンバト（Nasunbatu、一九五二〜）もまた政府に警戒されている人物だという。

このような現実に直面するようになると、天安門事件以降の中国が敷いている抑圧的体制は何も長城以南だけのことではないと悟った。内モンゴル自治区の場合だと、すべてがまた民族問題として存在している。私自身が一九八一年の反中国人移民運動に参加したかった気持ちを思い出した瞬間、モンゴル人であることを自覚した。北京では民族を問わずに、私も民主化運動に身を投じた。草原に帰ると、私はモンゴル人として、自治と独立の歴史について思索しなければならない、と分かったのである。民博の指導教員達の言葉が脳裏に蘇った。

「自分の視点を守るように」
「自民族中心の視点で何も悪くない」

先生達はこういう事態との遭遇を想定していたのではないか、と私は分かった。そして、モンゴルの視点で調査しよう、と現地に足を踏み入れた日からそう決心した。

七月三十一日

自尊心の強い准貴族

翌日、私はウーシン旗の政府所在地ダブチャク鎮に住むキヤート・ボルジギン・オボクのオトゴン（Otγon, 奇玉宝）に会いに行った。彼は私の叔母シャラ（Sir-a）と結婚したので、オジに当たる。それに父の戦友でもある（写真1―3）。久しぶりに挨拶も兼ねて、ガタギンとボルジギンという二つの集団の関係について教えてもらった。オトゴンは私にキヤート・ボルジギンの立場から説明してくれた。

オトゴンによると、貴族キヤート・ボルジギンとガタギンは「骨の親族」（yasu-yin törül）の関係にあるという。モンゴル人は古くから父方の親族を「骨の親族」と、母方の親族を「肉の親族」（miq-a-yin törül）と呼ぶ。したがって、ガタギンとキヤート・ボルジギンは父方の血筋で繋がっていることになる。

「ガタギンの人達はとても集団意識が強い。自尊心もまた強い。よく秘密を守る、その為、ウーシン旗の近現代史でも、ガタギンの人達は重要な役割を果たした」、とオトゴンの見方である。ガタギンについて更に調べるならば、ボル・クデーのネメフ（Nemekü、八十歳）を訪ねるのがいい、という。後日、私は十二月三十日にネメフに会うことになる。

貴族か平民かは、戸籍制度上も扱いは異なる。キヤート・ボルジギンはタイジ（tayiji）と呼ばれる貴族階級に属し、その他のオボク集団は平民（albatu）になる。ガタギンは平民と呼ばれないが、貴族と平民の中間的な存在で、准貴族である。家系譜に男子を書き込む際に、貴族は赤いラインで系統を記

写真1-3　私の父方のオバであるシャラ（後列左）とその夫のオトゴン（後列右）。オトゴンは騎兵だった。オバは母の友人だったが、よく喧嘩もしていた。前列右は私の祖母ウイジンゲレル。

し、「赤い系統のタイジ」（ulaγan šuγum-un tayiji）と呼ばれる。平民は青か黒のラインで書き記される。男子は十三歳で成人となり、家系譜に書き込まれる。それ以降は、「系譜《チェーン》に名前があれば、会盟《チョーラガン》に義務が生じる」（čiγan-du neretei, čiγulγan-du albatai）大人になる。会盟とは政治集会の場を指す。

私にとって、故郷とはいえ、ガタギンとボルジギンとの関係については、今まで知らなかった。貴族も庶民も「偉大な中国共産党」によって「解放」され、「平等」になったと教育されて来た。如何に中国共産党の主張がモンゴル社会の実態と合わないかも感じてはいたが、これから体系的に理解できるようになるだろう、と思った。

チンギス・ハーンと結び付く地理学的認識

数年ぶりに帰って来た私に対し、オトゴンは故郷の地理をしっかり把握するようアドバイスしてくれた。例えば、ウーシン旗（地図3　オルドス西部のウーシン旗）には十三のホラホ（quraqu）とブリド（büridü）がある。ホラホとは「集会の場」や「招集の場」、「決起の場」の意で、大抵は高い丘で、頂上に聖地オボー（oboγ-a。オヴォとも表記）がある。ブリドはその近くの水溜まりか湖を指す。かつて、チンギス・ハーンが大軍を集めて、作戦会議を開いた場所だとされている。その為、ほとんどのホラホの近くにはまた必ずといっていいほど城の廃墟（qar-a qota）がある。ウーシン旗の「十三のホラホ」は以下の通りである。

①チャンホクのボル・ホラホ（Boru quraqu）。オチル・ホラホ（Vačir quraqu）ともいう。
②ダブチャク鎮のゴジョン・ホラホ（Γojong quraqu）
③ウラーントルガイ・ソムのデレゲル・ホラホ（Deleger quraqu）
④ウラーントルガイ・ソムのマンハト・ホラホ（Manqatu quraqu）
⑤トゥク・ソムのアブハイ・ホラホ（Abuqai quraqu）
⑥ウーシンジョー・ソムのアドハイ・ホラホ（Aduqai quraqu）
⑦ガルート・ソムのテムール・ホラホ（Temür quraqu）
⑧ナリーンゴル・ソムのジュリへ・ホラホ（Jürike quraqu）
⑨トゥク・ソムのドガン・ホラホ（Duγan quraqu）
⑩ダブチャク鎮の北のシベル・ホラホ（Siber quraqu）
⑪ホルボルジ・ソムのジョラ・ホラホ（Jul-a quraqu）
⑫トゥク・ソム南東のウラーン・ホラホ（Ulaγan quraqu）
⑬ウーシン旗南部のグン・ブリドにあるジャラガイ・ホラホ（Jalaγai quraqu）

このように、モンゴル人は「十三のホラホ」とブリド、それに廃墟となった都城址で以てオルドスの地理学的環境を把握している。[5] 私は小さい時から西部のチャンホクにあるボル・

地図3　オルドス西部のウーシン旗

ホラホ或いはオチル・ホラホには何回も登った。晴れた日には十数キロも離れた家から見える高い丘陵である。そして、そのオチル・ホラホの南にある古城小学校に通っていた。古城とは、その名の通り、モンゴルによって滅ぼされた西夏（タングート）時代の廃墟であった。このような少年時代からの記憶がオトゴンの語りと一致すると、納得した。私のようなモンゴル人にとって、西夏もチンギス・ハーンも身近な存在である。

ホラホの他に、ウーシン旗西部にある大小二つのオンゴン（Ongyon）についても、調べるよう勧められた。オンゴンはホトクタイ・セチェン・ホン・タイジ（一五四〇〜一五八六）の墓か祭殿で、シャルリク人民公社の北西部の高い丘の上にある。オンゴンの南斜面にはスゥメン・ダブチャン（Süm-e-yin dobčang）という地があり、そこはかつてホトクタイ・セチェン・ホン・タイジの宮帳オルドが置かれていた場所だったという。

世界宗教と世界革命

「我がオルドスには世界的宗教も複数あるので、調べた方がいい」、とオトゴンは叙事詩を語るように続ける。

ウーシン旗の西部とオトク旗南部のボル・バルグスン（Boru Balyasun、城川）には西洋人《オロシア》（Oros）が伝えたカトリックが定着している。ボル・バルグスンには複数のタン（tang、教会堂）があった。ナリーンゴル河にも教会があったし、ベルギー人の神父が一人いた。一九四七年、共産党系のウーシン旗騎兵第二大隊第三中隊（連）の一個小隊が小隊長のチャガンバワー（Čayanbaba）の引率で、ナリーンゴル河のタン（教会堂）を襲撃し、壊した。チャガンバワーはグルバン・サラー渓谷（Turban salay-a）に住むスワーディ（Subadi）の弟で、貴方の親戚だ。神父も武器を所持していると見たチャガンバワーは彼を射殺した。人民解放軍の高平司令官に報告したら、知らなかったことにしておけ、と言われた。翌日、私達がタンの内部を調べたら、信者達は神父の遺体を洗い、武器も隠していた。その後、包頭に近いダルト旗の大樹湾でベルギー人神父の葬式がおこなわれた。殉教した、とカトリックの人達は話していた。

私は今回、故郷のオルドスに帰る前に、民博でベルギー人達による布教について学んでいたし、館長の梅棹忠夫の指示でアントワーヌ・モスタールト（Antoine Mostaert、一八八一〜一九七一）のモンゴル学関連の著作も読み漁っていた。モスタールトの著作をフランス語から日本語に翻訳したのは、磯野富士子である。磯野は梅棹と戦時中に内モンゴルで調査研究に携わっていた。[6] 梅棹から指導を受けるまで、私は自分の故郷について研究していたモスタールトの名前すら知らなかった。

　私は今回、ベルギー人の神父達が十九世紀末から二十世紀半ばまでにオルドスで撮った写真も複製して持参して来た。それが、こんなに身近な歴史として語られるのを聞いて、興奮した。オトゴンも父も、共産党の八路軍の兵士だった。共産党軍は教会を破壊し、神父を射殺した。共産革命とカトリックとの激しい衝突がモンゴル草原でも展開されていたので、調べなければならないと自覚した。モスタールトの論文にないドラマは草原にある、と分かったのである。

　ウーシン旗のモンゴル人は国際共産主義革命運動に熱心に参加したことで知られている、とオトゴンは更に話す。


　中国人のモンゴル侵略に反対しようとして、ウルジイジャラガル（Öljeyjiryal）ことシニ・ラマ（Sin-e Blam-a）は一九一二年、つまり清朝が倒れた年から革命を起こした（写真1―4）。彼はその後モンゴル人民共和国に行って、ソ連の革命思想を学んだ。毛沢東やウラーンフー(7)（一九〇六〜一九八八）よりも早かった。だから、社会主義中国では、シニ・ラマは嫌われた。ウラーンフーも毛沢東も自身の正統性を標榜する為に、シニ・ラマを否定した。我々モンゴル人の共産主義革命は中国から独立するのが目標だったが、今や、中国共産党が革命を起こして貧しいモンゴル人を解放したと宣伝している。これは、歴史の反転、事実の改竄である。抑圧者、侵略者が自身を解放者だ、と弁じているのである。

　シニ・ラマは一九二九年早春の二月に暗殺された(8)。

　中華人民共和国成立後、ウーシン旗の旗長アルタンサン（Altansang、熊占元）がシニ・ラマの遺骨をガルート人民公社から政府所在地のダブチャク鎮に移して来て、立派な墓と記念碑を建てた。ところが、文化大革命（以下、文革と略す）が勃発した翌一九六七年、中国人達は記念碑と墓をダイナマイトで爆破した。中国人達は墓の中から出て来た、二つのガラスの瓶に入っていたシニ・ラマの遺骨をアルタンサンとガルディ（Tardi、ガルーダの意）に持たせて、トイレの中に捨てさせた。「臭不可聞、永世不得翻身」（鼻につくほど臭いやつで、未来永劫にわたって、二度と立ち上がらないように）と宣言された。アルタンサンも中国人をオ

写真 1-4　近現代のモンゴル人民族自決運動をリードしたウルジイジャラガル。彼はモンゴル全体の統一と中国人の侵略阻止の為に革命に参加したが、死後に「中国の革命家」に祭り上げられた。

ルドスに招き入れるのに熱心な人だったが、彼自身もその中国人達に打倒された(9)。

モンゴル人の共産革命はソ連から思想的影響を受け、中国人の侵略者を追い出す為に勃発した。それが現在では、中国がモンゴル人を革命に導いた、と宣伝している。オトゴンは八路軍の兵士だったし、共産党員でもあるが、その思想は明らかに現在の中国共産党のイデオロギーと相反する「反革命思想」である。中国から「反革命的」と断じられている思想こそが、モンゴル人の真の哲学だ、と私は小さい時から理解していた。小さい時からそのような「反中国革命」の思想環境の中で育ったからである。

私はオトゴンの証言を聞いて、モンゴル人の歴史は中国に敵視されているだけでなく、呪われているとすら感じた。中国革命は「封建的思想の打破」を掲げているが、実際の行動は呪術的ではないか。他民族の革命家の遺骨をトイレに廃棄する行為も、文革という革命の最中に、革命的な人々が働いた「革命的行動」である。中国人の行動は革命というよりも、単なる民族間の憎悪を煽る暴挙に見えて仕方ない。

今日までは中国人の思想を哲学の境地から理解しようとしなかったし、またできるはずもなかった。今回は徹底的に調査しよう、と決心した。モンゴル人の真の歴史は反中国革命の歴史だからである。

「ここ三年間、羊毛の値段も中国政府に安く抑えられ、モンゴル人は困り果てている」、とオトゴンは嘆く。最も細い羊毛（特細）も一キロあたり八元で、中国人の転売屋（二倒販子《アルトーファンズ》）と組合（供銷社《グンショーシャ》）が値を押さえ込んで、利益を貪っている。

「国家も政府もだらしない。中国人の綿花なら一キロあたり十五元も高く売れるのに、モンゴル人の羊毛だけが不当に低い値で取引されている。羊毛製品が安いのは、農耕民の中国人が牧畜を営むモンゴル人を差別しているからだ。今の共産党は中華民国期の国民党より遥かに質が悪い。国民党時代は税金がほとんどなかった。今や、平気で色んな種類の税金を徴収してくる」、とオトゴンは不満である。彼は政府幹部のポストから定年し、年金をもらっているが、それでも、中国政府の政策に批判的である。

チンギス・ハーンと関連する地理と歴史、それに世界宗教と現状についていろいろと話を聞いてから、私はダブチャク鎮を発って実家に帰ろうとした。すると、「日本人（naran kün）の祖先はチンギス・ハーンの妹だと聞いたが、本当か。本当ならば、日本人はモンゴル人のオイに当たるね」、とオトゴンは私に尋ねる。彼は「日本人」をナラン・クンすなわち「太陽の国の人」と表現していた。

八月三日　隣のシャーマン

私の実家はウーシン旗政府所在地のダブチャク鎮から西へ百二十キロメートルのところにある。私はシャルリク人民公社を経由して、実家を目指した。厳密にいうと、もうシャルリク・ソムに変わっているが、それでも地元のモンゴル人達はみな、今も「人民公社」と呼んでいた。社会主義の人民公社が好きだというよりも、苛烈な中国現代史が心に深く刻まれて、消えていないからであろう。

人民公社の本部があった町を更に西へ進み、峠の西斜面に住むニンジ（Ningji、五十歳）の家に寄った。ニンジの娘はソム政府の信用組合に勤め、私の高校時代の同級生、中国人の李懐国（故人）と結婚している。

ニンジ家に入ったのは、ドーダーチン（dayudačin）について知りたかったからだ。ドーダーチンとは、「叫ぶ人々」、「招く人々」との意で、特別なシャーマンである。ニンジによると、旱魃で雨が降らないと、ドーダーチンは屋外で雷と雨を呼ぶ儀礼をおこなう。逆に雷が鳴りやまないとまた、それを退治する儀式も司る。もし、雷が特定の人家の周辺で鳴り続く時には、ドーダーチンが駆けつけて、その人の財産を没収することもあった。「天罰（tngri-yin yal-a-bar sitegekü）」を与えるという。

このようなドーダーチンの人々は現在、「雨」や「杜」という漢字姓を使用している。「雨」は意味から、「杜」はドーダーチンの頭文字の音を採用している。私の高校時代の同級生にも杜姓のモンゴル人がいた。オルドス東部のダルト旗やジュンガル旗のドーダーチンだったが、モンゴル語は話せなかった。

ニンジ家の西約十キロのところに我が家がある。ニンジ家から我が家の鬱蒼とした楡林が見える（写真1―5）。

写真 1-5　1991 年当時の我が家。遠くから見える楡林も 1966 年からの文化大革命期に一度は中国人に伐採された後に復活したもの。定住した為に、大きな灰塚が右側に見える。両親はそれを定期的に平らげていた。（1991 年 8 月）

久しぶりに帰ったし、これから一年間も実家を拠点に研究調査をすると聞いた両親は喜んだ。一九七二年に小学校に入って以来、学校の休み以外に実家に長期滞在したことはほとんどなかった。両親は私に地元で歴史と文化についてよく知っている人達のリストを示し、我が一族の歴史についても、少しずつ語り出した。私自身も、一族の歴史と地元について体系的に調べるのは勿論、初めてである。

人類学者は異文化社会で調査するのが普通だが、私にとってのモンゴル文化も実際は異文化に等しい。生まれた直後から文革が発動され、モンゴルの歴史文化はすべて否定された。学校教育もほとんど中国語で受けて来たから、モンゴルについて何も知らない。既に述べたように、革命家達とシャーマンは我が家の近くに住んでいたにもかかわらず、彼らとソ連革命との関連や、雷を操る「超能力者」についても知らなかった。異文化に入った他の人類学者より少しばかり有利なのは、現地の言葉を知っているくらいではないか。

女性が記憶する他家の系譜

夕方、父バヤンドルジ（Bayandorji、一九三五〜二〇二〇）と母バイワル（Bayivar、一九三八〜二〇一一）はまず、我が一族の歴史について教えてくれた。

モンゴル等ユーラシアの遊牧民には遡って複数の世代までの系譜を記憶する伝統があるが、我が家では父よりも母の方が覚えている。母は嫁いで来たオーノス家の系譜だけでなく、凡そウーシン旗西部に分布するほとんどのモンゴル人達の系譜まで熟知していた。モンゴル人の家系譜には男子のみが書き込まれるが、母は女性達についても、よく知っていた。母は、モンゴル語は独学で読み書きできる。中国語だと話せるが、漢字は必要最小限のものしか読めない。

私は母が語ってくれた系譜を調査に役立てようと思った。親戚関係を再確認し、挨拶をしなければならない。礼儀作法（yosu mural）に厳しいモンゴル社会において、出会った人との血縁関係を無視して行動すれば、とんでもない無礼を犯したと批判される。それは、個人のことよりも、一族の名誉に関わるからである。

我が家はオーノス（Oyonos）・オボクで、ケレイト（Kereyid）・ヤス（骨）である。楊という漢字姓は、オーノスの中国語訳である。オーノとは野生のガゼル（黄羊）の一種で、オーノスはその複数形である。他にホニチン（Qoničin、牧羊者との意）・オボクの人達も楊という漢字姓を用いているが、完全に別のオボクである。

オーノス・オボクの人達は百年前まで、つまり五代前までの祖先達は万里の長城の北側、タール・ゴト（Tar Qota、鎮靖堡）に近いところで遊牧していた。モンゴル人は長城の要塞に対し、独自の名称を与えて呼んでいた（地図4）。その後、中国人の侵入を受けてウルン（Öleng、「草が生い茂る」との意。現在中国人は「爾林川」と表記）に移った。ウルンには祖先達の墓も残っている。ウルンに移住した時に貧しくなり、天幕を作れなくなったので、固定建築のバイシンを建てた。そのバイシンの廃墟も残っている。廃墟の名は「ウルジナソンの廃屋」（Öljeinasun-u tuγur）と呼ばれていた。母が少女だった頃、よくそ

1. Tar Qota: 鎮靖堡
2. Ulaγan Qota: 龍州
3. Temür Qota: 黄茘城
4. Gegetü Qota: 清平
5. Geütei Qota: 威武（懐遠）
6. Könüg Qota: 波羅堡
7. Keltegei Qota: 帰徳
8. Sin-e Qota: 保寧堡
9. Temegetü Qota: 楡林城
10. Qar-a Qota: 常楽（常集）
11. Boru Qota: 双山堡
12. Arčatu Qota: 建安
13. Šangsiγur Qota: 高家堡（柏林）

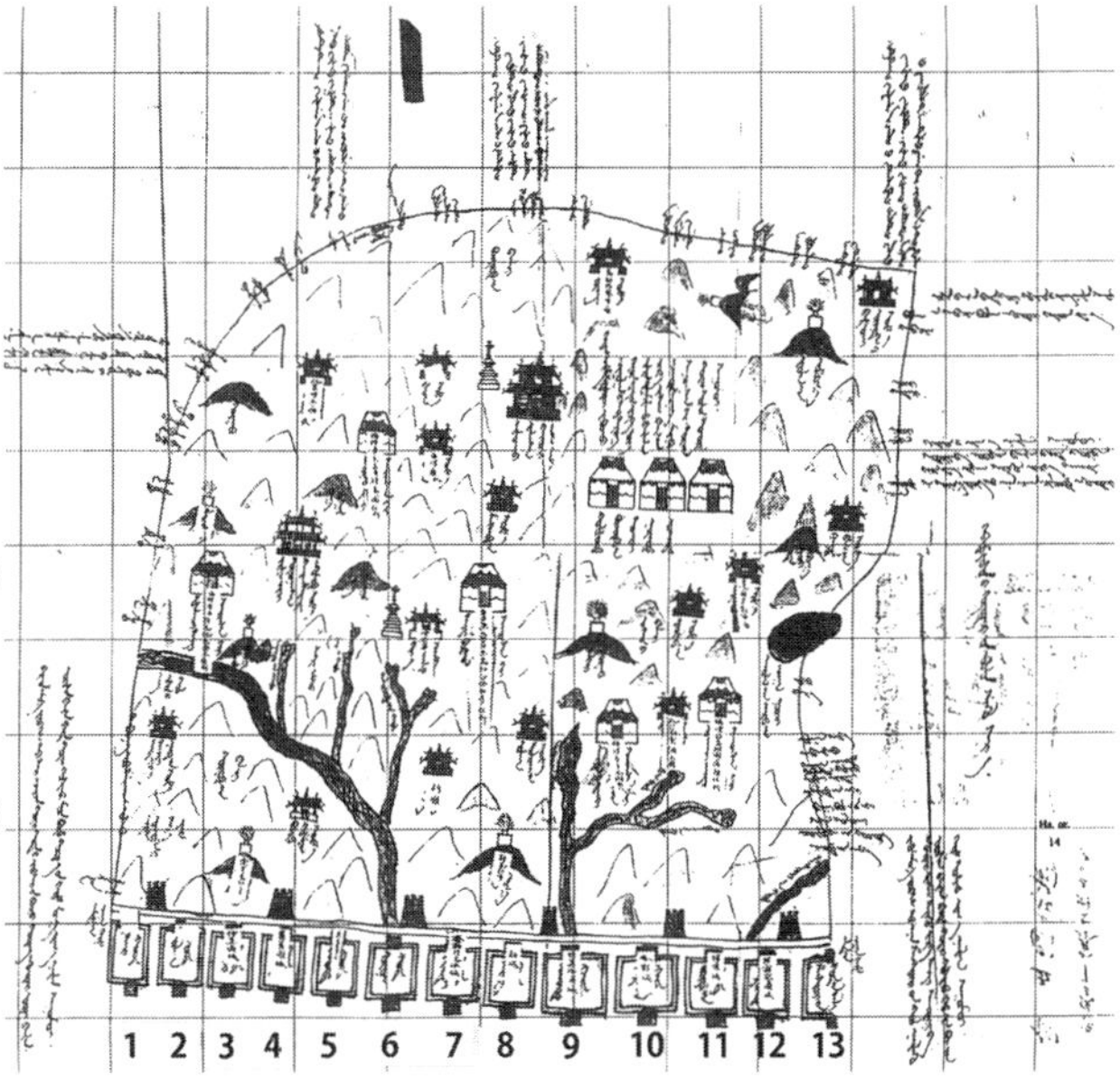

地図4　清末頃のウーシン旗。長城の要塞に対し、独自のモンゴル語の名称で呼んで来たが、時代によって変化も見られた。（Heissig, 19: 78 より）

の「ウルジナソンの廃屋」で遊んだという。その時、ウルジナソン一家は既に更に北の方、すなわち現在の我が家のあるシャントルガイ（Šang-un toluγai、「宮殿のような峠」との意）に移動していた。

「少女時代に遊んでいた廃屋の男に嫁ぐとは、思わなかった」、と母は話す。我が一族の系譜を父ではなく、母が語ってくれた[10]。ウルジナソンは私の曾祖父である。

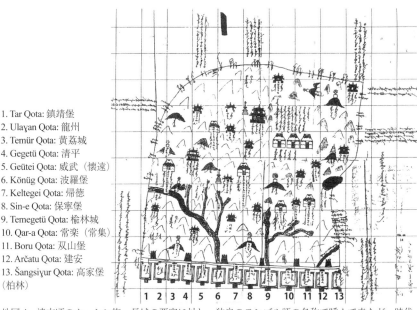

廃墟が物語る中国の暴力

母は語る。ウルジナソンは二人の息子夫婦と共に、シャントルガイに定住した。私の祖父になるノムーンゲレル（Nomungerel）は一八八一年に、長城のすぐ北から現在の地、シャントルガイのスゥメン・クデー（Süm-e-yin ködege）に移動して来た直後に生まれたのである。ノムーンゲレルの兄はチンケル（Čingkel）である。後日、私はチンケルの孫ボインジャラガル（Buyinjirγal）に会うことになる（八月三十日の記述参照）。

シャントルガイは大きな平野で、南へ眺めると、百キロ先の長城の烽火台（煙墩）がくっきりと見える（写真1―6）。西と東には低い丘陵地帯がある。移動して来た直後には西の丘陵の麓に天幕を張り、その東側に家畜の柵を張り巡らした。偏西風を避ける為である。この西の丘陵の中に、「骨の盆地」（yasun töküm）があった。食べた家畜の骨を一カ所に集めて燃

写真1-6　我が家から南への眺望。遠くの稜線上に東西に横たわっている長城が私の原風景である。（1991年8月）

やしていたから、自然にそう呼ばれるようになった。シャントルガイに来てから、シャルリク寺に属する仏塔を二基建てたので、スゥメン・クデーとも呼ばれるようになった。「寺のある草原」との意だが、厳密に言うと、寺はなく、仏塔だけだった。その仏塔も一度は十九世紀末にムスリムの回民に、二回目は文革期に中国人に破壊され、今や廃墟だけが残っている。

　私の曾祖父ウルジナソンは、シャントルガイで五間《ジェン》の広さの固定建築バイシンを建てた。一間は約五十平米になるので、広い邸宅である。私は父の記憶に即して、その家の復元図を作ってみた（図1）。天幕と共に庭つきの家を建てた財力の源はどこにあったのか。十九世紀末の時点で、主人夫婦と子供達にそれぞれ専用の部屋を設けたのは、貴族並みではないか。「仏壇の間」（burqan ger）と「乳製品部屋」（amitai-yin ger）、それに石臼を置く製麺部屋と台所等が揃うほど裕福な暮らしぶりである。台所の隅にはまた雇人の中国人達が寝泊まりできる

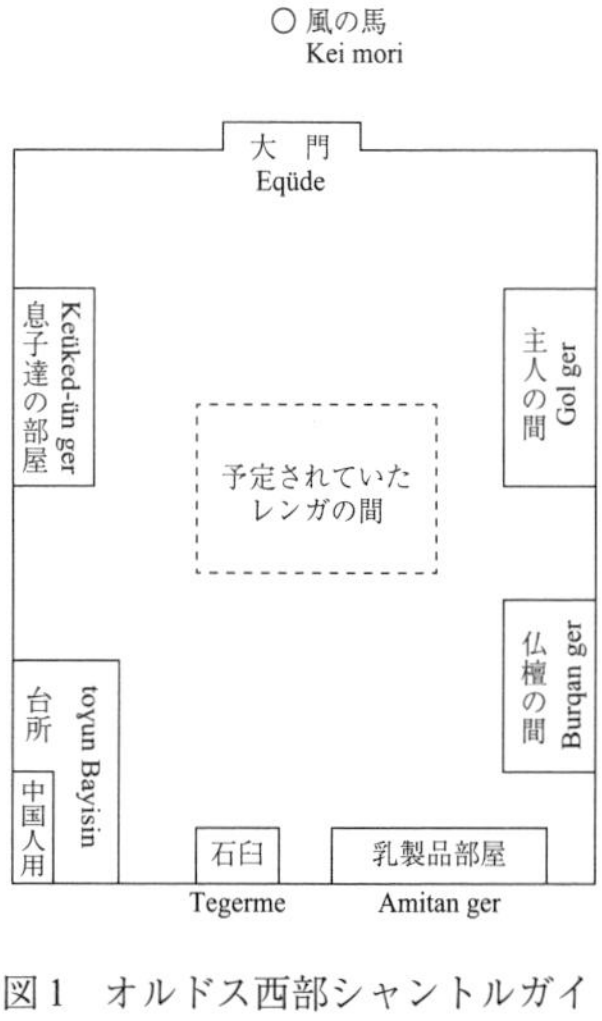

図1　オルドス西部シャントルガイに建っていたオーノス家の家屋

スペースがあった。

　私が小さかった頃、天幕の天窓が倉庫にあった。天窓は神聖な存在で、天の神が降りて来る際の入り口とされ、定住した後も大事に保管されていた。一九三〇年代までに庭の真中に天幕を張ってあった。ウーシン旗に中国国民党と共産党が入り、政治的に東西に分かれて対立していた頃に骨組みのハナが壊されたので、それ以降は住めなくなった。それだけではない。庭の真中の天幕が張ってあったところには将来、レンガ造りの母屋を増築する予定だったが、ついに実現できなかったらしい。

　両親によると、曾祖父は駱駝約十一頭、牛二十頭、馬は四～五匹、羊と山羊二百頭という、「五畜の群れ」（tabun qosiyun mal）を有していた。ユーラシアの遊牧民モンゴル人は「五畜」を「尊敬すべき家畜」（kündе-tei mal）と見なす。毛と皮、肉と乳、

それに糞等⑾、すべてが人間の暮らしを支える貴重な資源だからである。家畜の群れの中には、生きたまま「神に献上された山羊」(ongyon imaγ-a)が一頭いた。体格の良いそのオスの山羊の毛は決して切り取らないので、威風堂々と群れの中にいる。年を取れば、また次の山羊を選んで「交替」(seterlekü)してもらう。選ばれた若い山羊と年寄りの山羊の唇を付け合わせて、息を交換し合うことで、新しい「神に捧げられた山羊」が誕生する。

我が家は馬の頭数は少なかったが、「オルドス暦の六月(太陰暦三月)」を過ぎると他家の馬と合わせて、「仔馬の祭」(unaγan bayar、julaγ)をおこなった。牝馬の乳を搾って、馬乳酒を作る。初乳を銀碗に入れて、天に向かって振り撒いた。天神を称賛し、家畜の繁殖を祈る

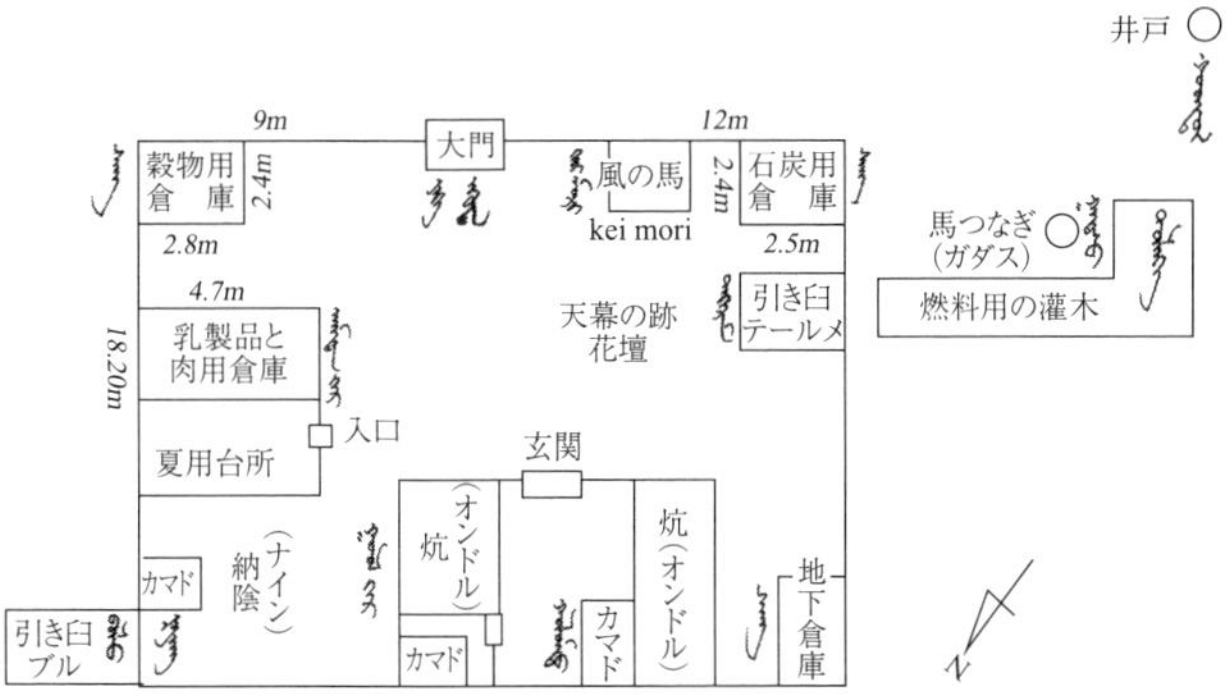

図2　1991年のオーノス家の配置

詩文を唱えていた時期に、チンギス・ハーン祭祀を司る祭祀者のダルハト(Darqad)達がやって来る。彼らは軍神スゥルデ(sülde)を家の前に立て、儀礼用の絹ハダクを家畜の柵に飾っておく。すると、モンゴル人達は羊を一頭、祭祀用品として初々しく献上する。

母によると、馬の乳はまた麻疹(ulaγan utul)に効くという。麻疹にかかった際には「心の火」(dotur-tur deldekü)が燃え栄えて体調が悪化するのを防がなければならない。今や馬の乳がないので、ロバの乳で代用しているという。ロバは「軽薄な動物」(künde ügüi adaγus)で、家畜(mal)の類には入らない⑿。

このような家族の歴史は、私にはすべて廃墟としてしか記憶に残っていない。子どもだった頃に、「仏壇の間」と「乳製品部屋」の仕切りが私の遊び場だった(図2)。豊かだったから、社会主義時代になると、中国政府から「封建社会の搾取階級」に認定され、中国人から暴力を受けるのも、当然の結末だったのであろう。私はチンギス・ハーン祭祀も馬乳酒祭も見たことがない。中国によって禁止されたからである。母の口から出て来る祭祀用語も、初めて聞くものばかりである。私自身の脳内にモンゴルの歴史と文化に関する知識はどれだけ希薄だったか。その理由はといえば、中国に奪われたからである。私は中国の歴代王朝の皇帝の名前を覚えているのに、我が民族の英雄達のことは知らない。支配下の少数民族を無知にす

るのが、中国からの暴力の目標である、と改めて自覚した。

境界管理人の後裔

祖父ノムーンゲレル（Nomungerel　写真1―7）の時代は百畝ほどの畑を開拓し、キビとソバ、それに油を搾りとるマージ（麻子）を植えた。畑作業には不慣れで、忙しかった時には陝西省の横山県やテメート・ゴト（Temegetü qota、楡林城）、それにボル・ゴト（Boru qota、靖辺堡）の中国人を雇っていた。

ノムーンゲレルはウーシン旗政府の「界牌官[13]（qayalayači）」に任命されていた。界牌官《ハーラガチ》にはある特権が与えられていた。それは、長城を北へ違法的に越境した中国人を捕まえ、旗政府の許可なしに十五回鞭打ちする権利であった。祖父はいつも背の高い馬に乗り、黒く、太い鞭をぶら下げて草原を巡回していたので、「ノムーン・ハーラガチ」とモンゴル人から尊敬の意を込めて呼ばれていた。あの黒い鞭は後に文革期に「偉大な中国人民を抑圧した道具」とされ、父と母、それに祖母が吊るしあげられるのである。

ノムーンゲレルには正妻がいたが、子どもは生まれなかったので、清朝が崩壊する前の年、一九一一年にウーシン旗南部のハラ・シャワグ（Qar-a Sibay）に住むウイジンゲレル（Uyjingerel、一八九五～一九七九年）という女性を側室に迎えた。私の祖母である。三十一歳の祖父と結婚した時は十六歳だった。

祖母ウイジンゲレルはバルグージン（Baryujin）・オボクの出身である（前掲写真1―3）。バルグージンとは、シベリアのバイカル湖の東にある巨大な盆地で、『モンゴル秘史』にも登場する地名である［楊　二〇二〇a：一四八―一四九］。彼女は少女時代に草原で放牧していたら、突然、白い虎が目に映り、気絶してしまったそうである。それ以降は片足を引きずるようになったところ、祖父との縁談が入って来たのである。祖父と結婚してからは、三男四女を儲けた。父バヤンドルジは末っ子で、モンゴルの伝統に従い、一族の財産を受け継ぐことになったのである。実際に産んだ子ども達の他に、もう一人の養女がいた。その養女は後にハダチン・バヤンビリクという人と結婚した。バヤンビリクの息子バトチョローは現在、シャルリク・ソムの党書記を務めている。

祖父ノムーンゲレルの時代に、ある事件が起きた。長男セレブドルジ（Serebdorji）の自死である。

母によると、二十歳になったばかりのセレブドルジはコルロ（Korlo）という女性と結婚したばかりだった。若い夫婦はスゥメン・クデーの南約一キロのところに住んでいた。働きぶりが良くないとのことで、祖父に怒られていた。セレブドルジはそれに不満で、自死で以て抵抗したらしいが、真相は分からない。

モンゴルでは、夫を失った女性は、夫の弟達と再婚して財産を守る。こういう習慣を人類学ではレヴィ・レート婚という。このユーラシアの古い風習は当時のオルドスに残っていたが、次男チローンドルジ（Čilayundorji）と私の父バヤンドルジは小さかったので、コルロと結婚できなかった。そこで、祖父ノムーンゲレルは長男セレブドルジの死後に、未亡人のコルロを賀三栓というケレイト・オボクの人と再婚させた。その際、祖父はコルロを自分の娘として嫁がせた。これも、モンゴルの習慣で、一九四〇年のことである。「オーノス家の娘」コルロと賀三栓との間から生まれたのが、ウイシンブー（Üisinbü　賀克豊）である。若くして自死したオジの未亡人の再婚相手の孫娘が私の初恋の相手である（後述十二月二十四日の記録参照）。

　モンゴル人は立派な墓地を作らないし、それにセレブドルジはどうも正常の死ではなかったらしく、一族の墓地《オンゴン》（yekes-ün γajar、ongγun）に入れなかった。数年前の春、沙嵐が過ぎた後、我が家の南の沙漠から人骨が出て来た。場所からしてセレブドルジの遺骨ではないか、と母は思い、父に埋葬を提案した。しかし、何故か父は動じなかったので、その朽ちた人骨もまもなく羊にかじられてなくなった。父も何らかの事情を知っているはずだが、一度も私に語ろうとしなかった。母だけが、早死にしたセレブドルジに同情の念を隠せなかった。

写真1-7　私の祖父ノムーンゲレル。威厳のある人物だったそうだが、中国共産党が運んで来たアヘンを吸引していた。

　祖父は一九四二年晩秋、雪が降った日に亡くなった。葬式の日も雪だったので、子孫が繁栄する吉兆だと理解されていた。しかし、時代は逆に混乱に陥った。中国共産党の八路軍が長城を越えて侵略して来たからだ。モンゴル人達も当時は若い人ほど中国共産党の陣営に加わるようになっていた。私の父もそのような一人である。国民党よりもその政策が魅力的で、モンゴル人の独立建国を支持する、と標榜していたからである。

反復する革命と反革命

　人間の政治的、思想的立場は常に変わる。父の兄、すなわち私のオジにあたるチローンドルジは当時一七歳だったが、中華民国ウーシン旗政府の軍隊、「西モンゴル抗日遊撃騎兵師団」に入っていた。「西モンゴル抗日遊撃騎兵師団」は二個連隊からなっていたが、一九四三年四月にオジの入っていた第一連隊は反乱を起こして八路軍に帰順した［楊　二〇一八：

一七三]。国民政府軍がオジの部隊を掃討しようとウーシン旗西部に迫ると、反乱軍は陝西省北部の共産党割拠地に逃亡した。

反乱軍の家族とされた祖母はチローンドルジの嫁で、私のオバにあたるリンホワ（Linquva、「蓮花」との意）とその長男のバンザルを連れてシャルスン・ゴル河の南へ避難する。八路軍の一員となった次男チローンドルジはたまに現れては少し食べ物を調達してからまた姿を消していた。そこへ、ボルドルー（Bolduruyu、その息子はTemürbatu）という男がやって来てリンホワと同棲を始めた。ボルドルーはチンギス・ハーンの祭殿八白宮の祭祀者ダルハトで、自由に各地を歩き回る特権階級であった（一九九二年四月十九日の記述参照）。ボルドルーはリンホワを独占する為に国民政府にその夫のチローンドルジが共産党員だと密告した。ウーシン旗政府軍は祖母を逮捕し、半年間閉じ込めた。かくして、昔の界牌官《ハーラガチ》の家は確実に没落した。

祖母が刑務所から出て家に戻ってみると、すべてが略奪され、がらんとした空室となっていた。仕方なくシャルリク寺の北、オンゴンという地に住むジグール（Jigül）とポンスク（Pöngsüg）の家に行って、羊の放牧を手伝った。その後はまたモンゴルに侵入して来た中国人の張生海と康一族の牛を放牧して生計を立てた。

「次男チローンドルジが八路軍に参加したことでオーノス家の没落は始まった」、というのが母の見解である。

チローンドルジの悲運は続く。一九四七年三月[14]、オジの部隊を率いていたヌクタン（Nüküten）・オボクのテムール（Temür）という大隊長は八路軍に対して蜂起し、再び国民政府軍側に戻って来る。中国共産党の政策は実はモンゴル人を騙す為のものだと分かったからである。特に、八路軍がオルドス南部で罌粟《ケシ》を栽培してモンゴル人にアヘンを販売していたことに不満が高まっていた。二年後に中華人民共和国が成立すると、ウーシン旗のモンゴル軍は「反乱軍」と断罪された。

自宅に戻っていたオジのチローンドルジは精神的におかしくなり、完全に別人へと変わっていた。夫人のリンホワも彼と離婚してボルドルーと暮らしたかったらしい。ボルドルーにも家族はいたが、リンホワとの間に子どもも生まれていた。夫婦間の喧嘩も増え、チローンドルジは妻を殴った。妻のリンホワは共産党の婦女隊長のジンライホワール（Jinlayiquvar）に「暴力を受けた」と訴えた。「婦女解放」を標榜していた中国共産党ウーシン旗政府が調査したところ、チローンドルジの「叛乱の前科」も問題視された。母は証言する。

一九五二年秋のある日。中国人の雇い人の王高玉子がその八歳の娘、王桂如を連れて我が家で脱穀作業をしていたら、警察がやって来た。反革命にして反共産党の「叛徒罪」で逮捕され、連行された。「おれはもう二度と帰れないだろう」、と話して馬に乗って連れて行かれた。

オジのチローンドルジは一九五四年末か翌年の春に中国共産党の刑務所内で死んだ。知らせを受けてリンホワとバヤンスゥムベル（Borjigin Bayansümber）が遺体を引き取りにダブチャク鎮に行ったが、死者と対面した後に何故か諦めたらしい。バヤンスゥムベルは、私の二番目のオバ、ウランドティの義父である。祖父ノムーンゲレルが亡くなった後に、彼が界牌官になっていたそうである。

このように、我が家に帰った直後から濃密な話を聴くことができたので、私は嬉しい反面、ノートの整理に苦労し始めた。そして、オジが「反革命分子」だったことで、子どもの頃に中国人から虐められていた記憶も次第に蘇って来た。

注

（1）チャンホクついては、地元の人口構成や住民の名前を網羅した地方史がある［Čamqay-un Jayun Jil Nayirayulaqu komis 2007］。尚、地図2と3は異なる時期に作成したもので、地名のカタカナ表記を統一せずに残したことを断っておく。

（2）チョーダイ生産大隊（ガチャー）の概況と人口構成については、後日、バトナソンとオユーンダライによる概説書が地元から公開されている［Batunasun and Oyundalai 2006］。

（3）私は以前に著書『モンゴル人の中国革命』の中で、「イヘ・フレー」と表記した［楊　二〇一八a：一九〇］。オルドスの発音はイケ・クレーである。

（4）具体的には以下の通りである。ガタギンについて知りたければ、チャガンドン、シャラ（Sir-a）、バンザルチョクト（Banzarčoγtu）、検察院のバウードルジ（Babudorji）、シャルリク人民公社の郵便局に勤めるナムジャル（Namjal）。ミンガト・オボクについて調べるならば、フフマンハ（ギョク・マンハとも）地域のサムタン（Samtan）、タイウンジャラガル（Tayibungiryal）が適任である。ソロンゴス・オボクについては、内モンゴル医学院のジグミド（Jigmid）、ウーシン旗党史弁公室のナソンバト（Nasunbatu、四十代）らがよく知っている、という。

（5）この十三のホラホはまた「十三の聖地オボーのホラホ」とも呼ばれている。二〇〇六年に、ウーシン旗は「中国オボー文化センター」に認定されている［Erkegüd Babuu and Qasčoγtu 2008］。

（6）磯野富士子が初めてモスタールトに会ったのは一九四三年秋の北京である。モスタールトから *Textes oraux ordos* と *Dictionnaire ordos* 二巻を贈られた。それを携えて内モンゴル調査に赴き、モンゴル語を学びながら翻訳に着手し、現地調査に活用した。その後、モスタールトがハーバード大学に移ってからも交流を続けた［Isono 1999: 85-91; 中生　二〇一六：四三二］。

（7）ウラーンフーの革命と思想については、楊［二〇一三］を参照されたい。尚、ウラーンフーの中国名は雲沢である。内モンゴル西部のトゥメトに生まれ、民族主義政党の内モンゴル人民革命党員としてソ連に留学した。中華人民共和国になると、自治区の最高指導者となり、文革発動で粛清された［楊　二〇一三］。

（8）ウルジイジャラガルことシニ・ラマについては、彼を「新民主主義革命期の民族革命家」と位置づけたマルクス主義歴史観に即した研究が内モンゴル自治区で定着している。新民主主義革命は中国革命の一部とされている以上、彼の民族自決思想やモンゴル人民共和国との統一を求めた活動が無視され、或いは歪曲されている。モンゴル人歴史家達も中国政府の意図を意識した上で、理論的枠組みを正面から突破しようとせずに、ひたすら彼に関する檔案を編纂して公開して来た。Edükesig, Buyan Dorungy-a［1981］、Buyan, Altanbayan-a［1982］、Narasun［1989］等が代表的である。ただ、近年になって、地元のウーシン旗出身の郷土史家で、牧畜民であるチルメラトの研究は視野が広く、思想的桎梏から飛躍できた分析が多い［Čirmayilu 2008］。また、イケジョー盟檔案館からはシニ・ラマに特化した檔案を公開している［伊克昭和盟檔案館他　一九八六］。

（9）　アルタンサンこと熊占元は特に中国人女性の受け入れに熱心だった。ウーシン旗税務局の楊金宝の夫人、雲成梁の夫人等がその例である。

（10）　我が一族の系譜については、楊海英［二〇二二：九四、一〇六］を参照されたい。

（11）　家畜の糞の利用とそれに関わる文化については、包海岩［二〇一四：一四六―一四九］に詳しい。

（12）　母によると、中国人もロバを不吉で、意地悪な動物と見なし、「鬼毛驢」と呼ぶという。

（13）　後に一九九二年一月二十三日にオーノス・オボクのドルジから聞いた話によると、ウーシン旗には計六人のハーラガチが同時に働いていたという。二人の「大界牌官（yeke qayalayači）」と「四人の小界牌官（bay-a qayalayači）」である。祖父は「大界牌官」だった。また、ガタギン・ネメフが一九九二年五月一六日に私に会った時に、ウーシン旗には五人の界牌官がいたと話した。中国と接していない旗にはなかった役職だった。他の旗ではハラー（qariy-a、佐）のジャラン（jalan、佐領）が兼任する場合もあった。界牌官には徴頭爾《ジントール》と収頭爾《シュートル》来という二人の部下がいて、中国人から税金を徴収していた。また、ウーシン旗の歴代の界牌官はサイシンガ（Sayisingy-a）、ガリワンダン（Qaravangdan）、ガタギン・タイワンジャブ（Tayibunjab）、オーノス・ノムーン、バヤンスゥムベル（Bayansümber）等であった。

（14）　一説では五月。

●第二章　中国に呑み込まれたモンゴル人達

古生物学者のティーヤール・ド・シャルダンが歩き、「オルドス人」の化石等を発見した地、グルバン・サラー渓谷。黄河の支流が太古の昔から流れてできた盆地で、歴史の表舞台から逃亡して来た人間にとっての桃源郷であった。私はここで生まれ、小学校に通った。（1991年8月24日）

八月四日

移動する境界

八月四日も晴れの日だった。この時期のモンゴル高原で雨はめったに降らない。この日、私の母方のオジ、ハダチン（Qadačin）・オボクのチャガンホラガ（Čaγanqurγ-a、一九三六〜二〇二二）が訪ねて来た。チャガンホラガとは、「白い仔羊」の意だ。オジの訪問を私達は歓迎した。というのは、彼は人望が篤く、ウーシン旗西部でみんなに尊敬されている。長い間、生産大隊長と共産党支部書記を務め、私利私欲のない人間として知られている。性格も実直で、不正を働いた人物を叱り飛ばすので、『三国志』の人物、猛将張飛に譬えられて、「猛張飛《モンジャンフィー》」と呼ばれることが多い。

彼は、私の母バイワルの長兄で、共に苦難に満ちた少年少女時代を過ごしたことで、兄妹の絆は他の兄弟に比べて遥かに強い。私は一九七二年九月にグルバン・サラー（三叉河）渓谷の小学校に入った時、オジの次男、ジョリクト（Joriγtu、一九六五〜）と同級生だった（写真2—1）。食べ物がなく、極端に貧乏だった為、機会さえあれば、オジの家に立ち寄ってはご飯をもらっていたものである。

オジは私にグルバン・サラー渓谷の現状と歴史について語った。グルバン・サラー渓谷は我が家のスゥメン・クデーから南へ十五キロ離れたところにある。シャルスン・ゴル河（Šarsun γool、無定河）の三つの入り江からなる渓谷がある場所で、「三つの谷《グルバン・サラー》」と呼ばれるようになった。

オジは今、三男マシ（Masi）夫婦と暮らす。マシは子どもの頃に風邪をこじらせて高熱を発し、薬も医者もなかったので、脳に障害が残った。学校に通ったこともなく成長し、同じ障害を持つ女性と結婚し、二児を儲けた。幸い、その二人の子どもは健康に育っている。現在、羊約百頭と畑二十八畝を持ち、グルバン・サラー渓谷に暮らしている。この地域では、灌漑できる畑を水地と呼び、灌漑しない方は「旱地」と呼ぶ。小麦とトウモロコシ、ジャガイモ、それにキビを作っているそうである。

「もうシャルスン・ゴル河の水も上流の中国人に吸い上げられて、夏には断水が続く。水が足りないので、スゥメン・チャイダム（Süm-e-yin čayidam、機井灘とも）に電気ポンプ付きの井戸を掘ったが、それでも間に合わない」、とオジは

写真2-1　私の母方のオジのチャガンホラガ（前列左）。1980年春に彼の長男トゥメンジャラガルが結婚した時の一枚。前列中央は私の父バヤンドルジ、右は母のバイワル。後方右からチャガンホラガの次男ジョリクト、私、トゥメンジャラガル、ジャガス。

嘆く。長城以南から侵入して来た中国人の人口が一九八八年辺りから爆発的に増え、土地も水も足りなくなったからである。私が子どもだった頃のシャルスン・ゴル河は涛々たる大河であった。上流地域が雷雨に見舞われると氾濫し、中国人の遺体も流されて来ていた。シャルスン・ゴル河の上流を中国人は無定河と呼ぶ。

スゥメン・チャイダムとは、「寺のある平野」との意だ。寺とは、十六世紀にチベット仏教を再びモンゴルに導入したホトクタイ・セチェン・ホン・タイジ縁の寺、シベル寺（Sibersüm-e）を指す〔楊　二〇二一a：四八―六六〕。私が小学生だった一九七〇年代のスゥメン・チャイダムにはたった数戸のモンゴル人しかいなかった。侵入して来た中国人はグルバン・サラー渓谷とイケ・トハイ、ミラン（Milang、「鏡」との意）等のシャルスン・ゴル河の渓谷に横穴の窰洞《ようとん》を掘って住んでいた。それが、人民公社の崩壊と人口の爆発的増加により、渓谷では収容しきれなくなって、一気に平野に溢れ出したのである。まるで洪水のようにモンゴル人の牧草地が一瞬にして中国人の農耕地に開拓されたのである。

グルバン・サラー渓谷を境界に、シャルスン・ゴル河の南は農耕社会で、北側は半農半牧の社会だ、とウーシン旗政府によって区画されている。南側では中国人の人口が圧倒的に多く、北側はモンゴル人が相対的に多い。我が一族のように、北側のモンゴル人のほとんども中国人の侵入を受けて、清朝末期から中華民国期にかけて、北へと避難して来た人々である。いわば、内モンゴル社会の縮図のような地域だった。本来、モンゴルと中国との境界は、中国人が建設した長城だった。しかし、現在では長城は中国人社会の内部に後退し、モンゴルとの境界は北上して、シャルスン・ゴル河まで到達した。中国人の入植に従って、境界もまた動くのである。

世界史の中の激動

モンゴル高原の社会変化について考える時、どうしてもユーラシア大陸で展開されて来た世界史を視野に入れないとその全貌が見えない。オジのチャガンホラガが私に語ったグルバン・サラー渓谷のモンゴル人の移動の歴史と生活の変化は正にその典型的な事例である。

オジは語る。

モンゴル人達は元々、長城のすぐ北側、タール・ゴト（鎮靖堡）の近くで遊牧していた。中国人達は春に長城を越えて草原に入り、モンゴル人の土地を借りて耕す。秋になると、収穫分の半分を持って、長城以南に帰っていた。しかし、だんだん人数が増えて来ると、帰らなくなる。モンゴル人の養子になったり、未亡人と同棲したりして、定住する。貴族のキヤート・ボルジギン・オボクの人達も無力化していたので、中国人の進出を止められなかった。チャガンホラガは指摘する。

「雌馬のない種雄は（睾丸を）切ってしまえ、庶民のない貴族は廃止しちまえ[1]」、という諺があるだろう。清朝末期になると、貴族タイジには何ら権威がなかった。「人を見るには目が必要、自分を見るには鏡が必要[2]」。庶民もだらしない貴族を見て馬鹿にしていたし、彼らに納税もしなくなっていた。権威といえば、結婚式の際に、庶民が代わりに嫁を貰いに行くくらいだった。

中国人の大規模な侵入が始まると、放牧地がほとんど奪われたので、十九世紀末に北上し始めた。まずはウルンに到着してしばらく滞在し、最終的にシャルスン・ゴル河の渓谷、イダム・トハイ（Idam-un toqai）やグルバン・サラーに避難した。ウルンに移動した時はまだ豊かで、固定建築のバイシンを建てる余裕を持っていた。

時を同じくしてイスラームを信仰する回民が反乱を起こしたし、西洋からは「洋堂《ヤンタン》」すなわちカトリックも伝わって来た。モンゴル人はカトリックを「青い宗教」（kӧke šašin）と呼ぶ。「カトリックはまず、モンゴル人社会内の犯罪者やチンピラ等を改宗させた。まともな人間はあの宗教に入らない」、とオジは語る。西洋人も威張っていた。ある西洋人はモンゴル人の犬を射殺したので、モンゴル人に殺された。清朝政府は西洋人を庇い、モンゴル人に賠償を命じた。賠償を求められたモンゴル側には金がなかったので、草原を譲った。西洋人はその草原に中国人を招き入れて、信者とした。やがて、ウルンとチャガン・ホドク（Čaγan qudduγ、白泥井）、バイン・ウーラ（Bayin ayula）の周辺はすべてカトリックに改宗した中国人の農村に変貌してしまった。

このように、イスラームもカトリックも、世界宗教である。その世界宗教を信奉する人間の移動によって、世界史の一部は創造されて来た。現代においても、西洋からのカトリックと中国イスラームは複雑な関係を構築していた。両者の出現はまた元々錯綜していたモンゴル人と中国人との関係を更に困難にしていった[3]。私もこれから、モンゴルに伝わった世界宗教について調べる必要がある、と実感した。

貧困を創出する共産革命

中国人の侵入で貧しくなっていたモンゴル人に追い打ちをかけたのは、中国共産党である。一九三六年春から中国共産党が現れると、罌粟の大規模栽培が始まった。陝西省北部を「革命根拠地」とした共産党は現地の中国人を動員してオルドス南部で活動するようになり、大面積の罌粟《ケシ》が植えられた。イケ・シベルとバガ・シベル等、水のある大平野は罌粟畑に変わった。ウーシン旗東部は中華民国の国民党に支配されていたので、共産党が罌粟を栽培するのに反対した。しかし、共産党を追い払う力がなかったので、罌粟の栽培面積も年々、拡大していった。普通のモンゴル人達はみな、「洋煙鬼《ヤンイエン・グイ》」、すなわちアヘン中毒者になってしまった。当時は以下のような民謡が流行った。

香り豊かなアヘンに手を出すものではなかった。
健やかな我が身が毒害されてしまった。[4]

グルバン・サラー渓谷に避難して来たモンゴル人達は横穴式の窰洞に住み、一九四〇年代まで半農半牧の生活を営んできた（写真2―2）。しかし、ウーシン旗西部には早くから中国共産党が侵入して罌粟を栽培していたので、国民党系の東部のモンゴル人と衝突が絶えなかった。家畜も、一九四六年から翌年にかけて発生した国民党系と共産党系の武装勢力の対立で、失われていった。ウーシン旗西部で跋扈していた共産党勢力は、曹開誠を隊長とする「蒙漢支隊」の騎兵だった。

当時、グルバン・サラー渓谷に灌漑できる畑、すなわち水地は二〇畝あり、それは貴族のハナマンル（Qanamanru、奇金山、一八九四～一九四五）連隊長のものだった。[5] その水地を「股子地《グースン・ガジャル》」とも呼び、ソワディ（Subadi）とウザル（Uzar）、マ

写真 2-2　オルドス西部のグルバン・サラー渓谷に残る貧しいモンゴル人達の横穴式住居窰洞。私も少年時代にここで暮らしたことがある。(1991 年 8 月 24 日)

ントグ（Mandaqu）らが耕していた。隣接のシベル寺の近くは、五百歩以内が禁地で、開墾も禁じられていた。五百歩以外の地は開墾可能な「黄色い禁地」になるので、中国人を雇って、耕作していた。寺はまた旗政府の土地を管理し、「廟管旗公地」という。このように、モンゴルの土地は共有されていたが、税金にあたる股子《グース》は旗政府と寺、それに貴族の三者に支払っていた。

オジの父、すなわち私の母方の祖父ハダチン・オトゴン家は一九四〇年代に羊を所有しておらず、貧困のどん底に陥っていた。それは、中国共産党がもたらしたアヘンをオトゴンが吸っていたからだ。アヘンを「洋煙《ヤンイエン》」という。「西洋からのタバコ」との意である。貧困のどん底に陥ったオトゴンは食べ物を手に入れる為に、女性達の頭飾り（jegüge）まで売ってしまった。最後は仕方なく、「廟管旗公地」を四〇～五〇畝ほど耕して生活していた。キビと油を搾り執るマージを作って

いた。

「食い扶持を減らす為に、私をシベル寺に出家させ、オジのノルザの弟子（šabi）にした。しょっちゅう殴られるので、三年間で辞めてしまった」、とチャガンホラガは回顧する。寺にいた頃は、「白ターラの賛歌」（Čaγan dhari eke-yin maγtaγal）や「緑ターラの賛歌」（Noγuγan dhari eke-yin maγtaγal）等のお経を暗記しなければならなかった。家に帰ってからはまたもう一人のオジと叔母の羊を放牧するようになった。

「長城以北の失った故郷に行ったことがあるか」と私はオジのチャガンホラガに尋ねた。彼はしばらく黙ってタバコを吸ってから、次のように話した。

　何回か仕事で行った。しかし、景色もすっかり変わった。昔は天下一の草原だったが、今や黄色い日干し煉瓦の民家が軒を連ねる中国風の農村に変わった。以前は油が滲み出るほど太った馬群が行きかっていた草原が、現在は中国人の畑になってしまった。ウルンとジャングート、シャラモドン・ホーライはウーシン旗随一の草原で、仔牛が入ったら、背中も見えないくらいの高い草が鬱蒼と生えていたが、今や腹黒い中国人が植物を伐採し尽くしたので、沙漠になってしまった。そして、地名もすべて変わった。モンゴル語を中国語に訳したり、当て字を付けたりしたような、変わった地名が定着した。そして、中国人達はまるで何百年も前からこの地に住んでいたような、横柄な態度を取るように変わった。

オジはすべてのモンゴル人と同じように、中国人について触れる際には必ず「腹黒い（Qar-a Gitad）」という形容詞を付けているのが特徴的である。十九世紀末から二十世紀初頭にかけてオルドスを旅行した西洋人の宣教師達も、モンゴル人は中国人を「腹黒い中国人」と呼び、中国人はモンゴル人を韃《ダ》子《ツ》と称していたのに気づいていた［Van Oost 1932: 15］。環境の変動はまた地名の変化に繋がる。オジはモンゴル語の地名が中国人に変えられている現象について述べた（表1参照）。

表1で示したように、侵入して来た中国人はモンゴル語の地名を翻訳するか、或いは正確に発音できなくても、元のモンゴル語に近いような当て字を付けているのが特徴的である。

　グルバン・サラー渓谷から南へと、長城の要塞であるボル・ゴト（Boru Qota、靖辺）までの地名はすっかり変わった。北からイケ・シベル（大石砭爾）、四大隊、ゲジン・オボー、漢人大石砭爾、馬蓮坑（Jakirmaγ-un tökiim）、海子灘、野馬梁《グテリーン・オボー》（Götül-ün oboγ-a）、柳樹湾、長城大隊、楊虎岔（Maγu usu）、九里灘、そして楊橋畔を過ぎて、ボル・ゴトに入る。

表1　モンゴル語由来の地名の中国語化

モンゴル語	本来の意味	中国語
Balɣasu	都市廃墟	把拉素
Mangqatu	沙漠のある地帯	馬哈
Bongdong	丸い	宝当
Jičarɣan-a	植物の名	吉日漢
Ulaɣan Ölüng	赤い沼地	烏拉爾林
Noqai	犬	脳海
Üliyen Čayidam	キノコが生える平野	蘑菇灘
Bančin Süm-e	パンチェン寺	班車
Meyirin	清朝の役職名メイリン	美林
Yidam-un toqai	イダムが住んでいた渓谷	伊当湾
Γotung-un saɣu	烽火台のある谷	洪洞澗
Deresütei	ススキのある地	席記灘
Jamsu	ジャムソが住んでいたところ	札馬薩梁
Γotung-un qoɣulai	烽火台のある細長い盆地	古洞河
Erdeni-yin qudduɣ	エルデニという人の井戸	二得井
Qatagin-u qoɣulai	ガタギンの細長い盆地	嘎爾図湾
Jangɣutu	棘のある草が生える草原	張高図
Dorji-yin qoɣulai	ドルジが住んでいた細長い盆地	道吉灘
Maɣu usu	悪い水	毛烏素
Jingbu-yin qoɣulai	ジンブーが住んでいた細長い盆地	吉布堂

遠く、百キロ先まで一望無人の平野だった。オルドス高原で最も良好な草原だったから、ホトクタイ・セチェン・ホン・タイジの根拠地だった。それが、今や完全に中国人の農村に変わった。そして、彼らはどんどん、モンゴル人の土地に侵入し続けている。

その日は晴れていたので、我が家のオンドルの上から百キロ先の長城の烽火台は見えていた。モンゴル人達はこのように失った草原の地名を胸に留めて、歴史を語る。

「沙」を混ぜられたモンゴル

「沙を混ぜる（掺沙子《チャンシャーズ》）」という中国政府の戦略を知っているか」、とオジは中国人入植の方法と歴史について語り出した。沙は中国人を指し、大量に移住して先住民の人口を上回って行く戦略の比喩である。

一九四〇年代初期、スゥメン・チャイダムとその北の古城、グルバン・サラー渓谷には八十数人のモンゴル人と一戸の中国人が暮らしていた。古城とは、タングート（党項）人の廃墟で、西夏の都市だった。チンギス・ハーンのモンゴル軍に攻め落とされて、モンゴル人の居住地に変わっていたが、後世ではハラ・バルグスン（Qar-a balɣusu）、すなわち「黒い廃墟」と呼ばれるようになった。古城にはハダチン・オボクのホルチャビリグとベルグーンゲレル（Belgüngerel）とハダチン・オトゴンが住み、グルバン・サラーにはキヤート・ボルジギン・オボクのマントグ（Mandaqu）一族と中国からモンゴルに帰化した郭ジヤー（Jayay-a）、それにウクルチン・オボクのブルグト（Bürgüd、一九一二年〜?。「鷹」との意）らが住んでいた[6]。ハダチンとキヤート・ボルジギンは婚姻関係を結んでいた[7]。

ハダチン・オトゴンはオジの父で、私の母方の祖父である（写真2—3）。一戸の中国人は白大海で、キヤート・ボルジギン・ハナマンルの雇人だった[8]。白大海は長城に近い海子灘の人で、一九四〇年代初期にウーシン旗西部に入植していた。海子灘はシベル平野の南端にある。かつて、十六世紀にホトクタイ・セチェン・ホン・タイジが生活していた頃は、長城のボル・ゴト（靖辺堡）から海子灘まで巨大な湖が広がっていた、とオルドスのモンゴル人は信じている。ボル・グショという山脈に沿って行かないと、南の長城まで接近できなかったという。

写真2-3　母方の祖父オトゴンと1981年冬に撮った一枚。オトゴンも中国共産党のアヘンを吸っていた。

一九四八年になると、陳正慕一家が移って来た。陳からは陳文飛という息子と五人の娘が生まれ、みんな陝西省から来た中国人同士で結婚した。翌一九四九年には孫占達が九人家族で、一九五〇年には潘成桂が、一九五二年には更に郭石匠兄弟がそれぞれ子ども達を連れて長城以南から移住して来た。

一九五九年は人民公社ができた翌年で、「移戸運動」という移民政策が導入された。ウーシン旗東部に侵入していた陝西省の中国人張従海と張満三（八人家族）、蒋満対と蘇氈匠、趙文奎と趙文俊兄弟、楊玉宝と李占三、李金花と王達義、曹連定らがグルバン・サラーに移住して来た。一九七四年になると、今度は大溝湾という渓谷から十七戸の中国人が平野に移った。

中国人のオルドス侵入には一つのパターンがある。それは、彼らはまず着のみ着のままで逃亡してくる。水があり、農耕ができる渓谷地帯に落ち着く。渓谷地帯は安全で、モンゴル政府の取り締まりから逃避できる。やがて彼らは互いに結婚して無数の子どもを産む。一粒の「沙」は沙丘、沙漠に発展していく。やがて渓谷地帯では収まり切れなくなると、渓谷から草原部に進出し、先住民のモンゴル人を追い出してすべてを占領する。モンゴル人は嫌気がさして北の方へ移動するが、残った者は同化されていく。

オジの語った歴史を実は私も経験しているし、目撃者でもある。オジは中国人の侵入を「沙を混ぜられた」歴史だと認識しているが、私には別の記憶がある。私がグルバン・サラー小学校に三年間、古城小学校に二年間通っていた一九七〇年代の同級生達は皆、侵入して来た中国人の子ども達だった。彼らの住んでいた横穴の窰洞に入ったことがある。強烈な悪臭が漂う横穴の中は真暗で、小動物の目のように光るものがあった。よく見ると、それは服を着ていない子ども達だった。少年の私はまるで異界の動物の洞穴に迷い込んでしまったような感覚だった。どうしてこんなに大勢の子どもが産まれるかな、と不思議に思った。

その情景は私の家の南東にある狐の洞窟に似ていた。春先になると、狐は仔を沢山産む。母狐は時折、モンゴル人の羊の群れを襲い、子育てに使う。横穴の窰洞に暮らす中国人とモンゴル人の関係は、どうしても狐と羊の関係に見えて仕方がなかった。

「中国人はどうして、今でもオルドスに来たがるのか」私はオジの見解を知りたかった。

「土地と水をふんだんに使えるからだ」、とオジは答える。

オルドスと隣接する陝西省北部は黄土高原で、年間の降水量は百五十ミリ未満で、水も草もない荒涼たる大地だ。フッ素が含まれる水しかなく、地元の住民はみな黄色い歯をしている。天水に頼る農耕だが、収穫は見込めない。そのような中国人からすれば、湖が点在し、小川が縦横に走るウーシン旗西部は正に天国である。

中国人が来て数年経つと、湖も河も乾上がってしまう。水を無制限に灌漑に使うからだ。そこで、一九八二年から深い井戸を掘って、電動のポンプで地下水を吸い上げる。陝西省楡林県と横山県、靖辺県からの中国人達は違法に住み着き、次第に長城以南に帰らなくなる。先に侵入していた中国人の幹部に賄賂を渡して、内モンゴル自治区の戸籍を手に入れる。彼らは最初、掘っ建て小屋に住んでいたが、数年で金持ちになり、立派な邸宅を建てる。豚を沢山飼育し、密かに多数の子どもを産む。計画出産政策で夫婦二人で一人しか産んではいけないが、実際は四人も、五人も儲けている。「蒙地に来て、大勢でいないと怖い」、と中国人は信じている。だから、子どもを増やして人口を逆転させようとする。これもまた、「沙を混ぜる」生き残りの戦略だ。

中国人はモンゴルを「蒙地《モンディ》」や「草地《ツオディ》」と呼ぶ。彼らは昔からモンゴル人を脅威と見なすので、いつも固まって村を形成して暮らす。人口の面で優位に立たないと、心配するらしい。

中国にとって、陝西省北部は文明発祥の地である。古代から人類の活動が盛んで、生態環境に配慮しない乱開発が数千年にわたって進められて来た結果、黄土高原に変わってしまった。それでも、中国の知識人はこの壊された黄土高原を称賛し、そこに中華文明の神髄が宿っている、と肯定する。異議を唱えると、反体制派として批判される。一九八九年の天安門事件の前の北京では、実際にいわゆる「黄土文明」を見直そうという議論が沸き起こっていた〔蘇暁康　王魯湘　一九八八〕。しかし、その議論をリードしていた知識人達はほぼ全員、民主化運動に関わったことで、追放された。

「中国の草場」

「牧畜地域の税金はどうなっている?」、私は母に尋ねた。

我が家は現在、一千二百十二畝の草原を「草場」として政府から借りている。長城の北側は歴史が始まって以来、匈奴の時代から遊牧民の草原であり続けた。そのモンゴル人の生来の土地を今や中国人の政府から借用することになっているし、中国に税金を納入しなければならない。

モンゴル人の草原を外来の中国人は「草場」と呼んでいる。その「草場」はまた生態的特徴に即して、四種類に分けている。

一、生活草場。一人あたり最低六十畝が保障されるので、父と母には百二十畝が与えられている。生活草場は税金を払わない。

二、責任草場（dayačiltan γajar）。こちらは百畝で、一畝〇・二元の税金が取られる。

三、租賃草場（türeselegsen belčiger）。中国政府から借りている草原で、約二百八十畝あるが、一畝〇・八元の税金を支払う。

四、「折好草場」（一般の良質な草原）。約五百畝の一般的な草原と沙漠二百十二畝。

各家庭はまた「地基費」を旗政府の土地管理局に税金として払う。この中には家畜小屋のプン・サラブチ（peng sarabči）の面積も含まれている。

中国政府が成立される一九四九年以前に比べたら、小さな草原である。それでも、両親はまるで遊牧時代のように放牧し、畑を作っている。それは、草原を鉄線で複数の部分に区画してから、季節ごとに使い分けていることだ。家の北側には百五十畝の草原があり、灌木と草を育てる。春先に出産する羊を入れる。その次に、家の西に四百五十畝の草原を鉄線で囲む。こちらは冬の放牧に使う。南と東は比較と広く、夏と秋に羊と牛を放す。

中国共産党に占領される以前の草原は全モンゴル人に平等に使用されて来た。そもそもモンゴル人に土地を私有化する概念すらなかった。中華人民共和国はモンゴル人の土地を没収して公有化したが、一九八二年に再びその使用権を個人に分け与えた。いわゆる「包産到戸」という請負政策だ。人民公社はこれ以降、ソムと、生産大隊はガチャーと、生産小隊はゴショー（qorsiyo）とそれぞれ呼ばれるようになった。[9]

しかし、同じオルドスのウーシン旗のシャルリク人民公社でも、土地の使用権を個人に与える際の方法は異なっていた。例えば、一番西のチャンホク生産大隊は人口で均等に割る方法を採り、チョーダイ生産大隊は戸数で分配し、シャルリク生産大隊は各家庭の経済状況によって判断したそうである。ボル・クデーは不明である。

中国に取られるモンゴル人の家畜税

どんな政権も税金を取る。モンゴル人を自国に編入した中国も例外ではない。それも、かつては国民党政権の「重税」を批判してモンゴル人の支持を獲得した共産党が、今や彼らが打倒した前政権よりも重い課税を実施している。

我が家が属するチョーダイ・ガチャーの家畜の税金は以下の通りである。

羊一頭、一元。山羊一頭、一・五元。馬は一匹羊五～六頭に換算される。牛は羊五頭相当。

牧畜地帯でも、畑を持っていれば、農業税が徴収される。チョーダイ・ガチャーだと、一畝の畑から二元の税金が取られていた。

「昔は、共産党は会議が多い。国民党は税金が多い、と言われていた。今や、共産党は会議も税金もどちらも多い」と母は話す。

人民公社の公有財産であった家畜が再度、個人に分割された時の方法もまた地域によって異なる。[10]シャルリク人民公社のダライン・チャイダム生産大隊は一九八三年に家畜を私有化した。その際、一人当たり七頭の家畜しかなかった。トリ人民公社は一人十五頭もあった。

家畜が分配され、草原の使用権が個人に譲渡されてから、モンゴル人達は懸命に家畜の頭数を増やそうと努力している。ところが、我が家の近所ではジャーハダイ家が何年経っても、豊かになれなかった。

「モンゴル人が豊かになれない原因の一つは、怠けだ」、と母は指摘する。

ジャーハダイは寡婦で、夫のサンリクは還俗させられたラマ（僧侶）で、一九八一年に亡くなった。普段、羊の群れに水をたっぷりと飲まそうとしない。秋の交配期も丁寧に面倒を見ない。冬、草が少なくなった時期には飼料（bordoyu）をやろうとしない。「良い服を着て、近所を回っては酒を飲み、寝てばかりいるから、家畜が増えない」、と母は言う。

貧しいジャーハダイにオーノス・シャラクー（Sirakü̈、別名コグジルト）は委託放牧（sürüg tabiqu）で「助けている」。自身の羊十五頭（牡一、牝十四）をジャーハダイに放牧させている。この十五頭を元資本に、毎年、ジャーハダイはオーノス・シャラクーに羊二頭と仔羊五頭、計二十二頭を維持しなければならない。十四頭の牝羊から産まれた仔羊のうち、五頭をオーノス・シャラクーに渡せば、残りはジャーハダイの所有となる。モンゴル人同士のこの種の契約が合理的かどうか、私には分からない。「オーノス・シャラクー家の草原は沙漠が相対的に広く、その百八十頭の羊を養うのもぎりぎりなので、過放牧にならないようジャーハダイ家に委託している」、というのが母の見解である。

母はまた近所（oyir ayimay）に住むモンゴル人達の家の広さ、家畜の頭数についても、熟知していた（表2）。ここでいう近所とは、半径五キロ以内を指す。家畜の所有頭数は納税情況と生活の豊かさと直結している。

以上のような家畜の所有状況であるが、山羊はほぼ完全にいなくなった。ただ、ムンクジャラガル（Möngkejirγal）家にだけ三匹の山羊が残っているそうである。また、駱駝もいなくなった。私がその後に入手したシャルリク人民公社の統計によると、一九八二年にシャルリク人民公社に二十二頭の駱駝がいたのを最後に、その後、絶滅に追い込まれたと想定され

表2　実家付近のモンゴル人の経済的状況

人名	家族数	家の広さ	羊	馬・ラバ・ロバ	牛
オーノス家	3	5間	225	馬1頭、ロバ1頭	0
オーノス・シャラクー	8	7間	180	馬2頭、ロバ1頭	6
オーノス・チャガンバンディ	7	5間	160	馬7～8	2
オーノス・バンザル	6	5間	130	馬1	3
サンリク（元ラマ、故人。夫人はジャーハダイ）	4	4間	30	馬1頭、ロバ1頭	0
デレゲル	6	5間	205	馬1頭、ロバ3頭	8
ムンクジャラガル	4	5間	35	ロバ1頭	0
ヌクタン・サンジャイ	7	5間	125	馬1頭、ロバ4頭	
キヤート・ボルジギン・ウイジン	2	5間			
ドーダーチン・ゲレルチョクト	4	3間	80	ラバ1頭	0
バトジャラガル	5	5間	140	馬3、ロバ2、ラバ1	2
陳五（帰化中国人 orumal）	7	9間	130	馬1頭、ロバ5頭	1
エケレース・ボーソル（双培文）	4	5間	210	馬1頭	2
エケレース・サチュラルト	4	5間	100	0	3
キヤート・ボルジギン・ボーソル	3	5間	100	馬4～5頭	5

る［楊海英・児玉　二〇〇三：九二］。私が子どもだった頃、人民公社の駱駝の群れがいつも我が家の井戸にやって来ていた。私は水を汲んで飲ましていたが、冬の発情期に入った種雄駱駝（buɣur-a）は人間を襲うこともあるので、ドキドキしながら、群れを眺めていたものである。

　母の隣に座っていたオジのチャガンホラガは、農業地帯のグルバン・サラーには以下のような税金がある、と挙げた。

　工商税、財政税、民工建勤費（道路税）、教育費、農業機械管理費、屠畜税（屠宰税）等である。教育費は子どもがいなくても、厳密にいうと、就学する児童がいなくても払わなければならない。屠畜税の場合は、羊や豚を一頭屠れば、〇・四元、牛の場合は十元を政府に支払う。このように、シャルスン・ゴル河を境界に、牧畜地帯と農耕地帯の税金もまた異なっている。

復活した所有権のマーク

　家畜が人民公社の管轄下から個々のモンゴル人のところに戻って来ると、みんな所有権を示す印を付けた。羊の場合だと、耳に耳記（im）を切り込んだり（表3）、背中に記（keyisü）を付けたりする（写真2―4）。耳記の場合は「正しい側」（jöb tal-a）と「反対側」（buruɣu tal-a）の両方のどちらかに切り込む。人民公社時代は薄れていた習慣である。

表3　オルドス・モンゴル人の羊・山羊の耳記

耳記の形	モンゴル語	意味
	マルタマル maltamal	抉られた形
	ハイチ＝サルバラホ qayiči=salbarlaqu	鋏の意、鋏のような形にする
	ガンジョガ ɣanjuɣu	直線
	シゲチ sigeči	斜め切り
	トホム toqum	方形の切り込み
	ターランハイ taɣaranqai	端を切られた耳
	チョールハイ čoɣoqorqai	穴を開けられた耳

モンゴル人等ユーラシアの遊牧民が言う「正しい側」とは家畜の身体の左側を指し、「反対側」は家畜の身体の右半身を意味する。馬に乗る時も、遊牧民は「正しい側」から乗るが、中国人等は逆の方から乗るので、モンゴル人と価値観が違う、と見られている。時代劇に登場する中国人も馬の「正しくない側」から乗り降りするシーンが多い。こうしたシーンを見て、モンゴル人は極端に嫌悪感を示すことがある。家畜の身体をめぐって、遊牧民と農耕民それも中国人とは認識が大きく異なっている。

表3で示したように、羊と山羊の耳記の場合はほとんどが鋏を用いた切り込み方、手術形式に由来する名称となっているのが特徴的である。詳しく後述するが、馬の焼き印の場合は、吉祥や繁殖、財産と軍事力を明示したり、或いは暗示的に象徴したりする。大型家畜のウマは力と富のシンボルであるのに対し、羊と山羊は管理される対象、所有権が示されていると言えるのではないか。

写真2-4　我が家の羊達。耳と背中に所有権を示すマークがある。（1991年8月）

オジと母の話を丸一日聞いたので、夕方になって、私は一人で我が家の草原に散歩に出た。草原にはところどころ沙丘が露出している。そういう沙丘には大抵何かが現れているのを私は子どもの頃から知っている。案の定、鉄の鏃《やじり》と陶器の破片が多数、風によって地中からもたらされていた。誰がいつ、何の為に飛ばした矢なのか。陶器はまたどんな人達の生活を支えていたのか。私は家の近くの沙漠で、人類の悠久の歴史を肌で感じて家に戻った。

八月五日

石臼が語る遊牧民の定住

八月五日は曇りの日。私達が起きて、朝のお茶を用意していたら、王根如の夫人がやって来た。王根如はいわゆる「老戸漢人《ローフーギトド》」で、一九四〇年代に陝西省から移住して来た中国人である。

王根如家は我が家から南東へ約六キロのところにある。王一家は元々物乞いで、弟の王根相と共にシャルスン・ゴル河の北側の平野に住んでいる。モンゴルに来て数十年経ったので、生活も完全にモンゴル化した。キビ（amu）を主食にし、乳製品も作る。私が河南人民公社の農業中学校で学んでいた頃、夏休みに家に帰る際に途中に王家に寄ったことがある。お腹を空かしていた少年に王夫人は炒ったキビとチーズを出

写真2-5　我が家の石臼で脱穀する中国人の王根如夫人。

してくれた。陝西省北部の中国人社会には全くないもてなしの文化であるが、それもオルドスに来てから身についた習慣である。

　モンゴル人は「老戸漢人」とは良好な関係を構築している。彼らと対照的なのは、一九五〇年代以降にモンゴルに侵入して来た「新戸子《シンフーズ》」だ。新来の中国人の門前で餓死状態で倒れても、水一滴もくれない。モンゴルの水を飲み、モンゴルの草原を畑にして豊かになったにもかかわらず、である。

　王夫人はロバの車（qasay）に炒ったキビを載せて、脱穀に来た（写真2―5）。我が家にはウーシン旗西部でも評判の石臼ボル（bulu）がある。祖父が一九二〇年代に黄河の西、ムスリムが住む銀川（Iryai）付近のアラク・ウーラ（Alay ayula、賀蘭山）で、銀貨百枚で購入し、牛二頭で運んで来た石臼である。駱駝を使ったとも言われている。先に石材を買い、次に文様を入れるのに更に二十五枚の銀貨が必要だったと言われている。五百キロもの遠いところから重い石臼を運んで来た事実から考えると、祖父はこの地に建てた家を末永く維持したかったに違いない。

　石臼は二種類ある。ボルとテールメ（tegerm-e）の二種類である。ボルは大型で、ロバやラバで引く。テールメは小型の碾《ひ》き臼で、手でも回せるが、ロバを使うこともある。二種の石臼の用途も違う。ボルは脱穀用で、テールメは製粉用である。従って、ボルは脱穀用の碾き臼で、テールメは製粉用の碾き臼と表現してよかろう。遊牧民でも古代から穀類を食べて来た。モンゴル人は古代から天幕の右側にテールメを置き、左側にボルを設置する伝統を有して来た（写真2―6）。定住してからもそのやり方は踏襲されている。

　「人民公社の本部シャルリクに電気脱穀機もあるが、それを使うと美味しくない。やはり、石臼で脱穀したキビがいい」と王夫人は静かに話す。我が家の近く、半径二〇数キロ内の人々はみな、脱穀にやってくる。食料用のキビの脱穀もあれば、家畜の飼料の粉砕もある。脱穀と製粉には数時間かかる。話に花を咲かせながら、みんなで作業をするので、労働でありながら、娯楽のようにも見えた。キビ二十五キロを碾くのに一時間はかかる。王夫人は午後三時まで働いた。その後、我が家で食事を摂り、家路についた。帰る際に脱穀したばかりのキビをお礼に少し残した。これも、モンゴル流のお返しで、陝西省北部の中国人社会にはない習慣である。

「我が家の石臼にも受難の歴史がある」、と父は話す。一九四八年、ウーシン旗政府の国民党系の部隊が我が家を通過した際に、石臼を火で焼いて壊そうとした。父が共産党八路軍に加わったからである。文革が勃発すると、「オーノス家は石臼で税金を取り、労働人民を搾取した」、と批判された。共産党の幹部達も重い碾き臼を没収しようとしたが、運ぶ手段がなく、諦めていた。

「実際は税金を取るどころか、今日のように、脱穀に来た人にお茶を出し、食事を提供していた」、と父は話す。わざわざ高価な銀貨まで使って、遠くのイスラーム地域から碾き臼を二台も買って来たのは、それで以てモンゴル人から収入を得る為ではなく、社会的ステータスを高める目的からであろう。祖父は旗政府の役人（界牌官）だったし、人望も篤かったのは、そうした活動をおこなっていたからであろう。

末端社会の暴力的統合

王夫人が脱穀し、母が手伝っている間、私は昨日に続き、母方のオジのチャガンホラガにグルバン・サラー渓谷に住むモンゴル人の歴史について聞いた。オジはモンゴル人の好きなミルクティーを一口飲んでから、語り出した。

オルドス南部に中国人が組織的に侵入して来たのは、一九三〇年代後半のことである。中国共産党の後ろ盾があったから、組織的に侵入できた。共産党はまず一九三六年に「抗日聯合会」（略して抗聯会）を作って、中国人入植者を組織化した。抗日とは名ばかりで、モンゴル人は誰も日本人を見たこともないし、共産党自身も抗日の前線には行かなかった。日本軍はオルドスの東部、包頭までしか来なかった。共産党のリーダーは曹開誠で、ウーシン旗西部を中心に諜報活動していた。東部は国民党の支配圏であった。当時は、オルドス全体が中華民国を正統政権として認めていた。

写真 2-6　我が家の二種類の臼の一つ、碾き臼。（1992 年 1 月 29 日）

共産党は勝手にウーシン旗西部で「河南区」という行政組織を設置したので、旗政府の反発も強かった。河南とは、シャルスン・ゴル河の南との意味で、中国人が増えていた地域である。河南区はイケ・シベルとウルン、それにバトイン・トハイ（Qar-a Batu-yin Toqai）という三つの郷《シャン》からなる。区長はモンゴル人のサムタン（Samtan）で、郷長はエルケムバヤル（Erkembayar）と張保山（モンゴル人）らだったが、実権は中国人に握られていた。モンゴル地域で独自の中国人中心の組織を一方的に作って、少しずつ地盤を固めて一九四九年を迎えた。中華人民共和国の成立である。共産党政権が出現した後の政治的歩みは以下の通りである。

一九五〇年：反革命分子を鎮圧する運動で、略して「鎮反」という。この年、ウーシン旗のモンゴル人は大規模な武装蜂起を起こした。人口約八千七百人のうち、二千人が蜂起軍に加わって、虐殺された［楊　二〇一八a：二四七―二六〇］。グルバン・サラーではトクトフ（Toytaqu）とジュルガーダイ（Jiryuyadai）という二人の男が「反革命分子」として銃殺された。その後、一九九〇年にトクトフは「名誉回復」されたが、ジュルガーダイは「反革命分子」のままである。このように、モンゴル人にとっての中国革命の後遺症は、現在まで続いているのである。

一九五一年：「民主的建政」が始まる。民主的とは名ばかりで、実際は暴力的にモンゴル人の財産を査定し、食料と家畜を強制的に公有化する政策であった(11)。

一九五三年：「普選《プーシユエン》」がスタートする。共産党の意中の人物達を幹部として選ばせる運動である。

一九五四年：合作化(12)（qorsiyajiqu）が始まり、集団化が一段と強まる。この時、グルバン・サラーのチャガーダイという男は家畜が公有化されるのに抵抗し、こっそりと羊を二頭残して、政府に提供しなかったので、共産党から除名処分を受けた。

一九五八年：人民公社が成立し、牧畜業の合作化も始まる。個人の財産も没収される。

一九六〇年：食堂化運動がスタートする。グルバン・サラーとシベル・スゥメ寺で一カ所ずつ大衆食堂を設置して、全人民がただで食事できるようにした。提供されたのはジャガイモのスープと粥だけだったが、それもまもなく底をついた。帳簿もつけていなかったので、横領も多かった。そこで、誰がどれほど働いたかを調べる「清工分（点数）」と、帳簿と倉庫、それに財産を「清理」する「四清」運動が一九六四年に発動された。そして、汚職と浪費に反対するキャンペーンも実施された。多くの幹部達が粛清された段階で、一九六六から文革が勃発した。

「ずっと政治運動の連続だよ。モンゴル人は皆純朴な性格なので、どの運動にも従順にしたがった。素直な性格のモンゴル人達は簡単に中国の社会主義制度に統合されていった」、とオジは嘆く。

中国人は社会主義制度に反抗的であった。その最たる事例が「救民党事件」或いは「党懐民反革命事件」の摘発である。党懐民はイケ・シベルに入植していた中国人で、共産党の政策に懐疑的だった。彼は生産大隊の出納係を担当していたが、ひそかに友人の張宝石と盛世同、張孔明と楊財林、高燕成と奇忠山等四十数人を集めて、一九五九年、すなわち人民公社成立後の翌年に「救民党」を創設した。彼らは知人らに手紙を出して、少しずつ党員を増やしていった。党懐民はまた党綱領と武装蜂起の計画を練り、陝西省北部の有名な道教寺院の白雲山を訪れて武装蜂起の時期について占ってもらった。そこで引いた籤《くじ》は「不吉」だったので、蜂起を翌一九六〇年に延ばした。党綱領を制定したのは近代的だが、道教寺院で籤引きをするのは、前近代的な農民蜂起を彷彿とさせる。

ところが、一九六〇年になると、「救民党」党員の高燕成が密告したので、暴動前に一網打尽にされた。彼らはまず奇忠山をキヤート・ボルジギン・オトゴンの家に派遣して武器を奪う予定だった。キヤート・ボルジギン・オトゴンには、私が七月三十一日に会った、と前に述べた。彼は当時、河南人民公社の「武装幹事」として、民兵の統括に当たっていたので、小銃を所持していたのである。奇忠山はオトゴンの親戚にあたる。

「党懐民反革命事件」の首謀者の党懐民は死刑判決、執行猶予二年の処分を受けたが、一九八二年に「名誉回復」された。[13]

西夏王朝の文物で財を成す

文革期になると、モンゴル人達は「走資派」を批判しながら、「古城水庫《ダム》」の工事に動員された。西夏時代の廃墟、古城の北側を流れるシャルスン・ゴル河を堰き止める工事である。三十万元が投資され、十五トンの食料が提供され、二千人もの民工が酷使された工事だった。その時、名刹シベル・スゥメ寺を破壊して、その木材を転用した。僧侶達も還俗を命じられていたので、特に抵抗はなかった。ダムは一九七一年に完成した。

我が家はこの古城ダムから北へ二十キロほど離れたところにあるが、毎朝、ダムの放水が聞こえていた。それくらい水量は多かった。ダムの南岸にタングート時代の都市廃墟があり、その東側に古城小学校と生産大隊の本部があった。私はこの古城小学校に一九七五年から一九七六年まで二年間通った。城壁に沿って青銅の鏡や鏃が無数に落ちていた。私達はそれを拾っては廃品回収所に持って行って換金し、ナツメヤシを買って食べていた。

城の堀には白く光る人骨がゴロゴロしていて、羊がそれをかじっていた。人骨にはカルシウムが含まれていた為か、家畜の好物だったらしい。人間も死んだら、動物の餌になるものだ、と子どもながら思ったことがある。西夏の城はモンゴルに征服されて廃墟と化したと伝えられているので、十三世紀に死んだ人間の骨を二十世紀の家畜が消化する。その家畜を人間は自身の栄養素とする。壮大な歴史的時間軸を中心に回転するリサイクルである。

「廃品回収所にいた郭見長を覚えているか。彼はタングート時代の文物を無数に蓄えていたので、一九八〇年代にそれらを売って大金持ちになった」、とオジは話す。

私達が子どもの頃にナツメヤシと交換していたタングート時代の銅鏡や鏃等を彼は密かに蓄え、改革開放時代に文化財の価値が上がった時に高く売ったそうである。やはり、中国人の生活戦略は優れたものである。

ウーシン旗河南人民公社第五生産大隊は元々、グルバン・サラーとミラン、イケ・トハイ（大溝湾）と古城の四つの生産大隊からなっていたが、一九八〇年に人民公社という制度は廃止された。一九八四年に中国人が多いイケ・トハイは独立してガチャー（旧生産大隊）に昇格した。中国人の方が人口も特段、増加していたからである。かくして、シャルスン・ゴル河以南の地域、モンゴル人がイケ・シベルと呼んで来た地域は次第に中国人の農村に変わっていったのである。往昔の草原の面影はほとんどなく、トウモロコシ畑が広がる中国人の農村に変貌していったのである。

モンゴル人と中国人の短い百年

中国人のモンゴルへの進出は今も続いている。奇しくも中国人の侵入について語っていたら、我が家と隣のエケレース（Ikeres）・オボクのチンケルが雇っている中国人親子、老劉（五九歳）と小劉（二十一歳）の姿が目に入った。

老劉と小劉親子は長城の北側、海子灘に住んでいる。中国人の雇人をモンゴル人はゴショー（qosiyo）や伙計《ホージ》という。老劉には四人の息子がおり、小劉はその末っ子になる。長男と次男は地元の高校を出ているが、三男と四男は学校に行ったことがないので、字が読めない。末っ子以外は全員結婚して、荘子（村）に暮らしている。

中国人地域の海子灘では、嫁をもらうのに、最低五千元の婚資を用意しなければならないので、四男にはそれが足りない。四男小劉が地元にいた頃は、村中の農家の羊約百頭を集めて放牧していた。羊一頭を一年間放牧すれば、十元もらえるので、彼の年収は約百元だ。それでは嫁をもらう見込みが立たないので、彼らはモンゴルを目指した。モンゴル人の我が家では、彼の月給が九〇元で、父の老劉の給料は百元になる。このように、モンゴル人地域において、彼は一月間働いて、中国人地域での一年間の収入を得ているので、遥かに魅力的である。

オルドスのモンゴル人は農耕と牧畜の双方を営む。農耕には不慣れな上、働き手も足りない。そこで、中国人を雇う。雇われた中国人達は連携して賃金を高く設定して高い収入を得る。

> 蒙地の方が生活レベルは高い。毎日の食事に肉が入っているし、米と小麦粉も美味しい。仕事もきつくないので、長城以南や海子灘の村では考えられないくらい、幸せだ。

このように老劉は語る。

「何故、西安等、南の関中へ出稼ぎに行かないのか」、と私は尋ねた。長城沿線の中国人は中国の内地、彼らが言うところの関中へ行こうとしない。異国のモンゴルには喜んで来る。「関中は人が悪い」、と彼はずばりと話した。

海子灘にある彼の家には四畝の水地と二〇畝の畑があり、トウモロコシと小麦を作っているという。トウモロコシは一キロ〇・七八元、小麦は一キロ〇・四元で政府に売るという。したたかな中国人の老劉は自分の羊十数頭をモンゴル人の草原に連れて来て放したがっているが、エケレース・チンケルの許可は出ていない。「草原の草が食い尽くされてしまうし、居残ってしまうからだ」、とチンケルは警戒していた。

夜の八時、私達はミルクティーを飲み、羊の肉で作った包子を食べて寝た。しかし、私は眠れなくなった。我が家の生活と中国人の進出ぶりを見ていると、十九世紀末から現在までの百年間は実に短く感じる。民族間の対立と共生が続いている限り、大きな変革は見られないだろう。少なくとも当事者達が対立している、と理解している現在、百年はあまりにも短いと思われた。

注

（1）モンゴル語の原文は以下の通りである。"gegü ügüi ajarγ-a-yi qayiraγsan ni degere, albatu ügüi tayiji-yi tariγsan ni degere".

（2）モンゴル語の原文は以下の通りである。"kümün-i üjekü-dü nidü, bey-e-ben üjekü-dü toil".

（3）詳しくは松本［二〇〇五、二〇〇七a、二〇〇七b］を参照されたい。

（4）モンゴル語の原文は以下の通りである。"kengsigün ünir-tei yangyen tamika-ban, kereg ügüiči tatala, kenčirken sayiqan bey-e mini, terün-degen abutaγdaba".

（5）ハナマンルついては、王慶富［一九八三：七五―八四］と楊海英［二〇一八a：一七三―一七六］を参照されたい。このハナマンダはオルドスの「西モンゴル抗日遊撃騎兵師団」の第一連隊の連隊長で、親共産党派だった。詳しくは楊海英著『モンゴル人の中国革命』［二〇一八：一七三―一九八］参照。

（6）ウクルチン・ブルグトは鍛冶屋であった。彼は有名な猟師兼ホンジンでもあった。ホンジンとは結婚式で詩文を朗誦して祝福する係である。その息子のウルトナソンは作家である［Urtunasun

2006]。

（7）　オジのチャガンホラガは中国人移住者の名前をすべて記憶していた。詳しくは、楊海英［二〇二二：九五］を参照されたい。

（8）　グルバン・サラー渓谷に住むハダチンとキヤート・ボルジギンの系譜、及び両集団の婚姻関係の系譜については、楊海英［二〇二二：九六—九七］を参照されたい。

（9）　ガチャーは清朝時代になかった組織である。元々、モンゴル人民共和国で学び、帰郷してから中国人の侵入に抵抗する円陣運動ドグイランを始めたシニ・ラマことウルジイジャラガルが設置した行政組織だ、と一九九二年五月十六日にガタギン・ネメフは私に語った。一九二六年にシニ・ラマはまずウーシン旗に十九のガチャーを設置し、それぞれ内モンゴル人民革命党の党支部書記（nam-un üre-yin daruγ-a）を任命した。すべてモンゴル人民共和国を模倣した制度である。ウーシン旗西部にはウルドベイェ（河南）とシャルリク、チョーダイとチャンホク、それにボル・クデーの五つのガチャーがあった。東部はトゥンスゥイとシニ・スゥメ、トリ、ウーティ、トーリム、ガルート、テムール・オボー、メイリン・スゥメ、ホジルト、バヤントルガイ、ウラーントルガイ、チャガン・スゥメ（ウーシンジョー寺東部）、ダルハン・ラマ、ダブチャクという十四のガチャーが存在した。これらのガチャーの実権は内モンゴル人民革命党党員に握られ、従来のハラーとソムの組織を逐次廃止する狙いがあったと見られている。シニ・ラマが暗殺され、ムンクウルジの時代にガチャーが廃止された。

（10）　社会主義政権が確立されてからの内モンゴルにおける遊牧・牧畜経営の変化、草原の使用権の分譲について、尾崎による調査研究がある。尾崎は主としてシリーンゴル盟を事例として取り上げている［尾崎　二〇一九］。

（11）　『烏審旗歴史與現状』という謄写版の資料によると、この旗全体で七つの区、三十の行政村を設置したという。そのうちモンゴル人の村は二十一で、中国人のは九つだった。当時のウーシン旗は総面積が二万一千平方キロメートルで、「牧畜に従事する人口」は一万五千二百二十九人で、「農業人口」は公開されていない。いわゆる「牧畜に従事する人口」はモンゴル人を指す。中国は当時積極的に中国人を侵入させていたことから、中国人の人口を隠蔽している。尚、同資料は一九五八年までの共産党の事績について述べているので、一九五九年前後に編纂されたと推定できよう。

（12）　合作化の際には軍事化、現場化が強調されていた。それは、毛沢東が農民を如何に軍隊風に組織して、公有化するかの試みで、一九四三年頃から延安で実施されていた［Mao Zedüng 1949］。尚、上記の『烏審旗歴史與現状』によると、一九五六年になると、ウーシン旗の合作社は百十四に達したという。

（13）　「党懐民反革命事件」については、拙著『続　墓標なき草原——内モンゴルにおける文化大革命・虐殺の記録』に記述がある［楊　二〇一一b：二四五—二四六］。

●第三章　独自の暦を生きる人間と家畜

オルドス西部のチョーダイ平野に住むイトコの孫。牛の面倒を見るようと言われても、遊びを優先する。遊牧民の子どもは家畜と共に育つと言われる。(1991 年 8 月 30 日)

八月六日

近隣同士で「スープを飲む」

オジのチャガンホラガがグルバン・サラー渓谷に帰った後、八月六日にシャルリク・ソムの派出所の所長が訪ねて来た。彼は自宅へ帰る途中だと言うが、明らかに私の動静を探る目的を帯びていた。午前十時になると、今度は隣家のエケレース・サチュラルトがバイクに乗ってやって来た。今夜、バトジャラガル（Batujiryal）家で近所中が集まるので、参加するよう招待された。バトジャラガルは我が家から南へ四キロほど離れたガトゥー・タラ（Qatayu tal-a）に住んでいる。ガトゥー・タラは、「硬い平野」との意で、かつて一九五〇年代後半までは野生のガゼルが棲息していた平野である（写真3―1）。

　夕方五時に、私は母親と一緒にバトジャラガル家に行き、早朝の三時まで酒を飲み、新鮮な羊肉を食べた。モンゴル人は夏になると、「スープを飲む」（silü uyuqu）と称して、羊を一頭屠って、近隣同士で集まる習慣がある。遊牧民社会の古い会食の伝統であるが、定住したオルドス・モンゴル人もその習わしを守っている。家畜の群れを持っていても、決して頻繁に食用に供しない。我が家の周辺では今年、バトジャラガル家がみんなを招待した。次の年には、また別の人が「スープを飲む」機会を設けてくれる。贈与と返答を大事にするモンゴル人社会の習わしでもある。

　バトジャラガルはガルハタン（Γarqatan）・オボクで、「哨兵」や「境界警備士」の意味である。元々オルドス高原北東部のハンギン（Qangin）旗に属していたが、十五代前の祖先の時からウーシン旗南部の長城の警備に当たるようになったという。ハンギン旗を出て長城へ向かう途中、ガルハタン・オボクの一部の人達はウーシン旗東部のガルート（Talayutu,「鶴のいる地」との意）に居残った。その後、一九三〇年代に中国人の侵入に耐えられなくなって北上し、イケ・シベルの地を経てガトゥー・タラに移って来たそうである。

　ガルハタンはウーシン旗の一大オボク集団である。バトジャラガルによると、一族にスゥルケム（Sürkem）という太った、知的なラマがいたという。彼は金持ちだったが、子どもがいなかったので、財産をオイのボルバワー（Borubaba）に譲った。ボルバワー家は馬が多く、ウーシン旗西部の大金持ちであった。彼の息子チャガンバ

写真 3-1　19 世紀末のオルドスの風景。ガゼルの群れと自然と調和していた。（Museum of Scheut 所蔵）

ワー（Čayanbaba、Čayanqury-a とも）は共産党の八路軍の兵士になっていたし、父親のボルバワーも馬を提供する等、密かに中国共産党の八路軍の「抗日」を支援していた。ところが、中華人民共和国時代になると、ボルバワーは「反動的な搾取階級」とされ、文革中は激しい暴力を受けた。陝西省北部から侵入して来た中国人の呉有才という男がボルバワーをシャルスン・ゴル河の支流に落として殺害した。

一九七九年に、中国政府はボルバワーの名誉回復を進め、その息子チャガンバワーの長男バトジャラガルに幹部の地位を与えた。しかし、バトジャラガルも政府に批判的な人物で、共産党の指導者達に媚びを売らないので、末端の組織、旧人民公社にあたるソムの幹事に任命された。シャルリク・ソムの東、トリ・ソムの幹事である。一年後の五月八日から私はバトジャラガルとトリ・ソムで調査を実施することになる。

チャガンバワーには二人の夫人がいた。第一夫人はハナマンル（奇金山）連隊長の娘で、ガージド（Γajid）という[1]。第二夫人はジンホワール（Jinquvar、金花）といい、中国人で、モンゴル人の養女だった。バトジャラガルは第一夫人の息子である[2]。チャガンバワーは除隊後も二人の夫人と仲良く暮らしていたが、中国の民法に合わないとのことで、第一夫人ガージドは一旦離婚してオトク旗のグンガーノルブ（Γunγanorbu）に嫁いだ。しかし、グンガーノルブとの生活がうまく行かなかったので、戻って来てずっとチャガンバワーと暮らした。

「父は実質上、最後まで二人の夫人と幸せに暮らしていた」、とバトジャラガルは話す。一夫多妻の実態である。近代国民国家の民法は一夫多妻を否定しようとするが、社会的状況によって、幸せだった例もあるのではないか。

草原に伝わる国内外の状勢

「スープを飲む」近隣同士の話題は、つい三カ月前に逮捕されたグチュントグスに及んだ。グチュントグスは「オルドス文化研究会」という組織を作ったが、政府系の「文化藝術聯合会」に認められなかったので、非合法組織とされた。彼はまた「苦難の中のモンゴル人」という文を書き、謄写版で印刷してモンゴル人に配っていた。その内容は中国政府による過酷なモンゴル人弾圧の歴史をまとめた年代記であった。

グチュントグスの同志の一人、師範学院の大学院生のマンライ（Manglai）はモンゴル人民共和国の作家バクワル（Baγbar）の作品をキリル文字からウイグル文字モンゴル語に置き換えていたので、逮捕された。バクワルは南北モンゴルとロシア連邦に併合されたブリヤート・モンゴルの統一を唱えていたので、中国から敵視されていた。このように、オルドスの草原に暮らすモンゴル人達も遠く、モンゴル高原とシベリアのブリヤート・モンゴルの同胞に思いを寄せている。天安門事件は世界に衝撃を与えたが、内モンゴル自治区ではグチュントグスの逮捕事件がモンゴル人を恐怖に陥れている。そして、ソ連の不安定もある。私はこのような状況下で調査しなければならない。

もう一つの関心事は、最近出現して来た中国の地質調査隊のことである。寧夏回族自治区に本社をおく長慶という会社の地質調査隊のブルドーザーが草原に突如として現れ、縦横に切り開いては雷管を爆発させている。爆発によって惹き起こす振動のデータを集め、地下資源の有無を確認しているという（写真3―2）。モンゴル人達は最初、ブルドーザーが植皮を壊して沙漠をもたらしているのに反対していた。オルドス全体で地下に豊富な天然ガスと石油、それにウラン鉱が埋蔵されているのをまだ知らない。我が家の門前にも天然ガス田の開発が始まり、仕方なくフフホト市に移住するのは、二〇〇八年のことになる。当時はこのような結末になるのを誰も夢にも思っていなかったのである。

写真 3-2　草原の植生を破壊する中国の地質調査隊を阻止しようとするモンゴル人達。我が家の南西草原で 1991 年 8 月のある朝に撮ったもの。

バトジャラガルはトリ・ソムの幹部であるので、地元の末端組織の構成にも詳しい。彼によると、ソムという旗の下にある末端の行政機関には共産党書記が一人いるという。その書記には秘書が二人付く。その他に武装部長（一人、民兵の統括と訓練）と民政助手（一人）、公安警察（三人）、財政処（五人）、司法助手（一人）、土地管理員（一人）、共産主義青年団書記（一人）、婦女幹部（一人）、計画出産弁公室員（一人）、教育弁公室員（一人）、紀律検査委員（一人）等がいる。このように、中国共産党はモンゴル社会の最末端まで浸透して人々を支配しているのがよく分かる。

八月七日

オルドス暦と政府の横暴

母は八時に起きて羊の乳を搾る。九時に新鮮な羊の乳が入ったミルクティーを飲んでから、母は私に「オルドス暦」について語った。オルドスのモンゴル人は他の地域と異なる暦を古くから使い続けて来た。牧畜作業と祭祀はすべて「オルドス暦」に従う［楊　二〇二〇a：八四―八七］。

オルドス・モンゴル人が独自の暦に即して季節について談笑しているのを聞くと、他の地域のモンゴル人は皆、困惑する。

表4　オルドス暦に即した牧畜作業

太陰暦	オルドス暦	意味	別の表現と牧畜作業
1月	čaɣan sara	白い月	虎の月とも。春を迎える準備
2月	tabun sara	五月	兎の月とも。仔畜の出産期に入り、仔畜の世話
3月	jirɣuɣan sara	六月	龍の月とも。家畜の寄生虫の駆除
4月	doluɣan sara	七月	蛇の月とも。家畜が元気になりはじめ、骨の髄（čömügelekü）が増える
5月	naiman sara	八月	馬の月とも。羊の毛刈り
6月	yisün sara	九月	羊の月とも。小型家畜の搾乳シーズンになる
7月	arban sara	十月	サルの月とも。牧草の刈り入れ。再度、寄生虫駆除
8月	terigün kögelegür	最初の交配の月	トリの月とも。冬に出産する羊の交配が始まる
9月	segül-ün kögelegür	最後の交配の月	イヌの月とも。春に出産する羊の交配が始まる。脳包虫の駆除
10月	qubi sara	変わる月	猪の月とも。寄生虫の駆除継続。越冬期に入る
11月	qar-a qujir	黒い塩の月	鼠の月とも。古代では新年を迎える月。
12月	ögeljin sar	ヤツガシラ鳥の月	牛の月とも。冬の各種作業に入る

ほとんどの人が使い慣れている太陽暦や太陰暦と大きくずれているからである（表4参照）。研究者によると、「オルドス暦」はモンゴルが長城以南の中国本土を大帝国の一部、すなわち元朝として支配するまでに使っていた古い暦だという。冬の始まりを歳首としていた古代の残りである［楊　二〇二〇a：八六］。以下、本書の登場人物もすべて「オルドス暦」で私に歴史と文化について語って行くのである。

　母によると、オルドスのモンゴル人は独自の暦を使用していることもあって、土地の所有意識が強いという。昔から、他家（öger ayil）の家畜が自分の草原（belčiger）にやって来るのを極端に嫌う。他家の家畜を丁寧に追い返す。ただ、何回も繰り返し入って来ると、その主に伝えて、注意するよう依頼する。その為、家畜が自然に誰かの草原に流れて行かないように気を配る。当然、勝手に他人の草原に入って家を建てたり、井戸を掘ったりすることは厳禁とされている。一九九〇年代から、モンゴル人達もそれぞれが所有する草原を鉄線で囲むようになって来た。

　しかし、中国政府はモンゴル人の土地観に全く配慮しない。夕方六時ごろ、南東方向のテメーン・トルガイ（Temegen toluyi「駱駝の頭」との意）とモドン・ホーライ（Modun qoyulai「雑木林の谷間」と意）からに長慶地質調査隊のブルドーザーが一台、突然現れた（写真3—3）。中国人達はどこに行こうとも、前方にモンゴ

写真 3-3　我が家の草原を破壊する中国の地質調査隊。日本製の機械を多数携行していた。（1991 年 8 月）

ル人の鉄線が張ってあっても、勝手に破壊しながら前進する。政府から特権を与えられているからだ。彼らは数十メートルごとにボーリングをし、ダイナマイトを埋め込んでは爆発させる。地上に伝わる振動を測ってから更に進む。ブルドーザーが通った後には黄色い大地が露わになり、やがて沙漠の帯に変化する。「草原の植皮保護費」という名目で地質調査隊から地元のウーシン旗政府に年に数十万元支払われるらしいが、牧畜民には何の補助もない。

　モンゴル人はブルドーザーが出現すると、慌てて走って行って茹で卵等を隊員に渡し、鉄線を破壊しないよう頼む。自分の手で鉄線を緩め、ブルドーザーが通るのを待つ。父親もそれをやっていたので、私は悲しくなった。モンゴル人が有史以来ずっと所有して来た天賦の草原を外来の中国人にこれほど好き放題に破壊されるのは、史上初ではなかろうか。政府は近代化、開発という美しい名の下でモンゴル人の生活の基盤を根こそぎ壊している。それに対して何ら有効な措置を取れないほどに、我がモンゴルは情けないほどに無力化しているのではないか。

八月八日

中国の地質調査隊

　本日は立秋の日である。太陰暦で七月であっても、「オルドス暦」では十月なので、秋である。朝晩はめっきり涼しくなった。やはり、モンゴル高原の気候を理解するのには、「オルドス暦」がぴったりである。

　朝から父は中国の長慶地質調査隊と交渉に入った。ウーシン旗西部と陝西省北部の靖辺県あたりで大規模な石油が埋蔵されているのが判明し、開発する地点を探しているという。中国が国を挙げて進めている「陝甘寧盆地石油天然ガス開発プロジェクト」である。日本製のＫＯＭＡＴＳＵのブルドーザーとＳＯＫＫＩＳＨＡの地質探査車が毎日十キロほど草原を深く切り開いていく。ブルドーザーが開いた溝で数十メートルごとに爆発を繰り返す。昨日の風景と同じだ。地質調査隊はどうしても我が家の草原を通らなければならないし、三カ所で鉄線を切らなければならない。父が自らの手で我が家の鉄線を切らなければ、地質調査隊は強制的に突破すると脅かされている。突破して破壊しても、中国人は弁償しない。

写真3-4　中国の地質調査隊員達と草原破壊を阻止しようとするモンゴル人達。右から2人目は父。後方左からゲレルチョクト、サチュラルト。（1991年8月）

地元政府の「草原管理站」に賠償金を支払ったので、個々の牧畜民とは交渉しない権限が共産党政府から与えられている。

ブルドーザーが鉄線を破壊したら、引き直すのに時間と労力がかかる。それよりも、自分で切って入口を設けた方が、後で修理しやすい。近所中のモンゴル人達が集まって来たが、阻止はできない（写真3―4）。もう既に十数頭の羊が一冬食べるほどの草がブルドーザーに轢かれて沙に埋まっている。父はブルドーザーを操縦する中国人にタバコを渡して、笑顔で交渉している。既に述べたように、祖父はモンゴル草原を守る界牌官で、侵入して来た中国人を鞭打ちする権利を持っていた。しかし、今やモンゴル人は中国に支配されている。自分の草原を守るのに、破壊する中国人に笑顔を見せなければならない父が哀れに見えて仕方ない。

「これで、幅四メートルで、長さ一・五キロの帯状の沙漠が我が家の草原にできる」、と父は嘆く。

地質調査隊の中国人達も本音を言う。陝西省北部の中国人村落ではブルドーザーはほぼ動けない。中国人農民達も畑を守ろうとして、村を挙げて抵抗する。村民達はブルドーザーの前に横たわって死で以て抗議する。モンゴル人は自分の手で鉄線を切り、必要最小限の破壊を希望する。

「貴方達モンゴル人は優しい」、と破壊している中国人に馬鹿にされているのではないか。しかし、モンゴル人の心の中の悲しみは消えない。草原は有史以来ずっと、モンゴル人のものであったし、中国人も史上初めて長城以北に侵入しているからだ。中国人は抵抗するものの、それは眼前の利益の為で、長期的には経済的な開発で自分達も潤うのを期待している。ここに、両民族の認識の差がある。

地質調査隊のブルドーザーは我が家を通って、西のオーノス・シャラクーとエケレース・サチュラルト家の草原に侵入する予定である。シャラクーは私の父方のイトコ（üy-e aq-a）にあたる[3]。私の亡きオジのチローンドルジの三男で、その母親はリンホワである。シャラクーと我が家は、草原をめぐって対立している。我が家と彼の家の草原の境界は一九八四年に人民公社の幹部達の立会いの下で引かれた。草原の使用権が個人に与えられたのは一九九〇年だが、境界はその前に画定されていたのである。ブルドーザーの侵入で、沈静化していた近隣同士の対立が再燃するのではないかと父は心配している。

中国人の義理の息子

中国地質調査隊との交渉が一段落した時に、母方のイトコのジョリクト（Qadačin Joriγtu、写真3—5）と中国人の胡広世が馬に乗って相次いでやって来た（写真3—6）。ジョリクトは前日に来たオジのチャガンホラガの次男で、グルバン・サラー渓谷に住んでいる。胡広世の家は我が家から南東方向のシャルスン・ゴル河の北岸にある。二人とも、シャルスン・ゴル河の鯉を届けに来てくれた。

写真 3-5　イトコのジョリクト夫妻がグルバン・サラー渓谷を背景に撮った一枚。(1991 年 8 月)

父と母は胡広世を「義理の息子」（qayurai küü、乾児《ガンアール》）と呼ぶ。広世の祖父胡蘇児が、私の祖父ノムーンゲレルの養子だったからである。広世によると、元々、胡一族は陝西省北部のボル・ゴト（靖辺堡）の豪族だった。彼の祖父が三歳だった頃に胡一族全員約百人近い人々が突然、死亡してしまったという。一人だけ生き残った祖父は十六歳の時にオルドスに流れて来て、オーノス家の玄関を叩いた。少年胡蘇児は焼きパン（饃饃《モーモー》、borsay）を作る技術を持っていたので、饃饃匠《モーモージャン》と称していた。私の祖父ノムーンゲレルは中国人の饃饃匠を家の近くに住まわせて、小さな畑を与えて耕作させた。胡少年は焼きパンを作ってモンゴル人に売り、少しずつ家畜を増やして生活していた。そして、五八歳の時にようやく結婚して一子を儲けた。その子の名は胡料（胡順義とも）で、胡料から広世が生まれた。饃饃匠は一九五〇年に七七歳で亡くなった、という。

写真 3-6　我が家の養子である中国人の胡広世。(1991 年 8 月)

私は広世の語りから以下のような歴史を推察した。彼の祖父は一八七三年に生まれているはずだ。三歳の頃の一族の全滅は一八七六年で、ムスリムの回民が陝西省中央部から北上し、靖辺県を席巻してオルドスに闖入した時期と重なる。いわゆる同治年間の「回乱」にあたる。回民の北上は中国人のモンゴルへの侵入を招き、玉突き現象の民族大移動が始まる［楊　二〇一四：四四—四七、二〇二一：五六—五九］。十六歳の時、すなわち一八八九年頃にウーシン旗西部のシャントルガイにやって来たというのも、ちょうど我が一族が移動して来てまもない時である。祖父ノムーンゲレルは胡少年の境遇に同情し、自身の「義理の息子」として受け入れたが、いわゆるモンゴルに帰化した「随旗蒙人」(orumal)の身分は与えていないので、胡一族は中国人のままである。祖父は旗政府の役人であったので、身分の変更には厳格だったのであろう。

このような長い付き合いがあった為か、胡広世もその恩を忘れずに、年に何回かは魚等を持って見舞いに来る。一九七六年冬から春にかけて、母が羊の群れを連れてシャルスン・ゴル河の渓谷に移動した際に、胡料家に世話になっていた。当時、私はシャルスン・ゴル河の南、サンヨー峠(Sangyo-yin toluγai、倉窰窪)の農業中学校に下宿していたので、時折、胡料家に行ったことを覚えている。胡家はモンゴル人とほぼ同じような生活を送っていた。

「モンゴルで生まれ育ったおれは馬と草原が好きで、漢人と農作業は大嫌いだ」、と広世はいつも母にそう話す。モンゴル化した彼は農作業が苦手で、放牧を得意とする。灌漑できる畑(水地)五畝と天水に頼る畑十二畝をすべて靖辺県の中国人に請け負わせているという。広世は肥料を負担するのみで、種は請負人が持ち、収穫は折半である。

このような胡広世に親戚はいなく、私の両親と仲がいい。胡広世は親戚がないのをむしろ喜んでいる。中国人は血縁で固まるので、面倒だという。今の時代は、「兄弟同士でも高い壁を作って行き来しないし、六等親は遠くへ行く(兄弟打高墻、六親走遠方)」ので、モンゴルで暮らすのが楽だと見ている。母も「水と薪は近い方がいい、姻戚は遠く離れた方がいい(usu tüliy-e oyira sayin, uruγ törül qola sayin)」、と応じていた。「義理の息子」広世はその晩、我が家に泊まった。

匈奴の時代から長城以南の中国人が自由を求めて草原に亡命して来る。有名なのは、漢王朝から匈奴に降った李陵であろう[護　一九九二]。故郷に帰って来るまで、私は春から夏まで新疆ウイグル自治区北部のアルタイ山中にいた。遊牧民のカザフ人社会にも甘粛省から逃れて来た中国人がいた。馬に乗り、カザフ語を操り、完全に遊牧民化していた。我が家の「義理の息子」も「現代の李陵」のような人物であろう。昨日から現れた中国の地質調査隊の問題で、この日には色んなことが起こり、慌ただしく過ごしたので、私はそれを次のような表5にまとめてみた。

乳製品と暦

季節に応じて、食べ物が異なるのは、どこの社会でも同じであろう。モンゴルの場合だと、それは乳製品の種類に反映される。

表5　実家の立秋

時間		両親と中国人の雇い人の仕事
午前	7：00	母が乳製品チュルマを作る。父は長慶地質調査隊と交渉
	8：00	母、搾乳開始。雇い人は羊の柵を掃除
	9：30	母方のイトコのジョリクトがグルバン・サラーから野菜と魚を届けて来る
	10：00	亡き祖父の養子の子ども、中国人の胡広世が魚を届けて来る
	10：30	母方のイトコのジョリクトと胡広世は魚を料理し、酒を飲み始める
	11：00	家族全員で遅い朝のお茶タイム。
	12：00	父と母、疲労の為、昼寝
午後	13：00	父、再び地質調査隊と交渉
	15：00	母方のイトコと胡広世、それに雇い人は米をつき、餅（米糕）を作る
	16：00	隣家ムンケジャラガルのロバが草原に侵入したので、雇い人が追い払う
	17：00	父と雇い人が羊をまとめて柵に入れる
	17：20	母と父、母羊と仔羊を分離し、別々の群れに
	18：00	夕食
	19：00	他家の皮膚病にかかった羊が迷い込んだので、遠くへ送り届ける

立秋したら、羊の搾乳は基本的に止まる。母は今年の最後のバター作りを始めたので、私はその製法について聞きながら、記録した。

搾りたての羊の乳（sü）に古いチーズのチュルマ（čurma）を砕いて少し入れる。暖かいところにおいて、二日ほど経つと、ヨーグルトのアイラク（ayiray）になる。或いは乳を自然に発酵させる方法（egedelekü）もあるが、こちらはうまくいけば、その日のうちにヨーグルトになる。

母によると、人工受精④させて生まれた羊（uγsaγ-a-yi sayjirayuluγsan qoni）の乳量は多く、在来種（orun nutuγ-un qoni）は少ないという。母は今年、僅か三十二頭の牝羊を搾っている。双仔を産んだ牝羊は搾らないで、仔羊に残してあげる。

「オルドス暦の八月（太陰暦五月）十五日」から搾乳を開始し、三日に一度の頻度で攪拌する（bülikü）。昨年は五五頭を搾っていたので、二日に一度は攪拌できた。実際、三日間くらい発酵させないと、良いバター（tosu）が取れない。

発酵したヨーグルトのアイラクを大きなガンという陶器の釜に入れておく。ガンの入り口をしっかりと密封してから攪拌棒で五千回くらい攪拌する（写真3—7）。大体一時間半はかかる。それからキルマ（kirm-a）という冷水を少しずつ足していく。真夏の場合は汲みたての水を、気温が低い秋にはぬるま湯を使う。冷却水キルマを入れながら更に一千回ほど、ゆっ

写真3-7　発酵したヨーグルトを攪拌する母バイワル。

くりと攪拌する。三十キロのヨーグルトだと、キルマは最低、十五キロは欠かせない。キルマを加えることで、脂肪分が塊まって浮いてくる。この脂肪分をチャガン・トス（čaγan tosu）、すなわち「白いバター」と呼ぶ。脂肪を分離させた後の脱脂ヨーグルトをチャガー（čaγa）という。

チャガーは、元のヨーグルトの発酵具合により、「強いチャガー」（doγsin čaγa）と「おとなしいチャガー」（nomuqan čaγa）に分けられる。「強いチャガー」は何回か沸騰させてから袋に入れて濾過する。「おとなしいチャガー」は少し加熱して濾過する。濾過で取った乳漿《にゅうしょう》をシャルス（šaras）という。どれほど加熱したかによって、乳漿の分離速度もまた異なってくる。

チャガーから乳漿を濾過した後のもの、すなわち脱脂濾過後のヨーグルトの塊をアールチャ（aγarča）と呼ぶ。アールチャを手で丸く固めて作ったチーズをホルート（qurutu）という。指と指の間から細かく絞り出すチーズをチュルマと表現する。[5]「強いチャガー」から作ったチーズは酸っぱく、褐色を呈す。「おとなしいチャガー」からは白い、甘みのあるチーズが生まれる。乳漿シャルスは皮を鞣《なめ》すのに使ったり、豚の餌を発酵させるのに使ったりする。シャルスを食べた豚はよく肥えるし、肉も美味しいと評価されている。

晩秋になり、「オルドス暦の交配月（太陰暦九月）」に作った最後のチャガーをガンに入れて、密封しておくと、翌春の「オルドス暦の五月（太陰暦二月）」まで使える。肉うどんに少し入れると、抜群に旨く、モンゴル人の好物である。肉と乳の併用、肉料理に乳を使うのが特徴的である。

「白いバター」に少し炒ったキビを入れて加熱すると、「黄色いバター」（sir-a tosu）になる。加熱することで「白いバター」に混ざっていたヨーグルト成分がキビに浸み込み、こちらはジョチギイ（jöčügei）と呼ぶ。三十キロのヨーグルトから約一キロの「黄色いバター」が取れる。「黄色いバター」を樽（gönji）や羊の胃袋に入れて密封（tammaγilaqu）しておけば、三年間は持つ。

秋の「オルドス暦の交配月（太陰暦九月）」にまたウルム（örmü）を作る。ボール（γadur）に乳を入れてから火鉢の上に静かに一晩置いておくと、乳の上に脂肪の膜が形成する。この脂肪の膜をウルムという。或いは乳を鍋に入れて少し加熱し、泡を立てる（samaraqu）。泡が一杯浮上して来ると、静置しておく。こちらのウルムは間に気泡があって、食べるとサクサクとした味覚になる。ウルムにならずに途中で取った生クリームをジョーヘイ（jökei）という。

生クリームであるウルムをユーラシアの遊牧民は何よりも好む。大抵の遊牧民の男は、他人のウルムを盗み食いした経験を持っているはずである。私も子どもの頃に、隣に住むオバのリンホワ家のウルムを盗み食いしたことがある。リンホワ家は、オジのチローンドルジの獄死で我が家と仲が悪いが、ウルムを盗み食いしたことで怒られることはなかった。

八月九日

羊も人間である

本日も晴天。朝の七時から中国の地質調査隊が我が家の草原でボーリングしているので、騒音がひどい。昨晩遅くまでイトコのジョリクトと酒を飲んでいた「義理の息子」胡広世はまだ寝ている。母は搾乳をしてから茶を沸かす。雇い人の小劉は羊の群れを南東方向へと連れていく。父は地質調査隊のところに行き、ボーリングを監視する。地質調査隊は南側から我が家の草原に闖入して来たので、鉄線が切られた。その破壊された入口から羊達が逃げたり、畑に入って収穫直前のキビを食べたりしないようにする為である。中国の地質調査隊は確実にモンゴル人の平穏な日常生活を壊している。

立秋したので、母は今日から今年の搾乳を止めた。もし、雨がよく降り、草原の草の生え具合も良かったら、立秋後も十日間くらいは搾乳が可能である。今年は旱魃に見舞われたので、立秋の翌日からぴたっと止めることにした。

秋は家畜を肥らせ、体力を蓄える重要な季節である。「羊達も人間だから、丁寧に扱わなければならない」、というのが母の口癖である。水をたっぷりと飲ませ、休ませてから草原へゆっくりと連れて行く。羊達は井戸で水を腹一杯飲みながら、主人を黄色い瞳で眺める。まるで甘えているような表情を見て、両親も笑顔になる。

雇い人の中国人、小劉にはそのような知識はないし、羊に優しく接する気持ちもないらしい。彼は時々羊を足で蹴ったりするし、棒を持って井戸から羊の群れを追い払うようにして草原に向かわせる。モンゴル人は家畜を叩くことはしない。まして棍棒で家畜を叩くことを極端に忌み嫌う。遊牧民は鞭を打ち鳴らすが、家畜の体に当たらないようにする。それに、何故か、棍棒を中国人の暴力のシンボルだ、とモンゴル人は理解している。十九世紀末からモンゴルに侵入して来た中国人は皆、棍棒を手にしていたから、そのような見方が定着したかもしれない。

我が家の羊を小劉が棍棒で叩いたことで、父は彼を注意した。すると、小劉は仕事を辞めて陝西省に帰ると言い出した。

先日、他家の皮膚病（qamuyutai qoni）にかかった羊が我が家の群れに迷い込んだ時も、両親は素早く隔離してからその主人に伝えた。しかし、中国人の小劉は「畜生《チューシン》だから、餓死させればいい」、と羊に罵声を浴びせる。中国人は羊を「畜生」（chusheng=adayus）と認識するのに対し、モンゴル人はマル（mal）と呼ぶ。マルとは羊とヤギ、駱駝と牛、それに馬からなる。ユーラシアのテュルク・モンゴル系遊牧民はマルを財産や名誉として位置づけ、子どものように甘やかして育てる。一方、中国人は乱暴に扱うので、衝突が絶えない。両民族の価値観の違いは簡単に解消できないものである。

夕方六時に、羊達を南東方向へ放したが、七時になっても、遠くへ行こうとしないで、家の近くの草ばかり食べている。家の近くは硬い平地（tal-a）で、遠くの草原は沙漠性ステップのバラル（balar）になる。硬い平地に柔らかい「白い草」（čaya ebesü）が生えているのに対し、沙漠性ステップのバラルには灌木と棘のある草が多い。この時期の羊達にとって、柔らかい「白い草」が好みであるらしい。

あたりが暗くなる前に、数頭の仔連れの羊が井戸に戻って来た。綺麗な水しかない飲まない羊達だ。大勢の羊と一緒になって水を飲もうとしない、潔癖症のある羊達である。しかも、冬になると、必ず飼料（bordoy-a）を強請る個体だ。母はとりわけ、このような羊達を可愛がっている。沢山の仔を産んでくれたからである。

母の説得で、中国人の小劉は長城以南に帰らずに、しばらく働くことになった。

八月十日

羊の動物行動学

私達はとても爽やかな朝を迎えた。

夕べ十一時から約四十分間雷雨が降ったので、大地から放たれる息吹は実に良い匂い（uniyar）がする。家の周りの沙漠性ステップに少し、靄《もや》がかかっており、羊達の姿が見え隠れする。仔羊達の鳴き声が遠くから聞こえて来るので、多分、夜の間に母親とはぐれたのだろう。私にとって、これは原風景である。

モンゴル人は指の本数で雨量を測る。一種の身体尺である。夕べの雨量は二本指の厚さ（qoyar quruyu）になる。この雨で草も作物も良くなる。キビはちょうど穂を吐き出そうとしていた。草も少しは丈が伸びて栄養素が増えるので、枯れる時期も遅くなり、羊達が喜ぶ。

母は二頭のソワイ（subai）の乳を搾った。ソワイとは、仔を失った牝羊を指す。仔が早死にしても、乳が涸れないよう搾り続ける。普段は授乳しないので、仔持ちの羊よりは体力が残っていると見られている。その為、ソワイだけは立秋しても、しばらくは搾り続ける。そのソワイ達に感謝しながら、私達もまだミルクティーが飲める。

イトコのジョリクトと「義理の息子」の胡広世の二人は朝のお茶を飲んでから地質調査隊のボーリングの跡をチェックしてくれた。中国人の地質調査隊員達は爆発しなかったダイナマイトや雷管をそのまま草原に残してしまうので、モンゴル人牧畜民や家畜が踏むと爆発する危険性もある。地質調査隊がブルドーザーでボーリングした跡地は地雷原になっているので、二人が調べに行ってくれた。イトコはグルバン・サラー渓谷で農業をやっているので、短い農閑期を楽しんでいる。胡広世は牧畜民であるが、家畜も畑も雇い人に任せているので、我が家に来て、二泊三日、酒を飲んで、魚を料理してくれた。

我が家の羊達は夜間の食草を終えて、早朝の六時半に「帰宅」して来た。羊にも必ずリーダー（terigün）がいて、井戸を目指す時も草原に行く時も先導する。大概は体格の良い牡である。リーダーに引率された羊群は一直線の陣を作って南東方面から現れて、北西の井戸にやって来る。陣の後から埃が立ち、雲になっていく。雇い人は井戸から水を汲んで飲ます。

水を飲んでからは我が家の周辺の硬い平地《タラ》の柔らかい草を食んだりする。元気の良い牡達はエネルギーが余っているらしく、頭突きの喧嘩を始める。羊達にも実は派閥がある。仲の良い者同士で固まるので、仲間が劣勢になると、別の羊がいきなり側から割って入る。加勢する際は腹部を狙って頭突きするので、やられた羊は骨折する危険性がある。その為、喧嘩が長くなると、母が仲裁に入る。母の優しい掛け声を聞いて、羊達は納得していなくても、離散する。私が子どもだった頃は好きな羊に人間として加勢していたものである。

十時半になると、ほぼすべての羊が昼寝タイムに入る。そのうちの何頭かは必ず庭に入って来るし、或いは軍神スゥルデの近くで寝る。

父は十一時半にシャルリク人民公社本部にある商店に買い物に行ったので、母は私に年間の放牧の知識について語った。私の頭の中には、昨日の一幕、父と雇い人の対立があったから、再び放牧をめぐるモンゴル人の価値観について知りたかった。母は以下のように話した。

夏は体力を付け、家畜を肥らせる時期である。夏草を食べて一瞬、肥ったように見えても、それは「水肥り（usu taryu）」であり、長続きはしない。長い、寒い冬を越すには筋肉にまで脂肪が宿る「油肥り（tosun taryu）」をさせないといけない。その為には水を一日中欠かせずに飲ませ、夜間は草原に放つ。日中の暑い時間帯に昼寝する時も灌木の多い沙地を選び、熱中症（kebtesikü）にならないように目を光らせる。沙地で寝かすと、体内の余分の「黄色い水シャルス（šaras）」が蒸発して、肺臓の病気がなくなる。昼寝は大体夕方五時まで続く。

夕方に水を飲ませてから仔を隔離し、母羊と牡達を夜間の食草に出す。翌朝の七時くらいに帰って来ると、搾乳する。立夏以降（qalayun totur）に母羊を搾らないと、仔羊はつきっきりでついつい乳を飲み過ぎてしまう。乳を飲み過ぎると下痢し、草の消化も悪くなり、成長に影響が出る。夏の間、少なくとも二回ほど、「体熱を下げる薬（seregün em）」と「駆虫薬（qorqai jodaqu em）」を飲ます。

秋になると、羊を激しく運動させないようにする。速く追っかけたりすると、「壊れてしまう（balbaraqu）」からだ。「壊れてしまった」羊は結局、冬の間に弱り、毛も落ちてしまうし、春先には寄生虫にやられてしまう。その為、かつて遊牧していた時代でも、秋の移動はゆっくりと進められていた。

寒い冬を迎えると、水は一層大切となる。羊達も暖かい寝床（qota）で寝坊したがるが、早朝五時には起こして草原に出さなければならない（bečiyekü）。それは、体熱が体内に溜まらないようにする為だ。特に冬至以降の八十一日間は「九を数える（yesü toyalaqu）」という寒い時期になるので、早朝の放牧が大切である。冬は日中が短く、夜は家の近くの寝床で寝かす為に、充分な食草時間を確保しなければならない。

春に草がなくなりかけると、体力も弱って来る（teyi turaqu）。そこで、飼料をやらないといけない。仔羊も生まれて来るので、一年の中で最も疲れる時期になる。

母はこのように私に語ってから、急に今夜も仔羊達を隔離して、もう四～五日間搾乳する、と決心した。昨夜の雨で草が良くなったからである。ただ、双仔（iker）は隔離しなかった。

中国人の墓泥棒

夕方、長城に近いゴトン・ゴル河に住む賈という羊皮商人がやって来た。以前からウーシン旗を歩き回る行商人で、オルドスでは貨郎子《ホランツ》という（写真3―8）。彼は、我が家から南東へ約五キロ離れたところにある、ウーシン旗西部の「八一牧場」に毛皮集積地を作って、十年間もモンゴル人の家々を歩き回って集めている。彼のような中国人商人がオルドス・モンゴルの家畜資源を牛耳っている。

貨郎子の賈は羊皮を数種類に分けて買い取る。良い皮は十八元で、その次は十六元、十五元になる。最も粗雑な皮は四～五元と安い。良いか悪いかは、羊の健康状態による。我が家の羊は地元でも評判なので、毎年のようにやって来る。今日も、父方のイトコのチャガンバンディ家を経由してやって来た。交渉の結果、皮を一枚十六元で売り渡した。

実は我が家の井戸を数年前に掘った中国人も賈の家の近くに住んでいる。井戸は使用年数が経つと、汚泥（lai）が沈殿して、水の出が悪くなるので、清掃が必要となる。母は賈に井戸の職人に早く来るよう伝言を頼む。元々、遊牧民のモンゴル人は井戸を掘らずに暮らして来た。モンゴル高原には無数の河と湖、それに泉があったから、遊牧民も家畜もそれで充分であった。しかし、中国人の進出で草原が開墾されて沙漠化が進むと、水源地は急速になくなった。そこで、井戸に頼らざるを得なくなるが、井戸掘りもまた中国人なので、複雑な依存関係に発展する。

長城附近の中国人が来ると、母はなるべく丁重に応対する。茶を出し、ご飯も食べさせる。

「中国人は暴力的なので、いつ牙を剝くか分からない。ただ、腹一杯になった者は大概、食事を出してくれた人には危害を加えないはず」、と母は話す。

写真 3-8　我が家の雇い人、小劉（右）と中国人の行商人。中国人がしゃがんで話し合うのも、モンゴル人とは異なる身体言語を有していると見られている。（1991 年 8 月）

一年前、ウーシン旗東部のトゥク・ソムの一人暮らしの年配のモンゴル人が長城以南の中国人に殺され、羊も群れごと陝西省へ追われていった。モンゴル人が上告し、その中国人に死刑判決が下された。また、別の陝西省の中国人もモンゴル人の羊群を盗んだことで、懲役十五年の刑が言い渡されたという。我が家もやられたことがある。数カ月前の春、延安から来た貨郎子を一晩泊めてあげたが、翌朝、彼が行った後に見たら、敷物のフェルトがナイフでズタズタに切られていたのに気づいた。モンゴル人はどうしても中国人を家に泊めたがらない。草原を旅する長城以南の中国人も、地元の中国人の家に行かないと宿は見つからない。両親は好意から泊めたのに、寝具が破壊されたのである。

「もう少しで晩秋になると、モンゴルから長城以南へと向かう馬車や小型トラクターが後を絶たなくなる。羊毛や収穫した穀類が運ばれていく。中国人を養っているのは、我々モンゴル人の草原からの資源だ」、というのが母の見解である。

母によると、我が家が雇っている中国人の小劉も不誠実な子だという。何歳になったかも、正直に言おうとしない。十九歳という場合もあるし、二十歳とも自称する。彼の一家は海子灘で極貧の生活を送っている。一人当たり〇・七畝の畑しかなく、毎年、政府からの「救済糧」という配給食に頼っている。一日二食で、朝はトウモロコシの蒸しパンで、昼はキビご飯になる。野菜は市場へ売るのに出されるので、自家用はほとんどない。近年、山の土を沙漠に運んで畑を開拓する人もいるが、雨が降らないので、収穫も見込めない。それでも、中国人は政府の一人っ子政策を無視して「ブラック・

チルドレン（黒孩子《ヘイハイザ》）」を産む。一人余分に産むと、年収以上の罰金三千元が課される。貧乏よりも、「断種」が怖いと彼らは語る。断種とは、子孫が途絶えることを指す。

「どうして蒙地に来たのか」、と私は劉に尋ねた。陝西省の中国人はモンゴルを「蒙地」や「草地」と呼ぶ。

「攔公《ランゴン》の為だ」、と彼は返事する。攔公とは、出稼ぎを指す。

蒙地は食べ物が良く、住むのにも金はかからないので、我々海子灘の漢人達はみな喜んで行くので、自分も来た。蒙地で家畜だけを世話している場合は、月に九十～百二十元もらえる。水地の作業もすれば、一年間の食料も確保できる。

彼は最初、炭鉱で攔公していた。一日約二十五元の収入があったが、食事代は自己負担で、仕事もきつかったので、辞めたらしい。母が劉の父から得た情報では、他人のものを盗んだので、解雇されたという。

炭鉱から解雇された後、劉はまた五、六人の不良少年と組んで地元の古墳とウーシン旗にある統万城（Tümen balγasu）近くの古墳を盗掘したことで逮捕された。中国では大開発に伴い、各地の古墳が盗難に遭っていた。北京の書店でも、古墳の盗掘に関する本が平積みになっていたのを思い出した。古墳泥棒の小劉は、父の老劉にとっても、困った存在だ、と母は彼の父に同情していた。

「蒙地での稼ぎに満足しているか」、と私は小劉に聞いた。

「馬は夜間に草を食べないと肥えない。人間が古墳を盗掘しないと金持ちになれない（馬不喫夜草不肥、人不盗古墓不発）」、と彼は笑いながら答える。

墓泥棒が我が家の雇い人になっているとは、驚かされる。我が家の近くにも古墳は数カ所あるので、私は心配して来た。

八月十一日

羊の現代史

「モンゴル人が生きていけるのは、羊の御蔭だ」、とは両親の口癖である。ある羊の研究者に言わせると、人間が文明を築き、豊かになったのも、羊の背中で富を構築して来たからだという。一万一千年前にエジプトからペルシア湾にかけての「肥沃の三角地帯」でこの動物を飼い慣らしてから、産業革命を経て、現在に至るまでの発展は羊抜きには語れない［クルサード　二〇二〇：七―九］。その為、羊を少年時代に放牧していた私も一から再認識しようと思った。まずは、名称体系から把握しよう。

朝、母は庭を掃除してから、仔なしの牝羊ソワイ二頭の乳を搾る。それから、母は私に羊の名称体系について教えてくれた（表6参照）。

モンゴル人はまた個々の羊に名前を付けて呼ぶ。どういう風に名づけるかは実に大事な伝統である。

五畜にはそれぞれ名前《ネル》（nere）と「称号《チョロ》」（čolo）を与えて呼ぶ。家畜も小さい時からそう呼ばれて来たので、呼ばれたら、反応するし、掛け声に応じるように行動してくれる。今、約二百頭の羊を有しているが、名前で呼んでいるのはそのうちの十七頭である。名前は大体、身体的な特徴と性格を見て付ける。角があるかどうか、垂れこぶ（süike）があるか否か、それに太り具合を見るという（表7参照）。

「羊達の性格も体つきも基本的にその母親に似ているので、頭の形、角、眉毛、性格まで受けつぐ」、と母は強調する。母は続ける。

表6　羊の名称体系

発音	モンゴル語	身体的成長とその他特徴
ホルガ	qurɣ-a	産まれてから翌年の旧正月までの仔羊 *
トゥルゲ	tölüge	旧正月からその年の冬までの二歳羊。歯が二本になるので、シュドゥレン（sidüleng）ともいう。
キジャール	kijaɣar	歯が四本になった三歳羊。牡はイルゲ（igirege）と、牝はオキン・キジャール（okin kijaɣar）ともいう。
グイチメル	güičimel	満四歳羊。
バイドゥス	bayidus	仔羊を産まなかった牝。グサラン（qusarang）ともいう。
ハイトゥール	qayituɣul	自身の仔羊を亡くした牝羊
グチャ	quča	種雄
アスマン	asman	一旦は候補として選ばれたものの、不合格と見られ、去勢された元種雄。

* 家畜が仔を産むことをモンゴル人は以下のように表現する。羊の出産は qurɣalaqu、山羊の出産は isigelekü、馬の出産は unaɣalaqu、牛の出産は tuɣulaqu、ラクダの出産は botoɣalaqu である。これらはすべて仔畜の qurɣa、isige、unaɣa、tuɣul、botoɣa に動詞の語尾 laqu（=lekü）が付いた表現である。

表7　オルドス・モンゴル人の羊の名前

発音	モンゴル語	実態
チョーホンダイ	čoqondai	まだら模様
ホンホト	qongqotu	顎の下に鈴（qongqo）のようなタブ（süyike）をもつもの
ゲレセント	gersentü	皺だらけのもの
トーライ	taulai	ウサギ（taulai）のように耳がながいもの
デルデン	deldeng	耳がとんがったやつ
マントトルガイ	mantutoluɣai	饅頭のような丸い頭のもの
テメーントルガイ	tementoluɣai	駱駝のような頭をもつもの
ボンホダイ	bonqadai	丸く太ったもの
ジュルケン・チキト	jirüken čikitü	心臓のような形の耳をもつもの
ダンバル	danbar	清朝の役人さんの帽子のような角をもつもの
ガラン	ɣalang	野生羊のような立派な角をもつもの
アニューダイ	aniɣudai	目が細いもの
チュイチゲル・チャガーン	čüyičeger čaɣan	背が高いしろいもの
バグーダイ	baɣuudai	背の低い白いもの
ハラ・クメスゲト	qar-a kömüsgetü	黒い眉毛
シャル・クメスゲト	sir-a kömüsgetü	黄色い眉毛
マンタン	mantang	穏やかな性格の持ち主

羊の名前或いは、名前がなくても、すべてその母親の系統で覚える。というのは、種雄のグチャ（γuča）は一頭か二頭しかないか、他人と種雄を共有しているので、誰の種（ür-e）かは決まっている。群の中で乳の出がいいかどうか、毛が長いかどうか、肉付きがいいかどうか、性格がいいか悪いか等は羊達の母親の系統をたどる。沢山の仔を生み、「子孫繁栄」を作ってくれた牝の羊は「功臣」なので、食べたりしない。私は一九六〇年に結婚して嫁いで来た。一九七一年の群れに二頭の「仔沢山の羊」がいた。その二頭から生まれた羊は一九九一年になると、三十頭に増えていたが、全員覚えている。どこに売ったかも覚えている。

お祖母《ばあ》ちゃんは一九一一年に、ここに嫁いで来て、一九七八年に八四歳で亡くなった。彼女もまた、自分の実家から連れて来た羊の系統を亡くなるまで覚えていたし、売ろうともしなかった。

我が家の二百頭の羊のうち、名前があるのは十数頭である。名前を付けられた個体には特別な愛情が注がれる。以前に人民公社の公有財産としての家畜を放牧していた時でも、政府が家畜を徴収しに来た時も、可愛がっていた羊を引き渡そうとしなかった。国家の財産であった羊達もその世話人の力で生きながらえていたことになる。個人に所有権が戻って来た現在でも、名前のある羊を屠るのには勇気がいる。以前、父はガラン（γalang）という牡羊をとりわけ可愛がっていた。野生羊のアルガリのような大きな角を持っていたので、ガランと呼ばれていた。父はいつも彼にだけ塩を舐めさせ、そして自身も羊のような恰好をして頭突きの相手をして遊んでいた。しかたなく、老齢になる少し前に食用に供されたが、屠る場面を父は見ようとしなかった。我が家の屠畜係は父が担うが、ガランにはナイフを振るう勇気がなかったようである。落ち込んでいた父に、母はチョーホンダイ（čoγoqondai）という大きな牡を指名してあげた。少し、まだら文様のある牡羊だった。子供が複数いる家庭だと、それぞれに家畜を名前で指名して譲渡することがある。

家畜の名称体系は重要である。人類の中で、遊牧を最初に始めたのは女性と子どもではないか、と指導教官の松原正毅は推察している。女性と子どもが名前を付け、搾乳に関わるからである。搾乳は人間自身の子どもを育てるのに欠かせなかったからである［松原　二〇二二］。

羊はまた病気にもなる。仔羊が冷気にあたって風邪（salkin oruqu）を引いてしまうこともある。その際は針で耳と蹄を刺して治す。頭突きの喧嘩をしたりすると、「心臓が歪んでしまう（börmekü）」。すると、後ろの二本足を筋のところから縛っておく。羊は歩き出そうとして跳ね上がるので、心臓も元の位置に戻る。

　草に付いていた寄生虫等が脳内に入って脳包虫になったり、脳内に水溜まりができたりすると、切開して取り出す[6]。脳包虫の原因となる水溜まりをウイーランハイ（uyilangqai）という。ウイーランハイはまた「泣き虫」との意味でもある。ある伝説によると、姑に虐められた嫁が泣きながら羊の放牧に出かけた。すると、その涙が羊に移って、脳包虫になった、という。

表8　山羊の名称体系

発音	モンゴル語	身体的成長とその他特徴
イシゲ	isige	産まれてからその年の冬になるまでの間の名
シュドゥレン	sidüleng	翌春からの名
ジュサク	jusaγ	第三年の春からの名
イケ・ヤマー	yeke imaγ-a	四年目からの名
バイドゥス	bayidus	仔羊を産まなかった牝。或いは流産してしまった牝山羊。グサラン・ヤマー（qusarang imaγ-a）ともいう。
ウハナ	uqun-a	種雄。エグルデル（egülder）ともいう。

　春先になると、毛深いところにシルジャ（silja）という虫がつきやすい。酷い場合は皮膚病（qamaγu）になる。そうなると、柵や洞窟に入れて煙で燻蒸（utaqu）する。

　「病気だけではない。鷹や狐に狙われる場合もある。そういう時は火の神（γal γalayiqaγan）に祈りを捧げる」、と母は語る。拝火信仰の原点も、家畜群の繁殖にあるかもしれない。私が子どもだった一九七〇年代初期までは、冬になると鷹（bürgüd）や鷲（qar-a sibaγu、tas）が飛来していた。高い沙丘の上に降り立った鷹は羊よりも大きく見えていたのを覚えている。その後、中国人が増え、鷹や鷲を捕獲して羽と骨を売っていたので、ほとんど絶滅してしまった[7]。狐はまだ、いる。

　ユーラシアの遊牧民は羊を山羊と同じ群れにして放牧して来たが、我が家には今、山羊は一頭もない。近所でも山羊の姿は見られなくなった。一九八〇年にまとめて東部のジュンガル旗とダルト旗に売ったことで、「絶滅」してしまったという。山羊が草原の沙漠化をもたらしている、と中国人の政府から断罪された為だ。「本当は中国人が草原を破壊しているのに、山羊に責任を転嫁している」、と母は山羊を懐かしんでいる。山羊と一緒に姿を消したのは駱駝だ。駱駝は広い草原を歩く。中国人の侵入で草原が狭くなったので、駱駝の生息空間がなくなったわけである。忘れないようにする為に、山羊の名称体系についても記録しようと思った（表8参照）。

中国とモンゴルを繋げる羊

　羊毛商売は人類最古のビジネスの一つだった、と羊と人類との関係に着目した研究者は語る［グルサード　二〇二〇：一六五―二〇二］。私もまた、目の前で揺れ動く羊達の毛と肉の値段について記録した。羊の名づけは文化であるが、羊毛と肉、それに皮は経済であり、モンゴル人と中国人を繋ぐ媒体である。

　母によると、今年は計百九十二頭の羊の毛を刈ったという。合計二百二十四頭いるが、仔羊三十二頭は毛刈りの対象から外れる。母はソム政府に成長した羊は計百二十頭と過小報告して、少し「税金対策」もしている。これは我が家だけではなく、みんながやっていることであり、政府も当然、把握しているし、政府の幹部達自身もまた同様なことをしている。

　人類は羊の体に生える毛を歴史の中で時間をかけて改良して来た。現代中国もモンゴルもまた例外ではない。オルドスでは羊毛を「特細（特等細毛）」と「一細（一等細毛）」、「二細（二等細毛）」と「改良一号」、「花毛（まだらな雑毛）」という風に等級分けして取引されている。

特細：長く、細い最高級の毛。一キロが約八・六二元で、我が家は計百八十二キロの特細の毛を約四十五頭の羊から刈り取った。平均して羊一頭が約四キロの特細の毛を提供していることになる。

一細：細さは特細と変わらないが、長さが及ばない毛を指す。こちらは一キロが七・九二元で、計三百十七・五キロとれた。

二細：一キロが約六・四元で、計百八十四キロあった。

改良一号：一キロが約六・一二元で、計百二十キロあった。

花毛：一キロ三・〇元、計二頭。

　今年一九九一年の羊毛の値段も昨年や一昨年より良い。一九八九年の時、羊一頭から平均して六五元の収入を得ていた。

　商売上手な中国人仲介人の「二道販子《アルトーファンツ》」はモンゴル人から買った羊毛に沙を混ぜてから転売する。羊達が沙漠性草原にいたから、自然に沙が毛に浸み込んだ、と嘘をつく。品種改[8]良で毛が長くなった羊ほど、沙まみれの状態で生きていると言いふらすそうである。モンゴル人はそのような中国人のやり方に不満であるが、自分の力で町にある羊毛加工工廠まで羊毛を運ぶ力もないので、仲介人に頼らざるを得ない。

　肉の場合だと、我が家は百二十頭の羊から計九十キロの肉を政府に提供しなければならない。こちらは、「任務（egürge）」と呼ばれる。勿論、政府は牧畜民から買い取る、という手続きを踏む。その際、一等肉は一キロが五・六元で、二等肉は一キロが四・二元で、三等肉は一キロが三・六元の値段で政府は牧畜民から徴収する。国が定めた「任務」以外に、牧畜民は自分の意思で羊肉を政府に売ってもいいが、その際は大体、一キロ六元で買い取られる。このように見れば、国家が定めた「任務」の買収価格が低く抑えられ、人民が政府に搾取されている実態と構造が分かる。

夕方、我が家の柵を見に行った父が怒って帰って来た。「匪賊（duli）どもが南にある草原の柵を壊した」、と父は地質調査隊をそう呼んでいる。中国人達は柵に張ってあった鉄線を四本も切っていたという。先日、地質調査隊員達に丁寧に扱うよう頼んだばかりだったが、ほとんど聞き入れてもらえなかった。地質調査隊は我が家の草原を南東から北西へと通って、一路ボーリングしながら進む。侵入者の中国人の拠点は我が家の南東方向の八一牧場にあったので、毎日のように通過する。モンゴル人は草原の草を踏まないよう必ず前日の轍の跡を踏むが、中国人は絶対に新しい草原を切り開く。前日の轍の跡にはダイナマイトが残っている可能性もあるし、爆発で凸凹になっているからだ。モンゴル人や羊にはそのような「地雷原」を通過する知識がないので、犠牲者が出る。長城以南から来た中国人は実に傍若無人にモンゴル人の平穏な日常生活を毎日壊し続けている。

ロバの群れも地質調査隊が壊した柵から我が家の草原に入って来た。各家庭のロバ達が勝手に集まって、一つの群れを成していた。それが、隣のサンジャイ家の草原から柵を超えて我が家の草原に闖入していた。我が家の雇い人はロバの群れをサンジャイ家の方へ追いやったところ、向こうの子供と喧嘩になった。先日は、サンジャイの婦人と喧嘩していた。

八月十二日

植生の変化と中国の政策

朝七時に起きてから、母は雇い人に仔羊達を小分けした草原の一つに入れてもらい、ソワイの搾乳にかかった。十時に遅い朝食をとる。炒ったキビとチーズ、バターとミルクティー、そして摘みたてのトウモロコシと卵である。すべては陝西省の中国人社会では贅沢品になるものであるが、オルドス・モンゴル人の食卓には毎日のように載るものばかりである。このように、食文化の面でも、モンゴルの方が長城以南より遥かに質が高い。

ミルクティーを飲みながら、私は母に草刈りについて尋ねた。秋なので、そろそろ草刈りの時期になるからである。

「昔、私が少年だった頃の草刈りは重労働だったが、今年もやるのか」、と母に聞いた。

私が一九七七年に小学校を卒業するまで、ほぼ毎秋のように草刈りに駆り出されていたし、食べ物もなかった時代で、過酷な日々だったことだけは覚えている。それに、草刈という「労働奉仕」に参加したかどうかは、学校の成績の評価と連動していた。小学生の私には共産党政府に奉仕する精神がなく、いつも低評価だったものである。

母によると、共産党政権が現れる以前には、モンゴル人は

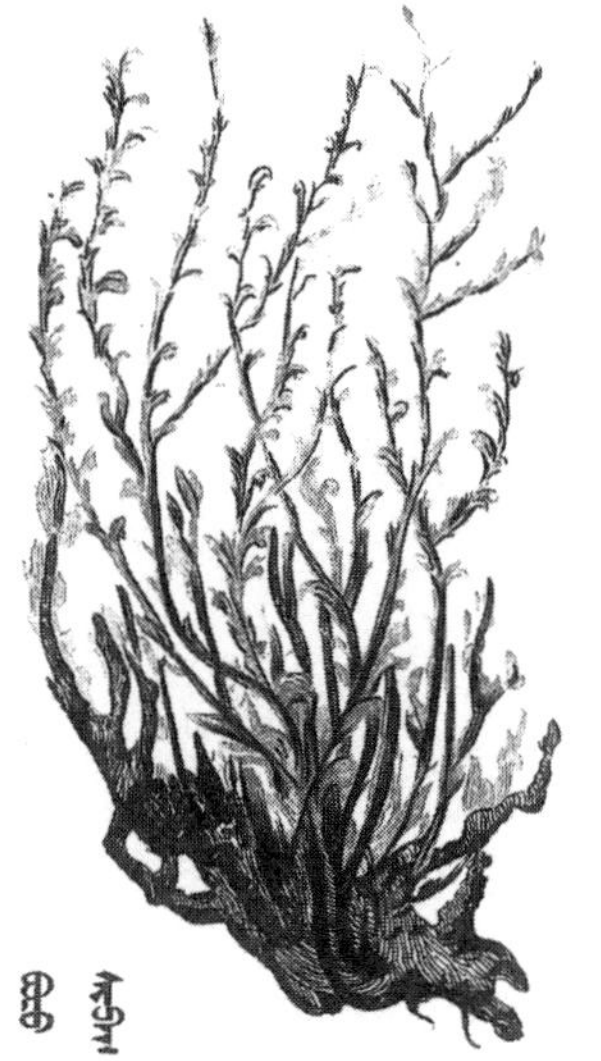

図3　シャワクという灌木。Sambuu, *Mal Aju Aqui Deger-e-ben Yaγakiju Ajillaqu tuqai Arad-tu Ögkü Sanaγuly-a Surγal*, 1953より。

草を刈る発想すら持っていなかった。侵入して来た中国人が増えて、草原が狭くなったので、一九五八年から草刈りを始めたが、モンゴル人は抵抗感を抱いていた。それ以降、我が家も周りのモンゴル人達も一九八三年までは仕方なく草刈りをして来たという。

家畜の所有権が個人に譲渡されてから、草を刈って蓄えるよりも、自家の草原を複数の区画に仕分けし、それぞれ鉄線で囲んだ方がいいという。まるで遊牧していた時代のように、春夏秋冬四つに分ける。季節ごとに異なる区画に入れて生態の保全に努める。言い換えれば、草刈りをしなくても、限られた草原を複数の区画に分けておけば、生態環境に適した利用も可能だ、ということである。

人民公社時代は土地すなわち草原は国の所有で、家畜も国家財産なので、政府の指示でどこにでも行けた。草原の草は家畜に食べられてしまうので、どこかで草刈りをしなければならなかった。我が家は家の近くか、河川地帯の草を刈り入れた。私も小学生時代にシャルスン・ゴル河の支流であるバガ・ゴル河に行き、ハダチン・チャガンロンホ（Čaγanlongqu）という一人暮らしの老人と草を刈っていた。クリスチャンだった老人は昼に働き、夜になると昔話を語ってくれた。

刈り入れる草の種類は生息地によって異なる。沙漠性草原の南東斜面からはエンゲセク（enggeseg、綿蓬）とシュルーン・ハンホク[9]（sirügün qamquγ、沙蓬）、チュリヘル（čüliker、沙米）とハルーン・ウブス（qalaγun ebesü、悠悠草）を刈り取る。やや固い平地（šarlaγ-a γajar）からはローリ（loγuli、羅莉）を刈る。最もよく使うのは成長の良いエンゲセクとシュルーン・ハンホク[10]で、旱魃がひどい時にはシャワク（šibaγ、沙蒿。図3）も対象となる。近年では、楡や柳の梢を落とす人もいる。大体、半月から二〇日間かけて一万キロは蓄えておく。春先の「白い月」（旧正月）からに弱った羊（teyigsen qoni）や妊娠した羊（töljikü qoni、tomi qoni）に与える。

昨年は旱魃がひどかったので、我が家は久しぶりに一部の区画された草原から草を刈ることにした。約二千キロ刈ったが、羊達はその味をしめて草原に行こうとしなくなるので、運動不足になった。今年は昨年よりも雨が少ないので、刈るほどの草もない。オルドス高原は冬も雪があまり降らないし、少し降っても、羊は歩ける。草が雪に埋もれても、シャワクやハラガナク（qaryanay）といった灌木があるので、困らない。灌木のシャワクとハラガナクはまた燃料にもなる。初冬の十月になり、大地が凍ってから切る。その際には必ず根を傷つけないようにし、来春の再生を保障する。対照的に中国人は灌木を根こそぎ伐採するので、彼ら住んでいるところでは草原が円形脱毛症のように沙漠化していく。これは、内モンゴル自治区全域で見られる共通現象である。

我が家は全草原を複数の区画に仕分けたうえで、年中自由に家畜に歩かせるところ、アタル・ビリチェール（atar belčiyer）もある。自由な草原たるアタル・ビリチェールは我が家の南東方向にある。厳密に言うと、その自由地も他家との間では鉄線で区画されている。我が家の草原全体が他家から区切れているし、その内部で更に複数に区画されているということである。かつては数十キロ先の遠くまで移動できたが、今や半径三キロ以内の草原内で移動を繰り返すしかない。「白い月（太陰暦一月）」になると、妊娠した羊達を一番草の良い区画に入れ、その他の牡羊やソワイは外の自由地《アタル》に放つ。

家畜と草原の所有権が個人に与えられてから、モンゴル人達はその限られた草原内で最大限に家畜の頭数を増やす。草原の限界を超え、草が早く食べられてしまう家もある。そういう人達は陝西省の中国人から草を買う。キビの草は一キロが約〇・二元で、穀類の草（qonuy）は一キロ約〇・二元と高い。秋になると、モンゴル人の羊が南へと、中国人の草が北へと、長城を越えて行き来する。

中国対策の疲労

午後四時過ぎに地質調査隊の王という中国人がまた我が家にやって来た。午前中はタバコがなくなったと無心するので、父は仕方なく彼に一箱やり、我が家の草原を丁寧に扱うよう頼んだ。「中国人は政府に守られた官営の匪賊（ulus-un duli）だから、モンゴル人はひたすら平身低頭に頼むしかない」、との父の対策である。王は、ブルドーザーが故障したので、ベースキャンプの八一牧場へ徒歩で歩いて帰る途中だという。

地質調査隊の中国人とモンゴル人は対立関係にあるが、個々の隊員とモンゴル人は様々な取引をおこなっている。

「我々漢人はすぐにものを盗むし、車を破壊して地質調査隊の仕事を妨害するが、モンゴル人はちゃんと理屈を述べて抗争するし、破壊はしない」、と王は話す。実際、地質調査隊員達はモンゴル人と付き合うが、彼らの同胞である中国人とは接触したがらない。隊員達はモンゴル人からタバコと肉、乳製品を入れる為に、ガソリンや軽油と交換する。モンゴル人はそのガソリンや軽油を発電機に使う。草原部ではまだ電気が通っていないので、モンゴル人はそれらを発電機に入れ

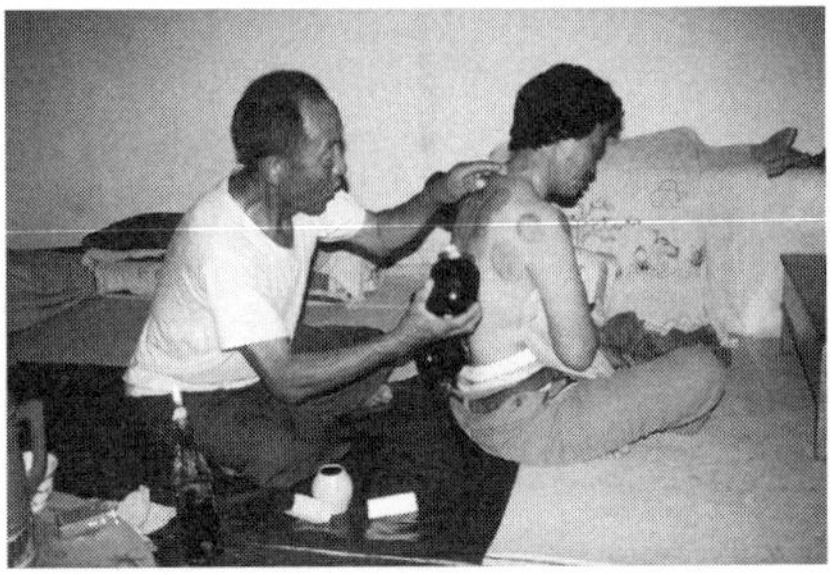

写真3-9　母にカッピングする父。（1991年8月）

て、照明と灌漑用のポンプ、それにバイクに使う。地質調査隊員の中にはまたモンゴル人の羊毛等を陝西省に転売する者もいる。王もそのような一人である。母は彼にミルクティーとチーズ、バター等を出して食べさせ、羊毛の値段について情報を交換した。彼は昼寝をしてから、ベースキャンプの方へ歩いて行った。

　何日も続いた中国地質調査隊による草原破壊への対応と季節の移り変わりも重なり、母はすっかり疲れが溜まってしまった。そうした場合、モンゴル人は大概、特殊な陶器の吸玉を使ってカッピングする（写真3―9）。モンゴル語ではソルラダホ（suruyuldaqu）、ソルラ・タビホ（suruyul tabiqu）と、中国語では「拔火罐子《バーホーガンス》」という。寒気を感じ（jing dayaraqu）たり、風邪を引いたりした後もまずはカッピングに頼る。中国製の陶器の吸玉に燃える紙を入れて体に付けると、一瞬にして吸玉内は真空状態になる。体内の冷気を吸い取り、血流を良くすると信じられている。モンゴル医学や漢方医も使う治療法である。足の裏とへそ、動脈と心臓、それに顔面以外はどこでもいい。生後間もない赤ん坊から老齢に達した人まで、年齢幅も広い。片頭痛に効くとも信仰されているので、若い女性でも額の真中に紅黒い吸玉の痕が付いたまま草原を歩いていたのを私は子供の頃に見ていた。医療が発達していない地域での独自の健康維持法の一つである。母は週に一回の頻度で吸玉によるカッピング治療に頼っている。

　健康な人がカッピングを愛用するだけでなく、麻疹（ulayanutuyulaqu）や斑疹（bayinutuyulaqu）、それに羊毛釘の治療にも効く。羊毛釘とは、血管に脂肪の塊ができて血流が悪くなって容態が急変する病気を指す。脂肪の塊はまるで虫が蠢いているように見えるので、モンゴル人に恐れられる。夏に羊や山羊の肉の脂肪分を食べてから冷水を大量に飲むと血液内の脂肪分が急に固まった時に生じやすい。しかし、モンゴル人は変な虫が血管内に侵入したと信じている。そういう時には、ナイフで血管を切り、そして吸玉でカッピングして治す。手遅れの場合は死亡してしまうこともある。一九七三年夏、ダライン・チャダイム生産大隊の大隊長が羊毛釘で急死したのを私は見ていた。彼はやまほど新鮮な羊肉を食べ、井戸から汲みたての冷水を浴びるように飲んでいたので、助からなかった。

　羊毛釘だけでなく、体内の古い、脂肪分の混ざった濃い血液を少し流し、血流を促すのに「サム・ソルラ（sam suruyul）」

という治療法がある。血管を少し切り、その傷口に吸玉をつけてカッピングする。私はこれを便宜的に「瀉血カッピング」と表現したい。「瀉血カッピング」の治療を受けた後は、三週間ほどの静養が欠かせない。

父は母にカッピングしていたので、私達は普段より遅く、十一時に就寝した。

八月十三日

失われた馬文化を探す

朝はひんやりと涼しい。オルドス高原はもうすっかり秋になっている。母はいつもよりも早く六時半に起きて牝羊を群れから分離してから、チーズのチュルマ作りに着手した。父は井戸から水を汲み、天秤棒で担いで来て、ガンという窯に入れている。雇い人の小劉は羊の群れに水をやりながら、自分の父親に対する不満を母にこぼす。彼の父、老劉は昨日、息子に何も断らずに南の海子灘に帰ったという。雇い人は前日、父と衝突して以来、働きぶりが明らかに悪くなって来た。それでも、母は彼の愚痴を聞いている。

「小劉は怖い中国人だ。古墳を盗掘するくらい大胆な青年だから、刺激しないようにしよう」、と母は話す。以前に父親の代わりに隣のエケレース・チンケル家で働いた頃、鶏をつぶすよう頼んだら、その場で首を捻って殺したという。モンゴル人は必ず人目の付かないところで、丁寧に血液を出すつぶし方をするし、乱暴な扱い方はしない。血液を出さなかった肉は、「死肉」なので、食用にしない。小劉はわざと粗暴な締め方をして嫌がらせをしている、とエケレース・チンケルは母に訴えていた。もう少しして晩秋になったら、長城の麓の実家に帰ってもいいよ、と母は彼に示唆するが、反応はない。

私は茶を飲んでから昼頃に我が家の東、約二キロのところに住むキヤート・ボルジギン・ウイジン（Uyjing、一九三三～二〇一五）家を訪ねた（写真3―10）。ウイジンの夫人ウランドテイ（Urantodi）は父の姉で、私のオバに当たる。ウイジンと父はまた一緒に自治区の騎兵第五師団第十五連隊にいたので、戦友でもある。二人は私を歓迎してくれた。

写真3-10　左からウイジン夫婦と母、それに雇い人の女性。彼らは普通の人民服姿であるが、伝統期な衣装を大事にタンスの中に隠している。古い衣装は文革中に中国政府から没収されてしまったが、今保管しているものは1970年代後半に作ったもので、普段は着ようとしない。

オバとオジのウイジンには子どもがおらず、一人の若いモンゴル人女性を雇っている。

写真3-11　騎兵だった1954年のウイジンと父(右)。当時はこのような撮り方が流行っていたそうである。

彼女はトリ・ソムからシャルリク・ソムに嫁いで来た人である。その夫は兄弟が多く、貧しかったので、持参金（yinji mal）として羊を十八頭連れて来たという。現在彼女は三十頭くらいの羊を所有しているが、その頭数では生活できないので、夏の間だけウイジン家にアルバイトに来ている。ウイジンは彼女に毎月五十元と、「二回攪拌した分の乳製品（qoyar bülügür sü sayali）」を賃金として渡す。「モンゴル人は乳製品がないと生きていけない」、と彼女は私に語る。夏が終わったら、夫と共にソム政府所在地に行って、工事現場で働く予定だという。

　ウイジンはまた人民公社時代に有名なアドーチン（adayučin）だった。アドーチンとは、馬の放牧者を指す。人民公社時代のモンゴル人はそれぞれ馬の専門放牧者や羊の専門放牧者のように、五畜を種類ごとに分けて放牧していた。本来ならば、五畜を同時に所有すべき伝統を社会主義政策で分別放牧させたのである。社会主義になっても、馬の放牧者アドーチンは、名誉ある職業であった。ウイジン家には二千畝の草原がある。沙漠が広く、馬の放牧には適していない草原である。オバは現在百頭近い羊を持っているが、馬は騎乗用の二頭しかない。ウイジンとは十三世紀から見られるモンゴルの古い役職名である。彼はその名に相応しく、いつも背筋をピンと伸ばして馬に跨っていた。実にかっこいい騎兵だっただろう、と私は子どもの頃からそう想像していたものである（写真3—11）。調査の為に帰郷した私はアドーチンだったウイジンから、馬文化についての話を聞きたかった。

　一九五二年、彼が属する騎兵第十五師団はモンゴル人民共和国との国境地帯まで行軍し、同国から援助された軍馬を受け入れた。そこから軍馬を駆って黒龍江省の広安県まで行き、南下して朝鮮半島を目指す予定だったが、まもなく休戦協定が結ばれた。

　一九五六年に除隊された後は、オルドスに帰って、山羊の放牧に携わった。約三百頭からなる群れだった。一九六五年になると、生産大隊から馬の放牧に従事するよう命じられた。渡された百十匹の馬は三～四つの群れに分かれる。馬はアジャルガ（ajirγ-a、種雄）ごとに群れを形成する。一群れを、「一アジャルガの群れ（nige ajirγatan adaγu）」と呼ぶ。このように、アジャルガはいわば、群れの統率者、シンボルである。ウイジンは語る。

馬の放牧は楽だ。普段は草原にいて、種雄のアジャルガが代わりに管理してくれるからだ。ただ、二歳馬の時には群れを再編成する必要があるので、人間が介入して隔離する場合もあるし、ほっといても、アジャルガは自分の群れの中の二歳馬を全頭、追い出す。近親相姦しないからだ。人民公社時代は介入が多かったので、それも仕事だった。

馬は広大な草原を自由に歩き回るので、人間がついて行く必要は全くないので、二日に一度くらい、群れを見にいくだけで充分だった。たまには一週間も放置しておく。ウイジン家の馬群はいつも南へ十数キロ離れたバガ・ゴル河に行ったり、或いは帰って来たりして水を飲む。

馬も年ごとに、更には性別ごとに名称が異なり、ウイジンはその「出世馬」の名称体系を次の表9のように語った。

モンゴル人は草原で馬を見かけると、誰の所有か、すぐに分かる。自分の馬ではなくても、草原にいる馬の毛色を大体

表9　オルドス・モンゴルの馬の名称

馬の名称	オス	メス	備考
一歳馬	ウナガ unaɣ-a	ウナガ unaɣ-a	産まれてから12カ月の間の名。オスとメスをさほど区別しない
二歳馬	ダーガ daɣ-a	ダーガ daɣ-a	シャルワ（šarba）ともいうが、古い言い方。焼き印タマガを付ける。
三歳馬	ウレイ ürei	バイドス bayidus	牡は三、四歳の時に去勢する。
四歳馬	エル・モリ er-e mori		
アクダ aɣta	ジシャン jišang	牝馬の妊娠最適年齢	
五歳馬	同上	同上	

表10　オルドス・モンゴル人の馬の毛色の名称

発音	モンゴル語	毛色の特徴
チャビダル	čabidar	鬣と尻尾が白で、胴体は赤褐色
ジェールト	jiyerd	赤褐色
ケイル	keyir	ナツメ色
ハリュー	qaliɣu	鬣と尻尾が黒で、胴体はカワウソのように白灰色
シャルガ	siraɣ-a	白色
ウラーン・ボーラル	ulaɣan boɣural	赤毛と白毛からなるまだら
ギョク・ボーラル	köke boɣural	青白まだら
ハラ	qar-a	黒毛
アラク	alaɣ	まだら
ハルジャン	qaljang	額に白い線がある馬
シルデク・アーク	sirdeg aɣ-a	腹部が白い馬
クレン	küreng	茶色
ギョク・ボル	köke boru	青みがかった赤毛
ハラ・ボル	qar-a boru	黒に近い赤毛
ガルタル	qaltar	腹部が白く、胴体はナツメ色
ホラ	qula	鬣と尻尾が黒で、胴体は濃い褐色
ホー	qou	濃い褐色
チョーホル	čoɣoqur	豹のような小さな斑点のある馬

覚えているからだ。その為、たまに馬を探しに出かけると、どこにいるかも、誰かに尋ねれば、情報はすぐに入る。ウイジンは私にかつて自分の群れにいた馬達の毛色（jisü）について語った（表10参照）。

「馬の毛色は基本的に胴体と鬣《たてがみ》、それに尻尾とを合わせて表現するので、無数にあると言っていい」、とウイジンは過去を思い出して語る。きっと、彼の記憶は大勢の馬からなっているに違いない。

毛色だけではなく、馬にはまた数種類の焼き印タムガ（tamaɣ-a）を大腿部や臀部に付けて、明確に所有権を示す[11]（表11）。

ウーシン旗の草原は中国人の侵入で狭くなったので、冬はよく陝西省北部の楊橋畔と楊虎灘、張家畔と聯合隊、海子灘と河南人民公社を臨時の移動先オトル（otor）として利用した。元々、これらの地域は長城の北側にあって、古くからモンゴル人の馬の放牧地だった。清朝末期から中国人が侵入して住み着き、中華人民共和国の建国後も行政組織上は陝西省の帰属とされたものの、モンゴル人は馬の放牧地として利用できるよう交渉した。陝西省側も同意したが、その代わり、中国人の馬も夏はウーシン旗西部で放すことになった。

文革が勃発した一九六六年は「悪い年（mayu jil）」、すなわち旱魃の年だったので、河南人民公社第二生産大隊で一年間も移動放牧した。「旱魃の年は、春先に飛んで来た燕が例年よりも沢山の巣を作るので、分かる」、とウイジンは言う[12]。

中国人の馬放牧者はまず、モンゴル人の人民公社生産大隊の幹部達に酒とタバコといった賄賂を渡して、ウーシン旗西部での馬の委託放牧を依頼する。党幹部の黙認を得てから更にモンゴル人達にハルサメやタバコ等を持って来て、放牧の内諾をもらう。陝西省北部靖辺県聯合隊の苗一家は今でもウイジンと付き合いがある。ほぼ毎年のように旧正月の前に酒とタバコを持って来る。その際には井戸の清掃や畑の除草までする。すべて、ウイジンの草原に馬を放つ為のしたたかな戦略である。

「馬の肉を食べたり、馬乳酒は作ったりしていたか」、と私はウイジンに尋ねた。

「昔は馬乳酒も作っていたが、共産党政権になってから禁止された」、とウイジンは話す。馬も人民公社の公有財産とされたので、個々のモンゴル人が屠って食べることはしなくなったが、人民公社の本部で馬をつぶして食べたりはしていたという。特権階級にあたる共産党の幹部達が馬肉宴に興じていたということである。

人民公社が崩壊した一九八一年になると、ウイジンの属するダライン・チャイダム生産大隊全体で馬は六一匹しか残らなくなった。政府はそれらの馬を配下の各生産小隊に分けて、解散した。ウイジンもそれ以降、「馬放牧者《アドーチン》」のポストから降

表 11 オルドス・モンゴル人の馬の焼き印

焼き印タムガの形	モンゴル語	意味
	セイサム seyisem	軍神スェルデの一部分
	サラン saran	「月」の意で、吉祥マーク
	ユンルン yongrung	永遠なるシンボル
	ジャガス jiγasu	「魚」の意で、繁殖・増殖の象徴
	ユアンポ yunbuu	「銀の塊」元宝の意。財産の意
	トリ toli	鏡
	トゥメンジャラガル tümenjirγal	長寿の意

りた。モンゴル等ユーラシアの遊牧民は五畜の中でも特に馬を溺愛するので、アドーチンという社会的ステータスもまた高い。その為か、地元のモンゴル人達は今でもウイジンを「アドーチン」と敬意を以て呼ぶ。アドーチンを引退したウイジンは羊を放牧している。

中国人の入植と中国の政策で馬群はオルドスの草原から次第に消えて行った。私が子どもだった頃、深夜に寝床に就いた時、時折、大地の震動が伝わってくる。それは、馬蹄のリズミカルな音だった。我が家の南、四キロのところにあるガトー・タラという大平原から聞こえて来る。そして、その振動は少しずつ怒涛のように大きく唸って我が家の井戸に近づいて来る。少年時代の原風景の一つである。大きくなって、『モンゴル秘史』を読み、かのチンギス・ハーンもまたその馬蹄の振動音を聞きながら新婚生活を送っていた物語を知る。モンゴル人の古代からの集合的記憶である。

「家畜も人間も、オルドス暦の方がぴったりだ。中国の暦は私たちの生活と合わない」、と母やウイジンは分析している。中国の暦だけでなく、制度そのものが中国的になって来たので、モンゴル人社会は大きく変容しつつある。

家畜も、生業も、それから文化と歴史も中国的色彩に染まっていきつつある。

注

（1）ハナマンルのもう一人の娘はウランドティといい、ガタギン・オボクのサインニンブー（sayinninbu、葛玉城）に嫁いでいる。

（2）オルドス西部ウーシン旗のガルハタン・オボクの系譜については、楊海英［二〇二二：九八］を参照されたい。

（3）父方のイトコ同士の関係を指す **üy-e aq-a** という言葉は「同じ世代の兄弟」の意味である。「同じ世代の兄弟」から生まれた子ども同士は「火の世代（γal üy-e）」に入る。また、「山の兄弟（aγul-a aq-a degüü）」ともいう。母方の姉妹同士の子どもは **bülinner**、 bülüg aq-a degüü（直訳すれば、「部分の兄弟」）になる。尚、モンゴルの各集団の親族組織の名称については、Vreeland の研究［Vreeland 1957］がある。

（4）内モンゴルにおける家畜の人工受精はモンゴル人民共和国から学んだものである。自治区畜牧庁は積極的にパンフレットを配って技術を広げていた［Öbür Mongγol-un Öberdegen Jasaqu Orun-u Mal Aju Aqui-yin Tingkim-un Mal-un Egülder-i Sayjiirayulqu Tobčiy-a 1965］。

（5）私がモンゴル各地を歩いて乳製品の名前について調べた結果、チュルマというチーズはオルドスとアラシャン、バヤンノール、それにモンゴル国南西部のゴビ・アルタイ、ギョク・ノールこと青海にあることが分かった。一説では、チュルマはチベット語だという。

（6）脳包虫の原因と治療については、徐明謙による報告［一九八三］がある。

（7）モンゴル草原には鷹や鷲等多種多様な猛禽が棲息し、その名称もまた豊富である。詳しくは相馬［二〇一八］を参照されたい。

（8）私がその後、八月三十日に元チョーダイ生産大隊長のボインジャラガルから聞いた話では、オルドスの羊の品種改良は以下の段階を踏んだという。まず、一九五八年には新疆を経由して、ソ連の中央アジアの種雄を導入した。その後、一九七五年と一九九〇年にはオーストラリアから種雄を受け入れて改良に務めたという。

（9）シュルーン・ハンホクの学名は *Agriophllum arenarium Bieb* とされている［斯仁　一九八三：一五〇］。

（10）シャワクには色んな種類があり、そのうちの「ハラ・シャワク」すなわち黒沙蒿はオルドスの在来種とされ、学名は *A. ordosica Krasch* である［斯仁　一九八三：一六六］。

（11）表10のタマガについての知識は我が家において、八月四日に母方のオジ、チャガンホラガの語りも活用している。彼とウイジン、それに父が酒を飲みながら共同で話し合っていたのを記録した。

（12）中華人民共和国になってから、内モンゴル自治区で発生した自然災害については、『内蒙古歴代自然災害史料続輯』［一九八八］がある。

●第四章　社会主義を生きる「天神」とネストリウス教徒

ベルギーのカトリック・スキュート派本部博物館が展示する青銅の十字はオルドスの沙漠から発見したもの。古代ギリシア風の十字架はこの地にかつてネストリウス教徒が暮らしていたことを物語っている。我が家の沙漠からも出土していた。

八月十四日

郷愁の長城

曇っている朝は余計に涼しい。今は「オルドス暦の十月」に当たるので、太陰暦の八月よりも、十月だ、とモンゴル人の身体が現実の気候を認識している。夕べは十時頃から雷雨が降ったので、羊達は喜んでいる。鳴き声が普段と違って、どことなく落ち着いているように聞こえる。暑い時は朝から水を強請り、それからずっと灌木シャワクやハラガナクの下で昼寝するが、今日は家の近くの平地を歩き回って草を食んでいる。牡達は頭突きの喧嘩を楽しんでいる。

我が家の向日葵の花も美しく咲き、実りつつある。向日葵の種を売って、雇い人の小劉の給料に充てる予定で、幹と切り株は燃料になる。立秋したとはいえ、雨が降れば、草もまた成長するので、牧畜民はみな喜んでいる。

曇っていても、空気は澄んでいるので、遥か南の方、約五十キロ先の長城の上の烽火台と、その周りの四つの聖地オボー（Bengtür-ün oboγ-a、崩頭梁）が見える。

「あの烽火台の北側に、百年前の放牧地がある」、と父は私に話す。父と母は毎日のように、長城の烽火台と聖地オボーを眺める人生を送っている。私も生まれた時からその風景を心に焼き付けて来た。しかし、私はまだ、一度も百年前の放牧地、失われたモンゴル人の草原に行ったことがない。その地は完全に中国人の農耕村落に変わったとはいえ、強烈な郷愁を私達に与え続けている。というのも、毎日のように見えるからである。近いうちに長城を見なければ、と私は散歩しながら計画を立てた。

長城は古代の中国人が建てたものである。遊牧民が攻め込むのを防ぐ為に建設した、と誰もがそう語る。しかし、モンゴル人はそう理解していない。貧しい中国人が自国を脱出して豊かな匈奴草原やモンゴル草原へ逃亡するのを遮断する為の防護壁だった、と見ている。逃亡したい者は逃がせばいいのではないか。厄介払いにもなるし、人口圧力を軽減するのにも有効ではないか、と思われるかもしれない。問題は逃亡した中国人は必ず遊牧民の一員となり、遊牧民を案内して進軍して来るからだ。近代になると、こうした歴史は反転した。中国人が草原の民を駆逐し、或いは支配下に置いて、統治者に変身したからである。そこから、長城は実質上、後退したのである。我々モンゴル人からすれば、目に見えない長城が更に北へと延びて来たことになる。

日常の生活は郷愁にばかり浸っている訳にはいかない。午前十一時四十分になると、我が家の馬が帰って来たが、脇腹が怪我している。イトコのチャガンバンディの種雄に噛まれたようである。我が家の西北約二キロのところ、ソブラガン・

タラ（Soburyan tal-a、仏塔のある平野）に住むイトコの馬達が我が家の草原に闖入し、馬同士の喧嘩に発展した結果である。数日前に地質調査隊が我が家の柵を破壊したので、その破れた箇所から他家の馬達が入って来たのである。中国の地質調査隊はモンゴル人同士のトラブルの原因となっている。両親は仕方なく、柵を修理するのに出かけた。

天神の祭祀者

私はこの日、ガタギン・ナムジャル（Namjal、五五歳）を訪ねた。人類学の長期調査の為に帰郷したその日から、私は友人のメシルから彼の一族、ガタギン・オボクという集団の歴史と独自の祭祀について聞いていた。友人が勧めてくれたナムジャルはソム政府の郵便局に勤めているので、すぐに会えた。彼は私に次のように語った(1)。

ガタギン・オボクはチンギス・ハーンを生んだキヤート・ボルジギン・オボクと同じ祖先を共有し、その歴史は『モンゴル秘史』の中にも記されている。その為、キヤート・ボルジギンとは「骨」が一つで、共に「ハーン・ヤス（qan yasu）」に属す。「骨」とは源流の象徴で、オボクは集団の名称に過ぎない、とナムジャルの見解である。

オルドスのガタギン・オボクの直接の祖先はバヤンハラーという人物である。伝説では、バヤンハラーはチンギス・ハーンの武将の一人であったが、忠臣の国王《グイワン》ムハライ（一一七〇〜一二二三）との折り合いが悪かった。そこで、西夏《タングート》を遠征した後にそのままオルドスに居残り、現在に至る。チンギス・ハーンはバヤンハラーに世襲の政治的称号（čolu）を与えなかったので、一族の祖先祭祀に専念するようになった。

「ガタギンは多分、オルドスに一番多いが、モンゴル国のハルハにもいる。著名な学者のダムディンスレン(2)（Damdinsüreng、一九〇八〜一九八六）も私達ガタギンの一員だ」、とナムジャルは語る。

「バヤンハラーには五人の息子がいた、と家系譜（ger-ün čadiy）に書いてある」、とナムジャルは話す。ウーシン旗のガタギン・オボクには五つのハイラチャクという領地があった。それは、ソースハイとトゥーキ・チャイダム、シルデクとハラブルン、それにグシェ（Gösiy-e）の地からなる。グシェは著名な詩人ゲシクバト(3)（Kesigbatu、一八四九〜一九一七）の家の近くを指す。このように語ったナムジャルだが、彼のいう「五つの領地」は前日のメシルの記憶と異なっていた。

ガタギン・オボクは最初、長城に近いボダン（Bodang、「イノシシ」との意）という地で遊牧していたが、中国人の侵入を受けて北上し、現在のウーシン旗西部に定住した。一族の歴史を記した家系譜と年代記もあったが、文革期に土塀の中に隠していたところ、ネズミにかじられて、欠落が生じた。

一族は独自の守護神、「十三嫉妬天（arban yurban atay-a tngri）」を祀って来た。その守護神は茶褐色の布に描かれた神像である。中央には白青色の馬（kӧke mori）に跨り、剣を持った武将が配置され、その周りを十二人の騎馬軍人が取り囲むような絵姿である。モンゴル人は太古の時代からシャーマニズムの信仰に即して天神を祀って来たが、絵姿にしたのは、恐らくチベット仏教を導入してからのことであろう[4]。絵姿の守護神は一九五八年に中国政府に破壊され、祭祀も禁止された。絵姿の守護神の他に、一振りの剣も神聖視されていたが、文革期に没収されて行方不明になった。

守護神の祭殿はシルデク平野にある。一九三〇年代までは天幕の中で祀られていたが、その後は藁と日干し煉瓦からできた祭殿に代わり、現在のものはレンガ造りのものである。独自の祭祀活動は中国政府によって禁止されていたが、一九八一年から復活した。モンゴル人達は北京の雍和宮を訪ね、記憶を高僧に語って聴かせ、絵姿の「十三嫉妬天」を復元させた。五つの領地《ハイルチャク》から一人ずつダーマル（dayamal）という祭祀者を選び、祭祀の運営に当たっている。五人のダーマルのリーダーはアルダルチョクト（Aldarčoytu）である。彼は私の実家の北、四キロ離れた沙漠内に住んでいる。ダーマルの主な義務は、各領地の男子を家系譜に書き込むことと、祭祀の資金を集めることである。自分で辞めると言わない限り、ダーマルはほぼ終身制である[5]。

祭祀は「オルドス暦の八月」（太陰暦五月）八日の「夏季大祭（jun-u takily-a）」と「最後の交配月」（太陰暦九月）の「秋季大祭（namur-un takily-a）」からなる。祭祀には全ガタギン・オボクの代表者が参加し、羊の丸煮（sigüs）や茶を供物として献上する。その際、山羊と馬を活きたまま天神に捧げる（seterlekü）人もいる。「秋季大祭」の時にはまた「軍旗祭（tuy jalaqu）」がおこなわれる。普段、祭殿内で保管されている白と赤、黄と青、それに緑の軍旗である。旗には駿馬と虎、鷲と龍、それに麒麟が刺繍されている。騎馬の男達が軍旗を手に戦陣を組み、矢を放つ。その際に、黄色の軍旗が先頭を行く。また、一九四九年以前は、毎年の旧正月一日には男達が守護神殿に参拝してから、その南に位置する西公《シーグン》シャン（Barayun güng-ün šang, Sigüng šang）に行っていた。西公とは、ウーシン旗西部の実力者の一人で、ホトクタイ・セチェン・ホン・タイジの後裔である。西公の邸宅をモンゴル人は西公シャンと呼ぶ。ガタギンとキヤート・ボルジギンは特別な関係にあるので、挨拶に行くことになっていたのである。

「キヤート・ボルジギンとガタギンは特に親しかったとはいえ、身分上はあくまでも平民（albat）で、税金も支払っていた」、とナムジャルは話す[6]。

八月十五日

調査地の人口と家畜

晴れた日である。この日、シャルリク・ソムの党書記、バトチロー（Batučilayu、五十歳、写真4―1）が二人の秘書を連れて、我が家にやって来た。モンゴル人と中国人との草原をめぐる紛争を処理し終えてから、我が家に立ち寄ったものである。

バトチローは私の母親と同じくハダチン・オボクである。また、彼の母親は私の祖父ノムーンゲレルの養女でもある。文革中に祖母と母がシャルリク寺の廃墟で批判闘争されていた頃、バトチローはそうした暴力的なやり方に反対していた。中国共産党が人民の身分を画定しようとした際に、私の祖父母は「搾取階級の牧主」に分類されたが、バトチローはそれにも賛成しなかった。その為、バトチローは文革中にシャルリク人民公社の「保皇派」（保守派）とされていた。この日、彼は私に草原をめぐる紛争等について以下のように語った。[7]

シャルリク・ソムには現在一千五百十二戸のモンゴル人と中国人が住んでおり、総人口は六千三百四十三人である。中国人は約二千人で、ほとんどが牧畜民である。家畜の総頭数は十万二千七百頭で、うち羊は約九万六千頭に達する。平均して一人当たり約十六頭の家畜を所有していることになるが、目標は一人当たり二十～三十頭だという。それ以上増えると、過放牧になる危険性がある。

写真 4-1　ウーシン旗シャルリク・ソムの党書記バトチロー（右）。その名は「堅牢な岩石」との意。（1991 年 8 月 15 日）

金持ちだと、羊を四百～五百頭も持っているが、このようなモンゴル人は四～五戸しかいない。貧乏人は僅か二十～三十頭の羊しか持っておらず、ソム全体で約百三十戸はいる。貧しくなった理由は三つある。第一、病気がちであること、第二、家族の構成員が多いこと、第三は怠け者、である。貧しい人達に対し、政府から毎年百～二百元の援助金が支給される他、党員達から羊やジャガイモを集めて渡したりしている。また、井戸の管理の面倒も見ている。

ソム全体の畑の面積は約一万五千畝になるが、各世帯の利用方法は以下の通りだ。四割は食料と飼料用で、四割は草を植えなければならない。そして、残り二割は植林する。これは食糧の自己配給率を高め、家畜用の飼料を確保し、かつ草原の緑化を維持する為である。かつてのように遊牧移動ができなくなったので、食料と飼料の残りを保管し、雪害（jod）

に備える。

畑の生産高をあげるには、良質な井戸が不可欠である。機井（ポンプ式井戸）、大口井（溜め池）、流沙井（普通の井戸）等、灌漑に使える井戸の普及をソム政府は力を入れており、一九九一年現在、既に八割以上の牧畜民が良質な井戸を持つようになったという。

モンゴル人と中国人が対立し合う原因

モンゴル人と中国人が激しく対立している最大の原因は、侵入者の中国人による草原利用権の獲得である。シャルリク・ソムの中国人はすべて中華人民共和国が成立してから侵入して来たものである。バトチローが私に提供してくれた「秘密の統計資料」[8]によると、一九五二年にシャルリクには二千九百四人のモンゴル人と三百七十人の中国人が住んでいた。これらの中国人は、モンゴル人の養子か、モンゴルに帰化した者だった。例えば、ダライト（Dalayitu）は元々甘粛省平涼地域の者で、寧夏のイスラーム系軍閥馬鴻奎の兵士だった。包頭付近で日本軍との戦いで敗れた後にウーシン旗に流れて来て、アルビンバヤル[9]（Arbinbayar、王悦豊、一八九八〜一九七七）という親共産党派の有力者の雇い人になり、そのまま帰化して住み着いた。私も子どもの頃にダライトの家に行ったことがある。我が家の東にある沙漠の中に住む彼は、西瓜を作っていたのを覚えている。中国人特有の、訛りが濃厚なモンゴル語を操っていた。

中国政府は当時、オルドスへ移民しない、とモンゴル人と約束していた。しかし、当然、その約束は守られるものではなかった。

「中国共産党はいつも色んな約束を交わすが、それらを守ったことは一度もない。彼らにとって、約束は他人を騙す為の方便に過ぎない」、とバトチロー書記は指摘する。

まず、陝西省から共産党の幹部達とその家族達が大勢、一九四九年冬から流れ込むようになった。一九五八年に人民公社が成立したのに伴い、ウーシン旗東部のホジルト（Qujirtu）経由でテメート・ゴト（楡林城）の中国人が四十戸移住して来た。その年、長城沿線に自然災害が発生する度に難民が多数、オルドスに入って来ていた。なかには半ば匪賊と化したグループもいた。政府はそれらの中国人にモンゴル人の草原を畑として分け与えて住まわせた。それでも、中国人は満足せずにもっと広い畑を耕作しようとして方々へ拡散しようとしていたので、政府は彼らをナリーンゴル河とバトゥイン・トハイ等、シャルスン・ゴル河渓谷に集めて、「農業専業隊」を設置した。文字通り、河の水を灌漑に利用する農業専門の生産小隊であった。中国人とモンゴル人は棲み分けていたので、直接衝突することも少なかった。

一九七一年に入ると、モンゴル人は三千七百六人に、中国人は千三百八二人にまで増えた。政府の「沙を混ぜる」政策で増え続ける中国人をモンゴル人達は長城以南に追い返そうとの運動を始めた。というのは、中国人達は文革を利用してモンゴル人を殺す等、暴力行為が後を絶たなかったからである。しかし、中国人達は長城以南に帰国するどころか、かえってそれまでに集中居住していた「農業専業隊」という村落を離れて、少しずつモンゴル人の草原に分散していった。当時、自治区革命委員会の党書記は、河南省出身の中国人の尤太忠（一九一八～九八）であった。彼はモンゴル人を抑圧し、侵入者の中国人を優遇する政策を実施していたので、草原を占領していく中国人をモンゴル人は阻止できなかった。

人民公社が崩壊し、草原の使用権が長期間、個人に与えられるようになった一九八九年になると、「農業専業隊」に所属していた中国人達はほぼ全員草原に侵入してそれぞれ広大な土地を確保するようになっていた。シャルリク人民公社の本部がある地の西に、中国人の葉占兵と王興文、楊占財と史文倉らが入って来て、モンゴル人のトグス（Tögüs）とボル（Boru）の草原を奪った。追い出されたトグスはシャルリク・ソムの人民病院の野菜を作り、ボルは教師となっている息子を頼って暮らすようになった。二人とも、元々人民公社のコックで、普段は政府所在地で働き、家には夫人と子ども達が残っていた。そこへ、中国人達が闖入し、力を行使してモンゴル人の草原を奪って住み着いたのである。

トグスもボルも私は子どもの頃から知っている。優しい人達だった。一九七〇年夏、母が人民公社の病院に入院していた時、二人のコックは時々、幹部達が食べ残した肉を私達親子にこっそりと回してくれていた。食べ物がなかった時代なので、格段と恩人のように見えていた。その彼らが、外来の中国人によって、代々住み続けて来た草原が奪われたのである[10]。

「中国の蒙古」でなければならない

モンゴル人と中国人との深刻な対立の背景にはまた中国の食糧事情がある。

シャルリク・ソムのような牧畜地域の食料は政府から「供《グン》応糧《インリャン》」として有料で配給されるが、農耕地域だと農民達は自らの穀物等を一旦は政府に売ってから、再度買い戻すという「反銷糧《ファンショウリャン》」に頼っている。長城沿線の中国人達は政府の食料政策に強い不満を持ちながら、解決策がないので、より多くの食料と肉類を求めて「蒙地」のオルドスに闇ルートで流入して来る。中国人はモンゴル人の家に家畜を委託放牧させながら、畑を耕作する。秋になると、モンゴル人の草を食べて肥らせた羊達と、モンゴル人の畑から収穫した穀物を持って陝西省に帰る。ソム政府はこのような中国人の侵入を防ごうとしているが、効果は薄い。委託放牧で中国人の家畜が増えると、モンゴルの草原の劣化が進む。畑もむやみに広がると、草原の面積が相対的に減るからである。見つかり次第、羊一頭から五元の罰金を取るようにしている、とバトチロー長官は話す。

バトチロー党書記がどのようにモンゴル人と中国人との草原紛争を解決しようとしているのかについては、私に語らなかった。彼は敏腕な党幹部であるが、自治区政府そのものが中国人に握られているので、根本的な解決は不可能であろう。「一九七一年のように、もう一度、中国人達を長城の南に追い返す運動を起こしたいが、困難だ」、と彼は嘆く。

バトチロー達が我が家に来た日、八月十五日から「中国・内モンゴル国際ナータム祭(節)」が始まった。「国際ナーダム祭」は同時に「第一回草原旅游節」でもあり、二十五日まで続くという。自治区の首府フフホト市から末端のソムに至るまで、必ず「中国」との文字を入れるよう命令されているそうである。例えば、シャルリクの場合だと、「中国・ウーシン旗シャルリク・ソムの国際ナーダム祭」と表記して、中国の所有権を示さなければならない。

「内モンゴルが中国の一部にされて数十年も経っているではないか。どうしてまだわざわざ〈中国〉というように強調しなければならないのか」、と私はバトチロー党書記の見解を知りたかった。彼は答えた。

党中央は内モンゴル自治区を重視している。今回のナーダム祭の開催に当たり、治安担当の喬石・党中央書記処書記まで視察に来た。宣伝用のポスターは町中に貼ってある。中国の五つの自治区の中で、チベットでは蜂起が頻繁に起きているし、新疆ウイグル自治区も安定とは程遠い。寧夏は回族の人達はとても意志が強く、漢人に服従しない。広西チワン族自治区のチワン族は元々漢族とさほど変わらないし、分離独立の意志はもはやない。となると、内モンゴルを引き続き「模範的自治区」として祭り上げるしかないだろう。モンゴル人はこのように厳しい状況下に置かれている。モンゴル人とチベット人、それにウイグル人はこれからどういう道を歩んでいくか、真剣に考えなければならないだろう。

旧人民公社の幹部から現在はソムの長官になったバトチロー書記は実によく中国全体の民族政策を把握している。目の前の草原紛争も中国の近現代史と共産党の政策が原因だと認識しているので、彼は動揺しない。

「我が家に来い。息子達が君を待っている」、とバトチローは最後にそう言ってソム政府の方へ馬を飛ばしていった。彼の家は我が家の東約五キロ、ダライン・チャイダムという平野にある。息子達は私と同年代の生まれで、親しくしている。私の為に地元の新聞と雑誌を取って、資料として用意しているという。私の調査はこのように、地元のモンゴル人達の支援で順調に進んでいる。

八月十九日

近くに住むネストリウス教徒

天気はまた暑くなった。父と母は羊達の脳包虫を予防する措置を取るという。羊の鼻腔の中に「敵百虫」という薬を注射器で射ち込む。夏の間に鼻の孔から寄生虫が入り込み、脳に到達して暴れるのを防ぐ為である。

私は馬に乗って、ボンホー（Bonhqo、六五歳）という人物を訪ねることにした。ボンホー家は我が家から北へ約三キロのところにある。彼はエルクート（Erkegüd）という集団の一員である。

エルクートという集団が国際的に知られるようになったのは、ベルギー出身の神父で、著名なモンゴル学者のモスタールトが有名な論文を書いたからだ。「エルクート——オルドス・モンゴル人の中の中世クリスチャンの後裔」との論文[Mostaert 1934: 1-20]を民博にいた時に読んで、大きな衝撃を受けた。正に我が家の近くの話ではないか、と体が震えたことを覚えている。帰郷してから両親にモスタールトの論文内の話をしてみたら、すぐ近くのボンホーがエルクートだと言われた。

「痘痕《バルチギル》のボンホーか、セー・ボンホーか」と私が聞くと、「痘痕の方だ」、と母が教えてくれた。彼は顔に痘痕が残っている為、地元ではバルチギル・ボンホー（barčigir）とも呼ばれ、セー・ボンホー（Sayi Bongqo）という別の同名の人物と区別されている。

「ウルジという人もエルクートらしいが」、と私は両親に尋ねる。

　彼はシャルスン・ゴル河の支流、バガ・ゴル河の北に住んでいた（写真4—2）。彼は貴方の祖父の義兄弟（anda）で、とても威厳のある人で、中国人達に恐れられていた。モンゴルに入って来た中国人達は、「シャルスン・ゴル河を渡る際は泥沼が怖い。バガ・ゴル河を渡る際はウルジという男が怖い[11]（走大河怕爛泥、走小河怕烏力吉）」と話して、彼の家の近くから通ろうとしなかった。その後、ウルジは更に北へ移動し、我が家の北側の沙漠、今のムンケジャラガル家の西に広がる沙漠の中に住んでいた。バガ・ゴル河にあった彼の家の近くに、中国人の張斗梁が侵入して来て住み着いた。

　エルクート人は清朝末期に長城を北へと越えて来た中国人の侵略を受けてバガ・ゴル河近くに避難して来た。ウルジは故郷を奪った宿敵の中国人に恨みを持っていたようである。ウルジにはエルケンムバヤル（Erkembayar）とホーンダイ（Qoγundai）、それにバヤンオチル（Bayanvačir）という三人の息子がいた。ホーンダイはフフホトに務め、バヤンオチルの息子はチャガンバル（Čaγanbars、シャルリク・ソムの郵便局勤務）とシャルバンディ（Sirabandi、Gilatu に住み、私の父の友人）である。

　ボンホー家に行く前に、私はもう一度、モスタールトのフランス語の論文を復習した。

写真 4-2　シャルスン・ゴル河の支流バガ・ゴル河。東へ流れて黄河に合流する。後続する地図 7 にも Baγ-a Γool とある。

　モスタールトは一九〇五年十一月から一九二五年十一月まで、丸二十年間もオルドスに滞在し、モンゴル服を着て、モンゴルの食文化を楽しみ、豊富な人脈を構築し、現地の遺跡を満遍なく歩いていた［Taveirne 1999: 146-147］。彼の豊富な知識はその著作に反映されている。一九三三年、モスタールトはオルドスから北京を訪れていたガルマバンザル（Garma Bansar）という四五歳のモンゴル人から情報を得て、エルクート人に関する有名な論文を書き上げた。モスタールトは大体、以下のような記録を残しているので、それらを逐一確認し、更に情報を得たかったからである。

　オルドスのエルクート人は中世のネストリウス教徒の子孫であろう。彼らは主としてウーシン旗とオトク旗のイケ・エルクート（Yeke Erkegüd）とバガ・エルクート（Baγ-a Erkegüd）、それにウナガン・ブリド（Unaγan Büridü）等の地に住んでいる。ウーシン旗の場合だと、エルクートはまた大小《イケ・バガ》二つに分かれている。イケ・エルクートすなわち「大エルクート」はトリとソースハイ、ウルンとシニ・スメ寺（Sine Süm-e）に分布している。バガ・エルクートすなわち「小エルクート」はシャルスン・ゴル河沿岸とボル・グショー寺（Boru Qosiγun süm-e）付近に住んでいる［Mostaert 1934: 3-4］。モスタールトの記録から推測すると、オトク旗内の分布地の地名も大小二つのエルクートという集団名から由来しているといえよう。[12]

　モスタールトは伝える。ウーシン旗の二つの集団からなるエルクート人は約七十数戸あり、ガルマバンザルはイケ・エルクートに属していた。エルクート人にはバクシ（baγsi）という「導師（maître）」がおり、ウラーン・ダンザン（ulaγan damzan）という「赤い護法神」（sakiyus）を祠の中で祀っている。ウラーン・ダンザンは「山羊に跨った天神」で、鍛冶屋だったという。イケ・エルクートの祠は二間の大きさの固定建築で、ソースハイに建ち、ソノム（Sonom）というバクシが守っている。バガ・エルクートの祠は天幕で、ウルジ（Öljei）というバクシの家の近く、シャルスン・ゴル河畔に張ってある。[Mostaert 1934: 5-6]。

ガルマバンザルがモスタールトに語った話では、エルクート人が現在のところに移り住んだのは百年前のことだという。それ以前は長城のクヌグ・ゴト（Könüg qota、波羅堡）の北二十キロの地、クヌグン・ボルトルガイ（Könüg-ün Borutoluγai）で放牧していた。そのクヌグン・ボルトルガイには一族の墓地がある。凱旋門のような牌楼が建ち、あたり一面に石臼のような石柱があった。石柱にはモンゴル文字と漢字の題字もある。二百基ある墓と多数の石臼が目立っていたことから、モンゴル語で「石臼のような硬い地（Bolu-yin qataγu）」と、中国語で「碾疙瘩梁」と呼ばれるようになったそうである[Mostaert 1934: 4]。

以上のようなモスタールトの記録であるが、私は彼の論文を読むまで、我が家の近所にネストリウス教徒が住んでいるとは知らなかった。中国語で景教と称されるネストリウス教は古代の宗教で、現在まで伝わっているとは知らないほど、無知であった。そのネストリウス教徒に会えると思うと、少しずつ興奮して来た。子どもの頃から知っている「痘痕ボンホー」についても、いつの間にか、文化の護り手だろうと畏敬の念で再認識するような気分になった。

記憶のネストリウス教文化

ボンホーは夫人と共に羊を放牧している（写真4—3）。夫人はウーシン旗西部の「ダー・クレー」という要塞に住んでいた貴族の出身で、名前をカンル（Kangrujid）という。私は夫人から出されたミルクティーを飲みながら、ボンホーの話に耳を傾けた。

エルクート人は現在、「王」という漢字姓を用いている。それは、先祖代々保持して来た「王《ハーン》からの権利エルケ」を象徴する姓《オボク》である。元々、エルクート人はトゥクチン（Tuγčin）・オボクとドーダーチン・オボクと共に、ジャハル・ハラー（Jaqar qariy-a=Čaqar qariy-a）の下位グループである。トゥクチンとは「旗手」の意で、モンゴル最後の大ハーン、リクダン・ハーンが保持していたモンゴル帝国の国旗チャガン・スゥルデ（Čaγan sülde=Čaγan tuγ）を祀る人々だった（後述の一九九二年五月八日の記録参照）。ドーダーチンとは、前に述べた、「雷を呼ぶ人々」である。ボンホーは言う。

私達ジャハル・ハラーのモンゴル人は本来、モンゴルの六大万戸の一つ、ジャハル万戸の者で、リクダン・ハーンの逝去後にオルドス万戸に入って来た人々である。ジャハル・ハラーのモンゴル人は大ハーンのリクダン・ハーンの追随者で、オルドスの貴族（tayiji）の庶民（albat）ではない。私達はモンゴル帝国の国旗チャガン・スゥルデ（トゥク）を祀って来た。そのスゥルデは現在、トリ・ソムのムー・ブラク（Mayu bulay）にあり、アムルゲシクとボルらが祀っている。国旗チャガン・スゥルデは白い馬の鬣《たてがみ》で造ったものだそうである。チンギス・ハーンのダルハト達は、モンゴルの軍神「黒いスゥルデ」を祀るのに対し、ジャハル・ハラーの人達は国旗「白いスゥルデ」の祭祀に携わる。軍神と国旗が出逢わないよう互いに避けていたのである。「白いスゥルデ」を祀る際に、「身代わり役ジョリク（joliy）」を務める人がいるが、エルクート人はその役を担わない[13]。

写真 4-3　エルクート人ボンホー夫妻。暑かった日で、彼の羊達も家の前の木陰で休んでいた。

　静かに語り出すボンホーであるが、これらの情報はモスタールトには伝わっていなかっただろうから、彼の論文になかった内容である。モスタールトの論文は中国語とモンゴル語にも内部資料として翻訳され、彼らの間でも読まれているようである。

　ボンホーはイケ・エルクートの一員である。モスタールトが伝えている「イケ・エルクートのソノムという導師《バクシ》」を自分達も探しているが、その後裔が誰なのかも確認できていない。ソースハイに建っていたという祠は、厳密にいうと、デンクイ・ボラク（Dengküi-yin bulay）という泉の近くにあった。モスタールトが言うところの「バガ・エルクートの寺ボル・グショー寺」はシャルスン・ゴル河南岸のシャラタラにあったが、一九四三年に中国共産党の八路軍に燃やされた。共産党が放火するまでに、ジンバサンワー（Jinbasangva）というエルクート人が寺を管理していた。この寺は薬師仏（Otočin süm-e）を祀っていた。

　ボル・グショー寺はチベット仏教の寺である。「エルクート人も仏教の寺に行くのか」、と私は不思議に思った。

　我々エルクート人は「青い宗教（köke-yin šasin）」に帰依しているが、ボル・グショー寺は「黄色い宗教（sir-a-yin šasin）」だった。しかし、何故か、エルクート人はこの寺によく行っていた。また、エルクート人のインニン（Yingnin）

はシニ・スメ寺の僧になって、ウラーン・ダンザンを祀っていた。ウラーン・ダンザンは赤い布に包まれた護法神像で、誰も見たことはなかった。インニンはシニ・スメ寺よりも、エルクート独自の寺を一九四七年にトリ地域で建てたが、文革の時に共産党に破壊された。インニンはチベット仏教の僧であっても、エルクートの守護神を大事にしていた。エルクート人で仏教の僧になったのは、インニンだけではないし、彼が最初でもなかった。

このように、ネストリウス教徒達もチベット仏教の僧になったり、寺院の運営に携わったりしていたのである。いつからこのように異なる宗教間を超越するようになったかは、不明である。

ネストリウスの儀礼

エルクート人は最初、長城のクヌグ・ゴト（波羅堡）の北で遊牧していたが、中国人の圧力でイダムイン・トハイ、ウルン、シャラタラを経由して、現在のソースハイ等の地に移って来た。それは、「詩人サンギドルジ（Sangjidorji）が生きていた時代だ」、とボンホーは語る。私が後に手に入れたボンホーの弟、ボーシャンの著書によると、サンギドルジは一八三〇年生まれで、一九〇三年までオルドスの詩壇で活躍していたことが判明した［Erkegüd Bou Šan & Erkegüd Asuru 2001: 4］。恐らくは十九世紀末のことであろう。[14]その際、トゥクチンとドーダーチンといったジャハル・ハラーに属す諸集団は行動を共にしていた。ソースハイから更に北上してオトク旗領内に入ったグループもあり、彼らの住んでいるところが、その後、イケ・エルクートとバガ・エルクートと呼ばれるように変わったのである。集団名が地名になったわけである。

ウーシン旗の政治は清朝時代から王ジャサクと「五大役人（tabun jingken）」によって運営されていた。「五大役人」とは東西二人の協理タイジ[15]（tusalayči）と東西二人のメイリン（meyiring）と一人のアムバム[16]（amban）からなる。サンギドルジはメイリンだった。彼は旗政府が中国人の侵略に有効な措置を採らなかったことに不満だったので、ウーシン旗の王と衝突していた。彼は王の命令でメイリン職から外された後、五十戸のエルクート人を率いて北へと移動した。その際、以下のような詩文を書いたので、広く歌われていたという。

靖辺堡から来たシナ人の物乞いは
布袋を持った人々だ。
（シナ人の侵入で）追放された私サンギドルジをはじめ
五十戸の（エルクート人が逆に）物乞いになってしまった。[17]

「西洋の宣教師達もエルクート人に関心があったらしい。エルクート人はチンギス・ハーン祭祀を司るダルハトから嫌われていた、とある宣教師兼モンゴル学者は書いているが、本当か」、と私はモスタールトの記述について確かめた。これに対し、ボンホーは以下のように解説した。

出産に当たり、一般のモンゴル人は女性の助産婦ウダガン（udaγan）を呼ぶが、エルクート人は「導師《バクシ》」を招いて、洗礼（uγulaγ-a）をおこなう。ウダガンは古代において、女性シャーマンを指していたが、オルドスでは女性助産婦のイメージが強い。また、娘を嫁がせる際も、他のオボク集団から嫁を迎え入れる時も洗礼は欠かせない。死者が出た場合も、バクシが来て遺体を洗い、ハイマツ（arča）で清める。ボンホーの記憶では、儀式を進める時のバクシはいつも青色の服を着ていたという。

エルクート人は「赤い守護神」のウラーン・ダンザンに「オルドス暦の八月（太陰暦五月）」三日と九月（太陰暦六月）三日に供物を捧げる。その供物として「神に捧げられた山羊（ongγun imaγ-a）」を用いる。普通のモンゴル人は「神に捧げられた山羊」を屠ることは絶対にしないのに対し、エルクート人は異なる。新しい、若い「神に捧げられた山羊」を年老いた山羊と交替させてから、バクシが頸動脈を指で切って絶命させる。そして、心臓を守護神に献上するそうである。モスタールトは、屠畜はバクシか、ジャソールチン（jasaγulčin、執行人）とヤスチン（yasučin、骨を燃やす係）が担当すると記録している［Mostaert 1934: 7-8］。この儀礼に女性達は参加しない。

モスタールトはエルクート人の記憶の中から中世ネストリウスの信仰を掘り起こす為に、インフォーマントのガルマバンザルに十字架を描いたり、オルドスの沙漠から見つかる古代の青銅器の十字架を見せたりした。しかし、ガルマバンザルはそれらを特別視していないと否定してから、卍型（yongrong）の青銅器は拝むべきだ、と語ったという［Mostaert 1934: 7］。青銅器の十字架は我が家の近くの沙漠からも出土していた（本章扉写真）。ボンホーは、卍はオルドス暦の「ヤツガシラ鳥の月（太陰暦十二月）」の二十九日、祖先に供物を燃やす儀式（ikesüd-i morduγulaqu）の時に地面に描くという。その際、肉とパン、そして棗《なつめ》等を燃やす。

エルクート人の女性は貞操観念が「異教徒」より強い、とモスタールトは興味深い記録を残している。死後に骨盆（niγuča orun-u yasu）を見る。不貞を働いた者の骨盆は黒く、貞操を守った者のは白い、とエルクート人が語っていたという。そういう見方があったのか、と私はボンホーに確かめてみた。すると、「貞潔を守る女性の子宮（umai）は白く、淫蕩な者のは黒い」、と返事してくれた。淫蕩かどうかは一夫多妻かどうかによるとも話した。一夫多妻制を採るかどうかは、男に決める権利があるはずだが、私はそれ以上、深く探究しなかった。

写真4-4　中国人の行商人。匂いがきつい、という理由で家の中に入れないように両親は断っていた。（1991年8月10日）

ボンホー家を出て我が家へ馬を飛ばしながら、私は考えた。モスタールトの記録と先行研究がなければ、私は恐らくボンホー家に来なかっただろう。私は子どもの頃から夫妻を知っていたが、彼らが独自の信仰を維持して来たネストリウス教徒だとは知らなかった。社会主義時代に入ってから、誰も彼らのその特殊な信仰に注目しなくなったのではないか。

ボンホー夫妻はその後、オルドスの最大都市、東勝市にいる息子を頼って草原を離れた。別の若い夫婦がボンホーの家を買って移り住んだが、蛇が増えて困っていたという。夏になると、どこからともなく、蛇が陣を成して家の中に入って来てオンドルの上に上ったり、食器棚に入ったりするようになった。ラマを招いて読経しても効き目はなかった、と地元で伝説になっていた。

家に帰ると、長城の要塞都市、テメート・ゴト（楡林城）から張という若い貨郎子《ホランツ》が来ている。手に棍棒を持ち、大きな荷物を背負っている（写真4―4）。靴下と下着類、シャツ等を売り、モンゴル人から毛皮を購入するという。羊の皮は一枚十元で買うが、物々交換でもいいという。また、モンゴル人の家具にペンキを塗る技術も持っている、と話す。彼はもう一人の年老いた貨郎子と行動を共にしていたが、その人はシャルスン・ゴル河まで来て引き返したという。陝西省からの中国人によると、現在はシャルスン・ゴル河が「漢地」と「蒙地」の境界だ、と認識しているという。昔は長城が両民族、両国の境だったが、その境界は中国人の侵入に伴って、確実に北へと押し寄せている。

「シャルスン・ゴル河を渡る際は泥沼が怖い。バガ・ゴル河を渡る際はウルジという男が怖い」と中国人達が理解していた時代、すなわちネストリウス教徒の導師が生きていた時代は確実に歴史の彼方へ過ぎ去っていった。

八月二十日

墓泥棒との別れ

我が家の雇い人の小劉（写真4―5）は、朝十時に陝西省靖辺県の海子灘郷へ帰っていった。仲間が匈奴の統万城付近の古墳を盗掘して逮捕されたことで、自分も検挙されるのを彼は心配していた。

統万城は我が家から南東へ二十六キロ離れたところ、シャルスン・ゴル河の北岸にある。城壁の廃墟が白く輝いているので、近くの中国人は白城子と呼ぶ。モンゴル人は「チャガン・リンホワ・ゴト」(Čaγan linquva qota)、すなわち「白い蓮華の城」と表現する(一九九二年二月二十三日の記述参照)。私は、モンゴル人の表現にロマンを感じる。中国人の小劉は当然、城が匈奴人の赫連勃勃《かくれんぼつぼつ》の夏国の首都だとは知らないが、近くに無数の古墳があることだけは把握している。小劉とその仲間達は金持ちになる夢を持って、その古墳を夜な夜な盗掘していた。

「奴らがおれのことを暴露していないか、土産を持って見舞いに行って、口止めしておきたい」、と小劉は母に話していた。

写真 4-5　中国人の羊皮商人。右は我が家の雇い人、劉。(1991 年 8 月 10 日)

古墳を盗掘していた経歴を自慢する小劉を見て、母はだんだんと怖くなった。それに彼は仕事ぶりも悪く、父とすぐに衝突する。隣家の羊や馬が我が家の草原に入って来ると、彼は隣家に向かって、「殺してやる。放火してやる」、と暴言を吐く。これらは中国人社会では普通の悪罵だが、モンゴル人にとっては、到底受け入れられない表現である。粗野な表現が定着している中国社会と優雅で、上品な言葉遣いを好むモンゴル社会は完全に異なっているので、彼が我が家に居続けると、近所とのトラブルも増えて来たので、両親は諦めた。

「万が一、劉が古墳盗掘の仲間達とやって来て、夜の間に羊を追っていったら、困る。彼はモンゴルのことをよく知っているし」、と母はなるべく穏やかに彼との縁を切ろうとしている。結局、母は小劉に二百元の賃金を支払って、送り出した。私も彼に日本から持って来たシャツを土産に渡してから、羊達を草原に連れて行くことにした。秋の羊は丁寧に、静かに移動させる。脂肪がつき始めた時期なので、なるべく羊達の意向に沿うようにして、その自然の流れを優先とし、南東方向へ行かせた。風も南東から吹いているので、羊達はその風に向かっていくのを喜んでいた。

草原からの抵抗と政府からの抑圧

やがて、我が家が属すチョーダイ生産大隊の若い大隊長が税金を取りに来た。彼は匿名を条件に、地元のモンゴル人達の置かれている政治的、社会的状況について語ってくれた。大隊長は語る。

現在は全自治区を挙げて「国際ナーダム祭」をおこなっている最中であるが、オルドスのモンゴル人、それも特にウーシン旗のモンゴル人は厳しく監視されているそうである。というのも、五月に逮捕されたばかりのグチュントグスの同志達二十八人のうち、実に二十二人がウーシン旗の出身である。彼らはモンゴル人が中国に政治的に抑圧されている実態を訴えていただけでなく、経済的な開発もモンゴル人の手で進めなければならないと主張していたから、逮捕された。彼らはまた草原をブルドーザーで切り開きながら地下資源を探査する地質調査隊の中止を求めていたし、地元の各生産大隊にも抵抗を呼びかけていた。しかし、地質調査隊による探査は中国の国家プロジェクトであり、中止はありえない。

「貴方は日本から帰って来たが、あの地質調査隊には日本人とアメリカ人もいるのをご存知か」、と大隊長は私に聴く。私は全く知らなかった。ただ、先日までに我が家の草原を破壊するのに使われていたのは日本製の「ＫＯＭＡＴＳＵ」のブルドーザーだったことだけは覚えている。大隊長によると、日本人とアメリカ人は「外国人専門家」として調査隊に加わっているという。将来、モンゴル人の草原から地下資源が発見された暁に、日本とアメリカにどんな利益が配分されるのか、私には予想がつかない。グチュントグス達は「外国資本によるオルドス調査に反対」とのスローガンを掲げていたのも、罪の一つとなったそうである。

「国際ナーダム祭が過ぎたら、逮捕されたグチュントグス等、二十九人のモンゴル人に対する判決が出るだろう」、と大隊長は予想している。

まもなく生産小隊の小隊長もまたやって来た。我が家の南西、バガ・ゴル河の南岸、デムチン・チャイダム（Demči-yin čayidam）に住む中国人張鳳林の息子で、モンゴル語が話せる青年だ。彼は両親に向かってモンゴル風にお辞儀をし、癖のないモンゴル語を操る。モンゴル語が話せても、中国人であるので、生産大隊長も政治の話をしなくなった。私は彼ら二人から地元の全体的な様子についての情報を集めた。

シャルリク・ソムの四つの生産大隊の一つであるチョーダイ生産大隊は現在、ガチャーと呼ばれている。このガチャーには今一千五十七人が暮らしている。モンゴル人が約六百五十七人で、残りは中国人である。家畜の総頭数は一万六千六百に達する。

チョーダイ・ガチャーは一九八二年までは第一から第四までという四つの生産小隊《バルガート》（buriyad、ブリガードとも）から成っていた。人民公社が崩壊した一九八〇年から議論を重ねた結果、現在は以下のようなゴショーに変身したという。

旧第一生産小隊：シャントルガイ・ゴショー（Šang toluγai qorsiyo）

旧第二生産小隊：チョーダイ・ゴショー（Čudai qorsiyo）

旧第三生産小隊：バインチャイダム・ゴショー（Bayin čayidam qorsiyo）
旧第四生産小隊：バインブラク・ゴショー（Bayin bulaɣ qorsiyo）

ゴショーの名はすべて地名に由来するが、一九五〇年代初期に作られた互助組の名と一致する。いわば、「解放初期」に戻ったことになる。その為、一部の貧しいモンゴル人は「数十年苦労したのに、一夜にして解放初期に戻った（辛辛苦苦幾十年、一夜回到解放前）」と不満である。共産党は貧しい人達を「搾取階級から解放する為にモンゴルに来た」と宣伝していたが、結局は裏切られた、と気づいたのである。

実はシャントルガイ・ゴショーの地名は、我が家のある草原から採ったものである。このシャントルガイ・ゴショーの人口は三百五十人で、そのうち中国人二百十人で、多数派を占める。他の三つのゴショーは中国人が相対的に少ない。それは、シャントルガイ・ゴショーが一番南、シャルスン・ゴル河に近いからである。中国人は清朝末期から長城を越えて北へと侵入し続け、現在、シャルスン・ゴル河に到達しているからである。

シャントルガイに中国人が多くなったもう一つの理由は、チョーダイ生産大隊内の「農業専業隊」が解散となり、そこの中国人が十二戸もシャントルガイに配属されたからだ。チョーダイ生産大隊もシャルリク人民公社全体と同じように、侵入して来た中国人達を最初はバガ・ゴル河の近くに集中居住させて農業に従事させていたが、人民公社の崩壊で集中居住地から出て来てモンゴル人と雑居するようになったのである。彼らは河の近くの灌漑地帯を占拠すると同時に、新たに草原も獲得できたので、モンゴル人以上に豊かになった。十二戸の中国人は合計五百六十頭、平均して一戸あたり五十頭近い羊を所有しているという。

民族間の対立と沙漠化をもたらす中国

チョーダイ・ガチャー全体の草原面積は二十七万畝で、そのうちの八万畝は沙漠である。沙漠も各家庭に分割されているが、一九九一年八月一日から五年以内に木や草を植えて緑化しなければならない。緑化できなかった場合は、他の緑化可能な人に使用権を譲渡してもいいという。このようなチョーダイ・ガチャーの中のシャントルガイ・ゴショーの草原面積は九万二千畝で、全体で六千六百頭の家畜（うち大型家畜は約二百頭）が放たれている、と大隊長は帳簿を見ながら語る。

草原の使用権が個人に期限付きで譲渡されたことで、トラブルが多発するようになったそうである。特にガチャー同士の境界地帯に住む人々の間で草原争いが多い。例えば、私の祖父の「義理の息子」の孫、チョーダイ・ガチャーに属す胡広世と王根相（前出の王根如の兄）はダライン・チャイダムとの境界に住んでおり、両家のゴミ捨て場までダライン・チャイダムの草原とされた。機械的にまっすぐに境界が引かれ、現地に住む人の生活圏が考慮されなかった結果である。それは、まるで西洋列強が机の上で植民地の境界を線引きし、国境を画定するのと同じである。モンゴル草原でも中国人が支配者になってから、未曾有の問題が発生している。

我が家も西隣のオーノス・シャラクーとの間でもトラブルを抱えている。シャルクーは私のイトコで、彼の亡き父親は私のオジである。我が家の近くは複数の家があることで、各家庭の草原面積は相対的に少ない。そこで、シャラクーはダライン・チャイダムからチョーダイに配置変えをしようと申請しているが、許可されていない。両親によると、彼は勝手に我が家の草原百畝ほどに鉄線を引いて占拠しているという（後続地図5の紛争地A）。シャルクーはチョーダイ・ガチャーのバインチャイダム・ゴショー（旧第三生産小隊）の出納係チンケルダライ（Čingkeldalai）に賄賂を渡し、同ゴショーの草原の一部を分けてもらったことも広く知られている。

「草原の使用権の分割で、モンゴル人同士の対立も一九九〇年八月一日から激しくなった。互いの鉄線を切ったり、暴力行為を働いたりしている。人民公社時代やそれ以前にはなかった紛争が多発するようになっている」、とガチャーの長官は語る。

個々の牧畜民が自分の所有する草原を鉄線で囲むようになってから、以下のような社会問題が起こっているという。

第一、道路が寸断されてしまった。以前にあった公道も鉄線で遮断されて、自由な行き来ができなくなった。

第二、馬と山羊がほぼ完全に姿を消してしまった。馬は広大な草原を自由に歩き回るが、そのような環境はもはやない。「山羊は政府に敵視されている」、とガチャー長官は指摘する。沙漠化の元凶は山羊だとして、売るか屠るよう厳命されている。「沙漠化をもたらしているのは長城の南から来た中国人で、彼らが草原を破壊しているのに、山羊のせいにしている」、と長官は嘆く。現在、ガチャー全体で約三百頭の山羊しか残っておらず、絶滅寸前である。そして、まもなく牛も消える可能性が高い。

第三、農耕推進政策が沙漠化を促している。旧第一生産小隊すなわちシャントルガイ・ゴショーにはバガ・ゴル河があって、農耕ができる限られた地域もあるが、他の三つのゴショーにはそれがない。それでも、政府は広範囲の農耕を奨励し、羊を柵の中で飼育するよう命令されている。草原を自由に動き回っていた羊達が柵の中に閉じ込められるようになると、忽ち元気を失い、死んでしまう。農耕ができないところを無理に開墾すると、数年後には沙漠になり、モンゴル人も貧困化する。ガチャーの長官は更に以下のように分析した。

モンゴル人同士が草原をめぐって対立し、モンゴル人自身が草原を切り開いて破壊するのは、歴史が始まって以来、初めてだろう。昔は長城付近で中国人の侵入に抵抗し、草原を守り抜いた。しかし、今や草原全体が中国人に占領されてしまったので、沙漠化が進んでいる。

農作業を苦手とするモンゴル人の八割以上が長城付近からの中国人を雇っている。なかでも特に灌漑地を持つ人はほとんど中国人に頼っている。井戸の管理や灌漑等のような作業をモンゴル人は経験したことがなく、中国人の顔色を窺っている。草原が分割されて以降、モンゴル人は限られた空間内で如何に家畜を放牧するかに集中するようになり、農作業を同時に進める余裕は全くない。当然、我が家のように、雇い人の中国人とのトラブルも頻発している。中国人は家畜を大事にしないで、すぐに羊を蹴ったり、殴ったりする。モンゴル人は家畜を仲間として溺愛するので、衝突に発展する。そして、秋になると、収穫をめぐって対立するという。

強制的避妊措置と出産ゲリラ

中国人の人口が増え過ぎた結果、国家全体で計画出産政策が厳しく施行されている。中国人は以前から夫婦一組につき一人しか産んではいけなく、モンゴル人には制限がなかった。しかし、一九九一年七月一日から、私が帰郷した夏からモンゴル人の出産枠も三人までと制定された。三人産んでからは直ちに避妊手術をしなければならない。今年のチョーダイ・ガチャーには三十五人のモンゴル人女性が避妊手術を十二月までに受けなければならない。

「避妊手術を受けない家庭に最初は催促にいく。一回の催促につき、二百元の罰金を取る。三回目からは銃を持った公安と党幹部が女性を連行する」、とガチャーの長官は証言する。

「中国の人口を増やしてしまったのは中国人で、モンゴル人ではない。それなのに、どうして私達モンゴル人まで自分の故郷で強制的避妊措置を受けなければならないのか」、と私は納得できなかった。

「中国人はいくら制限されてもこっそり産む。今、ガチャー全体で三十五人のハラ・クーケト (qar-a keüked) がいる」、と長官は答えた。ハラ・クーケトとは戸籍のない、こっそり産まれた中国人の子どもを指す。中国語では「黒孩子《ヘイハイズ》」という。地元の中国人だけでなく、南国の安徽省や浙江省から出産の為にだけ流れて来た中国人もいる。出産の為に各地を流浪する中国人を「出産遊撃隊《ゲリラ》」と呼ばれている。この中国人「出産遊撃隊」から産まれた「黒孩子《ブラック・チルドレン》」が無数存在しているので、少数民族にまで出産コントロールの悪影響が及んでいる。

若者達の都市への憧れ、流出も進んでいる。旗やソム政府所在地にある百貨店と招待所（公営旅館）、それに供銷社（公営の売店）で働くのが理想的と見るモンゴル人若者が多い。こういう公営企業は政府からの予算が少ない為、個人がもし一万元を出すと、若者を一人五年間就職させることができるという。五年経って、働きぶりがよければ都市戸籍がもらえて、正職員になれる。金で買う就職の枠を地元では「指標《ズービョー》」という。

モンゴル人牧畜民の中で、草原の使用権が私有化されて以降、多少貯金がある人は皆、この「指標」を買って、子ども達を都市部へ送り込もうとしている。地元に残るのは親達だけで、羊の放牧と畑作業ができなくなる。そこで、長城以南の中国人を雇うが、やがて草原そのものも中国人に買われてしまう事例も出ているという。都市への憧れが草原喪失に拍車をかけている。

八月二十一日

呪われる親戚同士

朝、羊達の鳴き声で起きた。もう搾乳しなくなったので、仔羊も群れと共に行動し、夜通し草原で草を食んで、朝になると水を飲みたくなるらしく、井戸に向かって走って来る。井戸に水がないと、庭に入って来る。あたかも水汲みを催促するかのように鳴くので、両親は起きて、羊達に声をかけながら井戸へ行く。夜通し草原に放たれているとはいえ、半径二・五キロ以内はすべて鉄線の柵で囲まれているので、遠くまで行けない。人民公社時代はずいぶんと離れた地、十キロ先まで我が家の羊達は行っていたものである。

草原が細かく分割され、使用権が個人に譲渡されたことで、我が家はイトコ二人と衝突するようになった。衝突の遠因は草原でなく、一九四九年以前の中国革命と関係する。父は共産党の八路軍に入り、イトコ達の親、私のオジになるチローンドルジは国民党軍に加わっていた。その為、「革命と反革命」という線引きで中国政府は我が一族の「階級的身分」を画定した。ところが、文革になると、オジの未亡人で、私のオバのリンホワは造反派になり、我が家は「搾取階級」とされて吊るし上げられていた。文革が終わって、イトコ達も政府に翻弄されたことに気づいて和解するが、草原の分割で対立が再燃している。私は朝のミルクティーを飲みながら、両親の話を聞いた。

昨年五月一日、亡きオジのチローンドルジの次男で、イトコのチャガンバンディが突然、やって来た。酒を使って消毒をしていたので、仕方なく飲ませた。我が家の北西に住むチャガンバンディは無類の酒好きで、すぐに酔った。酔った勢いで、

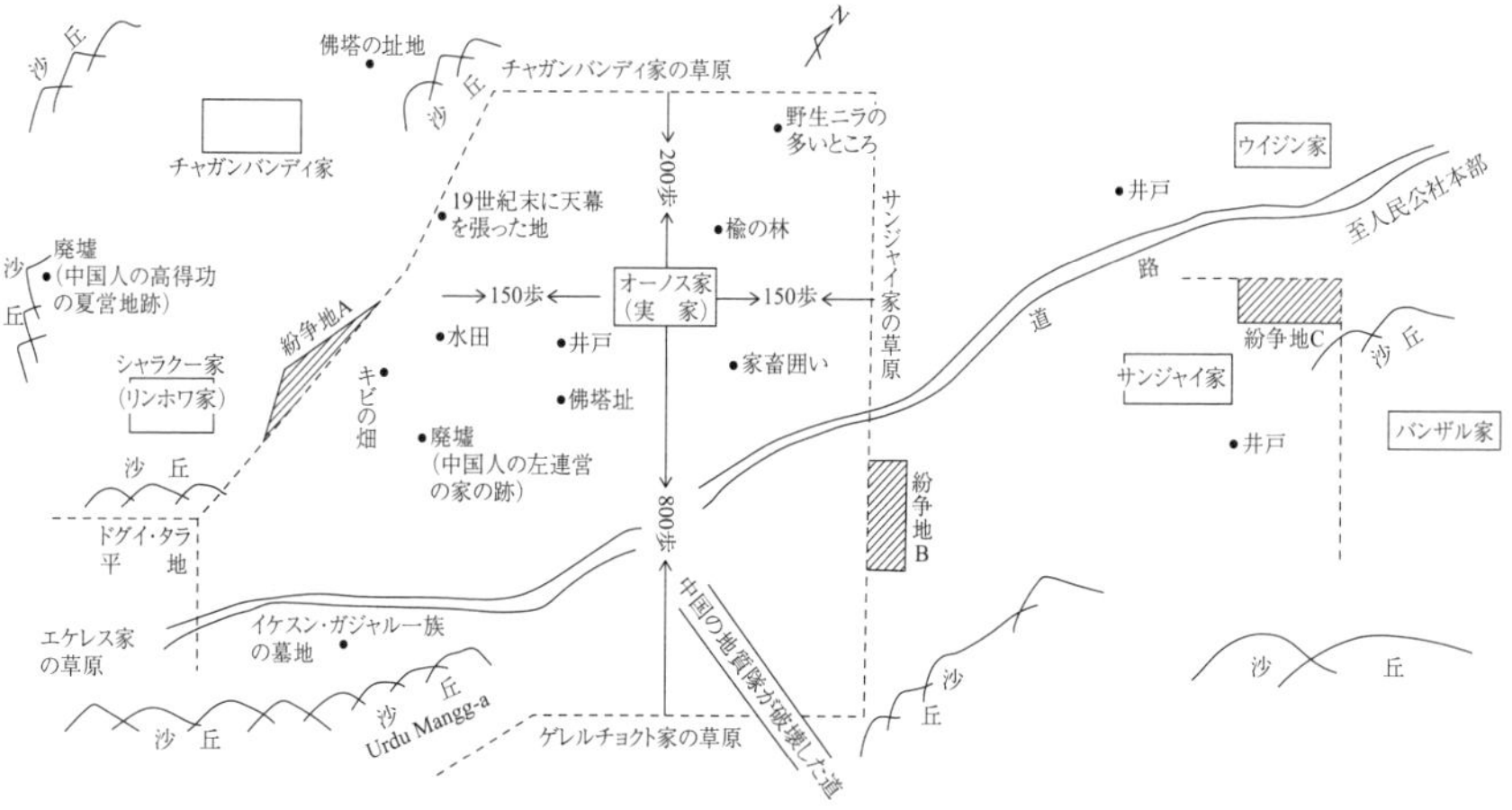

地図5　我が家とイトコ達との草原紛争

父に向って、財産の相続を迫って来たという。

「うちの弟は日本に留学しており、いずれ都市で働くだろうから、草原と家畜、それに家は私に譲ってくれ」、とチャガンバンディは本音を吐露する。「うちの弟」とは、私のことである。

昨年の夏、南に住む中国人の張貴貴の羊の群れが我が家の草原に入り込んだ。母はその羊を静かに返したが、チャガンバンディの夫人オユーンチチクは「うちのオバは貴方の羊を死なせるほど追っかけていた」、と告げ口をした。怒った母は彼女の顔を叩こうとしたところ、謝ってくれたという。謝ったものの、「うちは貧乏だから、オバの財産がほしい」と夫人は話していたらしい。あまりにも露骨に財産を受け継ぎたいと言いふらしているので、近所中から非難されているそうである。

チャガンバンディの弟はシャラクーで、彼の家は我が家の西二キロの地にある。昨年の春、草原の分割がほぼ決まりそうな時期に父は両家の間に鉄線を引いた。正式な境界が未確定だった為、控えめに引いた。八月一日にソム政府は両家の境界を鉄線から西へ、つまりシャラクー家方面へ数十メートルのところに画定した結果、百畝ほどの草原が我が家の鉄線の外側に残った（地図5）。父はその百畝の草原をそのままシャラクーに使わせ続けた上、税金は我が家が払うことになった。シャラクーは感謝どころか、かえってその百畝の草原を永久に譲るよう迫る。彼はトリ・ソムに住むあるラマを呼んで来て、我が家に向かって呪い（qariyal）をかけた。父はイトコ達との関係に悩み、一カ月間ほど寝込んでしまった。「あの呪いが原因だろう」、と両親は信じて疑わない。

シャラクーに譲った百畝の草原を歩いていたら、三匹のネズミのようなものが置いてあるのではないか。よく見ると、それは石棒と碾《ひ》き臼、それにレンガのかけらだった。我が家に向けて置いてあり、何かを燃やした跡も残っていた。私はそれを壊して埋めた。

母はこのように語る。モンゴル人は敵を倒そうとする時によく呪いをかける。革命運動の際も、中国人の侵入を防ごうとした時も、呪いは欠かせない。前に述べた、中国人の侵入に反対した民族主義者のウルジイジャラガルことシニ・ラマもよく呪いを駆使していた。それが今やモンゴル人同士の草原紛争にも使われているとは、用途も変わったものである。

イトコのシャラクーは普段、ウーシン旗政府の所在地にある「道班」（公営の道路管理会社）で働いている。彼はトリ・ソムに住む「太陽《タイヤン》ラマ」に弟子入りし、呪術の奥義とモンゴルの伝統的な医術を学んだ、と地元では伝えられている。彼はまた旗政府所在地に住む私のオバのシャラに両親の悪口を言いふらしていたらしい。昨年夏、オバは子ども達を連れてシャントルガイに帰省し、親戚の家々を回っていたが、我が家にだけは来なかった。私が七月三十一日にオバに会い、その夫のオトゴンから話を聞いたことは、前に触れた。その時、シャラは特に我が家に対する不満を口にしなかった。

「シャラとは、冷戦中だ」、と母は話す。シャラは父の妹で、母は彼女の兄嫁になる。モンゴルでは、兄嫁と小姑は長い冷戦を繰り広げるので、我が一族も例外ではない。

シャラクーはまた近くに住む人達を動員して、我が家の草原が大き過ぎるので、他家に分割すべきだと唱えていた。彼の意見に賛同したのは、我が家の東二キロのところに住むサンジャイの夫人チャガンソブト（Čayansubud）だけだった。しかし、そのチャガンソブトもすぐに姑のアルタンチチク（Altančičig）に怒られた。「オーノス家は昔からのお家柄なので、でしゃばるな」、と姑の一言で、サンジャイ家の若い嫁も母に謝罪したという。

礼節の実践

実は今日、サンジャイ家に祝い事（bayar）があるので、私達家族は馬に乗って訪問した。

アルタンチチクの長男サンジャイは、今や跡形もなく破壊されたシャルリク寺［楊　二〇二一ａ：四五―四八］の僧だった。

中華人民共和国になって還俗させられてからはずっと、母親と二人で暮らしていた。アルタンチチクの夫は八路軍の兵士だったが、早く亡くなっていた。家を継がせる為に、アルタンチチクは次男ジャムヤン（Jamuyang）の息子バートルをサンジャイの養子として迎えていた。一九七八年になると、サンジャイはボル・クデーの娘チャガンソブトと結婚した。妻のチャガンソブトはサンジャイより二十歳年下だった。

若いチャガンソブトはサンジャイとの間に一男二女を儲け、サンジャイ家は繁栄した。そして、サンジャイ家では今日、養子で長男にあたるバートルの進学祝いがあるので、私達家族も全員招待された。二十五歳になるバートルは二浪の末、フフホト市にあるモンゴル語専門学校に受かった。裏口入学が流行っている時代において、何のコネもない草原のモンゴル人青年の進学を両親は喜んでいた。

モンゴル人の一般的な祝い事は以下のようにおこなわれている。ここでいう「一般的」とは、進学や就職等を指すが、結婚式等はまた別である。

主催者は嗅ぎタバコ（gükür）を用いて、招待する人に対して丁重な挨拶をして歓迎する旨を伝える。招待された方は、決められた時間に訪問する。少々早めに行くか、遅れていくかは、その家との関係で決まる。親しければ早めに、疎遠な場合は逆である。祝儀には普通、塼茶《せんちゃ》と焼いたパン（borsay）、酒とタバコ、それに現金を渡す。

家に着いてからまず、チャガンダイと呼ばれる（čayan idege、「白い食べ物」との意）儀礼用の乳製品を一口賞味する。チャガンダイはチーズかヨーグルト、或いはミルクでもいい。必ず上に赤い棗を偶数載せる（写真4―6）。

写真4-6　儀礼の冒頭で使う「白い食べ物」の乳製品。ヨーグルトの上に偶数の棗を入れる。

チャガンダイを賞味してから、第一回目の茶（angqan-u čai）を飲む。この一回目の茶はまだ「礼節の茶（yosun čai）」ともいう〔楊　二〇一八a：二八―二九〕。茶碗の中の一口くらいの茶と数十個の炒ったキビからなる。その僅かな茶を客人は時間をかけて、唇を潤すような上品な作法で飲む。「礼節の茶」を飲み終わり、机の上の焼きパンの上の棗を賞味してから、土産類を渡して、祝いの言葉を贈る。こちらは頭韻を合わせた、美しい詩文であるのが望ましい。母はこれが得意である。

「フフホト市に飛んで、蒼天に到達するくらいの知識を身に付けるよう[18]」、と母が話すと、アルタンチチク家のみんなは満面の笑みになった。母は持参して来た

写真4-7　羊の丸煮シュースの頭部。月の形の吉祥文様が切り込まれている。

写真4-8　丸煮の中の重要な一部、「四つの高い部位」

お祝い品と現金をバートルに渡した。

「礼節の茶」の次は「本格的な茶（jingken čai）」になる。炒ったキビとチーズ、それにバターと羊肉がたっぷりと入ったミルクティーが出される。客人もゆったりとした雰囲気を楽しむ。

「本格的な茶」の後は、酒が出される。皿のうえに小さなおちょこを二つ載せる。酒を出す家の主人は初々しくお辞儀をして皿を客に渡す。客はその酒をほんの少し飲んでから返す。家の主人から出された二回目の酒を客はすべて飲み干さなければならない。サンジャイ家の主役バートルが酒を私達に持って来て、てきぱきとお辞儀をして差し出してくれた。

酒をしばらく飲んでから、サンジャイ家は羊の丸煮シュース（sigüs）を出した（写真4―7）。シュースはモンゴルでは古代から客をもてなす最高級の食べ物、最高級の供物である。シュースは丸煮と訳しているが、実際は各部位をバラバラにして煮たものである。大切なのは、羊が生きているように、各部位を元の姿に還元しなければならない。部位の盛り付けが間違っていれば、「羊になっていない」、と客人は主人にやり直しを求める。シュースの食べ方は以下の通りである。

まず、「ドゥルベン・ウンドゥル（dörben ündür、「四つの高い部位」との意）」という四肢の肉と筋を少し切り取って外に行き、最高神の天に捧げる（写真4―8）。その際に大きな声で「供物を捧げる（degeji ergübe）」と叫ぶ。次に、主賓は自身に向けて置いてあった頭部から少し切り取って賞味する。頭はすぐに盛り付けたシュースの上に戻す。主賓は続いて尻尾と右後ろ脚を取って主人に「ご自宅の分（ger-ün qubi）」として返す。そして、肋骨を三本、節目のところから外す。生きていた時に上にあった骨は上に、下にあった骨は下になるように置く。背筋は一番上に載せて、客達が自由に切って食べられるようにする。共食が終わってから、主人がシュースを撤収する際には自身の背中を客人達に向けないように退いていく。

このようにして、バートルの進学を祝ってから、私達はアルタンチクに挨拶して帰ることにした。その際にもう一度、チャガンダイを賞味する。そして、持って来たお祝いの半分を返されるので、私はそれを手にして家路についた。モンゴル人は日常生活の中で衝突することがあっても、互いに礼節を守るように付き合う。

帰る途中、私の乗っていた馬が小便を始める。すると、父は自分の馬に付けていた鐙を鞭で叩いて、トントンと音を出す。これを聞いて母の馬も立ち止まり、三頭の馬が一斉に立小便を始める。鐙の音に馬は明らかに条件反射している。これは、太古の昔からのユーラシアの遊牧民の騎馬軍の暗黙の合図である。行軍中に誰かが立ち止まると、鐙を叩いて音で知らせる伝統が生きているのである。

注

（1）ナムジャル一族の系譜については、楊海英［二〇二二：九八］を参照されたい。

（2）Damdinsürengは『モンゴル文学珠玉百編』（一九五九）を著し、モンゴル文字の近代化に貢献した。

（3）ゲシクバトの著作については、ハスビリクトが収集し、公開している［Qasbiligtu 1986］。また、モンゴル人民共和国のダムディンスレンも取り上げている［Damdinsüreng　1959: 557-567］。

（4）天神を絵姿に描かせたのは、実はナムジャルの曾祖父だった、と私は一九九二年一月六日にカダギンの他のメンバーから聞くことになる。

（5）ナムジャルは時折、ダーマルをジョマク（jumaγ）とも表現していた。

（6）ガタギンは由緒ある「准貴族」であるが、それでもモンゴル人が属民（irgen）と見なす中国人すなわち漢人から養子をもらった例があるし、自身の子どもを他家に養子に出すこともある。例えば、中華民国時代にいたボンオチル（Bongvačir）という人物は実はテメート（楡林城）の張という中国人の子だった。そのボンオチルからボインジャラガル（Buyanjirγal）が生まれた。ボインジャラガルには葛玉城とオユーンバト（Oyunbatu）、バンザル（Banzar）とアユール（Ayur）、シャラ（Sir-a）とベルテゲル（Belteger、葛玉山、Qasčilaγuとも）、ポロー（Poloγu）などの息子がいる。葛玉城からはバダラルト（Badaraltu、旗政府書記）とサチュラルト（Sačuraltu）が生まれ、サチュラルトはエケレース家に養子に出された。サチュラルトは我が家の南に住んでいる。

（7）我が一族とモンゴル人達の文革については、楊海英『墓標なき草原――内モンゴルにおける文化大革命・虐殺の記録』（岩波現代文庫、上、二〇一八b、四九―九八頁）を参照されたい。バトチロー書記はまたシャルリク寺の興亡についても話した。その内容については、楊海英編『モンゴルの仏教寺院』（風響社、二〇二一、四五―四八頁）に詳しい記述がある。

（8）この「秘密の統計資料」を以前に公開したことがある。楊海英児玉香菜子「中国・少数民族地域の統計をよむ――内モンゴル自治区オルドス地域を中心に」（静岡大学人文学部『人文論集』五四号一、二〇〇三年、五九―一八四頁）。当時はバトチローの名前を明かさなかった。

（9）アルビンバヤルについては、梁氷［一九八一］による略伝がある。

（10）ボルのオイに当たる女性は、我が家の南二キロ後に住む。彼女の夫はドーダーチン・ゲレルチョクトである。

（11）また、「トゥーキ平野を通過する際にバウライ（Babulai）が怖い。ソースハイ平野を通る時はジグジ（Jigjid）」に用心しよう」という俗語もある。それぞれバウライとジグジという人物が中国人の侵入を防いでいたことを物語っている。

（12）私はその後、一九九五年にオトク旗の大小二つのエルクートに入り、調査している。

（13）白いスゥルデの祭祀については、楊海英著『チンギス・ハーン祭祀――試みとしての歴史人類学的再構成』に記述（二〇〇四：一六五―二三二）がある。

（14）ガタギン・オボクのネメフという人物によると、サンギドルジはタール・ゴト（鎮靖堡）の近くに住み、その後中国人の圧力でナリーンゴル河以東のムー・ブラクを経由してシャルリク寺、シニ・スメ寺へと移動していたという。こちらの証言もジャハル人の移動ルートと一致する。

（15）歴代の西協理タイジはバラジュル公、ジョクトチル、ビシレル、ジャナバンザル、ドブチンドルジであった。東の協理タイジはアルスラン、バヤンジャラガル、ラドナバンザル（奇玉山）だった。

（16）ウーシン旗の歴代のアムバムはドンルブ、ウルジブレン（Büridü の出身）、ナソンバト、グルチャビリク、エルケムバヤル（東部 Tongyunti の出身）、ガタギン・ロブサンセレン、トゥメンバヤル（Qulusun nayur の貴族）、ドブジャイクグジュール（Dobjayikögjigür、ダー・クレーの貴族）、バトサンガル（Batusangyar、ガルートのトルーラの出身）等である。

（17）モンゴル語の原文は次の通りである。"Tar-a qota-yin badarči Janay, tayarčuy šungšung-iyan sayuraysan badarči, tayarinqai Sangidorji-ača ekileged, tabi yarui badarči".

（18）モンゴル語の原文は "Köke qota-du nesen kürjü, köke tngri tulam erdem surtuyar" である。

●第五章　中国共産党の罌粟栽培とモンゴルの没落

両親がこっそりと井戸の周りで栽培していた罌粟《ケシ》。罌粟の種は毛沢東の紅軍が中国南部から持ち込んだもの。中華人民共和国出現後に禁止されたが、それでも隠し持っていた。病気治療に有効だし、栽培していても、普通の人には分からなかったらしい。

八月二十四日

父系親族集団と清朝の行政組織

社会主義中国は宗教を敵視し、聖職者を弾圧し、寺院を破壊して来た。中国に支配されているモンゴルの現状はどうなっているのか、我が家の菩提寺の調査から立証したいと思った。そこで、私は母と一緒にグルバン・サラー渓谷を経由してシベル寺に行き、二十七日まで滞在した。

グルバン・サラー渓谷はシャルスン・ゴル河の渓谷地帯に出来た村落で、私の母方のオジ、チャガンホラガが住んでいる、と前に述べた。シベル寺のすぐ近くの北側に母方の祖父母オトゴン（当時七十五歳）とロンホが暮らしている。シベル寺は私の属すオーノス・オボク、ケレイト・ヤス（骨）という父系親族集団と、母の出自であるハダチン・オボクの菩提寺である。

シベル寺はチベット仏教が十六世紀後半に再度モンゴルに伝わってから最初に建立された寺院だ、とモンゴル人は信じている。仏教の再導入を主導した人物、ホトクタイ・セチェン・ホン・タイジ縁の寺である。古いシベル寺は一九五八年から中国によって破壊され、文革期になると、ほとんど原形をとどめなくなった。現在ある寺は、一九八四年に再建されたものである。

シベル寺で私は二十四日に法会に参加し、二十五日には仮面踊りのチャム（čam）を見学し、二十六日はグラー（gura）という信者達が寺を回る行事と競馬や相撲を観察した（写真5―1）。寺の興亡に関しては拙編著『モンゴルの仏教寺院』に詳しく述べているので［楊　二〇二一a：四八―六六］、ここでは省略する。

母方の祖父オトゴンは私に、自身の属するハダチン・オボクを中心とした歴史について、以下のように語った。

ハダチンとは、「石の匠」との意で、チンギス・ハーンの石工だったと伝えられている。中国に支配されるようになる一九四九年以前のウーシン旗には十のハラーがあり、その長官はジャラン（jalan、参領）と呼ばれた。十のハラーの名称は以下の通りである。

イケ・ケレイト
バガ・ケレイト
ジャハル
ウイグルチン
ドトライ
トゥス・ドトライ
クンディ
ベスト
ウーシン
ガルハタン

写真 5-1　名刹シベルの僧達。「我々全員が揃って撮る写真は、これが最初で最後だろう」と彼らは感無量であった。（1991 年 8 月 25 日）

一つのハラーは三～六つのソムからなり、ウーシン旗全体で計四十三のソムがあった。ハダチン・オボクの人達は主として六つのソムからなるイケ・ケレイトというハラーに属し、単独でハダチン・ソムを成していた。イケ・ケレイト・ハラーにはまたオーノス・ソムとケレイト・ソムもあった。ソムは特定の父系親族集団のオボクから成っていた。ソムの長官はジャンギ（Janggi、佐領）という。ソムにはまた複数の下位組織がある。五十戸長はクンド（kündü）で、二十戸長はボショゴ（bošoγu）で、十戸長はダルガ（daruγ-a）と呼ぶ。

ハラーの長官ジャランは旗の王（Jasaγ）に任命される。近代におけるイケ・ケレイトの歴代のジャランをハダチン・ウルジ（Öljei、夫人はオーノス・オボクのAltantoγus）とアルビン（Arbin）、それにバルダンノルブー（Baldanniruγu）らが務めていた。また、ハダチン・ソムの歴代のジャンギはシャラライ（Siralai）とマント（Mantu）、それにエルケムバヤル（Erkembayar）らが担当していた。ジャンギはジャランによって任命されるが、世襲制ではない。

モンゴル人は皆、自身の集団《オボク》をチンギス・ハーンと結びつける。「ハダチンはチンギス・ハーンの石工」だったという風に、民族の開祖との関連性を誇りにしている。その上で、特定の旗やハラー、ソムへの帰属意識を持っている。

長城は中国人の逃亡を防ぐ為の壁

モンゴル人達は普段、ハラーやソムごとにではなく、自由に草原に混ざり合って暮らしていたが、旗政府への義務（alba）はソム単位で果たしていた。ハダチン・ソムは五百戸のモンゴル人からなり、清朝時代は長城の北側のトゥーキ・トーリム（Teüki Toγorim、生地灘）あたりで遊牧していたが、中国人の侵入でウルンに移ったのは清朝末期のことである。

トゥーキ・トーリムは水の豊かな地
野生の果物が豊富な地[1]

モンゴル人はこのように今も長城以北のトゥーキ・トーリムに強烈な郷愁を抱いている（写真5―2）。水と草が豊かなだけでなく、祖先の墓地も残っているからである。ウルンで暮らしていた頃も毎年、南西方向のトゥーキ・トーリムに向かって供物を燃やしていたのをオトゴンは目撃していた。ウルンでは固定建築のバイシンを建て、羊と山羊を約百頭放牧し、百畝ほどの畑にキビと豆を蒔いて十人家族で暮らしていた。この時期、ウーシン旗東部とオトク旗のモンゴル人達は天幕に住んでいた。西部では貧困化が進み、家畜の頭数も減り、天幕の材料フェルトを作れなくなった為である。

「中国人の侵入をモンゴル人は何故、防げなかったのか」、と私は祖父に尋ねた。

かつては長城があったから、中国人も我々の草原に来ることが禁止されていた。長城は遊牧民を防ぐ為の要塞ではなく、中国から逃げようとする中国人を阻止する為の壁だった。その長城も百年前から清朝の無能で役に立たなくなり、襤褸《ナブタス》を纏った中国人はフンコロガシのように草原に入って来た。

写真 5-2　長城の麓のトゥーキ・トーリム付近の風景。中国人の村落になったが、家畜の群れがあるのを目撃した。(1992 年 2 月 19 日)

祖父のようなモンゴル人達は、長城以北の草原に対し、実に強い「ヌタグ（nutuγ）意識」を持っていることである。ヌタグとは生まれ育った放牧地、故郷、故国の意を持つが、農耕民の村落意識と異なるのは、実に地域的に広大だということである。それは、広い草原で遊牧していたからである。移動遊牧していたからと言って、モンゴル人の故国《ヌタグ》（故郷）観念が希薄だろうと推測するのは間違っている。

十九世紀末から二十世紀初頭にかけてのモンゴル人の北への移動は普遍的に見られた現象である。ウーシン旗東部でも同じである。長城の北側のボダン（「イノシシ」の意）で遊牧していたモンゴル人達は中国人の圧力でナリーンゴル（Narinγol、「細い河」の意）、ムー・ブラク（Mayu bulaγ、「悪い泉」の意）、トリ、ウラーントルガイ（Ulaγan toluγai、「赤い峠」の意）、ガルート（Γalaγutu、「鶴のいるところ」の意）へと避難して今日に至る(2)。

共産党の罌粟栽培と移民

モンゴル人達は一九二七年、中国人の匪賊楊猴小の略奪に遭った。匪賊楊猴小は主として陝西省北部の長城沿線に沿って出没していた。サイントリ・ゴト（Sayintur-a qota、神木堡）とチャガン・クベート・ゴト（Čaγan köbegetü qota、府谷）、ボル・ゴト（靖辺堡）から出発してオルドス東北部の包頭まで活動していた。大体四～五百人の中国人とモンゴル人からなり、「両不管」、すなわち中国とモンゴルのどちらからの管理も届かない地帯を拠点としていた。言い換えれば、長城沿線、特にその北側は「両不管」の無法地帯だから、中国人とモンゴル人の混成匪賊団の巣窟になっていたのである。楊猴小はその後、楊橋畔で国民政府に処刑されたと伝えられている。

翌一九二八年には「民国十七年の大旱魃」が起こり、家畜をすべて失い、収穫もなくなった。そこで、モンゴル人達は更に北のイケ・シベル（大石砭爾）とウルン、それにバルグスン（古城）に移って、現在に至る。

シベルとは、「湿地帯の多い平野」との意で、ウーシン旗西部で最も良い草原だった。草が高く、羊の群れを探すのに苦労したほどである。匪賊が来た時も草むらに潜っていれば、無事だった。シベルは南西のイケ・シベルと東のバガ・シベル（小石砭爾）という大小《イケ・バガ》二つの草原からなる。中国人達は最初にイケ・シベルに侵入していた（前出地図3参照）。バガ・シベルにはサガン・セチェン・ホン・タイジの軍神スゥルデを守る祭祀者集団ダルハトが数戸、住んでいた。ドンダイ・オトゴン（Dundayinodɣun）とジンブー（Jinbu）、それにウクルチン・ボータン（Ükerčin Botang、牛宝堂。その父はErkemjirɣalで、オジはTegüsjirɣalで、二人とも祭祀者）等である。サガン・セチェン・ホン・タイジの軍神スゥルデは毎年、「オルドス暦の八月（太陰暦五月）十五日」に祭祀がおこなわれていた。また、三年に一度の大祭があり、祭祀者達はスゥルデを手にモンゴル人の家々を回って、供物になる羊を徴収していた。祭祀の時に賛歌を唱える者はバクシ（baɣsi）と呼ばれる。共産党政権になってから祭祀は禁止され、スゥルデも倒された。ウクルチン・ボータンは最後のバクシになる。

「祭祀活動はモンゴル人の心の支えで、あの頃は幸せだった」、とオトゴンは語る。人間にとって、祭祀とは何かを考える上で、示唆に富んだ見解である。

シベル平野には当時、カトリックを伝える西洋人の宣教師が訪れ、ハダチン・オボクの多くが改宗した。シベルだけでなく、チョーダイとチャンホク、それにオトク旗のボル・バルグスン（城川）に住むハダチン・オボクの人達はほとんどがカトリック信徒である。後日、私は彼らを訪ねていくことになる（一九九二年五月三日の記述参照）。

「中国人達はどういうルートで、いつ入って来て、住み着いたのか」、と私は祖父に尋ねた。祖父のオトゴンは答える。

清朝末期の中国人は主としてモンゴル人、それもラマ（僧）の養子になることで、随旗蒙人（orumal）になっていた。イケ・シベルでは平原の南部に住む李と趙、范と郝姓、それに尚と孫姓の中国人達はそのように帰化した「モンゴル人」だ。一般の中国人は春にモンゴルに来て畑を耕し、秋になると長城以南に帰っていた。一九二〇年代後半までは草原に住み着いた中国人は一人もいなくて、正に天国だった。

一九四〇年代に入ると、中国共産党は地元の貴族達、例えばハナマンル（奇金山）の許可を取って罌粟《ケシ》を栽培するように移民を進めた。イケ・シベルとグルバン・サラー渓谷等、水のあるところはすべて中国人移民に占領されて罌粟畑になった。中国人達は大面積の罌粟を栽培し、更に精錬してアヘンを作ってモンゴル人に売り、金持ちになった。モンゴル人はアヘンを吸って貧困化した。金持ちになった中国人達は次第に住み着き、長城以南に帰らなくなった。ウーシン旗西部もこうして、共産党八路軍の支配下に入った。そこで、貧しいモンゴル人達は大挙してシャルスン・ゴル河を渡って北へと逃亡していった。今のシャルリク・ソムのモンゴル人の八割が昔は長城のすぐ北側で遊牧していた人達の子孫である。

一九四九年に中華人民共和国ができると、中国共産党員達はその家族を連れて来て定住した。例えば、河南人民公社第四生産大隊の蒋一族と第五生産大隊の蘇一族はそうした人達である。モンゴル人はウルンに四戸、第四生産大隊に六戸しか残っていない。自分達を中国人から守る為に、固まって小さな集落を作っている。中国人から離れて北へ移住しようという流れは今も続いている。

「祖父《じい》ちゃんも吸っていただろう」、と私は祖父もアヘンが大好きだったことを知っている。「モンゴル人が共産党からアヘン一両を手に入れるのに、羊五頭で交換していた。或いは牛一頭でアヘン二両と交換していた」、と祖父は語る。

「わしは確かにアヘンに手を出して貧しくなった。ただ、あれはごく少量吸えば、体にいいもんだ」、と祖父は笑いながら回想する。

中国化から逃げる女性達

祖父は更に続ける。

仕方なくイケ・シベルに留まらざるを得なくなっても、せめて娘だけをシャルスン・ゴル河の北岸に住む牧畜地域(maljiqu orum)のモンゴル人に嫁がせたい、と皆そう思っている（表12と13）。当然、逆に牧畜地帯から中国人の多い農耕地域に娘を出そうというモンゴル人は少ない。農耕に従事することは中国化の第一歩だとモンゴル人は理解しているからである。

表12と13から分かるように、祖父が覚えているだけで、イケ・シベル地域から牧畜地帯へ婚出していった娘達は四十四人になる。逆に北の牧畜地帯から南の農耕地域に嫁いで来たのは十七人である。祖父は婚出していった娘達についてはその幼少期から知っているので、名前を全部覚えているのに対し、他所から来た嫁達については、その夫の名だけを記憶し、「誰それの夫人」と呼んでいたのが特徴的である。

「モンゴル人は家畜の放牧に適しており、農業には向いていない。だからみんな牧畜地帯に流れて行ってしまう」、と祖父

表 13　1950 年以降に牧畜地域から農耕のイケ・シベルに嫁いできた娘達

人名	娘の数	地域
Nangkui	1	河南公社第五生産大隊ミラン小隊（Urdu beye-yin tabuduɣar buriɣad-un Milanun toqai）
Čaɣanküü 夫人	1	同上
Tunalɣou-a	1	同上。後に離婚
Boyinamur 夫人	1	同上
Dorjimüngke 夫人	1	同上
Jirɣuɣadai 家の嫁	1	同上
Čaɣanqurɣ-a 夫人	1	同上
Urančimeg	1	河南公社第五生産大隊五小隊（Urdu beye-yin tabuduɣar buriɣad-un Süm-e-yin čayidam）
Yangbaba 夫人	1	同上
Dejid 夫人	1	同上
Batučilaɣu 夫人	1	同上
Urančimeg	1	同上
Batusereng 夫人	1	同上
Altantobči	1	同上
Sečenquvar	1	同上
Jiɣasu	1	同上
Saɣsa	1	同上

表 12　1950 年以降に農耕地域のイケ・シベル平野から北の牧畜地域へ婚出した娘達

人名	娘の数	地域
Čaɣanisige	1	河南公社第五生産大隊ミラン小隊（Urdu beye-yin tabuduɣar buriɣad-un Milanun toqai）
Öljei	2	同上
Erdenčimeg	1	同上
Mandaruba	1	同上
Čaɣadai	2	同上
Ujiyer	1	同上
Sudir	2	同上
Jaɣabural	1	同上
Palɣar	1	同上
Čaɣankeüken	1	同上
Batudalai	3	河南公社第五生産大隊五小隊（Urdu beye-yin tabuduɣar buriɣad-un Süm-e-yin čayidam）
Qurɣadai	5	同上
Odɣon	1	同上。私の母親バイワルのこと
Qaljan	1	同上
Mergenɣou-a	1	同上
Ulaɣangerel	1	同上
Čaɣanqurɣ-a	2	同上。私の母方のオジの娘。Erdeničimeg と Erdeninoɣuɣ-a
Sečen	1	同上
Jinjuquvar	1	同上
Uransodu	1	同上
Kögdalai	3	同上
Ogyundalai	1	同上
Baɣarai	1	同上、名は Sodu
Möngkebilig	1	同上
Sarančimeg	1	同上
Meregenčimeg	1	同上
Urančimeg	1	同上
Narančimeg	1	同上
Qorɣui	1	同上
Rasiniruɣu	1	同上
Zongrui	2	同上

は話す。それでも、一九五五年以前はさほど厳密に農耕と牧畜を区別していなかった。どの家も家畜を放牧し、少しは畑も作っていた。社会主義制度ができて、中国人移民が増加し、農耕重視政策が始まると、モンゴル人達は大挙してシャルスン・ゴル河の北岸へと移っていった。牧畜地帯から嫁いで来る女性がいても、すぐに離婚して戻ろうとする人がいるそうである。

「モンゴル人と中国人は結婚するか」、と私は祖父に尋ねた。

「中国人の娘をもらったり、或いはその子どもを養子にしたりする人は少数ながらいるが、モンゴル人の娘を中国人と結婚させるのには、強い抵抗感を持つ者が多い」、と祖父は話す。中国人の娘や子どもをもらって来て、家でモンゴル語を教えれば、モンゴル人になる。生まれた子どもも小さい時からモンゴル語で育てる。しかし、中国人に嫁いでいくと、次第にモンゴル語を忘れてしまうからである。

両民族の通婚がないわけではない。一九六〇年代に入ると、貧しくなったウクルチン・オボクのチョローと牛四兄弟は中国人の娘を嫁として迎えている。アルタンボーという人の娘二人、アリマとチャガンクーケンは中国人と結婚している。彼らも本当は牧畜地帯のモンゴル人と結婚したかったが、何年経っても結婚相手が見つからないので、仕方なく中国人と結婚したそうである(3)。

オルドスに侵入して来た中国人達は地元の中国人同士か、長城以南の本国と通婚関係を維持している。内モンゴル自治区の農耕地域の中国人が陝西省から嫁をもらうと、簡単に自治区の戸籍が取れる。しかし、牧畜地帯に暮らす中国人の娘達も長城以南の中国人と結婚したがらない。自治区の牧畜地帯、すなわちシャルスン・ゴル河北岸の牧畜地帯の中国人はそもそも陝西省から嫁を迎えようとしないし、たまに結婚しても、戸籍が取れない。牧畜地帯の中国人はモンゴル語が話せるし、モンゴル人と結婚したいと考えている人が多いのを私は子どもの頃から知っている。そのような女性達も決して長城以南の中国人社会に婚出して行こうとは思わないのである。

我が家の南約二キロのところに高昇華、北のボル・クデーには苗姓の中国人が数戸、住んでいた。彼らは流暢なモンゴル語を操り、完全にモンゴル風の暮らしを営む。その娘達もモンゴル化した美人揃いで、よく我が家に遊びに来ていたものである。苗姓の中国人は私の母に、くれぐれもモンゴル人の婿を見つけてほしいと何回も頼んでいた。苗家の念願はついにかなって、その娘達は全員オルドス北部のオトク旗へと嫁いでいった。オトク旗の方はウーシン旗よりもモンゴル人が多く、中国人も少なかったからだ。

「癖のないモンゴル語を話すし、礼儀作法も良い」、と母は苗家の娘達を高く評価していた。

「イソップ」の廃墟

シベル寺でラマ達の読経に耳を傾け、仮面踊りのチャムを見学してから、私は寺から北へ二キロくらい離れたところのハラ・バルグスン（qar-a balɣasun）遺跡を久しぶりに歩いた（写真5―3）。

ハラ・バルグスンとは「黒い都市廃墟」との意で、モンゴル高原から中央アジアにかけての都城址には大概、このような名がつく。地元のモンゴル人と考古学者はハラ・バルグスンを「タングートの都市」と表現する。タングートとは、漢籍に出て来る「党項」という民族の当て字で、彼らが創建したのは西夏王朝である。チベット語系の言葉を操る民族だった為か、オルドスのモンゴル人は今もチベットをタングートと呼ぶ。

私はこのタングートの廃墟のすぐ近くの小学校に一九七四年から三年間通っていた。昼には城壁に登って古銭と銅鏡の破片、それに鏃を拾い、夜には祖父から「タングートのハーンの物語（Tangɣud-un eljegen čikitü qaɣan）」を聞いた。その「タングートのハーン」はロバの耳をしていた、と語られていた。その物語をベルギー出身のモスタールトも採取していたのと、「イソップ童話」とも共通していた事実を知るのは、だいぶ後のことである［楊 二〇一九a：二〇八―二一一］。学校に行く途中はよく人骨に出会った。男の子達は頭蓋骨を持って女子達をびっくりさせていた。私達の近くを通った羊の群れはその人骨を悠然とかじっていたものである。羊が人骨をかじり、人間はまた羊の肉を食べて循環する。子どもながら、動物と人間との相互関係に少しは目覚めていたものである。

写真 5-3　西夏時代の古城遺跡。画面中央の城壁の東側に私の小学校があった。（1991年8月24日）

私はイトコのジョリクトの協力を得て廃墟を測ってみた。小学校があった東側の城壁の幅は十六メートルで、南側の幅は六メートルで、高さは七～八メートルと残っている。西側は沙丘に呑み込まれつつあるが、南東方面へとシベル寺に至るまでの地はレンガと瓦の破片に覆われている。唐三彩に似た彩陶と青磁、黒陶の破片が多い。城の北側はシャルスン・ゴル河の南岸となっている。河に流されて、北側の城壁がなくなったのか、それとも元々、河を掘として利用しようとして城壁を作らなかったのかは分からない。北側のシャルスン・ゴル河の河谷は百メートルも深く大地に切り込んでおり、その河谷の斜面には燃えた跡が無数に点在し、黒く光っている（写真5―4）。

写真 5-4　西夏古城遺跡の北側を流れるシャルスン・ゴル河渓谷。大地を深く切り込みながら流れている。（1991 年 8 月 25 日）

　都市廃墟の斜面を下って、河谷まで行くと、アルシャン・ブラク（Arayšan bulaγ）という泉がある。その為、この辺りの河谷もアルシャン・トハイ（Arayšan toqai、温泉の渓谷）と呼ぶ。アルシャンとは、温泉の意だが、実際は冷泉である。

　モンゴル人はこの泉を年代記『蒙古源流』に登場するマンルク・ブラク（Mangruγ-un bulaγ）だと信じている。マンルク・ブラクの西に小さな湖があり、その畔に毒蛇が多く、家畜に害を与えていた。そこで、ダライ・ラマ三世が一五八五年にオルドスを巡錫した際に、この泉で法会をおこない、毒蛇を退治し、ホトクタイ・セチェン・ホン・タイジは茶を沸かしてもてなしたと伝えられている［楊　二〇〇二a：五〇―五一］。

　モンゴル人達は昔、このマンルク・ブラクと長城のテムール・ゴト（Temür qota、「鉄の要塞」の意で、清平堡）近くの泉を同列に神聖視して祀っていた。ところが、中国人の侵入でテムール・ゴト付近の泉が失われると、「泉の神」は北のマンルク・ブラクに降臨したと信じている。マンルク・ブラクは特に眼病に効き、近くには信者達が捧げた赤い絹が飾ってあった[4]。マンルク・ブラクを祀ることも、一九六二年に中国政府に禁止された。

　タングートの都市廃墟の北、シャルスン・ゴル河の北岸にブリドがある。ブリドとは四方から河が流れ込んでできた水溜まりを指す。そのブリドの近くに人骨の山があった。別のところには頭蓋骨だけの、首塚があったのを私は覚えている。

　ブリドから北へ五キロ離れた地に大きなホラホがそびえ立っている。ボル・ホラホである。ホラホとは、「集合の場」の意だ、と前に述べた。チンギス・ハーンはこのホラホの上で軍を招集し、ブリドで軍馬に水を飲ませ、そしてタングートの城を北側から攻めた、と伝承されている。

　一部のモンゴル人はこのブリドこそが、『蒙古源流』が伝えるマンルク・ブラクダと主張する。ブリドの近くにはヤシルという灌木やタマリスクが生い茂り、狼の棲み処だった。付近のモンゴル人の家畜がなくなると、マンルク・ブラクに棲む大蛇に呑み込まれた、と信じられていた。三世ダライ・ラマはここで四十九日間座禅し、最後は金剛オチルを湖の中に沈めて蛇を退治したので、近くのボル・ホラホもまたオチル・ホラホと呼ばれるようになったそうである。すべては子どもの頃から遊び、物語を体験した環境であるが、久しぶりに歴史を現場で復習した気分になった。

都市廃墟の近くに湖か水溜まりがあり、そして高いホラホが近くに立つ、というのはオルドスのモンゴル人達の地理学的認識になっている。私が調査で帰郷した直後にオジのオトゴンからそう言われたし、今、母方の祖父オトゴンもまたその意識を蘇らせた。ウーシン旗東部のギョク・ノール（Köke nayur）の南にも都市廃墟があり、一九五八年までは石獅子像も二体立っていたという。また、オトク旗のハラガムト（Qaryamtu）にもホラホと廃墟とブリドの三点セットがある、と祖父は自身が見たことを私に語る。モンゴル人はどんなに遠いところを旅しても、道中の地名や地理学的特徴を終生にわたって記憶する。

八月二十八日

馬と羊を不幸にする中国人

シベル寺の仮面踊りを見て我が家に帰った翌八月二十八日の早朝六時、馬の蹄の音が聞こえて来た。大地に響く馬蹄音は子どもの頃の原風景であったが、今の時代はその音を楽しむ余裕がない。馬群が我が家の畑に入り、キビと向日葵を食べてしまう危険性があるからだ。隣に住むオジ、ウイジン家の馬とゴンブスレン（Gümbüsereng）家の馬、それに長城の近くに住む中国人の苗南対の馬が合流して自然に形成された一つの群れで、十数頭はある。中国人の苗南対は昔からオジと親しく、馬が好きな男である。この馬群はまだ鉄線が引かれていない草原を彷徨い、行った先々で畑に闖入するので、トラブルの原因となっているそうである。

父は素早く起きて、馬達を我が家の草原から追い出した。しかし、馬群のボスである種雄馬は何回も振り返り、いかにも不服そうにしぶしぶと南の平野へ去って行った。

「悪いのは馬ではないし、モンゴル人でもない。草原を狭くした中国人と、更にその狭い草原を分割した政府だ」、と父はタバコを吸いながら悲しそうに話す。父とオジは共に騎兵だったし、馬を愛しているからだ。

昼になると、皮膚病（qamuyu）にかかった羊が一頭、我が家の羊の群れに混ざっているのが見つかった。耳記を見て、「八一牧場」のダライという人の羊だと分かった。「ダライ家の草原は狭く、しかも放牧技術もうまくないのに、周りの人達の羊を受け入れて委託放牧している」、と母は話す。

人民公社が崩壊して、家畜を各家庭に分配した際はみんなほぼ同じ頭数だった。しかし、怠け者は羊に水をやらないし、皮膚病を予防する薬浴もしない。そして、秋には人工交配を怠る。だから、頭数は減る一方だ。ダライもそのような人の一人だ。

母は厳しい意見を言いながら、私とその皮膚病の羊を南東方向の牧場方面へ追い返した。

夕方五時、母はハイトゥール二頭の乳を搾る。ハイトゥールとは、自身の仔を失った牝羊を指す。

普通の搾乳をサーホ（saγaqu）というが、ハイトゥールの乳を搾るのをデケホ（dekekü）という。デケホは乳房を強く叩きながら搾る動作を指す。普段、仔羊が頻繁に乳を飲むことがないので、乳の出も悪いからだ。夏の間は双子の仔羊に授乳させたりするが、秋になると離乳も進むので、搾ってからミルクティーに使う。

二頭のハイトゥールのうち、一頭は寒い雨に降られて仔を失った。そこで、双仔（eker）の一頭を「養子」に差し出すと、すぐに受け入れた。しかし、運悪く、二十日後に狐に仔をさらわれた。その為、母はそのハイトゥールに特別の愛情を注ぎ、「このヒトにとって、今年は厄年か」という。母はその羊をヒト（kün）と呼んでいる。

もう一頭は今年最後に出産した羊で、既に初夏になっていた。乳の出も良く、一気に沢山飲んでから日向で眠ってしまった。その為、乳はお腹の中で発酵しすぎて下痢をし、三日後に死んだ。熱い時期の仔羊の管理は特に難しい。

八月二十九日

黒いロバと腹黒い中国人

朝の草原は露に覆われ、まるで小雨が降ったように地面が濡れている。大地の放つ匂いには熟した草の香りが混ざって、気持ちいい。夜の間に草原に行っていた羊達はいつもなら六時頃に帰って来て水を強請るが、露の付いた草を食べている為、今朝は八時過ぎにようやく姿を現した。仔羊達も元気だ。

父は早く起きて、オジの馬群を追い払っていた。夕べから隣家の馬五～六匹とロバ十数頭からなる混成群れがまた我が家の草原に入って、大声で嘶《いなな》いていた。晩秋になって、草が枯れたら、ロバの嘶きも収まるという。モンゴル人は馬の嘶きは好きだが、ロバは嫌いである。「黒いロバと腹黒い中国人は信用できない」、との言い方がある。[5]草原で狼に出会うと、馬は果敢に戦うが、ロバは怖がって小便を漏らして倒れて死んだふりをするから、遊牧民に嫌われて来た。その為か、ユーラシアの遊牧民は皆、ロバを家畜（mal）のジャンルに入れない。我が家もロバを一匹飼っている。そのロバもまた他所の馬達に付いて行ってしまった。

「糠を食ったロバが馬に付いて走る」[6]、と父はそう言いながらロバを探しに行く。ロバは所詮ロバで、飼料の糠を食って体力がついたからといって、馬と同じように速く走りたがっても無理だ、との意味である。人間は自身の能力と身分に合った行動を取らないといけない、との戒めの格言である。

午前十一時ごろ、更に二つの群れの馬（qoyar ajiryatan adayu）がやって来た。我が家の南の平野に馬の好きな柔らかい草があるからだ。草原が分割された後も、我が家の南の平野だけはまだ、鉄線で囲んでいないので、馬達が自由に食草できる。しかし、これも馬達にとって、最後の時期となりつつある。どこの家も草を確保しようとして鉄線を引き始めている。家と家の間に狭い通路を残すが、馬達が通る際に体が有刺鉄線にひっかかって怪我をする。そして、そもそも馬群自体が特定のモンゴル人のものではなく、複数の家の一頭や二頭の馬から構成されている。そのような馬群が誰かの私有の草原に闖入すると罵声が飛ぶ。

「モンゴル人は歴史的に馬を溺愛して来た。しかし、その馬は今や人間の罵声を浴びるようになったので、不吉な時代だ」、と両親は話す。

草原分割政策は交通の道具にも影響をもたらしている。我が家は馬具もワンセットしかない。馬が一頭だけ残っているからだ。ロバはガサクという二輪車や石臼を引くのに使う。ガサクでシャルリクの町に行って、買った物を運ぶのに便利だ。昔いた狼も絶滅したし、馬はすぐ飛ばしたがるので、ガサクには不向きだ。私が一九八〇年代に高校と大学に行く際の荷物も、母がガサクで町まで運び、町から長距離バスに乗ったものである。

若者達もロバの引くガサクを使わなくなった。「ガサクと馬よりも、バイク」との時代だ。町では男女問わずにバイクに跨っている。シャルリク・ソムの草原でも、牧畜民の実に五分の二の家庭にバイクが一台はある。中国製の「幸福」とそれに「東風」は安く、日本メーカーの「スズキ」と「カワサキ」、「ホンダ」は高い。金持ちが日本のバイクに、貧乏人は中国製に乗る。家に羊が五～六匹しかない人でもバイクだけは持っている。昔なら、どんなに貧しくても、騎乗用の馬は欠かせなかったのと同じだ。このように、交通道具の変化もまた、馬達に残酷な打撃を与えている。

初秋になると、羊達の昼寝の時間も長くなる。栄養分の豊富な草を食べ、水を飲んでからずっと井戸の近くの灌木の下で寝ようとする。長く寝かすと良くない、と母がいうので、私は羊達を起こして草原へと出発させた。

そこへ、ゴトン・ゴル（洪洞界）に住む二十代の中国人がやって来た。ゴトンとは「火墩」すなわち長城の上に立つ烽火台のことを指す。遊牧民が攻めて来たら、昼は煙を出し、夜なら火を焚いて知らせる防御施設である。彼は「六六粉」という薬を売り歩いている。モンゴル人は家畜の薬浴にこの薬を使う。ソム政府の「獣医センター」にもあるが、行商人から買うこともある。

秋なので、母は今年の「国家任務」が気になっている。「国家任務」とは国に徴収される肉の量である。羊一頭から〇・七五キロの肉が取られるので、我が家は百頭分七五キロの「国家任務」を供出しなければならない。実際は大小合わせて二百頭の羊を有しているが、ガチャーの責任者が親戚なので、百頭で登録されている。我が家だけでなく、全員、同じように頭数をごまかしている。

羊毛も売らなければならない。我が家の羊は品種改良が進んでいるので、毛の評価が高いことで知られている。しかし、信頼できる仲介人に現金で売る必要がある。昨年、遠い陝西省の咸陽市毛織廠に運んでいけば良い値が付くと言いふらしていた中国人の仲介人がいた。その中国人はモンゴル人から羊毛を集めて行ってから二度と姿を現さなかった。売ってから金を持って来るとの約束も当然、実現しなかった。

「だから、黒いロバと腹黒い中国人は信頼できない」、と父と母は語らい合っていた。

八月三十日

人望ある生産大隊長

朝のミルクティーを飲んでから、私は馬に乗って、我が家から西へ約十キロ先にあるチョーダイ平野を目指した。チョーダイ平野は南北に広がり、北のハラ・モリン・チャイダム（Qar-a morin čayidam、「黒い馬の平野」との意）から始まって、南はシャルスン・ゴル河に至り、全長は約百キロある。平野の真ん中を細い河が流れ、バガ・ゴル河という。シャルスン・ゴル河の支流である。一九七〇年と一九七一年、我が家は旱魃から逃れようとして夏の間にチョーダイ平野に移動(otor)していた。河の両岸に無数の家畜は集まり、夜になると青年男女はデートを楽しみ、詩人が革命歌を歌った。本当は民謡や叙事詩に興じるはずだったが、モンゴルの伝統文化はすべて中国に禁止されていたので、革命歌しかなかった。それでも、草原が分割され、五畜が揃わなくなった今から考えると、私にとっては最後の牧歌的な移動と夏営だったと記憶している。

私はチョーダイ平野の南西部に住むボインジャラガル（当時五八歳、故人、写真5—5）という人物に会いたかった。彼はオーノス・オボクの一員で、私のイトコになる。私は二七歳で、彼が五八歳でも、私は彼を「兄さん《アージュ》」と呼ぶ。私の祖父と彼の祖父は兄弟だったからである。彼は現在羊三百頭と馬四匹、

写真5-5　ボインジャラガルとその家族。右は三男のトプチブレン。(1991年8月30日)

それに牛十四頭を放牧し、十七畝の畑と十畝の灌漑できる水地を耕している。シャルスン・ゴル河南岸の第三生産大隊の中国人を一人、農作業用に雇っている。

ボインジャラガルはとても人望のある人で、人民公社時代はチョーダイ生産大隊の大隊長を長年務めていた。文革中に我が家がダライン・チャイダム生産大隊から家畜を没収されて追放された際に、彼のチョーダイ生産大隊が受け入れてくれた。そして、中国人の左有娃の羊を我が家に回してくれたので、私達家族は生き延びたのである。無口で、いつも駿馬に乗り、民兵大隊長の王根相と一緒に各地を回っていたのを覚えている。社会の末端においては、共産主義思想を有しているかどうか、中国に忠誠な態度を示しているか否かよりも、人望が大事だった時代である。人望ある者が責任者になる場合が多かった時代である。それが現在では、上級機関に賄賂を贈り、媚びる者だけが共産党の幹部に任命されるように変わって来たのである。

ボインジャラガル家に着くと、三男のトプチブレン(Tobčibüren)が出迎えてくれた。彼は私より十五歳も年上だが、親族関係上はオイに当たるので、丁寧にお辞儀をされた。私はイトコ夫婦にだけお辞儀する。私は親族としての挨拶を済ませてから、ボインジャラガルの話を聞いた。

共産党の罌粟栽培に利用されたモンゴルの貴族

我々オーノス・オボクはかつて「五百戸のオーノス」と称し、イケ・ケレイト・ハラー内で単独のソムを形成していた。長城のすぐ北側のトゥーキ・トーリムで遊牧していたが、中国人の侵入を受けて北のウルンに移動して約百年間暮らす。ウルンに来た時は天幕を張る余裕もなくなったので、固定建築のバイシンを建てて住んだ。家畜を放牧しながら、水のある良い場所を選んでキビを播き、秋に収穫するという「グイグル・タラー(güigül tariy-a)」、すなわち移動式畑も兼営していた。

やがてウルンにも中国人が入植してくると、二十世紀初頭にチョーダイ平野へと移住した。ウルンでは一九三六年春から中国共産党の紅軍が武装で侵略し、多数の中国人農民を移住させて罌粟を栽培した。紅軍が中国南方から逃亡して来た翌年で、実に速い浸透だった。オーノス・オボクの人達はその後一部は東のシャラタラへ、別の集団は更に北のトゥクとトリ、オトク旗のジューハ(Juq-a)とボル・グショー(Boruqosiyu)

へと移動していった。

　中国共産党はウーシン旗西部での罌粟栽培を合法化する為に、ある有力な貴族家を利用した。ダー・クレーの貴族である。その経緯について、ボインジャラガルは以下のように振り返る。

　チョーダイ平野の南西部、ボインジャラガル家の東約一キロのところにギョク・ケレム（köke kerim、「青い砦」との意）という砦の廃墟がある（写真5―6）。こちらは十九世紀末にダムリンジャブ（Damrinjab）という貴族が建てたもので、地元ではダー・クレーすなわち「大きな砦」と呼ばれている。ダムリンジャブはホトクタイ・セチェン・ホン・タイジの直系の後裔で、ウーシン旗の三大貴族集団の一つである（第八章の系譜図1参照）。

写真5-6　中国に破壊されたモンゴル人貴族の砦、ダー・クレーの廃墟。

　「大きな砦」ことダー・クレーはチョーダイ平野の南東部、バガ・ゴル河の北にある。建てたのはダムリンジャブという貴族タイジで、回民反乱を避けて避難して来た直後のことだった。モンゴル人は普通、屯営地を選ぶ際に、眼前に巨大な渓谷が横たわるのを避ける。しかし、ダムリンジャブはそのような伝統を無視してバガ・ゴル河に面したところで工事を始めた。

　「塹壕に面した砦が建った時から、ダー・クレーは衰退の一途を辿った」、とボインジャラガルは語る。

　衰退の原因は他にもある。この一門からサンダドルジが独立して、ウーシン旗南東部のササというところで家を建てたことにも一員がある、とボインジャラガルは続ける。

　サンダドルジは髭の濃い人物だった。ササという地に豪邸を建てた後に、タングートからラマが托鉢で来たが、冷遇してしまった。その托鉢僧がサンダドルジとダー・クレーに呪いをかけたことで、衰退は始まった。

　ダー・クレーの没落をライバルで、西公シャンの二番目の王子（二爺）アルタンオチル（Altanvačir）は以下のような歌で表現した。

ササ峠の上に建てられた立派な邸宅も、
種雄の山羊のような髭を持つサンダドルジが没落させた。
タングート・ラマがいた頃は、
もてなしもできた。
ラマが追い出された後は、
袋をぶら下げて物乞いになった。[7]

紅軍がオルドスに侵略して来た頃のダー・クレーの当主はドプチンドルジ（Tobčindorji、奇国賢）だった。彼は親共産党的な立場を取り、紅軍と中国人をウーシン旗南西部のイケ・シベルに招き入れた。中国共産党は一九四二年からイケ・シベルに大面積の罌粟を栽培するようになり、精錬したアヘンを地元のモンゴル人に売るようにしていった。モンゴル人のほとんどがアヘンに手を出して貧困化していった。アヘンを手に入れる為に家畜を中国共産党に売らざるを得なかった。まもなく、チョーダイ平野とチャンホク平野にも罌粟畑が現れるようになった。実は私達の祖父兄弟も栽培していた。

ウーシン旗西部に中国共産党を入れ、罌粟を作らせたドプチンドルジを旗政府は放置できなかった。旗の実力者の奇玉山が国民政府軍駐オルドスの司令官、陳長捷に訴えたところ、ドプチンドルジは召喚された。陳長捷司令官はドプチンドルジに四つの罪を突き付けた。

一、罌粟を栽培した。
二、密かに共産党の紅軍に協力した。
三、勝手に皇帝が住むような豪華な砦を建築した（私修皇城）。
四、通行人を違法に酷使した（路断人心）。

「皇帝が住むような豪華な砦」とはほど遠く、天幕をレンガ造りの高い塀が囲むような堡塁に過ぎなかった。通行人を酷使したとは、ドプチンドルジ家は長城の要塞テメート・ゴト（楡林城）とイルガイ・ゴト（銀川）を繋ぐキャラバンのルート上にあり、そこを行き来する人々を捕まえて工事に駆り立てたことを指す。どれも事実だが、最大の罪は罌粟栽培である。

かくして、ドプチンドルジは一九四二年十一月二十三日に東勝で処刑された。ドプチンドルジが東勝に連行された際に弟のドルジニンブーが衛兵として付いて行った。処刑された後、遺体を運び帰ったのも弟である［楊　二〇一八a：一六三―一六六］。

「ドプチンドルジの遺体を運び帰った時、貴方の家に立ち寄っている」、とボインジャラガルは回顧する。

貴族が中国共産党を受け入れて罌粟を栽培させたので、チョーダイ平野にも一九四〇年代から中国人の入植者が現れた。張国燕と王高玉子、雷可勝と王安児、薛雷悠[8]と左有娃、胡蘇児と王虎羔等である。彼らは皆、掘っ建て小屋に住んで、モンゴル人の土地を借りて耕作していた。自分達で勝手に土地を切り開く権利はなかった。王虎羔だけは、ダー・クレーのキャラバン用の駱駝を放牧していた。共産党による罌粟の栽培は一九四九年まで続いた。一九四九年に中華人民共和国が成立すると、罌粟栽培に従事していた中国人入植者に共産党政府は逸早くモンゴルの戸籍を与えた。共産革命に貢献した、と評価されたからである。

中国人の侵入方法

一九五一年になると、今度は張鳳岐と張鳳林兄弟、それに彼らのイトコの張米米が長城以南から流れて来た。二年後には更に康米対と康満対兄弟らが出現した。これらの中国人は全員、一九五六年にモンゴルの戸籍をもらった。人民公社が成立した翌一九五九年に、ウーシン旗東部のホジルトから李生娃と郝正龍、韓四と韓五兄弟が移住して来た。彼らは長城の要塞テメート・ゴト（楡林城）の中国人である。文革が勃発した一九六六年には孫玉山と呉有子、それに記国才が物乞いとして来て、住み着いた。中国政府は、建前上は中国人のモンゴルへの流入を防ぐとしながらも、実際は人口センサス（人口普査）をおこなう度に戸籍を与えて定住させて来た[9]。

「沙を混ぜる（掺沙子）政策だ。中国人とモンゴル人の人口を逆転させれば、共産党政府が安心するからだろう」、とボインジャラガルは証言する。

モンゴル人は人民公社が成立した一九五八年以前に入植して来た中国人を「老戸（古い移民）」と、それ以降の移民を「新戸（新しい移民）」と呼ぶ。中国人が草原に拡散してしまわないよう彼らを集中居住させ、かつ農耕ができるように配慮して一九五九年に「農業専業隊」を作った。バガ・ゴル河の河谷地帯は農耕ができたから、農業専業隊の本部となった。かくして、乞食同然に流浪して来た中国人達はモンゴル人の土地で穏やかで、豊かな生活を送れるようになった。

国民政府軍に殺害されたダー・クレーの貴族ドプチンドルジは、中国共産党によって「革命の烈士」に祀り上げられた。共産党はその遺児のゲレルト（Do. Gereltü）を「革命の後継者」として育成していた。ゲレルトも共産党の期待に応えようとして、一九五八年に母親のリンチンニンボー（Rinčinningbu）が持っていた伝統的な頭飾りと金銀財宝、それに家畜の群れをすべて政府に献上した。当時、人民公社の公有化政策が怒涛のような勢いで進められていたので、モンゴル人の家畜は有無を言わさずに没収されていた。しかし、女性達の伝統的な頭飾りと衣装、それに隠していた金銀財宝の供出には抵抗感があった。それでも、若いゲレルトは母親の意志を無視して政府に協力した。

砦のダー・クレーにはゲレルトの母とその継父で、還俗させられたラマのゲレゲ（Gelege）が住んでいた。新しく成立したシャルリク人民公社チョーダイ生産大隊には本部がなかったので、ダー・クレーを利用することになった。共産党はドプチンドルジの寡婦を退去させ、ダー・クレーを生産大隊の本部として占拠した。一九六〇年になって、ただで占拠したことに対するモンゴル人達の批判をかわす為に、ゲレルトに四百元を渡して借りることにした。しかし、ダー・クレーは縁起の悪い場所に建っているので、人民政府も長くない、との噂が広がったので、政府は砦を壊した。そして、その壊した建材で新しい生産大隊の本部をハラーチン・ジョルムラルト（Qaračin Jirumlaltu、趙振華）家の近くで建立したものである。

　ところが、文革になると、中国人はモンゴル人を虐殺する急先鋒を担った。特に一九五八年以降に移住して来た「新戸」の中国人はモンゴル人に対し、容赦なく暴力を振るった。「老戸」の中国人達はどちらかというと、暴力を避けようとしていた。そこで、文革が終息しつつあった一九七六年に、モンゴル人達は立ち上がって中国人を長城以南に追放する運動を始めた。政府も黙認していたので、人民公社は自動車で中国人の荷物を載せて陝西省に送り返した。しかし、中国人達は一人残らずにまたすぐ戻って来た。それどころか、老戸の人達は草原に拡散していったし、新戸もまた農業専業隊に戻った。一九九〇年になると、農業専業隊は解散し、新戸の中国人達もまた草原分割政策でそれぞれ土地を与えられた。かくして、ウーシン旗西部に入植して来た中国人は永住の地をモンゴルで獲得できたのである。

　オルドスに定住した中国人は相互に通婚するか、長城以南やシャルスン・ゴル河以南の農耕地帯から嫁を迎える。長城以南の中国人もまた娘達をモンゴルへ嫁がせるのに熱心である。モンゴルの方が土地も広く、生活レベルが高いからである。また、中国人も放牧の方が農耕よりも楽だ、と理解している。オルドスの共産党政府は一応、中国人の増加に歯止めをかけようとしている。陝西省から嫁いで来た女性達に対し、三年間は戸籍を与えないようにコントロールしているという。モンゴルで定住した中国人の娘が長城以南に嫁ぐことは基本的にない[10]。

「毛沢東はモンゴル人の指導者のウラーンフーに、移民をしない、草原を開墾しない、と約束したが、守られていない」、とボインジャラガルは自身が経験し、目撃して来た歴史を振り返る。

注

（1）モンゴル語の原文は"Teüki Toyorim usun nayur-iyar degüreng, temüs jimis uruγdaγ yaγar ni sayin"である。

（2）一九五〇年以降にイケ・シベルからシャルスン・ゴル河の北岸のチョーダイとチャンホクへ移住したモンゴル人は約二〇数戸で、チャガンロンホ（Čaγanlongqu）とドンダイロンホ（Dumdayilongqa）、ジンミド（Jinmid）とソディル（Sudir）等がそれにあたる。

（3）シャルスン・ゴル河近くのモンゴル人の婚姻と生業については、楊海英「鄂爾多斯無定河流域定住蒙古民族の現状」に詳しい報告がある［楊　一九九〇：二三一―二三八］。

（4）母によると、眼病を患った人が赤い布を泉に捧げて目を閉じて祈ると、近くのラマから薬がもらえたという。そのラマはジュンガル旗の出身で凶暴な犬を一匹、飼っていた。ラマはまた河の水で臼を動かす水車設備を持っており、親戚が脱穀に行って咬まれて亡くなったという。その為、アルシャン・トハイはまた、「ジュンガル・ラマの河谷（Jegünγar blam-a-yin toqai）」とも呼ばれていた。

（5）モンゴル語の原文は“qar-a eljige kiged qar-a Gitad-i itegejü bolqu ügüi”である。

（6）モンゴル語の原文は“aγaγ-i idegsen eljige,adaγu-yi daγaγad derben-e”である。

（7）モンゴル語の原文は次の通りである。“Sasa toluγai-yin orai deger, sayiqan bayising bariγsan siu, saγaqu γaltar Sandadorji ni, sajiγula baraγsan siu. Tangγud blam-a bayiqu-du, tal-a-tai önggetei bayiγsan siu, Tangγud blam-a yabuγsan-u qoyin-a, tayarčuγ saba-ban degüjilegsen siu”. 詳しくは後述するが、この伝説はホトクタイ・セチェン・ホン・タイジの死の物語と同様に、タングートからの僧の呪いが功を奏したと伝えられている。

（8）薛雷悠は我が家から南へ五キロほどのところ、バガ・ゴル河の北、オルギル（orgil）に住んでいた。

（9）中国の陝西省からオルドス西部のウーシン旗チョーダイ平野に侵入して来た中国人の系譜については、楊海英［二〇二二：九九］を参照されたい。

（10）チョーダイ・ガチャーでは中国人とモンゴル人との通婚はほとんどない。唯一、ヌクタン・ハスチョローがサインバヤルの娘と結婚しているのが例外である。ただ、サインバヤルもモンゴルに帰化したオルマル・モンゴル人(Orumal Mongγol)であるので、両民族の通婚とは見なされていない。サインバヤルの他にモンゴルに帰化した人は常景高（カトリック信徒）とバトバヤル（韓加油）、それに陳五児である。

●第六章　遥拝する聖地

モンゴルと中国の境界である長城の要塞、鎮靖堡。長城の麓までの草原にモンゴル人は強烈な郷愁を抱く。

八月三十一日

流転の聖地

朝は曇っていた。私はイトコのボインジャラガル家を離れて、その北十数キロのところに住むハラーチン・ジョルムラルト（趙振華一九九一年当時五十七歳、故人）の家を目指すことにした。ジョルムラルトは今、モンゴル人と中国人が熾烈な争いをしている聖地オボーの祭祀に携わっていることで知られているし、その詳細について知りたかった。聖地オボーの話題になると、ボインジャラガルは以下のように教えてくれた。

写真 6-1　長い禁止期間を経て、復活したチョーダイ・オボー。（1992 年 1 月 6 日）

ジョルムラルトはちょうど、チョーダイ・オボーの近くに住んでいるので、途中、その聖地にも立ち寄るよう勧められた。中国政府に長い間禁止されていたチョーダイ・オボーも一九八五年から祀りが再開された（写真6—1）。政府に破壊される前は「十三オボー（arban γurban oboγ-a）」の形式だった。南に大きなオボーが一つ建ち、その後ろに北へと十二個のオボーが並ぶ風景であった。モンゴル人は十三という数字を神聖視するので、「十三オボー」は様々な聖地の中でも最高ランキングに入る。元々、チョーダイ・オボーは長城のすぐ北側に建ち、ジャラン（Jalan）・オボーと呼ばれ、ガルハタン（Γarqatan）・ハラーの人達が祀っていた。近くにはまたイケ・ケレイトのゴトン・オボーとアムバイ・オボーがあったが、中国人の侵入で聖地も北へ移転せざるを得なくなった。

このように、民族と聖地が流転する歴史の中、唯一、モンゴル人が手放さないオボーがある。バドグイン・オボー（Badaγui-yin oboγ-a）である。このオボーは中国人から祭山梁と呼ばれている。地理学的には陝西省靖辺県にある飛び地となるが、行政上は内モンゴル自治区の所轄である。モンゴル人達は殆んどの聖地を失ったが、バドグイン・オボーだけを守り通している。そして、その祭祀を先頭に立って維持しているのが、ジョルムラルトである。

「民族右派」と中国との抗争

昼前にジョルムラルト家に着いた。実は彼の息子の嫁は私の母方の親戚であるので、私達はまず、親族としての挨拶を交わした（写真6—2）。二度にわたる儀礼の茶を飲んで挨拶を済ませてから、私はジョルムラルトの語りに集中した。

ジョルムラルトが使う「趙」という漢字姓はハラーチンと

写真 6-2　ジョルムラルトとその家族。前列の左が私の母のオバのハラジャン。（1991年8月31日）

いうオボク名に由来する。ハラーチンの人達は清朝時代からガルハタン・ハラー内の一集団で、「哨戒」や「歩哨」との意味である。歩哨に発つ、哨戒に出る行動を陝西省北部の中国語で「照」と表現する。そこから、「照」と同じ発音の「趙」を漢字姓として採用したという。ガルハタン・ハラー内のハラーチン集団はウーシン旗西部の名門で、旗政府に務める役人を多く輩出して来た。

「わしは元民族右派（barayuntan）だよ」、とジョルムラルトは大声で笑う。

中国が一九五七年から知識人を粛清する目的で全国的に反右派闘争を発動した際に、民族主義的思想を持つと判断された人達は「民族右派」として一掃された。ジョルムラルトは九歳の時からモンゴル語とチベット語を家で学び、反骨精神の強い薫陶を受けていた。最初はモンゴル文字とチベット文字のアルファベットだけを教えてもらう。それから毎日のようにチンギス・ハーンを称える「主君の賛歌（ejen sang）」やモンゴル軍の軍神賛歌「スゥルデイン・サン（sülde-yin sang）」を暗記する。また、清朝皇帝が説く道徳書の「聖諭広訓[1]（boyda-yin suryal）」も十六章全部覚えさせられた。このような訓練を受けてから更にチベット医学を学び、一九五七年に医者になった。処方箋はすべてチベット語で書かなければならなかった。時代は社会主義だったが、彼は名実ともに草原の伝統的な知識人として生きていたので、当然のように衝突が始まった。

一九五八年にモンゴル人の家畜と草原が没収されて人民公社を作った際に、青年ジョルムラルトは不満を公言していた。そのような彼には医者の資格を与えずに、シャルリク人民公社の病院で出納係として働かされていたが、ある日突然、同僚のサンジャイジョンナイ（Sanjayijüngnai）の金二百元を盗んだとして逮捕された。実は、ジョルムラルトは自分の馬を人民公社に没収されないようにこっそり売って、四百元もの大金を手に入れていた。その四百元を政府は盗んだものと断じて、懲役四年の刑が言い渡された。ジョルムラルトも抵抗したが、ウーシン旗公安局の奇局長がピストルを取り出して、「抵抗すれば、もっと厳しく処罰する」と威嚇したので、おとなしく刑に服した。

「四百元で四年の刑を言い渡された。それが、中国共産党に〈解放〉されたモンゴル人の運命だった」、とジョルムラルトは人生を振り返る。

刑を終えてからは草原に戻って放牧に専念した。幼少期から受けた教育は完全に否定されたが、文革が終わると、地中に埋めていた手写本類を見つけて書写し直した。写本はモンゴルの財産だと言いながら、私にその一部を譲った(2)。

「我々モンゴル人は今、中国の政策で内紛中だ」、とジョルムラルトは話す。「歴史的に経験したことのない珍しい紛争だ」、と彼が指すのは、隣家との草原分割をめぐる対立である。我が家と同じ、ほとんどのモンゴル人達が隣同士で草原の所有権を争っている。

　ジョルムラルトによると、チョーダイ生産大隊は一九八二年に公文書を出し、各家庭に対し、それまでに住んできた固定建築を中心に、周囲の草原を分割して与えると決定されたそうだ。その際、生産大隊の本部所在地とその近くの草原の帰属をめぐって、ジョルムラルトと隣のジグディンバウー(Jigdingbabu) が対立した。生産大隊の本部の建物は一九七五年にジョルムラルトの草原で建てられたものである。勿論、当時は人民公社の草原だったが、ジョルムラルト家は一九四九年以前から住んで来た。人民公社が崩壊した一九八二年に、生産大隊はその本部建物がある草原をジョルムラルトに返還せずに、ジグディンバウーに与える決定を出した。そこから、両家が衝突するようになった。生産大隊は当時、最も良い草原を選んで本部を置いたので、両家共に譲ろうとしない。調停の結果、生産大隊は本部近くの草原を二千三百元でジョルムラルトに与え、ジグディンバウーはそのまま住んでいる。一方、ジョルムラルトはジグディンバウーに出て行ったほしい、と考えている。草原が分割されたことで、モンゴル社会に以下のような悪い影響が出ている、とジョルムラルトは指摘する。

　第一に、調和を大事にして来たモンゴル人社会に紛争が多発し、モンゴル人同士で敵対するようになった。分割された自家の草原を鉄線で囲い込み、互いに行き来しなくなった。鉄線を引くのにも経費がかかり、経済的な負担が増えたし、交通の便も悪くなった。

　第二に、家畜が育たなくなり、草原の沙漠化が進んだ。限られた狭い草原の中で、誰もが頭数を増やし、税金を払い、経済的に豊かになろうとする。しかし、移動できないから、家畜はすぐに草を食べてしまい、草原の劣化が進む。

　モンゴル人は匈奴の時代から代々、仲良く暮らして来た。外来の中国人が増えて、我々の草原が狭くなったので、モンゴル人同士で対立するように変わった。そして、中国人は逆に調停者になった。中国人はわざわざモンゴル人同士を対立させて、自分達が漁夫の利を得ようとしている。

このようにジョルムラルトは苦笑する。

「帝国主義の手先」を利用した中国人

ハラーチンの人達は元々、長城のすぐ北側のトゥーキ・トーリム（生地灘）で遊牧していた。ジョルムラルトの祖父は一八七一年にトゥーキ・トーリムに生まれ育った。当時は天幕と柳で作った円形の固定建築に住んでいた。父アムーラン（Amuyulang）もトゥーキ・トーリムで生まれ、その後は中国人の侵入で一九一〇年、清朝が崩壊する二年前に北のジャングート（Jangyutu、掌高図）のオボーライ（Oboyalai）という地に移った。ジャングートでは固定建築を建て、五十畝くらいの畑を作り、百頭前後の家畜を放牧して暮らした。しかし、一九三六年から中国共産党の紅軍が侵略して来て罌粟を栽培し出すと放牧できなくなったので、一九四三年にシベル寺を経由してチョーダイ平野へと移住した。チョーダイ平野で静かに暮らしたかったが、一九四七年に大旱魃に襲われ、家畜をすべて失った。

モンゴル人は中国人の侵入で故郷を失い、北へと追われて貧困化した。私はこの前、故郷のトゥーキ・トーリムへ墓参りに行った帰りにジャングートに寄った。あそこは現在、河南公社（郷）第二生産大隊となっている。畑が広がり、草原は面影もない。私の家の跡地に中国人が住んでいるのを見て、無性に腹が立った。「ここはモンゴルの土地だ。お前らは長城以南に帰れ」、と言い放ってやった。

ジョルムラルトはすべてのモンゴル人同様に、長城以北の故地に強烈な郷愁を抱く。

ジョルムラルトによると、ウーシン旗政府は清朝末期に最初は長城に沿って二十キロのベルト状の草原を中国人に租借していた(3)。中国人はもっと広い土地が欲しいと交渉して来たので、更に五キロを追加開放した。

中国人達は最初、春に耕作に来て、冬には長城以南に帰っていたが、西洋からの宣教師達の介入で帰らなくなった。カトリックの宣教師達は長城以北に侵入していた中国人を改宗させる為に、モンゴル人の土地を彼らに分け与えると約束した。当然、宣教師はモンゴル側の許可を取っておらず、勝手に譲渡していただけである。中国人は西洋からの宣教師はモンゴルの王よりも勢力が強いと見て、雪崩を打って改宗し、長城以南に帰らなくなった。そこから、長城以北に複数の「洋堂《ヤンタン》」すなわち教会堂が建つようになった。一九〇〇年夏からモンゴル人は騎兵を動員して洋堂を包囲して攻撃したが、清朝政府の介入で失敗に終わり、かえって土地を賠償することになった。

「殺された洋人《ヤンレン》一人に対し銀一万両を、「假洋人《ジャーヤンレン》」すなわち偽物の洋人は銀一千両を賠償した」、とジョルムラルトは語る(4)。「洋人」とは西洋からの宣教師で、「偽物の洋人」とは改宗した中国人を指す。かくしてウーシン旗とオトク旗は広大な草原を賠償金としてカトリック側に譲渡し、カトリック側はその土地に中国人を住まわせた。モンゴル人と中国人が有史以来に繰り広げて来た闘争は更に世界史の渦巻きの中に吸収されていったのである。現代中国は西洋からの宣教師を「帝国主義の手先」だと断じ、中国侵略の先兵だと批判する〔戴一九八二：五九、一九八三：四七―五〇〕。モンゴルの草原に侵入した際に、その「帝国主義の手先と先兵」を利用していたことには触れようとしない。「帝国主義の手先と先兵」は明らかに中国人に有利な働きをしていたのではないか。

ジョルムラルトの話を聴いて、モンゴル側が宣教師と入植して来た中国人カトリック信徒を包囲し、攻撃した事件について更に調査しなければならない、と私は分かった。実際、私はその後、十月下旬に西安市にある陝西省檔案館で中国側の文献について調査をおこない、翌年五月にはモンゴル人司教にインタビューできたことを先に断っておきたい（後述一九九二年五月四日の調査）。

長城以北を知らない中国人

モンゴル人と中国人は現在も、土地を巡って争っている。その実態は、ジョルムラルトがバドグイン・オボーの主催者になった経緯に反映されている。モンゴル人と中国人の双方から神聖視されるバドグイン・オボーの祭祀をめぐる動きについて、彼は以下のように語った。

一九八六年に入って、ジョルムラルトの家に長城沿線の中国人が頻繁に訪ねて来るようになった。「祭山梁オボーの元祭祀者を探している」、と話していた。中国人はバドグイン・オボーを祭山梁と呼ぶ。オトク旗の聖地なので、ウーシン旗で探しても無意味だ、とジョルムラルトは教えたが、翌年の春になっても、中国人はまたやって来た。今度は、明確にオボーの主催者になるよう要請された。

「わしが民族主義者で、長城以北の土地はすべてモンゴルのものだ、と主張して来たのを彼らも把握しているから、主催者になるよう求めているのだと分かった」、とジョルムラルトは情勢をよく知っている。

では、何故、長城以北に侵入して来た中国人が、わざわざ追い出したモンゴル人の聖地の祭祀を元の主人に渡そうとするのか。そんな「優しい中国人」はいるはずもない。何かを企んでいるに違いない、とジョルムラルトは心底分かってい

写真6-3　バドグイン・オボー山頂の建設中の祖師廟の一部祭殿。（1992年2月19日）

たが、中国人の狙いについて確認した。中国人達はジョルムラルトに次のような不思議な現象について話したそうである。

祭山梁は長城以北のトゥーキ・トーリムに建つモンゴル人の聖地オボーだった。聖地周辺に侵入して住み着いた中国人は一九八五年に祭山梁の頂上に道教の祖師廟を建立した。同年の太陰暦三月三日に桃花《トウホワー》娘娘《ニャンニャン》を、四月八日には祖師を祀り、九月九日に香煙会を挙行するという日程で運営し始めた。こうした行動に対し、陝西省北部の道観、白雲山は反対を表明していた。白雲山は最も権威ある道観として信仰を集めているので、自身の収入が減るのを危惧して反対した。それでも、祭山梁周辺を管轄する靖辺県は熱心だった。祭山梁はモンゴルの飛び地だが、その周りは陝西省の所有とされている。県は「遺跡修復」の名目で新しい祖師廟を建てたが、本当の遺跡であるオボーは復元されていなかった（写真6—3）。祖師廟は聖地オボーの南、二〇数メートルのところに建った。ジョルムラルトは指摘する。

祭山梁とは、この地に侵入して来た中国人達の新しい言い方だ。山梁すなわち山の頂上を祭っている、というシンプルな名前だ。何よりも、中国人が長城の北側に出たのは二十世紀に入ってからのことに過ぎない。彼らは歴史的に長城以北の天地を知らないし、彼らの信仰とも完全に無関係だ。

ジョルムラルトはこう分析しながら、私に『祭山梁廟簡介』というパンフレットを見せた。これは、政府系の靖辺県祭山梁廟管理委員会が一九八九年に編集したもので、執筆者は靖辺県地名弁公室の李豊業である。李によると、オボーは元朝時代からモンゴル人に祀られて来た、と書いてある［李豊業一九八九：二］。

「バドグイン・オボーの本当の主催者は誰なのか」、と私はジョルムラルトに尋ねた。彼は私に自身が集めた情報を整理して次のように話した。

バドグイン・オボーはモンゴルの右翼三万戸の聖地で、十六世紀からホトクタイ・セチェン・ホン・タイジが祀っていたと伝承されている。長城のすぐ北側では、バドグイン・オボーが一番高く、最も目立つ高峰である。チベット仏教が再度、モンゴルに導入される以前から、モンゴル人達はここに集まって巻狩を繰り広げ、ナーダム祭をおこなっていた[5]。
その後、清朝時代になると、オボーのある地域はオトク旗の草原となった。一九〇〇年の拳匪の乱の後に、モンゴル人が西洋からの宣教師に長城に近い土地を賠償金として譲渡した際に、バドグイン・オボーの周りも含まれていたが、オボーだけは割譲しなかった。聖なる場所だったからである。バドグイン・オボーの代わりにか、羊場壕の土地を宣教師側に譲った。宣教師達はその土地を中国人に渡したが、条件はカトリックに改宗することだった。このように、中国人は「西洋からの帝国主義勢力」を利用して、モンゴル人の土地を獲得したのである。

写真6-4　バドグイン・オボー山頂の祖師廟内の道教の神々。（1992年2月19日）

聖地周辺の土地がカトリック側に取られた後も、オトク旗側では、西協理タイジのワンチュクセレン（Barayun tusalayči Vangčuysereng）が一九四九年までオボー祭祀を主催していた。ワンチュクセレンの孫ヤンルン（Yangrong）は現在、オトク旗ジューハ・ソムの財政所に務めており、彼が本来ならば主催者になるべき人物である。しかし、ヤンルンに断られたので、ジョルムラルトが祭祀を運営している、という。

聖地で戦い合う「匈奴」と「楊家将」

ある民族が別の民族を征服した後には、その神殿を壊し、それまで祀られて来た神々の一部を自分達のパンテオンに迎え入れる。そして、神々の地位や役割についても、再解釈するのは、世界的に見られる現象である。中国人がモンゴル人を追い払って住み着いた長城以北の地帯でも、このような太古からのドラマが演じられている（写真6―4）。

中国人が祖師廟を建てるのは、入植先の土地を確保し、豊作を祈願する為である。しかし、祭山梁に祖師廟が建ってから、逆に大雪と強風に何回も襲われ、二年連続で凶作となった。地元の中国人シャーマンの張志光（当時六七歳）はある日、「祭山梁には昔オボーがあった。それを復元しろ」、との託宣を受けた。数日後、今度はグーティ・ゴト（横山県）の佛爺廟の和尚が「高海深という男は自身の健康に気を付けるよう」、との託宣を受け、地元に動揺が広がった。高海深とは、祖師廟を建設した責任者だったが、廟ができてからかえって体調が悪くなっていたからである。

仕方なく、私は一九八七年太陰暦四月八日にバドグイン・オボーのある祭山梁に着き、二十三日まで滞在して、オボーを建て直した。その間に、いろいろな怪奇現象を目撃した。

ジョルムラルトはオトク旗から一人のラマ、ウーシン旗のシベル寺からダンセンペルレ[6]（一九九一年当時七十六歳）とチョルギ（Čorgi）、シャルリク寺のジャムヤンら四人のラマを連れて現地入りしていた。オボーを建てる際にラマが主催する儀礼は欠かせないからである。

一同はまず、十六日に三千元をかけてレンガ八千個を購入し、緑松石（ogyu）と「白馬の如き真珠（morin čayan sobud）」、金と銀、それに玉等の「五宝」と「五穀」、「五色の絹」を地中に埋め、その上に台座を設置してオボーを建て始めた。「五宝」と「五穀」、「五色の絹」はジャルサン（Jalsang）というラマが数年前にギョク・ノール（青海省）のグンブム寺から持ち帰った神聖なものである。

十五日の夜、祭山梁の近く、ドゥクム（東坑）に住む三十歳の高という中国人が突然、神懸かり状態になり、全身が震えながら、モンゴル語で話し始めた。「オボーは祖師廟よりも大切だ。みんなは肉食を禁止する必要なし（ulayan qoyula čegerlekü ügüi）」と話した。勿論、彼は普段、モンゴル語が全く解さない人であった。中国人の祖師廟の祭祀では葷《こん》すなわち肉類が用いられることはないし、参加者も肉を食べないようにする。深夜になると、その若い中国人にまた「神」が乗り移った。彼はまたモンゴル語で「紅匈奴、白匈奴」と話し、「葷《こん》を食べていい」、「老劇《ローシー》中止、楊家将中止」と語った。長城沿線の中国人はモンゴル人を匈奴と見なすし、匈奴には紅と白の二種類がいる、と理解している。老劇とは京劇のことである。老劇の中でも特に「楊家将」は北宋の楊一族がモンゴル系の遊牧民キタイ（契丹）と死闘を繰り返す物語で、中国人に最も人気の高い物語である。中国人に好まれているが、モンゴル人は逆に好きになれない。「老劇中止、楊家将中止」とは、モンゴル人への配慮というよりも、オボー祭祀への関与を中止させたくないからであろう。

十八日の夜、例の張志光がまたもや託宣を受けた。「祖師爺は退く（譲位）べきだ。漢人とモンゴル人は団結せよ」との内容であった。祖師廟の神体である祖師爺に対し、モンゴル人のオボーに譲位せよとの託宣は中国人を驚愕させた。そこへ、廟内に泥棒が入り、小さな銀製の仏像と賽銭が盗まれたとの一報が入った。張志光は「大丈夫だ。仏像はすぐに見つかるし、三年後に賽銭も戻る」、と話した。まもなく、仏像は本当に戻されていた。

オボーは二十二日に竣工し、ジョルムラルトとラマ達は翌日に帰った。オボーに来ていた中国人の老人によると、昔、モンゴル人達は太陰暦の六月、「オルドス暦の九月三日」に羊の丸煮を供物としてオボーに献上していたという。ジョルムラルトもそれ以降、その期日でバドグイン・オボーを祀って来た。

一九八九年、ジョルムラルトはラマを一人連れて、羊の丸煮一つを持参して祀りに行った。陝西省からは何百人もの中国人が集まって参加し、羊の肉を分け合った。翌一九九〇年には四〇人のモンゴル人が馳せ参じた。十二匹の馬を走らせて、側対歩（jiroɣ-a）を披露し、相撲を取って中国人に見せた。中国人は三百人くらいやって来て、モンゴル人が持って行った羊四頭からなる供物を食べていた。一九九一年もまた羊の丸煮四つ持参した。

「あの辺の中国人は普段、肉を食べたこともないくらい貧しいので、信仰よりも肉を食べようとしてやって来る。オボーの神様に捧げた供物は一瞬で奪われるので、まるで餓狼に囲まれたような恐怖感に陥る」、とジョルムラルトはタバコを吸いながら語る。

聖地オボーが中国人に大事にされている理由について、ジョルムラルトは以下のように認識している。

中国人は我々モンゴル人を黄毛韃子《ダッ》、匈奴韃子、草韃子と呼ぶ。そして、長城以北の土地は草地、蒙地で、いつかモンゴル人に返さなければならないと分かっている。しかし、中国人達は長城の北側で定住したい。その為、彼らは祖師廟を建てた。陝西省道教協会はまだ彼らの祖師廟に許可を出していない。そこで、中国人はモンゴル人にオボーを建てさせて、蒙漢団結のシンボルにしようとしている。蒙漢団結というスローガンの下で、民族団結という隠れ蓑を使って、祖師廟を祀りたい。私はモンゴル人として、モンゴルの土地を守る為に、バドグイン・オボーだけを祀っている。中国人に奪われた土地に我々モンゴルの旗を立てたいだけである。

以上がジョルムラルトの決意である。ジョルムラルトの話を聴きながら、私は頭の中にある知識を整理してみた。バドグイン・オボーはバドグイン・ゴルという河と関係しているのではないか。モンゴル人は昔から長城沿線の要塞都市をモンゴル名で呼んで来た。一九〇三年にオルドスで布教していたオランダの宣教師がオトク旗衙門から一枚の古い地図を手に入れた。一七四〇から一七四四年の間に作成されたものと見られるこの地図には、ハラ・ゴト（Qar-a qota）とバガ・マーシン・ゴト（Bay-a masing qota）の間に「バドグ・ゴト（Badaɣu qota）」がある、と伝えている。バドグ・ゴトの東を河が北へ流れて、ソハイン・トンガラク（Soqai-yin Tongɣalaɣ、「清らかなタマリクス」との意）という湖に合流する。ハラ・ゴトの中国名は寧塞堡で、バガ・マーシン・ゴトは安辺堡である。不思議なことにバドグ・ゴトにだけ中国名はない［Mostaert 1956a: 81,105］。

実はモンゴル人はシャルスン・ゴル河の上流をバトグイン・ゴルと認識し、今や乾上がってなくなったウルンあたりの湖をソハイン・トンガラクと呼んでいたのである［楊　二〇二〇a：六四］。やはり、現地調査しなければならない、と私は自覚した。私は彼と一緒にバドグイン・オボーを見に行くことを約束してから、家へと馬を飛ばした。実際にバドグイン・オボーに行くのに、私は翌一九九二年二月十八日まで待たなければならなかったのである（後述参照）。

注

（1）「聖諭広訓（boyda-yin surγal）」は清朝の雍正帝が父親の康熙帝の教えを聖なる訓示として満洲語・漢語の双璧でまとめ、一七二四年に木版印刷したものが最初である。その後、一八七四年からモンゴル語版も印刷され、民間には写本も広がった［Heissig and Bawden 1971: 114; 楊　2002a: 101-106］。

（2）ジョルムラルトから譲り受けた手写本の一部を私は以下の著作内で公開している。Yang Haiying. *Manuscripts from private collections in Ordus, Mongolia*（1）, 2000, pp167-334.

（3）Erkegüd Buu Šan 編『シニ・ラマ年譜紀要』によると、ウーシン旗のジャサク（王）チャクドラスレンが長城以北の十里（五キロ）の帯状の草原を中国人に開放したのは一八九五年だという（*Sinelam-a-yin Čiqula Yabudal-un Tobčiyan*,1991: 9）。

（4）湯開建　馬占軍によると、内蒙古大学図書館に保管されている手書きの資料には「殺害された西洋人宣教師一人に対し、銀一万両賠償した」とあるそうである。その手書きの資料は劉映元という人物の書いた『天主教在内蒙古西部』だそうである［湯開建　馬占軍　二〇〇五：四四七］。

（5）モンゴルの狩猟儀礼については、Sárközi, Alice による研究がある［Sárközi 1972: 191-208］。また、この山は長城のすぐ北側では特別に高かった為に、神聖視されていた可能性もある。モンゴル人の山岳信仰については、Tatár Magdalene による研究がある［Tatár Magdalene 1976: 1-58］。

（6）ダンセンペルレについては、『モンゴルの仏教寺院』内に記述がある［楊　二〇二一a：五〇—五七］。

●第七章　長安で聞くキリスト教とイスラームの歴史

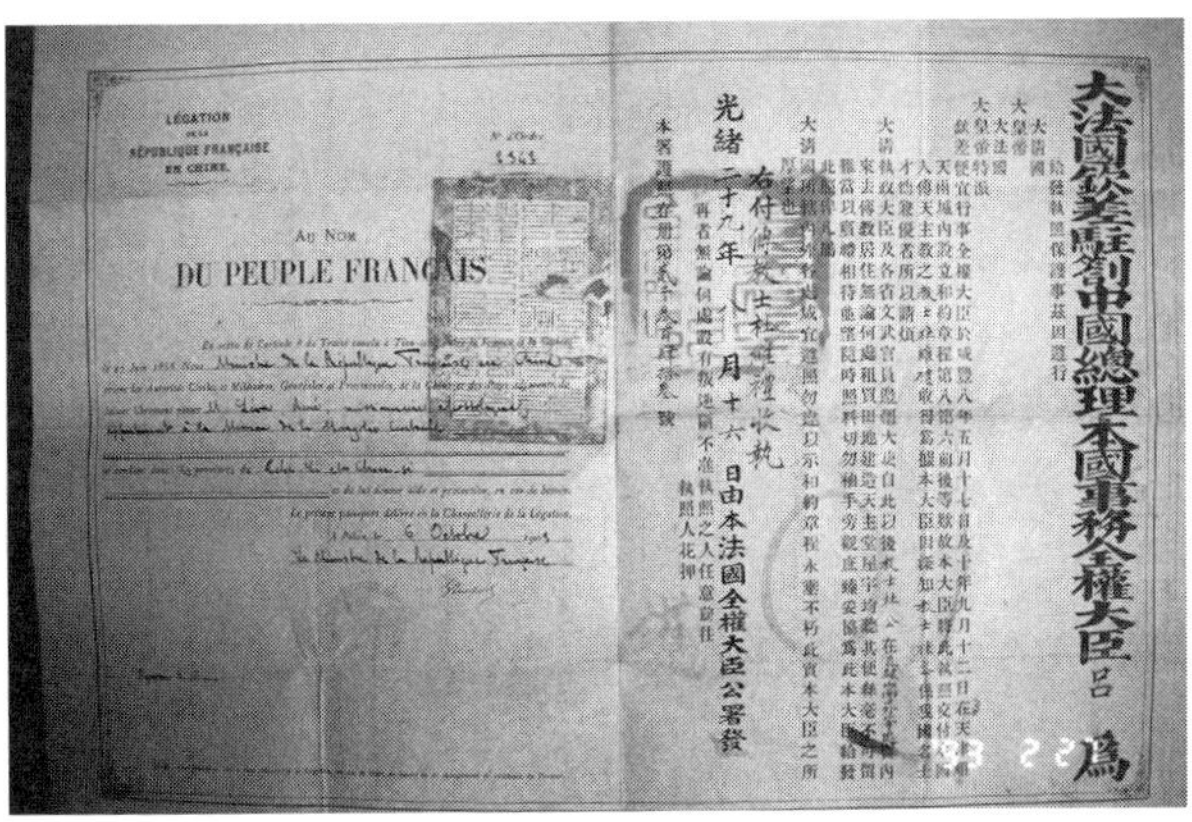

清朝の域内で布教する際に宣教師達が所持していた護照（ビザ）。ベルギー人の宣教師達もほとんどフランスを通して申請していた。Seheum Museum 所蔵。

九月八日

秘密の文書館

実家で数日間休んでから、私は九月八日にオルドスの最大都市、東勝市に入った。ネストリウス教徒について、エルクート・オボクの知識人ボーシャン（Erkegüd Bou Šan）に会う為である。彼は当時、イケジョー盟檔案館に務め、あらゆる檔案（文書）資料にアクセスできる立場にあった。ボーシャンは前に会ったボンホーの弟である。

　ボーシャンは私が来るのを弟のボンホーから聞いていたと言いながら、語り出した。オルドスのエルクートは間違いなく元朝時代の文献に現れる「也里可温」であり、免税と徴兵から免除される特権エルケ（erke）を与えられていた。一九二〇年代になって、「王から付与された権利」を強調する為に、王という漢字姓を使用し始めたという。ボーシャンも自分の名を王宝山と表記している。

　エルクート・オボクの人達は元々、ジャハル万戸に属していた。モンゴル最後の大ハーン、リクダン・ハーンが満洲人に追われてギョク・ノール（青海）高原に上がるが、まもなく亡くなった。大ハーンの逝去後に王子エルケ・ホンゴルが満洲人に投降するが、それに従わなかった人達はオルドス万戸に居残った。オルドスのトゥクチナル（旗手）と「雷を呼ぶ」ドーダーチン・オボクの人達も皆、ジャハル万戸から編入して来た人達の子孫である。

　オルドスに居残ったジャハル人達はモンゴル帝国の国旗、チャガン・トゥク（チャガン・スゥルデとも）を維持し、祀って来た。チャガン・トゥクには十二年に一度の大祭があり、その際にドーダーチンが祭史（öčig-ün nom）を詠む。彼らは雷を退治し、雨乞いを司る特別なシャーマンであり、雷や於（雨と同じ発音）という漢字姓を用いている。

　エルクート・オボクの人達には独特な祭祀や特別な経典があったが、十九世紀末の「悪盗の反乱（mayu qulaγai-yin urbalaγ-a）」で紛失してしまった。「悪党の反乱」とは、イスラームを信仰する回民の蜂起を指す、モンゴル側の独特な表現である［楊　二〇一四：五〇―八二］。ボーシャンはいう。

　モンゴル学者のモスタールトが書いているように、現在のエルクート・オボクの人達はかつての独特な風習をほとんど維持していない。モスタールトが北京でオルドスのガルマバンザルという人から聞き取った情報は極めて貴重である。ただ、一点だけ異なる。ガルマバンザルはモスタールトに自分もエルクート・オボクに属すと伝えていたらしいが、私の知っている限りでは、彼は貴族のキヤート・ボルジギン・オボクである。

ボーシャンは以上のように語ってから、私にモンゴル語で書かれた檔案資料を多数、渡してくれた。オルドスの檔案（文書）館が編集し、謄写版で公開しているものである。彼らは極めて困難な状況下で文献を整理して、極力公開するように取り組んでいる。

「貴方は檔案館に来ない方が良い」、とボーシャンは私にアドバイスした。治安当局はほぼ毎日のように檔案館に来る人をチェックしているそうである。実際、私の友人でイギリスに渡って文化人類学を学んだ人が檔案館の資料を閲覧したことで、秘密警察に逮捕され、五年間の国外追放の処分を受けていたのを後から知ったのである。

九月十日

中国人強盗の天下

ボーシャンと別れた後、九月十日に私は長距離バスに乗って包頭市に着いた。オルドス東部のダルト旗とジュンガル旗で調査を始めたかった。包頭市青山区の政府賓館に入って、カウンターでチェックインをしていた最中に、カバンが三人組の中国人泥棒に強奪された。そのカバンの中にはパスポートと現金、そしてフィールドワークで使っていた高度計（標高計測器）等が入っていた。私はすぐに後を追ったが、三人が三方向へ逃げたので、捕まえることはできなかった。警察に通報したが、特段、扱ってくれなかった。

「包頭は腹黒い中国人の巣窟だから、気を付けて」、と両親に言われていたのを思い出した。私が北京の大学で学んでいた頃、両親は何回か包頭市経由で来てくれた。その都度、決まったかのように包頭で中国人泥棒にやられていた。

包頭《パオトウ》とは、モンゴル語のブグト（buγutu）の当て字で、「鹿のいる草原」との意味である。かつては鹿の大群が悠々と草を食み、モンゴル人の白い天幕が点在する草原であった。清朝末期から中華民国初期にかけて、山西省から武装したアウトロー達が侵入して来て住み着き、ガトン・ゴル（黄河）の水運を独占して軍閥化した。中華人民共和国が成立すると、全国各地から犯罪者や囚人を集めて鉱山開発に駆り立てた。その鉱山も実は日本時代（徳王の蒙疆政権。後にモンゴル自治邦政権）に日本人が発見したものである。そこから、犯罪者集団とアウトローの後裔が結合して、中国でも屈指の犯罪率の高い包頭市が形成されたのである。このような中国人の都市をモンゴル人は忌避するが、うっかり足を踏み入れた私も瞬時に略奪されたのである。平和なモンゴル草原で育ち、穏やかな日本に慣れた結果、他人を警戒しなくなっていたから、酷い目に遭わされたものである。

後日、日本に帰って、民博の指導教員達に包頭市での経験を報告した。

「日本人は良く中国でかっぱらいに遭わされるけど、モンゴル人が内モンゴル自治区でやられることは、強盗の天下になった象徴だね」、とチベット語専門家の長野泰彦から言われた。長野先生は当時、私の副指導教官だったのである。

九月十五日

長城に建つ「駱駝の町」

無一文になった私は警察署の倉庫に一泊してから、包頭市から一旦、オルドスの東勝市に戻らなければならなかった。東勝市では『鄂爾多斯《オルドス》日報』社に行き、「パスポート紛失の声明」を新聞紙上で出した。公的なメディアで声明を出さないと、次のパスポートを申請できない制度があったからである。両親に知られたら、心配するだろうと思った。しかし、中国語の新聞だし、両親も草原にいるから、伝わることはないはずだ、と決意した。実際、私が出した「声明」を知人達が見て、逸早く両親に教えていたのを後日に分かる。

私の戸籍は北京にあったので、北京市公安局でパスポートの再発行を申請するしかない。そこで、私は時間をかけて、長城を越えて西安経由で北京に行くことにした。このように決心したのは、九月十五日のことである。

長安経由の目的は、中国側からモンゴルに関する情報を集めたかった。私は今までに民博の指導教官達の指示通りに、モンゴル人として、モンゴルの視点から調査を進めて来た。調査の結果、モンゴル人と長城以南の中国とは切っても切れない関係にあるのを実感した。モンゴル人の話だけでなく、相対化する為にも中国人の見方が知りたいと思った。モンゴルのオルドス高原と隣接しているのは陝西省で、その都が長安である。長安は北京以上に、中国人の精神性を集約した都市である。

調査内容も胸中にある。

まず、我が家から毎日のように見える烽火台の踏査である。烽火台は長城から始まって、南へと西安まで延々と続く。何故、中国内地の中国人達は執拗に長城を越えて彼らが草地や蒙地と呼ぶモンゴルに侵入して来るのかを知りたかった。貧しい地域だと中国人から聞かされているが、自分の目で確かめたい。

もう一つは、カトリックの神父、王正業に会って、話を聞きたいからである。前日に会ったボーシャンによると、エルクート・オボクの人達よりも、モスタールトらが布教して誕生したオルドスのモンゴル人カトリック信徒達の方が独特な文化を維持しているそうである。ただ、オルドスのカトリック信徒達は治安当局に厳しく監視されているので、先に陝

写真 7-1　テメート・ゴトに建つ駱駝の像。（1991年 9 月）

西省北部の中国人カトリック信徒について調べた方が安全だとも言われた。中国は西洋からの宗教を敵視しているが、それでも中国人信者達はある程度の自由を享受しているのに対し、モンゴル人は弾圧されているので、天と地の差がある。ベルギーに拠点を置くカトリックの本部も陝西省北部とオルドスを一つの教区として位置づけているので、神父同士で情報交換もある、とのアドバイスを受けた。

私は東勝市から長距離バスに乗り、テメート・ゴトこと楡林城に入った。テメート・ゴトとは、「駱駝のいる町」との意で、長城に建つ要塞都市である（写真7―1）。中国人が楡林と呼ぶ町から北へとオルドス草原に入り、西のイルガイ・ゴトこと銀川までの道は三本ある。これらの道を「馬路《マール》」と呼ぶ。そのうちの一本は我が家の門前を通るので、一九七四年頃まで駱駝のキャラバンが頻繁に行き来していた。数キロ先から駱駝の首に付けた鈴の音が聞こえて来ると、私は家を飛び出して眺めていた。大抵のキャラバンは我が家の草原に一泊する。井戸の近くで駱駝を休ませるからである。そういう時は氷砂糖や茶等を肉と乳製品で交換していたのを覚えている。ただ、ムスリムの回民は我が家の茶を飲もうとしなかった。異教徒の食べ物を口にしない、と遠慮していたのを見たことがある。

テメート・ゴトはキャラバンの拠点だったから「駱駝の町」と呼ばれたのか、それとも、その要塞の北を流れるテメート・ゴル河（Temegetü-yin youl「駱駝のいる河」の意）から由来しているかは、分からない。モンゴル草原の「駱駝のいる河」の駱駝がキャラバンと楡林城の繁栄を支えていたのは事実である。楡林から南へと西安にも北京にも行ける。西の銀川は更にモンゴル高原のハラホリムとホブド、東トルキスタンに繋がり、中央ユーラシアに通じる。

テメート・ゴル河は楡林城壁に近づくにつれ、中国人達から楡渓河と呼ばれるように変わる（図4）。楡渓河の東に巨大な烽火台がそそり立つ。鎮北台という。文字通り、私のような北狄を鎮圧する台、との意味である。鎮北台の麓に、人民解放軍が駐屯しており、オルドスのモンゴル人の動向に目を光らせている。

風景は長城を境に一変する。古代の中国人も実に賢く、自然環境がみごとに異なる地帯に沿って城壁を構築して、民族と文明の線引きを諮った。テメート・ゴトのすぐ北側まではバラルという乾燥性ステップで、長城を南へ越えると黄土高

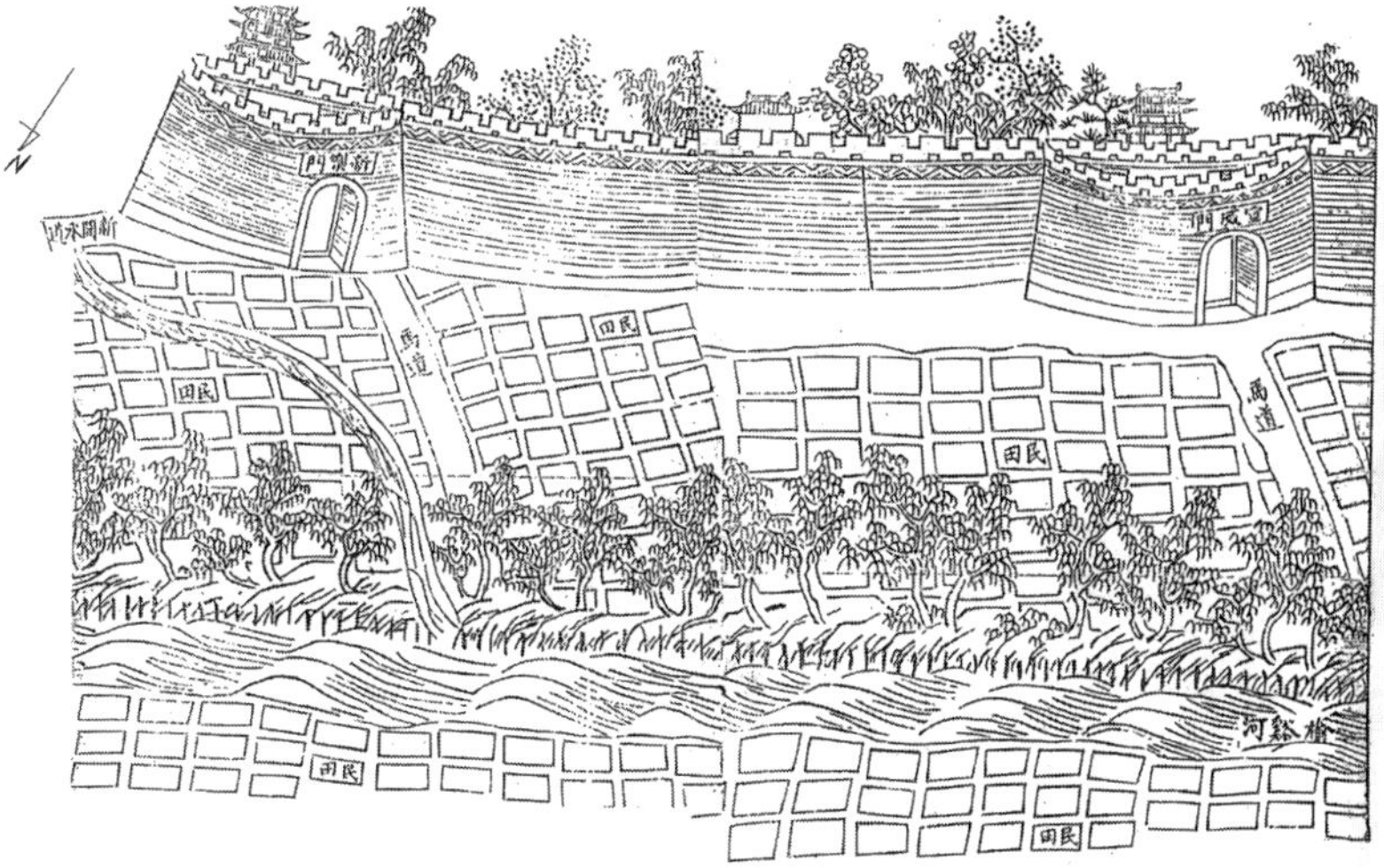

図４　清朝末期のテメート・ゴトこと楡林城。城門に繋がる道が「馬道」と称されている。（劉厚基編『図開勝跡』より）

原になる。長城以北は果てしない草原で、どう見ても天幕が似合うステップで、黄土高原には横穴式住居の窰洞がその風土にピッタリである。

九月十六日

モンゴルで腹一杯になる中国人

私はテメート・ゴト城内の安宿に一泊し、城壁を一周してみた。城壁は現在、西側と南だけが残っている。西側は堅牢な造りで、南は相対的に低い。東と北は共産党によって取り除かれたという。西安への長距離バスのターミナルは南の城壁のすぐ下にある。

オルドスのモンゴル人とテメート・ゴトの関係は特別である。年代記『蒙古源流』には次のような記録がある。

> （ボショクト晋王が）五十七歳の辛酉の年（一六二一）年に、中国の楡林城で和を議しに入った六十人の使者を殺したので、晋王ハーンは怒って、オルドス万人隊の大小のノヤンら、臣下らみんなで同意して、楡林城の西方、ウラーン塞子というところから十万の軍が入って、延安という城に至って、三晩にわたって攻めて囲ん[1]（だ）。

実は上の記録は民間にも広く伝わっており、私も子どもの頃から知っていた。年代記の著者であるサガン・セチェン・ホン・タイジは先頭に立ってテメート・ゴトに入って明朝中国に抗議し、中国側から賠償金を引き出している。その時、サガン・セチェン・ホン・タイジは十八歳で、全モンゴルの「大臣達の列に加わって政に携わる」(2)青年だった。

現在のテメート・ゴトはオルドスの東勝市よりも小さく、衛生的にも中国の他の都市と同じく、言葉で言い尽くせないほど汚い。道路に面した両側の店舗は汚水を垂れ流し、ゴミを分別なく捨てている。強烈な悪臭が漂う中で、食堂に入る気にもならない。どの店も羊肉料理を提供し、「蒙漢大席」というコース料理もあるほど、草原の羊に頼っているようだ。しかし、その味付けはモンゴル人には慣れないものである。

テメート・ゴトのある陝西省北部は中国屈指の極貧地帯である。「我々中国人達は腹一杯になった経験がない」、と子どもの頃に出会った中国人達はそう語っていた。彼らは冬になると、子どもを連れてモンゴルにやって来る。「サインバイノー(sayin bayina-u)、「こんにちは」の意)」とだけ挨拶して、どこかの家に何日も滞在する。モンゴル人社会にはもてなしの文化があり、見知らぬ旅人にも食事を提供するしきたりがあるのを中国人も知っているからである。かくして、何日間も滞在し続けてから別のモンゴル人の家に移る。モンゴルでただで食べて、ただで飲んで一冬を過ごしてから長城以南に帰っていく。冬の間にモンゴルに滞在していた者は顔に艶があって健康であるのに対し、長城以南に残っていた者は青白い貧相のままである、と中国人達はそう語っていたものである。彼らはこうした旅を「喫肚皮《チートーピー》」と表現していた。直訳すれば、「腹一杯食う為の旅」との意である。私達モンゴルのもてなしの伝統と文化が悪用されて来た実例である。この「喫肚皮」の旅人を輩出して来たのが、テメート・ゴトこと楡林城である。

モンゴルに近いほど、中国人達は草原に闖入して、土地を占領しようと浸透を続ける。清朝末期から始まって、中華民国期を経て、中華人民共和国が成立してからも、基本的に変わらない。むしろ、中華人民共和国は歴史上のどの王朝よりも組織的に、暴力的に中国人をモンゴルへ移住させて来た。その結果、どこよりも貪欲な陝西省北部の中国人達が豊かなモンゴル草原に侵略して定住し、人口を逆転させた。彼らは最初、冬を無事に越すのに食べ物にありつこうとして来た時はまだ媚びるような笑顔を絶やさなかった。しかし、いざ、人口の面で多数派を占めるようになると、忽ち横柄な態度に変わる。もっと大きな土地がほしい、いっそモンゴル人に出て行ってほしい、といわんばかりに暴力を行使してモンゴル人を抑圧するように豹変したのが、現在の民族間関係である。

私はこのように歴史と少年時代の記憶を思い起こしながら、

食事をせずに、蒸しパンだけ買って、南下するバスに乗った。蒸しパンを買っていた時に、中国人の葬列に出会った。白い装束を纏い、派手な金属制の楽器を演奏しながら行進していた（写真7—2）。私はこの音楽を聴くと、鳥肌が立つほど強い違和感を覚えた。

流寇の黄土高原

テメート・ゴトこと楡林から南へ行くと、キビ畑が次第に少なくなっていき、代わりにトウモロコシ栽培が目立って来る。植物がほとんどない黄土高原は銅川市まで続く。銅川市より北の方、特にテメート・ゴトから綏徳市までは黄色い巨大な溝が縦横に走っている。まるで血を流し切った動物の腹腔のような不気味な空間である。その溝や谷間に少しばかり水脈が残っているようで、貧しい農民達は作物を作ったり、井戸を掘ったりしている。

「人家は黄土高原の高いところにあり、ロバを使って水を汲みに行くと、往復一日はかかる」、と隣席の老齢の中国人が教えてくれた。彼は磨いたことのない真黄色の歯を見せ、口元に泡を立てながら語るが、どことなく匪賊っぽい精神を漂わせている。近くの米脂県の出身だという。

「闖王《チャンワン》の故郷か」、と私が持ち上げると、老人の皺だらけの顔は破顔した。闖王とは明朝最後の皇帝を自殺に追い込んだ反乱者で、ここ米脂出身の李自成である。明王朝は李自成の率いた反乱軍を「流寇」と呼んでいた。朝廷に対しても、異民族のモンゴルに対しても、暴力手段に訴えて豊かになろうという精神的土壌はこの貧しい黄土高原から容易に醸成されるだろう、と私は彼らを見て理解した。暴力の根源は中国人社会とその文化の中にある。現に闖王李自成の時代から維持して来た匪賊精神を持った中国人達がモンゴルに闖入して来て住み着いてから、内モンゴル自治区では犯罪率も高くなった。ほとんどが中国人の起こした犯罪である。モンゴル人の羊を奪ったり、土地を略奪したりしている実例は枚挙に暇ない。私はいわば、彼らの巣窟を見る為に旅しているのだ、と自覚した。

写真 7-2　テメート・ゴトで目撃した中国人の葬列。（1991 年 9 月）

綏徳県でバスは夜間休憩することになった。中国人達はさっさと汚い食堂に入って食べ始めたが、私はその気にならない。他にも三人、動かない男達がいる。聞いてみたら、ムスリムの回民だという。

「豚肉は美味しいから、食えよ」、と中国人達がからかうので、すぐに掴み合いの喧嘩に発展した。他人の文化と風習に敬意を払い、配慮するという美徳は中国人社会にはないようである。相手が回民であるという事実を発見して、わざわざ豚肉を持ち出して侮辱する。

中国人とムスリムの喧嘩を目撃しながら、私は十九世紀後半に清朝の西北部から中央アジア東部まで巻き込んだ回民反乱のきっかけを思い出した。西安付近を流れる渭水の畔にある寒村で、中国人が回民ムスリムの井戸に豚肉を放り込んだことで、両民族の衝突が勃発した。蜂起した回民は西安から北上し、沿路の中国人を動かした。回民蜂起軍に追われた中国人難民は長城を突破してモンゴル草原に避難して来る。難民に接した西洋からの宣教師達は勝手にモンゴル人の草原を土地として与えて定住させた。壮大な民族移動、たまつき現象であるが、きっかけは豚肉で以てムスリムを侮辱した中国人の無知だったという性質を見落としてはならない。近現代の歴史を根幹から変えた民族間の衝突から、中国人は何も学ぼうとしないのが、彼らの最大の民族性であるかもしれない、と私は彼らの喧嘩を見ながら思った。

北山狼の烽火台

警報装置である烽火台は道路の両側に建ち、ずっと西安近郊まで続く。銅川市を南へ出ると、次第に平地になり、緑も増えて来る。農家は二階建てが多く、明らかに豊かである。古都長安も豊饒な地にある。先に述べた一六二一年のモンゴル人虐殺事件のように、モンゴル軍は長城の要塞さえ突破すれば、簡単に南進できる道である。米脂と綏徳、延安と銅川を破れば、長安まで戦馬を駆って攻めるのも簡単だっただろう、と想像してみた。

「北山狼《ベイシャンラン》ではないか」、と西安市に入った長距離バスが止まると、運転手は現地のスタッフにそう言われた。陝西省北部の人間、すなわち長城沿線の中国人はどこよりもがめつきで、一旦獲得した利益を絶対に手放さないと他の地域の中国人に見られているので、「北山の狼」と呼ばれている。北山とは、極貧の黄土高原の長城地帯を指す。このように、黄土高原を東西に走る長城沿線の中国人は貧しく、暴力的だから、その南の中国本土と、北のモンゴル高原の双方から嫌悪され、警戒されている。

西安とその近郊の遺跡を数日間にわたって歩いてみた。漢の時代の将軍霍去病の墓とされる遺跡には「馬踏匈奴碑」が立っている。以前、一九八五年八月下旬に一度ここに来た時に、中国人の知り合いが碑を指しながら、「お前らモンゴル人だ」と言って腹を抱えて笑っていたのを思い出した。漢王朝は実質上、匈奴帝国の属国であったが、それでも中国人は匈奴人を足元に踏みつけて勝った、と信じたいらしい。そういえば、南国の杭州市にはまた秦檜夫妻の像がある。遊牧帝国の金王朝と戦うよりも和平を進めた秦檜が「漢奸」や「売国奴」として断罪され、わざわざ跪く姿で鋳造された。それ以来、中国人の見学者は皆、像に向かって唾を吐いて侮辱する。

私はこの「馬踏匈奴碑」と秦檜夫妻唾吐像ほど、中国人の精神性を物語る存在は他にない、と気づかされた。実際は匈奴に勝ったことがなくても、勝って馬で踏みつけた、と想像したい。そして、自身と異なる意見を持つ者に対しては長期間にわたって侮辱し、否定する。これを文豪魯迅が「シナ人の精神勝利法」と呼んだのは、さすがに中国人の内心を知り尽くした人ならではの鋭い表現である。

十月二十八日

「西欧列強」の中国ルート

午前中に私は西安市土地廟にある十字五星街教堂を訪問し、王正業神父（当時七十八歳）に話を聞いた。如何にも好々爺のように見える王神父は足取りも軽く、優しい声で案内しながら、カトリックの布教史を語った。私はオルドスを含むモンゴル教区の歴史について知りたかった。モンゴル教区とは、キリスト側が自身の想像で地図上に描いた地域である。十三世紀にヨーロッパに襲い掛かった遊牧民達をクリスチャンに改宗したい、と夢想した区画である。

「私達の西安聖フランシスコ大聖堂は明朝末期に、イタリア人の神父が建てたものだ」、と王神父は切り出す。教会の門には「萬有真原道冠古今垂宇宙、一元至尊恩被中外定乾坤」との対句がある。現在、約四千人の教徒を七～八人の神父達が導いている、という。

「中国共産党は、私達を基本的に信用していない。今、ソ連が崩壊し、東ヨーロッパも社会主義陣営から離脱したのは、西洋の浸透が原因だと見られているからだ」、と王神父は的確に分析している。信仰は個人の自由だと中国政府は表向き認めているように見えるが、実際はすべての人間の心までコントロールしようとする。それは、近代国家は全国民に納税の義務を課すのと同様に、信仰まで特定の思想に統一しようとしている点が過去の王朝との違いである、との見方である。

王神父は手元の日記と資料を見ながら、布教史を語った。

カトリックが清朝北部で布教を始めた際に、二つのルートを辿った。

一つは、長城の北、モンゴル高原南部のジャハル草原からオルドス西部のボル・バルグスン（城川）を経由して陝西省北部の靖辺県に至るルートである。こちらはベルギー人の神父達が中心となる聖母聖心会（ＣＩＣＭ）で、彼らは一八六六～一八七〇年の間についにバガ・キョールゲ（Bay-a Kögerüge、小橋畔）で教会堂を建てるのに成功する。その後、一八七五年には更にドゥクム（東坑）でも一つの教会堂を建設しようとしたが、オルドスのウーシン旗のモンゴル人達から「寺領」に当たるとの理由で阻止された。そこで、神父達は長城に沿って、ボル・ゴト（靖辺堡）とイケ・マーシン・ゴト（定辺堡）で宣教を進めた。当時、既に無数の中国人が長城を突破してモンゴル草原に入っていった後だった。宣教師達は勝手にモンゴルの草原を中国人に渡すとの約束をして、信者を獲得していたが、王神父はそれを語ろうとしない。

もう一部の宣教師達は陝西省の省都西安から北上し、延安に入る道を選んだ。イタリア人の神父で、一八五五年から延安と府谷で布教活動を開始した。そして、一八九〇年になると、今度は関中岐山の中国人神父の康連成と宋神父、扶鳳の蘆尼各と戸県の高神父、それに景陽の葉神父らが相次いで陝西省北部に赴いた。

拳匪義和団が一九〇〇年あたりから長城沿線に出没するようになると、スペインの聖フランシスコ会の神父達が応援に駆け付けた。カトリック側は南モンゴルのオルドスと寧夏、それに陝西省北部を一つの教区に、西安と延安、それに銅川を別の教区に区分けしていた。聖母聖心会は南モンゴル教区で、聖フランシスコ会は陝西省の延安教区をそれぞれ拠点としていた。一九一一年から易興華（イタリア名は不明）が延安教区の最初の大主教になり、熱心に中国人神父の育成に力を入れていた。中国に布教に来ていた西洋からの宣教師達は皆、中国名を使用していた為に、中国名で記憶されることが多い。尚、聖フランシスコ会は陝西省の他に山西省と山東省にも広がった。

王神父によると、カトリックの宣教師達は民間に入って地道に布教する精神を重視するという。昔は中国全土に二百の中学と複数の大学を設置したが、教育の場では布教しないことになっていたそうである。現在の長城沿線は延安教区もしくは陝北教区に入り、寧夏は単独で一つの教区を形成し、オルドスはフフホト教区の管轄下にある。フフホト教区の指導者は王学明主教である。各教区にはそれぞれ一つ、小さな神学院があった。現在の中国には七つの神学院がある、と王神父は語る。北京に二校、瀋陽と上海、武漢と成都、それに西安に一校ずつある。

マルクス主義とカトリックの相克

ある研究者は、カトリックはフランス革命とも、社会主義革命とも相性が悪い、と分析している［Taveirne 2004: 156-158］。ロシア革命以降にソ連経由で中国に伝わった社会主義思想もまた、一足先に伝播して来たカトリックとも仲良くできなかった。王神父の人生史もそうしたイデオロギー間の闘争史の一ページを飾っている。

王正業は一九二九年、十六歳の時に延安の神学校に入った。貧しかったから、キリスト教に改宗すれば、救われると思ったからである。地元の延安で七年間勉強してから、一九三六年には山西省の太原神学院に進学し、一九四三年に卒業して宣教師の資格を得た。ラテン語と神学、それにフランス語と英語をマスターした。

神学校で学んでも、実際に宣教師になるのは、ごく少数だった。「結婚しない、蓄財しない、命令に服従しなければならない」という神学校の「三原則」を守れないと諦めた中国人生徒が多かったからである。

王正業は太原神学院から更に北京にある輔仁大学[3]に進み、化学を専攻した。輔仁大学はカトリック側が中国化を進める為に一九二八年に創設したものだという。輔仁大学の創設を当時はカトリックの本土会の発足だと表現していた。その後、本土会はドイツ人神父らが中心だった聖耶会と合併した。布教活動も次第に中国人神父達が中心となって進めるようになった。大学にはドイツ人やベルギー人、それにイギリス人の教授が多かった、と王神父は語る。そういえば、オルドスで布教していたモスタールトも当時は輔仁大学で教鞭を執っていたし、後に中華人民共和国の国家主席の座に就く劉少奇の新しい夫人となる王光美はこの大学の学生だった。

輔仁大学を出てから、王正業は湖北省の武漢で教師になり、南京にも一時、滞在した。全国各地に赴任し、教育で国を救う雄志を抱いていたが、共産党政権が現れると、「西洋人の手先」と見なされて信頼されなくなった。仕方なく故郷の陝西省に帰るが、最も辺鄙なところ、長城沿線の都市、楡林に流された。楡林では、化学の知識を活かして、医者になった。一九六六年に文革が発動されると、すぐに「帝国主義の手先」として逮捕された。

「共産党の刑務所に十三年間暮らした。一九七九年にようやく解放された」、と王神父は嘆く。

「文革についてどう思う」、と私は王神父の見解が知りたかった。

「正当な理由があれば、罪を犯した者は処罰されてもいい、と我々カトリックの立場だ。しかし、私達は何一つ悪いことをしていなかった。それにもかかわらず、長期間にわたって中国政府に拘禁され、虐待された」、と王神父は語る。

王神父は名誉回復されてから、再び布教活動に携わるようになったが、政府から厳しく制限されている。現在、長城沿線には約四万人の中国人の信者がいるという。主としてテメート・ゴトと綏徳、延安とサイントリ・ゴト（神木）に分布している。かつては延安に一番信者が多かったが、共産党の紅軍が中国南方から逃亡して来た後に、破滅的な打撃を受けた。

革命根拠地とされたので、「帝国主義のシンボル」とされる教会はすべて破壊され、宣教師は処刑され、信仰も禁止された。人民に与えられたのは唯一神、共産主義のみであった。

「バチカンと外交関係を結ぶことはできるだろうか」、と私は最後に尋ねた。

「マルクスの看板を中国人が掲げている以上は無理だろう」、と王神父は穏やかに話す。彼に言わせると、マルクス主義とカトリックは根本的に対立しているので、両者の和解は困難だという。

カトリックもマルクス主義も、どちらもヨーロッパで誕生し、短い間、東欧の共産主義圏では共存していた。中国はマルクス主義を信奉しているとはいえ、既に中国化したものである。毛沢東流に言えば、「黄土高原の延安流のマルクス主義」に変質したものである。カトリックは中国化しきれなかったので、両者の共生は不可能であろう。中国は基本的に西洋を敵視しており、西洋人のマルクスやエンゲルスも単なる看板に過ぎない。

「モンゴル人カトリックについて知りたければ、馬仲謀司教に会いなさい。彼は城川にいるはずだ」、と王神父は最後に教えてくれた。私も中国全体の状況を把握してから、世界でただ一人のモンゴル人司教を訪ねる予定である（後述一九九二年五月四日参照）。

中国の文献が伝えるムスリムの反乱

王神父と別れてから、私は陝西省檔案館で数日間、文献調査に専念した。主として清朝末期の同治年間（一八六二～一八七四）の回民蜂起とカトリックの伝播に関する史料を閲覧した。ムスリムの回民が蜂起していた頃にカトリックは伝わっていたし、西洋からの宣教師達も当然、その戦乱に巻き込まれた。回民の蜂起で、陝西省北部の中国人は難民と化して長城を北へと突破してモンゴルに流入した。清朝政府に鎮圧された回民蜂起軍もまた、中国人難民を追うようにしてモンゴルになだれ込んだ。

モンゴルからすれば、中国人難民もムスリムの回民も外来の勢力である。戦乱は十数年間も続いた後に、宣教師達はモンゴルの草原を土地として他所からの中国人難民に勝手に譲渡する。中国人難民は西洋からの宣教師に恩を感じて改宗するが、モンゴル側の反発を受ける。モンゴル側は一時、拳匪義和団とも組んでカトリック教会を襲い、中国人難民を追放しようとしたが、失敗に終わり、巨額の賠償金を支払うことになる。賠償金を捻出できなかった為、草原をカトリックに割譲せざるを得なくなった。これが、清末のモンゴルと中国という舞台で展開された世界史である。結局、最も甚大な損害を受けたのはモンゴルである。固有の領土である草原を失い、宿敵の中国人の永住を受け入れてしまった。中華人民共和国が成立すると、中国人はまた「西洋列強を追放し、モンゴル人を解放した恩人」に変身する。こうした歴史に関する様々な記録を私は書き写した。

まずは、回民の蜂起に関する陝西省北部の地方史である。丁錫奎が一八九九（光緒二十五）年に編纂した[4]『靖辺県志稿』によると、回民は一八六七年（同治六）四月三日にリーダーの楊曾三に率いられて県内に侵攻して来たという。楊曾三は甘粛の豫望城の出身である。靖辺県側は直ちにモンゴルに救援を求めたところ、騎射に長けた数十人が駆けつけた。回民はモンゴル兵の動向を察知し、城児河と蘆関嶺一帯を略奪しながら去った［丁錫奎　一九七〇：二三五］。

陝西省高陵出身で、実際に回民と戦った経験を持つ王生吉は一九〇五年（光緒三十一）に『関隴思危録』を編纂している。同書によると、一八六七年六月一九日、回民はタール・ゴト（鎮靖堡）を攻め落として盤踞した。秋の九月三日には長城の北側のソハイン・バイシン（寧条梁）を占拠して東へ進む準備を整えた［王生吉　一九〇五：一二三］。別の漢籍の『米脂県志』によると、回民がソハイン・バイシンを占拠したのを見て、東進を防ごうとしたオルドス側は、ジュンガル旗の王ジャナガルディ（Janaγardi、札那格爾第）の率いたモンゴル兵一千名を派遣して撃退したという［高照初　一九四三：二四〇］。冬の十一月九日に回民がテメート・ゴト（楡林城）の城下に到達したところ、政府軍の迎撃を受けた。押し返された回民は再びソハイン・バイシンと劉家荘まで退却する。四方からやって来た回民は「十八大営」を形成し、翌一八六八（同治七）正月三日にソハイン・バイシンから西のバガ・マーシン・ゴト（安辺）まで攻め、「蒙漢兵二十万を殺傷」し、巡検の李夢蘭と把総の劉建勳らが殉難した。正月十二日には西から東へ進撃し、クヌグ・ゴト（波羅営）を陥落させてサイントリ・ゴト（神木堡）を伺う勢いを見せた［王生吉　一九〇五：一二三］。

一八七〇年（同治九）に入ると、オルドス西部に侵入した回民蜂起軍はジャサク旗のマンガイト（Mangγayitu、蟒蓋兎）で家屋を建て、畑を耕作して根拠地にしようとした。そこで、秋の八月に政府軍の宋慶と劉鳳清の歩兵二千人と騎兵二千人で包囲作戦したところ、回民はダブスン・ノール（Dabusun Naγur、塩海子）まで逃走したところ、ほぼ殲滅された［神木県郷土志　一九三七：二五三］。その後、回民の残党はオルドス東部のジュンガル旗へ逃亡していった。

このように、陝西省北部の複数の地方史を総合すると、長城沿線とモンゴルを荒らし回ったムスリムの回民の動向が実によく見えて来る。中国人の地方史編纂者は回民の略奪と殺戮に重点を置いて記録しているが、ムスリムが何故、蜂起に至ったかについては触れようとしない。漢回衝突の原因に無関心なのは、自分達に責任がないとの立場であろう。この種の漢籍類は、日時と出来事の展開を知る上では有用だが、歴史の背景と性質を理解するのにはあまり役に立たない。私はモンゴル人で、回民蜂起軍に略奪され、親族も殺された側であるが、それでも「友軍」の中国人の差別的な書き方に賛同できない。

世界史に対するモンゴルからの賠償

前に述べたように、ムスリムの回民が鎮圧された後に今度はモンゴルと西洋、そして中国人難民との三者間の対立が激しくなって来る。それについては、『三辺教案』に詳しい記述があるので、以下にまとめておきたい［陝西省参事室編：四七―四九］。

三辺とは、靖辺と定辺、それに安辺の略である。いずれもモンゴルとの辺境を「靖らかに、安定的に定めよう」という中国からの一方的な希望が託された地名であるが、モンゴル人はそれぞれボル・ゴトとイケ・マーシン・ゴト、それにバガ・マーシン・ゴトと呼んで来た（前出地図4参照）。

一八七二年（同治十一）、ベルギー人の宣教師の葉茂枝（西洋名不明）がフフホトからソハイン・バイシン（寧条梁）に到着した。最初はソハイン・バイシン近くの梁鎮南沙口で民家を借りて布教していたが、一八八二年（光緒八）にクールグ（小橋畔）に住む馮世耀の土地を買って教会を建設した。一八八五年には更に教会の周りに城壁を増築し、防御施設を強化した。改宗者も増え、七十一戸三百人あまりの信者を獲得した。モンゴルの土地五百ヘクタールを購入して耕作した。

カトリック側は最初長城以北を「三盛公教区」と、長城以南を延安教区とそれぞれ呼んでいた（地図6）。三盛公とは、オルドス北部のシャジントハイ（Šasin toqai。地図6ではTeng-Keou）の中国名である。本部はボル・バルグスン（地図6ではPoro-Balgason）にあり、クールグ（地図6ではSiao Kiao pan）とブドゥルグネ（Büdüegen-e、堆子梁。地図6ではtoeitse Liang）、それにチャガン・ホドク（白泥井）には本堂を一つずつ設置した。その他にモトンクレー[5]（毛団庫倫。地図6ではMaoter）と西チャガン・ホドクには分堂を設けた。沙梁と大陽湾（地図6ではTa-yangwan）、カドー・シリ（Qatayu sili、硬地梁）と紅沙石梁、イダムイン・トハイと毛家窰子、沙路峁子と倉房梁、白土崗子と黒梁頭、圪丑場子壕等の地に計十九カ所の教会堂を建立した。ベルギー人とオランダ人の神父達の努力により、信者達は確実に増えて行った。

一九〇〇年（光緒二十六）七月十五日の夜、拳匪義和団の青山道人と称する男がバガ・マーシン・ゴト（安辺）の李靴匠の部下二十数人を糾合してオルドスのモンゴル兵四百人と合流し、それに自発的に参加した三百人と共にクールグの教会堂

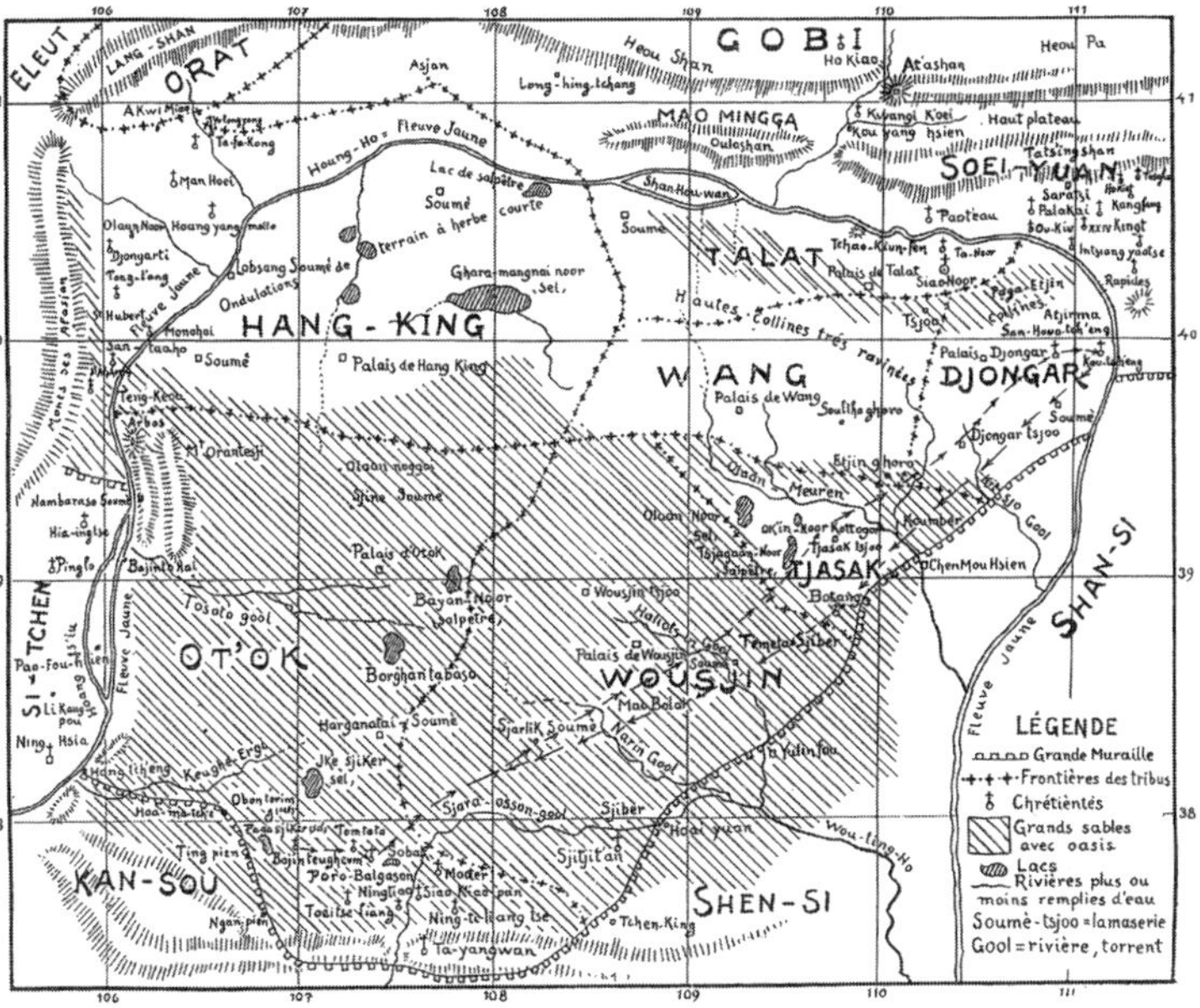

地図6　19世紀後半のオルドスにおける教会群。（Joseph Van Oost, *Au Pays des Ortos*, 1932 より）

を襲撃した。四十八日間にわたって包囲したものの、教会堂は陥落しなかった。そこへ、八国連合軍から逃れようとして西安に落ちて来た西太后は陝西巡撫に三辺地域の拳匪の鎮圧を命じた。敗れた拳匪とオルドスのモンゴル兵は解散した[6]。

カトリック側は宣教師が一名殺されたことに対し賠償を求めたところ、陝西巡撫は緑営の協統劉少涵を派遣して三辺の県知事とオルドス側に会談を要請した。三辺知事らとオルドスのウーシン旗、それにオトク旗の王がカトリック側と協議した結果、「白銀十四万三千五百両」を賠償する、と一九〇一年（光緒二十七）五月二十八日に決定された。そのうちウーシン旗は白銀四万五千五百両を負担することになったが、財政事情が悪化していた為、草原を賠償金として支払うことになった。西はチャガン・ホドク（白泥井）から始まり、東はイダムイン・トハイに至るまでの東西約百八十キロ、南北約三十六キロのモンゴルの土地が西洋からの宣教師に割譲されることになった[7]。

かくして長城の北側のモンゴル人の草原が西洋からの宣教師の手によって中国人信者達に渡されたのである。ムスリムの反乱は中国人の越境をもたらし、そこへ西洋からの宣教師達が漁夫の利を得る形でモンゴルの土地を中国人に与えて信者の改宗を実現させた。正に世界史的な展開である。漢籍や檔案資料を集めることができたので、それらの情報を如何にモンゴル側の証言と付き合わせるかが、私の次の課題となったのである。

朝鮮族と韓国の中国進出

西安での調査を終えた私は北京に向かった。パスポートが包頭市の中国人泥棒に盗まれたので、新しいのを戸籍のある北京で申請しなければならなかった。北京では北京第二外国語学院の朝鮮族の後輩達の援助を受けて、無事に新しいパスポートを手に入れた。

北京第二外国語学院は周恩来の意向で創設された大学で、一九八二年までは専ら北京と上海、それに広州等の大都市に住む高級幹部の子弟だけを入学させていた。私が入学した一九八三年から門戸を一般の人々に対して開いたわけである。私は一般人の子どもにして、最初の少数民族出身者だった。

一九八六年になると、東北の大慶油田の為に特別な日本語通訳クラスが大学内に設置された。日本の援助で大慶油田の開発が一層進められることになったからである。その油田専用の日本語クラスはほとんどが東北延辺出身の朝鮮族だった。朝鮮語は日本語と同じくアルタイ系の言語であり、朝鮮族の人達は日本統治時代を経験し、家族の中にも日本語の堪能な人がいた影響で、日本語はすぐに上達していた。同じ少数民族だったから、彼らの入学を私は喜び、仲の良い友達になっていた。私達は一緒に酒を飲み、中国人の差別と戦った。

一九九〇年になると、韓国企業の中国進出が目立って来た。天安門事件で共産党は市民と学生を殺戮したことで、西側社会から制裁されていた。しかし、韓国はこれぞチャンスと見て中国進出を進め、いずれ外交関係も締結する勢いを見せていた。韓国企業は東北の朝鮮族のバックアップを得て、日本企業よりも速いテンポで現地に展開していった。私の朝鮮族の友人達は大慶油田に行かずに、みんな北京にある韓国系企業に就職していた。朝鮮語だけでなく、日本語と中国語も完璧にできるので、争奪される人材となっていた。エリート達は韓国や日本企業に、そして一般の青年達はレストランやバーで働くようになったので、東北の延辺農村には若者がいなくなった、と報道されていた。私はそのような朝鮮族の友人達と数週間過ごしてから、十一月に一旦日本に帰ることにした。

日本に帰る為には、当然、ビザが必要である。有効なビザも盗まれたパスポートに押印されていたので、新しいパスポートにはそれがない。そこで、急遽、北京にある日本大使館に出向き、事情を説明すると、その場で新しいビザをくれた。当然、日本の方が暖かく感じたし、大阪へ戻る方が、帰国するような気持ちになった。

大阪に帰り、民博で奨学金関係の事務処理を終えてから、十二月四日に指導教官の松原正毅と再び北京経由で新疆ウイグル自治区に入った。先生がアルタイ山麓のエルティシュ河沿いにあるカザフ人の冬営地で調査するのに同行した。マイナス二十数度まで下がる冬営地での短期滞在を終えて北京に戻り、先生は十五日に日本に帰国した。私は内モンゴル自治区のオルドスに帰って、長期間のフィールドワークを再開することになった。

「貴方も平和な日本に慣れ過ぎてしまっているが、中国は相変わらず物騒な社会だ。今度こそパスポートを無くすなよ」、と松原先生から北京空港でそう言われた。

注

（1）日本語訳は岡田英弘訳注『蒙古源流』［二〇〇四：三〇〇―三〇二］による。

（2）モンゴル語の原文は“tüsimel-ün jergedür oruyulju, jasay törü-yi qatangyadqan”である。

（3）輔仁大学はローマ・カトリックが北京で創設した大学である。同大学の関係者によると、敬虔な信者である江蘇省出身の馬相伯（一八四〇～一九三九）と満洲人貴族の英斂之（一八六七～一九二六）らの奔走により、西洋の学問で中国の近代化を促進しようとして、一九一二年に輔仁社を設置した。これには退位した清朝の皇后や貴族らも賛同していた。その後、カトリック側の援助により、一九二七年六月に大学に昇格した。著名なモンゴル史学者の陳垣が学長になる。一時は世界中から著名な学者が集まって教授陣を成していた。その後、共産党政府が現れると、予算が凍結され、バチカンとの関係も断絶に追い込まれた。一九五二年から一部の学部は北京大学に、一部は北京外国語学院等に吸収されて廃校となった。一九五六年、台湾に渡った関係者が同地で輔仁大学を復活させた［章　二〇〇四］。

（4）清朝時代の年月はすべて太陰暦である。

（5）一九九二年二月二十六日に私はオーノス・ドルジという老人から以下のような情報を得た。モトンクレートは、モトル（Motur）というモンゴル人の家があった場所を指す。クレーとは、家畜の囲いを意味する。モトルにはトゥメンウルジとウルジという二人の息子がいた。トゥメンウルジの息子はブリントグスである。ウルジからはバーライが生まれ、バーライの子はゲシクバヤルである。

（6）尚、この時の衝突については、Serruysによる論考がある［Serruys 1977: 39-55］。義和団の乱を「反帝国主義運動」とするマルクス主義史観の代表作として、『中国近代史叢書』編写組［一九七二］がある。

（7）陝西省檔案館に保管されている賠償金に関する史料の原文は以下の通りである。「三辺教案和約。立寫和約合符字據人，普愛教士，鄂托克，烏審，札薩。三旗為光緒二十六年七月内，蒙員誤會上諭帶兵鬧教一案，今該盟長貝子等，自知悔悟，情願講和認賠，正札遣員來議，適經綏遠將軍咨商陝甘督撫，歸化都統，各派妥員于四月二十五日齊集檸條梁，一邊飭該盟長等速派蒙員前來會議，既而滿漢各委員與各旗蒙員，先後抵達梁，蒙員已輸誠，毋庸置議，各委員遂同赴小橋畔教堂，與楊教士光披，巴教士士英等往復會商，衡情酌理，一秉大公，至再至三，蒙洋始各應允。共議三旗燒拆城川口，硬地梁，小石砭，科巴兒大教堂四處，祭器什物，教民器用等件概歸無有，並毀各鄉村教民房屋六百二十一間，是爲一宗；掠取教堂及教民牲畜大小約三千頭，是爲一宗；掠米約量斗一千三百數十石，是爲一宗；傷斃教士一人，教民十八，應賠償命價，是爲一宗。以上四宗連烏審舊案，共索銀十七萬八千五百兩有奇，除推情減讓銀三萬五千兩有奇，今議定交銀十四萬兩。又有烏審旗下歴年與洋堂士民等爭鬧，拔須，扯衣，燒房三案，共議賠銀三千五百兩，歸入此案並結，均已對衆邀領清楚，各縣清結在案。……鄂托克烏審札薩克三旗土薩拉齊奇默特多爾濟　百通達拉什德勒枯爾　納遜巴圖　臺吉　哈拉王丹　梅楞　阿勒内克什克」。

第Ⅱ部　白い冬

●第八章　「沙を混ぜられた」自治区

我が家の草原で昼寝する羊達。木が 1 本立っている場所に仏塔があったが、19 世紀末に蜂起したムスリム軍に破壊された。

十二月十七日

陥落したモンゴルで跋扈する匪賊の後裔

私は十二月十六日夕方十八時五十二分北京発の列車に乗り、翌十七日の朝六時四〇分に内モンゴル自治区の首府フフホト市駅に降り立った。寝台だったが、夜は寒かった。フフホト市駅で一時間ばかりかけてオルドス行きの切符を買い、七時四十分発の長距離バスに乗り換えた。「豪華客車」との看板を掲げているが、暖房もなく寒気に包まれたままだ。中国人は皆タバコを吸うので、臭くて我慢できない。

「匪里匪気《ふぃりふぃち》」。これは、北京等内地の中国人が陝西省北部や山西省北部の人間を指して言う言葉で、「匪賊の雰囲気を漂わせた者」との意味である。フフホト市のバス・センターを出た直後に、そうした匪賊のような中国人の不良少年が六人ほど乗り込んで来る。運転手のグルだとすぐに分かった。トランプで賭博のゲームをしようと乗客を誘う。仲間なのか、それとも客か分からない人がその賭博に加わり、百元ほど巻き上げられる。車中賭博を白昼堂々とやりながら、バスがトゥメト旗に差し掛かったところ、不良どもは下車した。このように、陝西省北部や山西省北部から内モンゴルに侵略して来た人達の子孫は教養がなく、匪賊同然だと中国では見られている。私も彼の行動に強い違和感を覚える。

バスの乗客は数十人もいるが、モンゴル人は私とオトク旗の中年夫婦の三人だけだった。「中国人の匪賊（Gitad degerme）がうろちょろしているので、財布に気を付けて」、と私はモンゴル人夫婦からアドバイスを受けた。包頭市でパスポートが強奪された不愉快な経験があるので、私も荷物をしっかりと抱えて乗り続けた。モンゴル語で話し合うと、中国人達は敵意に満ちた視線で我々を見る。これが、自治区の実態である。

「匪賊の町」と称される包頭市を経由して、六時間二十分もかかってバスは約二百数十キロ先の東勝市に着いた。標高千五百五十メートルもある東勝市は寒く、混乱に包まれている。バスターミナルの周辺はすべて外来の中国人の店と露店に占拠されている。東勝市から各旗へ出発予定のバスや旅館は強引に客引きをしている。バスの切符売り場では誰も並ばないで、力で窓口まで押し通して切符を買う。まるで難民の波に飲み込まれたような人だかりの中で、中国人の不良少年達は闊歩している。

私はジュンガル旗のモンゴル人が経営する小さな旅館に入る。少し休憩してから食事しようと出たが、中国人の食堂はどれも汚い。食べている人も皆、中国人ばかりだ。隣の席では酒盛りになっており、女の人が山西省北部の「爬山調」という民謡を歌っている。モンゴル人はこの種の歌を聴くと、鳥肌が立つほど抵抗感を持つので、私も逃げるように食事を済ませて店を離れた。

駅から新華書店のある街を歩いてみた。新華書店は高校時代によく通った本屋だ。商店街はほとんど浙江省や上海、それにテメート・ゴト（楡林）の中国人の店からなる。服装と文具、靴やと裁縫、それに理髪店等、すべて中国人の天下だ。新しい看板はモンゴル文字と漢字の双方で書いてあるが、古いのは漢字だけだ。モンゴル文字を看板で使うようにとの行政指導が入ったのは一九九〇年からのことである。それまでは、モンゴル人の自治区において、モンゴル文字が廃止されていたのである。草原地帯に住むモンゴル人が町に来ても、何の店なのかも分からないで困り果ててしまう。

夜、私は著名な民俗学者にして詩人でもあるハスビリクト（Qasbiligtu、一九三三〜二〇一九）を訪ねた。彼の息子、ナラソ（Narasu、1964〜）は私の幼馴染で、高校までの同級生である。ハスビリクトはフフホト市で政府主催の「マルクス・レーニン主義思想学習班」に二カ月間参加して帰って来たばかりであった。彼は地元オルドスの文化藝術聯合会の仕事と雑誌の編集に関わっているので、その思想統括の為の学習班だった。ナラソはいなかったが、その妹のナランホワール（Naranquvar、「向日葵」との意）は「包頭モンゴル医学専門学校」を卒業して「包頭モンゴル病院」に勤めているが、里帰り出産の準備中だという。「中国人はやたらと増えているのではないか」、と私はハスビリクトに尋ねた。彼は次のように答える。

陝西省や山西省からの中国人だけでなく、遥か南国の浙江省からの者も流入して来ている。政府はわざわざ中国人を増やし、「沙を混ぜる政策」を強化している。陝西省や山西省は中国の中でも最も貧しい地域で、そこの住民は粗野で字も読めないし、匪賊の子孫も多い。だから、彼らはモンゴルに来ても本性を隠そうとしないで、乱暴を働き、犯罪に走る者が多い。南方の中国人は商売上手で、来たばかりなので、モンゴル人に対する態度も悪くない。ただし、長く滞在して金持ちになると、モンゴル人を敵視するようになっている。我がモンゴルは完全に陥落してしまった。

ハスビリクトの話を聞いて、私は暗い気持ちになった。旅館に戻ると、カザフスタンが正式に独立したとのニュースが伝わって来た。ソ連邦を形成していた十五の共和国のうち、ロシア連邦以外はすべて独立した。ソヴィエト連邦はこれで幕を下ろしたことになる。今後は各国が如何に「独立国家連合体」を結成するかが問われるだろう。ソ連邦はその憲法で諸民族に分離独立権を付与している点で、真の民族自決権が保障されていた。中国は各民族に空虚な区域自治権だけ与えて、分離独立権を剥奪した。その区域自治でさえ、「沙を混ぜる政策」が推進された結果、中国の内地と区別がつかないほど、混乱と非衛生的な地域になっている。どちらの民族が幸せか、憲法と実際の暮らしぶりを見れば一目瞭然である。

十二月十八日

南国からの浙江省人

快晴の日を東勝で迎えた私は、南国浙江省から入植して来た中国人に実際に会いたくなった（写真8―1）。そこで、午前中に市内のジュンガル路で「浙江油条―多味小喫」という食堂を経営する鄭民科（当時四十三歳）を訪ねた。彼の夫人は私の母校、イケジョー盟第一中学の教導主任の葉先生の妹である。「油条《ユーティオ》」とは揚げパンの一種だ。店の中で、鄭民科はタバコを吸いながら、私に自身の経歴について語った。

写真8-1　オルドスに進出して来た浙江省人の家具店。

鄭民科は浙江省温州市青田県の出身である。「青田は浙江省の中で、一番貧乏な県で、土地は少なく、人口が多いので、みんな出稼ぎに行く。行かないと餓死する」、と彼は真面目な表情になった。

鄭が北国の内モンゴル自治区オルドス高原に生きていく希望を発見したのは、一九八一年のことである。夫人の兄がオルドスの名門高校の教師となって、成功していたからである。一家全員で北上して東勝に来た時、すぐに儲かる道を見つけた。食堂経営である。当時の東勝市内では陝西省や山西省の中国人がやっている食堂が数軒あるだけであった。

東勝市の人間の食生活はあまりにも単純だった。豚の足や腸は捨てていたし、ニワトリの爪も食べようとしない。あんな美味しい珍味を捨てるなんて、馬鹿だと思った。野菜も少なく、肉ばかり食べていたので、信じられなかった。

鄭は、北方の中国人が食用に使おうとしない豚足や腸をただ同然で入手して調理して売った。野菜も多めに使うように工夫したところ、忽ちに利益は上がったという。彼の成功した経営は以下の通りである。

五十平米の店を地元の中国人から月三百元で借りている。店の内装はすべて自分でやった。朝五時に起きて、まず揚げパンの「油条」を作って朝食として売る。地元の中国人は一キロの小麦粉で「油条」二十本作るのに対し、鄭は三十本揚げるが、値段はどちらも〇・二元である。昼から夜にかけては、様々な料理を提供する。地元の人が食べなかった魚も料理する。

「我々南方の魚は海のもので、美味しい。北方のは川魚だから、泥臭い。最高に良いのはやはり、羊だ。あんな旨い羊を食ったことがない」、とは鄭の感想である。

最高に旨いモンゴル高原の羊肉を鄭は安い値段で購入し、地元と南国浙江省の味を合わせた料理法を工夫する。それが人気で客足も増えたという。

実は、彼の経験を私も知っている。私は一九八〇年に東勝市に来て高校に通ったが、地元の中国人の食堂は確かにメニューがシンプルだった。モンゴル人はそもそもレストランを経営する発想を持たなかった。豚肉を食べようとしないし、ましてや豚足と腸に手を出す者は皆無に近い。鄭は続く。

東勝市は犯罪の多い都市だ。あんな乱暴な漢人達を見たことがない。酒を飲む楽しみしか知らないようで、飲んだらすぐに暴れる。あまりにも暴力的で、法律なんか完全に無視されている。私の店でも、無銭飲食は多い。警察に助けを求めたら、店をたたんで浙江に帰れと言われた。食べて飲んで、金を払わない漢人チンピラも、実は全員警察とグルだ。仕方ないので、私も警察と税務署、それに市場管理者を呼んでご馳走し、金を渡した。こういう交際がないと、店の経営はできない。

鄭は彼より先に来ていた義兄がいたとしても、地元の中国人チンピラや警察からの嫌がらせは自分で解決するしかなかった。地元の中国人は陝西省や山西省の匪賊の後裔が多く、昔から固く団結しているので、新参の浙江人は賄賂で活路を見つける以外に方法はなかった。

浙江人の鄭を困らせているのは、他でもない彼の義兄の息子、葉東航だ。その葉東航という少年は東勝市生まれで、地元チンピラのボスの一人で、しょっちゅう仲間を連れて来て無銭飲食する。警察に通報する訳にもいかずに困っているという。下手に通報すると、酒を出した店側が悪いと言われ、罰金を取られる。鄭はこのように不満をこぼすが、それは成功した上での楽しい愚痴である。何しろ、浙江省で一番貧しい青田県に残っていたら、餓死していたかもしれないからだ。

戸籍制度と「闇チルドレン」

中国には戸籍の問題がある。農村戸籍と都市戸籍の二種類があり、都市では都市戸籍を持つ者しか政府機関や企業に就職できない。農村出身の人間には農村戸籍しか付与しない。

都市部に入った農村戸籍の者は、工事現場や食堂の経営はできるが、就学や医療の面で都市戸籍の方が優遇されている。それから、地元農村を離れて他の省に行っても、簡単に現地の戸籍はもらえない。

鄭は東勝市の臨時戸籍に登録されている。しかし、これはあくまでも建前である。中国政府は内モンゴル自治区で「沙を混ぜる政策」を暗に進めている。それは、中国人を静かに移民してモンゴル人の何倍にも増やすことである。人口が何倍にも逆転すれば、モンゴル人の離反意識を封殺できる、と中国政府は判断している。中国人なら金持ちでも、貧乏人でも、少数民族を弾圧する際には必ず一致団結して政府を支持するからである。そういう意味で、中国人と共産党は一体化している。

オルドスでも、一九八八年以前に流れて来た中国人には戸籍を与えている。しかし、鄭はその手続きを怠った為に、「不利益を蒙っている」と不満をこぼす。

私には中学生になる息子一人と、小学生の娘二人がいる。小学校に入るのに年間百六十元の学費を支払う。中学は年間八百元だ。地元の人なら、都市戸籍は四十元で、農村戸籍の者は百二十元だ。

このように不満を抱く鄭に対し、「三人も産んでいいのか」、と私は思わず確認した。中国の厳しい人口コントロール政策では、中国人は一人しか生めないはずである。それなのに、彼は三人も子どもを儲けているのではないか。

「内モンゴルに来て、生まれた」、と鄭は包み隠さずに話す。彼の一族も実は「出産ゲリラ」である。中国人は子どもがいないのを最大の恥とする。その為、国家政策や法網をくぐってまで出産しようと工夫する。そこで現れたのが、地元を離れて他所で子どもを産む「出産ゲリラ」である。当然、「ゲリラ」から生まれた子どもに戸籍はないので、「黒孩子《ヘイハイズ》」（ブラック・チルドレン）となる。この種の「黒孩子」の人口が一体どれほど増えたかも、中国政府は把握できていない。「黒孩子」こと「闇チルドレン」もまたモンゴルに侵入して来て定着する中国人の一部となっていく。モンゴルにとっては、甚だ迷惑な話である。

鄭によると、浙江省からの中国人は増え続けているが、地元の中国人との通婚は少ないという。鄭は食堂を経営しているが、他の浙江省からの人々は眼鏡屋と大工、衣料品と裁縫、それに家電と看板屋等を営んでいるという。そして、みんな成功している。

「モンゴルに来て、成功したコツはどこにあるのか」、と私は尋ねた。

「我々南方人は頭が良いし、情報に敏感だ（消息霊通）だ。北方の人間は匪賊精神に満ちて、酒を飲んで喧嘩ばかりしているから、商機は私達の手に転がって来る。男は麻雀、女はガラス拭き（男人打麻将、女人擦玻璃）。それ以外にすることないだろう」、と鄭は語る。モンゴル人だけでなく、南国からの人もまた北方の中国人を「匪賊」と称していたのには、驚いた。

もう一人、成功した浙江省人に会いたい、と私が伝えると、彼は快く仲間を紹介してくれた。新華街で裁縫屋を営む林老大という男である。

モンゴル経済を牛耳る浙江省人

林老大（当時四十五歳、「林家の一番さん」との意）も浙江省青田県の出身で、「四季裁縫舗」という仕立て屋を経営しながら、同時に「東勝市個人経営者協会（個体協会）」の副会長を務めるほど、出世している。東勝市では現在、一九四九年以前の商いの伝統に即して、個人商店主達を城南署と城北署という二つの分会に分けているが、林老大は城北署の署長も兼任している。彼は自身の成功物語を自慢げに語った。

林老大は故郷の青田県で二畝の土地しか持っていなかったので、餓死寸前だった。そこで、彼は一九八三年に南モンゴルのオルドスに冒険して来た。最初は一人だったが、成功すると見込んで弟四人をオルドスに呼んだ。一年後には更に妻と子どもも呼び寄せた。東勝市だけで、林老大が直接、招いた浙江省の中国人は実に二十数戸に達すという。これが、「沙を混ぜる」政策の実態である。

二十数戸だと、少なくとも百人はあるはずだ。私は思わず仰天した。内モンゴル自治区において、中国人が増え続けて人口が逆転されていく波濤は正に目の前で展開されている。一人の中国人が闖入して来て落ち着くと、やがて数百人に膨れ上がる、という増加ぶりである。十数億もの人口は中国の最大の武器で、どんな少数民族の自治も「沙を混ぜる」政策によって簡単に粉砕される。

「浙江省の人間はオルドスで皆、成功して金持ちになった。みんな自分の店舗を構えるように豊かだ。例えば、うちのイトコは入れ歯の店をやっており、大いに繁盛している」、と林老大は話す。

林老大は地元東勝の警察と税務署に惜しみなく賄賂を渡して交友関係を広げた。彼は賄賂を使うことを「人間関係を作る潤滑油」と表現して憚らない。

彼の話を聴いていて、私はある特徴に気が付いた。何と、林老大は浙江省弁（閩南話）ではなく、モンゴルに侵入して来た中国人の山西省北部の方言、「山西話」（晋北方言）を使いこなせているのではないか。モンゴル人や北京の人達はこの種の方言を「匪賊っぽい乱暴な言葉（duli-yin sinjitei bujar kel-e）」だと見て敬遠するので、私も使わない。しかし、林老大の「匪賊語」は実に上手である。

内モンゴルに定住するには、山西話を使わないといけない。浙江省弁（閩南話）では余所者だと見られて排除される。私は一九六二年に中学を卒業している。中卒はもう知識人だよ。しかし、私は搾取階級の出身だったので、高校には進学できなくて、裁縫の技術を学んだ。裁縫の腕は一流で、東勝に来てから弟子を取り、もう二十数人も独立していった。東勝に三十軒の裁縫屋があるが、ほとんどがおれの弟子だ。オルドスには巨大な羊毛工廠があり、それを材料に使えば、一流の服が作れる。裁縫屋で働いているのは、皆十六歳未満の少年達だ。我々南方の人間は子どもの頃から働く。

林はこのように、裁縫の技術と回転の速い頭で長城以北のモンゴルで成功している。彼がいう羊毛工廠とは、日本の技術でオルドスのカシミヤを加工する三井系統の企業のことである。長城に近いモンゴル高原の最南端で、南国中国と日本が出会い、巨大な利潤を創出しようとしている。

中国人社会にはどこに行っても、省ごとに或は同姓で同郷会を作る伝統がある。しかし、現代中国はそのような同郷会の結成を禁止しているので、「浙江省人の会」のような組織も当然、できない。そこで、林老大は一九八九年に「貧困者を助ける個人経営者協会（扶持貧困個体戸協会）」を形成した。オルドスの東勝市の年間税収の十七パーセントを個人経営者達から徴収している。その個人経営者達の半分以上を浙江省人が占めているので、林老大達の存在は大きい。

林老大の裁縫屋でも十六歳未満の少年工が大勢、雇われている。しかし、彼の一女一男は学校に通っている。長女は、先に触れた葉先生の人脈で名門のイケジョー盟第一中学に入り、今年は包頭医学院に受かった。英語が得意なので、海外にいる華僑の親戚を頼って外国留学の夢を抱いているという。男の子は小学生で、すっかり「東勝人」になったそうである。

「我々浙江省青田県の人間に国境はない。有能な人ほど出稼ぎに行くし、無能な奴が地元に残る。だから、世界中に親戚がいる」、と林老大は胸を張って大きな声で語る。私は、やがて全世界が中国人に征服されるのではないか、と奇妙な気分になった。

夜、幼馴染のナラソが高校の同級生、黄小林を連れて来た。黄小林はジュンガル旗のモンゴル人だが、漢化してしまい、モンゴル語が話せない。大学を出てから東勝市の「計画出産弁公室」に務め、中国人達の出産を管理するのが仕事である。「浙江省の中国人が我々のモンゴル草原に来て、二人も三人も産み、一人が百人も招いて来ているのではないか。ちゃんと仕事しているのか」、と私は久しぶりに再会した黄小林を責めた。

「地獄の沙汰も金次第ではないか。浙江省からの中国人は皆金持ちだから、子どもを計画外に産むどころか、自治区の経済まで彼らにコントロールされている。やがて、我々モンゴル人は奴隷になるよ。全員、おれのようにモンゴル語が話せなくなる」、と黄小林は悲観論を語る。

「内モンゴル自治区が独立できても、オルドスは難しい。黄河に囲まれているから、すぐに中国に占領されてしまう」、と黄小林が唱える。すると、ナラソは、「匈奴の冒頓単于だって、今のオルドスから立ち上がって、大帝国を創設したので、勇気さえあれば、可能だ」、と弁じて譲らない。私達三人は朝まで酒を飲み、民族の将来について議論し合った。ここでも、やはり独立したばかりの中央アジア諸国が話題になった。

十二月十九日

黒闇の中の「犬」対策

晴れた、寒い空気の中をバスは東勝市を出て西部のウーシン旗を目指す。朝七時に出発して、夕方六時半にようやくウーシン旗政府所在地のダブチャク鎮に着いた。二百キロの道を丸一日かけて走ったことになる。道路の半分以上が舗装されていないからである。

バスを降りてから「聯合経営」という名の旅館に入る。畜牧局とモンゴル人牧畜民との合同経営だから、聯合経営を店の名前にしている。四人部屋を一人で使うことにし、四人分の宿泊代を払う。夜にノートを整理するので、見知らぬ中国人との相部屋は絶対に避けたいからである。旅館の隣にあるテメート・ゴト（楡林）の食堂で夕食を摂る。中国人でもモンゴルに来ると、モンゴルの食材を使っているはずなので、一応安心できそうである。豆腐のスープときくらげの肉炒めを頼んだ。きくらげは、沙漠に生えるシャワクという植物に寄生する。雨が降った後にしか取れない。近年では、乾燥が続き、シャワクそのものが中国人に伐採されてなくなりつつあるので、きくらげも希少種になってしまった。

夜、私はバヤンドルジという母方のオジの見舞いに行った。夏に会ったチャガンホラガの弟である。彼は人民解放軍を除隊してからウーシン旗河南人民公社にある気象局に務めていた。一九七七年秋に中学校に入った私はしばらく新婚のオジの家でお世話になっていた（写真8―2）。勉強よりも禁書に手を出していた私を暖かく見守ってくれたし、食べ物がなかった時代なので、時々、肉入りご飯をご馳走してくれた恩人である。心臓病を患い、フフホト市に二十日間ほど入院して、少し恢復したので、退院したばかりだった。

「気を付けて動きなさい。色んな犬どもが動き出している」、とオジは注意してくれた。元軍人ならではの嗅覚と独自の情報からの注意である。「犬ども」とは、中国の公安関係者を指す。夏から秋にかけて私が約二カ月間滞在していたこと、包頭市でパスポートが盗まれたこと等の情報は既に広く知られているという。「日本のスパイだろう」、との悪質な噂まで広まっているそうである。オジの忠告を聞いてから実に不愉快な気分になったが、調査を止めるわけにはいかない。まだ、始まったばかりである。

オジの家を出てから高校時代の同級生の李懐国の家に行った（写真8―3）。彼は工商局から旗政府に転勤し、政府の秘書官に昇進していた。その夫人は、ドーダーチン・オボクのニンジの娘で、我が家の近くに住んでいたことについては、前に触れた（八月二日の記述参照）。李の祖父はテメート・ゴトの中国人で、物乞いをしながらウーシン旗の草原を放浪していた。中国共産党は貧しい人々を味方にする政党だ、とモンゴル人達に話して回っていた。一九四九年に中華人民共和国が成立すると、その物乞いの祖父は人民政府の幹部に変身した。本当は物乞いではなく、中国共産党のスパイだったのである。

写真 8-2　1981 年、母方のオジのバヤンドルジが高校生になった私を見に、東勝市まで来てくれた時に撮った一枚。

「物乞い」の息子、すなわち李懐国の父はウーシン旗人民法院（裁判所）の院長だった。もっと出世する予定だったが、一九七九春に河南人民公社に出張中に小銃を盗まれたことで、処分された。当時は中学二年生だった私達も徹底的に調べられたが、小銃は見つからなかった。

私は李懐国に日本のタバコと夏に撮った彼の家族写真を渡した。同級生も私に政府の統計資料を見せてくれた。党と政府の上級機関へ報告する前の段階の初期統計データである。

写真 8-3　李懐国（後方左から 6 人目）と私（後方 2 列目の中央右から 5 人目）の高校時代。

中国では、共産党が人民を幸せにし、毎年のように人民一人あたりの所得が増え続け、経済も発展し続けていると標榜する為に、各種の統計はすべて水増しされる。同級生は私にウーシン旗政府が水増しする前の生データを渡してくれた。

「犬ども」が動き回っている、と聞いた私はもう少し、夜の闇を利用して回ろうと決心した。既に九時を回っていたが、李懐国の家を出てからそのまま父方のオバ、シャラの家に行った。シャラの夫はオトゴンで、夏に帰った時、最初に取材した人物である。

　オバの家に入ると、何と父がいるのではないか。父はウーシン旗人民法院（裁判所）の院長ノルブー（Norbu）の息子スヘ（Süke、「斧」との意）の結婚式に参加する為に来ていた。(1) スヘの母親セルジゴワ（Serjigou-a）はウーシン旗西部の貴族、ダー・クレーの娘である。セルジゴワの母親は私のオバ、ボルである（系譜図1参照）。新郎になるスヘにとって、父は母方の祖父にあたる。モンゴル等ユーラシアの遊牧民社会では、母方の親戚は地位が相対的に高いとされる。その為、父はスヘの結婚式の主賓（qurim-un erkilegči）になる。式の間、母方の親戚が就く主賓の席に、父は二泊三日間いなければならないので、名誉であると同時に重い責務でもある。(2) モンゴル人は都市に暮らしていても、結婚式は草原にいた時と同じようにおこなう。結婚式は二十二日から始まり、二十四日に終わる予定で、私も招待されているという。

「夏に会ったジョルムラルト（趙振華）が何回も家に来た。重要な話がある、と言っていた。他にも色んなのが来た」、と父は教えてくれた。

　ジョルムラルトは私と長城の北、バドグイン・オボー（祭山梁）を見に行く約束をしていた。「他にも来た色んなの」は、当然、公安関係者を指す。私達が結婚式について話をしている間、トリ・ソム出身の若い女性がお茶を入れてくれた。今年に高校を卒業した女性で、ミンガト・オボク（Mingyad obuγ）である。羊の放牧よりも、都市で働きたいと考えてダブチャク鎮にやって来て、オバが経営する「チョーダイ旅社」という旅館のスタッフになっている。毎月の給料は百元だという。

注

（1）モンゴルの結婚儀礼については、パオ・クォイイ［Pao Kuo-Yi 1964: 29-59］によるホルチン地域と、テムールツェレン［Tömörtseren 1975: 41-91］によるジャハル地域の婚姻儀礼に関する先行研究がある。また、オルドスの伝統的な結婚式については、民俗学者のハスビリクトによる古典的な研究が知られている［Qasbiligtu 1984］。

（2）結婚式の主賓は人望のある人が務める。配偶者を喪失した者や評判の悪い人はなれない。

系譜図1　オルドス西部ウーシン旗のダー・クレーの貴族の家系譜

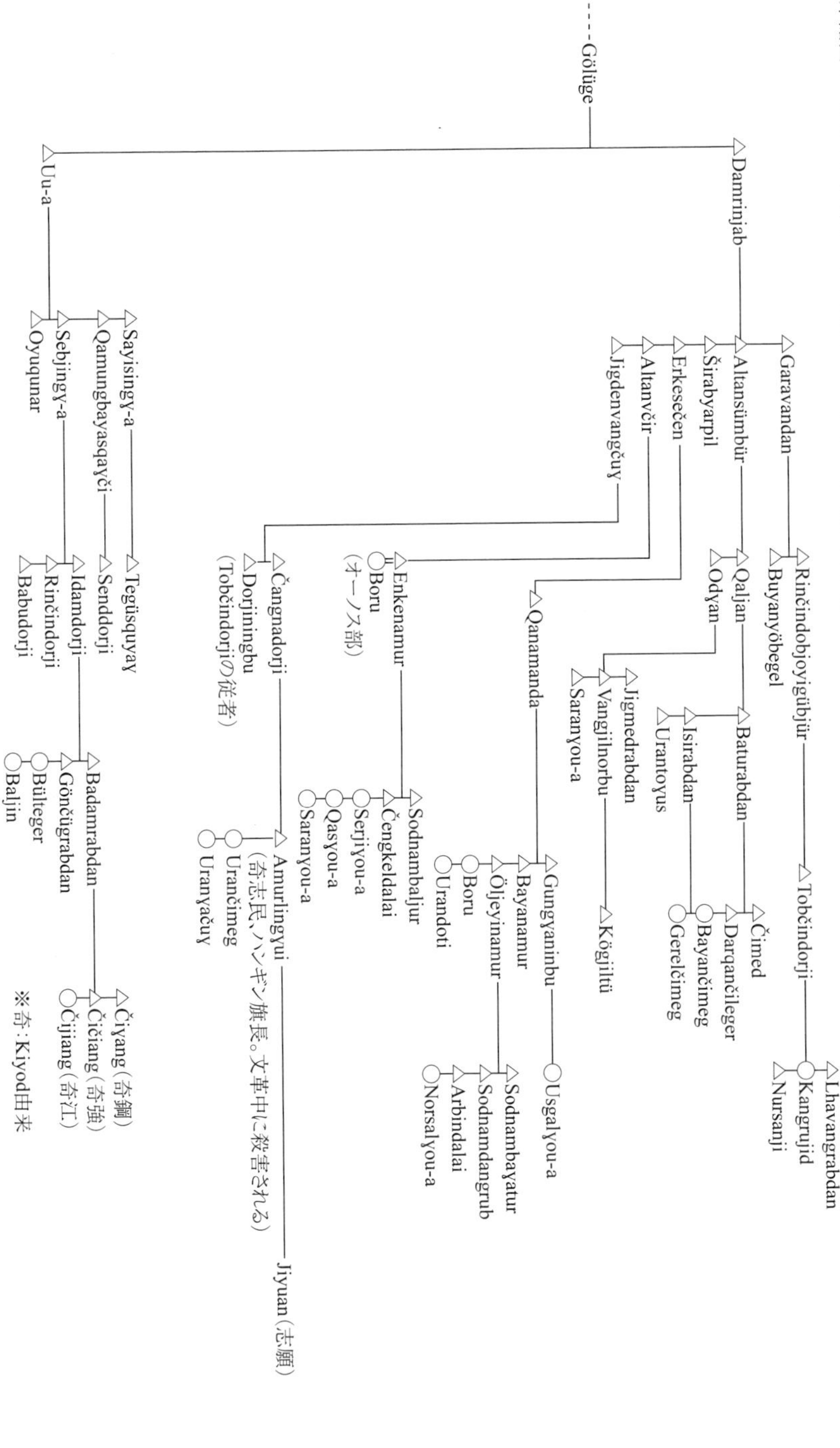

●第九章　失われた草原を取り戻す「真の英雄」

チンギス・ハーンの側近、ムハライ国王を描いた古い絵画の模写。チンギス・ハーンの祭殿八白宮に多数の古い絵画が保管されていたが、すべて中国人に略奪された。現在伝わっているのは、シリーンゴル盟の画家ナ・リンチンが1950年代に模写したもの。（写真提供：Qurčabaγatur）

十二月二十日

王様の旗長

午前中に私はウーシン旗政府の白志明（一九五四～）旗長を表敬訪問した。彼は雷を呼ぶシャーマン、ドーダーチン・オボクの出身である。雷は白く光るので、「白」という漢字姓を採用している。身長百八十センチもある巨漢で、仏像のような大きな耳をし、威風堂々たる面貌の持ち主であることから、地元では「王爺《ワンイェ》（王様）」と呼ばれている。「王爺」白志明旗長はまた決断力のある指導者、民族の利益を守れる幹部としてモンゴル人達に好かれているのに対し、中国人には厳しい態度を取ることで、周囲から恐れられている。

「王爺はおるか」、と旗政府に入ってから、受付で私はわざわざこのように言ってみた。すると、受付のスタッフは驚いて、私をじっと見つめた。大胆にも「王爺」と呼ぶ人物は何者だ、との表情である。

「王爺」白志明は私の母方のオジ、前日の夜に訪ねた気象士バヤンドルジの親友でもある。一九七七年に私が河南人民公社の中学生だった頃、白志明は人民公社政府の青年秘書だった。彼はいつも酒を飲んでは中国人を殴り、「長城の南へ帰れ」と暴れたことでトラブルが続出していた。そして、彼は信用組合のある女性と密会しようとする時も、私がそのラブ・レターを届けていたものである。だから、私には「王爺」と呼ぶ資格があったのである。

再会した「王爺」に私は礼を表した。実は父の名誉回復を彼が決定してくれたからである。父は一九四五年に中国共産党の八路軍に参加したにもかかわらず、「搾取階級」の出身だとされて除隊を命じられた。文革中にはまた「民族分裂主義者の内モンゴル人民革命党員」として打倒された。共産党の政策では、八路軍に参加していたら、一律に「高級幹部」として処遇することになっているが、父はずっと不当な扱いを受けて来た。私は秋に父の名誉回復の書類を仕立て上げて旗政府に提出していたので、それを白志明旗長が解決してくれたのである。

白志明はその後、シリーンゴル盟党委員会副書記を経て、自治区党委員会副秘書長に昇進する。ところが、二〇一〇年十一月に「汚職」で逮捕され、翌年の十二月には猶予つきの死刑判決を受けた。「汚職」は名目で、実際は中国政府の草原開墾と鉱山開発に抵抗し、自治区党委員会組織部部長の中国人（北京市出身）を殴った為に復讐されたのである。モンゴル人の自治区において、モンゴル人の生来の権利を守ろうとする政治家は必ず失脚に追い込まれる。白志明はその典型的な一例である。

オルドスの宮廷文化

午後、ダー・クレーの貴族、バトラブダン（Borjigin Baturandan、当時六十歳）の家を訪ね、録音しながらインタビューしようとしたが、録音機が動かなくなっている。外の気温がマイナス二十度まで下がっていたので、日本からの機械が故障しやすい。しばらく経つと、機械もモンゴルの風土に慣れて来るので、また作動する。

「私達はホトクタイ・セチェン・ホン・タイジの後裔である。ホトクタイ・セチェン・ホン・タイジはバト・ムンケ・ダヤン・ハーン（在位一四八〇?～一五一七）の三男バラス・ボルトの子孫である」、とバトラブダンは語り出す。モンゴル人には氏族と訳されるオボクと「骨」を意味するヤスがあるが、バトラブダンのような貴族は「ボルジギン・オボクで、キヤト・ヤス」である。キヤト・ヤスはまた「ハーン・ヤス」とも名乗る。オボクに漢字を当てて、漢字姓を用いるようになったのは、清朝末期からのことである。内モンゴル東部の貴族はキヤート・ボルジギンの頭文字「ボ」に「包」や「鮑」、「暴」という字を、西部の者はキヤトのキを「奇」で表現するようになった［楊　二〇二〇a：一二三］。

モンゴル人は偉大な祖先チンギス・ハーンについて、タングート（西夏）を征服する為にボルトハイ（Borutoqai）に来た、と信じている。チンギス・ハーンは遠征途中に亡くなったので、その衣服と遺品をボルトハイに残して祀るようになった。祭祀活動に直接関わる者は「五百戸の黄色いダルハト」であるが、オルドス万戸全体で聖なる遺品と祭殿を守っている。

「私達は歴史的にずっとチンギス・ハーン祭祀の儀礼を担当して来たので、礼儀作法に特に厳しい。宮廷文化を維持して来たので、オルドスのモンゴル人はまた歌と踊りも上手い」、とバトラブダンは強調する。

ボルトハイを拠点としていたオルドス万戸にはその後、モンゴル高原のハルハから准貴族のガタギン・オボクの人達が移動して来て合流した。そして、モンゴル最後の大ハーン、リクダン・ハーンがギョク・ノール（青海）で逝去してからは、その直轄のジャハル万戸の人達もボルトハイに残った。例えば、ウーシン旗のジャハル・ハラーの人達はその子孫である。ボルトハイをオルドスと呼ぶようになったのは、万戸ごとに定着してからのことである。

ホトクタイ・セチェン・ホン・タイジはトゥメト万戸のアルタン・ハーンとも仲が良かったので、二人は連携してテメート・ゴト（楡林城）を通って中国を襲撃していた。ホトクタイ・セチェン・ホン・タイジの宮帳オルドは長城のすぐ北側のアンバイ・オボーの近くに置かれていた。モンゴル人は百キロ先からも見えるアンバイ・オボーを愛し、「くっきりと見える聖地（aysaraɣji qaraɣdaqu Ambai-yin oboy-a）」と表現する。

ホトクタイ・セチェン・ホン・タイジに追随していたのはケレイトの人達で、清朝になってから、大小二つのハラーに編成された。それが、イケ・ケレイトとバガ・ケレイト二つのハラーである。清朝に帰順した後のウーシン旗には最初十三のハラーがあったが、後に一七三六年に東部の三ハラーは独立してジャサク旗になった。十のハラーのうち、アンバイ・オボーはイケ・ケレイトの聖地として祀られていたが、共産党によって祭祀が禁止された。

ホトクタイ・セチェン・ホン・タイジは自らチベットに行って仏教を再びモンゴルに導入した。その時、モンゴルで建てた最初の寺が、シベル寺である。

「シベル寺は私達キヤート・ボルジギンの菩提寺（takilɣan-u süm-e）で、ダー・クレーの貴族《タイジ》はその施主（öglege-yin ejen）である」、とバトラブダンはいう。仏教には三宝があり、仏法僧（burqan-u erdeni, nom-un erdeni, blam-a-yin erdeni）という。施主はその三宝を支える存在である。

逮捕された青年の出自

ホトクタイ・セチェン・ホン・タイジの曾孫として生まれたのが、サガン・セチェン・ホン・タイジで、彼は年代記『蒙古源流』を一六六二年に書き上げた。この二人のホン・タイジが亡くなってから、どこに埋葬されたかについて、多くの伝承がある（写真9―1）。

テメート・ゴトに属すサイントリ・ゴト（神木堡）の北に大墳台と小墳台という地がある。大墳台はホトクタイ・セチェン・ホン・タイジの墓で、小墳台はサガン・セチェン・ホン・タイジの墓だと伝えられている。また、シャルリク・ソムの北にあるオンゴンをホトクタイ・セチェン・ホン・タイジの墓とする見方もある。昔、シャルリク寺が中国共産党に破壊される以前、宗教行事がある時には貴族達は必ず先にオンゴンを祀っていた。例えば、仮面踊りチャムが披露される前と終わった後に、貴族達はオンゴンの方向に向かった儀礼をおこなっていた。

オンゴンには専属の祭祀者タイガ（tayiɣ-a）がいた。タイガには、メイリン（梅林）の位階が与えられていた。私

写真 9-1　貴族バトラブダンが保管していたホトクタイ・セチェン・ホン・タイジとサガン・セチェン・ホン・タイジの絵画。画面の中央のチンギス・ハーンは仏教の護法神として描かれ、その下がホトクタイ・セチェン・ホン・タイジで、右端はサガン・セチェン・ホン・タイジである。

が覚えているタイガはバインサドン（Bayinsadun）で、その子はバトバヤル（Batubayar）で、孫はゲイソク（Geyisüg）である。ゲイソクの息子はグチュントグスで、この夏、貴方が帰って来る前に「民族分裂活動を進めた罪」で逮捕された。

バトラブタンを含むモンゴル人達は皆、中国に逮捕されたグチュントグスに同情している。そのグチュントグスも由緒ある祭祀者の子孫であるのを私は初めて知った。グチュントグスが何故、モンゴル人の権益を守ろうと戦うのかも理解できるようになった気がする。チベット仏教を再びモンゴルへ導入する等、ユーラシア草原で民族の輝かしい時代を築き上げたホトクタイ・セチェン・ホン・タイジの祭祀を司る祭祀者の子孫らしい行動ではないか。

「グチュントグスが逮捕された罪は何だろう」、と私はバトラブダンに尋ねた。

モンゴルの歴史と文化について教えていたのが、罪となった。彼はウーシン旗の民族学校で政治という科目を担当していた。授業中にはよくモンゴル人の本当の歴史について触れていた。「君達はモンゴル人として、自民族について勉強し、誇りを持って生きなければならない。オルドスはチンギス・ハーンを祀る地だということを忘れてはならない」、と話したそうだ。

自民族の歴史と文化について誇りを持つようにと生徒に話しただけで「罪」となる国が、中国である。中国は一九八九年の天安門事件以後にナショナリズムを高揚させる「愛国教育」を強化している。中国人の「愛国教育」がモンゴル人の自民族を愛する思想と衝突している。中国がやっていることは正しく、他人のは間違いだという論理である。

グチュントグスはウーシン旗内のモンゴル人教師全員に手紙を書き、支持を訴えていた。中学や高校の生徒達も皆、彼の熱弁に耳を傾けていた。彼が中国政府に逮捕されてから、モンゴル民族の学校で、モンゴルの歴史と文化について教えることはできなくなった、とバトラブダンは嘆いていた。彼は政府の幹部であるが、グチュントグスの見方に賛同していた。

「是非、ホトクタイ・セチェン・ホン・タイジとサガン・セチェン・ホン・タイジの埋葬地を見たい」、と私はバトラブダンに伝えた。すると、彼は私に「先にオンゴンを見ておきなさい。それから大墳台と小墳台に行こう」、と助言してくれた。オンゴンは私の家の近くにあるので、後日に訪ねた（十二月二十九日と一九九二年五月十五日の記述参照）。大墳台と小墳台には翌年の五月十九日にバトラブダンと訪問した。

中国人とロバの奴隷になった羊

バトラブダンの家に、ガルート・ソムに住むダニス（Danis、当時四十歳）という知識人が来ていた。彼は最近、井上靖の小説『蒼き狼』のモンゴル語版を読んだ、と言う。

「我々モンゴル人は狼であったが、今や完全に羊になってしまった。戦闘精神を無くしたし、中国政府によっていつでも好きなように屠られている」、と彼は怒る。グチュントグスをはじめとする若者達が中国政府に逮捕されても、多くのモンゴル人が沈黙を保っているのに不満である。

ダニスはウーシン旗人民政府人民代表大会の主任で、日本で言えば、市議会の議長にあたる。ダニスはホニチン・オボクで、「骨」はモンゴルである。ホニチンとは、「牧羊者」との意で、「羊」と同音の「楊」という漢字姓を使う。漢字姓が同じであっても、私はオーノス・オボクである。オーノスとは、オーノの複数形である。オーノはガゼルの一種で、中国語で「黄羊」という。「黄羊」の「羊」と同音の「楊」を祖先が用いたから、私とダニスは同じ漢字姓を持つことになる。

ダニスの曾祖父は元々ジュンワン（郡王）旗の人だった。カトリックがオルドスに伝わった十九世紀末に、曾祖父は逸早く改宗を決め、娘一人と牛一頭を牽いてオトク旗南部のボル・バルグスン（城川）に移住しようとした。ボル・バルグスンは「洋堂《ヤンタン》」すなわちカトリックの拠点だったが、イスラームの銀川にも近かったので、ウーシン旗東部のガルートに定住したという。ガルートはウーシン旗の中でも豊饒な草原地帯になるので、オルドス東部のジュンガル旗やダルト旗から移住して来たモンゴル人が多い(1)。ほとんどが中国人の侵入を受けて北上した人々である。このように、オルドスでは普通のモンゴル人達が複数の宗教と民族の中を生きている。

ダニスとバトラブダンはつい最近亡くなった、現代オルドスの著名な知識人にして民族主義者でもあるチャガンドン（Čayandung、一九一一～一九九一）について語らい合っていた。チャガンドンは准貴族のカダギンの出身で、一九三三年から徳王がシリーンゴル盟で組織した民族自決運動に加わっていた。その際、九世パンチェン・ラマも徳王の傍にいて、チベット仏教の指導者の立場でモンゴル人の独立運動に理解を示していた［楊　二〇一四：五二―五三］。チャガンドンは一九三五年からギョク・ノールこと青海に入り、「パンチェン行轅漢藏語文研究所」に入って、チベット語を学んだ。ただ、これは表向きの身分で、実際は国民党ウーシン旗党務書記であった。このような彼は中華人民共和国が成立すると、自治区民族事務委員会に一時的に務めていたが、やがて追放された。文革中は言葉で言い尽くせないほどの暴力を受け、その後は「名誉回復」されて政治協商委員会の所属となった。

チャガンドンの家の駒繋ぎに以下のような対句があり、人口を膾炙した。

蒼茫たる草原から生まれた宝が
ロバと中国人に引っ張られている運命に落ちた。(2)

「蒼茫たる草原から生まれた宝」とは、ヤシル（yasil、中国語は「鼠李」）という灌木を指す。多年生植物で、数十年経って、ようやく腕位の太さになる。かつてのオルドスには直径五十センチにまで成長したヤシルの広大な林が点在していた。そのようなヤシル林は古代から神聖視され、樹木信仰の地でもあった。ヤシル林の中には狼の巣があり、モンゴル人は敬して遠ざかるが、馬群は喜んで入って涼む。近くにはまた大概、シャーマニズムの聖地があり、精霊信仰の場所となる。ウーシン旗では特にホトクタイ・セチェン・ホン・タイジの墓兼祭殿があるオンゴンのヤシル林は有名だった。

このような神聖なヤシル林はモンゴル草原の本来の姿であった。ところが、中国人が侵入して来ると、ヤシルも伐採されて姿を消し、あたり一面沙漠が広がるようになった。オンゴンには今や、ヤシルは一本も残らなくなった。中国人に切り倒された神木のヤシルをモンゴル人は大事にして、駒繋ぎとして立てるが、中国人がやって来ると、ロバを繋いでしまう。モンゴル人はロバを中国人のシンボルと見なすので、このような対句が生まれたのである。要するに、神木ヤシルを倒して草原を破壊した中国人だが、その中国人のロバが今や神木に繋がれているくらい、社会と環境は激変した、との比喩である。ヤシルはモンゴル人、ロバは中国人の譬えである（写真9―2）。

写真9-2　象徴的な灌木ヤシルで作った我が家の駒繋ぎ。私はこの馬に乗って調査していた。

チャガンドンはまた『ウーシン旗の歴史』という年代記を仕上げたことで、みんなに尊敬されていた。「もう彼のような知識人は生まれて来ないだろう。モンゴル人は腹黒い中国人と黒いロバの奴隷になってしまった」、とダニスとバトラブダンは嘆いていた。

バトラブダンと別れて旅館に向かう途中、ダブチャク鎮の自由市場を通った。長城以南の陝西省からの中国人商人が急ピッチで増えている印象だった。モンゴル人は越冬用に羊を何頭か屠るので、その羊の皮を求めてやって来たという（写真9―3）。羊の皮一枚が四十～四十五元で、山羊の皮は三十五元で買い取っていた。モンゴル人から安く買い取ってから長城以南で高く転売する。また、モンゴル人が儀礼に使う棗等を売る者も多かった。

十二月二十一日

中国に禁止されたモンゴル人の琴

翌日、私は楊貴堂の運転する四輪駆動車でウーシン旗政府所在地ダブチャク鎮を離れて東へ走った。楊貴堂の夫人は私の高校の同級生、ガタギン・オボクの桂平の姉である。湖北省沙陽製造のジープを持っているので、借りることにした。フィールドワークではこのような人脈が役に立つ。

写真 9-3　モンゴル人から集めた羊皮を干す中国人。

ダブチャク鎮を出て東へ約九キロ走ると、北側にレンガとフェルトで造られた天幕式の祭殿が見えて来る。モンゴル人はこの祭殿を「真の守護神（Jingken sitügen）」や「真の英雄（Jingken bayatur）」、「ムハライ将軍の軍神《スゥルデ》（Muqalai jangjun-u sülde）」等と呼ぶ（写真9―4）。「真の守護神」は元々、ジンケン・オボーという聖地で祀られていたそうである。

写真 9-4　チンギス・ハーンの将軍、国王ムハライを祀った祭殿。

「真の守護神」の祭祀者はポンスクノルブー（Pöngsügnorbu）という人だったが、亡くなって百日未満だったので、家族は喪中（čiger γomadaltai）で客の訪問を受け入れていないそうである。(3) 実は、ポンスクノルブーはモンゴル琴（yatayu）を弾く名人として知られていた。中国では一九五八年からモンゴル人の伝統的な楽器の演奏も禁止されたので、琴が弾ける人も少なくなった。一九九〇年代以降、ようやく民族楽器の演奏も許されるようになり、内モンゴル自治区の歌舞団も琴を使用しようとした。そこで、全自治区で調べたところ、ウーシン旗のポンスクノルブー等、極数人しか弾けないと知り、若い藝術家がわざわざフフホト市から習いに来た。ある研究によると、モンゴル琴は東部内モンゴルには見られず、専ら西部に伝わっていたという［Pegg 1989: 68］。琴にはまた平民用と貴族用の二種がある。モンゴルの祭祀と藝術を維持して来た人物に会えなくなったことを私は悔やんだ。

「真の守護神」の祭殿から東へ四キロ、ゲルチン（Gelčing）という沙漠内の小さな平地に亡きポンスクノルブーの弟ゲレルチョクト（Gerelčoγtu、四十代）が住んでいるので、訪ねてみた。彼も祭祀者であるが、喪中の為、「真の守護神」の祭殿には近づかないようにしているという。

兄を亡くしたこともあり、ゲレルチョクトは体がとても弱そうに見えた。

文革中に、モンゴル人だというだけの理由で、七年間も中国人の刑務所に閉じ込められた。刑務所内で虐待されて体を壊してしまった。兄は琴を演奏していたことが罪となり、さんざん凌辱された。私達モンゴル人を虐待して来たのは、長城以南から来た中国人だ。この国では、正直な人間は生きづらい。

ゲレルチョクトはこのように感嘆する。私は内心、琴のことや、演奏技術の継承についてもっと知りたかった。しかし、相手は喪中なので、音楽のことは避けた。彼は体調を崩していても、私の来訪を歓迎し、沢山のノートと手写本を手元に置いて語り出した。

国王ムハライの祭殿

ゲルチン平野に住む数戸のモンゴル人は皆、ウイグルチン・オボクである。ウイグルチンとは、「ウイグルを出自とする」、「ウイグル如き」との意味である。オルドス万戸は、モンゴル帝国の「中興の祖」バトムンク・ダヤン・ハーンによって一五一〇年に再統合されるまで、イスラーム系の軍人（太師）の指導下にあった。嘉峪関以北のハミ等、東トルキスタンを拠点とするテュルク系集団とも緊密な関係を結んでいた。そうした歴史から、ウイグルチンというテュルク系に淵源する父系親族集団オボクが形成された。一九四九年以前、ウイグルチン・オボクの人達は単独で一つのハラーを形成するほど有力であった。ウイグルチン・オボクには昔から「真の守護神」の祭祀に関わる義務があったそうである。

清朝が崩壊する一九一一年以前、ウイグルチン・オボクの人達はテメート・ゴト（楡林城）の北、クゲルゲン・チャガン・モリ（Kögergen čaγan mori「橋の上に立つ白馬」の意）に住んでいた。当時は柳（buriy-a）の枝で編んだ円形の天幕（lay）を住居とし、家畜を多数所有していた者だけがフェルトのテントに住んでいた。一部では、粗末な固定建築も現れていた。ウーシン旗西部に比べたら、定住は遅かった。かつてモンゴル人達が住んでいた柳の天幕の跡は現在も各地に残っている。

一九二〇年代になると、当時のウーシン旗は長城に近い草原を中国人の商売人、「辺客」に租借し出した。まもなく中国人が多数、侵入して来た。「辺客」はまた匪賊を呼んでモンゴル人を脅かすので、みんな家畜を連れて北へと避難した。やがて、中国共産党も一九三六年から出現すると、情勢は更に悪化した。紅軍の略奪と放火が酷かったからである。

「ウーシン旗東部のガルート、ウラーントルガイのウイグルチンの人達は例外なく中国人に追われて北上した人々である。ウイグルチン・ハラーの寺、ガルート寺も南から移って来たものだ。テメート・ゴトの北にあった時は、白花廟と呼ばれていた」、とゲレルチョクトは証言する。北に安住の地を得てから、大半の人々は固定建築のバイシンを建てた。

「真の守護神」は元々、長城の要塞都市テメート・ゴトから北へ六十キロのところにあった。チンギス・ハーンの盟友であるムハライ将軍（国王《グイワン》ムハライ、とも）を祀った聖地オボーであった。ムハライ将軍は本当の英雄であった為に、聖地を「真の英雄」とも呼んで来た。

ムハライ将軍はアルタン・ウルス（金王朝）を征服する途中に亡くなった（本章扉写真）。墓をもし、金人に近いところで建てたら、破壊される危険性があったので、モンゴルに近い地に遺体を運んで埋葬した。その墓は白雲山の西、宋家川にあると言われている。宋家川をモンゴル人はチャガン・ボンドン（Čayan bondon）と呼ぶ。ムハライ将軍に供物を燃やして祀る地は更に北、長城の北側にあった。それが、「真の聖地《ジンケン・オボー》」である。

驚くことに、ゲレルチョクトの語りはアルメニア人歴史家ドーソンの記述と一致する。ドーソンは『金史』や『元史』を元に、その名作『モンゴル帝国史』の中で以下のように述べている［ドーソン　一九六八：一一］。

ムカリ（すなわちムハライ―著者）は西北の方向を取って中国北部を横断して、一二二一年十一月に東勝州、すなわち今の托克托城において黄河を渡り、突然、タングートに入った。かれは金朝に属していた陝西の一部を占領して、河南に侵入し、南京を攻撃しようと欲していたのであった。……（中略）ムカリは葭《か》県に向かっていたが（十一月）、金の司令官はこれを放棄して逃げたので、ムカリは綏徳州地方の二の要塞を陥れた。

ドーソンがいう葭県は、現在の楡林地区の佳県で、綏徳は地名としてそのまま残っている。したがって、モンゴル人の伝承は歴史的研究と一致している、と言える。

「真の聖地」こと「真の英雄」の周辺にはかつて一万畝近い禁地があり、居住と放牧が禁止されていた。禁地の範囲は、北はイケ・ソージ（Yeke Següji）まで、西はバルーン・ソージ（Barayun Següji）までであった。[4]ウーシン旗政府が「辺客」に草原を土地として租借した際も、禁地は含まれていなかった。しかし、一九五〇年代に入ると、中国人達は禁地の中にも入り込むようになった。

祟る聖地

ゲレルチョクトは語る。

モンゴル人が中国人に追われて北へ移動した際に、最初は聖地をクゲルゲン・チャガン・モリに残し、守護神の鉄器部分だけを持って避難した。その為、当時は、「聖地から離れ離れになった守護神（oboy-a-ača saluysan sitügen）」と悲しみを込めて呼んでいた。その後、ウイグルチン・ハラーの何人かの役人とラマ達は聖地オボーをも北へ移そうと計画した。聖地オボーは境界のシンボルでもあり、オボーの移転は境界の変動を意味するので、旗政府の許可が欠かせなかった。

ウーシン旗政府の許可を得て、役人とラマ達はその「真の聖地」を動かそうと台座を掘り起こしてみた。オボーの下には「五種の宝物」を埋め込んでいるので、それを北へ移す予定であった。ところが、聖地オボーの台座を掘っていたら、突然、竜巻に襲われ、役人達は吹き飛ばされたし、読経していたラマも眠らせてしまった。「聖地の魂（oboyan-u ejen）」は昔からいた場所から離れようとしない意志が示されたと理解した一同は、諦めるしかなかった。

文革期に入ると、「真の聖地」は周辺の中国人に破壊された。オボーの石と煉瓦はトイレや家畜囲いに使われた。まもなく、先頭に立って聖地を壊した四人の中国人の若者は全員が半身不随になり、死んでしまった。指揮していた康という共産党書記も煉瓦で厠を建てたが、その後、用便中に鼻から血が出て死亡した。

相次ぐ死亡事故を経て、「真の聖地」近くまで侵入していた中国人もオボーに敬意を払うように変わった。中国人達は、「真の聖地の下に白馬に跨り、銀の鎧を着こなし、弓矢を手にした将軍がいる」、と信じるようになったそうである。

文革が終わり、信仰の自由も少し許されるようになった一九八一年、「真の聖地」も再建されることになった。モンゴル側ではウイグルチン・オボクの人達が羊を二十頭出し合って資金とした。建築工事には現地の中国人を雇った。

オボーを再建した日、中国人達は古い台座の下に宝物があると話して掘り続けたが、モンゴル人は反対した。しばらく掘り続けると、大きな石が三つ見つかった。その石を動かすと、下から猫ぐらい大きい、青い狐が現れたのではないか。中国人達は大慌てで、宝物探しを止めてしまった。彼らは道教の神官達を呼んで来て儀式をおこない、モンゴル人はラマ達に読経を依頼した。

このようにゲレルチョクトは証言するが、どこまでも現世利益を優先とする中国人と、精神性と哲学を大事にし、自然への畏怖を抱くモンゴル人は今も衝突を続けている。

祭祀儀礼の基準

「真の聖地」とそこに立っていた「真の英雄」の軍神スゥルデを祀っているのは、ウイグルチン・オボク出身の十三人のジュマ（juma）と称される祭祀者達である。ジュマには以下のような位階がある。

イケ・ジュマ（Yeke juma, Dary-a juma ともいう）：「大きいジュマ」との意、二人。
タキラガン・ジュマ（Takilyan juma）：「祭祀係のジュマ」で、一人。
デムチ・ジュマ（Demči juma）：財産管理者で、一人。
ダンサン・ジュマ（Dansan juma）：祭祀用文書係で、一人。

ゲレルチョクトによると、今までにイケ・ジュマを務めたのはウルジバト（Öljeibatu）とゴンブスレン（Gonbusüreng）、バーサン（Basang）とジャーワー（Jaba）、それにポンスクノルブーである。彼の兄ポンスクノルブーが亡くなってから、次のイケ・ジュマはまだ選出されていない。イケ・ジュマは十三人の祭祀者達が集まって、協議して選ぶ。

「真の聖地」そのものはモンゴル人全体の守護神であるので、全モンゴル人が自由に参加できる。ラマも祭祀に参加するが、ウイグルチン・ハラーの寺であるガルート寺のラマに限る。ラマ達はラッパを吹き、読経する。しかし、ラマ達を祭祀に参加させるかどうかで、意見が割れている、とゲレルチョクトは語る。

ラマ教は元々タングート人のものである。モンゴル人とタングート人は別の民族だし、おまけにタングート人はモンゴルの偉大な祖先チンギス・ハーンの征服に抵抗した人々ではないか。

ラマ達の参加に反対しているのは、著名な民俗学者にして詩人でもあるハスビリクトである。タングートとは西夏に対するモンゴル人からの呼称である。

「どうして、ラマ達が祭祀に関わるようになったのか」、と私は尋ねた。ゲレルチョクトは以下のように答えた。

かつての「真の守護神」はとても恐ろしい神（doysin sitügen）であった。オボーの上を飛んだ鳥も落ちて死ぬし、モンゴル人も近くを通る際には馬から降りなければならなかった。その憤怒を和らげようとして、ラマ達が読経して関与するようになった。現在の社会状況から見れば、やはり元通りの恐れられる神の方がいいので、来年からはラマ達の参加を断る予定である。それに、チンギス・ハーンの八白宮の祭祀（Naiman Čaγan ordun-u taγily-a）も昔からラマの参加は許されていないので、その伝統に従うものである。

「チンギス・ハーンの八白宮の祭祀」は現在、オルドスのエジンホロー旗で維持されている（後述一九九二年四月十七日からの記述参照）。「五百戸の黄色いダルハト」達は十三世紀頃から続く祭祀の運営に関わっている。その八白宮の祭祀はオルドスのあらゆる儀礼の模範と基準になっているので、ゲレルチョクトの見解は多くのモンゴル人の意志を代表していると言えよう。

失地回復という大義名分

「真の守護神」の祭祀は年に二回ある。まずはオルドス暦の「白い月（旧正月）」の三日の祭祀である。こちらは現在、ゲルチン平野の祭殿でおこなわれる。羊の丸煮と乳製品でムハライ将軍を祀る。灯明をつけ、「主君の賛歌（Ejen sang）」と「軍神スゥルデの賛歌（Sülde-yin sang）」を唱える。

次に、大祭は「オルドス暦の八月（太陰暦五月）」十一日から十三日にかけて実施する。実際は九日からラマ達がラッパを演奏し、読経を始め、一般の参拝者達は羊の丸煮を献上する。

十二日には、失地回復の儀礼がある。旗手が種雄の馬に跨り、ムハライ将軍の軍神スゥルデを手にして威風堂々と南下し、元の場所であるテメート・ゴト（楡林城）付近の地を目指す。この行列には祭祀者全員が馬に乗って加わる。旗手以外は、普通の去勢馬に乗る。モンゴル軍の軍旗や軍神を持つ旗手だけが種雄馬に乗るのは、昔からの伝統であるという。

ムハライ将軍の軍神スゥルデを掲げて、中国との境界地帯である長城へ出発した一行を沿路のモンゴル人達も馬に乗って出迎え、「ぜひ我が家にお立ち寄りを」、と招請される。一行も可能な限り立ち寄り、献上された羊の丸煮を受け入れ、その家の繁栄を祈願した祝詞を唱えてから「行軍」を続ける。

テメート・ゴト付近の聖地に着いてから、翌十三日には「真の守護神」を祀る。「真の守護神」に羊の丸煮のうちの脛骨（šaγ-a čimöge）と胯骨（següji）を献上し[5]、その他の部位は会食に提供する。一連の儀礼が終わって、十六日に再び軍神を携えて北上する。

この他、決まった祭祀の期日以外でも、願い事があれば、モンゴル人達は随時、「真の守護神」の祭殿に参拝してくる。「真の守護神」は現在、中国人との間でトラブルを抱えている、とゲレルチョクトは話す。その原因はそもそも元の場所を中国人の侵入で奪われたことにある。彼によると、「真の守護神」の禁地イケ・ソージ周辺は水と草の豊かな草原であった。モンゴル人達は一九五〇年代まで聖地を祀りに行き、自由に馬を放った。ところが、文革期から、聖地はすべて中国人に開墾されて畑に変えてしまった。

ここ数年、祀りに行くと、馬を放す場所もなくなった。軍神を乗せた馬を空腹のままにしておくわけにはいかない。しかし、草原もなく、中国人から草や飼料を買わなければならなくなった。真夏に草を他人から買うなんて、歴史的に経験したことがない。しかも、ここは我々モンゴル人の聖なる土地で、私達も失地回復を願って軍神の帰還をおこなっている。

一昨年、モンゴル人の馬が聖地近くの中国人の畑に入ってしまい、衝突になった。午後、軍神を祀ったら、雷雨が降り、その中国人の作物も雹に打たれた。モンゴルの「真の英雄」の怒りの現れだ、と伝えてやった。

そもそも「真の英雄」の儀礼は昔から中国を抑える為、モンゴルの草原を中国人の侵入から護る為に挙行して来た。それが、現在では現地に住む中国人の参加まで許されている。元々、「失地回復の儀礼」は、中国人の侵略で奪われた土地にモンゴルの軍神が一時的に復帰することの演出であったが、いつの間にか「民族団結のシンボル」と改変されてしまったことに、モンゴル人達は強い不満を抱いている。中国の驚嘆すべきところは歴史の捏造である。モンゴル人の中国に対する抵抗を「民族団結」に変えてしまうほど、歴史の改竄は日々進められている。ゲレルチョクトは今、ウーシン旗政府の民族事務局に陳情し、聖地そのものをモンゴルに返還するよう求めている、という。

私は昼過ぎにゲレルチョクトと別れた。彼は体調も芳しくないが、話の一つ一つに気骨を感じた。中国の刑務所に七年間も閉じ込められた強い男は、次のイケ・ジュマに選出されることになっているようである。(6)

「真の英雄」の祭殿からウーシン旗政府所在地に戻ってから、私は再び前日に会ったバトラブダンの家を訪ねた。彼は私にダー・クレーの貴族の家系譜をくれる約束をしていたからだ。家系譜を見ると、途中に断絶はあるものの、グルグという人から始まり、六世代の系譜が記されてあった（前掲の系譜図1参照）。貴族の家系譜は三部作られ、一部は旗政府衙門に、もう一部はチンギス・ハーンの祭殿八白宮に、そして最後の一部はダー・タイジが保管する。

「結婚式でまた会おう」、とバトラブダンから言われた。実は父が参加を予定している結婚式の新郎の母親ハスゴワはバトラブダンの妹に当たる。ハスゴワとバトラブダンの祖父同士が兄弟だった。当然、バトラブダンも式に出るし、私も観察予定である。

オバの家に行くと、父がハイマツ（arča）で自分を清めているのではないか。聞くと、街に出て再びオバの家に戻ろうとした際に、間違って隣家に入ってしまった。その隣家には出産して一カ月間未満の産婦がいた。見知らぬ産婦の居場所をモンゴル人は「穢れ（bujar）」と見なし、晴れの行事に参加予定の者は特にそれを避ける。父はうっかり「穢れ」に近づいてしまったので、清めを済ませていたのである。内モンゴルは今、ようやく文革期から続く弾圧の時代から脱出しようとしている。モンゴル人はあらゆる儀式を少しずつ伝統的なやり方に軌道を戻そうとしている。

「幹部達は共産党員を辞める人も出て来た。党員を辞めれば、自由に伝統文化の儀式に参加できるからだ」、とオジのオトゴンは言う。ウーシン旗西部に住むジャンガーという公営の馬場の場長も共産党の支部組織から離脱した、と聞いた。中国共産党と中国人について語る時に、その語感に強い嫌悪感を漂わせているのを肌で感じた。

注

（1）ダルト旗のモンゴル人の一部はまたオトク南部のナンソ（Nangsu）寺付近に避難したことで、近くに「ダルト盆地（Dalud-un qoyulai）」という地名が現れた。ジュンガル旗の黄河沿線の草原は豊かな土地だと中国人に狙われた為、清朝末期から侵入された。

（2）モンゴル語の原文は“eriyen balar-un erdeni, eljige Gitad-un čiɣtaɣ-a”である。

（3）服喪を含む、モンゴル人の各種のタブーについては、Sárközi［1999: 127-133］を参照されたい。

（4）ゲレルチョクトは私に禁地の南と東の地名を挙げなかった。その後、一九九二年二月十六日に私はガタギン・オボクの長老ゴンチョクドンロブに会った。彼によると、ムハライの息子はボルト（Bolud）で、孫はテストゴス（Testoɣus）である。テストゴスの時代にムハライの墓が長城の南側から北側に移転されたという。

（5）チンギス・ハーンの末子トロイ・エジンの祭祀儀礼の場でも、脛骨と胯骨が用いられていたことをその後の調査で把握する［楊一九九六a：六六二―六六三、六七〇］。また、後述するように、結婚式でも天への捧げものとして用いられる。

（6）「真の英雄ムハライ将軍」の祭祀については、後日、ダワージャムソとゲレルチョクトによる民族誌がある［Davajamsu and Gerelčoɣtu 2001］。

●第十章　復活した結婚式

宮廷文化の遺風を維持するオルドス・モンゴル人の宴会の風景。酒を相手に渡す際もお辞儀は欠かせない。左からゲレルチョクト、サチュラルト、母方のオジのチャガンホラガ、ウイジン。

十二月二十二日

贈答される乳製品

儀礼は文化である、とモンゴル人は強調する。その文化の実態と神髄を現わしている儀礼の一つが結婚式である。中国政府によって一九五八年頃から禁止されて来た結婚式を観察できることになり、私は喜んだ。ウーシン旗人民政府法院院長ノルブーとハスゴワ夫婦の長男、スヘの結婚式である。

父には式の主賓を務めるという重要な役が与えられている。伝統的なオルドス・モンゴルの結婚式は、新郎の家だと二泊三日かかるので、その間に主賓はずっと式の進行を司るので、ほとんど一睡もできない。新郎にとって、式が始まる最初の日を「新郎の日（küü edür）」と呼ぶ。

ノルブーとハスゴワにはスヘとテケシ（Teksi）という二人の息子がいる。長男スヘは法院に、次男テケシはウーシンジョー・ソムの変電所で働いている。文革中にハスゴワはダー・クレーの貴族の出身というだけで、さんざん中国人からの暴力を受けたので、長く精神的に病んでいた。病気がちの彼女にとって、長男の結婚式は実に嬉しいことである。

花嫁も実は旗政府所在地のダブチャク鎮に住む。父親が運転手で、母親は文化館に務めているが、元の故郷はガルートである。若い二人は見合い結婚だという。モンゴル人は本来、なるべく遠い地域、異なる部族から嫁をもらう。私が小さかった頃、黄河の北側のウラト地域のモンゴル人や、自治区中央部のジャハル地域のモンゴル人達が馬に乗って、数百キロも離れたところから嫁を探しに来ていた。現在、古い伝統も次第に廃れて来ている。スヘと彼の嫁になる女性は共に都市に住み、昔に比べたら至近距離に暮らしていると言える。それでも、式だけは伝統に従う。ただし、二十二と二十三の二日が過ぎた後、二十六日にはまた若い人達だけを集めたパーティも開くという。こちらは現代の都会風に実施するらしい。

父と私は十二時過ぎにノルブー家に入った。ノルブー夫妻は丁寧にお辞儀をし、挨拶を交わす。他の客人は十三時から集まる予定だが、それぞれ占いをし、自身にとっての吉なる時間帯を選んで来る。

父は主賓の席に座ったまま、他の客人からの挨拶を受ける。客は父に嗅ぎタバコと儀礼用の絹ハダクを差し出して挨拶をし、第一回目の「礼節の茶」を飲む。既に述べたように、一口ほどのお茶でも、時間をかけて啜り、丁重な会話を続ける。「礼節の茶」を済ませてから、客は祝い品を渡す。草原に住む親戚は大概、羊の丸煮を持って来るし、都会の人は塼茶と酒、それに現金である。丸煮だろうが、現金だろうが、すべて「サーリ（sayali）」という。「サーリ」は乳製品を意味し、本来、遊牧民はすべて乳製品を儀礼の贈答に使用していたことの名残で

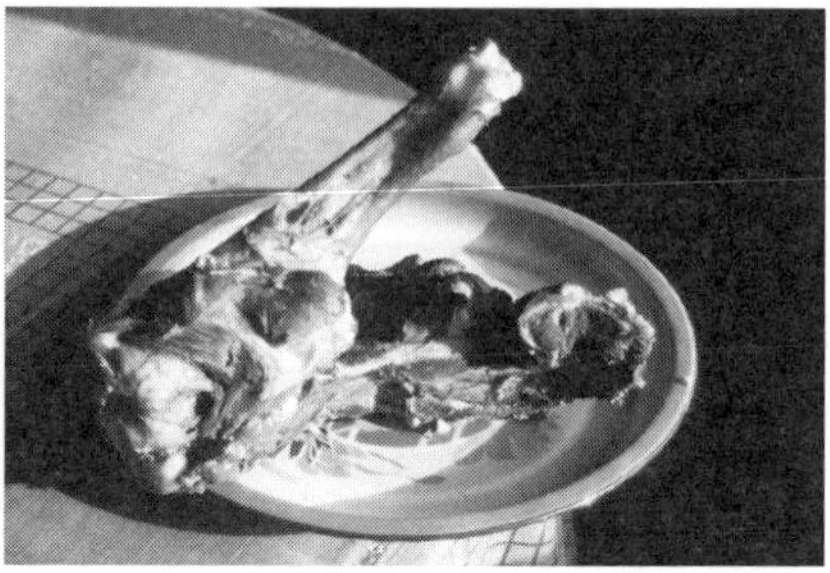

写真 10-1　羊の丸煮の一部である脛骨と胯骨

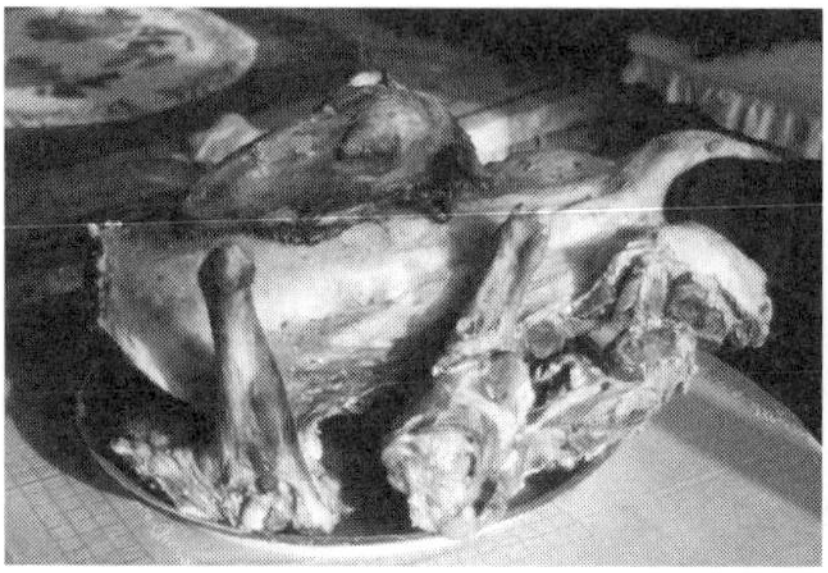

写真 10-2　完全な姿の羊の丸煮

あろう。

客はまず棗が二個入ったヨーグルト（「白い食べ物」）を主賓の父に渡す（前出写真4―6参照）。父はその「白い食べ物」を賞味してから、客からの羊の丸煮を受け取り、デムチという式の贈答品管理係に渡す。客からの羊の丸煮はドゥシという大きな木製の皿に盛られ、生きた時と同じ姿勢でなければならない。贈答品管理係《デムチ》はその丸煮の脛骨と胯骨の肉をほんの少量切り取って外に出て天に向かって振り撒く（写真10―1）。そして、大きな声で、「献上品を捧げよう（degeji ergübe）」と叫ぶと、室内の一同も同じ言葉で唱和する。

室内に戻ったデムチは丸煮の頭を主賓に差し出す。主賓はその頭部に手を当てて祝福し、時計回りに回し、最後の客からデムチに渡す。デムチはその丸煮を持って退室する。このようにお祝いの羊が渡された後に、本格的に食べる「二度目の茶」が始まる。客にお茶を出すのは、着飾った未婚の娘達である。山盛りの肉と乳製品、それにパン類が出される。二度目のお茶の後に、酒宴が始まる。この間に客人は陸続と到着し、儀礼も繰り返される。夕方五時になると、客人はほぼ全員が揃ったので、もう一度、「本格的なお茶」が出され、酒の量も増える。

宵の献立

夜八時に食事が出された。細雑燴《シーザホウイ》という煮込み料理である。こちらは北部中国の煮込み料理を彷彿とさせるが、違いは豚肉ではなく羊肉を用いている点にある。羊肉と白菜、それにハルサメとジャガイモ等豊富な具材からなる。家に入って右側の部屋に年配の男女の賓客が、左の部屋には若者達がそれぞれ陣取る。酒を飲み、オルドスの民謡を歌う。以前と異なり、ヤマハやカシオ等日本製の電子楽器類も使われるようになった。

新郎の父ノルブーは地元の法院院長という影響力の幹部だった為か、旗政府の有力者達も勢揃いしている。ルワーディ（Ravadi）副旗長とバダラルト（Badaraltu）党書記、ダランバヤル

（Dalanbayar）政府弁公室主任等の姿が見えた。ルワーディ副旗長とノルブーの弟のドプチン（Dobčin）はまた私の副指導教官の小長谷有紀を知っているという。以前に小長谷が調査でオルドスを訪れた時に一緒に酒を飲み、屠ることなく、生きたまま神に捧げられた「オンゴン山羊（ongγun imaγ-a）」を探し回ったそうである[1]。オルドスに来た小長谷は「ナランゲレル（Narangerel）」というモンゴル名を使っていたそうである。ナランとは太陽で、ゲレルは「光」だ。モンゴル人は日本をナラン・ウルス（Naran ulus、「太陽の国」＝日の丸の国）、日本人をナラン・クンと呼ぶ。小長谷は良い名前を選んだものである。

ノルブーは私を何回も来賓達に紹介してくれた。モンゴル人はコミュニケーションを大切にする、民族意識の強い集団である。このような結婚式も親戚同士だけでなく、政治と経済で結ばれた人達も集まってくる。宴会の席上で若い後継者達を相互に紹介し、血縁関係を確認し合う。

宴も闌になった深夜十二時に、ホノク（qonuγ）が出される。ホノクとは「宵の献立」、との意であるが、専ら羊の丸煮を指す（写真10―2）。元々羊の丸煮はモンゴル帝国時代に駅站から駅站へと馬を飛ばして来る使者に供される特別な料理であったと伝えられている。その使者の宿泊用の献立に羊の丸煮が登場していたという。羊の丸煮の頭部と脛骨、それに膀骨を「神の分（burqan-u qubi）」として主賓の父が手に取ってデムチに渡す。デムチは外に出て天に向かって肉片を振り撒き、「供物を捧げよう」と叫ぶ。室内の客人達は「力強く捧げよう（güčid ergübe）」と応じる。その後に客人達の会食が始まる。丸煮は神聖な存在で、上品に、ゆっくりと食べなければならない。

「宵の献立」ホノクの後に、肉粥が出される。こちらは、丸煮を煮た後のスープに米とヨーグルトを加えたものである。酒の消化に良いとされている。肉に乳製品をふんだんに使うのもまた、宮廷文化の伝統を持つオルドスの食文化の特徴の一つである。

略奪に行く武装者集団

肉粥は実は「武装者集団（saγadaγ）」を見送る壮行会用の食事でもある。ここでいう「武装者集団《サーダク》」とは、新郎を始め、新婦を迎えに行く男達を指す。四～十人と必ず偶数で構成され、普通は新郎の義兄（kürgen aq-a）やイトコ達からなる。「武装者集団」のリーダーは「武者の長（qur-un amban）」と呼ばれる。「武装者集団」に入るには腕力と知力が秀でている条件が課される。新婦の家に着いたら、扉が封じられているので、「突入」しなければならない。若い、口達者な女性とホンジン（qonjin）が待ち受けており、美しい詩文の問答が交わされるからである。ホンジンとは、元朝時代の「官人」の音便とされるが、後世では専ら儀礼の場で詩文を唱える係や吟遊詩人を指すようになった。「武装者集団」はまた提供された肉料理の骨を折らなければならないし、新婦を「力づくで奪って」、両手で抱えて馬に載せなければならない。これらはすべて近現代までおこなわれていた、ユーラシア遊牧民の略奪婚の名残である。「武装者集団」に選ばれることをモンゴル人の男性は自身の名誉と見なす。

「略奪」に行く以上、「武装者集団」は必ず深夜の時間帯に出発する。深夜一時、庭に一つのテーブルが用意され、その上にパンと棗、それに「白い食べ物」のヨーグルトを置く。テーブルの前には白いフェルトを敷き、火を焚く。白色を神聖視するユーラシアにおいて、各種の儀礼は必ず白いフェルトの上でおこなわれる。火は清める力を持つとされる。一列に並んだ「武装者集団」に主賓の父が酒とヨーグルトを差し出す。そして、「明日必ず、花嫁を連れて来るように」と話す。この時、新郎側のホンジンが祝詞を唱える。ホンジンもまもなく「武装者集団」の一員として出発する。一行は「親戚への土産物（töril-ün degeji）」として、新婦に着せる衣類等を持って出かける。

このように見送られる「武装者集団」は馬に乗って出発するが、現代では車を使うことが多くなった。新郎のスヘを含む「武装者集団」達も「北京ジープ」に乗って出発した。「黒い骨」からなる庶民（qar-a yasutai albatu）の「新婦の略奪」には新郎本人も欠かせないが、「白い骨」の貴族キヤート・ボルジギン（čayan yasutai Borjigin）の人達は本人が行かずに、従者が代わりに「出征」する。

私は当然、「武装者集団」に付いていけない。後日に私も別の結婚式で「武装者集団」の一員に招待されるが（十二月十六日の記述参照）、ここでは先に彼らの行動について述べておこう。

詩文の問答

新婦側の実家に深夜に着くと、家の扉はフェルトによって塞がれているはずで、簡単に入れない。入口には偶数の既婚の女性達（bergen nügüd）と新婦側のホンジンが立っている。すると、新郎側のホンジンは以下のように尋ねる。

毎日毎日、塞がれている扉なのか
本日、私達を入れないようにして塞いだのか。
毎月毎月、塞がれている扉なのか
たった今、塞いだのか。[2]

そこで、新婦側のホンジンは次のように返答する。

被っている帽子と着ている服を見れば、
使節か賓客のように見えた。

身に付けている弓矢を見れば、
猟人のようにも映った。
毎日毎日、防ぐ扉ではなく
毎月毎月、閉じる扉でもなく
たった今、塞いだ扉だ。[3]

　このような詩文による応酬は長く続く。それを書き留めた手写本をモンゴルでは「ホンジンの冊子（qonjin debter orusiba）」と言い、オルドスの民間に数多く伝わっている。詩文を吟唱するホンジンは社会的な地位が高く、みんなに尊敬される。[4]しばらくしたら、「武者の長」ともう一人は割と簡単に入ってしまう。しかし、新郎とホンジンはなかなか入れてもらえない。二人は詩文の問答を続けながら、隙間を見て室内への突入を繰り返し試みる。知力と俊敏が試されているからである。門前に立っているのは若い女性達と口達者な吟遊詩人であるので、乱暴と力の行使は決して許されない。

　やっと中に入った後に、「武者の長」は一同を連れて「親戚になった土産品（törül-ün degeji）」を献上する。こちらは革袋（tulum）に入れて持って来る。[5]革袋は遊牧の戦士や猟人が持参するものである。十個のパンと棗、シルクと塼茶等が入っている。続いて新郎をみんなに紹介し、一同から祝福を受ける。やがて「武装者集団」には食事が提供される。新郎には頑丈な骨が入った肉が渡される。場合によってはその骨の中に更に細い鉄棒が隠されている。新郎はその骨を見事に折って見せて、腕力を示さなければならない。

　新郎達を見送った後は引き続き宴会になるが、私は旅館に戻って休んだ。この「花婿の日」は寒かった。モンゴル人達はまたその日の天候を見て、新郎新婦の性格を占う。「強い青年だろう」、と寒さと性格を結び付けていた。

十二月二十三日

通過儀礼

「新婦の日（beri edür）」にあたる今日は穏やかな、晴れの日である。「新婦もこの日の天気と同じ、穏やかな、美しい女性だ」、とみんな口を揃えて褒めている。ちなみに明日の二十四は「姑の日（qadam eke-yin edür）」で、明後日の二十五は「義父の日（qadam ečige-yin edür）」になる。主賓の父と他の来客達も午前中はあまり酒を飲まないで、談笑して過ごす。午後に花嫁達が来られたら、明日の朝まで徹夜で接待しなければならないので、体力を温存している。

　十三時に昼食が出た。豚肉の煮込み料理で、燴菜（ホウィツアイ）という。ハルサメと肉団子、それに豚肉と豆腐をふんだんに使ったもので、中国北部の山西省からモンゴルに伝わっ

写真10-3　新婦側を出迎える風景。（1991年12月23日）

たものである。晋商こと山西商人が持ち込んだもので、南モンゴルだけでなく、北のハルハでも同じ名前で呼ばれている。現在では内モンゴル自治区西部のバヤンノール盟とオルドスの名物料理となっており、本家山西省のよりも評判がいい。肉を沢山使うからである。

　昼食の後、デムチがみんなを指揮して庭にテーブルを置き、傍に白いフェルトを敷いた。テーブルの上にはパンと棗、それにヨーグルトを乗せる。儀礼に欠かせない品物ばかりである。

　午後十四時二十分に「武装者集団」四人が先に帰って来た。馬に乗っていたのと同じ、車も必ず同じ道を辿って帰る。テーブルのところで下車し、「白い食べ物」のヨーグルトを一口賞味してから、「無事に新婦さんを連れて来た」、と意気揚々として主賓に報告する。やがて彼らの後ろを追うようにして新婦を送り届ける車列が見えた。本来ならば、馬群のはずである。彼らを「娘を送る人達（keüken kürgekü kümüs）」と呼ぶ。ジープ四台に四十人が乗っている。

新郎側の来客が二列に立ち並んで歓迎する中、新婦の両親（quda quduɣui）と新婦側の主賓が白いフェルトに座る。四十人は花嫁を真中に堅く守るように囲み、その姿が見えないように隠しながら進む。新婦側の両親と二人の若い既婚女性（bergen）が嗅ぎタバコを持って花婿側の両親達に挨拶をし、室内へ招く（写真10—3）。双方の事前の関係が良好であったら、すぐに入室するが、婚資や持参金等でもめた場合、或いは迎えに行った「武装者集団」に非礼があった時には入室しようとしない。その際に繰り返し謝罪しなければならないが、この日の式にそれは一切なかった。

　もし、この儀礼が昔のように草原でおこなわれていたら、次のようになる。

　花嫁は父親から与えられた持参金としての馬に乗る。その馬を「インジ・モリ（inji mori）」という。モンゴル人はとにかく娘を溺愛し、並々ならぬ情愛を注ぐので、馬群の中の一番良い馬を渡すのが普通である。花婿は家の前に二カ所の火（qoyar sirege ɣal）を焚き、その火の間に儀礼用の絹ハダクと一本の棒（sirege modu）を置き、境界を設ける。馬に乗って来た花嫁が火の向う側に立って、ハダクと自身の手綱を棒の上から花婿に投げる。新郎は彼女の投げた手綱を鞭で拾って手に握り、そのまま牽いて火の間を通過する。文字通り、境界を跨ぐ通過儀礼である。これで、別の部族の一員から花婿側の社会に入って来たことになる。花嫁が乗って来た「インジ・モリ」は彼女個人の財産で、夫や他の家族も許可なしに簡単に使ってはいけない。

祝福される「正統の嫁」

十四時四十五分に新婦を送って来た人達に第一回の「礼節の茶」が出された。茶の後に、新婦側のデムチが「白い食べ物」のヨーグルトを持って新郎側の主賓に挨拶し、持参金について詳しく報告する。この持参金もまた「結婚式の乳製品（qurim-un sayali）」や「娘に用意したお茶（keüken-degen keyigsen čai）」と呼ぶ。

つづいて「二度目の茶」が振舞われ、新婦を新郎側の竈に拝ませる儀式（yal-du mörgülekü）も速やかに済ませた。火は一家の象徴であり、嫁が毎日それを扱う。火の神に拝むことで、家族の一員になったことが証明される。

午後十六時から「新婦を祝福する（ber-e miliyaqu）」儀礼がスタートした。祝福するのは姑であり、二人の関係が上手く行くようとの願望が託されている。姑は花嫁の頭に被っていた赤い頭巾を外し取る。この時、花嫁の顔が初めて披露される。姑は皿の中のバターを手に取って、花嫁の額と口の周り、それに手の甲にも付ける。モンゴルでは子どもが生まれた直後に口の中にバターを入れて新生を祝福する。新婦の口にバターを塗るのは婚家での新生を意味し、手の甲への塗布は勤勉への奨励だとされている。(6)

塗油《ミラーホ》の祝福が終わると、姑は「正統の嫁か、隠された嫁か（ile ber-e yuu? dalda ber-e yuu?）」とみんなに聞く。一同は大きな声で「正統の嫁だ」、と歓声を上げる。これも古代から続いた略奪婚時代の習慣の名残であろう。それは、結婚式を披露することで、略奪されて来た、「隠された嫁」から「正統の嫁」になる通過儀礼であったのではないか。

続いて「新婦の挨拶（ber-e mörgükü）」が始まる。この儀礼はまた「習慣を実施する（keb tabiqu）」ともいう。新郎側のデムチが花嫁と付き添い人インジ（inji）を連れて姑と親戚全員に逐一、紹介していく。この時のインジは大抵、新婦の既婚の姉か兄嫁が務める。花嫁は酒を杯に注ぎ、紹介された親戚に捧げる。親戚の者は酒を飲んでから祝儀を渡す（写真10―4）。この際のお祝いは現金か絨毯、シルクと緞子が一般的であるが、家畜を贈る人もいる。その場合は赤い紙に贈答する家畜の種類と頭数を書いて渡す。祝儀をもらった花嫁は丁寧に膝

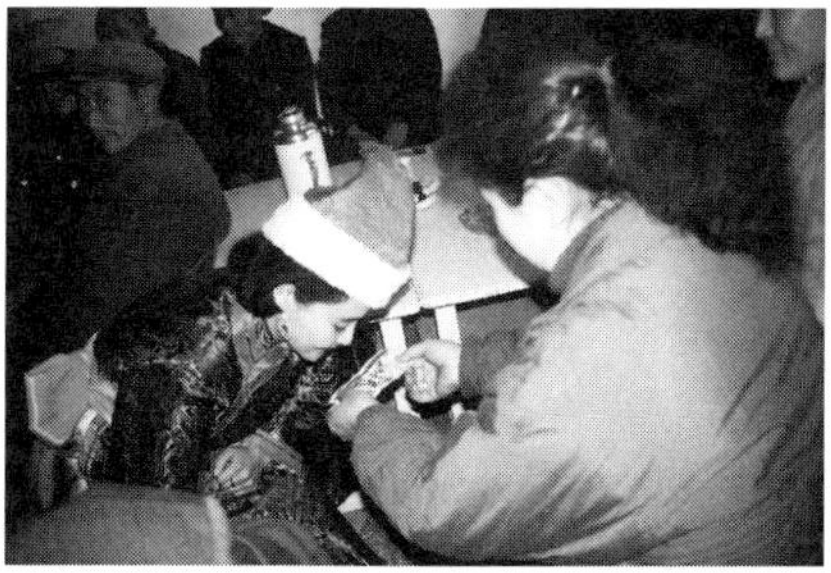

写真10-4　新婦からの挨拶を受けて、祝儀を渡すシーン。

写真 10-5　新郎と新婦。実は新郎はその数年後に亡くなった。（1991 年 12 月 23 日）

を曲げてお辞儀をする。この時、花婿は花嫁の家で彼女の両親から贈られた持参金の品々を自分の親に渡す。スヘの場合は、父ノルブーに金の指輪、母ハスゴワに毛皮のコートと現金二百元を手渡していた。

夕方十七時から様々な料理が出された。野生の兎と雉、ウズラの卵、牛肉と白菜の煮込み、もやし等、実に種類豊富である。ここからは花婿側が花嫁側の親戚達をもてなす番となる。花嫁が到着するまでの客人達も今度は「主人」側の一員として花嫁を送り届けて来た人々に対する接待に関わる。酒を勧め、歌を歌う。

私は若い二人を外に連れだして写真を撮ってあげた（写真10―5）。カメラを持っていたのは私だけであった。夕方、雪になった。しばらくすると、雪は止み、綺麗な月が昇った。真っ白な夜のダブチャク鎮で、モンゴル人は歌い、踊っていた。後日、私の写真は国立民族学博物館が監修している雑誌『季刊民族学』第六十七巻に載った〔楊　一九九四a：一二二〕。当然、本人達にも雑誌を渡した。

十二月二十四日　吉日の新婦の茶

日付が変わった深夜一時に羊の丸煮が四つ、「宵の献立」として出された。それから明け方の五時までずっと歌と踊りが続いた。この間に、新婦側の親戚達は威勢よく不満を爆発させる。婚資が少なかったとか、式の礼節が足りないとか、怒ってみせる。これらはすべて新婦を守る為のパフォーマンスである。将来、もし嫁が虐められたら、実家の者達は立ち上がる用意がある、との意思表示でもある。当然、新郎家は何を言われても、ひたすら我慢に徹する。

朝の五時に、客人達にソバが出された。ソバを出すのはウーシン旗西部の習慣で、東部なら肉入りのご飯（qoliyo-tai budaγ-a）が普通である。西部と東部では、父系親族集団オボクが異なるからである。

この日、十二月二十四日は「姑の日」にあたり、朝から雪だ。「雪と雨は吉祥、風と竜巻は不吉」[7]、とモンゴル人は信じているので、良い日になった、と結婚式の参加者達は喜んでいる。

八時になると、「新婦からのお茶（sin-e küinei čai）」が始まる。新婦が客人の前に立って、婚家の嫁として自らお茶を入れる。お茶の後、姑は一同に「鍋と杓子の権利を嫁に渡した（toγuγ-a sinay-a-yin erke-yi tusiyaqu）」、と宣言する。炊事を中心とする家事の運営権が姑から嫁に全般的に譲渡されたことが演出される。姑は儀礼的に一時、台所から去っていく。「新婦からのお茶」に続いて、食事が振るわれる。

食事が終わって、十一時少し前から、「新婦側の客人を飾る（keüken tal-a-yi jülgükü）」儀式がスタートする。新婦の両親を始め、送って来たすべての客人に土産物を渡して「飾る（jülgükü）」式である。新婦の両親と祖父母には高級カシミヤの毛布一枚ずつと塼茶二個、シルクの布団カバー一枚ずつ渡された。

「飾り」を手にした新婦の両親は外に出る。庭にはテーブルが置かれ、白いフェルトが敷かれている。テーブルの上にはパンとヨーグルトと棗がある。両親と親戚の者達はフェルトの上に立って「白い食べ物」のヨーグルトを賞味してから車に乗る。本来ならば、馬に跨る。馬の背中に乗った後に、新郎側から「鐙を強く踏ませる酒（dörüge-yi čingyarayulqu sarqud）」が振舞われる。大抵は何度も蒸留を繰り返された乳酒が用いられるが、今のオルドスにはそれがないので、度数の高い中国製の白酒が供された。客人達は一気に飲み干してから、「力強く鐙を踏んで出発する」時代から「威勢よくエンジンを踏む」のに変わって来たのである。

この間に、新婦は両親達を見送りに出て来てはいけない。彼女は付き添いのインジ（兄嫁）と共に、自分の部屋で「泣いて」いなければならない。まもなく、新郎側の親戚達も帰り始める。主人は客に「乳製品を返さなければならない（sayali bučayaqu）」。つまり、「乳製品」と称される贈答品の半分を返すのである。

これでモンゴル人の長い、二泊三日の結婚式が一応、閉幕となる。数日後、新郎の両親は結婚したばかりの二人と親戚の成員を数名連れて、偶数で形成した親族集団で新婦の実家とその親戚達（姻戚）を表敬訪問しなければならない。これをジョルグールト（jolyultu）といい、直訳すれば「紹介」との意であるが、新人二人が仲睦まじく生活を無事に始めたことを見せ、相手を安心させる為の手続きである。帰って来てからはまた、新郎側の親戚達に会いに行く。こちらはエルグールト（ergültü）と呼び、「凱旋」の意味である。「略奪」して来た嫁を「凱旋」で自慢し、落ち着いたことを誇示する。双方の親戚達は新郎新婦に沢山の祝い品を渡す。こちらも「飾り（jegülge）」という。定住したとはいえ、ユーラシアの遊牧民の古代からの伝統はしっかりと守られているのである。

羊の心は狼

結婚式の観察を終えて離れようとした私に、ウーシン旗人民政府人民代表大会主任で、前日に会ったダニスが近づいて来た。

「今のモンゴル人は羊のように大人しく振舞っているが、心は狼だよ。貴方もそれを忘れないで」、と私と握手して別れた。彼は後日、自らが編集したオルドスの第一次資料を多数、譲ってくれた。

今回、ノルブー家の結婚式を観察して、私は以下のように思った。

第一に、かつて遊牧していた時代のモンゴル人の結婚式やその他の儀礼と同じく、異民族の中国人を一人も招待していない。モンゴル人だけで儀式を遂行するのは、若い世代に民族の伝統を確実に伝える為だ、と彼らは唱えていた。都市に住む中国共産党の幹部の身分で、伝統的な結婚式を実施するのには、相当の勇気と覚悟が必要であろう。若い人達もこのような儀礼の場に参集することによって、古くからのしきたりを学び、維持していく意識が芽生えて来るに違いない。

第二に、結婚式は歴史と文化を伝える場になっている。例えば、モンゴル人の草原が中国人に奪われた歴史を歌った民謡、「清らかな河《トンガラク・ゴル》（Tungγalaγ-un γool）」や「六十本の楡《ジラン・ハイラソ》（Jiran qayilasu）」等を何回も合唱していた。トンガラク・ゴルやジラン・ハイラソはすべて長城のすぐ北側にあるモンゴル人の草原で、今や中国人の畑となった地で、オルドスの人達が強い郷愁を寄せる地である。これらの地名は、モンゴル人の心の奥底で「失われた故郷」との概念として沈殿している。この沈殿した概念は歴史となって、民族全体に共有されているのである。

また、ガタギン・ゲシクバトやエルクート・サンギドルジのような著名な詩人達の詩文も朗誦されていた。ドイツのモンゴル学者ハイシッヒとモンゴル人民共和国の碩学ダムディンスレンによって「近代モンゴル文学の代表的著作類」に選ばれている詩人達である［Damdinsüreng 1959: 557-569;Heissig 1994: 591-614］。これらの詩人達は、結婚式に集まった人達の祖先であり、隣人だった。その強烈な愛国主義と民族主義の政治思想は少しも衰えずに人々の精神世界を構築し続けている。しかも、オルドスのモンゴル人はまたモンゴル国の歌を熱唱している。たったの数十年前に他者によって引かれた境界線を越えて、南モンゴルとモンゴル国は繋がり出したのである。

初恋の人との再会

「狼の心」を持つように、と言われた私はそのまま人民政府の庁舎に入った。昔、中学時代に密かに思いを寄せていた女性に会う為である。政府の幹部となっていた彼女は私に多くを語らずに、分厚い封筒だけを黙って渡してからどこかへ行ってしまった。人のいないところで開けてみると、人民政府の各種統計データが入っているのではないか。中国では幹部達が昇進する為に必ず経済発展の実績を偽装しなければならない。その実績はすべて水増しされた数字で、実際の発展とかけ離れたもので、全く信頼できない。上級機関に「実績」として提出する前の統計はある程度の事実を反映している。私はそうした実態を現わした統計資料を喉から手が出るほど欲しかったので、憧れの彼女からもらった時は本当に嬉しかった。

一九七七年から三年間、私は河南人民公社の農業中学校に通っていた。午前は勉強で、午後は過酷な農作業に携わる。学食は腐ったトウモロコシで作った蒸しパンと、死んだネズミも頻繁に混ざった白菜スープだけだった。食べ物がなく、ずっと慢性的な飢餓状態にあった（写真10—6）。モンゴル人は生まれつき農作業が苦手で、私はいつも何もできないし、する気も湧いて来なかったので、毎日のように教師達に怒鳴られていた。着る服もなく、マイナス二十度にまで下がる真冬でも破れた靴を履き、靴下もなかった。そして、父は「民族分裂主義者」として打倒されていたので、私は「出身の悪い家庭の子」としてみんなに虐められていた。

写真 10-6　中学時代の 1979 年 6 月に撮った一枚。後方左から 6 人目が栄養不良の著者。

彼女はケレイト・オボク（Kereyid obuy）の出身で、父親は河南人民公社の武装部部長だった。いつもお洒落な服を着て、黄色いマフラーを巻いて登校して来ていた。彼女は「化学」を苦手にしていたようだが、私は当時、大胆にも「化学」の方程式について小論文を書き、こっそりと中国の権威ある科学雑誌に投稿するくらい得意だった（勿論、採用されなかった）。ある曇った土曜日に、私は彼女に「化学」の方程式を教えてあげたことがある。しかし、当時の私は彼女を避けていた。虱が付いたぼろぼろの汚い服を着て、いかにも栄養不良な蒼白な顔をしていたのを自覚していたからである。内心で憧れていても、あまりにも大きな貧富の差と政治的身分の差が私達の間に横たわっていたからだ。

私はその後、東勝市の高校に進学したし、彼女は河南人民公社の政府招待所に就職した。いつの間にか、私達は文通を始め、恋に落ちた。彼女が一九八二年九月十一日に私に書いた手紙では、以下のような悩みを打ち明けていた。

「私の祖母は貴方と同じく、オーノス・オボクの出身だそうである。しかも、貴方のオバに当たるという事実を二日前に知らされた」、とショックを隠せなかった。

こうなると、私は彼女のオジの世代にあたり、付き合っていいかどうかの問題が生じる。どうも、私達の恋愛が彼女の母親に知られてしまったらしい。

彼女の祖母で、私のオバとは、前に触れたコルロのことである。コルロは私のオジ、セレブドルジと結婚していたが、一九四〇年代に夫が自死した後に「オーノス家の娘」としてケレイト・オボクの人と再婚した（前出八月三日の記録参照）。「オーノス家の娘」と言っても、私とは血縁的な繋がりはない。彼女の母親はそうした経緯を知らなかったのか、それとも別の理由で反対の気持ちをそう表現していただろう。

そして今、十一年ぶりに再会したのである。

後日、母から聞いたが、彼女は一度結婚したものの、夫の家庭内暴力ですぐに離婚したそうである。妻に暴力を振るうモンゴル人男性は、モンゴル社会の前近代性の残滓である。母は彼女や他の同級生達からの手紙類、それに小中学校時代の試験の成績等をすべて大事に保管してくれた。二〇〇八年十二月に我が家がオルドスからフフホト市に引っ越した際に、それらの資料を母は私に渡してくれたので、当時のラブ・レターを発見したものである。

警察になった下僕

この日の夜、私はオバが経営する「チョーダイ旅社」に泊まった。ところが、深夜にウーシン旗公安局の警察が「査夜《チャーイエ》（夜回り）」して来た。警察官達のリーダーは張貴祥という男である。

張貴祥は張寡婦（夫は張斗梁）の息子で、その家は我が家から南へ五キロほど離れたところにあった。当然、彼も私を知っているが、何となく威張っている。そして、にやにやしながら、私のことを根掘り葉掘り探ろうとする。私はパスポートを見せて寝ようとしたが、隣にいたオバのシャラが突然、張貴祥警官に警告した。

　お前の父、張斗梁は我がオーノス家の下僕（boγul）だった。犬から身を守る棍棒だけ持って、着の身着のままで我がモンゴルへ物乞いにやって来たので、食わせてやったのが、この私だ。私達がお前の父をモンゴルに住まわせなかったら、お前なんかこの世に生まれていないはずだ。何を威張るのか、この仔犬め（noqai-yin gölüge）。腹いっぱい食った犬が飼い主に向かって吠えるか。長城の南へ帰れ。

オバのような年配のモンゴル人は普段から中国人をイルゲン（irgen）と呼ぶ。イルゲンとは、隷属民を意味するテュルク・モンゴル語である。しかし、今夜のオバは中国人の張貴祥警官をイルゲンと呼ばずに、下僕《ボゴル》と表現している。

私も思い出した。張斗梁は我が家の南五キロ、バガ・ゴル河の近くに住んでいた。元々はウルジという人の家だった。そのウルジは前に述べたネストリウス教徒で、モスタールトの『オルドス誌（*Ordosica*）』にも登場する人物であった。

オバの逆鱗に触れてしまった張警官は笑顔を浮かべて帰った。警察は明らかに私を狙って深夜にやって来た。日本から帰郷し、人民政府の庁舎にも頻繁に出入りする。人民法院院長の結婚式に参加し、当時は貴重品だった日本製のカメラを持って撮影していた私は目立ち過ぎていたからであろう。その為、既に「日本のスパイ」として地元の公安当局からマークされていたので、警察が深夜にやって来たのである。

「中国人《イルゲン》は最初、媚びるような笑顔を浮かべて長城の南から入って来る。食わしてください（老憫《ロミン》、喫一口《チーイーク》）、と頼む。やがて豊かになると、狂暴になってモンゴル人に牙を剝く」、とオバの怒りは収まらない。

私は、初恋の彼女からもらった大事な統計データをどうやって公安当局や警察の監視の眼を盗んで日本に持ち出すかについて、真剣に悩み出した。彼女からの資料を私は博士論文で使ったし、大半を二〇〇三年に公開した［楊海英　児玉香菜子　二〇〇三：五九―一八四］。

注

（1）その成果は利光有紀「毛を刈らない去勢山羊の話」（1988: 29-36）として公開されている。尚、私が見つけたオンゴン山羊については、一九九二年五月十六日の記述参照。

（2）モンゴル語の原文は以下の通りである。“edür edür daruday egüde buyu, ene edür manudi üjiged daruday egüde buyu? sar-a sar-a daraday egüde buyu, sayiqan odo duruɣsan egüde buyu?”.

（3）モンゴル語の原文は次のようになっている。“malaɣai qubčasu-yi čini üjebel elči geyičin keǰü bodolu, nomu somu-yi činü üjebel ančin görügečin keǰü bodolu, edür edür daruday egüde bisi, ene edür daruɣsan egüde yum-a, sar-a sar-a daruday egüde bisi, sayiqan odo daruɣsan egüde mön”.

（4）私の祖先がかつて暮らしていたウルンという地に有名なホンジンがいたので、現在、地名もホンジンとなっている。ただ、中国人はその意味が分からずに、「紅井」という当て字で呼んだりしている。オルドスの結婚儀礼用の「ホンジンの冊子」については、Serruys［1974: 247-331,1975: 275-360］とMöngkedalai［2006］らの研究がある。

（5）革袋トルムは単に物を入れるだけでなく、渡河にも使われていた［Serruys　1981: 105-119］。

（6）民間では、口にバターを塗りつけるのは、家の中の美味しいものが嫁に盗み食いされないようにする為の口封じだとのユニークな解釈もある。

（7）モンゴル語の原文は“bilig-ün emün-e-eče qur-a, bilig ügüi ni qui salikin”である。

●第十一章　家族の中国革命史

我が家のタンス。右から琴、碁盤、書物、絵画が描かれている。長城沿線の中国人の職人が作ったもの。絵は「封建的」とされて、中華人民共和国時代に何回も描き直しを命じられた。

十二月二十五日

近代化の振動

朝は雪が降っていたが、午前中に止んだ。父と私は「北京ジープ」を一台借りて、家に帰った。旗政府所在地ダブチャク鎮から家までの五十五キロを三時半もかけて走った。一九八〇年代ならば二日間もかかった距離である。

途中、トリ・ソム政府所在地の西、ナリーンゴル河を通ろうとしたら、バトチローという男が立ちはだっていた。通過費を取る、という。ナリーンゴルとは「細い河」と意である。文字通り、細い河で、徒歩の人でも飛び越える幅だ。しかし、広範囲にわたって泥沼が発達し、車は簡単に通過できない。いつも泥沼にはまった車が数日間にわたって往生し、乗客はみな河の東側にあるバトチローの家に世話になっていたのを私は目撃したことがある。彼の家はまもなく旅館を経営するようになり、専ら「泥に嵌った客」を相手に商売していた。その後、彼は更に自費で橋を建設し、通過する車両から一台につき二元を取り立てていた。このようにモンゴル人も少しずつ経済的利益に目覚めて来たが、バトチローの評判はどうも芳しくないらしい。

寒い、白銀の草原を走って家に着き、母と再会した。

「貴方がパスポートを中国人の町、包頭市で盗まれたそうで、心配した」、と母は何気なくこぼす。そして、「包頭市は思い出しただけで、不愉快になる都市だ」、と何回も中国人に物を強奪された経験を持つ母は話す。当時は電話もなく、手紙も書かなかったので、事情を伝えられなかったことを申し訳なく思った。

冬の夜は早い。外に出て南の方へ視線を転じると、何と遥か二十キロ先のダンハイ・チャイダム（Dangqai-yin čayidam）に無数の電気が光っているのではないか。人のいない平野に電気が灯ったのは、巨大な町ができたのかと思った。両親に聴くと、大規模なガス田の開発が既に始まったという。寝床に着くと、かすかに機械音が南方から伝わって来た。昔は馬蹄音が私の原風景であったが、今や冷たい機械音に変わった。時代は確実に変わろうとしている事実を宣言する騒音である。

十二月二十六日

現代の李陵

翌日は「オルドス暦」の「黒い塩（qar-a qujir）月」になり、太陰暦では十一月二十一日に当たる。モンゴル人が寒さを認識し、冬至以降の八十一日間を「九で数える」時期が正式に到来したことになる。我が家はこの日に、豚を一頭、屠ることになった。

越冬用の肉ウーチ（üqüče）は既に「ツォンカバの二十五日」が過ぎてから用意した。ウーチは羊と牛からなる。チベット仏教を信仰するモンゴル人は、ゲルク派の宗主ツォンカバの命日にあたる日を「ツォンカバの二十五日（Tsongka-yin qorin tabun）」と表現する。ただ、これは元々チベット暦による期日で、オルドス暦に換算すると、毎年異なって来る。大体、オルドス暦の「変化する月（太陰暦の十月）の二十五日」前後になる。[1]ラマを呼んで二十一日から二十五日まで読経をし、それから家畜を屠る。ただ、豚は家畜のジャンルに入らないので、いつでも肉にすることができる。

羊肉だけでは生活が成り立たないので、今や多くのオルドス・モンゴル人も我が家と同じように豚を一頭くらいは飼育するようになった。仔豚を約百元で中国人から買い取り、一年間かけて育ててから屠るのが、一般的である。モンゴル人は日常の食事を「スープを飲む」と表現する。この際のスープは「家畜の肉（mal-un miq-a）」でなければならない。ユーラシアのモンゴル人とテュルク系の諸民族がいう家畜に豚は含まれていない。

豚肉は煮込み料理（quyuryasi）にだけ使われる。父は軍人だったから、豚肉に抵抗感はない。多くのモンゴル人が、豚肉の煮込み料理を作るようになったのは中国人を雇っているからである。畑作業を維持するには中国人を雇うしかない。その中国人は大量に食べる。数少ない家畜の肉を大食漢に提供していては、瞬時になくなってしまうからである。羊は多数あっても、それは資源であって、頻繁に食用に使わない。

豚を屠るのは李善堂（当時五十七歳）である。李善堂は特別な人だ。彼は陝西省のテメート・ゴト（楡林）の孟家湾生まれの中国人であるが、十二歳の時からオルドスに流れて来てから、漢土《チャイナ》での生活を完全に諦めて「モンゴル人」になった。最初はオトク旗のジュラト（Julatu）に住むエルデニ（Erdeni）という人の家で二年間働き、その代金として牛を二頭もらった。しかし、彼はその牛を売って、金をすぐに使い果たした。その後は一カ所に長く留まらずに、オトク旗南部のチャガン・ノールとウルドィン・ノール（Ordu-yin nayur、「宮殿遺跡のある湖」との意）といった湖で塩を作ったり、長城以南から中国人の大工を集めて来てモンゴル人に家を建てたりして生活した。

彼はアクセントのあるモンゴル語を操り、自身が属する中国を心底から軽蔑する。「豚の餌を食いたくないから、モンゴルに暮らす」、というのは彼の口癖である。モンゴル人の家で働くが、決して自分の方から金銭を要求したりはしない。食事だけでいい、という。

「彼は現代の李陵《リーリン》だ」、とモンゴル人達は話していたのを私は覚えている。実際、子どもだった私が李陵という名を知ったのも、李善堂を見た頃だった。李陵とは匈奴人になった中国人だ、と大人達から聞いていた。匈奴はモンゴルだ、とも付け加えていた。文革中、ほとんどの中国人がモンゴル人大虐殺の急先鋒を担っていた時期でも、李善堂だけは加害行為を働かなかった。ボル・クデーのナソンムンク（Nasunmüngke）という人が中国人の暴行から逃げて、生産大隊の本部に隠れた時、李善堂は彼を地下室に入れ、上から藁をかぶせて救ったことでモンゴル人からの信頼は格段と篤くなった。モンゴル人は皆李善堂の人柄を評価し、陝西省からの「盲流」集団を厳しく制限していた人民公社時代も彼だけをウーシン旗に残していた。「盲流」とは、半ば匪賊化した中国人の略奪グループを指す。当時は戸籍のない中国人を捕まえては長城以南に強制送還していた時代であるが、誰も李善堂を捕まえようとしなかった。深夜に何回か民兵が回って来て戸籍のない中国人を逮捕していた頃も、李善堂だけは特別扱いだった。

そのような李善堂には高齢の母親がいる。彼はその母親を数年ぶりに見舞いに行こうとして我が家に立ち寄った。見舞金として百元借りたいと言う李に対し、両親は豚を屠る代金として百十元を渡した。普通の中国人の一カ月以上の賃金である。両親と李善堂も親友だからである。モンゴル人は昔から「腹黒い中国人」が好きになれない。草原を奪われた不倶戴天の敵だ、と認識している。しかし、個々の中国人、例えば李善堂は特別である。

豚を屠る

午前十時に李善堂は雪を掃き、地面に竈を掘って豚の毛を毟り取る湯を沸かした。昼前には隣人のゲレルチョクトも手伝いに来てくれた。二人は十二時半に豚をつぶし、熱湯をかけて毛を毟り取る。

「死んだ豚は熱湯を怖がらない（死猪不怕開水燙）」、と李善堂は冗談を言いながら手際よく作業を続ける（写真11―1）。途中、休憩しながらも、夕方の十五時には解体し終えた。

私は解体ショーを眺めながら、豚が何故、家畜《マル》として遊牧民に採用されなかったかについても、理解できるような気がして来た。飼育には大量の餌が必要で、放し飼いにしたら、草原の草を根本から掘り起こして食べ尽くしてしまうので、環境破壊の原因になる。乳と皮も利用できない。屠る際も、職人のような技術が求められる。遊牧民の家畜すなわち五畜ならば、大抵の男が普通にそ

写真11-1　豚を屠る。左からゲレルチョクト、李善堂、そして父。後ろの猟銃はゲレルチョクトのもの。（1991年12月26日）

れを肉にすることができる。しかし、豚を屠ることは実に労力のいる仕事で、少なくとも二人以上の男が必要だ。それに長い、特殊な刀も欠かせない。要するに、豚は定住した農耕民が、柵の中で飼う動物である。「腹黒い中国人と黒豚はいずれ地球を食い尽くす（qar-a Gitad qar-a γaqai qoγar yirtemči-yi idejü baran-a）」、とオルドスのモンゴル人はそのように表現しながら豚を飼育し、大食いの中国人、草原を開墾して沙漠化をもたらす中国人と共生しようとしている。

豚の良し悪しは、どれほど脂肪がついているかで判断する。その脂肪の厚さを指で測る。

「指四本の脂肪がついた、良い豚だ」、と李善堂は嬉しそうに話す。

夜、私達は新鮮な豚肉の煮込み料理を食べ、草原分割について話が盛り上がった。

私はふと思った。匈奴に亡命し、モンゴル高原で人生の後半を送った李陵も豚を飼っていたのだろうか。こう考えているうちに、「社会主義国の兄貴」ソ連邦のゴルバチョフ大統領が辞任し、連邦は正式に崩壊した、とのニュースが伝わって来た。私が父に買った日本のSONYのラジオが伝えた世界ニュースである。中国の報道を信用しない父は毎日のようにVOAやNHK、それにBBC等、「帝国主義」諸国のラジオ放送を聞いていたのである。

社会主義制度を生きて来た父と、共産党員である母の二人が、ソ連の崩壊でもう少し感動するかと予想していたら、意外と冷静である。

「中国もいつか崩壊するよ。これほど諸民族を抑圧していれば、長く存続できるはずもない」、と父は母に話しかけている。

十二月二十七日

ガーミンに行った父

冬らしい寒い日である。李善堂は豚の脂肪を焼いて油を取ろうとしている。私は丸一日かけて、再び両親に我が一族の歴史について詳しく語ってもらった。八月上旬以来のことである。

一九四五年晩秋のある日。日中戦争が終わり、平穏な生活を期待していた頃に、シャントルガイの祖母家にオーノスという十六歳の少年が現れた。オーノスは、父系親族集団オボクの名であるが、彼はそれを自分の名前にしていた。少年は既に共産党の八路軍の一員となっていたし、祖母は彼のオバに当たる。

オーノスは家が貧しかったので、小さい時から我が家に居候する時が長かった。そのオーノスがやって来たのは、私の父バヤンドルジを連れ出す為だった。延安民族学院に入れて、

「ガーミン（yaming）をする」という。父は当時、十歳になったばかりだったので、祖母は当然、強く反対した。祖母は延安民族学院とは何かも知らなかったし、ガーミンに行くなんて、論外だった。ガーミンとは、革命のモンゴル語の発音である。中国共産党の紅軍にしろ、八路軍にしろ、略奪と放火を繰り返し、罌粟を栽培する集団であるので、すこぶるイメージが悪かった。それに、次男のチローンドルジも先にガーミンに行くようになってから家庭が崩壊してしまっていたからである。

それでも、オーノスは祖母の反対を押し切って強引に父を連れ出した(2)。延安民族学院は中国共産党が南国から陝西省北部に逃亡して来てから作った機関で、隣接のオルドスやトゥメト地域のモンゴル人と陝西省北部の中国人を入れて、対少数民族工作員を育てていた。大勢の青少年を積極的に受け入れていたので、父もその隊列に加わった。延安民族学院とは名ばかりで、実際は北のイケ・マーシン・ゴト（定辺堡）に移転して来ていた。国民政府軍との戦闘で共産党側が不利になり、オルドスに近い長城の要塞都市に避難し、その後は更にボル・バルグスン（城川）に移ったのである。父はこのオルドスにある延安民族学院で一九四九年まで学んだ。

翌一九五〇年から、父は中国人民解放軍内モンゴル軍区騎兵第十四連隊に入隊し、連隊長の秘書（文書）兼衛兵になった（写真11―2）。連隊長は満洲国興安軍官学校を出た包琦で、中国では「日本刀を吊るした奴（挎洋刀的）」と呼ばれる人だった。日本時代の満洲国軍が血腥い粛清を経て中国共産党の軍隊に衣替えしたものの、その指揮官も兵士も「戦力として使うが、思想的には信用できない」と見なされていた。共産党が信用しない東モンゴル出身の連隊長の身辺に、相対的に信頼を寄せる西部オルドス出身で、延安民族学院で学んだ父を秘書として置いたやり方である。

父には順調に出世していく可能性があった。首都北京で作られたばかりの人民解放軍軍事学院に入る優秀な若い兵士を内モンゴル軍区から三人送るようにとの指令が届いた時、父はそのうちの一人に選ばれた。しかし、出身と思想、それに働きぶりの三つを調べる「三査運動」にひっかかった。祖父が「封建的な旧社会の役人、界牌官」だったし、オジのチローンドルジには「叛乱の前科」があったので、軍事学院どころか、

写真 11-2　中国人民解放軍内モンゴル軍区騎兵第十四連隊の兵士だった父（左）。右は戦友のジャムバ。1954 年に駐屯地のチャースチ（察素斉）で撮ったもの。

一九五六年に除隊を命じられた。

オジの未亡人との衝突

除隊して帰郷した父は、獄死したオジのチローンドルジの未亡人リンホワを我が家から遠く、東のソースハイという地に安置した。彼女もそれに満足していたが、まもなくシャントルガイに戻り、我が家の西約二キロのところに家を建てた。リンホワの家には彼女と親しくしていたボルドルーという男が頻繁に通って来ていたので、祖母や二人のオバ達（シャラとボル、当時未婚）と衝突した。

人民公社制度が導入された一九五八年、個人の財産はすべて中国政府に没収された。その時、我が家は五十頭の羊と山羊、数頭の牛が「国家財産」とされた。オジの未亡人リンホワは中国社会の中農に当たる「貧下中牧」の身分で人民公社の社員になった。彼女は、「反革命分子の夫と姑から抑圧、搾取されていたので、階級の身分をオーノス家と違うものにしたい」と政府に訴えていた。その訴えが認められたので、リンホワはいわば、我が家と政治的にも絶縁したことになる。実際、リンホワ家は祖母よりも家畜が多く、我が家より豊かだった。中国政府からリンホワに毎年支払う利子（asiy sim-e）も当然、「搾取階級」の我が家より多かった。父は語る。

モンゴル人の家畜が共産党に没収されただけでなく、犬も処分しろと命じられた。可愛がっていた犬を処分しろと言われても、モンゴル人にはできない。仕方ないので、中国人の流浪者に渡した。連れて行って食べるという。中国人は犬を食べるから。ところが、数日後に我が家の犬が戻って来たのではないか。見たら、頭に怪我をしていて、蛆《うじ》が湧いていた。その中国人が犬の頭を叩こうとしただろうが、必死になって逃げ帰ったのだ。まもなく、死んでしまったので、家の東の沙漠に埋めた。

それ以降、我が家はあまり犬を飼わないようになった。

腋臭の有無と結婚

一九六〇年五月末、父は「八一牧場」で働いていたウザル（Uzar）という戦友と共に、当時ハラ・バルグスン（古城）の東側に住んでいたバイワルという女性の家を訪ねた。私の母である。母はシャルスン・ゴル河渓谷のミランで政治学習会議に参加し、不在だった。ミラン渓谷から帰ると、家の前に馬が二頭繋がれていたのが見えたので、来客がいるのを知った。疲れていたので、「客」とは口も利かなかった。

翌朝、朝食を用意していたら、軍人っぽい青年が二人いるのではないか。夜、貴族のキヤート・ボルジギン・ムンクダライ（奇世海）の家で政治学習会議をしていたら、チョクドゥーレン（Čoydegüreng）の夫人が父からのメモを持って来た。「せっかく遠くから来たので、話をしよう」、との内容だった。父はそのままシベル寺近くのバヤンビリク家に一週間滞在し、破壊されつつあった名刹シベル寺を見たりしていた。

　母の父、つまり私の母方の祖父オトゴンは、祖父ノムーンゲレル界牌官《ハーラガチ》のことを知っていた。父の兄チローンドルジが「反革命分子」で獄死したことも把握していた。一方の母は既に中国共産党に入り、人民公社の婦女隊長兼人民代表として新生の政権内で活躍していた（写真11―3）。「婦女を解放し、地位を向上させよう」との政策を打ち出していた共産党の政府幹部に抜擢される予定であった。

写真 11-3　母（右）と親友のドンハイが 1960 年冬に長城の要塞靖辺堡で撮った一枚。ドンハイはその後父の戦友ジャムバ（前掲写真 11-2 の右）と結婚した。

　ある夜、母がモンゴル人を集めてバヤンビリク家で会議していた時、父は外から窓に張った紙を破って覗いていたという。そして、この人と結婚する、と決めたらしい。しかし、母はなかなか決心できなかった。そこへ、母の従姉ボルが説得し、婚約が交わされた。

　ボル姉さんは十数日後にお父さんを呼んで、熱いソバを食べさせて観察した。汗が出た後、腋臭（qulungs）があるかどうかを確認した。お父さんはテメート・ゴト（楡林）に行って作らせた伝統的な頭飾り（jegügei）を持って来た。私達は婚資として四季それぞれの服とシルク等を求めたら、お父さんはすべて承諾した。しかし、実際は何もくれなかった。口先だけだった。頭飾りだけは立派だったが、文革中に中国人に没収されてしまった。

　モンゴル人は腋臭《ホルンス》を嫌う。モンゴル社会では父系親族集団オボクによって、腋臭を持っているか否か異なる、と一般的に見られている。当然、腋臭を有するオボク集団との通婚を避ける傾向が強い[3]。ちなみに中国では腋臭を「胡臭」といい、胡人の臭さから来ている、と認識されている。農耕民と遊牧民との匂いの差異による見方であろう。父はとにかく見つけた女性を手放さない為にすべてについて承諾したものの、家が没落していたのに加え政治的にも厳しくなっていたので、用意できるわけがなかった。

　「まもなく東北地域へ研修に行くので、すぐに婚姻届を出してほしい」、と父は懇願する。

写真 11-4　内モンゴル自治区中央部のウラーンチャブ盟の軍人に嫁いだボル。

「もう少し、半年間考えさせてください」、と母は答える。

「結婚してからも、一年間、実家に残ってもいい。研修から帰ったら、四季折々の服装を買ってあげる」、と父は話す。結局、三日後に河南人民公社の本部に行って婚姻届を出した。

「封建的な搾取階級の家庭に生まれ、反革命分子の兄」を持つ人と結婚したことで、母の共産党幹部になる道は完全に絶たされた。

母に結婚を勧めたボルは後にウラーンチャブ盟に勤める旧蒙疆政権の役人に嫁いだ（写真11―4）。その役人も文革中に中国人に殺害された。

禁止された結婚式

父は結婚直後に政府から東北地域の黒龍江省に派遣され、トラクターの操縦を学んだ。東北三省は満洲国時代に日本のインフラ整備で機械類を操縦できる技術者が多かったからである。トラクターの操縦士になってからウーシン旗南東部のダラシ（Darusi、中国名は紅泥湾）にある「育草站」で働いた。

写真 11-5　中国の西安市で研修を受けていた頃の父。狐の皮で作ったコートを着ていた。

牧草の品種改良を進める名目で、草原を開墾し、長城以南の中国人難民を定住させていた。物乞い同然でやって来た無数の中国人が「育草站」の周りの水と草の豊かな草原に住みつき、畑を作って豊かになった。

一九六一年になると、父はまた陝西省の省都西安市で機械修理の研修に行くことになった（写真11―5）。西安に行く時はまた母の実家に寄った。

「百元しかないが、あげる」、と母に小遣いをくれた。当時としては、半年分の給料である。西安から帰った後の一九六二年の旧正月三日、父は人民公社生産小隊から羊一頭を申請し、それを料理し、たったの数人の親戚を招いて細やかな食事会を開いた。母はその両親、私の母方の祖父母に見送られて、十日前に、たったの三人でシャントルガイに嫁いで来たのである。父は数え年で二十七、母は二十二歳だった。これでも、一応、結婚式を挙げたことになる。母は、親戚のハルジャン（Qaljang、前出のジョルムラルトこと趙振華と姻戚。写真6—2）が作ってくれた新しいモンゴル服デールを着ていた。当時、結婚式等モンゴルの伝統文化はすべて中国政府によって厳しく禁止されていた。私が前日に参加した現代の結婚式も一九八〇年代末にようやく復活が許されたものである。

「私は貧しい牧畜民の出身で、お父さんは金持ちの搾取階級だったはずなのに、持って来た持参金が遥かに多く、こちらの家には何もなかった。これもあげる、あれもくれる、と口先ばかりで、騙されたものだ」、と母は父を見て回顧する。

実は、父は以前、人民公社が成立した一九五八年にアルタンチチク（Altančičig、「黄金の如き花」の意）という女性と一度、結婚していた。彼女は黄河以北のウラト地域からオルドスに移住して来たウネルバートル（Önürbayatur）という人の娘だった[4]。しかし、二人は折り合いが悪く、まもなく離婚した。母も父と会う前に、地元の貴族キヤート・ボルジギン・シャラと婚約していたが、どうしても結婚する気にならなかったという。シャラはシベル寺のラマだったが、共産党政権になってから、強制的に還俗させられていた[5]。その後はビルグーンチンケルという党幹部とも縁談があったが、やはり実現しなかった。

一九七一年夏のある日、シャルリク人民公社本部病院の入り口で母はある美しい、気品のある女性と親しそうに談笑し合っていた。「誰なの」、と尋ねたら、「貴方の父さんの第一夫人よ」と母は笑顔で答える。「じゃあ、お母さんは第二夫人か」、と初めて聞いた私が軽口をたたくと、周りにいた別の女性達に笑われた。

民兵訓練と流産

一九六二年春、モンゴルに侵入して来た中国人達は先住民のモンゴル人を敵視するようになり、父も「育草站」を離れた。父は草原開墾に反対していたから、「社会主義の政策を批判した」との「罪」で、職場から追放されたのである。幹部の身分を失い、家に戻った父は「人民公社の財産」とされた家畜の放牧に携わった。

母はシャルリク人民公社紅旗生産大隊の民兵大隊の婦人小隊の隊長に任命された[6]。ダライン・チャイダムとトゥグルク（Tögürüg）といった平原地帯を開墾しながら、軍事訓練をおこなった。このトゥグルク平野は狼の棲み処で、ススキの一種、デレスが牛の背中よりも高く育つ草原だった。中ソ対立が激しさを増し、攻めて来るかもしれない「ソ連修正主義者の軍隊」を迎え撃つ為の演習である。母の義妹、私のオバになるシャラも隊員だった（写真11—6）。民兵大隊長のエルクート・シャルバンバンディは鬼軍曹で、あまりにも過酷な訓練を強制し、隊員達を休ませようとしない。そこで母とシャラの二人が大

写真11-6　母（右）とオバのシャラ。

隊長に近づいて耳打ちをする。

「秘密の話があるので、灌木の中で教えてあげる」、と誘った。

シャルバンバンディ大隊長はにやにやと二人に付いて生産大隊本部近くの雑木林に入る。母とシャラはその大隊長をいきなり銃身で殴り倒し、口の中に馬糞を入れた。

「いい加減に休ませないと、あの世に送ってやる」、と二人はシャルバンバンディに伝えた。それ以降、「民兵大隊長の口の中に馬糞を入れたオーノス家の嫁と小姑」は怖い姉妹としてウーシン旗中で知られるようになった。

厳しい軍事訓練と労働、それに栄養不良も重なり、母は二回流産した。

「草原にいたら、血の塊みたいなものが出て来て、子どもにならなかった」、というのが母の表現である。それからはもう一度妊娠し、順調に生まれると期待していたら、難産となり、失ってしまった。女の子だった。病院もなく、助産婦もいない自宅での出来事だった。

髪の毛が黒々の赤ん坊だったが、救えなかった。お父さんが抱えて出て行った時は本当に悲しかった。貴方のお姉さんになるはずだった。

母はずっとその女の子を救えなかったことを悔しがっていた。モンゴルでは亡くなった未成年の子どもや赤ん坊は草原のどこかに置いておく習慣があった。

まだら模様の猫と子安貝

一九六四年太陰暦の八月末に私が生まれた。里帰り出産だった。もう失敗は許されない、と母方の祖父母が迎えに来て、グルバン・サラー渓谷の実家で私を産んだ。祖父母はウーシン旗の有名な産婆（udayan）サルライ（Qadačin Sarlai）を丁重に迎えて来て、出産に備えた。

「貴方はサルライ婆《エージ》の掌に生まれたので、土に触れずにすぐに産着に包んだ。運の良い子になる、と祝福された」、と母は何回も私に言い聞かせた。

モンゴル人は自身の出産に立ち会った産婆を母親同然に生涯、尊敬する。一九七一年夏、私が母方の祖父母家で遊んでいたら、「挨拶しなさい」、と髪の毛が真っ白で、女神のように優しい年配の女性の前に連れて行かれた。私が跪拝すると、手を額に当てて祝福してくれた。暖かい手だった。サルライ婆であった。彼女は敬虔なクリスチャンであった。

一九六四年はモンゴル高原全体が雨の多い年だった。翌年は一転して大旱魃に襲われたが、オルドス西部のウーシン旗だけは雨に恵まれ、草の育ちが良かった。[7] モンゴルでは、子どもが満一歳になった時、産毛に鋏を入れる儀礼（üsü qayičilaqu yosu）がある。近隣同士の母親達が集まり、産毛を少しずつ切りながら、頭韻を合わせた詩文を唱えて祝福する。[8] 時は「社会主義教育運動」の真最中で、政治的情勢もますます厳しくなっていたが、それでも、両親は満一歳の祝いを開いた。母親は私の産毛を丸めて九つの銅銭[9]（mačian、麻銭）とガシワ貝（γasiba）、それに二個の鈴と十個のビー玉と共に服の背中に縫い付ける。モンゴル人はガシワ貝を沙漠の中から見つけて来る。熱帯や亜熱帯に棲息するタカラガイの一種とされる子安貝が、何故か、オルドスの沙漠の中に散らかっている。私も大きくなってからそれを拾っては母に渡したものである。

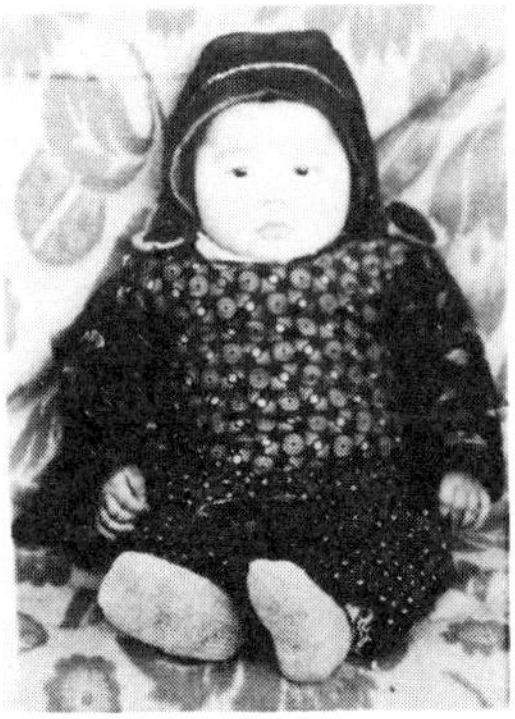
写真 11-7　満 1 歳の時の著者。破壊されつつあった菩提寺のシベル寺で撮ったもの。父が毛布を持って後ろに隠れて背景を作っていた。

満一歳のお祝いの後（写真11—7）、菩提寺のシベル寺にも参拝したが、既に破壊されて原形をとどめていなかった。

雨が良く降ったので、我が家の周辺には仔羊より高い草が育っていた。秋のある日、母は私を寝かしてから山羊の放牧に出かけた。帰って来たら、何と裸のまま家から南へ五百メートルくらいの草原にいるのではないか。深い草むらに嵌って動けなくなったらしい。

「イタチに食われた」、と母は一瞬思った。当時、夏のモンゴル草原にはイタチが多く、寝ている赤ん坊の顔をかじる事故が起こっていたそうである。

「アラク・ミミ（alaγ mimi）、ママはどこ?」、と泣いていたらしい。アラクとは「まだら」の意で、ミミは猫を指す。傍に大きな、白黒まだらの猫が一匹付いて来ていた。母と父、それに親戚の人達はその後もこの時の話をよくするので、ついに私の頭の中にもまだら猫といたシーンが焼き付けられた。

一九七〇年秋のある朝、まだら猫（アラク・ミミ）が早朝に猟から帰っていた。自分と同じくらい大きい兎を我が家の西、三キロ先から運んで来たらしい。その日を最後に、猫はいなくなった。アラク・ミミの後、我が家は黄色い猫を飼った。この猫は実に二十年間も長生きし、私が現地調査で帰郷する直前に、陝西省の中国人シャーマン、杜陰陽に連れて行かれた。猫の最期を見たくなかった両親は、シャーマンになるようとの願いを託して杜陰陽に渡した。

搾取階級に認定される

文革が発動された一九六六年初夏、父と母はシャルリク人民公社本部で軍事訓練に参加した。元軍人の父は教練で、婦人小隊長の母と他の青年達は銃を持って馬に跨った。進攻して来るソ連軍と戦う為の訓練だった。二歳になろうとした私は草むらに座らされ、戦馬の埃をかぶっていた。父も母も積極的に革命運動に身を投じる予定であった。ところが、情勢は一九六七年から一変した。階級の身分を画定（anggi büridekü-yi qubiyaqu）する作業が再び始まったからである。当時、全モンゴル人の階級的身分を以下の四つに区分していた。

貧牧：ヤドー・マルチン（yadaɣu malčin）
貧下中牧：ヤドーリク・マルチン（yadaɣulaɣ malčin）
中牧：ドンダ・マルチン（dunda malčin）
富牧：チネレク・マルチン（čineleg malčin）
牧主：マルン・エジン（mal-un ejen）或いはバヤン・マルチン（bayan malčin）

どれも本来のモンゴル社会に全くなかった階層的概念で、すべて中国人社会内の「貧農」と「下層中農」、それに「富農」と「地主」に併せて新たに作られた言葉である。他の社会を参考にして作られた概念で以てモンゴル社会を区分し、一部の人間を打倒し、粛清しようとする政治的な謀略であった。激しい議論を経て、我が家は搾取階級の「牧主」に認定される予定だったが、財産をどう数えても中国政府の基準に満たさなかったので、「富牧」にされてしまった。

「搾取階級の者は反革命分子になりやすい」、と見られていたので、父は教練から降ろされ、オンゴン生産小隊で炊事係をやるようになった。母は共産党員であっても、「搾取階級の者」と結婚した為、「階級的な立場が曖昧だ」と批判された。人民公社本部で開かれる党員大会でも、母はいつも、「出ていけ」と怒鳴られて退場していた。当然、民兵大隊婦人小隊の隊長の任から外された。

一九六七年の内モンゴル自治区も酷い旱魃の年だったので、翌一九六八年春になると、草原に草がなくなり、家畜がばたばたと死に始めた。父はエルデニサンと戦友のジャムバ、それにボルらと共に「四つの種雄からなる馬群（dörben ajarɣatan adaɣu）」、計五十数頭を連れて陝西省北部の楊橋畔に移動した。モンゴル人は馬の群れをその種雄で数える、と前に述べた。

夏の七月末のある曇りの日、ダライトとジャムヤン、イケチケト・チョクトとムンクダライらが我が家を「抄家《ツォージャア》」した。「抄家」とは家宅捜査と財産の没収を指す。リーダーのダライトはモンゴルの戸籍を取得した甘粛省の中国人である。「搾取階級」として使っていた家財道具はすべて共産党政府に没収され、住んでいた家も閉鎖（封閉）された。家を失った母と私は仕方なく倉庫として使っていた掘っ建て小屋に入るしかなかった。私の大好きなラジオはムンクダライに奪われた。天津製の「海波」というブランドのラジオで、文革が終わるまで、ムンクダライに使われ続けた。「敵対勢力の放送を聞くのを防ぐ為」だ、と言われた。

「オルドス暦の八月（太陰暦の六月）」十日は曇りの日であった。午前中にダライン・チャイダム生産小隊の小隊長ムンクダライと出納係のテムールバト、アルビンバヤル、モンゴルに帰化したアルビチャホらがまたやって来て、我が家が管理していた政府の百七十頭の山羊を没収していった。「搾取階級」の者には「新生の人民政府の財産」である家畜を放牧する権利がないと断じられたので、中国の甘粛省からモンゴルに帰化したダライトに渡すよう命じられたのである。家畜が没収されたその日の昼過ぎに、オバのリンホワは我が家にやって来て母に言った。

「ざまを見ろ。搾取階級の末路だ」、と彼女はとても喜んでいた。

「搾取階級だけど、貴方の死んだ夫の家であるのに変わりはない」、と母も譲らない。このように、中国の文革の発動で、モンゴル人の親族関係も破壊されたのである。そもそもリンホワの夫も中国共産党の刑務所内で獄死しているのに、彼女はそれを認識していなかったところに、悲劇性がある。

暴力の嵐

家畜が奪われた翌十一日、母方のオジで、母の弟になるチャガンチローが我が家に来て、私を母の実家のあるグルバン・サラー渓谷へ連れていくことになった。母はダライン・チャイダムの生産小隊で強制労働に従事し、七十代になる祖母は亡き次男チローンドルジの長男で、私のイトコのバンザルの家で放牧の手伝いと薪拾いを命じられた。バンザル家もその母親のリンホワと共に、「貧牧」の身分だったからである。四歳になったばかりの私は母と別れ、住んでいた家を出る際に、我が家の屋根の下で巣を作っていた鳩を一羽、連れていくことになった。私を母の実家にしばらく預けないと、造反した「革命大衆」に誘拐される危険性があったからである。「反革命分子の子を井戸に投げ捨てる」、と彼らは公言して憚らなかった。母はあまりにも大きなショックを受けたことと、過酷な労働も重なり、数カ月後には倒れ、人民公社の病院に運ばれた。

自治区全体でモンゴル人大量虐殺（ジェノサイド）が展開されていた一九六九年冬、我が家に対する暴力もピークに達した。冬至の日の夜、祖母はヌクタン・オボクのボル[10]という人の家で批判闘争されることになった。批判闘争とはその言動を批判し、同時に殴る蹴るの暴力の行使を意味する。

その晩は大雪だった。祖母は腰を曲げて頭を下げたまま立たされた。頭の下には濡らした薪が置かれ、火を付ける。薪は燃えないが、黒い煙が燻って出る。その煙はすべて祖母の顔に当たる。親戚や他の人達は大字報（壁新聞）を読み上げて批判する。母と私は見ているしかなかった。リンホワは、「彼女は以前、豚肉入りのご飯を食べて、私達には野菜ばかり食わせて差別した」、と嘘の証言をする。実際、祖母は豚肉を一口も食べない人だったし、何よりも、一九七四年秋まで我が家は豚そのものを飼っていなかったのである。

深夜になって批判闘争会は終わり、少しばかり茶を飲ませてからボル家から南東へ十キロも離れたアドン・トハイのドンダン家への移動を命じられた。次の日は、ドンダン家で批判闘争される予定があったからである。イトコのバンザルの弟チャガンバンディが祖母を一キロほど案内してから、自分で行け、と言って捨てた。大雪の中、祖母は道に迷い、徹夜で歩くしかなかった。夜明けに発見された時は、顔と両手が酷く凍傷していた。祖母は自分の次男の嫁に批判闘争され、孫に捨てられたことでショックを受けていた（写真11―8）。

写真 11-8　祖母（左）が抱いている孫のチャガンバンディ。右はオバのウランドティ。

大虐殺の恐怖

ダライン・チャイダム生産小隊は両親を追放しようとしたので、隣のチョーダイ生産大隊に配置換えを一九七〇年三月に申請した。ボインジャラガル大隊長と張米米書記が会議を開いて受け入れたので、我が家は高齢に達した入植者の中国人左有娃の羊を放牧することになった。

五月、母と私はシャルスン・ゴル河の北側、アル・ダンハイ（Aru Dangqai）平野に住む左有娃から羊の群れを引き継いだ。左有娃は息子の左連営と相性が悪く、一人で横穴式住居の窰洞に住んでいた。母と私は羊を追って二十キロの道を北へと進む。途中、デムチン・チャイダムでボルバワーの家を通過した。母は入って挨拶したが、私は羊が心配で、群れから一歩も離れようとしなかった。優しいボルバワーの夫人シャルバワーは私にヨーグルトを持って来てくれた。ボルバワー夫妻は中華人民共和国が成立する以前は、二百頭もの羊と数百頭もの馬を所有する裕福な牧畜民だった。翌一九七一年の春、ボルバワーはシャルスン・ゴル河の支流、バガ・ゴル河で中国人の呉有子と左連営夫婦らに殺害された。

一九七二年になると、夫人のシャルバワーも中国人民兵にボジント（Büjintü「仔兎のいるところ」の意）というところで惨殺された。私にヨーグルトをくれた夫婦は敬虔なチベット仏教の信者だった。中国人達は石臼に鉄線を通してから、ボルバワー夫妻の首から吊るして虐待していた。時間が経つと、鉄線は首に食い込み、中国人達は笑って虐待していたものである。

ボルバワー夫妻が住んでいたデムチン・チャイダムは、我が家から母の実家グルバン・サラー渓谷へ行く際に必ず通る地である。私はこの細い平野を馬で通る度に、中国人に殺害されたボルバワー夫婦のことを思い出していたものである。

チョーダイ平野の奥にアルタントゴス（Altantoyus）という女性が住んでいた。彼女は私のオバに当たり、名前は「金色の孔雀」との意で、背の高い美人だった。彼女の夫は中華民国時代にハラーの長官ジャラン（佐領）だったので、「旧政府の役人夫人」として打倒された。彼女は一九七〇年から中国人からなる専業隊に連行されて連日にわたって暴力を受けていた。専業隊はバガ・ゴル河にあった。彼女は酷い関節炎だったので、ロバから降りると、しばらく膝を揉んでから、政治集会の会場に連れて行かれ、殴る蹴るの暴力を経験しなければならなかった。一九七二年冬のある日、家に帰ってから倒れた。二十日後に発見した時は既に亡くなっていた。専業隊の中国人達は彼女の遺体を布団に包み、沙漠に埋めた。

「毎日のように知り合い達が殺されていたので、いつ、自分の番になるか、びくびくして暮らしていた」、と母は振り返る。

中国革命の暴力がもたらす沙漠化

行政上、チョーダイ生産大隊に配置換えとなった以上、家を壊して移動せよ、とダライン・チャイダム生産小隊に命じられたが、両親は応じなかった。そこで、嫌がらせをする為に、我が家の周りを開墾することになった。一九七〇年五月、トラクターを運転した四十数人もの人民公社の中国人が来て、大地を切り開いた。家の玄関先から開墾し、キビとトウモロコシの種を撒いた。そして、我が家のすぐ西隣に生産小隊の本部を建て始めた。

我が家の玄関先から人民公社の畑を作ったのには、二つの目的がある。我が家の羊が草原から井戸に戻れないようにすることと、家畜の放牧を止めて「文明人の農耕」に従事させる為である。中国政府は生業を基準に、人間を「文明」的か否かと区分けしていたのである。

母と六歳の私は必死に抵抗したが、ムンクダライ小隊長は私を何回も蹴飛ばした。

「搾取階級の牧主は、息子もまた反動的だ」、と彼は怒って、私を激しく叩いた。そして、みんなの前で、母の服を破って侮辱した。モンゴルに帰化し、モンゴル人を名乗っていた中国人のダライトの息子は我が家の井戸に小便し、水を汲むバケツを壊して捨てた。それを見た母は彼の顔を叩き、祖母も抗議した。

「草原のモンゴル人は誰だろうと、水を汚すことをしてはいけない」、と諭した。

祖母の見解はユーラシアのテュルク系とモンゴル系遊牧民の古くからの思想の現れである。どんな人であろうと、水や井戸を決して汚してはいけない。水を汚す者は死刑に値するという掟があるくらいである。

井戸に小便した男の名はサインバヤル（Sayinbayar、「良い喜び」との意）だが、名ばかりで、実際の彼とその一族はモンゴル語も話せない、中国人の価値観で生きていた。その為か、祖母の言葉は彼を刺激したらしく、余計に暴虐を尽くして来た。中国人達はパチンコ（弾弓）で我が家の窓ガラスをすべて壊し、母を人民公社の本部へ連行した。私は母の妹、バーワーというオバと二人で小屋の中で暮らすしかなかった。

一九七〇年、シャルリク人民公社でも人民解放軍による「軍事管制」が敷かれた。暴力と虐殺が長く続いた結果、母はずっと寝込んでいた。ある日、東北出身のモンゴル人で、ウーシン旗人民武装部の部長、王海山がシャルリク人民公社の幹部ゲイソクを連れて我が家にやって来た。我が家の周りの畑の面積を減らし、一部を放牧用として使わせるよう「革命群衆」に命じた。王海山は一九五九年からチベットに派遣された内モンゴル騎兵の兵士で、自身も一度は粛清されていた。その彼が、ウーシン旗西部の「有名な搾取階級」兼「反革命分子」の一家に「同情」したことでまたもや批判されたのである。

畑の耕作は一九七四年まで続いた。一九七五年になると、開墾された跡地はすべて黄色い沙漠に変わった。それまでの緑の草原に住んでいた我が家が、一望無尽の沙漠に囲まれるようになった。

実際、開墾された翌年から、既に収穫は毎年のように減っていた。

「一年目は作物が穫れる。二年目からは沙しか取れない、三年目には沙漠になる。これがモンゴルだ」、とセディバンザル（Sedibanzar）とダンセン（Dansen）いう背の高い、二人の老人が話し合っていたのを私は覚えている。二人とも国民政府軍の兵士で、日本軍とも戦ったことのある人物だった。そうした経歴から「反革命分子」とされて、我が家の玄関先から広がる畑で強制労働に携わっていた。雷雨になると、セディバンザルはいつも高い沙丘の上に登って革命歌を歌う。雷を退治している、と私に語っていた。ダンセンの方は寡黙だったが、名門の黄埔軍官学校を出たエリートだった。

遊牧の名残

家の周りの草原が開墾されて沙漠になってしまい、羊の放牧もできなくなったので、一九七一年からは臨時移動オトルに行かなければならなくなった。オトルには計十年間、一九八一年まで行った。私は一九七一年に最初から最後まで付いて行った。翌一九七二年から小学校に入ったので、休みの期間中だけ移動先に帰省していた。父は一九七〇年から二年間、人民公社のトラクター・センターでトラクターの操縦士となり、草原開墾を命じられていた。当時のシャルリク人民公社には三台のトラクターがあり、父は主としてチャンホク平野とウルジイ・チャイダム、それにオンゴン丘陵を開墾していた。オンゴンにはチベット仏教をモンゴルに導入したホトクタイ・セチェン・ホン・タイジの墓と祭殿があった。その後、一九七二年からはチョーダイ生産大隊の小学校の校長に任命された。中国人の学生二十数人、モンゴル人生徒は六十人という小さな学校だったが、一九七九年に廃校となった。

臨時移動オトルは遊牧時代の名残であった。長距離の移動が清朝末期からできなくなると、小規模の季節移動を繰り返していた。我が家は長城のすぐ北から移って来た後も、現在の家から半径数十キロ範囲内に複数の井戸を設けて、その井戸の間を移動していた。例えば、今のイトコのシャラクー家は元々、我が家の「オトルの家（otur-un bayising）」だった。シャラクー家は沙漠の中にあるが、その沙漠の下に豊富な水脈があり、少し掘れば、水が出ていた。我が家だけでなく、陝西省北部の中国人の金持ち、高得功もまた今のシャラクー家の西に臨時移動して来ていた。

社会主義時代になると、オトルもまた人民公社の指示に従わなければならなくなった。夏は我が家から西へ十四キロ離れたジャングン・チャイダム（Jangyun Čayidam）へ、秋にはそこから遥か南のシャルスン・ゴル河の渓谷に移った。ジャングーン・チャイダムとは、その名の通り、ジャングーという棘のある草が生い茂る平原であった。平原の真中を細い河が南へと流れてシャルスン・ゴル河に合流していく。無数の馬群が集まり、方々に白い天幕が立ち並んでいた(11)。少年少女達は馬を飛ばし、太陽が西に沈むまで遊んだ。恋に落ちた青年達は、生産大隊の本部で上映された露店映画の会場でデートを楽しんでいた。しかし、生活は貧しかった。母は振り返る。

当時は、労働も点数制だった。一日放牧すれば、十点稼げる。十点は現金にすると〇・五元に換算される。一年間働くと大体百八十元もらえることになる。ここから年間の食料や灯油の料金等が引かれると、ほとんど家は赤字になるか、かえって人民公社に負債することになる。人民公社に申請して、金を貸してもらうしかない。いわば、政府が人民をただで働かせて搾取していた制度である。人民公社時代、ほとんどの家庭が政府に借金し、返済できなくなっていた。

夏営地（Jusalang）に比べると、冬営地（Ebüljing）のシャルスン・ゴル河谷地帯は狭く、戸数も少なかった。我が家はいつも中国人の胡順義（胡料）家の一室を借りていた。既に述べたように、胡の父は我が家の「義理の息子」にあたるので、親切にしてもらっていた。

「ノムーンゲレル界牌官は政府にとっては搾取階級や反革命分子かもしれないが、我が家の義理の父だったことに変わりはない」、と胡順義はそのように母を励ましていた。一九七九年冬、河南人民公社の農業中学校の寮に入っていた私に食べ物を届けようとした母がシャルスン・ゴル河に落ちてしまい、凍傷を負った。その時も、胡家は面倒を見てくれた。農業中学校では死んだネズミの混ざった給食に私が困り果てていた時代のことである。

文革時代の話を遅くまで聞き、記録してからぐっすり寝た。

十二月二十七日　晴

中国へ流れるモンゴルの羊

朝の気温はマイナス十八度で、寒い。私は日本から持って来たラジオのスイッチを入れ、父と各国のニュースを一通り聞く。世界は相変わらず、ソ連崩壊に関心を寄せている。

「ソ連は崩壊したが、文革のような酷い政治運動を発動した中国はどうして倒れないのか」、と父は独り言を言う。「共産党があるから、倒れないよ」、と母は答えていた。

お茶を飲んでから、秋の九月からの出来事について、母に尋ねた。私が実家を離れ、西安や日本に行っている間に起こったことを把握したかった。

母によると、政府は秋の九月二十八日から羊を税金として徴収しようと動き出した。旱魃の年だから、多数、政府に売った方がいい、との公文書が回って来ていたという。ソム政府からの公文書はまず党員達に伝えられるし、一般の牧畜民にも月一回会議に参加するよう呼びかけているが、誰も応じない。

政治の面でも、締め付けは厳しくなって来た。「社会主義思想で以て農村と牧畜地域の陣地を占領しよう」というキャンペーンが発動され、ソ連のように崩壊するのを防ぐ為だそうである。自治区政府はこの政治キャンペーンを「社会主義教育運動」とも表現している。母はそろそろ共産党から脱退するのを考えているし、既にその意志をソム政府の党書記にも伝えている。

母によると、政府は羊を以下のように三等級の肉質に分けて徴収しているという。政府が定めた羊肉を徴収する際の値段は以下の通りである。

一等肉の羊：体重十二・五キロ以上で、一キロ一・二元
二等肉の羊：体重十キロ以上で、一キロ一元
三等肉の羊：体重十キロ以下で、一キロ〇・九元

このような政府の基準から計算すれば、体格の良い羊は一頭がせいぜい十三元で、普通のものは十元前後になる。ウーシン旗政府は国営の食品公司に委託して羊を徴収し、これにはソム政府の幹部も同行して来る。牧畜民は大概、年を取った牝羊を渡す。我が家は今年、「国家任務」である税金を羊九頭で支払った。

一方、陝西省北部のサイントリ・ゴト（横山）とタール・ゴト（靖辺県）からの羊の転売屋（二道販子）は等級を設けずに、大人の羊に対し、一律八十元前後で購入する。特別に体格の良い羊には更に高値がつく。当然、モンゴル人は皆、手塩にかけて育てた羊を長城以南からの中国人に売る。政府と競争するかのように、転売屋達も九月二十八日にオルドスに姿を現した。中国人の転売屋達は二、三人からなるグループを作り、昔から「走蒙地（モンゴルを歩いて来た者）」していた者に案内してもらい、羊を群れごと買っていく。それまでモンゴル人の雇い人として働いていた中国人達もまた羊を買って帰る。

秋になると、モンゴルから長城以南へと車列や人の流れができる。ロバで牽く車に穀物を積み、そして徒歩で百頭、二百頭もの羊の群れを追って、南へと向かう中国人の列である。彼らはモンゴル草原の各家庭から出て来て、長城を越えて行く。まるで河の流れのように見える。一体、どれほどの中国人が来ていたのか、改めて驚かされる。モンゴル人は皆、涙を流しながら、羊を手放している。

我が家は今年、中国人の転売屋に十七頭の羊を売った。両親が育てた羊は健康で、体格も良いことは中国人達にも知られているので、牡は一頭が百二十元、牝は七十一元で売れた。秋には二百二十五頭の羊を所有していたが、税金として九頭、転売屋に十七頭、それから越冬用と親戚への贈答用を除いて、現在百七十九頭残っている。ただ、ソム政府には七十頭として届けている。本当の頭数を報告してしまえば、税金の額も格段と高くなって来るからである。

「走蒙地」の中国人達は暴走する時もある。勝手にモンゴル人の家畜の群れの中に入り込んで、羊を物色することだ。遊牧民は昔から決して無断で他人の群れに入らないし、ましてや他人の群れを観察するなんて論外である。家畜の群れ（mal）は財産そのものであり、他家の倉庫に闖入したような行為は犯罪に当たる。しかし、中国人達はモンゴル人のしきたりを無視する。群れをじっくり物色してから、主人に向かって、値段を付けて来る。当然、トラブルに発展し、商談も決裂する。

愛情を込めて大切に育て上げた羊を中国人に売らなければならなくなった背景には旱魃と草原の狭小化、そして税金の増加と飼料の高騰等がある。すべては生活の為である。

人工授精下の牧畜経営

羊の品種を確保しようとして、政府は人工受精を奨励している。人工授精は羊の発情期を迎えた十月一日からスタートする。我が家のあるシャントルガイ周辺の十二戸のモンゴル人達は計二百頭の牝羊に人工授精を施した。獣医のアムルジャラガル（Amurjirγal）と受精員（keyildülügči）のゲレルチョクトの二人が各家庭を回って、十一月十日まで実施した。人工授精に応じないと、羊一頭に付き、〇・五元の罰金が取られるという。受精員のバイト代は一日四元で、ゲレルチョクトの稼ぎも増えたそうである。

人工授精は成功率が九割以上でも、モンゴル人は種雄を群れに放す自然交配が良いと思っている。牧畜民同士で種雄を三年ごとに交換し、近親相姦が進むのを防ぐ。我が家は今年、王根如と種雄を交換し合ったという。しかし、種雄の管理は手間暇がかかる。群れと別に放牧しないと、夏に妊娠させてしまう。夏に妊娠した羊は厳冬期に出産するので、仔羊を寒さから守るのにも苦労する。人工授精だと、暖かくなった春先に産まれて来るので、凍死せずに育つ。

草原の分割と家畜の私有化が実現されてから十五年の歳月が経ったが、一部で「聯戸」の動きが出ている、と母は教えてくれた。「聯戸」とは、複数の牧畜民が農業と林業、それに沙漠の緑化という三項目の面で合同経営することを指す。個人では運営が難しい項目に対し、「聯戸」した場合は政府から低利子の融資が提供され、電気と水の税金も優遇される。既にバガ・ゴル河流域に住む数戸は「聯戸」を始めているが、水と電気をめぐって対立もしているそうである。ウーシン旗だけでなく、隣のオトク旗エルクート・ソムでも実験がスタートしたらしい。

気温は夕方になると、マイナス二十度にまで下がった。父は羊達に水を汲んで飲ませ、その寝処のゴト（qota）を掃除する。豚をつぶしてくれた李善堂はその脂肪を焼いたり、糸を紡いだりしてから、夕方にオバのウランドティ家に行った。(12)

私は引き続き母の語りを記録する。今年の収穫は以下の通りである。

キビ：十五畝から千五百キロ（昨年は二千キロ）。
ひまわり：十二畝から四百五十キロ穫れて、四百六十五元で売った。
ジャガイモ：一畝から二百キロ。

キビは日常の食生活に欠かせない存在である。炒ったキビ（quyuruysan amu）は毎朝のお茶の時に食べる。また、キビご飯も頻繁に食べる。米は一九八〇年代後半からようやく目にするようになった高級品である。東北産と寧夏産だが、前者の方が喜ばれている。東北米は近代に日本が持ち込んだ品種である。

年間の支出についても母に尋ねた。羊の治療代は以下の通りだ。

薬浴用の薬：六十元。
腸内の寄生虫退治：年に二回、計百六十元。
脳包虫退治用の薬：四十五元。
飼料購入費：六百元。
中国人の雇い人：月九十元で四カ月間雇用し、計三百六十元支払った。月百五十元で一カ月雇用し、計百五十元支払った。支出は総計五百十元。

以上のような支出の他に、各種税金もすべて現金で猶予なしに支払わされた。このように計算してくると、ほとんど赤字となる。我が家は父の退職金があり、それに学校に行く子供もいないので、かろうじてやっていけている。もし、数人の子供が学校に行き、給料をもらう人もいなければ、事実上、貧しくなる。その為か、ほとんどのモンゴル人は貧困状態に置かれている。

中国の政策で対立し合うモンゴル人

話はまた、草原をめぐるトラブルになった。

我が家は草原が分割される前に、オバのリンホワ家の草原との間に鉄線を引いていた。両親によると、控えめに引いたそうである。政府の分割政策が決定され、境界が確定されると、我が家はもう少し、リンホワ家方面へ進んでよいとのことになった。前掲の地図5で示したAも我が家の草原と決定されたので、そこを取り囲もうとしたら、リンホワ家の三男で、私のイトコになるシャラクーがやって来て、譲るようにと迫る。そこで、ソム政府も介入し、バトチロー書記とドルジ長官がやって来て調停した。調停の結果、紛争地Aをリンホフ家に渡す代わりに、我が家の東隣のサンジャイ家から同面積のBを分け与えることになった。

当然、サンジャイ家は猛反対した。サンジャイ家はモンゴル人同士でトラブルになるのを嫌い、鉄線を引くのに熱心ではなかったが、他所から嫁いで来た嫁のチャガンソブトはそうではなかった。彼女は姑と夫のサンジャイの意見を押し切って鉄線を引いた。しかも、馬の放牧者ウイジン、すなわち私のオバ家の草原に食い込むように鉄線を引いてしまった。ここで、サンジャイ家とウイジン家の間にも紛争地Cが作られた。ウイジン家の馬は遠くへ行けなくなった。

A、B、Cという三つの紛争地の帰属を話し合いで解決しようと、三者はウイジン家に集まる。そこで、サンジャイ家の嫁は一同に向かって、Cという紛争地が現れたのは、オーノス家が悪いと主張する。母は即座に彼女の顔を叩いた。

「お前はどこの馬の骨だか知らないが、ここに来て何年になるのか？我々は既に百年も前からここの草原で暮らしている。草原の紛争をもたらしたのは誰だと分からないのか」、と母は怒ったそうである。

私の知っている限り、母が他人の顔を叩いたのは二回ある。一度は、文革中に我が家の井戸に小便した帰化中国人で、もう一度はサンジャイ家の嫁だろう。彼女は中国政府の政策がモンゴル人社会に紛争をもたらしているのを理解できなかった。

紛争地が作られたのは中国政府の政策である。我が家は二つのガチャー（旧生産大隊）の境界地帯にあり、文革中に虐待されたことで、生産大隊の帰属を変えたことは前に述べた。リンホワ家とは更に根深い対立がある。彼女の夫が「革命の陣営」から離脱して「反革命分子」になった現代史とも重なる。

モンゴル人の草原を小刻みに分割したことは、モンゴル社会を細かく分断するのと同じではないか。外来の中国人が増え過ぎて、私達の草原が奪われなかったら、我々の対立も生じない。問題の原因がどこにあるかについても、多くのモンゴル人は分かっているはずだ。

母はこのように分析している。

死んだ中国人に占領されるモンゴル草原

中国政府の政策がモンゴル人社会に深刻な影響を与えているだけでなく、長城以南から侵入して来る中国人の犯罪もまた目に余る。母は実例を挙げる。

一九八九年八月末、ムンクダライの娘の遺体が中国人に盗まれた。彼女は十八歳で、大学に受かったばかりだった。ムンクダライは文革中に我が家の家畜を没収し、私のラジオを奪い、母の服をみんなの前で破った男である。しかし、彼は文革後に反省し、我が家に来て、両親に土下座して謝ったので、母も彼を許した。実際、母とムンクダライは同じハダチン・オボクという父系親族集団に属し、親戚でもある。母は彼の娘が大学に受かったのを喜んでいたが、急病で亡くなった。

中国人は、ムンクダライの娘の遺体を盗んで、冥婚《めいこん》の相手にされたのである。冥婚とは中国人の独特の習慣である。未婚のまま死んだ者に結婚相手を見つけて式を挙げ、あの世で婚姻生活を送ってもらうという思想からのやりかただ。中国人同士ならいいが、他民族のモンゴル人、それも中国人との通婚を極端に忌み嫌うモンゴル人の遺体を盗むことに対し、モンゴル人は憤怒の情念を抱く。オルドスの警察が陝西省の治安関係者に協力を要請したが、真摯に対応してもらえなかったそうである。

写真 11-9　モンゴルでの定住を意味する中国人の永久墓。飾りの鶴は魂を極楽浄土へ導くシンボル。（1992 年 1 月 1 日）

モンゴル人の遺体を盗んで長城以南へ運ぶだけではない。逆の現象、すなわち死んだ中国人のモンゴルへの移住もまた始まっているという。モンゴルに侵入して来た中国人は死者が出ると、明墳《みんふん》という墓を作って、遺体を一時的に収納する臨時の葬式をおこなうだけだった。明墳とは、地下に墓室を掘るのではなく、棺桶を地上に置き、その上に薄く泥を塗り、灌木等で覆っておく、簡易な墓を指す。私が子供だった頃、シベル寺のある平野に何カ所か中国人の明墳があり、その近くを通る際は怖かった。悪霊が出る、と言われていたからだ。中国人の悪霊は祟ると信じられていたからだ。数年経って、遺骨を長城以南の中国本土に運び帰って、親戚一同を呼んで本葬を実施し、一族の墓地に帰すようにしていた。ところが、現在では、死んだ先のモンゴルで遺体を埋めるだけでなく、逆に長城以南から祖先達の遺骨を運んで来る現象が現れているという。グルバン・サラー渓谷に住む李三娃と李茂林、それに李会計ら一族がその一例である。ボル・ゴト（靖辺堡）にあった祖墳をオルドスに移したそうである。モンゴル人達はそうした事実を見て怒り、「死んだ中国人の侵入だ」、と呼んでいる。オルドス政府も表向きは制限しているが、実際は見て見ぬふりをしている、と母は話す。

母の語りから私は思い出した。一昨日、ウーシン旗政府から帰る途中、シャルリク・ソム政府の西に中国人の新しい墓が建っていた。地下に墓室のあるタイプで、墳丘の上には色鮮やかな、魂を招く「引魂竿《インホンガン》」が立つ（写真11—9）。どうして、明墳ではないのか、と不思議に思った。死んだ中国人の侵略がもたらした結果である、とやっと分かったのである。

寒い一日だったので、私はずっと家の中で両親の語りを記録した。今や人間の暮らしが厳しくなっただけではなく、我が家の馬も寂しがっている。朝、父が馬を小屋から出して西の草原に放ったら、すぐに断き出して、南東方面へ走っていった。遠いところに、オジのウイジン家の馬群がいるのを察知したらしい。

「馬もひとりだと寂しいだろう」、と父は止めなかった。しかし、夕方になっても、馬は帰ってこない。誰かの鉄線に引っかかって怪我したかもしれない。或いは、誰かの草原に闖入したとされて、殴られる可能性もある。

馬は大草原を自由に、何十キロも、何百キロも移動する習性を持つ。それが、草原の分割でほぼ不可能になった。最近では、ウサギまで人間の作った鉄線に引っかかって死んでいるのが見つかった。すべて中国人の人口が増えて、モンゴルに侵入した結果だ。

このように世の中の変化を見ている両親である。私達が寝るまで、馬は帰らなかった。なかなか寝付かない父は明らかに馬のことを心配しているのが分かる。

注

（1）別の伝説もある。ある老齢に達したモンゴル人夫婦がいた。「変化する月（qubi sar-a）の二十五日」に妻が山羊の放牧に出かけ、草原で赤ん坊を生んだ。比較的高齢だった為、恥ずかしいと思い、その赤ん坊を捨てて帰った。夫は可哀そうだと言って草原に行くと、鴉達がその子を守っているのではないか。そこで、夫婦はその子をチベットのラサに出家させた。その後、ラサでラマになっていた青年はある巡礼者に両親への手紙を託した。手紙を見ないで、と指示したにもかかわらず、巡礼者は開けてみた。すると、仏画だけで、字は書いてなかった。仏画だけの手紙は両親に届けられたが、ラマになった息子は二十五日に亡くなったので、その日は家畜を屠らない日になった。

（2）オーノスはその後、中国共産党の高官となり、内モンゴル文化藝術聯合会や内モンゴル大学等に務めた。彼はまた多数のモンゴル語手写本の収集家としても知られている［楊　一九九六］。その運命については、『墓標なき草原（下）』で詳述している［楊　二〇一八c：四五―八七］。

（3）近年では化粧品の使用に伴い、若い人達は腋臭を忌避しなくなった。

（4）この一族からはウラト・マームという名僧が出ている。

（5）シャラはその後、別のオーノス・オボクの女性と結婚し、シベル寺の近くに住んでいた。その娘のサランゴワーは私の小学校の同級生で、一九八五年に白血病で亡くなった（後出の第二十七章扉写真で、前列右から三人目）。シャラはまた多くのモンゴル語とチベット語の手写本を所有していたので、私に譲ってくれた。

(6) トゥグルクとは、円形や円陣の意味である。具体的には草原の窪みに四方から水が流れ込んでできた円形の湖や水溜まり、戦闘の時の円形陣地を指す。『蒙古源流』では「大いなる円陣（yeke bayir-un Tögürüg）」とある［Haenisch 1955: 55r; 烏蘭　二〇〇〇：二七二］。

(7) 旱魃対策をめぐってモンゴル人と中国人の意見が対立し、モンゴル人幹部達に対する虐殺も一段と厳しくなった［楊　二〇一八c：一三四―一三七］。

(8) 子どもの誕生とそれに伴う儀礼は地域と部族によって異なる。東部ホルチン地域の誕生儀礼については、Pao Kuo-Yi［1966: 406-439］の研究がある。

(9) モンゴル人は銅銭を「黄色い金（sir-a joyosu）」と呼ぶ。オルドスでは一九四〇年代まで、古代の歴代王朝の銅銭が交易に使われていた。高価なものの売買には使えないが、中国人と少量のものをやり取りする際に用いられていた。崇寧通寶（北宋、一一〇二～一一〇六）や正隆元寶（金朝、一一五六～一一六〇）等のような銅銭が沙漠から出る。

(10) ヌクタン・オボクのボルは父の戦友で、その息子は金海と言い、我が家に住んで農作業をしていたことがある。彼は後に内モンゴル大学の近現代史の専門家になった。著書に『日本占領時期内蒙古』（二〇〇五）等がある。

(11) 私が移動で見たチョーダイ生産大隊のジャングーン・チャイダムには多くの人家があり、四つの生産小隊に分かれていた。しかし、一九四〇年代はチョーダイ全体で数戸しかなかった。南のデムチン・チャイダムにシャジンジャムソ(Šasinjamsu)とダー・クレーの貴族（その夏営地は我が家の近く、アブダル・マンハに住むボーソル家辺り）、それにボルバワー夫婦、北は私の祖父のノムーンゲレル、バガ・ゴル河にはネストリウス教徒のウルジとボンホー、ダルハトのボルドルー等であった。中国人は一人もいなかった。

(12) 「現代の李陵」たる李善堂についてはその後、一九九六年夏に長いインタビューをしており、いずれ彼の伝記を書く予定である。

●第十二章　伝説のホトクタイ・セチェン・ホン・タイジ

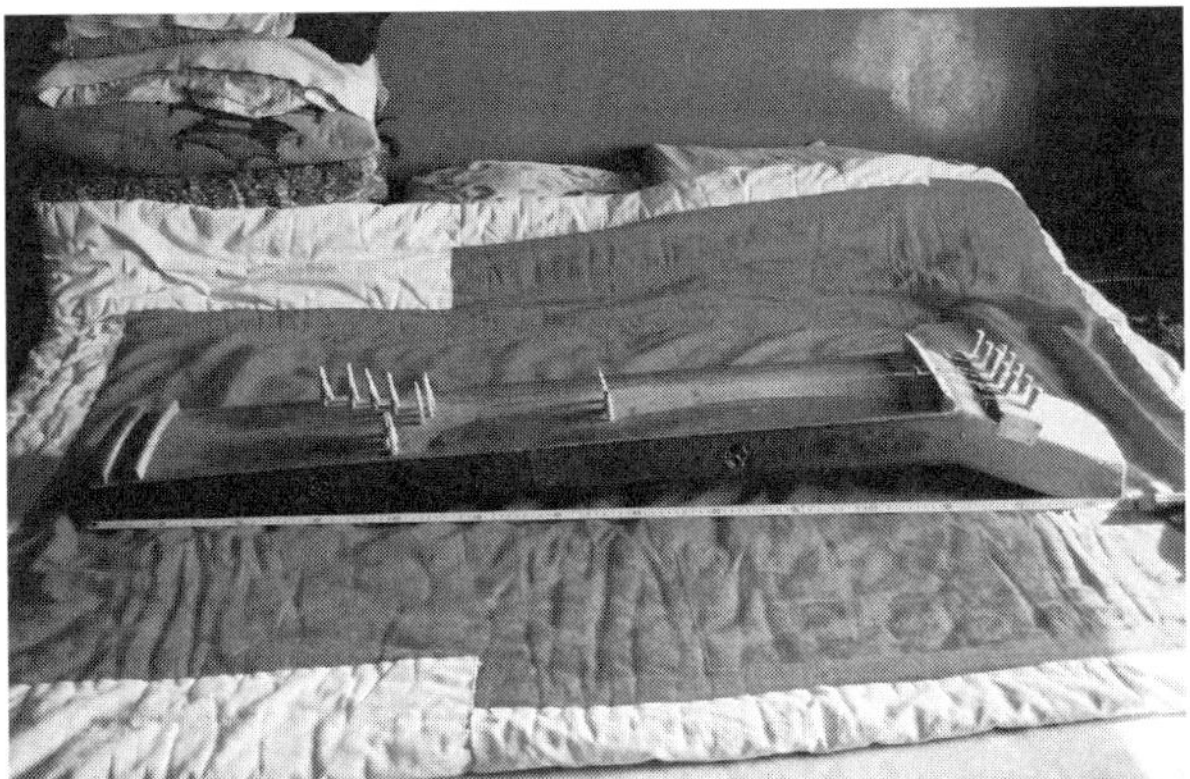

中国によって演奏を禁止されていたモンゴル琴のヤタグ。私が演奏家を訪ね、写真撮影したいと願い出た際に、彼は自分の家の布団を敷いて、その上に琴を置いた。それぐらい、彼は琴を大切にしていた。

十二月二十八日

雪中の琴

朝はマイナス二十二度である。起きてみると、馬は深夜に帰っていたが、ちょっとした事故を起こしていた。寒かったらしく、羊達の寝床に入ろうとして羊用の柵を破っていた。悪いことをしてしまった、という目で父を見る馬と、馬の首を撫でる父は朝日を浴びてコミュニケーションしていた。「九を数える」(1)やり方で換算すると、今日は「一の九の七日目」にあたる。古い習慣に習い、今日から馬の食べる量をコントロールする（soyiqu）、と父は決めた。冬の間に太らせるのではなく、ある程度ダイエットさせると、翌春には病気にならないし、体力も衰えないという。私は一日かけて、調査ノートを整理した。

十二月二十九日

昼過ぎに私は馬に乗って出発し、雪の中を北東へと進んだ。途中、ホトクタイ・セチェン・ホン・タイジの墓と祭殿のあると伝えられているオンゴン丘陵に上がったが、雪で全体像が見えなかった。高い丘陵から降りて北へ進み、しばらく走るとジャーウダイ（Jabudai、六十歳）家に着いた。

ジャーウダイはオルドスに生存している、モンゴル琴ヤタグが弾ける二人のうちの一人だとされている。もう一人は今年の秋に亡くなったポンスクノルブーで、私はこの前、十二月二十一日にその弟で、「真の英雄」ムハライ将軍の祭祀者に会った。ポンスクノルブーが亡くなった現在、モンゴル琴が弾けるのは、ジャーウダイだけとなった。中国によって長く禁止されて来た音楽の伝統も風前の灯となっているので、彼に会いたかった。

ジャーウダイは大事に保管しているモンゴル琴を箪笥の中から出して、私に弾いて聞かせた。かつてグルバン・サラー渓谷に住んでいたノゴーンブラク（Noyuyanbulay）という人物から譲り受けた琴で、弦は十本である。貴族の琴は十三本の弦からなる。文革中は家畜小屋に隠して、中国人の破壊から免れたという。私は彼が琴を弾く姿をカメラに収め、録音した（写真12―1）。一曲聴いた後の室内は静まり、外の雪と風の音はますます強まっている。その時、私は彼の右腕が不自由だったのに気づいた。

写真 12-1　文革期の破壊を免れたモンゴル琴を演奏するジャーウダイ（1991 年 12 月 29 日）

「軍人だった頃に、ある戦

いで負傷した」、と淡々と語った。

ジャーウダイ家を出てから、夕方四時四十分にはオンゴン丘陵の北五キロ、シルデク平野に入った。平野は南北に約十五キロと長く、東西に三、四キロと細長い形をしているので、シルデクと呼ばれるようになった。シルデクとは「鞍敷き」の意味である。モンゴルの最後の大ハーン、リクダン・ハーンがオルドスを通過して西のギョク・ノールこと青海を目指していた際に、鞍敷きを落としたから、そのような地名になったと伝えられている。

シルデク平野の北はバガ・シリ（Bay-a sili'「小さな丘陵」との意）である。バガ・シリを越えると、ハラガムト寺が見える。ハラガムト寺の北西にガダス盆地があり、チンギス・ハーンの黄金のウマ繋ぎ、「アルタン・ガダス」が祀られている。アルタン・ガダス盆地の西の沙漠内に西夏時代の廃墟があり、その近くの高いオボーはホラホと呼ばれている。チンギス・ハーンが軍隊を招集した地とされている。

平野の南はウラーン・グショーン・マンハ（Ulayan qosiyun mangq-a、「赤い尖がった沙丘」の意）で、西はブルグディーン・エリイエン（Bürgüd-ün eriyen、「鷹の草原」の意）という沙漠である。平野の東に「五つの峰」を意味するタブン・トルガイ（Sirdeg-ün Tabuntoluyai）という沙漠が広がっている。沙漠には十三の塚からなる、チローン・オボーという聖地がある。ウーシン旗とオトク旗が合同で、毎年「オルドス暦の八月（太陰暦五月）」に祀る。雨の多い年になると、西のウスンチャイダム（Usun čayidam、「水のある平野」の意）の水がシルデク平野を通り、南のウラーン・グショーン・マンハを経て、ムホリン・ゴル（Muqur-un yool）のところでシャルスン・ゴル河に合流していく。

モンゴル帝国の旗手

シルデク平野のタブン・トルガイにソンニド（Songnid、六十七歳）という人が住んでいる。(2) 実は、さきほど訪ねたジャーウダイはソンニドの弟である。ソンニドは、私の祖父ノムーンゲレルの長女ボルと結婚しているので、私のオジにあたる。私が子供だった頃はよくオバと二人で我が家に来ていた。しかし、私が彼の家に行くのは初めてである。オバは既に数年前に亡くなったが、オジのソンニドは私の来訪を歓迎してくれた。ソンニドは現在、モンゴルの習慣に従って、次男（末子）のバトノルー一家と暮らしている（写真12―2）。バトノルーには男の子二人と、女の子一人がいる。長男のホルガは独立し、オジの家の東、二キロほどの丘の上に住んでいる。ホルガには七歳の娘と六歳になる女の子がいる。

ソンニドはトゥクチン（Tuyčin）・オボクである。トゥクチンとは「旗手」の意で、モンゴル最後の大ハーン、リクダン・ハーンの「白い国旗《チャガン・トゥク》」の旗手兼祭祀者を指す。トゥクチンの人達はウーシン旗の十三のハラーの一つ、ジャハル・ハラーの第三のソム、トゥクチン・ソムを形成していたという。チャガン・トゥクは現在、トリ・ソムの南、ムー・ブラクという地にある。

　ソンニド家は昨年まで主として山羊を百頭くらい放牧していた。しかし、山羊は灌木を食べて沙漠化をもたらすからと政府から言われたので、昨年はその九割を売って、今、五、六頭しか残っていない。本当は山羊から取れるカシミヤの方が羊毛よりも高く、収入になる。しかし、政府は何故か、山羊を敵視している。

「沙漠を作ったのは長城以南からの中国人なのに、山羊のせいにしている。モンゴル人は匈奴《ホンヌー》の時から山羊を放牧して来たが、沙漠になったことは一度もない」、とソンニドはオンドルの上に座って語る。外は雪が降っている。

写真 12-2　トクチン（旗手）集団のソンニド老とその家族。（1991 年 12 月 31 日）

　ソンニド一族は昔、シャルスン・ゴル河のハラバト湾の西に住んでいた。質素な固定建築バイシンの両側に柳の枝と泥で作った円形の天幕（bayan-a lay）もあった。フェルトの天幕は臨時の移動オトルに行く時に使った。また、男子が成人し結婚して独立していく際に、すぐにバイシンを建てられない時も、フェルト製の天幕に住んでいた。その後、中国人の侵入を受けて、七十年前に北へと避難し、現在の地シルデクに移り住んだ。シルデクには現在、数十戸のモンゴル人と二戸の中国人が住んでいる。かつてはボル・クデー生産大隊の第六生産小隊だったが、現在は草原が分割されて、至るところで鉄線が引かれている。家が見えても、辿り着くまでに時間がかかる。鉄線が道を寸断しているからである。

貴族の菩提寺の興亡と僧侶の受難

　ソンニドは一九三三年、九歳の時にシャルリク寺の僧《ラマ》になった。オジの弟子として出家したものだった。ラマになれば、兵役は免除されるし、知識人としてみんなから尊敬されるので、モンゴル人は男子が二人以上生まれると、必ず一人を僧院に送り届けて出家させていた。十三歳からチベット語を学び、読経に明け暮れ、暗記が基本であった。覚えられなかった時は、オジの師匠に叩かれた。ソンニドの父ロンホダイ（Longqudai）は当時、トゥクチン・ソムの長官ジャンギ（参領）だったが、まもなく昇進してジャハル・ハラーの長官ジャラン（佐領）に任命された。

　シャルリク寺は元々、小さな祠だった。ホトクタイ・セチェン・ホン・タイジの後裔にあたるバルジュール（?〜一八九五年）公がムスリムの反乱軍（後述する「悪盗」）を退治した功績で清朝皇帝から報奨金が与えられた。彼はその報奨金を使って、大きな寺院を建立した。シャルリク寺の正式の名はガイハムシクト・ウールト・スゥメ（Ɣayiqamsiɣtu egületü süm-e、「驚嘆すべき雲を頂く寺」の意）で、漢字名は瑞雲寺である。

バルジュール公は顔に痘痕《コンクル》（könkür）があり、その為、モンゴル人から裏で「コンクル公《グン》」と呼ばれていた。バルジュール公の邸宅はウーシン旗西部にあり、鎮国公の爵位を有する西協理タイジだったので、「西公」とも呼ばれた。西公の邸宅は「西公シャン」と称されていた。

シャルリク寺はバルジュール公の子孫や、ダー・クレーの貴族達の菩提寺である。貴族達はいつもオンゴンに埋葬されているホトクタイ・セチェン・ホン・タイジを祀ってから、シャルリク寺に来ていた。寺ではダーラマにあたるソクチン・シバ（Soyčin siba）の位階が一番高く、その次はラサン・ラマ（Rasang blam-a）、ジドル・ラマ（Jidur blam-a）だった。ラマ達は毎年、数人でギョク・ノールこと青海のグンブム寺へ留学に行っていた。

ギョク・ノールに留学に行って、ハンセン（麻瘋）病に感染したラマもいた。モンゴル人はハンセン病を「タングート病（Tangyud ebdčin）」と呼ぶ。タングートとは古代の西夏（党項）を指していたが、その後はチベットも含むようになった。一九三〇年代、ムンクドルジとその弟のチャガンバンディ、ソルケムジャムソとブヤンデレゲルといったラマ達がギョク・ノール留学中に「タングート病」にかかった。その後、ドガーソ（Duɣaso）というサラール人がムンクドルジと結婚してオルドスに戻って来て、ボル・クデーで暮らしている。サラールとは、中央アジアのテュルクメン人の一サブ・グループで、モンゴル帝国時代に移動して来たという伝承を有している。

中国共産党が一九三五年冬に長城以南から現れると、それと連動するかのように、二年後の一九三七年には日本軍も東から黄河を超えてオルドスに入って来た。共産党の紅軍と日本軍の双方と付き合う為に、オルドスのダルト旗は日本と、ウーシン旗は共産党とそれぞれ秘密裡に交渉する役を盟政府から指示された。その時、日本軍の要求に応じて、ダルト旗のモンゴル人センゲ師団長はオルドス七旗から二十人ずつ兵士を集めて帰順した。ウーシン旗からはオンゴンのバヤンダライとゲンデンポンスクらが派遣された。バヤンダライはまだ健在だが、ゲンデンポンスクは国民政府軍に捕まって、ウーシン旗東部の沙漠内で処刑された（後述の一九九二年五月十五日の記述参照）。

中華人民共和国が成立すると、僧侶達は還俗を命じられたので、ソンニドも一九五〇年に二十六歳で寺から家に帰らされた。ジャハル・ハラーの長官だった父には百頭の羊と数百頭の山羊、五頭の駱駝がいた。一九五七年に家畜はすべて政府に没収され、駱駝は役に立たないとされて、包頭市へ売られた。西公バルジュールの孫バウーとチョーダイ平野の金持ちのボルバーワーは抵抗し、一九七〇年まで駱駝を手放そうとしなかったが、それがまた「反中国の罪」とされた。駱駝の毛は高価で、肉も美味しい。モンゴル人はキャラバン(temegen jing)を組んで、寧夏に近いイケ・シケル(Yeke siker、大池)とバガ・シケル(Bay-a siker、小池、苟池)という二つの塩湖から産出する塩を買い取り、長城の要塞都市テメート・ゴトまで運んで売っていた。このような商売も中国共産党によって禁止された。文革が始まると、ソンニドの父ロンホダイも「搾取階級の牧主」兼「封建社会の役人」として一九六六年に逮捕され、一九七二年まで刑務所に入れられた。当然、ジャハル・ハラーのモンゴル人達が維持し、祀って来たチャガン・トゥクも中国政府によって倒され、祭祀者達の活動も禁止された。

ソンニドの話を私は夜遅くまで聞いてから、暖かいオンドルの上で寝た。外の雪はもう止んだ。中央アジアのテュルクメンから移動して来たサラール人、南国の共産党紅軍、そして海を越えてやって来た日本軍等、実にインターナショナルな主役達がモンゴル高原を舞台に活躍したものである。

十二月三十日

呪われたホトクタイ・セチェン・ホン・タイジ

暦の上では一九九一年も幕を閉じようとしており、まもなく春を迎えることになるが、外に出てみると、私の赤褐色馬がすっかり白馬に変身したのではないか。夜に霜が降りたからだ。霜を浴びて寒くなったといわんばかりに、馬は怒って私を噛もうとする。急いで馬を連れて雪の積もった草原に出て散歩し、温める。太陽が昇り、馬の体に付いた霜と雪を拭き取ってから、草と飼料を与えた。

午前中はソンニドと雑談し、昼には彼の弟で、モンゴル琴が演奏できるジャーウダイ家を再訪した。ジャーウダイは息子の結婚式に参加する為に旗政府所在地のダブチャク鎮に行き、不在だった。彼の家には嗅ぎタバコを売り歩いているという、ムホリン・ゴル河に住むモンゴル人が来ていた。以前に中国政府から禁止されていた習慣が復活したから、嗅ぎタバコも欠かせなくなったから需要があるという。

午後、ソンニドの長男で、私のイトコになるホルガ家に挨拶に行き、肉まんの包子《ボーズ》をご馳走になった。ソンニド家に戻ってから、次男のバトノルーのバイクに二人乗りして、准貴族ガタギン・オボクの守護神殿を見学して来た。雪原に立つ守

写真 12-3　ガタギン・オボクの神殿サクース。(1991 年 12 月 31 日)

護神殿に着いてまもなく、太陽が西の沙漠に沈んでいった（写真12―3）。

夜、ソンニドは私にホトクタイ・セチェン・ホン・タイジが埋葬されている地、オンゴンに関する伝説を語った。

現在のシャルリク・ソムすなわちかつてのシャルリク寺から北へ約十キロいったところにオンゴンという大きな丘陵がある。そこから更に北へ二十キロくらい離れたところのオトク旗領内に、もう一つのオンゴンがある。ウーシンとオトク両旗はそれぞれ自身のオンゴンをイケつまり「大きなオンゴン」と称し、相手側のものをバガ、「小さなオンゴン」と呼ぶ。オンゴンとは、墓地や神像との意味である。ウーシン旗の人達は大《イケ》オンゴンにはホトクタイ・セチェン・ホン・タイジ、小《バガ》オンゴンにはその夫人の墓がそれぞれあると信じている。一方、オトク旗の人達はおのおのバトムンケ・ダヤン・ハーンとホトクタイ・セチェン・ホン・タイジが埋葬されていると主張している（後述の一九九二年五月十五日の記述参照）。

オンゴンの上には四体の大きな石製の獅子《アルスラン》像が置かれていた。その近くには唐三彩で造った鳳凰もあった。煉瓦や瓦が散乱している場所があり、それはホトクタイ・セチェン・ホン・タイジとその夫人の邸宅だった、と伝えられている。

オンゴンには一万畝に及ぶ禁地があった。その禁地は、南はギラト（Gilatu）までで、北はインケトゥイン・チャイダム（Engketü-yin čayidam）、西はウハグイン・トルガイ（Uqay-un toluyai）、東はハルジャン・トルガイ（Qaljang toluyai）までだった。タイガという専任の祭祀者が一人いて、祭祀をおこないながら、禁地内での灌木の伐採、狩猟や開墾を取り締まっていた。トリ・ソムのトンスゥイに住むボヤンサドン（Buyansadun）一家がそのタイガだった。ボヤンサドンの息子はバトバヤルで、孫はゲイソクである。ゲイソクの息子はグチュントグスで、今年の夏に「民族分裂主義者」として中国政府に逮捕された。

オンゴンを祀っていたのはウーシン旗の貴族タイジ達だけであった。近くまで行っておこなう祭祀と、遠くから遥拝する儀礼の二種があった。「シャルリク寺で仮面踊りのチャムがあった時に、タイジ達は遥拝していたのを見たことがある」、とソンニドは語る。彼は更に続ける。

ホトクタイ・セチェン・ホン・タイジはオンゴンの近くに住んでいた。ある日、彼は北の方へ狩猟に行こうとした。

「今日、私を訪ねて来る人がいるはずだ。どこかへ（eyisi teyisi）行ったとだけ伝えて。本当の方向は言わないように」、と夫人に言い残して出かけた。まもなく、夫人が髪の毛に櫛を入れていたら、赤ら顔の巨漢が現れた。夫人はその人相を見て仰天し、「夫は北へ行った」、と本当のことを話してしまった。実はその巨漢はタングート（＝チベット）人の呪術師（qariyalči）だった。呪術師は呪いをかけ、ホトクタイ・セチェン・ホン・タイジを殺した。

タングート人に呪われて死んだホトクタイ・セチェン・ホン・タイジは静かに復活の時を待った。モンゴル人もまた彼の復活を願い、遺体を節のあるチャガン・エベス（čayan ebesü、白い草）で包んで埋葬した。その為、遺体は腐敗しなかったし、草の節もすべて龍になりかけていた。

ところが、ホトクタイ・セチェン・ホン・タイジの復活はまたもやタングート人達に知られた。ある日、タングートの呪術師はラマを数人、オルドスに派遣した。そのラマ達はモンゴルに来て、ホトクタイ・セチェン・ホン・タイジを埋葬し直すよう煽動して回った。ラマに騙されたモンゴル人達が墓を開けて見たら、ホン・タイジの遺体は大きな龍に、草の節目にはすべて無数の小さな龍が生まれ、出陣しようとしていたのではないか。ホトクタイ・セチェン・ホン・タイジは実はタングートを征服しに行こうとしていたのをラマ達が事前に察知して封じ込んだのである。ホトクタイ・セチェン・ホン・タイジを失ったモンゴル人はそれ以降、没落の一途を辿った、という[3]。

ソンニドが語る伝説の真意はどこにあるのだろうか。私はこの伝説のポイントはチベット仏教とシャーマニズムの対立だと思う。ホトクタイ・セチェン・ホン・タイジはチベット仏教をモンゴルに再導入した際に重要な役割を果たした人物である。その彼がタングート人すなわちチベット人に殺された、という設定である。こうした物語の設定はシャーマニズムの信者達が作ったもので、ホトクタイ・セチェン・ホン・タイジをチベット仏教のラマ達に「殺させる」ことで、彼自身の復活が失敗するという結末を導き出す。そして、一番言わんとしているのは、チベット仏教の導入でモンゴルが衰退した、という思想であろう[4]。

聖地オボー信仰の精神性

ソンニドは続いて、モンゴル人の聖地《オボー》信仰について語った。「オボーは恐らく巻き狩りや軍事行動と関係があるだろう」、とソンニドは強調する。オボーに集まってから狩猟をし、政

写真12-4　オルドス西部ガタギン・オボクのオボー。（1991年12月）

治の話をする。各オボク集団がどのように草原を利用し合い、どんなルールを作るのか。また、どこに進軍するかについて、話し合う場がオボーである、という。

　一度、オボーを建てたら、捨てることはしないし、また、捨ててはいけない。オボーを捨てることは、故郷や国を捨てたのと同じだ。

「十九世紀以降、私達モンゴル人は長城の北側のオボーと草原を失った。中国人の侵入でオボーを捨てざるを得なかったとはいえ、やはり我がモンゴルの運勢が傾いたのは、その時からだろう」、とソンニドは嘆く。

　中国人に占領された土地にモンゴル人は多くのオボーを残さざるを得なかった。それらのオボーは大概、百キロ先のシャルスン・ゴル河の北側からも毎日のように見える。ゴトン・ゴル（洪洞界）のゴトン・オボーとアマ・サル山頂のアムバイ・オボー、祭山梁のバドグイン・オボー、「真の英雄」たる「真のオボー」等がそれに当たる。

　聖地オボーには色んな種類がある（写真12―4）。石で積み上げたものもあれば（例えば、オンゴンのチローン・オボー）、レンガで作ったものもある。また、土を盛り上げたものもある。オルドスの場合だと、大抵は真ん中に大きな将軍塚《ジャンジュン・オボー》を一つ建て、その両側に六つずつ「兵隊塚（čerig oboɣ-a）」を設置して、十三塚のものにする。オボーはその地域の一番良い場所（sinjilgetei ɣajar）に建てるのが原則である。

　オボーはただ単に土を盛り上げた土塁ではない。そこにはモンゴル人の精神を具現する「風の馬」が宿るので、まずは「命を吹き込む（amilaqu）」ことから儀式は始まる。オボーは神様そのものではなく、土地の風土（nutuɣ usu）を豊かにしようとするものなので、人間の精神も内包されている。

　天から人間への救いと恩賜（tngri-yin kesig demjilege）はオボーを通して与えられるが、仏教の神様の居場所ではない。オボーを大事にするのは、チベット仏教のラマを尊敬するのと違う。ラマはどんなに有能でも、天には叶わない。モンゴル人の歌の中にも、「ラマは調子に乗って、天に昇ってはいけない」とある。

　オボーにはニルダク（nirdaɣ）とシルダク（sirdaɣ）という二つの人間の運勢を司る超自然的なものが棲んでいる。モンゴル人それを「運命の神（qubi jiyaɣ-a-yin burqan）」とも理解している。ニルダクとシルダクはまたティレン

（tigering）として姿を現すことがある。ティーレンは一本足で、その足跡は駱駝のものに似ている。ティーレンは霊（jitüger）でもある。聖なるオボーを大事にしていれば、ニルダクとシルダクはそこに棲みつき、近くの草原に棲息する家畜が繁殖し、草と作物も育つ。だから、モンゴル人は家畜がいなくなったり、死んだりすると、「今年はオボーに誠意を示さなかったと見られたのか」、と自省する。

ソンニドは更に話す。ティーレンはまたオボーをよく祀る人の家に入って、神棚（günggürba）に棲み、酒とご飯をこっそり食べる。家の男主人のティーレンは牝で、女主人のは牡である。ティーレンとその主人は会話をし、意思疎通ができる。ティーレンは大体、夜の間に出かけて、宝物を探して来るので、その家は次第に金持ちになっていく。

どこかの家が急に豊かになったら、きっとティーレンを飼っているに違いない、と見られる。昔、チョーダイ平野の北、ハラブルンにトゥメンジャラガル（Tümenjirɣal）という人が住んでいた。彼の父はアルタンサン（Altansang）という。トゥメンジャラガルはこっそりティーレンと暮らしていたので、金持ちになっていた。ある日、家に帰って見たら、犬がそのティーレンを咬み殺してしまったのを発見した。まもなく、家も貧乏になった。トゥメンジャラガルの息子は今もおり、名をワンチンジャブ（Vančinjab）という。

オボーをいつ祀るのかは、一定の期日はないが、大概は「オルドス暦の八月（太陰暦五月）」の十三日が多い[5]。

誰がオボーを祀るのか。シルデク平野のアムルゲシク（Amurkesig）家のように、一家で祀るものもあれば、トリ・ソムのトゥンスゥイ・オボー（Tongsui-yin oboɣ-a）のように、数戸で祀るものもある。親戚同士の場合もあれば、同じ放牧地を共有する者同士の場合もある。ガタギンのオボーは父系親族集団オボクの聖地で、他のオボクの者の参加は排除される。また、ハラーのもの、旗政府のもの、モンゴル全体のもの等、多種多様である。どんな形態だろうと、それが政治の場（ulus törü-yin ɣajar）であるのに変わりはない。

オボーをめぐって、モンゴル人と中国人が対立することも多い。

モンゴル人が豊かな暮らしを営んでいるのは、聖なるオボーを祀っているからだ、と気づいた中国人がいた。テメート・ゴト（楡林城）の馬という人だった。彼はチョーダイ平野に自分の馬群を委託し、オボーの精霊が出入りするところで天幕を張った。すると、彼の馬は見るみるうちに増えたし、旗政府の命令にも従わないほど威張るようになった。そこで、あるラマが精霊の出入りする道を変えた。今、ジャムバニンブー（Jambaningbu）が住んでいるところに道を変えた。そうしたら、あの中国人も没落して中国に帰った。

ジャムバニンブーは有名な馬放牧者《アドーチン》だ。一九七一年夏に我が家がチョーダイ平野のジャングーン・チャイダムに移動した際に、私は彼の息子とよく遊んだ。父親に似て、馬の乗り方が上手い少年で、競馬大会で常にトップを走っていた。

私はソンニドの語りから以下の二点を読み取った。

第一に、オボーはモンゴル人の牧畜活動と密接に関わっている点である。草原と国土《ヌタグ》を守り、そこに宿る精霊や野生動物、家畜と作物との調和を守る存在としての聖なる存在がオボーである。当然、国の境界を示す存在でもあるので、政治的な意味も含まれている。

第二に、天を崇拝する思想が含蓄されている点であろう。高いところにオボーを建設し、なるべく蒼天に接近しようとする。

十二月三十一日

准貴族の横穴式住居

朝、私はソンニド家でお茶を飲んでから、その南一キロくらいのところ、崖の上に住むガタギン・ネメフ（Nemekü 七十五歳、写真12－5）を訪ねた。標高千三百五十メートルの高原地帯にあって、ネメフ家はまた「窑洞の家（your-un ayil）」と呼ばれている。文字通り、横穴式住居に住んでいる。陝西省北部の中国人の住む窑洞と異なり、都会風の洗練されたデザインとなっている。自家発電機で発電し、テレビもある。山の斜面に一列に掘った窑洞の北側に息子夫婦が住み、ネメフ老はその南側に入っている（写真12－6）。横穴式住居に入ったのは、一九六四年だという。それまでに住んでいた家が雨で流されたので、窑洞を掘って住むようになったそうである。一九六四年は私が生まれた年で、雨が多かった、と前に述べた。

ネメフによると、昔、ハラ・ヌドン（Qaranidün、「黒い瞳」との意）という人がここの崖に横穴を掘って羊の病気治療に使っていたという。横穴に羊を入れて、外から程よく煙を焚く。すると、羊の体に付着していた寄生虫が駆除される。彼の家はその横穴を改良したものである。

ネメフは著名な詩人ゲシクバトの孫にあたる。彼は国民政府軍と八路軍の双方に入り、日本軍とも戦った経験を持つこ

写真 12-5　ガタギン・オボクの長老ネメフ。（1991 年 12 月 30 日）

写真 12-6　ネメフ家の横穴式住居窰洞。（1991 年 12 月 30 日）

とで、「ガタギン集団の最後の長老」と呼ばれている。私が自己紹介をし、現在、日本に留学していると伝えると、ネメフ老は次のように話した。

「共産党の割拠地延安で日本人に会ったことがある。とても印象が良かった。ところが、中国共産党も国民党も当時は日本人をロバのような醜悪な姿で描いていたので、驚いた」

ネメフは元々、今のところから西にあるチョーダイ平野の北、ゴシン・チャイダム（Γosin čayidam）に住んでいた。一九三七年春からウーシン旗とオトク旗の境界紛争が激しくなり、家がオトク旗の兵隊に焼かれたので、現在の地に移って来た。ここのシルデクにはオウルト（Ebültü）という同じガタギンの親戚がいたので、頼って来た。移って来た当時は羊と山羊計二百頭、馬四十～五十匹、駱駝四十頭、牛七十～八十頭を所有し、裕福な生活を送っていた。現在は羊と山羊計百五十頭、牛十五頭、ラバ一頭を持っている、とネメフは語る。

「中華人民共和国ができるまで、暑くなると平らな夏営地に、寒くなると、暖かい冬営地に移動するという生活を送っていた」、とネメフは話す。

「ガタギン・オボクの人達はいつ、オルドスに来たのか」、と私は尋ねた。すると、ネメフは以下のように返事した。

　ガタギンの祖先ドブン・メルゲンがキヤート・ボルジギンと猟の競争をして負けたことで、ハーンになる資格がキヤート・ボルジギンに移った。それ以降、ガタギンは貴族の身分を失った。ガタギンも他のオルドス・モンゴル人と同じ、聖なる主君チンギス・ハーンについて長城の北にやって来て住み着いた。その前はギョク・ノール（青海）の北、アラク・ウーラとアルタン・デブシエで遊牧していた。かつての放牧地を忘れないように、馬から降りたら、必ず鞍前を北西に向けておくだろう。オルドスに来た時のガタギンの祖先の名はバヤンハラーである。

アラク・ウーラとは黄河以西の賀蘭山のモンゴル名で、アルタン・デブシエは甘粛省北部の山丹県辺りを指す。オルドス・モンゴル人がギョク・ノール高原に上がって夏営する際に通過する春営地とオルドスに帰る際の秋営地であった。清朝時代に入って、黄河以南、長城以北の高原に定住した後も、モンゴル人はこの二つの地を伝説の故郷だと認識している。

「清朝時代に南モンゴルは四十九の旗、北モンゴルは五十七の旗に編成された。我がウーシン旗もそのうちの一つだ」、とネメフは語り出す。旗は更にハラーからなる。ウーシン旗は元々十三のハラーから構成されていたが、後に東部の三ハラーが独立してジャサク旗になった。ハラーはソムからなる。一つのソムに百戸がいれば、二、三十戸しかない小さなものもあった。十戸長はダルガで、二十戸長はボショゴと呼ぶ。

ウーシン旗西部には主としてイケ・ケレイト(6)とバガ・ケレイト(7)、それにウーシンとクンディ等のハラーがあった。各ハラーの構成員は混ざらないよう、清朝初期には棲み分けをしていた。ガタギン・オボクの人達はほとんどバガ・ケレイト・ハラーに属していたが、何故か、イケ・ケレイト・ハラーの人口が減ったので、一部を移し入れた。各ハラーには軍神スゥルデがあった。例えば、ジャハル・ハラーはリクダン・ハーンの白いスゥルデを、両ケレイトはバガ・シベルに立つアラク・スゥルデを祀っていた。このアラク・スゥルデはサガン・セチェン・ホン・タイジの軍神であった。

モンゴルの旗の王、ジャサクは「紅頂帽（ulayan jiregetü malayai）」をかぶり、帽子の上には紅紫色の宝珠（badamarayu-a）が付けられてあった。東西二人の協理タイジと二人のメイリン、伝令係バイトンダー(8)（bayitun-u da）等、全員ジンス・マラガイ（頂戴帽）をかぶっていた。

ウーシン旗にはまた五人の境牌官《ハーラガチ》がいた。黒い鞭を持ち、徴頭《ジントゥール》と収頭《シュートゥール》という二人の部下を連れて、中国人の越境を警戒していた。無断で長城を越えて来た中国人を鞭打ちし、罰金を取っていた。

清朝時代のモンゴル人と中国人は定期的に「茶馬市（čai morin-u nayadam）」を長城沿線で開いていた。ウーシン旗の場合は、グーティ・ゴト（横山堡）まで行く人が多かった。オトク旗はソハイン・バイシン（寧条梁）を対中国の貿易の地としていた。モンゴル人は家畜と毛皮を、中国人はキビと布等を持って来て交換し合っていた。

清朝末期までのモンゴル人と中国人は長城を境界に棲み分けしていたので、対立し合うこともなかった。ところが、中国人が無数に侵入して来ると、草原が破壊され、モンゴル人は追い出された。長く住みつくと、中国人はその腹黒い本性を隠さなくなった。中国人を受け入れてしまったモンゴル人はとんでもない間違いを犯してしまった。もう後悔しても挽回できなくなった。

　ネメフの哲学的な分析を私は記録した。長い清朝時代のモンゴル人は平和に暮らしていた。少しでも余裕があれば、みんな十六冊からなる「聖諭広訓」を学んでいた。清朝の皇帝が定めた礼儀作法と道徳に関する内容だった。犯罪者もほとんどいなかった。たまに悪事を働いた者がいれば、「八十斤（nayanjin、約四十キロ）」と呼ぶ鉄索で繋いでおくだけだった。刑務所という施設もなかった社会である。

激変をもたらしたムスリムと中国共産党

中国人が大量に長城を越えて来たのは、イスラームを信仰する「悪盗《ムーホラガイ》」が反乱を起こした時である。

　清朝の同治（Bürintü jasaγči）年間に、悪盗はフンコロガシ虫のようにオルドスに入って来た。そのリーダーは女だった。彼らの武器は棍棒の先に鋏を巻き付けたものだった。人を見つけ次第殺していた。その悪盗に追われるように、中国人が先に逃げて来た。悪盗はオルドス西部を占拠して八年間も盤踞した。その間に、我々ガタギンの人達はウーシン旗の東部へ避難した。シャルスン・ゴル河南岸に住んでいたモンゴル人は北へ移動したので、その土地に中国人が入って来て住み着いた。家畜は殺され、天幕は焼かれた。各地へと離散してしまったモンゴル人達を故郷に呼び戻す為に、ダムリンジャブというダー・クレーの貴族が「春（qabur čaγ）」という歌を創作した。郷愁をダイレクトに表現した「春」を聞いて、ウーシン旗とオトク旗のモンゴル人達は東部から帰って来た。

　ウーシン旗は五百人からなる騎馬兵を組織して、悪盗と戦った。十人一小隊で洋砲《ヤンポー》を手に馬に乗って戦った。

　悪盗を撃退した後のオルドスは、疲弊しきっていた。ようやく落ち着いて生活していたら、今度はモンゴル人同士で草原の境界をめぐって対立した。草原が狭くなったからである。ウーシン旗とオトク旗の境界（sab）争いである。元々、両旗はトリの北からエリイェン・トルガイを経て、西のボル・バルグスンまで続き、オボーや牌子が建っていた。一九三六年冬、ウーシン旗の兵士がオトク旗のハラガムト寺に放火し、近くの牧畜民の家畜や財産を略奪した[9]。すると、報復に来たオトク旗の兵隊はウーシン旗西部のチョーダイ平野とチャンホク平野に住む数人の家を襲撃し、西協理タイジのビシレル（Bisirel）と著名な詩人ゲシクバトの長男であるガタギンのトワーザムボ（Tobazambu）、リンチンドルジ（Rinčindorji）らを殺害した（後述一月八日の記述参照）。

当時、オトク旗は実力者のジャムヤンシャラブ（Jamuyangsirab、章文軒）が政治運営に当たっていた。ジャムヤンシャラブは内モンゴル人民革命党の指導者でもあり、中国人の侵入に抵抗した実績から、人気が高かった。彼はアラル寺のラマだったので、「アラルの僧（Aral-un blam-a）」と呼ばれていた。自分のアラル寺のラマ達に武器を持たせて、強力な僧兵を擁していた。ジャムヤンシャラブは政治的な影響力を行使し、大金を使ってイケジョー盟政府にも賄賂を贈ったことで、オトク旗に有利な裁定が下された。東西七十五キロ、南北二十五キロの草原がオトク旗の所属だと判定されたのである。

我々ガタギンの人達も祖先のバヤンハラーから現代に繋がる家系譜を持っていたが、一九三七年春の紛争でなくした。バヤンハラーには五人の息子がいたので、五つの領地を設けた。それはシルデクとゴシンチャイダム、ソースハイとトゥキーン・チャイダム、ハラブルンの五つである。第一領地シルデクの後裔はナムジャルとゴンチョクドンロプ。第二領地ゴシンチャイダムの後裔は私ネメフ。第三領地ソースハイの後裔は郵便局のナムジャルとチャガンバル。第四領地の後裔はアルダルチョクトとサインチョクト。第五領地の後裔はバタラルトとサチュラルト、それにジャークーである。(10)

ネメフは家系譜が焼かれたことを悔しがりながら語る。モンゴル人の二つの旗の境界をめぐる紛争はやがて侵略して来た中国共産党軍の介入で更に複雑化した。共産党は階級闘争論に基づいてモンゴル人の対立を解釈した。僧侶にして、内モンゴル人民革命党指導者のジャムヤンシャラブは「封建的な搾取階級」で、ウーシン旗の牧畜民は「貧しい階級」と区分された。共産党はアラル寺にも浸透し、反ジャムヤンシャラブの人達を扇動した。一九四三年、オトク旗のバヤンドルジ（馬富綱）ら数人の共産党派がジャムヤンシャラブを絞め殺した。

「ラマは馬に乗ってはいけないことになっていたので、ジャムヤンシャラブはものすごく背の高いラバに乗っていたのを見たことがある」、とネメフは語る。

共産党の罌粟栽培と同族婚

ウーシン旗とオトク旗が対立していた一九三七年春にネメフは軍隊に入った。二百人からなるウーシン旗の騎馬兵である。給料はなく、食料と戦馬は持参した。古くからの伝統である。

一九四一年になると、中国共産党はウーシン旗西部で大規模な罌粟畑を開拓した。西部の貴族、ダー・クレーのドブチンドルジ（奇国賢）が許可したからである。罌粟から作ったアヘンをモンゴル人は先を争うかのように買って吸った。当時、アヘン一両で羊二頭、或いはアヘン四両で牛一頭と交換していた。羊と牛は共産党の軍資金となり、モンゴル人は瞬く間に貧乏になった。八路軍はまたアヘンをモンゴルの貴族階級に配って、自らの陣営に招き入れていた。危機感を抱いたウーシン旗の実力者、護印ジャサクのラドナバンザル（奇玉山）はドブチンドルジの行動を国民政府に報告した。国民政府軍はドブチンドルジを東勝に呼び、一九四二年十一月二十三日に銃殺した。

ラドナバンザルのやり方に不満だったウーシン旗西部の親共産党的な兵士達は一九四三年春に旗政府所在地のダブチャクから西へ逃亡し、八路軍の陣営に入った。ネメフも例外ではなかった。共産党はウーシン旗西部を完全にコントロールしようとして、一九四五年にシャルリク寺を占拠した。一個大隊の八路軍はラマ達を追い出して僧房に住み、高僧達の墓を掘り起こして、金銀財宝を探し回っていた。ラドナバンザル（奇玉山）は共産党に投降したハナマンルとその衛兵のセレンバラジュルの二人を一九四六年春に暗殺した。

中国共産党の政策に不満を抱くヌクタン（Nüküten）・オボクのテムール大隊長も一九四七年にシャルリク寺の南、西公シャンで蜂起した。テムールは元々西公シャンの属民アルバトだった。シニ・ラマが一九二六年にモンゴル人民共和国から武器弾薬を運んで来て、内モンゴル人民革命党第十二連隊として革命運動を始めた際に、テムールは西公シャンのラバに乗って軍に参加した。その後、昇進し続け、中国人のモンゴル侵略に徹底抗戦を唱える強硬派だった。一九四九年秋に人民解放軍との戦いで敗れてオトク旗へ逃れたが、途中、バトイン・トハイ出身の張二愣という中国人暴漢に襲われて大怪我をし、亡くなったとも伝えられている。二愣とは、陝西省北部の方言で「命知らず」、「馬鹿者」との意味である。中国共産党は張二愣を「英雄」だと称賛していた。共産党政権ができてから、テムールは行方不明となった。モンゴル人民共和国に行った、と噂されている。

社会主義中国はモンゴル人の生活と文化を根底から変えてしまった。モンゴル人は一九六〇年までは伝統的な民族衣装をまとい、古くからの民謡を歌っていた。しかし、それらはすべて禁止され、伝統的な結婚式も「封建社会の風習」として中止に追い込まれた。そして、代わりに「社会主義の新しい生き方」が奨励された。例えば、ガタギンはそれまで内部で決して結婚しなかった。しかし、文革中の一九六八年に二人の若者は古いしきたりを「否定すべき封建社会の習慣」だとして結婚したことがある。また、二十世紀に入るまではキヤート・ボルジギン・オボクとも同じ「ハーン・ヤス」である為、通婚しなかった。

ガタギンとキヤート・ボルジギンは同じ祖先から生まれ、骨《ヤス》は同じで、共に「ハーン・ヤス」に属す。祭祀の時に唱える「祭史（očig）」も必ず「ハーン・ヤスのガタギン」と始まる。オルドスのウーシン旗では、ガタギンの者は正月一日にキヤート・ボルジギンの家、西公シャンへ挨拶に行かなければならなかった。貴方の祖父、ケレイト・ヤスで、オーノス・オボクのノムーンゲレル界牌官も挨拶に来ていた。貴族のキヤート・ボルジギン家の者は庶民の家に挨拶に行くことはしない。数日後に、キヤート・ボルジギンの家来（jariyači）が代わりに挨拶にやって来たものである。骨の純粋性を維持する為に、他のオボクから養子をもらったりしない。当然、他家へ養子に出すこともしない。

「我がガタギンのナソンデレゲルという男がダー・クレーの娘をもらったのが、両オボクの最初の婚姻関係だろう」、とネメフは話す。[11] ナソンデレゲルはネメフのオジである。

十三嫉妬天神祭

「ガタギンの人達が昔から維持して来た独自の祭祀について知りたい」、と私はもう一つの目的をネメフに伝えた。すると、彼は以下のように語った。ガタギンの十三嫉妬天神（atay-a tngri）祭[12]である。

ガタギンの守護神である十三嫉妬天神はまたサー・テンゲル（say-a tngri）ともいう。十三嫉妬天神を保管し祭祀をおこなう場を守護神サクース（sakiyus）という。天神はモンゴル人の「黒い宗教（qar-a-yin šasin）」の神で、「黄色い宗教」のチベット仏教とは無関係である。天に十三の神々が住まう、という信仰を現わした祭祀である。[13]

守護神は、大きな布の真中に武装した将軍を描き、その周りを馬や牛等、様々な猛獣と動物が取り囲むような姿で具現されていた。[14] この十三嫉妬天神は決して他のオボクの者に見せないし、ガタギン内部でも男性しか目撃できない。死者が出た家の者や、穢れのある者は、百日間は守護神に近づかないように自粛する。

ガタギンの守護神の姿を決して女性に見せないが、オボク集団の女性を守護神はずっと加護する。ガタギンの娘達が他のオボク集団に嫁いでいく際も必ず守護神の祭殿に参拝し、九回、跪拝する。婿の家に向かう途中もまた、守護神殿のある方向に向かって遥拝する。守護神殿の前を通過する際は、体をフェルトか毛布で包み隠すようにする。数年経って実家に帰って来た際もまた、守護神殿への参拝を欠かさない。その時、娘から生まれた子供達（Qatagin-u jige）の同伴と祭祀への参加は許される。

守護神は以前にウソン・チャイダムにあった天幕内で祀られていたが、文革で中国人に破壊された。一九八五年に再建した際に、現在の地、シルデク平野の南東部に移転して固定建築に作り変えた。再建した際に、守護神に命を吹き込む儀式（amilaqu）を実施した際にだけラマを呼んだ。それ以来は祭祀にラマを招待することはしないことになった。夏に雨が降ると、守護神の西側に小さな河ができる。

ガタギンの人達は常に一人の祭祀者ジュマを守護神の近くに住まわせ、毎朝欠かさずに香（sang）を焚き、灯明を献上する。ジュマは普通、字が読め、人柄の良い者が選ばれる。著名な知識人で、年代記作家のチャガンドンもまたジュマだった[15]。

ガタギンの人達は年に二回、「オルドス暦の八月（太陰暦五月）八日」と「オルドス暦の最期の交配月（太陰暦の九月）の八日」に守護神殿に集まって大祭をおこなう。最初の大祭は「夏季大祭」で、次のは「秋季大祭」になる。「夏季大祭」の際にはガタギンの五つの領地から羊の丸煮を一つずつ献上する。その際に競馬と弓矢の競技が実施される。男達は馬に跨り、旗を持って南の方、すなわち中国に向かって出発する。周りの人々から「敵を沢山、殺して来い」、と激励される。二キロくらい行ってから引き返して来て、一同から歓迎される儀礼である。「秋季大祭」にはこうした儀礼はない。大祭に女性達も参加し、遠くから守護神を遥拝する。

ネメフによると、ガタギンを含むオルドス西部の人達の拝火祭も独特である、という。西部のケレイトやガタギンの拝火祭が「オルドス暦のヤツガシラ鳥の月（太陰暦十一月）」の二十四日におこなわれるのに対し、オルドス東部のジュンガル旗とダルト旗のモンゴル人は二十三日に実施する。東部の人達は二十三日に火の神様を迎え、翌日に見送る。しかし、西部は迎えも見送りもない。

拝火祭は昼頃、羊の群れが草原から自宅の方へ向かって帰ろうとした時間帯を見計らって実施する。「羊の如き白い紙（qonin čaɣan čaɣasu）」に線香とハイマツ、アギ（agi̇、図5）という生命力の強い草と棗、パンとバター、それに羊の胸肉（ebčigü）を包み、炉に入れる。酒をかけて、燃やす。家父長が一同を連れて、火の神様を拝んでから、「風の馬（kei mori）」に香を焚く。「風の馬」とは、武器である鉄製の三叉に、チベット語の陀羅尼（tarni）が付けられたものである。

旧正月すなわち「白い月」の七日に北斗七星（doluɣan burqad）を祀る。家の近くの高いところを選び、沙で北斗七星を描く。夜の一番星が昇った時に、北斗七星に向かって礼拝する。その際に、「子孫が繁栄し、家畜が増えるよう」祈る。

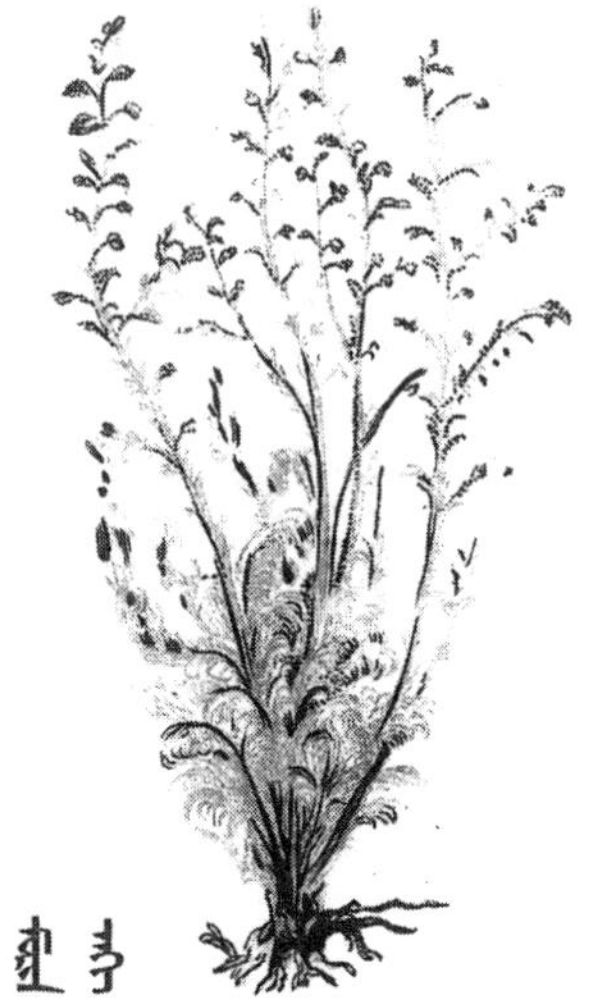

図5　アギは生命力があり、呪術的な草とされている。(Sambuu, *Mal Aju Aqui Deger-e-ben Yaɣakiju Ajillaqu tuqai Arad-tu Ögkü Sanaɣuly-a Surɣal*, 1953 より)

ネメフからとても濃密な話をたっぷりと聴いた私は彼とその孫の写真を撮ってから、オジのソンニド家に戻った。出先でも、馬の節食を忘れないように、と父に言われたので、その旨をソンニドに伝えた。そうしないと、もてなしの文化があるモンゴルでは客の馬も接待を受け、良質な飼料が沢山提供されるからである。

一九九二年一月一日

死んだ中国人の入植

新しい年を私はソンニド家で迎えた。モンゴルでは旧正月を過ぎないと、春らしさは感じない。気温も相変わらずマイナス二十度まで下がっているので、年が変わったことに何の感嘆もなかった。お茶を飲み、肉まんの包子を食べ、しばらく雑談してから私は昼の十二時半に馬に乗って出発した。途中、何人かの馬に跨ったモンゴル人とすれ違った。見知らぬ者同士でも、みんな笑顔で「サンバイノー（こんにちは）」と挨拶を交わす。こういうところが、ぎすぎすとした中国と違う。やはり、ここはモンゴルだと実感する。

家路へ急ぐ馬は足取りも軽快で、十五分後にはもうシャルリク・ソム政府所在地に着いた。個人商店で度数の高い蒸留酒「太白酒」二本と、「鋼花」というタバコを一カートン購入した。また、紅い布を二メートル買った。前日、ジャーウダイ家でモンゴル琴を撮影しようとした際に、彼はわざわざ布団を敷いて、その上に大事な文化財を置いた。それを見て、今後、貴重なものや手写本類を撮影する際には布を一枚、用意することにした。

シャルリク・ソム政府所在地から西の我が家への道には雪が積もり、馬も早く走れない。しばらく行くと、モンゴルに入植して来た「死んだ中国人」に出会った。李茂林の墓だ（前掲写真11－9）。前にも述べたように、今や中国人達も死者を地中深く埋めて、永久墓地を作っている。本来ならば、地上で数年間置いてから長城以南へ持ち帰るはずだったが、そうしなくなって来た中国人が増えている。李茂林も長城以南へ帰らずに、我がモンゴルの草原に居残ることにしたのか。馬から降りて、写真を撮った。

それから西へ進み、三時過ぎに家に着いた。

「李茂林は死んだのに、どうして長城以南に帰らないのか」、と両親に途中で見た風景について話した。

「中国人はモンゴルに来て、草原に生きる羊を食べて豊かになった。死んだ後のあの世もモンゴルの方が豊かだから、長城以南に帰らない」、と父は話す。モンゴル人達はこの種の「死んだ中国人」達のモンゴル滞在を極端に嫌っているが、その墓も個人の草原に建てられているので、抗議しても意味がないそうである。

夕方、中国からモンゴルに帰化した陳五の息子の一人、オトゴンダライが来た。羊の飼料用の草を切りに、手伝いに呼んだらしい。夜、母が作った羊肉とジャガイモを煮込んだ料理を食べながら、テレビのニュースを見た。草原部ではまだ電気が通っておらず、我が家は日本製のホンダのガソリン式発電機で発電している。

「ソ連はもう幕を閉じた」、と中国のテレビ・アナウンサーが硬い表情で伝えるが、どことなくぎこちない。

「中国も早く崩壊すれば、モンゴル人が独立して幸せになれる」、と父は話す。すると、母は「独立したら、中国人にはみんな、長城以南に帰ってもらおう」、と付け加える。親子三人の会話にモンゴル人の心情が素直に現れている。

注

（1）九を数える際に、北部中国には脚韻を踏んだ詩文があり、モンゴル人も覚えている。例えば、以下のようなものがある。「一九二九、見面不出手。三九四九、關門叫狗。五九六九、水在浮頭。七九八九、開門大走。九九又一九、黎牛遍地走」。

（2）ソンニド家の東、ヌクン・オロイ（Nükün orai）に版築の古墳が二つある。ソンニドによると、七年ほど前に大雨で沙丘が流されて、七つの古墳が現れたという。古墳は山羊達の遊び場になっていたので、次第に消えて二つしか残っていないという。古墳があるという情報が広がると、中国人が盗掘に来るので、誰にも言わなかったそうだ。

（3）この物語には様々なバージョンがある。一九九二年二月七日にガタギン・オボクのベルテゲル（葛玉山）という人物は私に以下のように語った。タングートのラマが来て、ホトクタイ・セチェン・ホン・タイジの妃を捕まえ、「どこに行ったか」と聞いた。妃は南面して座り、右側の髪の毛を櫛で解き、北へと頭を振った。そこで、ラマは北へホン・タイジを探しに行ったが、見つからなかった。ラマが戻ってきて妃を拷問して尋ねた。妃は今度、東に向かって座り、左側の髪の毛に櫛を入れ、北へ頭を振った。ホン・タイジはついに見つかり、ラマに殺された。殺されたホン・タイジの遺体をモンゴル人達はオンゴンの東側（morin jöb tal-a）の大きな盆地（büridü）に埋め、その墓の上を何百頭もの馬を走らせて痕跡を消した。まもなく、五人の中国人が黒い馬に乗って長城以南からやって来てホン・タイジの遺体を盗もうとしたが、モンゴル人に殺された。モンゴル人は彼らの頭をオンゴンの北に埋めたので、その地が「タブン・トルガイ（Tabun toluγai）＝五つの頭」と呼ばれるようになった。ホン・タイジはまもなく復活して再びタングートと中国を征服に行こうとしていたが、またもやラマが現れた。ラマは勝手にホン・タイジの墓を掘り起こしてみた。すると、ホン・タイジは既に蘇生しつつあり、戦馬の鐙に片足を乗せた状態でいたのではないか。ラマはモンゴル人を押さえ込む為に、「黄金のガンジョール経（alatan yanjur）」でホン・タイジの遺体を包んで埋葬し直した。そこから、モンゴル人の運勢は完全に衰えてしまった。遺体が埋葬された盆地に石でできた香炉が二つあり、ブリド生産大隊のリンチン・ダー・タイジが毎年、「オルドス暦の七月（太陰暦四月）八日」に供物を捧げていた。以上のような話であるが、彼はオンゴンの東側を「馬の正しい側」と表現していた。オンゴン丘陵をもし、南へ向かって走る駿馬に譬えるならば、その「正しい側」は東側になる。また、ホン・タイジの墓を開けて埋葬し直しを命じたのは「北京に住む康熙帝」だとの言い方もある。

（4）オンゴンの祭祀については、モスタールトによる詳細な報告がある。モスタールトが利用している「サガン・セチェン・ホン・タイジの書」という手写本は西公バラジュルの発議により作成されたとある［Mostaert 1957: 547］。尚、私はこの時の調査を後日に公開したことがある［楊　二〇二〇b：一四八―一六五］。

（5）ソンニドによると、「真の英雄のオボー」は「オルドス暦の八月」の十一から十三日、ブンカン・オボーは十七日、チョーダイ・オボーは二日、チロー・オボーは十八日、ホラホ・オボーは二十五日にそれぞれ祭祀があるという。すべて「オルドス暦の八月」という夏に集中しているのが特徴的である。

（6）ネメフが覚えているイケ・ケレイト・ハラーの歴代ジャラン（参領）は以下の通りである。ガタギン・アムルジャラガル、サンボー（Sanbu）、セブジンガー（Sebjingy-a）、ドブジャイ（Dobjai）、ウルジ、アルビン、バルダンノルブーである。そのうち、セブジンガーとドブジャイはダー・クレーの貴族である。彼の記憶は一九九一年八月二十四日に私の母方の祖父オトゴンの証言とほぼ一致する。

（7）バガ・ケレイトの歴代ジャランを以下の人達が務めた。ガタギン・センゲ、貴族ジャラガル、ガタギン・ヤルピル、ハルジャン・オキン（Qaljang Okin、トリの出身）、ガタギン・ブルニシャラ、ガタギン・シャンジミダ（ヤルピルの息子）、チャガンバーダイ、オーノス・バウーセレンである。

（8）バイトンダーは普段は伝令係だが、いざという時は護衛兵にもなるので、「死命バイトンダー」と呼ばれていた。王に処罰が下された時に、王の代わりに罰を受ける。ウーシン旗の歴代のバイトンダーはトゴート出身のガルディ、ウルン出身のサインジャラガル、トゥーキ出身のロブサンセレン（後にアムバムに昇進）、バトサンガル（後にアムバムに昇進）、エルケムチンケル、ウイグルチン・チヤガンボンドン等であった。これは一九九二年五月十六日にガタギン・ネメフから得た情報である。

（9）オトク旗とウーシン旗の境界争いは一九世紀から続き、カトリックの進出と中国人の侵入により、一九三〇年代に激化する［Serruys 1979: 215-237］。西洋からの宣教師もオトク旗の寺に注目していた。そのうちのハラガムト寺は一九三六年に破壊されたとの記録もある［Van Hecken 1963: 121-167］。

（10）ネメフを含むガタギン・オボクの系譜については、楊海英［二〇二一：一〇二］を参照されたい。

（11）ネメフによると、詩人で民謡「春」を創作したダムリンジャブの娘二人が、やはり詩人であるゲシクバトの息子に嫁いだことで、ボルジギンとガタギンの親密な関係が一層強まったという。ネメフの夫人もまた、ダムリンジャブの七男ジブデンワンジュール（Jibdenvangjur）の娘である。ダムリンジャブの長男はサイシンガ（sayisingɣ-a）で、次男はラマ。三男はエルケセチェン（Erkesečen）、四男はセブジンガ（Sebjingɣ-a）、五男はオーグナル（Ögükener）、六男はアルタンスゥメベル（Altansümber）、八男はハムグイ（Qamuɣui）である。三男エルケセチェンからハナマンル（奇金山）が生まれている。ハナマンルの息子の一人エンケナムルは私のオバのボルと結婚している。六男アルタンスゥメベルからハルジャンが生まれ、ハルジャンの息子がバトラブダンである（前掲の系譜図1参照）。

(12)　ガタギン・オボクの独特な祭祀については、ホルチャバートルによる民族誌的研究が有名である［Qurčabayatur 1990］。

(13)　ガタギンの人達はとにかく「十三」という数字を大切にする。儀礼の際に皿の上に載せるパンの数も、普通のモンゴル人は十個だが、ガタギンは十三個である。パンの上に飾る棗の数も偶数ではなく、十三でなければならない。すべて十三嫉妬天神と関係しているという。尚、嫉妬天を祀った写本を分析した研究として Bawden［1976: 439-473, 1977: 199-207］がある。

(14)　ネメフによると、本来は絵姿の守護神はなかったが、チベット仏教が伝わってから、ウーシンジョー寺の高僧が描いたものが用いられるようになったという。また、一時はチベット語の経典を飾ったキー・モリを四本、守護神の前に立てたが、複数のガタギンの長老が相次いで亡くなったことから、チベット仏教の色彩が次第に後退していったそうである。

(15)　ネメフが覚えているジュマはジャークーとエルケムビリグ、チャガンドンである。現在のジュマはアルダルチョクトである。

●第十三章　失地と王制の語り方

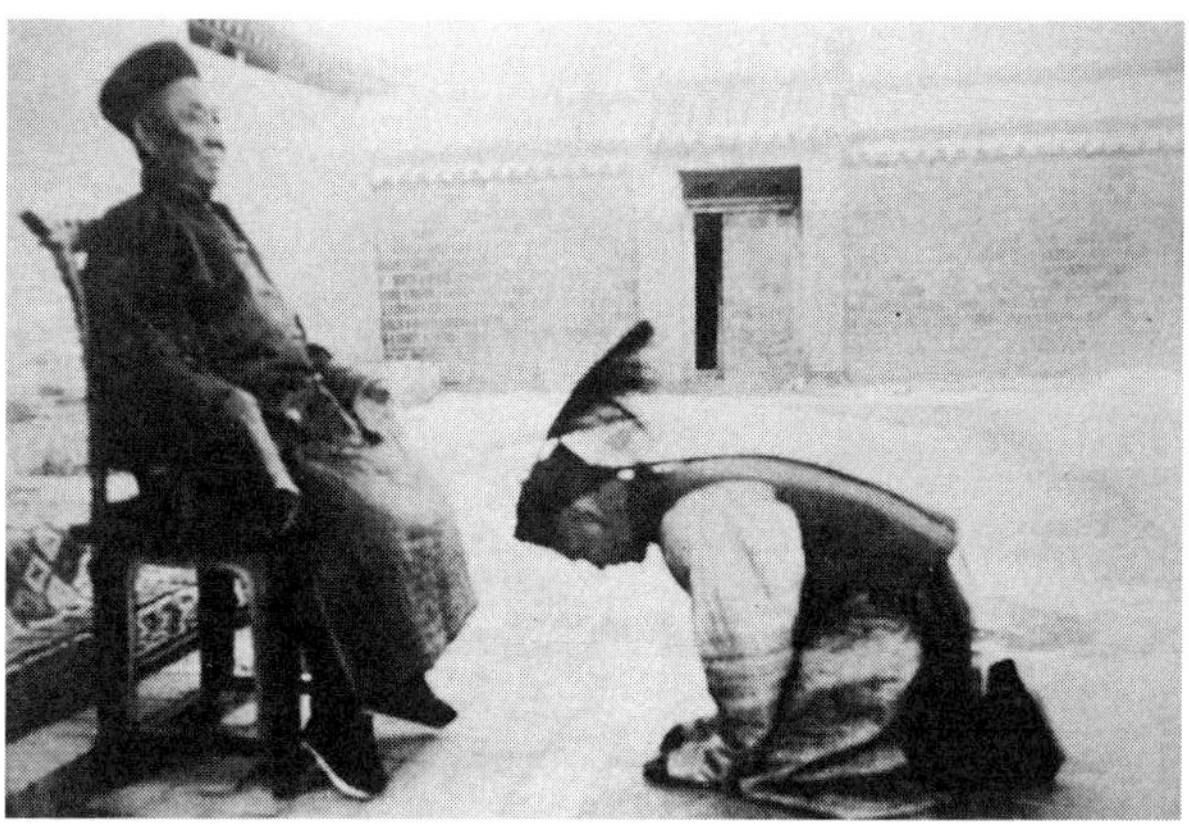

従者からの叩頭の礼を受けているのは、オルドス西部の貴族、西公シャン出身のラクワジャムソ。彼は名刹シャルリク寺の住職で、中国人の侵入を阻止しようと大衆運動ドグイランを組織していた。西洋からの宣教師達を警戒し、モンゴル騎馬軍を指揮してボル・バルグスン教会を包囲したこともあるが、後に親交を重ねた。宣教師達の要望に応じて撮ったものであろう。（*Erdeni-yin Tobči*, I より）

一月二日

ネオンと羊

丸一日かけてこの数日間のノートを整理した。「調査時の箇条書きを文章にしないと、しばらくしたら、自分でも分からなくなる」、と指導教官の松原正毅にそう言われていたので、極力、文章らしく書き直した。

夜、両親はチョーダイの中国人のしたたかな戦略について教えてくれた。現在、地元の中国人の半数以上がモンゴル戸籍をもらい、モンゴル人と称しているという。方法は二つある。

写真 13-1　モンゴルに帰化した中国人の陳五（右端）。随旗蒙人と呼ばれていた。（1991 年 8 月）

まずは、一九五〇年前にモンゴル人の養子になっていた、と主張する。例えば、第一生産小隊のサインバヤルはモンゴル人のボインユベール（Buyanyöbegel）の養子だとしてモンゴル人になった。当のボインユベールはもう亡くなっているので、死人に口なしである。

次はモンゴル人の婿になることだ。例えば、常景高はハダチン・オボクの女性と結婚したし、陳五はチョクトの婿となった（写真13―1）。これらの帰化人をモンゴル人はオルマルと呼ぶ。オルマルもモンゴル語を操り、モンゴル風にお辞儀して挨拶する。結婚式もモンゴルのしきたりに従い、モンゴル人に式の主賓を担当してもらう。そして、モンゴルに帰化した元中国人ほど、モンゴル人との通婚に拘る。一層の定着を図っているからだろう。以前、サインバヤルはその娘の一人を私の嫁にしようと熱心に働きかけていたことを私は知っている。我が家から母の実家グルバン・サラー渓谷に行く時は、バガ・ゴル河の北岸に住むサインバヤル家の東側を通過しなければならない。彼は私と母を見かけると、執拗に自宅へ招く。私は頑として入らなかったが、母は失礼のないよう彼の家で談笑していた。端整な娘だったことだけは覚えている。

一月三日

朝から暖かい。両親はこの日にキビを炒ることにした。父は朝一番にキビをまず煮る。紅い殻の付いたキビを二十分ほど茹でてから水を切っておく。まもなくエケレース・オボクのサチュラルトの婦人ナランチムク（Narančimeg、「太陽の飾り」との意）が息子を連れて手伝いに来てくれた（写真13―2）。彼女は実は小学校の先生だった。一九七三年に一年間、私に音楽を教えたことがあるので、私は当然、「先生」と呼ぶ。先

写真 13-2　我が家の隣人サチュラルト（左）とその夫人のナランチムク（右端）。真ん中は母のバイワル。

生と母は十二時から茹でたキビを炒り始め、夕方五時にようやく約百キロを完成した。焦がさないように丁寧に炒る。炒ったキビをしばらく乾燥させてから、今度は碾き臼で脱穀する。モンゴル人はこの炒ったキビがないと生活が成り立たないほどである。ミルクティーと茹でた羊肉、それに乳製品と共に、一日に二回は欠かせない。百キロのキビを大体、春先に仔羊が生まれてくる繁忙期までに食べる。

その間、昼過ぎに長城以南の楊橋畔の中国人、任二と河南人民公社のモンゴル人農民がやって来た。私が一時、日本に戻っている間に、両親は任二を四十日間、雇っていたそうである。任二はここから東へ、トリ・ソムへ夏の間に稼いだ金を取りたてに行く。陝西省北部では農民達が農作物を政府に徴収されたものの、政府は金を一向に支払ってくれないという。

「ただ同然で、政府に一年間の作物を奪われたようなものだ」、と任二は話す。実は内モンゴル自治区でも、政府はモンゴル人の羊毛や向日葵の種を収奪したが、買い取り金はまだ支給されていないそうである。その為、任二は政府からもらえない金をモンゴル人社会から調達しようとしている。金がないと、旧正月を迎えることもできない。実は我が家がキビを炒るのも、旧正月の準備の一環でもある。

写真 13-3　我が家の井戸に来たハリネズミ。

夕方、私は草原に出て散歩した。ウサギが沢山、走り回っている。夕日を浴びて、ピンク色に染まった羊達もお腹一杯になったらしく、悠然と遠くから家に戻って来る。ハリネズミも一匹、井戸に来て、水を飲もうとしている（写真13―3）。草原の生態が分かる光景である。しかし、南の方へ目を向けると、遠くシャルスン・ゴル河南岸のネオンが光っている。地質調査隊が開発中のガス田である。ガス田のネオンと草原の羊群はまるで近代工業文明と遊牧文明の象徴のように感じた。

一月四日

猛禽類の絶滅と調査の倫理

朝のお茶をゆっくり飲み、両親と雑談してから、昼頃に私は西へ馬を飛ばした。夏に会ったジョルムラルト（趙振華）の家に行く予定だ。雪に覆われた高い沙丘の間に羊とウサギ、それに狐達が歩いた道がある。草原は雪に覆われているが、沙丘の頂上や日が当たる南側の雪は溶け出して、もうない。子供だった一九七〇年代には冬になると鷹と鷲がシベリアやモンゴル高原から飛来して、止まっていた沙丘である。二歳になる羊を攫うこともあるので、「いたずらっこは鷹の好物だよ」と言われた私は猛禽が怖かったものである。

中国人はその鷹や鷲の天敵だった。毒を塗った死んだウサギを沙漠に置き、鷹や鷲に食わせる。それを食べて中毒してしまった鷹と鷲は沙丘の上で苦しみもがいていた。そのような風景を目撃し、激怒する父を母が宥めていたのを私は静かに見ていた。中国人は鷹と鷲の羽を売り、骨でキセルを作って稼いでいた。かくして、鷹と鷲も絶滅してしまった。

「腹黒い中国人のせいで、黒い鳥が絶滅してしまった[1]」、と父は嘆いていた。モンゴル人は鷹や鷲をまとめて「黒い鳥」と呼ぶ。

中国人の侵入で失われた牧歌的な過去を思い起こしながら、私はチョーダイ平野の公営の売店（供銷社）に立ち寄った。お土産用の酒とタバコを買う為である。売店では、店員と何人かのモンゴル人が酒を飲み、すっかり酔っていた。

午後の二時過ぎにジョルムラルト家に着いた。朝に家を出た時は曇っていたが、雲一つなく晴れて来た。彼の家にはパンを焼く（borsay jodaqu）為の大きな窯があるので、近くの人達は旧正月用のパンを焼こうとして来ていた。パンを焼くにはある程度の職人技が欠かせない。ジョルムラルトとガタギンのオトゴンという男はそのような技を持っているので、パンを焼いてほしい人から四十七元のお金を取って稼いでいる。オトゴンは小学校のコックである（写真13—4）。

写真 13-4　旧正月用のパンを焼いている風景（1992年1月4日）

「貴方が数日前に我がガタギンのネメフ老の家に行ったのも、みんな知っている。あまり教えてもらえなかったのではないか」、とオトゴンは笑っている。私にはそういう風に感じなかったが、ネメフが後になって、「あの若造にもう少し、教えてやれば良かった」、と親戚のガタギンの一族に語っていたらしい。

実は、ドイツで研究活動をしているホルチャバートルというオトク旗出身のモンゴル人研究者が以前にガタギンの詩人ゲシクバトの作品について調査に来た時に、家系譜を含む多くの手写本を持って行って返さなかったのが原因だそうである。ホルチャバートルはガタギンの知識人で、年代記作家のチャガンドンの協力で調査していた。彼は出世作の『ガタギンの十三嫉妬天神祭』[Qurčabayatur 1990] を書きあげた際に、チャガンドンからの情報を独占したのも不快を買った一因だ、とオトゴンは話す。そうしたことから、ガタギン・オボクの長老達は、父系親族集団以外の者に情報を伝えなくなったという。

中国人の侵入でモンゴルは猛禽類を失い、倫理観の欠如した研究者で文化財はなくなる。現地の人々にとって、どちらも深刻な問題である。

呪われた草原開墾

私はまず、夏に聴いた、中国人に占拠されたバドグイン・オボーこと祭山梁のその後の変化について、ジョルムラルトの語りを記録した。ジョルムラルトは語る。

少し前にウーシン旗政府民政局の王と、土地管理局のパラガル（Palyar）という二人の幹部が訪ねて来て、自治区政府は今、陝西省からバドグイン・オボーを取り戻そうとしている、と伝えた。そして、いつ、どのような経緯で陝西省に取られたかについて情報を集めているという。当然、陝西省靖辺県側は土地の返還に反対している。オボーの周辺一帯に大規模なガス田が確認され、既に開発に着手しているからだ。夜になると、我が家からもネオンが見えるガス田である。陝西省靖辺県はまたモンゴル人の聖地オボーを祭山梁と命名し、山頂に道教の寺院を建て、「水土龍王廟」と名付けている。モンゴル人はバドグイン・オボーとの名を譲ろうとしないで、激しい対立は続いている。

バドグイン・オボーは「四十里一地」の時も「十里一地」の時も、中国人に開放しなかったので、モンゴル人のものだ、と私は旗政府の幹部達に教えた。「四十里一地」とは、清朝初期に幅四十里（二十キロ）の土地を中国人に夏にだけ租借したことを指す。二十世紀初頭、モトンクレー（毛団庫倫、「林のある囲い」との意）とドゥクムあたりを西洋人の教会に賠償として割譲したが、聖地のあるバドグイン・オボーは含まれていない。聖地オボーの代わりに羊場壕と堆子梁《ブドゥルグネ》を割譲した。「十里一地」とは、中華民国時代に更に十里（五キロ）追加したことを指す。ただ、この時も禁地や守護神のあるオボーは渡していない。中華人民共和国期に入ると、土地はすべて国有化された。モンゴル

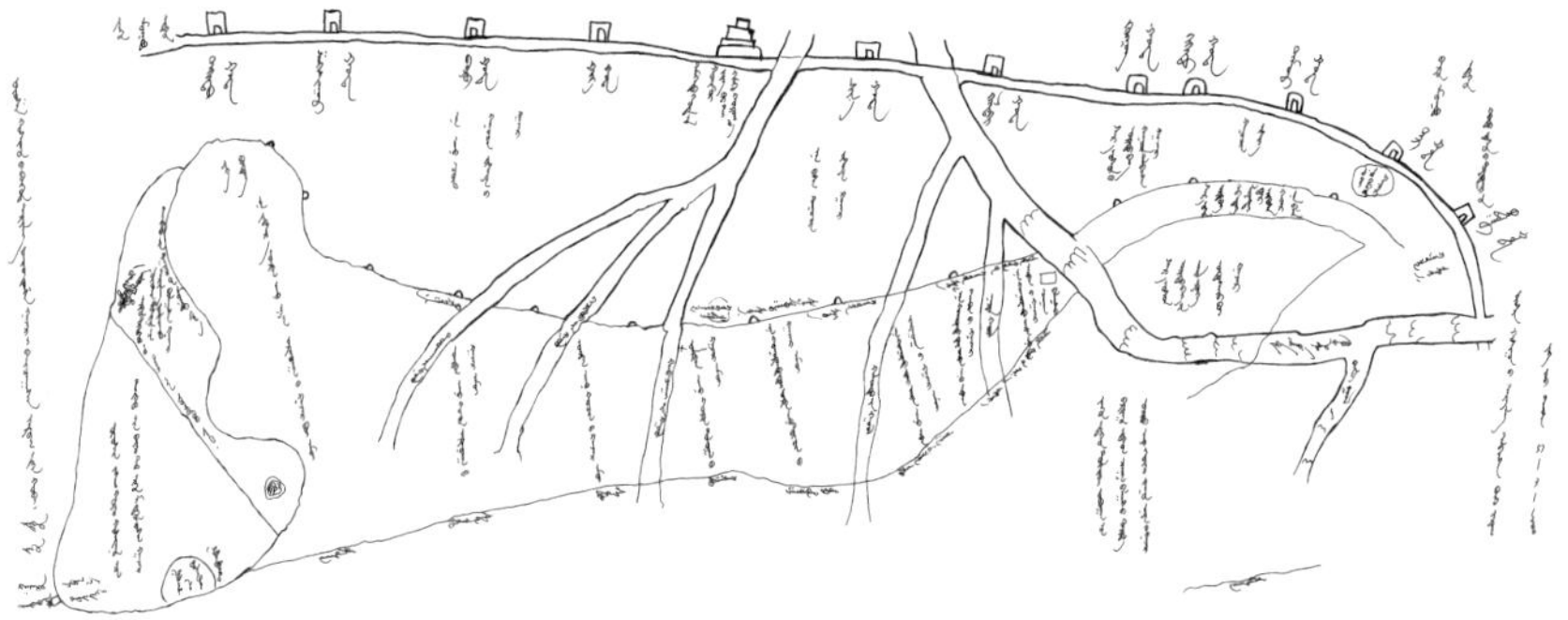

地図7　清朝末期に中国人に占領されたオルドスの草原。（イケジョー盟檔案館所蔵。No. 57-3-1240。長城沿線の中国の要塞都市はそのモンゴル名で記されている）

人はその時に土地の所有権を主張できなかったので、管理権だけが陝西省靖辺県にあった。

このようにジョルムラルトは幹部達に伝えたという。「四十里一地」については、以下のような伝説がある。

康熙帝が以前に私服で長城沿線を視察して回っていた時に、長城の南側のある中国人金持ちの家に泊まった。その中国人は夜、薪が足りない、と訴えた。長城の北側に灌木があるのではないか、と康熙帝は示唆した。「韃《ダ》子《ツ》に殺されるのが怖いから、行けない」、と中国人は返事する。そこで、康熙帝は長城の北側四十里以南を中国人に開放させ、畑を開墾し、燃料や軍糧不足を解決した。四十里の境界に沿って、黒い牌楼を建てたので、「黒い牌子地《バイズディ》（qar-a qoriγul-un γajar）」とも呼ばれるようになった。十九世紀末まで、この「黒い牌子地」には四百人の中国人が住んでいた。

康熙帝は一六九六年春からジュンガル・ハーン国に対する遠征をおこなった際に、フフホトの西から黄河を渡ってオルドスに入り、長城に沿って寧夏まで進んだ［岡田　二〇一三］。その為、民間にも伝説が多く残っている。この伝説もその類に入るだろう。ジョルムラルトは続く。

一九〇五（光緒三十一）年春になると、フフホト（綏遠）に駐在する墾務局の役人がオルドスのウーシン旗にやって来て、更に草原を中国人に開放するよう指示した（地図7）。ウーシン旗西部の実力者で、西公ジョクトオチル（Čoγtuvačir、一八七一～一九三五年）のオジ、シャルリク寺のダーラマだったラクワジャムソ（Raγbajamsu）は管旗章京（jakiyuraγči janggi）のナソンバト（Nasunbatu、?～一九三五年）と相談した。ラクワジャムソはウー・ラマ（～一九一六）とも呼ばれていたし、ナソンバトはジョルムラルトの祖父で、二十三年間もウーシン旗政府の管旗章京を務めたので、ナト・アンバム（Natu ambam）との愛称で人々に親しまれていた[2]。ウーシン旗西部のモンゴル人達は中国人の入植と草原の開墾に反対し、ドグイラン

地図８　清朝末期における中国人の草原占拠と開墾

（doyuyilang）を結成して武力で抵抗を始めた。ドグイランとは「円形」や「円陣」の意味である。[3]モンゴル人は天を円形だと理解し、丸い天幕に住み、丸い形を最強にして平等な配置だとの宇宙観を有していたので、政治結社をドグイランと呼んだ。当時、シャルスン・ゴル河南岸には約五百戸のモンゴル人が住んでいたが、ほとんどがドグイランに加わった。

ナト・アンバムはフフホトからの役人をソハイン・バイシン（寧条梁）に案内し、中国人と交渉しながら、十里の範囲を画定した。ガルハタン・ハラーの聖地があるジャラン・オボーから北のイケ・シベル南部のアリビンサン（Arbinsang）家に至るまで、幅十里の草原を開放することにした。ドグイランのリーダーはイケ・シベルに住むバインサイン・メイリン（Bayinsayin meyiren）とラマであるニマザンワ（Nimazangva）、ジンミンジャムソ（Jigmidjamsu）らだった。アリビンサンの息子はブリンチンケル（Bürinčingkel）で、孫はトグスチョクト（Tegüsčoytu）で、現在はチョーダイ平野の北に住んでいる。ドグイランを背後で支持していたのは、西部ダー・クレーの貴族ウーワ・ダー・タイジ（Uu-a da tayiji）とアルダル・ダー・タイジだった。貴族も庶民も一致団結して草原開墾に抵抗したので、墾務局の役人は追放され、ドグイランは一応、成功した。

ドグイランを指導していた貴族のウーワー・ダー・タイジとアルダル・ダー・タイジ、それにバインサイン・メイリンの三家族はシャルスン・ゴル河の南、シャラタラ平野に住んでいた。一九〇九年六月中旬のある朝、人々はその三家族の十数人が揃って亡くなっているのを発見した。中国人に呪いをかけられたのではないか、とモンゴル人社会に動揺が走った。非常の死であるので、オーノス・オボクの僧、ポンスク・ラマを呼んで埋葬した。ポンスクには呪いを跳ね返す力がある、と信じられていたからである。

まもなく、アリビンサンはフフホトからの中国人の委員に殺され、十里一地の開放に反対したドグイラン運動も解散を命じられた。その後、オルドス西部のウーシン旗だけでなく、東部のジュンガル旗南部に至るまで、中国人による草原侵入と開墾はすさまじい勢いで進められた（地図8　清朝末期における中国人の草原占拠と開墾）。

恋愛事件と貴族の没落

中華民国時代に入ると、中国人は清朝時代の規制を破って、公然と長城を北へ越えて草原に入って家畜泥棒を働くようになった。ある時、テメート・ゴト（楡林）の中国人豪農、李虎耽の息子がウーシン旗の家畜を略奪して長城以南に帰ろうとしていたところをモンゴル人に捕まえられた。その泥棒の父李虎耽は陝西省北部から李一族の者達を大勢集めて、棍棒を持ってウーシン旗政府にやって来た。示威行動をし、帰ろうとしない。李虎耽はウーシン旗の王チャクドラスレンに賄賂を渡して、シャルスン・ゴル河のバトイン・トハイ渓谷等、農耕ができるところを買い漁っていた。「千八銀子」や「李虎耽塞子」等、彼の横柄を示す地名は今も残っている。「千八銀子」は銀千八百両で買った草原で、「李虎耽塞子」は彼が侵入先で作った要塞を指す。

そこでモンゴルに闖入して傍若無人の李虎耽を懲らしめよう、とナト・アンバムは審判の法廷、タン（tang、堂）を設置した。清朝時代からの法律で、よほどの自信がないと、タンを設ける（tang dökereküi）ことはできない。旗政府の庭に白いフェルトを敷き、ナト・アンバムは法廷に臨み、中国人泥棒の父が呼ばれた。


「職業は何？」

「農民です」

「キビを取るのに。何をすればいいのか？」

「キビの種を撒けばいいです」

「何故だ？」

「キビはキビから生まれるからです」

「そうか。ならばお前も有罪だ。泥棒は泥棒から生まれるからだ」


と、ナト・アンバムはその中国人李虎耽親子を各四十回鞭打ちして長城以南に追い返した。

ジョルムラルトの話は続く。

中国人の侵入を防ごうとして、ウーシン旗政府の文書書写係《ビチエーチ》だったウルジイジャラガル（シニ・ラマ）もドグイラン運動を形成して、武装抵抗を始めていた。ドグイランは十二の支部を持つほど強くなり、旗政府の行政運営にも関与するようになっていた。旗政府はドグイランの力で中国人を長城以南に追い返そうとしながらも、その勢力が強大化するのを喜ばなかった。

実はドグイランが勃発した時、ワンチュクラブダンという貴族が一九〇八年春に庶民ダライクーの夫人と恋に落ち、一緒に暮らすようになっていた。一部のモンゴル人は、貴族のワンチュクラブダンがその身分を利用して庶民ダライクーの夫人を奪った、と噂していた。シニ・ラマはダライクーに、盟政府に訴えるよう唆した。

ダライクーの訴えを受理した盟政府は清朝時代から続く慣例に従って、会盟チョーラガン（čiyulyan）を開いて審議することになった。時の盟長はハンギン旗の王アルビンバヤルであった。アルビンバヤルが盟長になる前はウーシン旗の王チャクドラスレンが盟長だったが、草原開墾に非協力的だったことで、一九〇八年七月に副盟長に格下げさせられていた。

会盟チョーラガンは大抵、三カ月間おこなわれる。事件や紛争を起こした旗、訴えられた旗の領内で、どこかの寺院で開かれることが多い。会盟の為にやって来た七旗の役人の滞在費もすべて訴えられた旗側が負担しなければならなかった。ダライクーとワンチュクラブダンの恋愛事件は、一九〇九年十一月にウーシン旗のシニ・スゥメ寺で開かれたので、「シニ・スゥメ寺の会盟」と呼ばれている。この会盟チョーラガンもナト・アンバムが運営していた。

一九〇九年十二月三日、「シニ・スゥメ寺の会盟」は貴族ワンチュクラブダンとダライクーの夫人との恋が認められるとの判決を出した。ワンチュクラブダンが七旗の役人に賄賂を渡していたからである。それでも、チョーラガンの後にナト・アンバムはまたもや独自の法廷《タン》を設置して、ワンチュクラブダンを呼んだ。

「ソムとハラー、それに旗政府という三段階の審査を飛び越えて、直接、盟政府に訴えたのは違法だ」(4)、と鞭打ち百二十回を命じた。本来ならば、まずソムに、それからハラーへと、逐次審議しなければならなかったことを問題視したのである。

鞭打ち刑の場合、打つ者に賄賂を渡しておけば、鞭の先が体に落ちないようにうまく叩く。鞭の先は地面に炸裂し、音は大きく響くが、痛くない。ワンチュクラブダンの場合、鞭の打ち手の庶民も貴族の彼に恨みを持っていたので、本気で叩いた。結局、ワンチュクラブダンは起き上がれないほど叩かれた。当時のモンゴル人は以下のように歌った。

ワンチュクラブダンの尻の肉は（叩かれて）なくなった
ナト・アンバムの顔は（怒りで）赤くなった。(5)

一見、貴族と庶民の恋愛事件のようだが、中国人の草原侵入と土地開墾に反対する運動の中で、貴族の権威が確実に堕ちて行く趨勢を物語る出来事でもあった。時代の潮流である。ちなみに、ワンチュクラブダンは詩人で、無類の蔵書家としても知られている。彼の保管していたモンゴル語手写本の一部は現在内モンゴル自治区博物館や社会科学院に収蔵されている。(6) ワンチュクラブダンはその後、シニ・ラマによって目をつぶされる等の暴力を受け、一九五七年に亡くなった。その後裔は今でも、ナト・アンバムの子孫と仲が悪い、とジョルムラルトは語った。

王妃殺し

当時、ウーシン旗の王《ジャサク》チャグドラスレンの妃、シャルガドン（Sir-a qatun、「黄色い妃」との意）は妖精で、側近と不倫している、との悪い噂が広まっていた。こちらも革命前夜の流言飛語である。

シャルガトンはウーシン旗に災いをもたらしている、と見た西公ジョクトチル（西協理）とナト・アンバム、文書書写係《ビチェーチ》出身で、ドグイランのリーダーだったシニ・ラマ（ウルジイジャラガル）の三人は話し合った。三人はシニ・ラマの提案で、妃シャルガトンを殺害することを決めた。シニ・ラマはホイグイ（仮鬼）という男を使って、一九一六年春に王妃シャルガトンを殺してしまった。ホイグイとは、陝西省北部の方言で「命知らず」との意味である。後にシニ・ラマは口封じの為に、ホイグイの心臓で軍旗を祀った。

「シャルガトンを妖精だとする根拠は何か」、と私は尋ねた。すると、ジョルムラルトは以下の伝説を語った。

亥の年にパンチェン・ラマがオルドスに来た時、ハンギン旗から西のオトク旗に入ろうとした。シャルガトンは銀一万両を献上して、パンチェン・ラマから祝福してもらいたかったが、断られた。不思議に思った側近達がパンチェン・ラマに尋ねると、「わしの脇下を見なさい」、と言われた。側近達がラマの脇下を覗くと、毛の長い、黄色い狐が見えたので、信じるようになった。

オルドスの民間に広く伝わるこの話は、ドグイランのメンバーが意図的に広げた悪質な噂である。九世パンチェン・ラマがオルドスに入ったのは一九三四年（甲戌）八月十七日で、翌年すなわち「亥の年」の一九三五年一月下旬まで滞在した。(7) 妃が殺害されたのは、一九一六年である。王妃を妖精だと中傷することは、フランス革命時の宣伝戦と同じである。マリーアントワネットは王宮内で贅沢な暮らしを営み、愛人との不倫に溺れているとの悪意に満ちた情報の出現で、市民の怒りに火を付けた。オルドスの革命家達もまた王妃が草原開墾に熱心だった、と中傷していたのである。

王妃を殺害したシニ・ラマの暴走が暴露されてしまったので、オルドスの七旗は一九二〇年八月十四日に役人を派遣し合い、ウーシン旗のガルート寺で会盟を開いた。民間では、「ガルート寺の会盟」と表現する。時の盟長はダルト旗のスゥメベルバト（Sümberbatu）で、七旗から集まった役人と兵士は三百人に上っていた。犯人のシニ・ラマを尋問し、裁判にかけた。シニ・ラマはひどく殴られたが、王妃殺害は三人の共謀だという真相を口にしなかった。

ある日、シニ・ラマは親戚の者を使って、西公ジョクトチルに伝言して来た。

「今までは鼻で息をして来たが、まもなく口で息をするようになるかもしれない」、とのメッセージである。尋問に耐えられなくなり、自供してしまう可能性を示唆したものである。慌てた西公とナト・アンバムはシニ・ラマの全財産と各地から捻出した財宝を二列の駱駝（qoyar kelkiy-e temege）に積んで、ガルート寺に行き、各旗からの役人達に賄賂として渡した。そして、シニ・ラマをウーシン旗で処罰するとの約束で連れ出し、八十斤の鉄索（nayanjin）に繋いでおいた。

その冬の「ヤツガシラ鳥月（太陰暦十二月）」のある日、中国人の匪賊団がシベル寺を略奪した。しかし、その匪賊団のリーダーが病気になり、そのまま寺に留まった。寺のダーラマは病気を治しながら、ナト・アンバムに相談した。

「そいつにモンゴル服を着せて、家まで連れて来て」とナト・アンバムは指示した。ダーラマの案内でチョーダイ平野に来た匪賊のリーダーに、ナト・アンバムは馬を二匹贈り、シニ・ラマを救出してほしい、と頼んだ。翌年の春、中国人の匪賊団はタマガライにあったウーシン旗王府を包囲し、鉄索に繋がれていたシニ・ラマを攫って去った。

シニ・ラマは自由になり、再び「十二組のドグイラン」を結成して、中国人の侵入に反対する運動を起こした。彼は社会主義のモンゴル人民共和国に渡って武器弾薬を調達しようとしてウーシンジョー寺から北へ向かおうとしていた。ハンギン旗に近いところで旧正月を迎えていたが、一九二九年の「白い月（太陰暦一月）」の二日の夜にムンクウルジ（Möngkeüljii、一八七二～一九四九年）という旗政府の実力者が送った刺客、エルケムダライ（Erkemdalai）に殺された。

軒下を貸したら、母屋まで取られたモンゴル

ナト・アンバムが亡くなった一九三五年冬に、長城以南の

陝西省北部に毛沢東の中国共産党の紅軍が逃げて来た。
「祖父ナト・アンバムは生涯にわたって、中国人の侵入に反対し抵抗していた。ところが、父アムーランとオジのバトチロー（趙玉山）は共産主義者となった」、とジョルムラルトは苦笑いする。ナト・アンバムの長男アムーランはオルドスで活動していた陝西省北部共産党の党員、田万生と親しかった。その影響で弟のバトチローと共に共産党員になって、一九三六年二月に延安に赴き、一年間訓練を受けて翌年にオルドスに帰って来た。当然、国民政府の支配下にあったウーシン旗政府は二人を疑った。バトチローはその後、日中戦争終了後に共産党の武装勢力、蒙漢支隊の支隊長になっていた。一九四九年九月二二日夜、中国共産党の政策に不満を抱くモンゴル軍が蜂起した際に、親共産党派のバトチローは殺された［楊　二〇一八a：二三二］。

そのようなバトチローは最初、中国共産党から「革命の烈士」だと称賛されていた。ところが、文革が勃発すると、「民族分裂主義者」とされてしまった。父のアムーラン、すなわちバトチローの兄がシニ・ラマの秘書を一時、務めていたからだ。既に高齢に達し、耳も難聴になっていたアムーランは東勝で「狗咬狗《グーヨーグー》學習班」に監禁された。「狗咬狗」とは犬同士の喧嘩を意味し、モンゴル人が互いの「罪」を暴露することを指していた。モンゴル人の民族主義運動の指導者シニ・ラマの遺骨も中国人の命令でトイレに捨てられたことは、前に述べた。

「モンゴル人と中国との関係をどう理解すればいいのか」、と私はジョルムラルトの見解が知りたかった。

> 昔、中国人は媚びるような笑顔でモンゴルに来て、食べ物をください、と物乞いをしていた。畑を作っても、秋にはちゃんと長城以南に帰っていた。
>
> しかし、今やがらりと態度が変わった。秋に長城以南の中国人がモンゴルにやって来て、羊を買い漁る。勝手に群れに入って、あれの毛がいい、これが太っている、と指を指す。モンゴル人は、他人が自分の家畜の群れに入り込むのを極端に忌み嫌う。そして、あいつらは買った羊を棍棒で叩きながら南へと追っていく。
>
> 地元の事例を言えば、このような中国人を手引きしているのは、以前に一九五〇年代に入植していた張貴貴や王如意らだ。もうおれ達も豊かになったから、モンゴル人に遠慮する必要がない、と彼らは豪語している。昔はモンゴル人が食べない羊の内臓（雑砕）をもらっていたが、今はおれ達も肉が食べたい、と彼らは主張する。軒下を貸したら、母屋まで取られた。だから、腹黒いんだ。

このようにジョルムラルトは歴史と現状を見ている。

「モンゴル人にとって、中国共産党はどんな存在なのか」、と私は更に聞いた。ジョルムラルトはしばらく考えてから、以下のように分析した。

私は長いこと、中国共産党を観察して来たが、次のように四点を挙げることができよう。

第一に、我々モンゴル人の階級制度が否定され、チンギス・ハーンの直系子孫の「黄金家族（altan uruγtan）」が貴族の身分を失って、平民となった。

第二に、モンゴル人の神聖な存在が否定された。チベット仏教もシャーマニズムも、全部その存続が許されなくなり、ラマもシャーマンも殺されるか、労働改造を命じられた。しかも、それらのことをモンゴル人自身の手でやるよう強制された。

第三に、モンゴル人社会に不和をもたらした。一部のモンゴル人が中国共産党の政策を実施すると、当然、別の人達は嬉しくない。犠牲者となったからだ。かつては部族同士の対立があっても、個人間の不和はほとんどなかった。

第四に、中国人の侵入で草原を奪われ、牧畜ができなくなった。自由に移動するどころか、限られた草原まで有刺鉄線で囲まないと、生活できないくらい貧しくなった。自らの故郷で、後から来た他人、すなわち中国人にすべての権利を剥奪された。そして、草原も沙漠になってしまった。要するに、遊牧民が何千年も大事にして来た歴史と文化の伝統が、ほんの短い間に全部、中国に破壊されてしまったのである。

ジョルムラルトの見解を聞いて、私は一瞬、暗くなった。「空に蜘蛛の巣ができた時に、草原に轍の跡が天幕の骨組みのように縦横に走るようになった暁に、[8] チンギス・ハーンは復活する、というのではないか。もうすぐだよ」、と彼は私を慰める。このようなモンゴル人の千年王国的願望は百年前から現れていたのをベルギー出身のモスタールトも記録していた。「空にある蜘蛛の巣」は電線を指し、轍の跡は草原を破壊する中国人の車を意味している。苦難に満ちたモンゴル人を聖なる祖先が救済する、との夢である。

ディンランの物語

夜、ジョルムラルトはまた私に「ディンランの物語（Dinglang-un üliger）」を語った。それは、以下のような物語である。

昔、高文挙《ゴーウンジュー》という読書人の秀才（高秀才）と於小姐《ユーショージェ》という相思相愛の若い夫婦がいた。二人はある日、老爺廟を訪ね、子どもが授かるよう祈った。そこへ、廟内の仏像が倒れて来たので、不吉な予兆を感じた。その晩、於小姐は老爺廟と自宅の庭を繋ぐ巨大な虹の夢を見た。これは、吉兆だと喜び、妊娠しているのが判明した。

県の有力者で、金持ちの年七《ネンチー》は高文挙と義兄弟アンダとなっており、頻繁に高家にやって来るが、於小姐は彼が嫌いだった。年七には下心があると分かり、部屋から出て来ようとしなかった。年七は勝手に夫人の部屋に入り込んでしまうこともあったが、それでも於小姐は顔を見せようとしなかった。

ある晩、夫婦は家の大黒柱が折れたとの夢を見た。朝起きて見たら、家の玄関先に死体が置いてあるのではないか。実は、それは年七が人を殺して、その遺体を夜のうちに高文挙の門前に置いたものだった。

まもなく県知事は高文挙を殺人容疑で逮捕して武清府へ流した。すべては年七の陰謀だった。年七は途中、高文挙を殺害する予定だったが、於小姐が護送する者に銀を二両渡したので、殺されずに武清府に着いた。しばらくすると、於小姐から一人の男の子が生まれ、ディンランと名付けられた。そこへ、年七は於小姐を娶ろうとしてやって来た。

「どうして、私を奪おうとするのか」、と於小姐は聴く。

「お前の目が綺麗だから」、と年七は答える。

すると、於小姐はただちに錐を使って自分の目を刺して失明した。それを見た年七は諦めるしかなかった。

生まれて来たディンランはやがて塾に行くようになるが、周りの子ども達から「父なし子」と言われて虐められた。

「貴方のお父さんは年七の陰謀で武清府に流刑にされたので、どうなっているか分からない。お母さんも目が見えないから」、と母の於小姐は悲しみに暮れていた。それを見たディンランはついに父を探しに旅に出る。九歳になったからだ。母の於小姐は父が残したハンカチと半分に割った腕輪を持たせた。もう半分の腕輪は、流刑に行った父が記念に持って行ったからだ。

ディンランは一路、武清府を目指した。途中、人に会うと、「私の父、高秀才を見なかったか」、と尋ね歩いた。その噂は年七の耳に入り、ディンランを殺そうとした。年七の家来はディンランを崖の上から突き落としたが、木の枝にひっかかって助かった。昏睡状態から目を覚ますと、髭の白い爺さんがいるのではないか。

「私がおんぶするから、目を閉じなさい」、と爺さんの言われた通りにしていると、まもなく武清府に着いた。二、三日後、ディンランが町に出て歌った。

「高秀才を見なかったか、僕の父さんなんだ(9)」、とずっと歌い続けた。

すると、ある男の人が現れ、「貴方のお父さんは西の山寺にいるが、その近くには虎が出没するから危険だ」、と教えてくれた。ディンランはそれを聞いてから、怖がらずに西の山寺に向かった。とても荒れ果てた寺で、どこにも父の姿はない。そこへ、例の髭の白い爺さんがまた姿を現した。近くで工事現場があり、大勢の人々が働いているので、そこへ行って、版築の伴奏歌を歌いなさい、と教えてくれた。

歌の上手なディンランは版築のリズムに合わせるように、「高秀才を見なかったか、僕の父さんなんだ」、と歌った。すると、工事現場の人達も声を揃えて、同じ歌詞を繰り返した。

そこへ、歌声を聞いたある貴婦人が出て来た。

「坊やはどこから来たのか」、と尋ねた。

ディンランは持って来たハンカチと半分の腕輪を貴婦人に見せると、その貴婦人の夫のものとぴったり合った。実は高秀才は流刑地の武清府で地元の有力者、員外（科挙に合格した金持ち）の娘と結婚していたのである。優しい員外と貴婦人が高秀才に問い質すと、地元に妊娠中の妻を残していた過去を認めた。

「前の奥さんも連れて来て、一緒に暮らそう。ディンランはここにいなさい」、と員外は命じた。高秀才は急いで家に帰ると、於小姐はランプもない暗闇の中で泣いていた。久しぶりの再会を喜んだのもつかの間、またもや年七に知られてしまう。年七は地元の県知事と結託して、今度は高秀才を商府《シャンフー》へ十年間流してしまう。

武清府で暮らしていたディンランは貴婦人に可愛がられて育った。彼は貴婦人から生まれた弟と共に科挙の試験に受かり、状元になった。ある日、目が見えなくなった老婦人が上告にやって来た。年七という男の悪行を訴えに来た者である。状元のディンランが調べてみたら、その人は自分の母親だと分かった。ディンランは皇帝に訴状を書いて提出した。皇帝は年七を逮捕して処刑した。そして、高秀才と於小姐、それに第二夫人は一緒に幸せに暮らした。

以上のような物語である。

実は私は一九七五年夏に、十一歳の時に初めて「ディンランの物語」を聞いたものである。それは、シャルスン・ゴル河の支流、バガ・ゴル河の渓谷でチャガンロンホという老人と二人で人民公社の為に草刈をしていた頃のことだった。「高秀才を見なかったか、僕の父さんなんだ」、というセリフがとても有名で、チャガンロンホもそれをとても上手に歌っていた。

その後、一九七七年に河南人民公社の農業中学校に入り、寄宿生活を送った。夜の九時に消灯するが、同じ寮の武という中国人の同級生が「ディンランの物語」を知っており、あの有名な歌詞を布団の中で口ずさんでいた。当時はまだ文革期の政策が残り、「秀才」や「状元」といった「封建社会の立身出世」の物語や歌は厳しく禁止されていた。それでも、私達は夜になると、歌って遊んだものである。

ジョルムラルトの家にはかつて、「ディンランの物語」の手写本もあった⑽。五十枚もある分厚い写本だったが、文革期に燃やされたという。深夜、ジョルムラルトはまた仏教徒が唱えるマニを吟唱してくれた。彼の実演を私は録音した。マニとは、仏教の教えに沿ったモンゴル語の詩文で、親孝行や仏教への帰依を強調し、神々を称賛した歌である［Nasunbatu 1999: 9; Yang 2000: 6-8; Masijirγal 2009］。次の日、一月五日、私はまたジョルムラルトから多数の手写本を譲り受けた。ほとんどが彼とその父、それに一族の長老達が書写したマニである。

注

（1）モンゴル語の原文は“qar-a Gitad-un qara-bar qar-a sibaγun-u oru tasurba”である。

（2）ナソンバト・アンバムについては、その後裔による回想がある［Möngkejirγal 1986: 122-159］。

（3）ドグイラン運動の初期の主要な目的は中国人の侵入に反対することだった。その中国人の侵入を促した要因の一つにカトリックの進出があった。その為、オルドスの教会側にも多くの資料が保管されていた［Serruys 1977: 482-507,1978: 1-19］。

（4）モンゴル語の原文は“somu qariy-a qosiγu-yin γurba-yi alusalan jaγalduγsan γal-a”である。

（5）モンゴル語の原文は以下の通りである。“Vangčuγrabdan-u bögsen-ü miq-a ni urusla, Nasunbatu ambam-un čarai ni ulayila”.

（6）歴史学者が取り上げる年代記、ホトクタイ・セチェン・ホン・タイジの編纂した『十善福白史』の写本の一つもワンチュクラブダンの所有していたものである［Liu Jin Süe 1981: 8］。内モンゴル図書館所蔵のワンチュクラブダン家の家系譜は多くの情報を含んでおり、私はそれを書き写したことがある。

（7）パンチェン・ラマは中華民国の宣撫使として各地を回っていた。詳しくは中国第二歴史檔案館・中国藏学研究中心合編［1992: 93-100］参照。

（8）モンゴル語の原文は次のようになっている。“aγar-tu bayiqu utasu ni aγalja-yin egür sig bolqu čaγ-tu、qasaγ terege-yin mör ni qanan ger metü eriyen balar-tu degürekü-dü.”

（9）モンゴル語の原文は“siutsai minu ečige yuma huu、Gao siutsai minu ečige yuma huu”である。

（10）このディンランの物語については、その後、アルビンバヤルとソノムによるテキストの公刊がある［Arbinbayar and Sonom 2008］。

第十四章　歴史の郷愁

清朝時代のオルドス・モンゴルの集会と印璽の儀礼、移動、狩猟生活を描いた絵画。19 世紀末に清朝治下から収集したと推測されるが、私が初めてこの絵をベルギーの Museum of Scheut で見た時に、無限の懐かしさを感じた。

一月五日

「天の宗教」をめぐるトラブル

朝、私はジョルムラルト家でミルクティーを飲んでから馬に乗ってその南にあるチャガンロンホ（一九九二年当時七五歳）家を目指した。一九七五年夏に「ディンランの物語」を語ってくれた人である。

チャガンロンホはクリスチャンでもある。現代のオルドスに暮らすモンゴル人クリスチャンについて話を聴きたかった。十数キロの道なのに、至るところで鉄線が蜘蛛の巣のように引かれているので、ついに道に迷ってしまった。さんざん苦労しながら、チョーダイ平野南西部の沙漠の中にある彼の家に着いたら、何と十日ほど前からボル・バルグスンに行ってしまった、という。ボル・バルグスンに教会堂があり、そこはクリスチャン達の精神的な拠点である。

チャガンロンホは不在だったが、その夫人のウジュム（Üjüm、「葡萄」との意。七十二歳）と少し雑談した。背の高い女性で、チャガンロンホとの間に十人の子どもを生んで育てあげたことでみんなから尊敬されている。[1] 一家は現在羊五五頭、馬一匹を飼っている。

「我々は、天の宗教（tngri-yin šasin）を敬っている。天の神の一人として、マリアがいる」、とウジュムは話す。彼女は天主教《カトリック》を「天の宗教」と呼んでいる。このような言い方は遅くとも一八九七年から現れていたのを私はあるモンゴルの貴族から西洋の宣教師に出した手紙の中から確認していた［Van Hecken 1971: 110］。

カトリックに改宗（nom-tu oruqu）したのは、ウジュムの祖父ワンシュクの時のことである。ワンシュクはシャルスン・ゴル河の南岸ウルンに住んでいた。そこへ、ソハイン・バイシン（寧条梁）にカトリックの教会ができたので、改宗した。十九世紀末のことである。

実はチャガンロンホはジョルムラルトと同じ、元々はガルハタン・ハラー内のハラーチン・オボクで、夫人のウジュムはイケ・ケレイト・ハラーのハダチン・オボクである。チャガンロンホは婿養子になって、ハダチン・オボクを名乗っている。ハダチン・オボクからカトリック信徒になった人が多いが、私の母方の一族は改宗していない。

教会堂のあるオトク旗のボル・バルグスンはモンゴル人カトリック信徒達の天国であった。チャガンロンホも婿養子になり、十年間くらいウジュムの親と暮らしてから、一九五三年にオトク旗のボル・バルグスンからウーシン旗のチョーダイ平野南部のダンハイというところに移り住んだ。ジョクトチルとトーホワル（Touquvar）、ボルルダイ（Boruldai）という人達と一緒に、合計四家でボル・バルグスンを離れた。全員、クリスチャンであった。元々ウーシン旗のイケ・ケレイト・ハラーの人々だったが、カトリックに入信したことで、オトク旗のボル・バルグスンに移住していた。共産党政権ができてからは宗教政策も厳しくなり、元のウーシン旗への帰還を命じられたのである。チョーダイ平野に来た時、クリスチャンは一家だけ、バトマンナイ(2)(Batumangnai)だけだった。カトリック信徒達は「反革命組織のメンバーにして帝国主義の手先」とされ、公安当局の監視下に置かれた。

ウジュムによると、チョーダイ平野に住むモンゴル人カトリック信徒と他のモンゴル人との間に些細なトラブルがあるという。それは一九八四年から始まった常景高の信仰の動揺をめぐる対立である。

モンゴルに帰化した中国人の常景高はその夫人に従い、カトリック信徒になっていた。ところが、夫人が亡くなり、「外《ワイ》教《ジョオ》」すなわち非クリスチャンの女性と再婚してから、常景高もカトリックから離れようと言い出した。ウジュムの夫チャガンロンホは説得したものの、常景高の娘婿達も動揺しているので、教会にも来なくなったという。カトリック信徒かチベット仏教の信者かは、家の門前に「風の馬《キー・モリ》」が立っているか否かで判断できる。常景高の家の前には「風の馬」が立ったり、また降ろされたりしているので、人々はその激しい動揺を遠くから観察しているという（後述一九九二年五月五日の記述参照）。

近くのモンゴル人で、先頭に立ってカトリック信徒達に圧力をかけているのが、ハダチン・マシ（Masi）とナムジャル（Namjal）達だ、とウジュムは話す。マシはある日、常景高の家にやってきて、次のように話したそうである。

昔は人殺しや泥棒等が旗政府の取り締まりから逃れようとして洋堂《ヤンタン》に入った。また、匪賊から略奪されるのが怖かった搾取階級のモンゴル人も西洋人のいる洋堂の近くに移り住んでいた。今の時代に、その必要性はもはやなくなったので、ヨーロッパ人の信仰に染まる必要はないだろう。

ハダチン・マシは何と、常景高が大事にしていた聖母マリア(yayiqaltu batu okin Mariy-a)像を打ち破ったという。このように、今でも厳しい立場に立たされ、周囲のモンゴル人達からも理解されないカトリック信徒達の現状について聞いてから、私はイトコのボインジャラガル家を目指した。

民謡の記録

昼過ぎにイトコのボインジャラガル家に着き、夏に撮った写真と頼まれた双眼鏡を土産に渡した。広い草原に住むモンゴル人は双眼鏡を喜ぶ。肉眼でも百キロ先の長城が見えるが、その上で更に双眼鏡で詳しく見たいし、草原を歩く家畜や人間を観察したいらしい。

　私がイトコの家に来た目的の一つは、オルドスの民謡を採集したかったからである。その目的を夏に伝えていたので、イトコは夕方に近所に住むハダチン・マシ（当時、五十三歳）を呼んで来た（写真14―1）。人民服姿のマシが現れる、私は丁寧に挨拶をした。彼は私の母と同じハダチン・オボクの一員なので、母方のオジへの敬意を払わなければならない。歌が上手く、冗談を言うのが好きなマシであるが、私にはどうしても彼が常景高の聖母マリア像を破った人間には見えなかった。

写真14-1　民謡の歌い手、ハダチン・オボクのマシ。酒があると上手く歌える、と話しながら語った。（1992年1月5日）

　マシによると、彼の属するハダチン・オボクと私の母の一族は共にイケ・ケレイト・ハラーに編成されていたものの、互いに分かれて年月が経った為、系譜は繋がらないという。また、ウーシン旗東部のムー・ブラクとトーリムにもハダチン・オボクの人達がいるが、それらのグループとも血縁的に遠くなっている。マシの曾祖父はバルダル（Baldari）で、祖父の名はジョクトスゥンムベル（Čoytusümber）で、父はトグスアムル（Tegüsamur）である。現在、文革中に中国政府に燃やされた家系譜を再現しようと取り組んでいるらしい。

　マシは酒を飲みながら、色んな歌を歌ってくれた。十九世紀末の回民反乱時の歌から始まり、南北モンゴルの統一を実現しようとした内モンゴル人民革命党の歌、そして国共内戦期のものに及んだ。歴史はすべて歌になっているので、私はそうした歌われる歴史を録音した。

　夜、陝西省北部のボル・ゴト（靖辺県）の胡家伙場《ホーチャン》の中国人がジャチャラガナ（jičaryan-a、酸刺、沙棘）の苗木を売りにやって来た。苗木千本で羊一頭と交換するという。また、リンゴやスイカも運んで、やはり羊と交換したい、と話す。

　伙場とは、長城沿線に分布する中国人の同姓村落を指す。その胡姓の中国人によると、胡家伙場の人口は約二百人で、近くにまた韓家伙場と段家伙場があるという。すべてテメート・ゴト（楡林）からの入植者である。この胡家伙場の近くに「老韃子《ローダッ》墳園」があり、文字通り、老韃子の墓地である。老韃子とは、モンゴル人に対する中国人からの蔑称である。ある段姓の中国人がその墓地を平らげて畑を作ったら、十九歳の娘が死んでしまった。老韃子が祟っていると理解した中国人は畑を放棄した、という。

私達は、マシが歌う中国人の侵入に抵抗する歌を聴きながら、目の前で起こっている中国人の浸透について話し合った。昨年春から活動を活発化させた中国の地質調査隊は態度が横柄で、至る所でモンゴル人の草原を破壊しても賠償しようとしない。鉄線を引くのに建てた柱を倒したら、一本につきたったの五元しか支払わない。

「清末に長城の北側から追われ続けて来た。これ以上、北へ行けなくなった。もはや、アルタイとハンガイに帰るしかないか」、とボインジャラガルは嘆く。オルドスのモンゴル人はモンゴル高原のアルタイ山とハンガイ山から移動して来たという伝説を持ち、今でもこれらの伝説上の故郷に対し、強烈な郷愁を抱く。

一月六日

アルタイ山とハンガイ山からの民

朝のお茶の後、私はイトコのボインジャラガル家を出て、チョーダイ平野の北、元のチョーダイ生産大隊第二生産小隊に住むガタギン・ゴンチョクドンロブ（Göngčügdongrub、当時七十五歳。略してゴンチョクとも呼ばれる）家を目指した。真冬に北に向かって馬を飛ばすのは気分爽快なことだ。北からの風が冷たく、馬も喜んでいる。

昼にゴンチョクドンロブ家に着いた。彼は現在、チョーダイ地域で一番よく歴史について知っている、とみんなに評価されている。ウーシン旗人民政府地方史弁公室から聞き取りに来る研究者が多い。地元オルドスでは特に十九世紀末にイスラーム反乱軍（mayu qulayai）から受けた被害について調査しているという。私はガタギン一族の歴史と独自の祭祀等について更に知りたかったからである。

ガダギンの人達は貧しい生活を送っている人々が相対的に多い。それは、この一族の中から多くの人材を輩出し、中国人の侵入に抵抗し、後にまた共産党と国民党の双方に分かれて戦ったからである。詩文と政治に関心が高く、日常生活を営むのに熱心ではなかった為だ、と周囲から言われている。

ゴンチョクドンロブも例外ではない。彼はかつて、中国共産党の八路軍に八年間も入っていた。文革中になると、「国民党のスパイ」や「資本主義の道を歩む者」等と因縁を付けられ、中国人から激しい暴力を受けた。その為、耳が不自由になり、体調も良くない。

ゴンチョクドンロブには二人の妻がいた。一人は貴族キヤート・ボルジギンで、もう一人は私の出身氏族、オーノス部の人であった。二人の婦人から六人の息子と三人の娘が生まれた。そのうち、息子の三人は結婚と離婚を繰り返している、と伝えられている。ゴンチョクドンロブは目下、末っ子のハスチローと暮らしている。ハスチローも離婚し、五男テムールチロー（Temürčilayu）の妻と同棲している。五男の元嫁はハスチローにとって兄嫁に当たるので、レヴィ・レート婚の伝統があるモンゴルでは、その同棲や結婚は許される。テムールチローだけでなく、彼女の二人の子どもも一緒に暮らしている（写真14―2）。

　外観は決して立派ではないが、暖かい土煉瓦で建てた家の中で、ゴンチョクドンロブは私の来訪を歓迎し、一族の歴史を語ってくれた。前日に会ったガタギン・ネメフと異なり、自身が保管している貴重な手写本も後日に整理してから譲ってくれる、と約束した。私はお茶を飲みながら、彼の語りを記録した。

写真 14-2　近現代の歴史について、体験談も含めて語ったゴンチョクドンロブとその家族（1992年1月6日）

　「ガタギンの人達はチンギス・ハーンに追随して、タングートを征服した時にオルドスに来て、住み着いたものだ」、とゴンチョクドンロブは話す。オルドスに来る以前は「モンゴル高原のアルタイ・ハンガイ」で遊牧していた。その後はアラク・ウーラとアルタン・デェブシェに移り、オルドスに移動して来た。

「アルタイとハンガイは高い山々で、アラク・ウーラとアルタン・デェブシェは我が故郷だ[3]」、と私達は言うだろう。我々の父祖の地だ。馬から降りたら、鞍を必ず西北のアルタイとハンガイの方向へ向けるだろう。いつかは故郷に帰りたいからだ。

　子どもの頃に、我が家の近くにゴンボドルジ（Gombudorji）という祭祀者ダルハトが住んでいた。彼はチンギス・ハーンの八白宮祭祀に使われる祭祀用品を徴収（badar bariqu）する目的で、頻繁に北のハルハ・モンゴルのところに行っていた。彼によると、ハルハには大きなガタギン部族（ayimay）がいるという。ただ、そのガタギン部族には守護神がなく、南のオルドス、すなわち私達が守って来た守護神殿に向かって遥拝しているそうである。五日間にわたって祭祀をおこない、その間に食べた羊の骨は山積みになっていたので、驚いたと話していた。

　オルドスに移り住んでからは、長城のすぐ北側のベントゥル・シリ[4]（Bentürü-yin sili、崩頭梁）周辺で、ガルハタン・オボク、ケレイト・オボク、ウイグルチン・オボク等と隣り合って遊牧していた。一時は、五百戸にまで人口が増え、「五百戸のガタギン（tabun jayun erüke Qataginar）」と称されるほどだった。清朝が成立すると、ガタギンの人達はほとんどウーシン旗に編入された。

ウーシンもガタギンも、ケレイトもウイグルチン皆、チンギス・ハーン時代から存在する部族（ayimay）の名である、とゴンチョクドンロブの見解である。清朝が旗やハラー制度でモンゴル人を編成する際に、その新しい組織名にかつての部族の名称が使われたという。

「ケレイト・ハラーはどうして大小二つあるのか」、と私は尋ねた。

ゴンチョクドンロブによると、ケレイトは元々ウーシン旗の十三のハラーの一つだったという。乾隆元年すなわち一七三六年にウーシン旗東部の三ハラーが独立して別の旗、すなわちジャサク旗を作った際に、ケレイトを大小二つに分割し、ドトライから更にトゥス・ドトライを独立させた。それ以降、十のハラー体制を維持して来た。それぐらいケレイトは大きかったからである。

ガタギンとケレイトはかつての大部族の名に由来するが、十のハラーのうちのクンディ・ハラーだけは独特である。このハラーは孤児や尼（čibayanči）から生まれた子、未婚の娘が生んだ子、流浪人と戦争の捕虜等からなっていた。ドトライは「側近」との意で、王の親衛隊であった。トゥス・ドトライは「側近中の側近」を意味する。ウイグルチンとドトライ、トゥス・ドトライはウーシン旗の東部に分布し、王一族に従う。ケレイトとガタギンは西部に展開し、サガン・セチェン・ホン・タイジの後裔に帰属していた。クンディとドトライは主としてウーシン旗東部のタマガライ平野に分布していた。

ムスリムの襲来

長城のすぐ北側の草原から追われた原因は、十九世紀末の中国人の侵入とムスリム「悪盗《ムーホラガイ》」の来襲だった。ムスリムの蜂起で長城以南の中国人が難民となってモンゴルに入って来る。モンゴル人は彼らを避けて避難する。正に、玉突きで民族の大移動が惹き起こされた歴史的変動である。

「悪盗」を率いていたのは、馬化龍と田没手《ティエンマシュ》というリーダーだった。彼らはオルドスに侵入して来て、ガタギンの守護神を破壊した。田没手とは、「手のない田」という意味だ。彼は以前にも一度反乱したことがあり、捕まって北京に連れて行かれたことがある。二度と反乱できないように、北京では指が切られ、弓を引けないようにされたが、またもや蜂起した。鞭で田没手は弓こそ引けなかったが、鞭使いの名人だった。鞭で敵を襲い、飛んで来た矢を叩き落とす技を持っていた。

ウーシン旗が組織した五百人のモンゴル騎馬軍を指揮して

いたのは、トゥキーン・チャイダムのボンホー家の近くに住んでいたチロー将軍であった。チロー将軍の五百人の騎兵がウーシン旗西部のトーリム寺の西北まで逃げた田没手を包囲した。田没手はそれでも投降せずに矢を叩き落としながら最後まで戦った。ある雨の日、チロー将軍は自ら突進して行き、彼を槍で刺し倒した。指のない右手を切り取って、ウーシン旗のジャサク、聖王（Boydu noyan）バタラホと西公バルジュールに渡した。

聖王バタラホと西公バルジュールは田没手の手を同治皇帝に献上し、「乗っていた白い戦馬が敵の血で赤く染まるほど奮戦した」、と報告した。同治皇帝は銀八百両を下賜したが、王と西公はその銀を独占し、兵士達に配らなかった。僅かに残った銀でシャルリク寺（瑞雲寺）の拡張に使った。チロー将軍には赤い頂戴帽が与えられただけだった[5]。

写真 14-3　清朝時代のオルドス・モンゴル人の遊牧生活を描いた絵画。（Museum of Scheut 藏）

西公の天幕も元々ダー・クレーの近くに張ってあったが、まもなく東へ移動し、グルビンシリ（Turbin sili）という峠の上に新しい豪邸を建てた。ダー・クレーの一部の王子達はウーシン旗東部のササ峠（Sasa-yin sili）へ移った。

回民反乱軍の「悪盗」は八年間もオルドスの西部を占拠した。オルドス東部に逃げたウーシン旗の人達が帰って来ないので、ダー・クレーのダムリンジャブ協理タイジは『春』という歌を創作して帰郷を呼びかけた。

春に飛来したあらゆる渡り鳥だって
涼しい秋になると
帰るものさ[6]。

この一句で始まるこの『春』という歌は忽ち人口を膾炙し広まっていった。まもなくオトク旗のウルジ・メイリンも『褐色の峠（Borutoluγai）』という歌を創作して離散して行ったモンゴル人の帰りを呼びかけた。モンゴル人は強い郷愁を抱く民族であり、そうした歌を聞いて相次いで帰って来た（写真14―3）。

イスラームの反乱軍がオルドスに入って来た時に、ゴンチョクドンロブ家はウーシン旗東部のイケ・ボダンへ八年間避難した。現地で植えた木もすっかり大きくなった、とゴンチョクドンロブは語る。

「一九二〇年代後半に父がイケ・ボダンに植えた木を中国人

に売りに行ったことがある。すっかり大木になっていた、と父は話していた」、とゴンチョクドンロブは回想する。

モンゴル人の貧困化とシナ化

「悪盗」の侵入を受けて、モンゴル人の貧困化も始まった。「雌馬のない種雄馬は去勢しちまえ。庶民のない貴族は廃止しちまえ」(7)、と庶民の視線も厳しくなった。「悪盗」の反乱で元の放牧地を失ったガタギンの人達は最初、ウルンに避難していた。

ウルンは良い草原だった。灌木のヤシルが茂って、狼の棲みかだった。夕方になると、狼どもは家の近くの沙丘の上に姿を現し、羊を狙う。私達はいつも羊群の近くに火を焚いて夜を過ごしていた。

ウルンでの生活は長くなかった。清朝が倒れてまもなく、中国人の匪賊団はあちらこちらから出没して来たからである。「丙辰年」すなわち一九一六年からは東から蘆占魁の「独立隊」という匪賊団が襲って来た。蘆占魁は元々清朝軍の将校だった。清朝崩壊後は孫文や張作霖、日本の大本教の教祖出口王仁三郎らとも接触していた人物である［楊　二〇一八a：三五―五八］。

中国人に追われるようにして北上し、シャルスン・ゴル河を渡ってチョーダイ平野に逃げて来たのが、一九二〇年代のことである。当時のチョーダイ平野にはグンゲ家（Günggeの子はゲシクドルジで、孫はチャガンバル）、デレゲル家（Delger、その子はダライで、孫はルワーディ）だけがあった。まもなく、中国人の侵入から逃れて来たモンゴル人は更に増え、放牧地も狭くなった。

「当時、多くのモンゴル人達は天幕に住んでいたが、戊辰年の旱魃で家畜が死に尽くしてしまい、フェルトが作れなくなったので、固定建築を建てるしかなかった」、とゴンチョクドンロブは語る。戊辰年とは一九二八年のことで、モンゴル人達はまた「民国十七年の災害」とも表現する。この年、モンゴル高原南部から華北一帯に至るまでの広い地域で旱魃による災害が発生していたことは広く知られている。

貧困化に追い打ちをかけるかのように、経済も次第に長城以南からの中国人に牛耳られるようになっていた。モンゴル人が飲む茶は塼茶一個（半キロ）につき羊一頭、パンは六十個につき羊一頭と交換していた。誰が見ても搾取に近い交換レートだが、それでも小麦粉と布は家畜で交換するしかなかった。

少しでも自立しようとして、ゴンチョクドンロブ家はチョーダイ平野に移って来てから、畑も作るようになった。ゴンチョクドンロブ家の畑は家から南へ十キロほど離れたグルバン・

サラー渓谷にあった。そこはシベル寺の領地だったので、寺に収穫の一部を税金として支払っていた。大体、百畝の畑で、春に種を撒き、秋に収穫に行く。その間に除草もしない粗放農耕（namay tariy-a）だった。すべての作業を自分達で進め、中国人を雇うことはしなかった。農耕を営むようになると、モンゴル人の漢化も始まった。当時の漢化をモンゴル人達は次のように中国語交じりの歌で風刺した。

黒いシルクのブーツも、お前は作れなくなったので
すっからかんの（中国風の）靴で我慢しようよ。
羊肉の料理と乳製品も、お前は食えなくなったので
粗末なヨーグルトで我慢しようよ。
ロシア風の靴下とシナの靴を履いた悪人は誰だと聞けば
あいつらは、張家の腹黒いシナ人だろう。(8)

ここでは中国人を「シナ人のシマ（janay sima）」と呼んでいる。シマとは、中国語の疑問詞「何」を指す「什磨（shenma）」から来ているといわれている。長城沿線でモンゴル人と中国人が出逢った際に、お互いに何を話しているのか分からないので、中国人はいつも「什磨（何）」と尋ねて来るので、シマが民族名となったのではないか、と見られている。

守護神サクースの受難

ガダギンの人達を「チンギス・ハーン時代」にオルドスに連れて来たのはバヤンハラーという人物で、彼には五人の息子達がいたが、ゴンチョクドンロブもその名を覚えていない。五人の息子は後に五つの領地《ハイラチャク》に分封され、その子孫は現在、ウーシン旗各地に住んでいるという。具体的には以下の通りである。

第一領地シルデク：バヤンハラーの長男。その後裔はゴンチョクドンロブ
第二領地ゴシンチャイダム：次男。その後裔はボインネメフ
第三領地ソースハイ：三男。その後裔はナムジャル
第四領地トゥキーン・チャイダム：四男。その後裔はアルタンゲレル
第五領地ハラブルン：五男。その後裔はゴンチョクラシ

この五つの領地からなるガタギンは元々バガ・ケレイト・ハラーに属していたが、後に何らかの原因で、第三領地のソースハイだけがイケ・ケレイトに移管されたという。

ガタギンの守護神十三嫉妬天は、鉄青色（köke）の馬に乗った十三人の武人姿であった。正中心の人物が大きく、周りの

十二人は相対的に小さく描かれていた。武人達の間に五畜が分布していた。この守護神の「十三嫉妬天神」も十九世紀末にムスリムに焼き払われた。その後、第三領地のナムジャルの曾祖父で、詩人のアムルジャラガル[9]がテメート・ゴト（楡林城）に行って、画家に新しく描いてもらったという。

モンゴル人が大事にする家系譜をガタギンの場合は各領地の長、ダーマルが保管する[10]。貴族キヤート・ボルジギンは世帯（üy-e）間を赤い線で繋げるのに対し、准貴族のガタギンは青い線を用いる。ガタギン・オボクの人達は他のオボクから養子をもらわないし、他家に自身の子どもを養子に出すこともしない。ただ、ガタギン同士で養子を出し合ったりはする[11]。年に一回、その年に生まれた男子達の名を家系譜に書き記す会合を開く。その際、各家庭はフェルトを献上する。ガタギンはまた教育を重視し、男子を私塾に通わせる人が多かった。

ゴンチョクドンロブは一九三一年、十四歳の時にダー・クレーのリクダンドルジクドール（Ligdandorjikögdür）というアンバムの従者になり、字を教えてもらった。アンバムの下で働く写字生のビチェーチ達から読み書きの手ほどきを受けた。十八歳になると、今度は推薦されてウーシン旗衙門の写字生になった。当時、ムンクウルジという剛腕の政治家が旗の政治運営に当たっていた。ダー・クレーの貴族に付いて東部の旗衙門に行く途中、彼らは必ずオンゴンに向かって遥拝していた。オンゴンにはホトクタイ・セチェン・ホン・タイジの祭殿があり、タイガという祭祀者が貴族を出迎えていた。タイガは旗政府が任命した者で、ボインサドンとその息子のバトバヤルが当時、祭祀を運営していた。バトバヤルの息子はゲイソクで、孫は昨年春に中国共産党に逮捕されたグチュントグスである。

一九三六年夏頃からウーシン旗とオトク旗は境界をめぐって対立した。元々、両旗の「境界官（saba-yin daruγ-a）」を務めていたのはどちらもウーシン旗の貴族、ダー・クレーの婿達だった。二人は些細な、個人的なトラブルを抱えていたが、そこから対立は激化し、旗同士の領地紛争にまで発展した。オトク旗の軍隊は一九三七年一月二十八日にウーシン旗西部に入って来て、西協理タイジのビシレルとゴンチョクドンロブの父で、アンバムだったロブサンセレンを殺した。また、兄のソナムドンロブも連行され、途中、トゥキーン・チャイダムで銃殺された。「ヤツガシラ鳥の十五日」のことだった。

社会主義政権ができてから、状況は一層悪化した。祭祀活動は一九五八年から基本的に禁止された。それでも、ほそぼそと香を焚いたりして守護神を維持していた。文革が勃発すると、中国人達がやって来て守護神を燃やした。当時の祭祀者ジュマのエンケトグス（Engketegüs）も打倒された。ゴンチョクドンロブは「革命を裏切った」として批判闘争された。文革が終わってから、守護神殿を再建した。その際に第一領地から第四領地までの者はそれぞれ天幕の東西南北のフェルトを用意し、第五領地は献香台（sang-un küriyen tayisang）を建てた。

ガタギンもキヤート・ボルジギンも共に「ハーン・ヤス」という同じ「骨」に属しているので、通婚をしなかった。ただ、近代に入ってからはそのルールを守らない人も現れた。ゴンチョクドンロブの記憶では、二十世紀初頭に第四領地のトグスジョクト（Tögüsčoγtu）がダー・クレーの娘を嫁に迎えたのが、最初の通婚に当たる、という。

十三嫉妬天の祭祀

ゴンチョクドンロブによると、ガタギンの守護神、十三嫉妬天には以下のような祭祀がある。

まず、旧正月一日は「儀礼用の絹と灯明の祭祀（nindar julaγ-un tayilγ-a）」で、各家庭からの参拝者が守護神殿に集まる。遠くに住み、祭殿に行けない者は、自宅の「風の馬」の方から遥拝し、八日までに必ず参拝に赴く。その後、「オルドス暦の七月（太陰暦四月）」十五日には「乳製品の祭祀（saγalin tayilγ-a）」がおこなわれる。各家庭がその年に新しく取れた乳製品（saγalin degeji）を献上する。儀礼にはガダギンの男達だけが参加できるが、娘達は遠く南東方向から見学する。「ガタギンの守護神は一族の娘に優しい」、とゴンチョクドンロブは話す。どの祭祀にも、出産して一カ月未満の家庭の者や、四十九日間の服喪中の者は参加できない[12]。

「オルドス暦の八月（太陰暦五月）」八日に「羊の丸煮の祭祀（ötügen tayilγ-a）」がある。この時、家畜を活きたまま神に捧げる儀礼（mal seterlekü）も実施される。羊や山羊は守護神殿へ連れていかないで、自宅で献上する。その際、頭の黒い羊が選定される。馬の場合は必ず鉄青色を選び、祭殿に行く。背中（munday-a）に酒の入った水（qar-a čaγan usu）をかけて身震いさせ（silgegekü）、青、白、緑、黄色、赤という五色からなるリボンを付ける。神に献上された羊の毛を女性が刈ったりしてはいけない。一九三〇年代に、ガダギンきっての大金持ちで、詩人のアムルジャラガルは一度に十三頭もの鉄青色の馬を連れて、神に献上した（ongγulaqu）ことがある。当時の彼は千頭もの馬を所有していたのである。

続いて一同は馬乳を天に捧げる（serji-tü mörgükü）。その時に、「ナムダク・サン（namday-un sang）」と「アリグーン・サン（ariγun sang）」、それに「サクースン・サン（sakiγus-un sang）」といった賛歌が朗誦される。各家庭から持って来た羊の丸煮の数は大抵、五十にも達し、こちらは「仔畜の献上品（tölü-yin tayilγ-a）」と呼ばれる。参加者全員で肉を食べてから、骨を燃やす。羊の丸煮は年末の「ヤツガシラ鳥の月の二十四日」の拝火祭の時にも献上される。

「ガタギン・オボク内部の祭祀で、同一父系親族なので、内輪同士の競争はしない」、との理由で、競馬はおこなわれない。その代わりに男達は武装し、軍旗を手にして南の中国の方向へ「遠征」する儀式がある。南へしばらく行ってから、威勢よく馬を飛ばして祭殿に戻る。出s迎えた人達からは、「敵の中国人を大勢殺したか」、と問いかけられる。一同も、「戦果豊富だ」と応じる。

「我々ガタギンの信仰と祭祀は仏教と関係なく、シャーマンのしきたりに従う」、とゴンチョクドンロブは最後に強調した。ただ、個々の家庭の日常生活は決してチベット仏教を排除していない。例えば、ガタギン一族にも聖地オボーがある。そのオボーはウスンチャイダムのドプチンバウー（Tobčinbabu）家の北にあり、ブンカン・オボー（Bunqan oboγ-a）と呼ばれている[13]（前掲写真12―4）。このオボーを建てたのは詩人アムルジャラガルの父セレンドルジ（Serengdorji）だった。彼はラマ四人を招待し、小さな仏像（sasa）と五穀を地中に納入し、その上にオボーを建てた。セレンドルジはガタギン一族のすべての家庭から必ず五人の男の子が生まれるよう、チベット語で祈願していたという。それ以降、ガタギンの人口も確実に増えた。確かに、ゴンチョクドンロブからも六人の男の子が生まれているので、祈りが実った結果であろう[14]。

草原に定着する中国人の死者達

ゴンチョクドンロブの話を聴いてから、夕方六時前に私は家へ馬を走らせた。あたりの民家から炊煙が空に向かって出て、太い雲に発達していっている。モンゴル人はこの静寂な大草原が好きである。しかし、馬上から南の長城方面へ視線を転じると、八十キロ先の烽火台の麓の地質調査隊の電気とネオンが魔鬼城のように見える。やがて、その魔物はモンゴルの草原に襲って来るだろう。昔は中国軍か中国人難民だったが、今や近代化や開発という看板を掲げた人達である。

夜の七時四十分に家に着いた。「また、飛ばしたのか」、と父は手綱を手に取り、馬の汗を丁寧に拭く。寒いので、そのまま残しておくと、病気になりやすいので、二時間くらいかけて汗を乾かすという。

しばらくしたら、南のバガ・ゴル河付近の専業隊の中国人、宋英山がやって来た。シャルリクへ行く途中で、一晩の宿を乞うて入って来たらしい。宋には十六歳の娘がいて、河南人民公社の中国人、呉家と三年前に婚約し、三歳の子どもを産んだという。この前はもう一人、男の子が生まれたが、まもなく死んだ。結婚の手続きもしないで、二人もの子どもを産んだことで、政府から二千元の罰金が科されたので、羊と麦を売りに町に行く、と話す。人々は、どうも宋英山が嬰児殺しをしているのではないかと噂している。

宋はまた、専業隊の他の中国人達の動向についても教えてくれた。

韓五の妻が最近、ガンになったので、陝西省北部から一族の墓を移して来たという。祖先の墓を大事にすれば、ガンも治る、と中国人のシャーマン、「陰陽《インヤン》先生」に言われたらしい。既に述べたように、専業隊はモンゴルに侵入して来た中国人からなる生産大隊の生き残りである。その彼らはかつて秋に収穫したら長城以南に帰っていたが、今や逆に祖先の墓地までモンゴルに移して、「死んだ中国人によるモンゴル占領」を実現中である。

宋英山を別室で寝かせた後、両親は羊の値段の変化について、遅くまで話し合っていた。我が家の話題はいつも羊と歴史である。

注

（1）オルドス西部カトリック信徒のハダチン・オボクの系譜については、楊海英［二〇〇二：一〇二］を参照されたい。

（2）バトマンナイにはボルド（Bolud、一九九二年当時五八歳）とワンチンブー（Vančinbu）という二人の息子がいる。ボルドからはナイラルト（Nayiraltu）とクグジルト（Kögiltü）、それにソヤルト（Soyultu）という三人の男がいる。いずれもカトリック信徒である。

（3）モンゴル語の原文は“Altai Qanγai γajar-un ündür, Alaγ aγula Altandöbsiy-e mini nutaγ siu”である。この詩文はまた有名な叙事詩『チンギス・ハーンの二頭の駿馬』の冒頭部分にもなっている。これは、中央アジアのモンゴルの英雄叙事詩は大体、アルタイ山を褒め称える詩文から始まるという形式と一致する。

（4）ベントゥル峠には聖地オボーがあり、ガルハタン・オボクの人達が祀っていた。前日に会ったジョルムラルトの祖先が祀っていたという。ケレイトの人達はバガ・シベル平野にあるサガン・セチェン・ホン・タイジの軍神スゥルデを祀っていた。

（5）チロー将軍は田没手を鎮圧した後まもなく亡くなった、と一九九二年二月二十六日にオーノス・ドルジが私に語った。当時のモンゴル人は、敬愛するチロー将軍を次のように歌った。「ジャグート平野の戦いに、命令に従って集まった。シナ人と回回どもと、逃げずに相まみえた。孤軍奮戦の際は、用心深くしなければならない。滑って倒れてしまったのは、地形が悪かったからだ。法律は厳しいほうが良い、回回と腹黒いシナ人は遠くにいた方が良い。遠くも近くも平和が良い、将来も平和が良い。口一杯の歯は白い方が良い、真の意志も固い方が良い。一心不動で最期まで戦った」（Jangγutu-yin jodoγan-dur,jarliγ-iyar büridügsen.Janaγ quiqui dayisun-nar, jayilal ügüi aγuljal-a.γaγča nigen alququi-dur,γalis kekü keregtei.qalturaju unaγsan ni, γajar maγu-yin yabudal.qaγuli čaγaja qurča sayin, Quiqui kiged qar-a Janaγ qola ni sayin.qola oyira-yin inaγ sayin,qojim-taγan mendü sayin.egüden sidü öngge sayin, ünen sanaγ-a küčetei sayin.ürgüljide nigen jang-iyar, ötül-tür yabula.）。尚、ゴンチョクドンロブとドルジから聞いた歌を私は二〇〇二年に公開している［楊　二〇〇二b：四九二―四九三］。チロー将軍の息子はトゥメンウルジで、トゥメンウルジからはチンケルという息子が生まれ、後にオトク旗へ移住したそうである。聖王バタラホの旗衙門と西公シャンの貴族、それにダー・クレーの貴族は共にホトクタイ・セチェン・ホン・タイジの後裔であるが、枝分かれして年月が経った為か、政治的には対立することもかった、とゴンチョクドンロブは話す。

（6）モンゴル語の原文は“qabur čaɣ-tu čuɣlaraɣsan qamuɣ sibaɣuqai, qar-a serigün unaqu čaɣ-tu qaridaɣ yosutai”である。

（7）モンゴル語の原文は“gegü ügüi ajirɣ-a-yi qayirčiɣ-a, albatu ügüi tayiji-yi ustaɣačiɣ-a”である。

（8）モンゴル語に中国語の混じった原文は以下の通りである。“Qar-a mangnuɣ maqai ɣotul 你也不會做 , Qabar ügüi onggin šaqai 將就兩天吧。Qonin miq-a čaɣan tosu 你也不會做 , Qoɣurmaɣ ayiraɣ 將就兩天吧 , Oros ayimas onggin šaqai oliɣ ügüi kümün, Obuɣ-i ni asaɣubal Jangjia-yin janaɣ qar-a sim-a bayin”.

（9）詩人アムルジャラガルの作品はバボーらやジョリクトらによって刊行されている［Erkegüd Babuu, Laɣšanbürin 2008;Joriɣtu Namjal Badai 2008］。

（10）ゴンチョクドンロブが記憶している第一領地の最後のダーマルは、ウルジイアムル（Üljeyiamur）とサンジミダク（Sanjimidaɣ）であった。尚、ゴンチョクドンロブの系譜については、楊海英［二〇二一：一〇三］を参照されたい。

（11）例えば、第一領地のチャガーダイに男子がいなかったので、第二領地の詩人ゲシクバトの次男を養子としてもらっていた。

（12）一九九二年四月一七日に、私は西公シャンの貴族、スチンカンルから以下の話を聴いた。モンゴル人は出産に伴う穢れ（sar-a-yin bujar）と死の穢れ（ükügsen-ü bujar）が消えるまで、様々な禁忌を守る。貴族の宮殿西公シャンの場合だと、宮殿の西側の馬小屋の隣にあった碾き臼の部屋が出産に使われていた。産婦の見舞いに来た人でもその生小屋には入れない。うっかり入った者は一カ月間、聖地オボーや寺に近づかないし、仔畜の去勢作業もおこなわない。死者の喪に服す期間は四十九日間で、その間に棗を載せた儀礼用のパンや儀礼の茶を飲食しない。楽器の演奏と歌は遠慮する。他人に会った時も無言でお辞儀する。普段は「アムル・メンド（amur mendü、平安たれ）」と言いながら、お辞儀するのと異なる。既婚の女性はまた頭飾りを外す。喪が明けた時、僧侶ラマが儀礼余のハダクを持って家の家族に渡し、「悲しまないように」と励ます。その為、逆に人に会った時に沈黙したままだと、「親が死んだか」と怒られる。また、女性達は頭飾りを外した時も、髪の毛を露出したままにはしないで、布で包んでおく。

（13）アムルジャラガルの息子はトグスチョクトで、孫はガルディバンザルである。ガルディバンザルからはナムジャルが生まれ、シャルリク・ソムの郵便局に勤めている。また、アムルジャラガルの娘トグスホワル（ボル）は西公ジョクトチルの第三夫人となり、スチンカンルとバウーを生んだ。詳しくは楊・新間［二〇一九（一九九五）］を参照されたい。

（14）後日、一九九二年五月十六日に同じガタギン・オボクのネメフが語ったところによると、ブンカン・オボーは五世ダライ・ラマがオルドスを通過した際に建てたという。当時、ガタギン・オボクの有力者がダライ・ラマに求子したところ、オボーを建てるよう指示されたという。いずれにしても、子孫繁栄の願いが込められているようである。

●第十五章　草原の「フランス革命」

オルドス西部の有力な貴族、西公バルジュルの邸宅。ムスリムの蜂起軍を撃退した後に紫禁城の一角を模して建てられたものである。宮殿前にずらりと並ぶ有力者達の中に、祖父の姿もあったはずである。（*Erdeni-yin Tobči*, I より）

情報収集

一月七日

暖かい一日で、家でゆっくり過ごした。雪が少しずつ溶けていくのが、見える。特に沙漠の上に積もった雪はもうなくなっていた。雪が溶けたところに兎と雀がいる。ここ数日間に取ったノートを整理しようとしたが、これがとても時間がかかる。昼は母の作った豚肉の煮込み、夜は羊の胸肉を食べた。

一月八日

朝のお茶を飲んでから、ソム政府の所在地シャルリクを馬に乗って目指した。昼前にまず、モンゴル帝国の国旗、チャガン・スゥルデ（白いスゥルデ）を祀る旗手、トゥクチナル・オボクのボル（Tuyčinar Boru）に会って少し話を聴いた。

ボルによると、旗手トゥクチナルはエルクート・オボクの人達と共にジャハル・ハラーに属し、元々は長城のすぐ北側のアムバイ・オボー周辺で遊牧していた。清末に中国人の侵入を受けて北上し、シャラタラ（Sir-a tal-a）平野に一時滞在し、その後はシャルスン・ゴル河渓谷、ホーライ・サラー（Quyurai salay-a）渓谷に入る。ホーライ・サラーに来た時は貧困化が進み、横穴式の窰洞を掘って住んだ。[1]

中華民国期のジャハル・ハラーの長官はシャクドラジャブとロンホダイであった。ジャハル・ハラーが祀って来た「白いスゥルデ」はシニ・スゥメ寺の西、ムー・ブラクに移っていた。旧正月の三日と「オルドス暦の八月（太陰暦五月）」三日に羊の丸煮を持参して参拝していた。

ジャハル・ハラーのモンゴル人は「白いスゥルデ」の他に、シャルスン・ゴル河南岸に建つオトチ・スゥメ寺（Otučin süm-e、薬師寺）とシニ・スゥメ寺を神聖視していた。オトチ・スゥメ寺は河南人民公社本部の北、サンヨー峠の北西側にあったが、中国政府に破壊された。私は一九七七年から河南人民公社の農業中学校に通っていた頃に、何回か廃墟を見に行ったことがある。あたりに一面に煉瓦と瓦が散乱し、往昔の栄華と共産党による破壊の徹底ぶりを物語る廃墟だった。

ボルはこれ以上、「白いスゥルデ」について語ろうとしなかったが、私にとっては貴重な手掛かりである。いずれ、帝国の国旗と信仰されている「白いスゥルデ」が祀られている場所を見学し、その祭祀者達に会わなければならない、と自覚した（後出、五月八日の記述参照）。重要な情報を得る為には事前に関係者から話を聴く必要がある。

草原に建つ紫禁城の一角

午後、私はウーシン旗の著名な貴族、西公ジョクトチルの娘で、王女スチンカンル（一九二七年〜）を訪ねた。彼女は私の両親と親しいし、祖父が界牌官《ハーラガチ》として旗政府の為にモンゴルと中国との境界を守っていた時代に西公ジョクトチルはその上司だった。私はモンゴルの伝統的なしきたりに従って丁寧に挨拶をしてから、スチンカンルの語りに耳を傾けた。私は基本的に一言も質問しなかった。ひたすら彼女の話を必死にノートに記録した。彼女の語りは年代順となっており、実に論理的である。

　スチンカンルは以下のように語る。

　ウーシン旗西部の巨大な丘陵地の頭部、グルビンシリ峠（Turbinsili）に宮殿シャンを建てたのは祖父の兄、バルジュールの時代だった。バルジュールは貧しい貴族の家に生まれ、ウーシン旗の西協理タイジとなった。そこへ、イスラームの反乱軍「悪盗《ムーホラガイ》」が攻めて来た時は、貴族も庶民もウーシン旗東部のウラーントルガイに避難した。ウラーントルガイに逃亡している間の一八七一年に、父ジョクトチルが生まれた。父ジョクトチルはバルジュールの弟、ワンチンの息子である。バルジュール公の三番目の弟はサミヤで、サミヤからはバトオチルが生まれた。バトオチルの息子はバントゥーで、その娘が私の父方のイトコのチャガンバンディの夫人である。バルジュール公の五番目の弟はウー・ラマ（ラクワジャムソ）で、シャルリク寺の住職で、中国人の侵入に抵抗するドグイラン運動の指導者の一人であった。民間では彼を「五《ウー》ラマ」と呼んでいた。

　逃亡先で軍勢を立て直したモンゴル人達は、イケジョー盟の盟長を務めるウーシン旗の聖王バダラホ（?〜一八八三年）とチロー将軍の指揮下で、騎馬兵五百人を率いてイスラーム反乱軍と果敢に戦った。その功績が光緒皇帝から功績が認められ、「乾清門行走補国公（Čiyenčingmeng-dü yabuqu ulus-un tüsiye güng）」の爵位が与えられた。補国公バルジュールはまたイケジョー盟の副盟長にも任命された。オルドスの歴史上初めて、同じ旗から盟長と副盟長の二人が同時に誕生したのである。モンゴル人社会では、オルドス右翼前旗すなわちウーシン旗が最も輝いていた時代だと評価されている。

　バルジュール公はまた聖王バダラホの許可を得て一八七六年に立派な宮殿を建設した（本章扉写真）。彼の宮帳オルドは元々ダブチャク草原の西、シャンイン・ホーライ（Šang-un qoyulai）にあった。聖王の王府オルドはアドハイ（Aduqai、「美しい馬群」との意）にあった。バルジュール公の方から、宮帳を西へ移転したいとの希望が出された訳である。ちなみに、シャンイン・ホーライの地は後に王府の夏営地になった。

　バルジュール公は光緒皇帝から紫禁城の一角を模倣して宮殿を建てていい、との勅命をもらっていた。南北二つの庭園からなり、中には五十間の部屋がある宮殿だった（図6）。グルビンシリを地元のモンゴル人は南北に走る龍に譬えていた

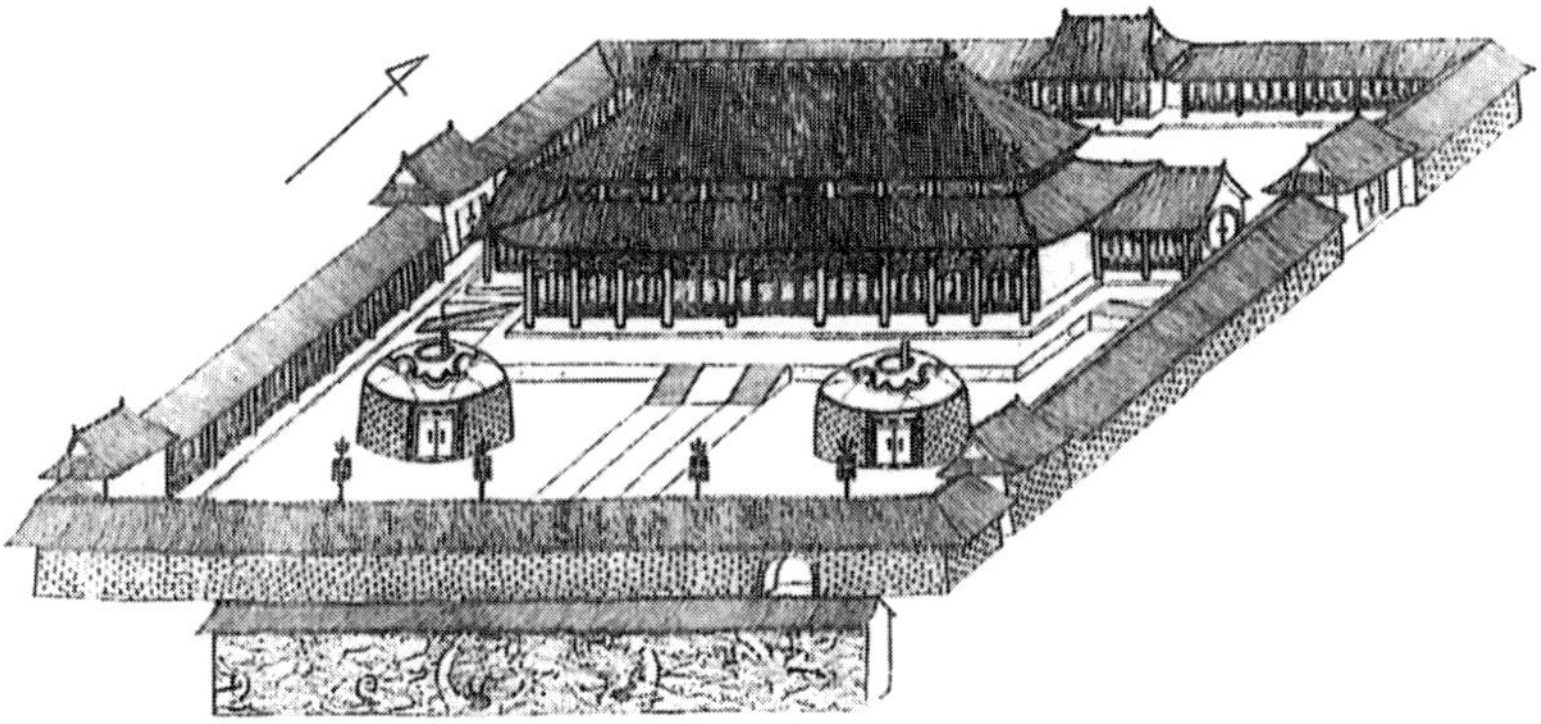

図６　西公シャン復元想像図（楊海英・新間聡著『チンギス・ハーンの末裔』1995 より）
手前、庭園の入り口を隠すように立っているのが、影壁。宮殿には住む人たちの「福」が逃げないように、庭園の入り口と主殿の正門は一直線に配置されていない。主殿の南にゲルに似せた建物が建っている。庭内に立つ４本の旗がスゥルデ。東、西、北を回廊つきの脇部屋が囲む。ここで役人、従者が寝起きした。

ので、宮殿は正に龍頭に位置していた。門前には威風堂々たる四本の「風の馬」と巨大な影壁（目隠し）が建っていた。殿内には大きなチンギス・ハーンの肖像画があり、それはチベットのラブラン寺の高僧が描いたものだった。時は一八七六年だった。それ以降、モンゴル人達はこの宮殿を「西公シャン」、すなわち「西協理タイジにして補国公の宮殿」と敬意をこめて呼ぶようになったのである。

　バルジュール公に二人の夫人がいたが、どちらからも子どもが生まれなかった。そこで第三夫人を迎えると、男子が誕生した。当時、西公シャンの夏営地はアドン・トハイとウルジイチャイダムで、冬営地はボラガスン・トハイとホーンドライ（Qondurai）にあった。

　イスラーム反乱軍を撃退してからは、西洋からの宣教師達が頻繁に訪ねて来るようになった。髭の長い西洋人も出入りしていたし、モンゴル人女性の頭飾りに関心があったらしく、女性達をカメラに収めていた、と老人達から聞いた。

　モンゴル人はどちらかというと、犯罪者や泥棒、怠け者がカトリックに改宗していた。我が西公家と宣教師達との間で交わされた手紙も多く残っていた。英語やフランス語の手紙はタンス一杯あったが、全部、文革中に没収されて、中国共産党に燃やされた。(2)

図7　聖王バダラホ。（後方右から二人目。劉厚基編『図開勝跡』より）

この点については、西洋側にも記録がある。一八七四年春に宣教師達が初めてオルドスを訪れた際にウーシン旗王府衙門を訪れ、聖王バダラホの歓待を受けた（図7）。布教したいとの希望に対し、聖王バダラホは「心の問題にはタッチしないので、ご自由にどうぞ」と返事した。一方、バルジュール公は慎重な姿勢を崩さなかったそうである［Taveirne 2004: 231-232］。

自死した輔国公

バルジュール公は毎年のように皇帝に参詣する為に上京していた。当時はそれを「バインに行く（bayin-du yabuqu、列班）」、と表現していた。聖王バタラホとバルジュール公には馬に乗ったまま紫禁城に入る特権が与えられていたそうである。

聖王バダラホは一八八三年に亡くなると、バルジュール公がウーシン旗の実権を握った。側近達はそれだけで満足せずに、ウーシン旗西部を分割して、もう一つの旗を創ろうと目論んだ。かつて、乾隆元年すなわち一七三六年にウーシン旗東部の三ハラーが独立して、ジャサク旗（オルドス右翼前末旗）ができた前例があったからである[3]。

最も熱心だったのは、イケ・ケレイト・ハラーのドガールジャブ（Duγarjab）という貴族で、当時は西メイリンだった。ドガールジャブはウーシン旗の西部、ナリーンゴル河の東に住んでいた。彼の砦は「ドガール寨子」と呼ばれていた。

バルジュール公の政治的な動きを嗅ぎつけたのはジャムソというラマだった。彼はそれをイケジョー盟の盟長（Čiγulγan-u da）に訴える、と公言していた。時のイケジョー盟の盟長はハンギン旗のジャサクだった。それに危機感を感じたドガールジャブはジャムソを長城の要塞、クネグ・ゴト（波羅堡）の北にあるボルトルガイの沙漠内に連れて行って生き埋めにした[4]。埋めてからは地上の痕跡を馬で踏ませて隠した。古くからのやり方だった。

ジャムソを殺してからドガールジャブは西公シャンへと馬を飛ばした。途中、トリ地域のギョク・マンハという沙漠で東へ向かうバルジュール公一行に出会った。上京して「バインに行く（列班）」に行く予定だった。

「余計なことをしてくれた」、とドガールジャブからの報告を聞いた西公バルジュールは上京を中止して宮殿に戻った。宮殿の庭園に天幕ゲルが二つ張ってあった。バルジュール公はその天幕に籠り、末弟のラクワジャムソことウー・ラマだけが出入りしていた。まもなく、西公は官服に付けてあった金のボタンをはずして飲み込み、北面して正座したまま死んだ。一説では金の指輪だったとも伝えられている。一八九五年の「オルドス暦九月（太陰暦六月）」のことで、六十歳になったばかりだった。西公シャンの西に楡林があった。その楡林の中に井戸があり、小さな菜園を営んでいた。遺族はその井戸の上に天幕を張り、その中にバルジュール公の遺体を四十九日間安置してから埋葬した。

「僧ジャムソは死ぬ前に、お前の子孫が死に絶えるように、との呪いをドガールジャブにかけたので、彼に後裔はない。あの一門は断絶してしまった」、とスチンカンルは話す。

ドガールジャブがいつ亡くなったかは知らないが、ただ、彼が著名なモンゴル学者にして宣教師であったモスタールトと付き合っていた事実を私は把握していた。モスタールト師は彼から一九一〇年に年代記『蒙古源流』を借りて書写し、後に「写本A」としてアメリカで公開している［Mostaert 1956b: 37］。

革命家は僧侶からなる

バルジュール公が自死した後、その息子が幼かった為、弟ワンチンの息子ジョクトチルが二十二歳で西協理タイジに任命された。スチンカンルの父である[5]。

時の西公シャンにはもう一人の実力者がいた。バルジュール公の五番目の弟ラクワジャムソで、名刹シャルリク寺の住職である。オイは西協理タイジで、そのオジは寺の住職で、西公家は名実ともにオルドス西部の名門だった。かのホトクタイ・セチェン・ホン・タイジの後裔に相応しい地位である。このラクワジャムソの写真もモスタールト師の著書に載っていたので［Mostaert 1956a,b］、私はそれを接写して現像していた（写真15―1）。それをスチンカンルに見せると、彼女の記憶は更に蘇った。ある調査地に入る際に、以前の研究者が撮った写真を当事者ないしはその子孫に見せることで、新しい情報

写真 15-1　西公シャンの貴族で、シャルリク寺の住職ラクワジャムソこと五喇嘛。

が伝わって来る。スチンカンルの回顧は続く。

聖王バダラホのジャサク位を継いだのは王子のチャグトラスレン（Čaydursereng、?…～一九二七年）だった。清朝時代は比較的に平穏だったが、中華民国期に入ると、中国人の侵入が一気に増えた。ウーシン旗政府も綏遠省政府の圧力で長城に近い草原を中国人に土地として開放しなければならなくなった。真っ先に指定されたのは、ウーシン旗西部のシャルスン・ゴル河南岸の草原である。水と草の豊かな地だったチバガン・シリ（Čibayan siir、「棗のある峠」との意）とイケ・ボダン、バガ・ボダンとトンガラク・ゴル河流域の地が長城以南のサイントリ・ゴト（神木堡）の中国人に開墾されることになった。

モンゴル人達は一九〇七年春に「十二の円陣《ドグイラン》」を組織して中国人の侵入に抵抗をしていた。そのリーダーはウルジイジャラガルことシニ・ラマで、西部の貴族ウーワと僧侶のオーノス・ポンスクが中心メンバーだった。「十二の円陣」の結成には、シャルリク寺の住職、ラクワジャムソこと「五《ウー》ラマ」とボル・グショー寺の近くに住む貴族バインサイらも背後で支持していた。スチンカンルの父、西公ジョクトチルとそのオジで、シャルリク寺の高僧ウー・ラマは「十二の円陣」のメンバー達と頻繁にシャルスン・ゴル河の南岸にあるボル・グショー寺で密かに会って、草原開墾と中国人の侵略に反対する会議を開いていた。

「ポンスクは貴方の親戚になるよ」、とスチンカンルは強調した。後日、私は四月十五日にポンスクという名僧に関する情報を集めるのに成功する。ついでに指摘しておくと、この時期のモンゴルのラマ達は政治活動に熱心だった。「十二の円陣」の指導者はウルジイジャラガルで、彼は出家してシニ・ラマすなわち「新しい僧」と名乗った。隣のオトク旗の指導者は内モンゴル人民革命党中央委員のアラリン・ラマ[6]（章文軒、一八九七～一九四六）だった。独立したモンゴル高原の大ハーンもジェプツンダムバ・ホトクトだった。

しかし、中国政府はドグイランの鎮圧を厳命した。時のイケジョー盟盟長で、ダルト旗のスゥメベルバト王は兵隊三百人をウーシン旗に派遣し、ガルート寺で会盟チョーラガンを一九二〇年八月から開いた。まもなく、モンゴル人の抵抗運動の指導者シニ・ラマが逮捕された。そして、「僧侶達は身分に相応しくない政治運動に参加し、モンゴル人を扇動している」、と中国政府から警告された。

逮捕されてガルート寺に監禁されていたシニ・ラマは黒い鞭でリンチされていた。中国側が彼を殺そうとしていたのを見かねた西公ジョクトチルは銀五百両を綏遠省からの委員に賄賂として贈り、「うちの旗でシニ・ラマをゆっくり尋問して口を割ろう」、と提案した。綏遠省からの中国人委員も賄賂をもらってフフホトに帰って行った。

シニ・ラマは「八十斤《ナヤンジン》」の鉄索に繋がれ、犯罪者を処罰する慣例に従って旗内の各ハラーを回されていた。ウーシン旗西部に流されて来た時に、ジョクトチルはナソンバト・アンバムと相談した。シニ・ラマは中国の草原開墾に反対したモンゴル人で、綏遠省の「重犯」だから、協理タイジに彼を釈放する権限はない。

「寧夏に近い、バガ・マーシン・ゴト（安辺堡）に哥老会《ガルーホイ》が活動している。彼らのリーダーはジュンガル旗のガルディ・ローウー（Tardi laouu）で、彼に頼んでみよう」、とナソンバトは答える。ガルディ・ローウーとは「五番目のガルーダ」との意で、モンゴル人だった。ジョクトチルの了解を得たナソンバトは密かにガルディ・ローウーをボスとする哥老会の匪賊二十数人を西公シャンに招いて丸二日間宴会をし、二匹の馬を贈った。まもなく、「重犯シニ・ラマは匪賊の一団に誘拐されて」行方をくらました。シニ・ラマは哥老会に守られてオルドス東部のハンギン旗領内から黄河を渡って逃亡した。一九二〇年十一月のことだった。

シニ・ラマはその後、北京に入り、ソ連やコミンテルンの諜報員と接触した。コミンテルンの人達はほとんどがブリヤート・モンゴル人で、言葉が通じた。コミンテルンの工作員達の指示で新生のモンゴル人民共和国に入った。一九二四年七月のことである。

軍司令官は活仏夫人

モンゴル人民共和国の首都ウランバートルにもう一人のオルドスのモンゴル人がいた。ジャサク旗の名刹、ジャサク・ジョー寺（Jasay juu）の活仏ワンダンニマ（Vangdannim-a、一八七二〜一九二六）である。ワンダンニマは当時、ジャサク・パンデイダと呼ばれていた。シニ・ラマとワンダンニマ、オルドスからの二人の僧は揃ってウランバートルにある共産党学校で二年間、武装闘争の理論と方法を学んだ。その間に、チヨイバルサン元帥から複数回呼ばれ、「オルドスを中国人の支配から解放せよ」と指示されたことを手紙で故郷のウーシン旗に伝えていた。手紙を受け取ったウーシン旗は歓喜に包まれ、チョクドゥーレン（Čoydegüreng）等十数人がまたモンゴル人民共和国に渡って訓練を受けた。このように、オルドスのモンゴル人達の共産主義革命は最初からソ連とモンゴル人民共和国の指示で展開されていたのである。

一九二五年十月、シニ・ラマとワンダンニマはモンゴル人民共和国から提供された武器弾薬で武装された内モンゴル人民革命党軍を率いてムナン山脈（Munan ayul-a、大青山）を越えて、張家口に入った。まもなく、この張家口でモンゴル人の民族主義の政党、内モンゴル人民革命党の成立大会が開かれ、シニ・ラマは中央委員執行委員に選ばれる。

翌一九二六年の春、内モンゴル人民革命党が創設した軍隊、「内モンゴル人民革命軍第十二連隊」を率いたシニ・ラマはワンダンニマと共に包頭に到着し、オルドス解放の準備態勢に入った。兵士達は東モンゴルのハラチン人が多く、約二百人の規模だった。モンゴル人民共和国はワンダンニマを司令官に、シニ・ラマを連隊長に任命していた。モンゴル人の革命の目的は、中国からの完全独立であった。

ところが、黄河を西へ渡ってオルドスに入ろうとする八月二十七日にワンダンニマは死んでしまった。ハラチン人が毒を盛ったとか、シニ・ラマが謀殺したとか、色んな噂が広まっていた。(7) そこで、軍隊は急遽、ワンダンニマの若い夫人ウランドティ（Urantodi、「美声の孔雀」との意）を司令官代理に任じて、オルドスに入った。

「活仏の夫人が司令官だから、妃司令《ガトン・スーリン》だ、と当時はちやほやされていた。私は一度、遠くからウランドティを見たことがある。美人だったが、軍を指揮できそうな人には見えなかった」、とスチンカンルは語る。尚武の民族モンゴルにおいて、遊牧の戦士を束ねるのに、女性が司令官を務めるのには、苦労も多かったのではないか。当然、妃司令官はまもなく、軍権をすべてシニ・ラマに譲らざるを得なくなる。

かく語るスチンカンルも六十四歳になるが、昔は絶世の美女だった、と伝えられていることを私は知っている。その面影は今も残っている。彼女の語りは続く。

貴族に主催させた人民裁判と内紛劇

一路西進して来た内モンゴル人民革命軍は途中、郡王旗にある八白宮の前を通った。八白宮はチンギス・ハーンを祀る祭殿である。シニ・ラマ司令官を先頭に、二百人の騎馬隊は駱駝の隊列に武器弾薬を運ばせ、ラッパを鳴らしながら威勢よく祭殿の前を通った。この時の隊列には、内モンゴル人民革命党の創設者のメルセイ（郭道甫）とサインバヤル（包悦卿）、コミンテルンの代表で、ブリヤート・モンゴル人のオチロフとプリマ等、二十世紀前半のモンゴル人の民族自決運動をリードした有力者達が勢揃いしていたのである。(8)

「聖なる主君の前を通った際に参拝もしないなんて、とんでもない失礼だ」、と祭祀者のダルハト達は怒った。ダルハトの中には呪いをかける名人がいたので、人民革命軍を呪った。一説では、この呪いが徐々に効いて、シニ・ラマは後日に暗殺されたと伝えられている。

一九二七年春、シニ・ラマの内モンゴル人民革命軍第十二連隊はウーシン旗中央部のハリュート寺(9)（Qaliyutu-yin süm-e）の東北部で、地元の王府衙門の護衛に当たる武装勢力と衝突した。王府の護衛に当たっていたハラーラガ・ダンダル（Qaralγ-a Dangdar）は革命軍に殺された。自殺に追い込まれたとも伝えられている。貴族で、蔵書家のワンチュクラブダンとその息子のトグスジャラガルは人民革命軍に逮捕された。

革命軍の兵士達は蔵書家ワンチュクラブダン親子を虐待した。「ランプの灯を消しても、ランプの台座を壊さないように」(10)、とシニ・ラマは部下に示唆した。部下達はそれを聞き、蔵書家親子の眼を刺して失明させた。

シニ・ラマの人民革命軍は六月にシャルリク寺に着いた。夏でも、兵士達は羊皮のコートを着込んでいた。協理タイジの西公はガタギン・オボクのブルニシャラ・ジャランと共にシニ・ラマを出迎えた。シニ・ラマは旧部下の「十二円陣《アルバン・ホヤル・ドグイ》」のメンバーを集めて、勢力を拡充した。

この時、ウーシン旗の王はトグスアムーラン（Tegüsamuɣulang、？〜一九四一年。写真15―2）に変わっていた。トグスアムーランの父チャグトラスレン王は聖王バダラホの息子だったが、一九一五年に「十二円陣」を鎮圧しなかったことと、モンゴル高原のジェプツンダムバ・ホトクト政権に合流しようとした為に袁世凱大統領から爵位を剥奪されたので、息子のトグスアムーランが王になっていた。旗全体で実力を持っていたのは、西公ジョクトチルであった。

写真15-2　ウーシン旗の最後の王トグスアムーラン（左）とその従者。（Mostaert, *Ordosica*, 1934 より）

シニ・ラマがウーシン旗西部に来たのは、西公ジョクトチルの権威を利用して、自身と内モンゴル人民革命党軍の活動に合法的な地位を獲得したかったからである。そこで、シニ・ラマは西公に法廷《タン》を開いてもらった。目的は三つある。

第一に、中国人の侵入に抵抗した「十二円陣」の行動を正当化することである。

第二に、中国の綏遠省政府から一九二〇年八月に自身に与えられた「罪」を祓ってもらい、名誉回復することである。

第三に、シニ・ラマを誣告した貴族ワンチュクラブダンと息子のトグスジャラガルを処罰することである。

内モンゴル人民革命軍第十二連隊の命令を受けた西公とナソンバト・アンバムはシャルリク寺の白塔の近くで軍事法廷を開き、ワンチュクラブダン親子を八十回鞭打ちした。貴族の権威を借りた人民裁判で、暴力は革命の名の下でエスカレートした。

シニ・ラマ連隊長の暴力行使に、内モンゴル東部から来ていたハラチン人の若者達と、中部トゥメト地域の党員達も不満だった。それに、寧夏の首府銀川《イルガイ》に来ていた内モンゴル人民革命党中央委員の一部も、オルドスでの暴力革命に疑問を呈し、軍隊の移動を繰り返し指示していた。

人民革命軍の動揺を察知したシニ・ラマは命令を出した。

「オルドス西部のボル・バルグスンにある洋堂《ヤンタン》を攻めよう。西洋人がモンゴルの土地を奪って中国人に渡して開墾させ、威張っている」、と説明した。これには軍隊も同意した。そして、シニ・ラマは更に作戦前に軍内の東部出身者達をシャルリク寺で開く宴会に誘う形で粛清しようとしたが、西公らは反対した。

「寺は神仏が宿る場所なので、血を流すのを止めるように」、とジョクトチルのオジで、住職のラクワジャムソも猛反対だった。

一九二八年六月中旬、第十二連隊はシニ・ラマとサインバヤル（包悦卿）らに率いられてシャルリク寺を出て西へ進んだ。途中、チョーダイ平野を通り、小さな沙漠を越えてチャンホク平野の西部に到着した。六月二十二日の早朝、ビワンガルディ（Bivanggarudi）家で休憩していた時にシニ・ラマの側近達とハラチン人が武力衝突に発展した。トゥメト出身のモンゴル人の李裕智が殺され、ハラチン人と少数のオルドスのモンゴル人達が西の寧夏の首府銀川に入って避難した。当時の寧夏は国民政府西北行政長官で、イスラーム系の軍閥馬鴻逵の支配下にあった。

寧夏では内モンゴル人民革命党は更に分裂した。ハラチン人達は内モンゴル東部の故郷に帰り、オルドスのモンゴル人で、ガルザンジャムソ（Falzangjamsu）とサンダクドルジ（Sandaydorji）らは馬鴻逵のイスラーム軍に編入された。彼らは三年後にようやく逃げて帰って来た。シニ・ラマはその後、一九二九年二月十一日に部下のムンクウルジが派遣したエルケムダライという男に暗殺された。モンゴル人民共和国の最高指導者チョイバルサンとコミンテルンから直々に指導を受け、中国からの独立を目指していたシニ・ラマの革命運動はここで潰えた。

「フランス革命」の草原版

ウーシン旗の若い王で、トグスアムーランはシニ・ラマの暴力革命を恐れて、一九二七年三月下旬にテメート・ゴト（楡林城）に亡命した。トグスアムーランは先代のチャグトラスレン王の第三夫人サランゲレル（Sarangerel、「月の光」との意）から生まれた王子であったが、旗の政治を積極的に動かしていたのは、第二夫人のナランゲレル（Narangerel、「太陽の光」の意）であった[11]。ナランゲレルはまた「シャラ・ガトン」、「黄色い妃」と呼ばれていた（前出のジョルムラルトの語り参照）。

王は美男子で、二十代前半で妃を迎えたが、病気で亡くした。若き王はその母親のサランゲレルをはじめ、二人の弟のタルビジャラサン（Talbijalsang、奇正山）とラドナバンザル（奇玉山）、妹のナンサルマ（Nansalm-a）とサクサ（Saysa）、ハルジャン（Qaljang）とその夫のエルデニトクトホ（Erdenitoytaqu、鄂宝山）らの家族とその他の貴族の娘達や衛兵三十数人を連れて、人民革命軍の監視から脱出し、ウーシン旗南部から長城を南へと越えて中国人の城に入ってしまったのである。

モンゴル人の宿敵である中国人の楡林城に亡命したことに対し、革命家のシニ・ラマとその部下達は激怒した。王は、臣民のモンゴル人を裏切った、と映ったからである。一方、王家からすると、社会主義国家のモンゴル人民共和国から帰って来たシニ・ラマは各地で貴族を人民裁判にかけ、明らかに王家そのものを封建社会のシンボルとして敵視しており、命の危険を感じていた。両者の共存はもはや不可能になりつつあったのである。

テメート・ゴトこと楡林城に駐屯する中国人の軍閥井岳秀は当然、モンゴル人の王を自らの政治と経済に利用した。モンゴルが混乱すればするほど、中国人は喜ぶ。昔も今も変わらない。井岳秀は、革命家を追い出して、王権を復活させるとの美しいスローガンを掲げて中国軍を長城以北に派遣したが、実際は中国人農民の武装入植を進めていた。シニ・ラマ指揮下の内モンゴル人民革命党十二連隊はその都度、中国軍の侵略を撃退した。

シニ・ラマの死後、モンゴル軍を動かしていたムンクウルジも変わらなかった。モンゴル軍は沙漠地帯での作戦を得意とし、イケ・ジチャルガナとバガ・ジチャルガナという沙漠内で二度にわたって中国軍を全滅した。ムンクウルジはまた草原に来ていた中国人の商売人の「辺客」に賄賂を渡して、若き王の動向を探らせていた。

武力でオルドスに侵入できない井岳秀の中国軍はトグスアムーランに綏遠省への上告を勧めた。既に王の母親はテメート・ゴトで亡くなっていたので、中国人の城で三年近くも滞在すると、さすがにトグスアムーランも居心地が悪くなっていた。

井岳秀の勧めもあって、王は一九二九年春にテメート・ゴトを出て、オルドス経由で綏遠省へ上告に行く計画を立てた。テメート・ゴトを北へと、長城を出てオルドスに入る。そこから北東へとジャサク旗を目指していた。ジャサク旗西部の寺、バンダイドガン（Banda-yin duyan、バンディ・ドゥグンとも。前掲地図3）に着いてから、しばらく休むことにした。

バンダイドガンはユニークな寺である。境内の西半分はウーシン旗に、東半分はジャサク旗にそれぞれ属す、境界地帯の寺だった。中華民国期に入ったとはいえ、王は清朝時代のしきたりを守っていた。勝手に他の旗の領内に入ってはいけないのである。他の旗を通過する際には事前に使者を出すのも怠っていなかった。当然、王は境内のウーシン旗側の部屋に泊まり、ジャサク旗へ使いの者を送っていた。

中国人の「辺客」からの情報に接したムンクウルジはモンゴル軍一個中隊を連れてバンダイドガン寺へ疾駆して来た。六月十四日の深夜、激しい雨が降りしきる中で、ウーシン旗のモンゴル軍は寺を包囲し、突入して来た。王に追随していた二十六人を逮捕し、西のウーシン旗へ連れ戻そうとした。ムンクウルジは途中、人民革命軍が得意とする恐怖作戦に出た。一キロ行くごとに、王の衛兵を一人、王の目の前で射殺し、遺体をそのまま路傍に捨てた。王府のあるタマガライ（Tamayalai）平野の東、トンキー峠（Töngkei-yin sili）に着いて、ある裕福なモンゴル人の家に王らを住まわせた。王府は荒廃し、とても住める状況ではなかったからである。

ムンクウルジは王の二人の弟をウーシンジョー寺に連れて行って出家させた。王家の菩提寺である。巡礼者が寺を回る道、グラー（gura）の外へ出てはいけない、と命令した。妹のサクサはその夫に渡され、「妻の管理が行き届いていない」との「罪」で一家の家畜が罰金として取られた。かくして、寂れたタマガライの王府近くの民家には孤独な王と六歳になる王女、ノルジマの二人だけが残った。

私はここまでのスチンカンル王女の語りを聞きながら、正に「草原のフランス革命」さながらの展開だと思った。「贅沢し不倫している王妃」は王と共に逃亡するが、革命軍に捕まり、人民裁判にかけられて処刑される。王府は革命軍の拠点と化して荒廃する。このようなドラマはパリから数千キロも離れたユーラシア東部草原で、コミンテルンやロシア革命の思想的啓発を受けて爆発していたのである。当然、その社会主義思想もまたフランス革命に淵源しているのである。

ガルート寺での会盟

「王はモンゴル人の草原を中国人に売り渡して中国人を入植させ、中国人の軍閥井岳秀の軍隊を招いてモンゴル人を殺害した」、とムンクウルジはイケジョー盟に訴えた。「こんな悪質な王は退位すべきだ」、と時の盟長ハンギン旗の王府に訴状を提出した。当然、自分に有利になるよう、ハンギン旗王府の役人達に賄賂を贈るのも忘れなかった。

「盟長で、ハンギン旗の王アルタンオチルは己巳年《チョーラガン》（sirayčin moyai jil）にガルート寺で会盟を開いて、ウーシン旗の王の処遇について審議された」、とスチンカンルは続ける。

己巳年とは、一九二九年を指す[12]。会盟は普通、旗内のどこかの大きな寺院で開かれる。ウーシン旗東部のガルート寺で会盟が開催されるのは、清朝時代と中華民国期を含めて、これが最後となる。だから、「ガルート寺の最後の会盟」とオルドスで呼ばれている。

ムンクウルジは自身が旗の全権を握る為に、王位を廃止しないよう、根回ししていた。彼は自身が「黒い骨の庶民（qar-a yasu tai albatu）」の身分で、貴族が務める王になれないのを知っていた。トグスアムーラン王が廃止されても、モンゴル人は古い制度の存続そのものの全廃を希望しない限り、二人の弟のどちらかが王位を継承する。二人の弟は若く、成長するにつれてムンクウルジに服従するとは限らない。それよりも、既にムンクウルジを恐れるようになったトグスアムーランが王位に留まった方が、都合が良かった。

ドブダンという東モンゴル人が綏遠から委員として派遣されて来ていたので、彼が法廷《タン》のど真ん中、つまり主殿の中心に南面して座る。普段はダーラマの椅子が置かれる場所だった。ダーラマは彼の隣に座っていた。トグスアムーランは更に遠い隅の下座に座らされていた。オルドス七旗からはそれぞれジャランやジャンギ、或いはアムバムが派遣されて来ていた。

写真 15-3　西公シャンの王女スチンカンルと夫のボルルダイ

このようにスチンカンルは語る。彼女はこの時、二歳だったので、会盟には行っていなかった。しかし、後に彼女の夫となる人物、ボルルダイ（Boruldai）が父ジョクトチルの従者として身辺に付いていたので、臨場感溢れる証言はそこから得ていたのである（写真15—3）。

ドブダン委員は立ち上がって、ムンクウルジからの訴状を読み上げた。

「王トグスアムーランの失政により、モンゴル人は草原を失い、中国人に家畜を奪われ、人命まで脅かされている。このような王はもはや廃止すべきだ」、との内容だった。続いてドブダン委員は会盟の参加者達に向かって、「廃止するかどうか、ご意見を」、と尋ねた。すると、各旗からの役人達も、地元ウーシン旗の一般人達も皆、「廃止しない」と声を揃えた。すべては、ムンクウルジの描いた台本通りの芝居だった。

二日後、ドブダン委員は裁定の結果を公布した。

第一、トグスアムーランは引き続きジャサクとしてウーシン旗の政治に当たる。

第二、ムンクウルジは「監督者（旗務幇弁、tasulan sitkegči）」として旗の政治運営に携わる。新しい旗の運営権は「工会」が掌握する。

第三、王に新しい妃を探し、家庭円満な生活が送れるよう手配する。

第四、王府シャン(vang-un šang)を再建し、軍司令部を設置する。

かくしてオルドス右翼前旗ことウーシン旗は、ムンクウルジの時代を迎えた。王府シャンはタマガライ平野から西のダブチャク平野に移った。王府シャンはタマガライ平野から西のダブチャク平野に移った。南に王府、約一キロ北の方に軍司令部が設置された。旗の軍事と財政、それに政治等すべてのポストにムンクウルジとその側近達が着いた。ただ、側近の役人達も全員、無給だった。役人達は月ごとに交代する形(sar-a-yin sayudal)でダブチャクの王府衙門と軍司令部、それに工会に来て務めていた。

トグスアムーランはそれ以降、一切、旗の政治に関与しなくなった。

注

(1) ボルを含むトゥクチナル・オボクの系譜については、楊海英[二〇二二：一〇四]を参照されたい。

(2) 宣教師達もまた、歴代の西公家と交流していたことを伝えている[Van Hecken 1970: 327-341]。

(3) 後日、ガタギンの長老ネメフは一九九二年五月十六日に私に次のように語った。当時、オトク旗はジャサクが一八八二年に亡くなって、後継者がまだ清朝皇帝から任命されていなかった。オトク旗王の親戚の若者が、イケジョー盟副盟長であるバルジュール公の家に滞在していた。バルジュール公はこの若者をオトク旗の王として推薦する代わりに、オトク旗の三つのハラーをウーシン旗に割譲するよう持ち掛けていた。そうすれば、ウーシン旗西部とオトク旗の三ハラーを合わせて、大きな旗ができると見込んだ。こうした計画を清朝皇帝に申請するには、イケジョー盟七旗の許可が必要である。バルジュール公は各旗の印璽を保管する役人に賄賂を贈り、郡王旗以外の六旗の印璽を押した紙を手に入れた。毎年、旧正月を迎える前に「封印式」をおこない、印璽を押した白紙が数枚できるので、それを入手したのである。各旗とも新しい旗の成立に賛成だ、と公文書を偽造する計画だった。郡王旗は押印しないと見たウー・ラマの側近サンワールが人参で印璽を偽造した。こうした動きに不満を持ったガタギンの詩人アムルジャラガルが神木理事に密告したことで、計画は露見した。ネメフの祖父にあたる詩人ゲシクバトも神木県で数年間勾留された。

(4) 後日、ガタギンの長老ネメフが一九九二年五月十六日に私に語った話では、僧ジャムソの殺害を指示したのはドガールジャブの父ドンロブだったという。ドンロブは当時、ウーシン旗の管旗ジャンギを務めていた。ドガールジャブは父親の指示でジャムソをトゴートの沙漠内で生き埋めにした。殺害が明るみになった後、ドンロブに家畜を没収する刑罰が言い渡された。

(5) 西公一族の系譜については、楊海英[二〇二二：一〇五]を参照されたい。

(6) アラリン・ラマこと章文軒については、彼を暗殺した馬富綱[一九八二]による回想がある。

(7) ワンダンニマについては、ゲシクトによる略伝がある[Kesigtü 1986: 418-439]。また、私のオジであるオーノスは長年にわたってワンダンニマの側近たちにインタビューした成果を『旺定尼瑪』(俄尼斯著、執筆年不明、未公刊稿)にまとめている。筆者は近く、この未公刊の原稿を全文公開する予定である。また、イケジョー盟檔案館からはワンダンニマに特化した檔案を公開している［伊克昭盟檔案館他　一九八六］。

（8）内モンゴル人民革命党軍の行軍の路線とメンバーについては、Erkegüd Buu Šan ［1991: 56-57］に詳しい記録がある。

（9）この寺については、楊海英［二〇二一ａ：六七―六九］を参照されたい。

（10）モンゴル語の原文は以下の通りである。“deng-i ni untaγaju bolun-a, dengšü-yi ni quγaγulju bolqu ügüi”.

（11）ウーシン旗の王の婚姻と家族関係については、楊海英［二〇一八ａ：一一五―一一八］に詳しい記述がある。

（12）ガルート寺の会盟チョーラガンは一九三一年のことだったとの証言もある。ドグイラン運動に由来する共産主義革命を支持するか否かで、ウーシン旗の貴族達も西部と東部で見解が異なっていた。こうした貴族同士の対立についてはČaγanbondun ［1989: 29-44］の報告がある。

●第十六章　群雄割拠

オルドス西部の名門貴族の宮殿、西公シャンの廃墟。中国共産党に破壊された。宮殿の付近も草原であったが、今や中国人に開墾されて沙漠と化した。

王家と公家の婚姻

　トグスアムーラン王は昼にはアヘンをたっぷり吸引して寝て、夜に起きて二人の協理タイジと雑談する。白昼、姿を見せないので、来客がいても、「連隊長に聴いてくれ」、との一言で謝絶される。「連隊長」とは、ムンクウルジを指す。客人はムンクウルジの許可を得て、滞在可能かどうか、決まる。そして、接待に肉と茶をどれほど用意するかも、ムンクウルジのサインが必要だった。すべては歴史的になかった現象である。いくら、革命の時代とはいえ、モンゴル人達のムンクウルジを見る目は変わりつつあった。特に、もてなしの伝統を何よりも名誉とするモンゴル社会において、王家用の肉と乳製品、それに茶まで軍人にコントロールされた事実に人々は我慢ならなかった。

「軍《チリク》がどんなに強くても、王《ハーン》の下に置かねばならない。王《ハーン》の上に軍がいてはならない(1)」、とモンゴル人は古い諺を引いて、監督者ムンクウルジを批判した。この時、王の二人弟は既に菩提寺のウーシンジョー寺を脱出して、シリーンゴル盟の天才的な指導者、カリスマ性に富んだ政治家、徳王の身辺にいた。勿論、ウーシンジョー寺の高僧達の支持があってのことである。

写真16-1　婚約したオルドスの娘。(*Au Pays des Ortos* より)

　一方、ムンクウルジからすれば、「ガルート寺の会盟」で決定された、トグスアムーランに新しい王妃を見つけること(daliy eregülekü)も実現しなければならない。会盟が終わった直後、西公ジョクトチルがまだガルート寺に滞在していた時に、ムンクウルジの軍部から二人と、王府衙門から二人が訪ねて来た。

「公爺《グン・アウー》様の孫娘さんをぜひ妃として迎えたい」、と儀礼用の絹を両手に持って、丁重に挨拶して来た。

　西公ジョクトチルは驚き、断った。

「うちの孫娘は、スゥイ・タイ(süi-tei)の身分だ」、と説明した。スゥイ・タイとは、婚約しているとの意味である。婚約している娘はその髪型が普通の娘のとは異なる。父系親族集団オボクによって千差万別だが、大概は両耳あたりから髪の毛を細く編んで、顎の下で結ぶような形にする。その髪型をスゥイという(写真16—1)。遊牧社会では女性に出会えば、口説かないほど失礼なことはない、と言われる。自分の母親と同じくらいの年齢の人から十代半ばの娘まで、幅広く口説くのが、ユーラシアの伝統文化である。ただし、スゥイ・タ

写真16-2　西公ジョクトチルの第一夫人ジンジュホワル（*Erdeni-yin Tobči*, I より）

イという髪型をした女性は対象外である。

　西公ジョクトチルがスゥイ・タイと表現する娘は、カンルソジャール（Kangrusujayal）を指す。西公ジョクトチルには三人の夫人がいた。第一夫人はジンジュホワル（Jinjuquvar、真珠花。写真16—2）で、第二夫人はタイピンホワル（Tayipingquvar、太平花）で、第三夫人はトグスホワル（Tegüsquvar）である。第一夫人から生まれた娘はアルタンソド（Altansodu）で、スチンカンルは第三夫人から生まれた。アルタンソドはサナシャリ（Sanašari）と結婚し、カンルソジャールを産んだ。このカンルソジャールは西公ジョクトチルに可愛がられて宮殿内で育ったが、貴族キヤート・ボルジギンではない。西公ジョクトチルにとって、カンルソジャールは外孫にあたるので、ルール上はキヤート・ボルジギン・オボクのトグスアムーランと結婚していい。

　カンルソジャールを王妃の候補としてムンクウルジに推薦したのは、ジョクトチルの側近ナソンバト・アムバムである。ウーシン旗東部出身のムンクウルジは東部のオボク集団を重視し、西部を排除し始めていた。東西の分裂は旗の政治運営に好ましくないので、東部に拠点を置く王には、西部の妃が適切だ、と老練なナソンバト・アムバムは考えたのである。

「誰と婚約《スゥイ》したのか」、とムンクウルジ連隊長は聞く。カンルソジャールはトリ地域のサインバヤルという牧畜民と婚約し、時機を見て式を挙げる予定だった。

「その婚約は解消してください。旗の方で責任を取る」、と如何にも剛腕な軍人らしい、ムンクウルジの命令である。

「うちの娘は我儘に育っているので、王妃として相応しくない」、と西公ジョクトチルはなかなか首を縦に振ろうとしない。

「王が幸せに暮らすのには王妃が必要である。西公殿にも我々と同じ、臣下として王に王妃を見つけてあげる責任がある」、とムンクウルジの顔色が厳しくなった。西公ジョクトチルはついに涙を流しながら、「見初められた以上は、王の為に尽くす」、と返事した。翌日、ムンクウルジは部下二人の軍人をトリのサインバヤル家に派遣した。

「婚資としての大型家畜（unuɣul bodo）の牛一頭と馬一匹を旗政府の方から返す。これで、婚約《スゥイ》解消だ」、と伝えた。西公ジョクトチルにはムンクウルジから鬣を切っていない黄色い馬（qur del-tei siraɣ-a）が一匹、贈られた。

王の結婚式

結婚式は一九二九年の「ヤツガシラ鳥月（太陰暦十一月）」二十日におこなわれた。前の年、すなわち一九二八年はいわゆる「民国十七年の大災害《ジョド》(2)の年」だったので、家畜が旱魃で多く斃死してしまった後遺症から、贅沢な式は無理だった。それに、タマガライの王府も荒廃して使えなくなったので、結婚式は西公シャンで挙げることになった。

ムンクウルジ連隊長が派遣した駱駝のキャラバンが東の王府から西公シャンに沢山のものを運んで来た。トグスアムーランは昔、故バルジュール公が使っていた部屋に入り、そこを臨時の衙門とした。その隣、庭園の北側の一角はムンクウルジの部隊が使い、王の行動に目を光らせていた。

オルドスの王府では、毎年「ヤツガシラ鳥月」の二十日に「印璽を封じる儀礼（tamaɣ-a bitegülekü yosu、tamaɣ-a qaɣaqu yosu）」を、旧正月明けの二十一日には「印璽を開封する儀礼（tamaɣ-a negegekü yosu、tamaɣan bayar）」が実施される。「封印式」では白い紙に王印を押しておき、いざという緊急時に使う。「開印式」では旗の役人達が全員集まる。過去の一年間の働きぶりを評価し、新しい業務と新規採用する役人のポストを決める。ムンクウルジの命令を受けて、旗政府の役人達もまた西公シャンに参集し、「封印式」を簡単に済ませてから結婚式に臨んだ。

「王様の結婚式と、私達庶民のものとどう違うのか」、と私はここでスチンカンルに聴いた。

王妃の顔を隠していた赤い絹（šuba）を取り外すタイミングが違っていた。普通の「黒い骨」の庶民の場合は、嫁いで来た新婦がまず火の神様に挨拶する。それから親戚一同にお辞儀して挨拶し、最後に義母に叩頭する。義母は新婦の口にバターを塗って祝福する。それから赤い絹《シューバ》を取り外して拝顔する。王妃の場合は、義母がいなかったので、火の神様に拝んでから直接お顔の披露になった。

モンゴルの結婚式では新郎も新婦も親戚に挨拶して回らなければならない、と前に述べた（十二月二十三日の記述参照）。しかし、王がみんなに挨拶することはない。王はただ、威厳を保って席に座り、妃だけが親戚一同にお辞儀した。彼女は庶民の出だからである。

新婚の王様はそのまま西公シャンに滞在し、旧正月を迎えた。「私達ウーシン旗西部の人間は、静かに除夜を過ごすだろう。しかし、ウーシン旗東部の人達は違っていた。楽器を派手に演奏し、歌ったり、踊ったりして除夜も賑やかだった」、とスチンカンルは語る。

彼女は当時、二歳だったはずである。彼女の両親や従者達が王とその親衛隊の盛り上がりぶりを見て驚いたという。ウーシン旗は西と東とで父系親族集団オボクが異なり、風俗習慣も違う。スチンカンルによると、王はモンゴル琴を演奏するのが抜群に上手かったそうである。

旧正月二十日の「開印式」もまた西公シャンでおこなわれ、その後に王様と王妃は東の荒廃した王府に帰った。しばらくしてから婚姻儀礼の最後のしきたりである「凱旋《エルグールト》」で再び西公シャンを訪れ、そのまま二カ月間滞在した。時は既に一九三〇年春になっていた。

王印と武器密輸事件

トグスアムーランと王妃カンルソジャールが毎年のように旧正月の休みに西公シャンに来て滞在している間に、印璽事件が起こった。王はどんな時でも王印（jasay tamay-a）を持参する。旅に出る時は王専用の衣服と印璽、それに公文書を運ぶ馬（yosin mori）に運ばせる（写真16―3）。一般の人間はその馬に乗ってはいけない。

一九三三年冬、王と王妃がいつものように西公シャンに滞在している間、王印は王妃の付き添い《インジ》の隣の部屋に置いてあった。

ウーシン旗西部の貴族ゲシクダライ[3]（Kesigdalai）とその息子のジャナバンザル、それにダー・クレーの貴族ドプチンドルジとノムーンビリク（Nomunbilig）らは陝西省北部の軍閥、テメート・ゴト（楡林城）の井岳秀から武器弾薬を購入して武装勢力を拡張しようと計画していた。武器弾薬を買うには王印の押された公文書が必要だし、時の実力者のムンクウルジ連隊長に知られては困る。そもそも、武器購入は東部のムンクウルジに対抗する目的も兼ねていたので、内密に進めなければならない。トグスアムーランはムンクウルジに恐怖感を抱いているので、西部の武器購入の計画に簡単に賛同するとは限らなかった。

写真 16-3　清朝時代の絵画に描かれた王印を運ぶ従者の姿（Museum of Scheut 蔵）

ウーシン旗西部の数人の若い貴族は王妃カンルソジャールの侍女セルジ（Serji）を説得した。セルジは王妃カンルソジャールに頼み、王が寝ている間にこっそりと白紙数枚に王印を押してもらった。赤い印璽が押された紙に一同は達筆で公文書を偽造した。テメート・ゴト（楡林城）から武器弾薬を買い、グーティ・ゴト（横山堡）経由でウーシン旗西部に持って来る、との内容だった。

若い、血気盛な貴族達は早速、動き出したが、ことの一部始終がムンクウルジに知られた。井岳秀の側近で、中国人商人の尚聡梅がムンクウルジに知らせたからである。

ムンクウルジは部下のバーワー（Baba）という中隊長を西部に派遣し、シャルスン・ゴル河南岸のダンハイ平野に住むボルの家で張り付けていた。グーティ・ゴト（横山堡）からダー・クレーの砦に運ばれる武器弾薬を待ち伏せていた。一九三四年の夏が終わり、秋の取入れが始まっていた頃である。

「バーワー中隊長は実に乱暴な人だった」、とスチンカンルははっきりと話す。

西公ジョクトチルは忠実な従者で、後にスチンカンルの夫となるボルルダイをダンハイ平野に派遣し、入植して来た中国人農民から租借金を取り立てようとしていた。ダンハイ平野に着いて間もなく、ボルルダイはバーワーの部下に捕まった。そこへ、別の部隊もやって来た。同じくムンクウルジの軍である。バーワー中隊長はボルルダイの一族について根掘り葉掘り訪ねた。すべては遊牧民の昔からの伝統である。父系親族集団オボクのメンバーと父祖の名を確かめてから信頼できるかどうかを判断する。

夜、軍人達は集まった。「西公シャンに行く。案内しろ（jamčil）」、とボルルダイは命じられた。スチンカンルは話す。

ウーシン旗東部のモンゴル人は河を苦手とする。ダンハイ平野から我が西公シャンまで行くには、途中、シャルスン・ゴル河を渡らなければならないので、ボルルダイの道案内が欠かせない。騎馬軍はダンハイ平野を立ち、北東へと走った。大河のシャルスン・ゴル河を渡る地点は限られている。アドン・トハイというところで河を北へ渡る予定である。ちなみに、アドン・トハイは我が西公シャンの夏営地であった。

アドン・トハイとは、「馬群が集まる渓谷」との意である。夏になると、西公シャンの数百頭もの馬が集まっていたから、そう呼ばれるようになった地である。

夜明け前、一個中隊の騎馬兵はアドン・トハイの南岸に着き、休憩した。すると、真新しい足跡を兵士達は見つけた。マッチを擦って確認すると、通過したばかりだったことが分かった。

「夜に走る奴は怪しい。追え」、とバーワー中隊長は命じた。まもなく銃声が聞こえ、一人の男が連れて来られた。ガラムジャムソ（Țalamjamsu）という男で、テメート・ゴトから武器弾薬を運ぶのに関わった一人だった。一行はその男を馬上に縛りつけて西公シャンを目指して走り続けた。太陽が昇った。チャガン・グー（Čayan guu）というところに着いたところ、太陽が昇った。チャガン・グーとは、「白い溝」との意味で、我が家の南東、三キロくらいのところにある。古代の水路の址か、細く、白い溝が東西に走った地である。そこで、バーワー中隊長はボルルダイに命じた。

「先に西公シャンに行きなさい。テメート・ゴトからの中国軍がいるかどうか確認しろ。いなかったら、丘の上から沙を空へ撒きなさい」、と合図まで指示された。

ボルルダイが西公シャンに着くと、ロブサンスレン・アムバムと西公ジョクトチル、それにトグスアムーラン王と王妃らがいるだけだった。ボルルダイは再び馬を西へ飛ばし、トゥグルグの沙丘の上から沙を青空に向けて撒いた。草原の遊牧民が合図を出す古いやり方である。モンゴル人は皆、目が良い。何キロ先からでも、一握りの沙が青空に一瞬の円弧を描くのも見える。沙が地面に落ちた後、数分も立たないうちに、チャガン・グー方面から騎馬兵が沙塵を挙げた。バーワー中隊長の馬が矢のように飛んで来るのが見えた瞬間、ボルルダイは背筋が寒くなった。

王の権威失墜

フランス革命同様の宣伝戦と人民裁判をシニ・ラマはオルドス高原で展開していた、と前に述べた。シニ・ラマが死んでも、革命という名の下での暴虐は止まなかった。その暴力は往々にして旧王家や貴族に向けて発散された。

写真16-4　頂子帽をかぶったオルドスの役人（*Au Pays des Ortos* より）

西公シャンの人達は清朝時代の官服を纏い、夏用の頂子帽《ティンス・マラガ》(5)をかぶって、「風の馬」の前に整列し、法螺を吹き鳴らしてバーワー中隊長を迎えた（写真16―4）。本当は王と西公だけを出迎える際の儀式である。しかし、時代は変わった。革命軍が強くなったので、貴族とはいえ、平民出身の軍人を丁重に扱う世の中になったのである。

バーワー中隊長は馬から降りるなり、整列していたアムバムとドプチンドルジというダー・クレーの若い貴族を鞭で叩いた。

「王様《ノヤン》を出せ。東へご案内します」、と怒鳴った。

「里帰りで過ごされている（dörkömlekü）そうだが、何をやっているのだ」、とバーワー中隊長は一同に聴く。この言い方は王妃を指している。「実家で過ごす」とは、婚出した娘が戻って来てしばらく滞在することを意味する、モンゴル独特な言い回しである。王妃は「実家で過ごす」名目で、身分に相応しくないことをしている、と軍部に知られたからである。武器弾薬購入用の公文書偽造に関与したことである。

バーワー中隊長は怒鳴りながら鞭を手に西公シャンに入った。広い中庭を通って、一番奥のラブランという部屋を目指した。ラブランとはチベット高原（甘粛南部）にあるチベット仏教の名刹である。西公シャンでは活仏等が訪れた際に泊まる部屋にラブランという名を付け、この時はトグスアムーランと王妃が寝室として使っていた。ちょうどラブラン間に近づいたところ、王の従者（kiy-a）が洗面器を両手で持って出来た。王が起きて、顔を洗い終えたらしい。バーワー中隊長はその従者をいきなり鞭で叩いた。

「王様を東の王府へご案内申し上げます」、と丁寧語を使っているが、明らかに暴力的である。王と王妃は部屋の中から一部始終を見ていた。さすがのバーワー中隊長も王の部屋と西公の寝室には入ろうとしなかった。兵士達は西公シャンを包囲し、逃げた人がいるかどうか、調べ出した。

バーワー中隊長は西公シャンの出納係のバヤル・デムチ（Bayar demči）とエルケムバヤル（Erkembayar）いう西公シャンの従者を吊るし上げた。その間に西公の第一夫人ジンジュホワルは頭飾りも付けずに、裸足で近くのダンセン家へ逃げた。既婚の女性が頭飾りも付けないで外に出るのは、とんでもない失態になる。スチンカンルの母、第三夫人のトグスホワルだけは落ち着いていて、侍女達を連れてお茶を沸かした。

王妃に印璽を押させた侍女のセルジは危険を察知して逃げ、西公シャンの南にある、ススキ（deresü）が生い茂る草原に隠れた。

ボル・クデー出身のウルジイトグスという男がセルジを追った。今はすっかり沙漠になったが、当時の草原には仔駱駝よりも高いススキが広がっていた。ウルジイトグスは馬上からススキの中にしゃがんでいたセルジに向かって、名前は何という、と聞いた。すると、セルジは「ザンダンソー（Zandansou）です」と答えたらしい。ウルジイトグスもウーシン旗西部の人間だから、深く追及せずに、あたりのススキに火を放ってから西公シャンに戻って来た。セルジはそのまま南東へ走り、長城を越えてテメート・ゴト（楡林城）に入った。当時のテメート・ゴトにはオルドス七旗から派遣された代表が数人、全鐘楼というところで事務所を構えていた。セルジはそこでコックを三年間務めた。

トグスアムーランと王妃は東の王府へ連れて行かれることになった。王と王妃は結婚後に、「娘の里帰り」の名目で滞在していた。本来ならば、実家の両親から娘と婿に多くの土産物が贈られるが、何も用意できなかった。王は貝勒《ベィレ》の爵だったので、西公シャンの中庭で馬に乗った。西公の従者バヤジホが一人でパンと「白い食べ物」の乳製品《チャガンデー》を持って来て王妃に捧げ、別れの挨拶がおこなわれた。王と王妃は騎馬の軍人達に護送されて、東へと出発した。

「王妃はとても強い人で、涙一粒見せず、凛としていた」、とスチンカンルの見た風景である。彼女は当時、数え年で七歳になっていた。

スチンカンルの語りを聴きながら、私は思った。王はこの時に、五年前のムンクウルジの横暴を思い出したに違いない。バンダイドガン寺からウーシン旗へ連れ戻される途中に、衛兵達が一人ずつ身辺で射殺された暴力の旅である。今回は王妃が一緒にいるとはいえ、道中に何が起こるか分からない、と不安だったのではないか。こちらのドラマもまたフランス革命時の王と王妃の出奔を彷彿とさせる。

王様《ノヤン》が出発した後、バーワー中隊長はダー・クレーの貴族ドプチンドルジを貴方の家に連れて行って、尋問した。貴方の祖父は界牌官だった。王と王妃が武器密輸に関与したかどうか、執拗に聞いていたそうだ。結局、セルジは逃げていたし、王の関与をみんな強く否定した。

我が家は西公シャンとダー・クレーのほぼ中間地点に位置していたので、バーワー中隊長に使われただろう。それに、祖父が役人だったので、疑われていた可能性もある。

暮れの「オルドス暦の変化する月（太陰暦十月）」になると、ダブチャク平野の東にあるゴンブスレン家で印璽事件について審議することになった。西公ジョクトチルが呼ばれたが、足が悪く、歩けなくなっていたので、一度は断った。馬に乗れないなら、輿で運んでもらおう、とムンクウルジ大隊長からの厳しい命令が届いたので、仕方なく出発した。馬が牽く輿で、サインバヤルが馬の制御に当たった。

ゴンブスレン家に近づくと、一キロ先から兵士らが整列し、銃を手にして出迎えた。威圧感の中でゴンブスレン家に着くと、法螺の音が聞こえた。ムンクウルジ大隊長はバーワー中隊長らを連れて笑顔で挨拶した。審議の結果、西公の孫娘である王妃と王に過失はなく、貴族ドプチンドルジの購入した銃器が没収されることになった。その間にゲシクダライもテメート・ゴトで死んだので、この一件は落ち着いた。

当時、オトク旗で布教していた宣教師のモスタールトが一連の事件の当事者の一人、ウーシン旗西部の貴族ドプチンドルジから開印式に関する写本を手に入れていた。モスタールトはオルドス・モンゴルの王府における封印式と開印式についての論文を一九三五年に書き上げ、北京の輔仁大学の紀要で公開した。開印式において、王の印璽はチンギス・ハーンとバトムンク・ダヤン・ハーン、右翼三万戸のグルビリク・メルゲン・ジョノンから与えられた、との賛歌が唱えられていた［Mostaert 1935/36: 315-337］。

草原の天才軍人

翌一九三五年春、西公ジョクトチルは亡くなった。息子のバウーは二歳だったので、後継ぎにはならなかった。時代も変わり、モンゴル人が「主君たるハーン（ejen qaγan）」と呼んでいた清朝皇帝も歴史の彼方に去り、中華民国に変わっていたので、誰もバウーを西公にしようと思わなくなっていた。

ウーシン旗は静かに、伝説的な男、ナソンデレゲル（Nasundeleger、一八九六～一九四三）統治の時代へ助走し始める。ナソンデレルゲルはウーシン旗西部のナリーンゴル河の近くに住む、ジャハル・ハラーのドーダーチン・オボクの一員だった。ドーダーチンとは、雷を呼んだり、退治したりすることのできるシャーマンである、と前に述べた。彼らは「雷」との漢字姓を用いていたので、ナソンデレゲルも「雷寿昌」との漢字名を持っていた。彼は勉強熱心で、ガルディという界牌官《ハーラガチ》に師事し、少年時代から読み書きができていた。

ムンクウルジが工会を通して旗の政治と軍事の大権を握っていたとはいえ、東西二人の協理タイジと二人のメイリン、それにアムバムという「掌印五大役人（tamay-a-yin tabun jingken）」は健在だった。そこで、王府衙門が一人の若い写字生（bičiyeči）を募集しようとした際に、「掌印五大役人」は旧習に従って、各ハラーを通して人材を採用すべきだと譲らなかった。ムンクウルジは軍隊を通して有能な青年を取って来ては自分の側近として育てていたのに、危機感を抱いたからである。

駆け引きの結果、ムンクウルジも役人達の意見に賛成し、青年ナソンデレゲルがダブチャク王府に務めることになった。毎日、炊事を担当し、軍馬の世話をしながら、文書を書き写す仕事に励んだ。有能だった為、半年後にはムンクウルジにも見初められて、更に工会の秘書も兼ねるまでに成長した。それでも、ナソンデレゲルは一般の兵士達と寝食を共にし、ムンクウルジがいる工会の建物には近づかないようにしていた。

ある日、ナリーンゴル河流域に中国人の匪賊が出没しているとの情報がナソンデレゲルの耳に入った。彼はムンクウルジに報告し、暇を乞うて家に帰った。

「匪賊が多かったら、旗の軍隊を出すが、あまり銃声を響かせないように」、とムンクウルジは念を押した。銃声が聞こえると、モンゴル人が驚き、平穏な生活が破れるからだという。

ムンクウルジはいくら剛腕の軍人政治家とはいえ、庶民を驚かせないという配慮は、中国人社会にはない、モンゴルの伝統である。中国人の政治家はとにかく目に見える形で、耳に聞こえるスタイルで人民を恐怖に陥れるのを優先する。だから、中国人社会で育った人は不正や不平に対し、見ぬふり、聞こえぬふりをするだろう。

これは、スチンカンルのムンクウルジ観である。

ナリーンゴル河のムー・ブラクの家に帰ってみると、略奪されて何も残っていなかった。匪賊の足跡をつけてジュリヘン・オボー（Jiriken oboy-a）近くまで来ると、二人の匪賊がモンゴル人から奪ったフェルトを敷いて休んでいたのが見えた。ナソンデレゲルはそっと後ろから近づき、二人を片付けて馬と銃を手に入れた。そのままジュリヘン・オボーに上り、四方に向けて発砲した。すると、二十人もの中国人の匪賊が灌木の下から現れて長城の方へ逃げ出した。ナモンゴル軍が来たと思ったらしい。ナソンデレゲルは十数丁の銃と弾薬をソンデレゲルはゆっくりと馬を走らせ、馬に馬上から引き金を引いた。まるで兎を撃つように、半分以上を倒した。翌日、ナソンデレゲルは十数丁の銃と弾薬を馬に載せて、一人でダブチャクの軍部に戻った。

「一人でやったのか。天才軍人だ」、とムンクウルジは大いに喜び、とますますナソンデレゲルを重視するようになった。

会盟チョーラガンとクーデター

褒められても、当のナソンデレゲルはムンクウルジに内心、不満だった。ムンクウルジはウーシン旗東部のダルハン・ラマ（Darqan blam-a）の出身で、軍隊内部でも小隊長以上はすべて旗東部に分布する父系親族集団オボクに属する者を任命していた。西部の出身者はせいぜい伍長までだった。東部と西部でオボク集団が異なり、そのオボクからなるハラーとソム間の対立もあった。現代社会に古いオボク間の対立を持ち込むべきではない、とナソンデレゲルは考えていた。そして、匪賊を撃退して軍功を建てた自分の処遇もみんなの関心を集めていた。

ナソンデレゲルはまたムンクウルジの経済政策にも不満だった。ムンクウルジはシニ・ラマについて、反中国人侵入の民族革命に参加して来た。シニ・ラマの死後もその旗幟を維持すると言いながらも、実際はシャルスン・ゴル河南岸のバトイン・トハイ地域の渓谷を中国人に租借して、収入を得ていた。軍を養う為だとは口実で、収入のほとんどがムンクウルジとその側近達のポケットに入っていたのをナソンデレゲルは秘書を担当した時から把握していた。

ナソンデレゲルはまたトグスアムーランに同情していた。チンギス・ハーンの直系子孫の王様が、客人が来てももてなしすらできないほど部下の顔色を窺うとは何様のつもりだ、と内心怒っていたのである。

ムンクウルジを取り囲む情勢も変化した。彼によってウーシンジョー寺に出家させられていた二人の王子が脱出し、綏遠省政府に上告したのである。上告を受け付けた綏遠省政府は一九三五年春にナソンバヤルという委員を派遣し、副盟長であるハンギン旗のアルタンオチル王に審議させた。ナソンバヤル委員らはウーシン旗東部のマンハト寺で会盟チョーラガンを開き、ムンクウルジに勇退を勧告した。モンゴル人民共和国と繋がり、内モンゴル人民革命党の指導者の一人として、人民革命軍を指揮する彼の存在を中国人の綏遠省政府は喜ばなかったからである。

会盟チョーラガンの勧告をムンクウルジも潔く受け入れた。「オルドス暦の六月（太陰暦三月）」二十一日のチンギス・ハーン祭祀に参加してから、ムンクウルジは東部出身の四人の中隊長と共に家に帰った。やがて正式に引退する予定を立てていた。

当時、旗政府は銀貨七百枚を使い、綏遠省都のフフホトから機関銃を一丁、買って来たばかりだった。連隊長のムンクウルジはそれを倉庫の中に入れて、使わせようとしない。ナソンデレゲルは旗西部出身の十数人の兵士と相談し、ムンクウルジに機関銃を使った演習の許可を取る。しかし、ムンクウルジは相変わらず、平時は銃声を響かせないと話して、首を縦に振らなかった。

マンハト寺の会盟の結果を知り、ムンクウルジが蟄居に入った機会を利用して、ナソンデレゲルはクーデターを計画した。三月二十八日の深夜、ナソンデレゲルは深夜に軍部を出て、その南にある王府に入って、トグスアムーランに面会を求めた。王は昼に寝て、夜は起きる生活を送っていた。

軍営に戻ったナソンデレゲルは「権力をすべて王様に返すことにした」、と同志達に伝える。同志達も賛成した。

翌二十九日の朝、旗政府の四個連隊の軍人達が軍部前の「風の馬」の前に整列し、「軍神の賛歌」と「主君の賛歌」を朗誦してから操練に入る。そこへ、ナソンデレゲルが出て来て、「今日は新しい武器、機関銃の掃射訓練をやる」、と伝達すると、兵士達は喜んだ。一同を連れて軍部西の沙漠に入ると、兵士達は機関銃を取り囲んだ。モンゴル人は皆、生まれつき天才軍人で、説明書を読まなくても操縦できる。兵士達が機関銃で演習している間に、ナソンデレゲルの忠実な部下達、すなわち西部出身者達は軍部内の武器弾薬をすべて倉庫に入れて鍵をかけた。そして、残っていた二十人ほどの東部出身者達も集められ、武器を取り上げられた。

「アラクトルガイ峠以東の軍官は帰ってもらう」、とナソンデレゲルは命じる。アラクトルガイ峠はダブチャク平野の西にそそり立ち、ウーシン旗を東西に分ける分水嶺だと認識されているからだ。ナソンデレゲルは王府と旗東部の境界地帯に一個小隊ずつ配備してから、西へ進軍した。トグスアムーランには丁寧な手紙を献上して落ち着かせた。

武器弾薬を駱駝に載せ、西へ軍を連れて移動するナソンデレゲルは沿路、トリ平野の若者達を積極的に軍内に迎え入れた。そして、シャルリク寺に到着して休んだ。そこへ、王府衙門からの使者とトグスアムーラン個人の使者が相次いでやって来た。まもなく、王自らシャルリク寺を訪れて十日間滞在して、ナソンデレゲルと話を重ねた。そこへ出された決定は以下の通りである。

第一、旗の政治を王に奉還する。

第二、旗の軍隊を一個大隊に改組し、ナソンデレゲルを営長すなわち大隊長に任じ、旗の軍隊を統括させる。

第三、ウーシン旗の軍隊は旗西部を拠点とし、西公シャンに本部を置く。

第四、中国人に租借している草原からの租借金の半分を王府に渡し、半分を軍が使用する。

一九三五年晩秋のある日、「ナー営長《インジャン》」ことナソンデレゲル大隊長の使者として、王府衙門からジャラン一人と、五十戸長一人、それに軍官一人が十枚もの儀礼用の絹ハダクを持って西公シャンに入って来た。最高級の挨拶であるが、軍部として借りたいとの意思は不動のように見えた。

西公シャンでは、同じ春にスチンカンルの父、西協理タイジのジョクトチルが亡くなったばかりだった。若き妃のボル・ガトンに拒否できる力はなかった。かくして、貴族西公の宮殿が、ウーシン旗モンゴル軍の本部として機能し始めたのである。時を同じくして、毛沢東の率いる中国共産党の紅軍も陝西省北部の延安に到着したとのニュースが伝わって来た。ナソンデレゲル大隊長は毛沢東の共産党に強い関心を寄せるようになった。

「ナソンデレゲルはここから、中国共産党に接近していく」、とスチンカンルは先に結論を示した。

一方、ダルハン・ラマの家で休んでいたムンクウルジはそのまま東のハンギン旗へ亡命した。一九三七年十月に日本軍と徳王のモンゴル軍が包頭を占領した後、ムンクウルジはハンギン旗王によって、オルドス駐徳王政権の代表に任命された。

ムンクウルジの忠実な部下で、バーワー中隊長は一九二九年六月十五日に軍がトグスアーラン王をウーシン旗東部のバンダイドガン寺から連行した際も同行していた。西公シャンでも乱暴を働いたことがある。ナソンデレゲル大隊長がムンクウルジを追放した後、バーワーはもう一人の中隊長のジャミヤンジャブと危険を察知してハンギン旗へ逃亡した。一九三八年春（旧暦では一九三七年旧正月前）にウーシン旗が放った刺客に連れ戻されたが、トグスアーラン王は寛大な措置で釈放した。しかし、西部ダー・クレーの貴族で、ハナマンルこと奇金山はそれに賛同せずに、二人を沙漠内で処刑した。

境界紛争

一九三五年秋、ウーシン旗とオトク旗が境界をめぐって激しい紛争を起こした。スチンカンルはこの紛争について、実に分かりやすく、まるで自身も英雄叙事詩の主人公の一人であるかのように語った。叙事詩の主人公はナソンデレゲルである。

モンゴル人は当時、ウーシン旗の人がオトク旗に、オトク旗の者もウーシン旗に、という風に相手の旗の領内に入り込んで放牧し、住み着いた者も多かった。そのような人々は元の所属の旗と新たに移り住んだ旗の双方に対し、納税しなければならなかった。遊牧社会のモンゴルは昔から属人政治をおこなって来た伝統による制度である。他の旗に移住した者から税金（tatayul）を取る役人をジャルグチ（jaryuči）といい、同時に旗同士の境界を管理する任務も与えられていた。オトク旗のジャルグチは、ダスマ（Dasuma）という男だった。

ナソンデレゲルは何回も部下を派遣して、オトク旗の徴税官ダスマを通して、ウーシン旗から移動していった人々の税金を取ろうとしていた。しかし、ダスマは協力的ではなかった。「そのうち払う」、と婉曲に話しながら動こうとしなかった。初冬のある日、ナソンデレゲルの部下達が西公シャンから北西へと七十キロ近く長駆してハラガムト寺の近くに住むダスマの家に着いた。ダスマはいなかったが、その夫人ウルジゲレル（Üljeyigerel）も軍人達を歓迎しなかった。本来ならお茶を出すべきなのに、不機嫌な顔をしている。

「茶はテメート・ゴト（楡林城）にある。水は井戸にある。飲むなら、自分達でやれ」、と口達者な婦人は言い放ってからいなくなった。古代から続く茶馬貿易の伝統から言えば、茶は遠いテメート・ゴトから手に入れる貴重品だ。だから、余計にもてなしには欠かせない。もてなしの文化のあるモンゴル社会において、遠くから来た軍人達にとって、この一言はきつかった。兵士達は別のところ、グレーギン・ドゥクム（Güre-yin töküm）のあるモンゴル人の家に行き、お茶をもらってからウーシン旗に帰還した。

兵士達からの報告を聞いたナソンデレゲルは激怒した。既に三年ほど前からオトク旗の牧畜民達が境界の堆子《ドゥイス》を超えてウーシン旗側に入って放牧していた。これについても、ナソンデレゲルはダスマに抗議していたが、何ら有効な措置を採ろうとしなかった。

「ダスマの家畜を連れて来い」、とナソンデレゲルは命令した。すると、ウーシン旗の軍隊は疾風のようにオトク旗に入って、徴税官ダスマの羊二百頭と二群れの馬を追って来てしまった。

ナソンデレゲルのやり方に対し、オトク旗の実力者アラリン・ラマことジャミヤンシャラブことアラル寺の活仏、章司《ジャンスー》令《リン》が憤怒した。アラリン・ラマはシニ・ラマと同じ時期からドグイラン運動をリードしていたし、内モンゴル人民革命党の指導者で、ナソンデレゲルの先輩格である。オトク旗の軍人が三人、五人でウーシン旗北西部のボル・クデーに入って来ては略奪を働くようになった。ナソンデレゲルはその都度、一個小隊の兵を派遣してパトロールを強化した。ある日、オトク旗の軍人達はウルジイトゴス（Öljeyitoγus）の家に火を放った。燃え上がる煙は、数十キロ遠くの西公シャンからも見えた。煙を眺めながら、ナソンデレゲルは一層の復讐計画を立てた。

オルドスの北西部、イケ・マーシン・ゴトとバガ・マーシン・ゴトという長城の要塞に国民政府の軍隊が駐屯していた。ナソンデレゲルはそのうちの花馬隊の兵士達を西公シャンに招待した。花馬隊とは、まだら模様の馬からなる部隊との意だ。数日間にわたって宴会を開いてから、花馬隊はハラ・エルゲネから北上し、ボル・バルグスン（城川）を通ってオトク旗の西部を攻めた。ナソンデレゲルは西公シャンから北東へ、ダブチャク王府の兵はオトク旗東部へと三路に分かれて攻撃することになった。一九三五年冬のことである。

一九三五年冬、毛沢東の紅軍が中国南部から陝西省北部の延安に逃亡して来たことで、隣接するオルドスの様子も急変した。西部の貴族達は共産主義に傾倒し、毛沢東の紅軍に希望を抱くようになったからである。というのも、同胞の国、モンゴル人民共和国と同じ、共産主義の実現を目指す武装勢力だったと伝わっていたからである。陝西省北部の中国共産党のスパイである曹開誠と趙通儒らが頻繁にウーシン旗西部に入り込み、共産党の政策を宣伝するようになった。曹開誠はまた、ダー・クレーの若い貴族ドプチンドルジを延安に招待した。貴族だけでなく、一般のモンゴル人達も当時、シケル・ノール（Siker nayur、苟池）の塩を駱駝のキャラバンで延安や綏徳等、長城以南の地域に運ぶ商売をしていた。中国共産党はそのようなキャラバンのモンゴル人を接待し、共産党の政策が如何に素晴らしいかを誇張して説明した。モンゴル人は共産党から爆竹や麺粉を購入し、オルドスに戻った。

「延安に行ったモンゴル人は、大半が赤く染まって、帰って来る。困ったものだ」、と亡き西公に親しかった人々は語らい合うようになったのを少女スチンカンルは目撃していたのである。当然、共産党もモンゴル人の境界争いに加担した。

紛争が激化していた時、ウーシン旗西部チョーダイ平野出身で、ガタギン・オボクのエルデニという男はオトク旗のハラガムト寺に火を放ってしまった。これを聞いたオトク旗の活仏アラリン・ラマは、「寺に放火するなんて、許せない。道理はどうなっているのだ。ウーシン旗の西協理タイジを捕まえて来い。彼に聞こう」、と命じた。そこで、「オルドス暦ヤツガシラ鳥の月（太陰暦十二月）」十五日夜、オトク旗の騎馬兵はウーシン旗西部のチャンホク平野に入り、西協理タイジのビシレル家を包囲した。

ビシレル家には「紅軍バヤル（qongjun Bayar）」という男が来ていた。「紅軍バヤル」は徹夜、家の中から外へ発砲して抵抗した。夜明けになると、銃声が聞こえなくなったので、ビシレルはうっかり外へ出たら、北東にあった薪の山の後ろに隠れていたオトク旗兵は一発撃った。ビシレルが殺されたことで、事態は更に悪化した。ビシレルは貴族で、スチンカンルの父ジョクトチルが亡くなった後に、西協理タイジに昇進したばかりだった。

「紅軍バヤルは、貴方のお母さんの親戚のはず」、とスチンカンルは話す。

後日に私は母方の祖母に確認したら、「紅軍バヤル」は確かに母と同じハダチン・オボクだった。陝西省北部に逃亡して来た共産党と接触し、彼らの為に貴族達の工作をしていたそうである。

国民政府軍と共産党の紅軍の双方がモンゴル人の草原紛争に関与し、自身の支持を獲得しよう動き出した。オトク旗兵は撤退の途中に、ロブサンスレン・アムバムの息子を連行し、トゥキーン・チャイダムの北で射殺した。活仏アラリン・ラマはビシレルを撃った兵士を殺して、証人が残らないように工作した。かくして、ウーシン旗側は貴族の役人が殺されたとして、オトク旗は寺が放火されたとして、それぞれ同時に中華民国綏遠省政府とイケジョー盟政府に上告した。

叙事詩の主人公は革命家

ユーラシアのテュルク系とモンゴル系遊牧民社会には英雄叙事詩を語り伝える伝統がある。多くの研究者は男性の語り手から聞き取った叙事詩を公開して来た。しかし、実際は女性の方が男性よりも叙事詩を多数記憶し、かつまた語り方も上手い場合がある。王女スチンカンルはそのような一人である。彼女の語るナソンデレゲルの伝説は正に革命家が主人公となる現代の叙事詩である。

「ウーシン旗とオトク旗の境界紛争を審議する会盟チョーラガンは、丙子（一九三六）年四月にハラガムト寺で開かれた」、とスチンカンルは続ける。近現代において、オルドス高原で開催された多くの会盟の中で、この「ハラガムト寺の会盟」が最も叙事的に伝えられている。

ウーシン旗では当時、トグスアムーランが権力の座に復帰し、二人の弟のタルビジャルサンとラドナバンザル（奇玉山）も亡命先のシリーンゴル盟から帰って来ていた。二人とも成長し、青年軍人になっていた。ラドナバンザルこと奇玉山は既に東側ドラール・タイジ（jegün durayal tayiji、記名タイジ）になり、いつでも協理タイジになれるようになった。西ではジャナバンザルがビシレルの後任として協理タイジになり、ダー・クレーのドプチンドルジが記名タイジ《ドラール》になった。ウーシン旗の若き貴族達はどれもハンサムにして才気に溢れ、民族自決を追い求める姿勢はイケジョー盟と南モンゴル西部で評判になっていた。

ハラガムト寺の会盟では審議の結果、ナソンデレゲル大隊長に死刑判決が言い渡された。寺に放火したことで責任が問われたのである。一説では、協理タイジのジャナバンザルが死刑判決になるよう働きかけていたといわれている。ナソンデレゲル大隊長は逮捕され、僧房内に監禁され、トゥーキ平野に住む二人のジャンギ、セルチン（Serčin）とバウライが監視に当たった。

夕食の時、トグスアムーランからのメモがこっそり渡された。「明日の午前中に処刑されることになった」と書いてあった。ナソンデレゲルは顔色一つ変えずに夕食を平らげた。「逃げないでよ、男なら罪を認めて服従すべきだ」、と二人のジャンギはアヘンを吸いながら、軽口を叩く。

夜、二人のジャンギは僧房の入口に、ナソンデレゲルは奥で寝た。

モンゴル人は当時、布団を使う人はまだ少なかった。ほとんどの人は長衣《デール》にくるまって寝る時代だった。ナソンデレゲルだけは大隊長だったので、分厚い布団を使っていた。

このようにスチンカンルは語る。彼女によると、当時の西公シャンでは既に布団を使うようになっていたが、それでも、使用人達はまだ長衣を寝具とする者が多かったという。

ナソンデレゲルは着ていた長衣を脱いで素っ裸になった。「寒かろう、これをかけなさい」、と親切に自分の長衣を二人のジャンギに渡した。オルドス高原の春の四月はまだ冬同然に寒かったので、二人のジャンギはありがたくナソンデレゲルの衣服をかけて寝た。アヘンをたっぷり吸った後だったので、心地よく鼾をかき始めた。

ナソンデレゲルはそっと、犬のように布団から這い出して外に出た。オルドス暦の七月（太陰暦四月）の丸い月が空に出ていた。ハラガムト寺は紅泥で建てられたものだったので、人間の体の色は建物の翳に溶け込む。寺の西に枯れた河床が南北にあり、歩哨が立っていた。ナソンデレゲルはその歩哨の近くを風のように通った。河床に降りた時は、腹部は血だらけになっていたが、夢中で走り出した。

スチンカンルの語りを聴きながら、私もハラガムト寺を思い出した。確かに寺の西に河床があったのを私も見たことがある。初夏にだけ、雨が降ると河になる。語りと記憶が脳内で合体して来た。叙事詩を聴く醍醐味である。これこそ、歴史の現場への回帰ではないか、と私は興奮しながら、筆を走らせる。

河床は南へ延びて、沙漠に繋がったところに、一人暮らしの老女が住んでいた。

「ドアを開けてください。私ナソンデレゲルが一人で逃げて来た」、と大隊長は必死になって戸を叩いた。老女はだいぶ躊躇しながら、戸を開けた。

「お願いがあります。明日の朝、家畜を追って私の足跡の上を通ってください」、とナソンデレゲルは頼む。モンゴル人は朝早く起きて、柵の中の家畜を放つ。ナソンデレゲルの足跡

写真16-5　ハラガナクという植物。根は乾燥した大地に深くまで伸びるので、紐等に利用される。（1991年8月）

の上を通れば、河床まで逃げて来たのが分かっても、その後の行方は掴めなくなる。ナソンデレゲルは老女から服を一、二枚もらい、更に狂奔し続けた。

南のタブン・トルガイという草原に来ると、馬群に出会った。ハラガナクという植物の根を投げ縄（čulm-a）として使い、褐色の馬を捕まえた（写真16—5）。オルドスのモンゴル人は昔から馬捕り竿《ウールガ》（uyurγ-a）よりも、投げ縄を愛用して来たので、ナソンデレゲルもその技を駆使した。そこから馬を飛ばし、明け方にはトリ平野の東部、アルチャト・バラルに着いた。アルチャというハイマツが棲息する草原である。奇しくも、別の馬群がいたので、それまでの馬を放して、もう一匹、まだら色の馬を捕まえて東へ疾駆した。ハナン・バラルという草原に入ってから日が暮れるまで休んだ。追手に見つからないよう、灌木の下に潜って、野生葱のターナをかじった。そして、夜にナリーンゴル河渓谷の家に到着した。

追手が先に回って、家にいるかもしれない、と思ったナソンデレゲルは慎重にしばらく観察し、家の周りに不審な足跡がないかを確認した。まもなく母親が出て来たので、誰も来ていないことが分かった。家に入って食事をしてから、南へと馬を飛ばした。そのまま長城を越えて陝西省北部に入り、中国共産党が割拠する延安を目指した。

「犯人」ナソンデレゲルが逃亡した後、盟政府は「ナソンデ

レゲルを見つけ次第、処刑しろ」との命令を出して、会盟を終えた。

オトク旗とウーシン旗の境界争いは現代まで続いている。共産党政権になってから、一九六二年に両旗の境界を正式に画定しようとした際、清朝時代の境界を越えて双方に両旗のモンゴル人が入り乱れて居住していた。そこで、政府は歴史的境界を尊重し、現実も重視するという曖昧な政策を打ち出し、モンゴル人に自由に「旗籍を選択するよう」提案した。しかし、モンゴル人には境界意識が希薄で、相手側の旗内に入って住むことも頻繁に起こった。例えば、一九九〇年にはオトク前旗ボル・バルグスンの数人がウーシン旗西部のチャンホク平野で家を建てたことでトラブルが発生した。チャンホクはまたオトク前旗のギョク・トルガイとも対立している。ウーシン旗のボル・クデー生産大隊第四生産小隊はオトク旗のセクールとの紛争を抱えている。

「モンゴル人は自由に遊牧して来たので、境界観念がない。清朝が境界を定め、それを中華民国と中国共産党が受け継いでも、問題は解決できない」、と王女スチンカンルはそう認識している。

注

（1）モンゴル語の原文は“čerig-ün deger-e qaγan bayidaγ, qaγan-u deger-e čerig bayiqu yosu ügüi”である。

（2）自然災害ジョドについては、中村による研究報告がある［中村 二〇二〇］。

（3）ソースハイ平野に住んでいたゲシクダライの父はグンビリク（Günbilig）で、祖父はオチルバト（Vačirbatu）という。ゲシクダライにはジャナバンザルとセディバンザル（Sedibansar）という二人の息子がおり、セディバンザルは私の祖父ノムーンゲレルの妹と結婚していた。セディバンザルは文革中に暴力を受けながら、我が家の近くで生産大隊の労働に従事させられていた。背の高い人で、決して他人に媚び諂うことをしない人物だったので、いつも中国人に殴られていた。

（4）私は以前に著書『モンゴル人の中国革命』の中で、バーワーを「ババ」と表記した［楊　二〇一八a：一七九］。それは、モンゴル文字に即した発音で、口語ではバーワーとなる。

（5）スチンカンルによると、夏用の頂子帽は役人のランクによった、装飾として付けられている宝珠の色が異なるという。補国公は蓮華宝珠（badamraγ）で、ジャランは黒青色で、アムバムは赤色、メイリン（梅林）は透明な青色の宝珠だった。

●第十七章　貴族達の革命と「反革命」

草原から帰って来る我が家の羊。両親はいつもオンドルの上に座って、遠くの羊群を眺め、動静を把握していた。文化大革命中はこの草原も中国人に開墾され、地下防空壕を掘り、ソ連の侵攻に備えていた。大勢のモンゴル人がここで整列させられ、中国人からの暴力を受けていた場でもある。

政略結婚

ナソンデレゲルが叙事詩的に中国共産党支配地域に亡命した後、ウーシン旗はトグスアムーランとその弟のラドナバンザルこと奇玉山統治の時代に入った。奇玉山は東協理タイジの身分で、ウーシン旗のモンゴル軍を掌握した。西部出身のジャナバンザルは西協理タイジになっていた。

若い奇玉山は一九三八年に、重慶国民政府によって、「西モンゴル抗日遊撃第一支隊少将司令官」に任命された。少将になってから、奇玉山は共産党の割拠地延安を通って重慶に向かい、国共両党の民族政策と抗日の実態について観察した。オルドス西部から延安までは延々と罌粟畑が続き、八路軍はアヘンの精錬に精を出していた。一方、国民政府軍は前線に向かい、戦意も高かった。そして、重慶では蒋介石が奇玉山を義理の息子として迎えた〔楊　二〇一八a：一五七―一六三〕。

「重慶に滞在していた頃に、日本軍の戦闘機が飛んで来て空爆を繰り返していたそうだ。ある日、空爆で建物の石が奇玉山の頭に当たり、軽い怪我をした、と私達に自慢気に語ってくれたものである」、とスチンカンルは笑う。私が日本から戻って来たのを彼女も知っているから、こういう話題になる。重慶空爆は当時の日本軍が重視していた作戦の一つだった〔潘　二〇一六〕。国民政府の臨時首都に対する戦略空爆として知られている。

実はナソンデレゲルは一九三七年夏のある日に、二十丁の銃を持って、ウーシン旗にこっそりと帰って来ていた。近所の若者達にその銃器を配って、家に砦の塞子《ザイツ》を建てた。ところが、オルドス西北部のバガ・マーシン・ゴト（安辺）に駐屯していた国民政府の張庭芝の部隊がある日、ナソンデレゲルの砦を襲い、銃器を没収した。張庭芝はダー・クレーの貴族ドプチンドルジと義兄弟の関係で、親しく付き合っていた。ドプチンドルジの調停もあり、張庭芝はその銃器をナソンデレゲルに返した。

正式に旗の政治舞台に復帰しない限り、またやられる、とナソンデレゲルは考えた。彼は王家との婚姻締結を思いついた。

ウーシン旗の実力者、協理タイジの奇玉山にナンサルマという姉がいて、シャジンマンドフ（Šasinmandaqu、「宗教が興る」との意）と結婚し、アルタンジャガス（Altanjiyasu、「金魚」との意）という娘を生んでいた。ナソンデレゲルは、このアルタンジャガスと結婚しようと考え着いた。王女の娘と結婚すれば、旗の政界に復帰できるので、自ら練り上げた政略結婚である。仲人を立てて王府に行くと、奇玉山はあっさりと同意した。「犯人ナソンバヤルは見つかり次第処刑する」ことになっていたのも、問われることはなかった。

ナソンデレゲルは実は、オトク旗との境界紛争の際に、相手側の境界官ダスマの羊と馬を奪って来て自分のものにしていたので、裕福な生活を送っていた。妻は王女の娘なので、結婚式も盛大におこなわれた。奇玉山自身が姪のアルタンジャガスをナソンデレゲル家に送って来たし、ナソンデレゲルも答礼として王府を訪れて挨拶した。当然、そこからナソンデレゲルの登用が話題になって来た。「軍隊での採用は慎重にし、その代わり行政でナソンデレゲルに活躍してもらおう」と決定された。

「抗日」という名の権力闘争

王府では、毎年「ヤツガシラ鳥月」の二十日に「印璽を封じる儀礼」を、旧正月明けの二十一日には「印璽を開封する儀礼」が実施される、と前に述べた。一九三九年新春の開印式では、ナソンデレゲルをジャハル・ハラーのジャラン（佐領）に任命する予定だった。

ナソンデレゲルの人事に対し、西協理タイジのジャナバンザルが異議を唱えた。彼はオトク旗に殺されたビシレルの後任として西協理タイジに昇進していたが、ナソンデレゲルがウーシン旗軍の大隊長だった頃は、第三中隊長を務めていた。

「ナソンデレゲルは大きな政治的な野心を抱く人物だ。しかも、彼は共産党の八路軍に近いので、旗政府の役人としては相応しくない」、と話して強硬に反対した。共産党は貴族制度を敵視している、とジャナバンザルは分かっていたからである。結局、ナソンデレゲルの登用は見送られた。

ナソンデレゲルも誰が自分の復帰に反対しているのかも、分かっていたのである。仕方なく、ナソンデレゲルはトンガラク河に駐屯していた国民政府の軍隊、新編第三師団に活路を見出した。

新編第三師団はジャハル・モンゴル人が多く、フフホト市周辺に展開していたが、日本軍の掃討を受けてオルドスに避難していた。師団長はドゥーレンサン（Degürensang、一九〇四～五六）という男だった。ドゥーレンサンの漢字名は白海豊だったことから、新編第三師団はまた、「白旅《バイリョ》」と呼ばれていた。ドゥーレンサンは内モンゴル東部ジョソト盟ハラチン右旗の出身で、熱河師範学校を出てから黄浦軍官学校に一九二四年に入学している。その後、中国共産党に入り、一九二六年にモスクワに留学し、コミンテルンの教育を受けた。帰郷してからは、一九二七年八月に内モンゴル人民革命党中央執行委員に昇任していた。ドゥーレンサンの副官は雲沢ことウラーンフーの遠縁の弟で、雲副官と呼ばれていた。内モンゴル西部トゥメトの出身で、ナソンデレゲルと親しかった。この雲副官の紹介でナソンデレゲルはドゥーレンサンに面会した。

「貴殿は以前もウーシン旗で内モンゴル人民革命軍の大隊長だったから、我が師団でも大隊長になろう。ただし、兵士はご自身で募集しなさい」、とナソンデレゲルはドゥーレンサンにこう言われた。ナソンデレゲルは積極的にウーシン旗内の寺院を周り、若い僧侶達を軍に動員した。弁才であったことと、抗日という大義名分もあり、忽ち二個中隊の兵士が集まった。シャルリク寺からはダンセンという十八歳の僧がナソンデレゲルに付いていき、まもなく南中国にある黄埔軍官学校に派遣された。

「ナソンデレゲルがダンセンを騙して連れて行った、と彼の師匠ダンダル・ラマはかんかんに怒っていた」、とスチンカンルは語る。ダンセンについては、私も覚えている。一九七五年まで我が家の門前の草原が中国政府の政策で開墾された時に、彼は強制労働に従事させられていた、と前に述べた。黄埔軍官学校で三年間学んだ後、ダンセンは郡王旗の軍隊を指揮する若い貴族、ブレンバヤル[1]（Bürenbayar、奇全禧。一九二三〜一九五一）の部下として、同旗の特務中隊長になった。

中華民国になっても、モンゴルの旗の政治運営は清朝時代とさほど変わらなかった。各旗は協理タイジを一人、盟長のいる盟政府に派遣して半年間勤務させる習慣（da-du yabuqu）を維持していた。

一九三九年初夏、ウーシン旗政府は西協理タイジのジャナバンザルをシニ・ジェール（Sin-e Jeyil、新街）にある盟政府に派遣することになった。当時はジャサク旗の王、シャグドラジャブ（Šaydurjab）が盟長になっていたのである。西協理タイジのジャナバンザルはウーシン旗王府を出て、東のジャサク旗へ向かう途中、トンガラク河を通った時に殺害された。ナソンデレゲル大隊長が仇を取る為に、ドゥーレンサンの新編第三師団に殺害を依頼した、と伝えられている。罪名は、「中国共産党と結託し、抗日を破壊した」ことである。ウーシン旗西部出身のジャナバンザルは延安の共産党八路軍と交流していたからである。

「ナソンデレゲル大隊長ではなく、ダー・クレーの若い貴族で、ドプチンドルジこそが真の犯人だという見方もある」、とスチンカンルは続ける[2]。

ナソンデレゲルはダー・クレーの貴族ドプチンドルジと親しかった。ドプチンドルジは当時、ドラール・タイジになっていたが、一日も早く西協理タイジに昇進したかった。しかし、既にジャナバンザルがビシレルの後任として協理タイジになったばかりだったので、ドプチンドルジが昇進する見込みは絶望的だった。

西協理タイジになれる機会が訪れた。ナソンデレゲルがジャハル・ハラーの長官になるのをジャナバンザルが反対したことを、ドプチンドルジは思い出した。ドプチンドルジは部下のソノムをトンガラク河に駐屯するナソンデレゲル大隊長のところに派遣した。ソノムはバガ・ゴル河の畔に住む、

写真 17-1　奇玉山少将

写真 17-2　ウーシン旗の西協理タイジの奇国賢

チャガンダライ（Čayandalai）の息子で、ダー・クレーの庶民(albatu)であった。

オルドス暦の九月（太陰暦六月）九日だった。シャルリク寺では仮面踊りのチャムがあり、私は前日のモルントイン(Molun Toyin-u mörgül=目連）の祭から寺に来ていた。ドプチンドルジはソノムに手紙を渡し、鬣が銀色の馬（čabidar）を贈った。ソノムはその馬に乗って、東へ走って行った。あの馬をソノムはずっと乗り続けた。

このようにドプチンドルジの密使は出発し、ナソンデレゲル大隊長に手紙を渡した。二日後の十一日にジャナバンザルがトンガラク河を通過した際に、ソノムが引き金を引いた、とも伝えられている。ソノムの隣にはナソンデレゲル大隊長とその部下達が立っていた。かくして、西協理タイジのポストがまたもや空いてしまった。

「盟と旗の規定では、協理タイジのポストは三日以上、空位のままにしてはいけないことになっていた。記名タイジが自動的に協理タイジに昇進する」、とスチンカンルは強調する。トグスアムーランと奇玉山は仕方なく、慣例に従ってドプチンドルジを西協理タイジに任命した。

一九四一年夏、トグスアーラン王は亡くなった。ウーシン旗は国民政府が任命したラドナバンザル（奇玉山、写真17―1）少将と親共産党のドプチンドルジ（奇国賢、写真17―2）協理タイジが政治を動かす時代に入った。

国共両党に従う分裂

ダー・クレーの貴族ドプチンドルジの行動はどう見ても、協理タイジに相応しくなかった。彼はテメート・ゴト（楡林）とイルガイ・ゴト（銀川）を繋ぐ隊商の道、「四馬路」を通るキャラバンの隊商人を捕まえて労役に使い、砦の塞子を建てた。そして、ウーシン旗西部の水のあるところに中国共産党と中国人農民を多数招き入れて罌粟を栽培させたし、自分でも作るようになった。

確か、私が十六歳だった一九四二年のことだったと思う。ウーシン旗西部の広大なバガ・シベル平野はすべて罌粟畑に変わっていた。中国人に説得されたモンゴル人の一部も罌粟を植えていた。私もアヘンの市を見に行ったが、白いマイハン（テント）が軒を連なり、八路軍がアヘンを売っていた。買いに来ていたのは、全員、モンゴル人だった。ドプチンドルジはそれを自慢し、罌粟畑の中を歩いていたところを撮影されてしまった。奇玉山はその写真を盟長に見せ、このままではモンゴル人が全員、アヘン中毒者になる、と訴えた。

右はスチンカンルが目撃した、中国共産党の罌粟栽培と売買の実態である（地図９）。盟長のシャグドラジャブ王は更に

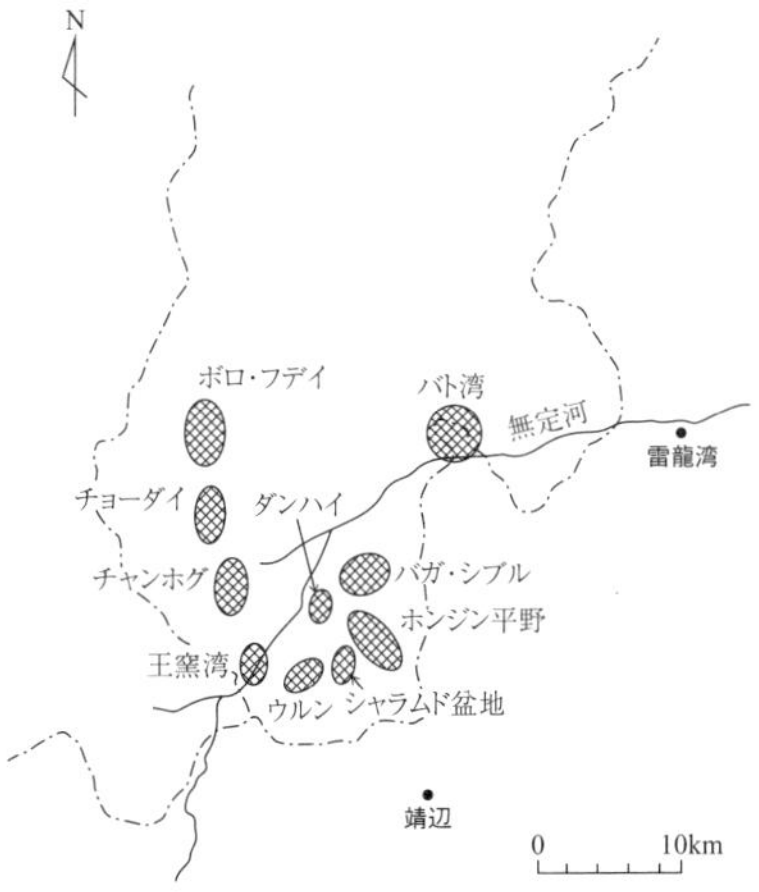

地図９　1940年代のウーシン旗における中国共産党の罌粟栽培

国民政府駐イケジョー盟の部隊長、陳長捷司令官に報告した。陳長捷はドプチンドルジを東勝に呼んで尋問し、一九四二年十一月十三日に銃殺した。かくして、ウーシン旗の西協理タイジのポストはまたもや空いてしまったのである。

ナソンデレゲルはその後一九四一年秋に共産党の割拠地である延安に入った。彼に理解を示していたドゥーレンサン（白海豊）旅団長とその部隊が甘粛省への移動を命じられた際に同調しなかった。ドゥーレンサンはこの時、徳王の民族自決運動に参加する計画を立てていたので、国民政府に信頼されなくなっていた。中国共産党の社会主義政権ができると、彼は蘭州にある西北民族学院長に任命された［郝維民　一九七九：四五］。

延安入りしたナソンデレゲルは「モンゴル文化会」という共産党の政策を宣伝する組織に配属され、一時は陝甘寧辺区政府の参議員に任命されたが、何ら実権がなかった。延安で整風運動が発動されると、彼は「反動的な思想の持ち主」として批判された。深刻な悩みに陥り、一九四三年七月三十一日に急死した。死んだ後は延安で七日間にわたって大規模な追悼行事が披露された。毛沢東も追悼の花輪を贈り、それには「抗日民主救亡烈士」と書いてあった[3]。

一九四三年春の三月二十六日、ウーシン旗東部と隣接するジャサク旗のモンゴル軍が蜂起した。旗内に駐屯する国民政

府の陳長捷部隊がモンゴル人を抑圧し、草原を開墾するのに不満だったからである。国民政府軍は真摯に対応せずに、逆に大軍を出して鎮圧にかかった。ジャサク旗の動向は瞬時にウーシン旗に伝わった。ウーシン旗は西協理タイジのドプチンドルジが処刑されたことに怒りが溜まっていた。スチンカンルの経験である。

中国人は国民党も共産党も、どちらも草原を開墾しようとする点では一致していた。この政策にモンゴル人はどうしても納得できなかった。ジャサク旗が蜂起した二十日後に、ウーシン旗も立ちあがった。私は従者のボンホー（Bonqoyu）を連れて王宮に挨拶に行っていた。王妃は私より歳が上でも、一応、姪になる。四季を現わす四種の献上品を持って王府に行った。新春の旧正月用のパンと夏を代表する乳製品、秋のキビ、それに冬に使う干し肉である。十日間滞在する予定だった。王妃も含め、王女ら若い女性達とおしゃべりしていたら、夜明けに銃声が聞こえた。四月十一日だった。ウーシン旗に駐屯していた国民政府軍の中国人二十六人をモンゴル軍は処刑した。

オルドスは反乱した、と判断した国民政府は更に軍隊を増強して鎮圧にかかった。東部からやって第二十六師団は一路、略奪と放火を繰り返しながら、ウーシン旗の王府を占拠した。奇玉山はモンゴル軍を率いて果敢に抵抗しながら西へ撤退した。奇玉山の妃と王妃らはアラクトルガイ峠の西に住むナソンバト（Nasunbatu）家に避難した。スチンカンルも一緒だった。その後はオトク旗に近いアブダル沙漠（Abdar-un manq-a）へ避難した。しばらく抵抗した後、奇玉山は国民政府軍に事情を説明して和解した。

西部の貴族達は、国民政府軍と和解しなかった。殺害された西協理タイジのドプチンドルジの親戚でもあるハナマンルこと奇金山連隊長は西部出身のモンゴル軍を連れて共産党の八路軍と連携するようになった。国民党も共産党もどちらも中国人の組織だが、貴族を敵視し、罌粟を栽培する共産党とは距離を置きたい、と奇玉山は考えた。中国共産党はモンゴル人と国民政府との対立を意図的に煽り、西部の奇金山を支援する態度を鮮明にしていた。ここから、ウーシン旗の東西間のイデオロギー的対立は修復困難になっていく。

統一戦線に組み込まれる少数民族の貴族

オルドス西部ウーシン旗の一部が次第に共産党八路軍の天下に変わっていく。一九四四年になると、シャルリク寺に一個中隊、西公シャンには八路軍の精鋭、「三五九旅[4]」二十八団」

の四個中隊の八路軍が駐屯していた。西公シャンの西、ダー・クレーには奇玉山の国民政府軍が陣取っていた。八路軍は軍規が悪く、暇な時はシャルリク寺の高僧のミイラを銃剣で刺して金箔を剝がしたり、墓を暴いて金銀財宝を探し回ったりしていた。また、シャルスン・ゴル河南岸では罌粟を栽培し、モンゴル人にアヘンを売買していた。

八路軍をオルドス西部から追い出そうとして、奇玉山のモンゴル軍は一九四四年七月二十日に一戦を交えた。八路軍側では賀晋年旅団長が指揮する一個大隊はほぼ全滅し、モンゴル軍は一人が犠牲になった、と私は以前に書いた［楊二〇一八a：一九〇―一九二］。スチンカンルもこの戦いを知っており、彼女は以下のように語る。

西公シャンに駐屯していた八路軍を指揮していたのは第三大隊の張参謀と李教導員だった。第三大隊は歩兵で、東側からダー・クレーのモンゴル軍を攻めた。しかし、南中国出身の歩兵は沙漠を苦手とし、騎馬のモンゴル軍の相手ではなかった。

第三大隊は全滅したし、負傷した兵士二十七人が西公シャンに運ばれて来た。仕方なく以前にトグスアムーランと王妃が使っていた部屋を提供した。母は毎日、牛乳を沸かして飲ませ、看病した。私達未婚の娘達は近づいてはいけなかった。秋になり、靖辺県から担架を持った中国人が来て、全員、運んでいった。母は彼ら全員に小遣いを渡した。

「日本が戦争に負けた後、八路軍の活動は一段と活発化した」、とスチンカンルは振り返る。奇玉山のモンゴル軍はその後、一九四五年秋に西公シャンを包囲して戦ったが、八路軍は投降しなかった。西公シャンの頑丈な城壁を更に補強し、外側でも塹壕を造ったので、モンゴル軍は落とせなかった。この時、西公ジョクトチルの第三夫人で、スチンカンルの母は八路軍の為にヨーグルトと牛乳を出して、支援した。

一九四五年秋のある日、八路軍の賀晋年旅団長と呉大隊長らが西公シャンを訪れ、スチンカンルの母を「中国共産党八路軍を支援した、統一戦線の対象者」としてイケ・マーシン・ゴト（定辺堡）に招待した。「統一戦線」とは、中国共産党から見て、ある程度信頼できる人物と組む革命的陣営を指す。亡き西公ジョクトチルの第三夫人は「開明的な少数民族の貴族」だ、と共産党のスパイ達が上層部にそう報告していたからである。第三夫人は十八歳のスチンカンルを連れてボル・バルグスンに入った。そこには延安民族学院の分院も設置され、多くのオルドスやトゥメト地域のモンゴル人青少年達が学んでいた。私の父もほぼ同じ時期に延安民族学院に入った

写真 17-3 八路軍になったばかりの父バヤンドルジ

のである（写真17―3）。

賀晋年旅団長は二人の兵士を派遣してスチンカンル親子の世話をさせた。朝、宿舎に迎えに来て、夜はまた赤い提灯を持って送って来る。昼はずっと会議の連続だったが、八路軍の文芸工作隊は「秧《ヤン》歌《ゲー》」というダンスを披露していた。陝西省北部の中国人農民の素朴なダンスである。食事は豪贅で、肉と乳製品がふんだんに出された。中国共産党城川地区委員会からの招待であった。当時は国民党とも正式に決裂していなかったので、国民政府軍の高官達も宴会に出席した。スチンカンル親子はいつも賀晋年旅団長と同じテーブルに着いた。

ボル・バルグスンでの滞在が終わって、西公シャンに帰る際に、八路軍から緞子をお土産に渡された。スチンカンルの母はそれをすべて従者達に配った。

スチンカンルは私に言わなかったが、実は彼女がボル・バルグスン滞在中に八路軍のある将校と恋に落ちていた、と両親は証言していた。いくら開明的な人物とはいえ、貴族の娘を中国人と結婚させるわけにはいかない、と驚いた第三夫人は慌てて娘のスチンカンルを連れて帰ったのが真相らしい。ボル・バルグスンから帰ってまもなく、冬の「ヤツガシラ鳥月」に亡き西公ジョクトチルの従者、十四歳年上のボルルダイと結婚した。[5]

不審死を遂げた貴族の青年達

ウーシン旗は西部が中国共産党の八路軍に、東部は国民政府側に就き、政治的分断と対立が深まる中で、西部のモンゴル軍の指導者の奇金山（ハナマンル＝ハナマンダ、系譜図1参照）が一九四五年二月十五日（旧正月二日）深夜に東部の軍隊に暗殺された［楊　二〇一八a：一九五―一九八］。西公シャンには親中国共産党のモンゴル軍が駐屯し、ヌクタンという父系親族集団のテムールという大隊長に統率されていた。

一九四七年「オルドス暦の五月（太陰暦二月）」初め、西部に住むバヤスホラン（Bayasqulan）という人が奇玉山に手紙を書いた。モンゴル人は古くから王に追随して来たチンギス・ハーンの領民アルバトだから、他所からの「赤い中国人」と組むのはおかしい、との趣旨だった。「赤い中国人」とは、共産党を指す。バヤスホランの意見に、テムール大隊長とガダギン・オボクの知識人、チャガンドン教導員らも賛成した。

「オルドス暦の五月（太陰暦二月）」十九日夜、ウーシン旗西部に盤踞する中国共産党を追い出そうとして、奇玉山のモンゴル軍が西公シャンを包囲した。宮殿の西北側の小さな入口から奇玉山の軍隊がなだれ込み、テムール大隊長とチャガンドンらは内部から呼応し、旗政府に帰順した。その事情を知らなかった西部の数人が抵抗した為、テムールテムール大隊長の夫人が流れ弾に当たって死んでしまった。大隊長の夫軍のスパイだった一人、天宝という男が脱出して陝西省北部へ逃げた。また、グンガーニンブー（Gungyaningbu）という青年は銃声の中でスチンカンルの母の部屋に逃げ込み、天井に隠れた。彼は二年前に暗殺された奇金山連隊長の長男だった。こうして、短い間、ウーシン旗は親国民政府の奇玉山少将によって統一された。

奇玉山はトグスアムーランの弟である。トグスアムーランはずっと有力な軍人達にコントロールされて自由に動けなかった。王弟の奇玉山はオルドスを脱出して徳王のところや重慶と西安等を含めて各地を見て回ったことがあるし、国民政府の蒋介石からも義理の息子にされる等、世界情勢に敏感だった。彼はチベット仏教の古い伝統に固執する宗教界の改革にも熱心だった。若いモンゴル人があまりにも大勢出家してしまうと、人口減に繋がり、社会の発展に不利だ、と認識していた。その為、ウーシン旗の場合は東部のウーシンジョー寺と西部のシャルリク寺だけを残し、他の寺は少しずつ、ラマの数を減らすよう穏便な宗教改革を試みていた。

奇玉山はまた、酒とタバコを一切、嗜まず、アヘン吸引を極端に嫌悪した。中国共産党はモンゴルの草原に罌粟を栽培し、その罌粟を精錬してアヘンを作ってはモンゴル人に売りつけるのには我慢ならなかった。罌粟栽培を許可した西部の貴族達の行為は、祖先チンギス・ハーンの法令とモンゴル人の道徳観念に違反している、と断じていた。また、共産党の八路軍は口先では「抗日」と叫びながらも日本軍と戦う前線に行こうとしなかった事実を見抜いて、「偽善者集団（qudalči quljing qar-a Gitaduud）」だと罵倒していた。

「中国政府は今も、奇玉山を否定し、彼を反革命分子だと攻撃するが、決してそのような人物ではなかった。私はずっと、彼を身近で観察して来た」、とスチンカンルは最後に私に強調した。

奇玉山は一九五一年六月二十二日に共産党によって東勝で処刑された。西協理タイジのドプチンドルジが国民政府軍に射殺された地である［楊 二〇一八a：二八六］。現在の内モンゴル自治区では、彼の名はタブーとなっている。

中国共産党のオルドス侵略に伴い、七つの旗の若き貴族達は相次いで不審な死を遂げるか、殺害された。共産党は、一旦は若い貴族達を政治学習班や「民族幹部学校」に入れて再教育を施す。そうした政治学習という選別で不合格となった者は殺害される。例えば、ジュンガル旗の貴族ムンクボラク

（奇湧泉）は「病死」とされたし、ウーシン旗のラドナバンザル（奇玉山）と郡王旗のブリンバヤル少将は処刑された。ラドナバンザルと一緒にいた王子のユンルンノルブーは「利用価値がある」とされた。こうした陰謀を駆使し、エリート層の処刑に特に熱心だったのが、陝西省北部出身の中国人の白進宝達だったと言われている。白進宝らの殺戮政策と対立していたのが、コミンテルンと繋がるウーシン旗のワンチュクらだった。

「中国人は国民党だろうが、共産党だろうが、草原を開墾し、モンゴル人を虐殺して来た点では本質的に同じだろう」、とスチンカンルは嘆いた。

このように、丸一日かけて、私はスチンカンルの語りを記録した。私はほとんど質問をせずに、彼女の語りを忠実に書き写した。途中で質問すると、彼女の頭の中の歴史の思考回路が変わってしまうのではないかと心配したからである。自分の関心よりも、ありのままの歴史に対する回想と解釈が聞きたかったのである。

また会うことを約束してスチンカンルの家を出た。満天の星が輝く中、シャルリク・ソム政府の南にある小さな旅館に入った。公営の売店、供銷社が経営する、汚い旅館だ。隣の部屋で中学生が数人、酒を飲んで騒いでいるが、私は疲れて眠った。

一月九日

記憶される玉突きの民族移動史

スチンカンルが私に語ったのは、彼女が生まれ育った西公シャンとウーシン旗王府の歴史である。それは、モンゴルの貴族達の波乱万丈の歴史である。では、同じ時代の庶民はどうだったのか。私はこの日の午前中にゆっくりしてから、シャルリクに住むドルジ（七十六歳）という老人を訪ねた。

ドルジは、私と同じ父系親族集団、オーノス・オボクの長老である。親戚関係からすれば、私のオジにあたる。目下、我が一族の家系譜を編纂中だと聞いたので、話を聴きたかった。また、ドルジの息子ガルザン（Ɣalsang）は公営の売店供銷社で働き、嫁のチャガンクーケン（Čayanköken）は食堂を経営している。ガルザンとチャガンクーケン夫婦は昔から私に優しかった。モンゴル人は兄嫁《ベルゲン》を母のように敬愛し、特別な感情を抱く。私も調査中はいつも、兄嫁のチャガンクーケンの食堂でご馳走してもらった。ガルザンはまた詩人でもあり、自らの書いた詩を私に詠んで聞かせた。中国人のモンゴル侵略を風刺した内容がほとんどであった。

ドルジは自らが集めたオーノス・オボクの系譜と日記を見せながら、我が一族の遷徙《せんし》の歴史について語った。彼が集めた系譜は、今までに聞き書きしたどのオボク集団のよりも世代が長く、人名も多かった[6]。このような庶民の歴史を貴族の歴史と合わせることで、モンゴルの全体像が浮かび上がってくる。

ドルジによると、オーノス・オボクの家系譜をポンスクというラマ兼医者が持っていたが、十九世紀末のムスリム回民の襲撃から逃れようとしていた混乱の中で、シャルスン・ゴル河を渡る際に水に濡らしてしまってなくなったという。ポンスクの息子はウルジダライで、現在、シャルスン・ゴル河南岸のシャラタラ平野に住んでおり、彼を訪ねるといい、と勧められた（一九九二年四月十五日の記述参照）。

ドルジによると、オーノス・オボクという父系親族集団は元々、長城のすぐ北側、ジャラン・オボーの東のトゥーキ・トーリとイダム・トーリム（Idam toyorim）周辺で遊牧していた。ウーシン旗のイケ・ケレイト・ハラー内でオーノス・ソムを単独で形成していた[7]。その地は現在、馮家峁子や東坑と呼ばれている。一八六六年（同治五年）に回民反乱軍に押されて北のウルンに逃げて来る。しかし、ウルンも安住の地ではなかった。同じく回民から逃亡して来た中国人難民も増えて来たので、更に北へ避難するしかなかった。このように、ドルジが具体的な年代まで記憶しているのは、若い時から一族の長老達に話を聴いては記録して来たからである。

オルドス西部のモンゴル人は皆、アムバイ・オボーという聖地を祀る。今の私達が住んでいるところからでも、百キロ南の長城近くのアムバイ・オボー近くに、失われた故郷があるか[8]」、と歌う。あのアムバイとは、現在、確認できるオーノス・オボクの最も古い祖先の名である。

確かに、「くっきりと見えるアムバイ・オボー」という歌を知らないオルドス・モンゴル人はいないくらいだ。毎日、見えているにもかかわらず、そこには宿敵が住んでいるという事実は余計に郷愁を誘う。ドルジは以前、一九三五年に一度、トゥーキ・トーリとイダム・トーリムを見て回ったことがある。中国人から馮家峁子と称されている地にオーノス一族の墓が二十数基、残っていたのを確認している。

アムバイの孫、バヤル（Bayar）の時代になると、キビの一種（sölükei amu）を使って、蒸留酒を作り出した。テメート・ゴトとイラガイ・ゴト、つまり楡林と銀川の間を行き来するキャラバンを相手とした商売だった。ある日、駱駝を引いた二人から金の代わりに松の苗木が渡されたので、植えてみた。するとと、数年後には造り酒屋の周りに松林が広がった。バヤルはまたタバコが好きな人として知られている。

バヤルの息子アブラル（Abural）は武芸に長けた、威厳のある人（doysin kün）だった。五畜を多数所有し、雇い人も多かった。回民反乱軍が襲って来た時は既に七十代になっていたが、ウーシン旗の貴族で、ダムリンジャブ（Damrinjab）という記名《ドラール》タイジや、チロー将軍らと共に戦った。ダムリンジャブはダー・クレーの貴族である。チロー将軍はシャルリク寺の東に住んでいた。その子はセジブといい、彼らが建てた砦は「セジブ塞子[9]」と呼ばれていた。

トゥーキ・トーリムにいた頃は四季折々の放牧地があった。ウルンに来た時は夏営地と冬営地だけになった。そして、シャルスン・ゴル河北岸に逃げて来てからは、定住生活に入らざるを得なくなった。オーノス・オボクの人達のほとんどが北へ避難したのに対し、一人のラマだけはどうしても動こうとしなかった。彼はノムジャ（Nomja）というところで最期まで残っていたので、その地は後に中国人に「楊ラマ灘《たん》」と呼ばれるようになった。

このように、ドルジは実に要領よく、モンゴル人の移動と生業の歴史的変化について語る。ムスリムの蜂起が中国人難民を生んだ。その中国人難民はモンゴル人の草原を奪った。草原を失ったモンゴル人は、定住生活に入るしかなかった、という歴史の相互作用である。

ドルジから我が一族の話を聴いてから、シャルリク・ソム政府所在地を離れて西へと家路を急いだ。家では、母が豚肉の煮込み料理を作って、待っていた。

弾圧されるモンゴル人教師と学生達

一月十日

丸一日、ノートの整理に集中した。スチンカンルとドルジの話が濃密だったので、文章化しないと、忘れてしまうからだ。二人とも論理的に語ってくれたので、そんなに苦労することもなかった。後日、スチンカンルの語りから生まれたのが、草思社から出版した『モンゴル最後の王女』である［楊・新間　二〇一九］。ドルジから得た情報を元に、私は「オルドス・モンゴル族オーノス部の家系譜」という論文を書いた［楊　一九九六b：六六七―六七九］。

朝も昼もミルクティーで済ませたので、夜は母が肉まんの包子を作ってくれることになった。人参と羊肉を細かく切りながら、母親は最近耳に入った情勢について話した。

母によると、シャルリク・ソム出身で、内モンゴル師範学院で学んでいたグチュントグスが昨年五月に逮捕されてから、モンゴル人知識人に対する監視も厳しくなったという。ボル・

クデーの若い詩人で、牧畜民のダグライと、シャルリク・ソムのモンゴル族中学校の元教師で、詩人のドルジニマ[10](Dorjinim-a)、それに副校長のミンガンブー(Mingyanbuu)らが「民族分裂的活動」をしているのではないかと疑われている。彼らはグチュントグスを応援していたからである。

また、昨年の十一月にはウーシン旗政府法院の壁に「昨日のソ連は、明日の中国」、「大漢族主義に反対しよう」、「チンギス・ハーンは既に生まれ変わった」等のような政治的な標語が書いてあった。夜のうちに、誰かが書いたらしい。そこで、公安関係者はモンゴル族高校にやってきて、高校生達の筆跡を片っ端から調べた。数日間調べたが、書き手を割り出すことはできなかった。モンゴル民族学校には四十数人の教師と約九百人の生徒がいるので、政府の監視も厳しくなって来たそうである。

困難の中でも、モンゴル人教師達は教育の工夫を続けている。月に一回、学生達を連れてモンゴル史ゆかりの地を見て回っている。エジンホロー旗にあるチンギス・ハーンの祭殿や、ガルートにあるシニ・ラマの記念館等に連れて行く。チンギス・ハーンの歴史と、中国人の侵入に抵抗した内モンゴル人民革命党指導者シニ・ラマの実績を伝えようとしている。グチュントグス達が逮捕された後も、教師のエルデニダライ(Erdenidalai)とアルタンブルグト(Alatanbürgüd)らはダブチャク鎮にある「工人倶楽部」に集まり、中国の民族政策について勉強会を開いていた。それも「民族分裂的活動」とされ、家宅捜索を受けたが、反中国の資料は見つからなかった。そこで、元旦の日は学生達も休んでいたが、法院の副院長がモンゴル族学校で、「民族団結」について講演したそうである。

このように、昨年の逮捕事件は今でもモンゴル人達の心に陰翳を落としているのが事実である。

一月十一日

手写本と宣伝と草原

今日からまた急に寒くなった。外へ出ずに、調査ノートを整理していたら、母方のイトコのムングンソージ(Mönggünsogüji)がやって来た。彼は私の母の妹バーワーの息子である。私が小学生だった一九七四年に一年間、オバのバーワー家に滞在したことがある。彼はその時に生まれ、私と親しくして来た。彼にお茶を出してから、前日にジュルムラルトから借りた写本の整理と分類を手伝ってもらった。また、ガタギン・ゴンチョクドンロブから借りた写本を返さなければならないので、写してくれた。手写本はモンゴル人にとって大切な財産であり、そう簡単に貸してくれないので、信頼を失わないよう迅速に書写してから返却しないといけない。コピーしたかったが、現在のオルドスにコピー機は政府公署に一台しかない。政府でコピーしていたら、写本そのものが没収されるかもしれない。

昼、母は私達にまた肉まんの包子を作ってくれた。父は今日から、馬の節食訓練を強めた。夕方になると、天気はどんよりと曇って来たので、どうやら夜は雪になるらしい。北のシベリアから次第に湿った風が吹いて来た。

一月十二日

私達は雪吹雪の朝を迎えた。午前中はノートを整理してから、夏に新疆ウイグル自治区で集めた中央アジアに関する文献を読んだ。夜は久しぶりに家族全員でテレビを見る。中国の国家主席の楊尚昆がマレーシアを訪問中の様子や、ソ連崩壊後のロシアの状況が報道されている。また、チベットの寺院が大事に保護されているとのニュースもあった。

「中国はソ連よりも優れ、少数民族を重視している、とのパフォーマンスだ」、と父の感想である。

「実際は寺もほとんど破壊されて残っていない」、と母も相槌を打つ。両親は中国が建国して以来の政治宣伝を経験して来たというよりも、「加担」していたので、テレビやラジオのプロパガンダに騙されることはない。「加担」とは、二人とも党と政府の幹部として、「共産党の美しい政策」を同胞のモンゴル人達に対して説き回っていた過去を指す。

一月十三日

吹雪は止み、青空が見えている。前の日に降った雪も解け始めた。朝の九時半に西に住むオバのリンホワの孫娘がやって来た。高齢のリンホワは三男のシャラクーと暮らしており、両目が失明している。シャラクーの娘は、自分達の羊を今日から我が家と紛争中の草原に入れる、と伝えて来た。シャラクーが自分のものと主張する九二畝の草原の税金を我が家がチョーダイ・ガチャーに支払っている。シャラクーは我が家と別のガチャー、ダライン・チャイダム・ガチャーに属す。我が家とリンホワ家との紛争は文革期に由来する、と前に述べた。

シャラクーの娘の知らせを聞いてから、母は我が家の北西一キロの地に住むチャガンバンディ家に行った。チャガンバンディはシャラクーの兄で、ダライン・チャイダム・ガチャーの長を務めている。チャガンバンディは以前、我が家の東に住むサンジャイ家の草原から同じ面積を分けてくれる、と約束していた。それを母は確認しに行った。昔から平和に暮らして来たモンゴル人同士が草原の所有をめぐってここまで激しく対立し合うようになったのは、中国人の侵入で土地が狭くなったせいである。他所からの侵略者の中国人は今や政府幹部となって調停者を演じるようになった。

母がチャガンバンディ家に行っている間、父は南のゲレルチョクト家を目指した。我が家とゲレルチョクト家との間に引いてあった鉄線の一部が壊れたので、両家共同で修理することになっていた[11]。旧正月の前にその修理を済ませようという気持ちである。また、ゲレルチョクトは最近、新しい電動脱穀機を買ったそうで、その機能を確かめたいという。モンゴル人は新しい機械が好きだからである。

夕方、父はまた戦友のウイジン家に行くことになった。節食訓練中の馬の尻尾を整理してもらう為である。ウイジンは有名な馬の放牧者だったからである（一九九一年八月十三日の記述参照）。ところが、数分もしないうちに父は帰って来た。節食訓練中だから、馬に乗らずに引いて歩いていたら、途中で逃げられたという。

「元騎兵でも、馬に逃げられるのだ」、と母は皮肉をいう。父も苦笑いするしかなかった。

夜、ロシアで反政府デモが発生している、と中国の国営放送は報道していた。

一月十四日

中国人がもたらす大地の皮膚病

朝、私達家族三人は豪華なお茶を飲む。夕べ、母が茹でた羊肉をミルクティーに入れ、温めてから食べる。バターとチーズも欠かせない。家族三人が揃って暮らすのは実に久しぶりで、私が小学校に入った一九七二年以来だ、と母は嬉しそうに何回も話す。その為、毎日のようにご馳走が食卓を飾る。実際、この時の約一年間の現地調査は私達家族三人が長期間一緒に暮らした、最後の年となる。その後も私は休みになると日本から帰郷していたが、毎回、滞在期間は短かったのである。

肉を食べる際、モンゴル人は骨を綺麗にする。肉片が少しも残らないよう削り取る。肉を取った後の骨は大概、燃やす。燃やした後の灰は畑の肥料として使う。燃やさずに骨をどこかに捨てると、油が滲み出て、汚染となる。モンゴル人は、草原が汚染されるのを極端に忌み嫌う。しかし、中国人は逆である。モンゴルに侵入して来た中国人の家の周りはどれも汚い。ゴミは散乱し、家の近くはほぼ例外なく沙漠である。灌木を根こそぎ取ってしまうからである。モンゴル人は冬の間だけ、植物の枯れた枝や葉を取って燃料とするが、中国人は全部掘り起こす。

「草原のどこかに円形脱毛症のような場所があれば、絶対に中国人が住んでいるに違いない。だから、モンゴル人は中国人の住むところを大地の皮膚病箇所（yajar-un yar-a）と呼ぶ」、と母は話す。

両親の話を聞いていて、私はふと、ある歴史的事実に気が付いた。

「我が家の西、オバのリンホワ家のすぐ北西に高得功の廃墟（Gaodagong-un tuyur）があるのではないか。あそこだけ、沙漠になっているよね」、と私は尋ねた。

子供の頃、我が家の家畜が西の高い灌木のある草原（Barayun üngdüregüd）に入る際に、いつも高得功の廃墟を通った（前掲地図5参照）。捨てられた家は崩壊し、北側の壁だけが沙漠の上に建っていた。廃墟の北側の窪みに湧き水があり、野生動物はよく集まっていた。周りはすべて良質な草原であるが、廃墟の周り、半径数百メートルだけは草が一本もない沙漠だった。私はいつも廃墟の壁に上って遊んだが、大人達に怒られた。

「あの廃墟は典型的な、中国人が作った、大地の皮膚病の痕だよ」、と両親は証言する。高得功とは、陝西省北部の中国人の金持ちだった。最初は二十世紀初頭に家畜を貧しいモンゴル人に委託放牧していたが、一九三〇年代には一家で侵入して来て住み着こうとした。数年も経たないうちに、灌木を切り倒し、移動もしないで放牧し続けるので、高家の近くは沙漠になった。そこで、祖父と他のモンゴル人達が抗議し、長城以南に帰ってもらった。しかし、彼が住んでいたところは、六十年の光陰が過ぎても、沙漠のままである。

「中国人が作った大地の皮膚病は簡単に治らない」、と両親は嘆いていた。

注

（1）ブレンバヤルこと奇全禧については、地元の『オルドス日報』の一九八八年一月三十一日付に次のような公報があった。彼は一九二三年にジュンワン旗の貴族家に生まれ、一九四一年に国民政府によって重慶に呼ばれ、蒙藏委員会の推薦を経て「国民党中央訓練団第十七期党政班」で研修を受けた。その後はまた「軍校高級班」に編入した。一九四五年五月には同旗の王と共に国民党第六回全国大会に参加し、中央委員に選ばれた。一九四六年秋に「イケジョー盟警備第三区少将司令官」に任命された。国民政府軍の敗退を受けて、ブレンバヤルも共産党と連絡を取るようになる。一九四九年二月三日、彼は共産党中央に手紙を書き、「モンゴル軍を連れて帰順し、党中央の指導に従って革命の為に務める」と表明した。部下二十六人を連れてジュンガル旗の政府所在地シャクジャムニに着いて、人民解放軍と交渉した。二十八日には合意に達し、八月五日に部下を率いてジュンワン旗の大営盤（現アルタンシレー）で帰順（起義）した。九月十九日には更に綏遠県で董其武に追随して、もう一度帰順した。その後、十一月二十六日にイケジョー盟党委員会が新街で第一回人民委員会を開催した際に、ブレンバヤルは盟政務委員会委員兼民政処副処長に任命された。しかし、一九五一年六月二十六日に、「歴史的原因」により、イケジョー盟人民法院から死刑判決を受け、処刑された。その後、一九八七年に名誉が回復された。この公報を公開した人物は王文光と楊虎祥である。ブレンバヤルについては、楊［二〇一八c：五一―五二］に詳しい記述がある。

（2）ウーシン旗の西協理タイジのジャナバンザルが殺害された件について、ガタギン・ネメフは一九九二年五月十六日に私に次のように語った。ジャナバンザルは元々ナソンデレゲル大隊長の部下で、中隊長になっていた。ハラガムト寺の会盟時にもナソンデレゲルの死刑に賛成していた。その後、逃亡したナソンデレゲルがトンガラク河に着いて、ドゥーレンサン師団長の元で兵士を募っていた。ナソンデレゲルの兵士募集に多くのモンゴル人が応じたし、ウーシン旗の王もまた一個中隊の兵を引き渡した。この一個中隊にガタギン・ネメフも含まれ、班長になっていた。一九三八年冬だった。この一個中隊を連れて来たのはイケ・ケレイトの貴族で、ガルザンラブダンという男で、楡林の長官公署に派遣されていたが、この時はオルドスに戻っていた。しかし、ナソンデレゲル大隊長はガルザンラブダンを中隊長に任命せずに、セブダンという人を抜擢した。一年後にはシャルリク寺のラマで、トグデンニマが中隊長になったし、ガルザンラブダンの不満は一層高まった。ガルザンラブダンはそこで何人かの兵士達と義兄弟アンダの契りを交わして、ナソンデレゲルに対して反乱を起こす準備をしていた。それを察知したネメフとセジュール、それにトクトフとオーノス・チローンドルジ（私のオジ）らがガルザンラブダンを逮捕してナソンデレゲル大隊長に渡した。ガルザンラブダンを尋問してみると、背後から唆していたのが、西協理タイジのジャナバンザルだと判明した。その後、偶然にもジャナバンザルが東の盟政府に向かう途中にトンガラク河に立ち寄ったので、これぞチャンスと見たナソンデレゲル大隊長に処刑された。この時、ネメフは既にナソンデレゲル大隊長の側近、伝令兵になっていた。新編第三師団のドゥーレンサンがウーシン旗に赴き、ラドナバンザルこと奇玉山少将に会った際も、ネメフは案内役を務めた。

（3）何知文［二〇〇七：三四］。ナソンデレゲルについては他に『伊盟革命闘争史料』第六輯にも記述がある［中共伊盟盟委党史資料征集弁公室編　一九八五］。また、ウーシン旗の歴史家ナソンバトらはその略伝をまとめ、延安で刊行された関連資料を網羅している［Nasunbatu Sümbürbatu 2008］。

（4）三五九旅は毛沢東の側近、湖南省出身の王震の部隊である。王震は極めて粗野な人物で、後に人民解放軍を率いて新疆を占領し、各地でウイグル人とカザフ人を大量虐殺した。日中国交回復後は「中日友好協会」会長も務めた。

（5）スチンカンルは別の時に、一九四四年冬に結婚した、と私に語ったことがある［楊海英　新間聡　二〇一九：七五］。

（6）オルドス西部のオーノス・オボクの系譜については、楊海英［二〇二一：一〇六―一〇七］を参照されたい。

（7）オーノス・ソムを統率する最後の貴族はアリヤジャブ（Ariyajab）という人物だった。

（8）モンゴル語の原文は“arqas kejü qaraydaqu Ambai oboγ-a aldaydaysan mini nutuγ qamiγ-a bayinu da?”である。

（9）「セジブ塞子」はまた「赤い塞子（ulayan zaiza）」とも呼ばれていた。現在、ワンルク（Vangruγ）という人がその近くに住んでいる。

（10）詩人ドルジニマについては、後日に私は彼に会い、その詩文を日本で公開した［楊　二〇〇七］。

（11）我が家とゲレルチョクト家の間に昔、ジュリン・オボー（Jürin oboγ-a）という聖地があった。そのオボーを我が家の北東、オバのウランドティ家の北に住むダワーという人物が祀っていた。ダワーには一人の娘がいたが、遠くへ嫁いでいった。それ以降、オボーを祀る人もいなくなった。シベル寺のジャラサンという僧もオボー祭に関わっていたという。このように、特定の家のオボーはその家の断絶により、祭祀も途絶えてしまう。尚、モンゴル人のオボー祭祀については、詩人兼民族学者オルトナストによる素晴らしい専著がある［Urtunasutu 2012］。

●第十八章　体験する略奪婚

冬のグルバン・サラー渓谷。モンゴル人はこの渓谷を流れる河を苦手としていた。

「随旗モンゴル人」との通婚

一月十五日

調査ノートを整理したり、集めた手写本を読んだりして過ごしていた。夕方、トリ・ソムに住む親戚が二人、我が家にやって来た。ユルトチン・オボク（Yürtčin）のヤルピル（Yarpil）とその弟のトゥメンケシク（Tümenkesig）である。ユルトチンとは、「天幕屋」との意味である。天幕を作る人なのか、それとも天幕の見守りなのかは、分からないというが、実に珍しい父系親族集団名である。

二人は私の母方のオジ、チャガンチローの姻戚である。母の二番目の弟チャガンチローの夫人アルタントプチ（Altantobči）はヤルピルの妹である。チャガンチローは長男ダブシルトに嫁をもらうことになったので、その結婚式に行く途中に、我が家に寄って一泊することになったのである。ヤルピルの家があるトリ・ソムから、チャガンチローの住むシベル寺まで馬を飛ばすと、まる二日はかかる。その為、彼らが親戚同士で行き来する際は、いつも我が家に一泊していたのを私は子どもの頃から見て来た。

一月十六日

私も母と一緒にオジのチャガンチローの家を訪問し、結婚式に参加することになった。オジのチャガンチローは足に障害があるものの、ずっと小学校のモンゴル語教師を務めて来た。私が一九七二年からグルバン・サラー渓谷の小学校に通っていた頃、途中でモンゴル語教育が中国政府によって禁止され、古城小学校の中国語クラスに統合された時は算数の先生になっていた。とても厳しく、よく怒られたものである。

現在、古城小学校にモンゴル語クラスはもうない。統廃合されて、河南人民公社の政府所在地のサンヨー峠に小さなモンゴル族小学校が一つだけあり、チャガンチローは校長を務めている。生徒数も減り続け、いずれ廃校になると見られている。河南人民公社のモンゴル人の総人口が二千人までに減り、その十数倍もの外来の中国人に囲まれているからである。分布状況から見ると、シベル寺周辺だけに陸の孤島のように数十戸のモンゴル人が住んでいる。ほとんどのモンゴル人は今でも機会さえあれば、シャルスン・ゴル河を渡って北の牧畜地域へ避難したい意志を持っている。とにかく中国人から離れて、同化から逃れようとしている。

中国人社会の同化圧力からの避難もそう簡単ではない。シャルスン・ゴル河以北も草原はすべて個人に使用権が与えられたので、もう新たに移って来るモンゴル人を受け入れる余裕はない。そして、まるでとどめを刺すかのように、シャルスン・ゴル河以北のモンゴル人の娘達は頑として農耕地域、それも中国人と混住する地域に嫁ごうとしない。そうした社会変化を一身に背負わされたかのように、オジのチャガンチローの長男ダブシルトも「随旗モンゴル人《オルマル》」王三の娘と結婚しなければならなくなったのである。

王三は一九三〇年代にテメート・ゴトこと楡林からモンゴルに移って来た中国人である。彼らの二世や三世になると、独特の訛りのあるモンゴル語（čo Mongγol üge）を操り、生活習慣もモンゴル的に変化して来る。彼らは一層の定着を目指して、極力、モンゴル人との通婚を実現しようと努力する。何よりも、モンゴルに侵入して来た中国人達自身もその娘を長城以南に嫁がせようとは絶対にしないのである。

オジのチャガンチロー家と王三家はこうした事情から、通婚することになった。ダブシルトは二十二歳で、相手の娘は二十歳になる。私の両親も含め、親戚達は「随旗モンゴル人」との結婚に賛成しなかったが、反対もしなかった。もう風前の灯になって来たシャルスン・ゴル河以南のモンゴル人達をこれ以上困らせても意味がないと悟っているからである。しかし、ソム政府はすんなりと婚姻届を受理しようとしなかった。若過ぎるからだ。法的には結婚できる年齢に達しても、人口抑制政策から二人とも二十五歳にならないと受け付けないのが現状である。

農耕地域に住み、相手が「随旗モンゴル人」であるとはいえ、式は古くからのしきたりに従う。いや、純粋にモンゴル風に式をおこないたい、と強く求めて来たのはむしろ王三の方であった。したがって、私は既に一度、昨年末に結婚式を観察したとはいえ、今回は全く異なる意義を感じたし、親戚関係もあるので、参加することになったのである。

オルドス・モンゴルの婚姻儀礼に即して言えば、一月十六日は「新郎の日の前夜祭」に当たる。この日には遠いところの親戚達が集まる。オトク旗やウーシン旗政府所在地のダブチャク鎮、シャルリク・ソムとトリ・ソムに住む人達が次から次へとやって来て、羊の丸煮を土産として出した。

私は新婦を迎えに行く「武装者集団《サーダク》」に加わるよう依頼された。酒が飲め、詩文の問答と歌が歌える人でないと行けないので、一度は断った。しかし、「武装者集団」になれば、馬に乗れるし、しかも深夜に草原を「行軍」できるので、やはり引き受けた。

私はとにかく大勢で馬に乗って疾駆するのが、子どもの頃から大好きだった。一九七〇年代にチョーダイ平野に夏の間に移動した際は、近所中の子ども達を集めては朝から晩まで競馬に励んでいたものである。競馬はギャンブルではなく、モンゴルでは子どもの最高の遊びである。一九七五年春にチャガンチローの兄、チャガンホラガの長女エルデンチメグを遠くのオトク旗へ嫁がせた時、私達親戚は数十頭の馬に乗って送り届けた。モンゴルでは、新婦を新郎の家に送り届けるという儀礼は非常に厳かにおこなわれる。相手側の「武装者集団」に丁重に先導されながら、静かに前進する。当時、私の乗った馬は足が速く、ついつい先導される「武装者集団」を越えてしまった。それは失礼な行為になるので、両親に叱られたのを覚えている。馬も騎手の性格を読むので、私が乗ると、どの馬も速く走りたがるらしい。

　オジのチャガンチロー家の「武装者集団」は馬が足りない。農耕地帯だから、馬がない。モンゴル人はまた、馬を他人に貸すのを極端に嫌がる。[1] いろいろと親戚達に挨拶し、粘り強く交渉した結果、ようやく馬四頭が揃った。四人から成る「武装者集団」である。チャガンホラガの長女エルデンチメグの夫グルチャビリク（Qurčabilig）がリーダーで、二番目は私で、三番目は母の妹バーワーの娘婿、そして新郎のダブシルトである。明日の深夜に、私達は「武装」して「新婦」を「略奪」しに出かける。

「武装者集団《サーダク》」は接待を受けるので、私は何も手伝うことをしなくなった。他の親戚の若者達は懸命に働いている。羊の丸煮の調理と庭の掃除、それに食器の調達等をハダチン・オボクの若者や娘婿達が手分けしてやっている。母方の祖父オトゴンと祖母ロンホは嬉しそうに式の準備を見守っている。深夜の十二時に寝た。明日の「略奪」の為に、体力を温存する必要があるからである。

一月十七日

悪霊祓いの儀式

オジ一家も、客人もみんな早く起きた。今日は「新郎の日」で、親戚の人達は朝の六時から準備にかかった。家の中の家財道具を外に出し、来客が座れる場所を確保した。叔父のチャガンチローはまた次男のコグジルトを親戚の家に派遣し、働き手を呼びに行かせた。

八時半にお茶を飲む。炒ったキビと揚げパンのボルサクが中心で、乳製品と茹でた羊肉はない。農耕地帯らしい食卓である。母は少し、乳製品を持って来たが、それは明後日に新婦側の親戚達をもてなすのに使う予定らしい。

お茶の後、私はオジについて祓いのドム（dom）の手伝いをした。ドムには色んな種類がある。病気になった場合は身体を揺すったりするドムがあれば、悪霊を追い祓うドムもある。オジの場合だと、実は長男の結婚式に相応しい吉日が今月になかった。それに、相手は「随旗モンゴル人」と自称していても、実際は中国人である。それでも、結婚式を急いだのには理由がある。母方の祖父母が高齢に達し、死ぬ前に孫の結婚を見たいという願望が強かったからである。いわば、さま

写真18-1　祓いのドムを家畜小屋でおこなうオジのチャガンチロー。（1992年1月17日）

ざまな事情から強行された結婚式である。

オジの実施する祓いのドムは、シャーマンからもらった符という紙を家の東西南北に持って行って処理することを指す（写真18―1）。

まず、ゴキメ（γokim）という人の姿を描いた紙を家の南西方面に持参し、「捨てる」。それから、家の北では、鏡の破片（siben toli）を「埋める」。続いて家の南に戻り、「日月山」との漢字が書かれた牌を「立てる」。そして「鼠の革袋（quluγun-a-yin tulum）」を天に向かって「投げる」。牛の頭と右側の大腿骨（baraγun qa）を「どこかに埋める」。

これらの儀式を済ませてから一旦、室内に入り、「空虚の女人（kei emegtei）」二人を描いた紙を他人が気づかないように扉の裏に「掲げておく」。続いて家を出て、「黄色い牛の頭（sir-a üker-ün toluγai）」を家畜囲いの中に「置いておく」。次は「アシダルの行司（asidar-un jasaγul）」を家の中の食器棚（ergeneg）の裏に「置く」。アシダルとは、ご飯粒で作ったニワトリで、嘴には肉片を付ける。その肉片を「蛙の肉（melekei-yin miq-a）」と呼ぶ。

また、ご飯粒で蛇の本体を、黒い糸でその舌を作り、口に蕎麦の粒を入れて庭の石の下に「入れておく」。それから泥でもう一つの蛇を練り、口の中に干し葡萄を入れ、全身を赤く染めてから高い塀の上に「乗せて置く」。

こうした作業を一通り終えてから、「虎の皮（bars-un arus）」を用意する。紙に虎を描き、鏡の破片と共に赤い布で包んで、夕方五時に家の北側に行き、「木から掲げる」。これで祓いのドムはすべて完了したことになる。四方からの一切の邪悪な力（dörben jüg-ün mayu yoru）による阻害を防ぐことができるという。

一連の祓いのドムは十一時半にようやく終わった。祓う際に、特に重要なのはその行為、すなわち「動詞」であるのが特徴的である。護符はそれぞれ描かれた存在を象徴している。動詞形の表現には邪悪な存在を封じ込むようとの期待が寄せられているようである。

祓いのドムはシャーマニズムのしきたりであるが、チベット仏教の加護も欠かせない。オジと私の二人がシベル寺に行き、灯明を献上し、香を燃やした。袈裟（örkemji）を纏ったラマはオジに「大紅司命主のご加護（Jamsereng-ün jakiγuruγči）」と「吉祥八瑞（öljei qutuγ naiman gegegen）」というお経を吟唱した。「大紅司命主（Jamsereng）」はシベル寺の主尊である［楊　二〇二一a：五〇］。帰る際に、ラマは私達に清めに使うキビ（tariγu）を渡した。

午後二時に、新郎の父であるオジのチャガンチローは正式に「結婚式の主賓（qurim-un erkilegči）」と「管財人（demči）」をそれぞれの親戚から一人ずつ招請した。新郎の母方のオジ（nayači）である人が主賓を務めるというユーラシアの遊牧世界の伝統は維持されている。オジ自らが酒を二つの杯に注いで、丁重に要請する儀式である。ここから宴会が続き、夕方五時半に羊肉の煮込み料理が出された。

あたりがすっかり暗くなった夜七時に、祖先に供物を燃やす儀礼（yekes-tü tülisi öggügkü）儀礼がおこなわれた。南西のウルンとジャングート方向に向かって、結婚式の為に用意したご馳走類をすべて一式揃えて供物として燃やす。供物を調理する際に塩や調味料を加えないようにする。

「略奪」に出る「武装者集団」

供物を燃やしてから、いよいよ「武装者集団《サーダク》」の出陣である。私と他の二人も新郎を連れていく「武装者集団」の一員として、正式な要請を受けた。儀礼用のお茶から始まり、そして本格的なお茶という風に、二度の茶を飲む。棗と「白い食べ物」の乳製品を賞味し、酒も勧められる。壮行会である。

「武装者集団」は八時に一度出発した。これも占い師による指示で、「偽装出発」である。「略奪される」相手側に出発の時間が探知されない為の工夫である。まず、北に向かってしばらく走り、それから東へ馬を飛ばす。家の周りを一周してから戻り、夜の本格的な出発に備えた。

しばらく宴が続いてから、夜の九時に羊の丸煮が出された。丸煮の後は伝統的な煮汁ご飯（silüütei buday-a）である。こうした豪華な食事を終えてから、「武装者集団」は本格的に出動する。その際に、「四皿の献上品（dörben degeji）」を持参する。献上品はパンで、焼き印の付いた丸いパンである。パンの中に棗や黒砂糖の餡が入って、一皿は十個からなる（写真18―2）。その内の二皿は「親族の献上品（törül-ün degeji）」で、他の二皿は「新婦への献上品（sine kün-ü degeji）」と「子宝の献上品（keüked-ün degeji）」である。パンの他に塼茶二個を新婦の両親に、赤い絹を新婦に、多数の五元札を子ども達にそれぞれ用意した。

写真 18-2 儀礼用に盛ったパン。必ず上に棗か乳製品を載せる。

私達四人は新婦用の馬も一匹牽いて、夜の十時十五分にシベル寺近くに住むオジ家を出た。北へ向かう途中、モンゴル人が苦手とするシャルスン・ゴル河を無事に渡る。橋があるので、一九四〇年代とは異なる、と私は内心思った。河を渡ってからひたすら北へ向けて馬を飛ばす。しばらくすると、チャンホク地域のナリーン・チャイダム（Narin Čayidam、「細い平野」との意）に入る。私が子どもの頃に母方の祖父母の羊を放牧していた場所で、内モンゴル人民革命軍の第十二連隊が一九二八年六月中旬に内紛を起こした舞台でもある。同じ草原でも昼と夜とでは風景がまるっきり違うが、北斗七星がきらきらと輝いているので、方向を失う心配は全くない。

夜の十一時過ぎに、先方に火が見えた。新婦の家が焚火を二つ用意している。私達はその二つの焚火の間を通らなければならない。古代から続く祓いの儀式である。ヨーロッパの使節がチンギス・ハーンの長孫、バト・ハーンに中央アジアの陣中で謁見しようとした際も、二つの焚火の間を通るよう命じられていた［カルピニ／ルブルク　一九八九：一二］。

新婦側の焚火が見えたら、威勢よく走らなければならない。馬を疾風のように飛ばして焚火の間を通過し、出迎えの人だかりのところでぴたっと止まるようにする。これも略奪婚時代の遺風で、相手側の女性を瞬時に奪わなければ失敗に終わるからである。私達四人が馬から降りると、新婦の父親の王三と新婦側の管財人《デムチ》、新婦側の「結婚式の主賓」バヤンゲレル（Bayangerel）、趙エルケ（Qariyačin Erke）らが待っていた。手綱を若者達に渡し、地面に敷いてあった白いフェルトの上でパンと「白い食べ物」のヨーグルトを賞味した。そして、家の中へ入ろうとすると、何と扉がフェルトで塞がれているのではないか。

「毎日のように塞がれる扉か、それとも私達を見て塞いだ扉なのか[2]」

と我々のリーダーであるグルチャビリクは楽しそうに尋ねる。彼は詩文が上手く、大酒飲みで、歌も上手な人だから、私達は安心している。すると、相手側のホンジンはまた問うて来た。

　どこの誰か分からない一団だ。
　武装している姿を見れば、
　客人には見えない。
　勢いよく走っている姿を見れば、
　キャラバンには見えない[3]。
　……

このようなやりとりを交わしながら、相手が気を緩めた一瞬の隙を狙って、私達は家の中に突入した。家の中では楽器が演奏され、歌と踊りが披露されていた。完全にモンゴル風の結婚式である。娘をモンゴル人に嫁がせている王三はよほど力を入れている意気込みが伝わって来た。私達はしきたりに従い、新婦側の親戚達と嗅ぎタバコを交換して丁寧に挨拶し、持参品を渡した。それからはずっと夜明けまで宴会が続いた。私の小学校時代の同窓生の王光前と王光堂兄弟、それに任有平と劉鎖来達も来ていたので、久しぶりの再会を祝い、酒杯を交わした。彼らは私と同じ年で、皆、長城以南から入植して来た中国人の子ども達であるが、既に結婚して子ども二人いるという。しかも、実家から独立してそれぞれ一戸建ての家を草原に建てている。前日に草原を通った際に、あちらこちらに中国人入植者の村落ができていた。私が子どもだった時代は誰もいなかった草原である。中国人の人口増加で、モンゴル人の草原が狭小化していく時代を私と同窓生達が共有しているので、実に複雑な気持ちである。

一月一八日

儀礼化された略奪婚時代の遺風

翌日の昼過ぎ、食事を終えてから、私達のリーダー、「武装者集団のボス（qur-a-yin amban）」が嗅ぎタバコを取り出して、新婦側の主賓に「新婦さんを送り届けるよう」要請した。午後二時に、私達は新婦を連れて外へ出た。その際に、新婦は行かないと泣く演出をするし、彼女の友達らも行かせない、と儀礼的に阻止する。本来は、深夜のうちに新婦の髪型を娘のものから既婚婦人のスタイルに結い直す（üsü qayalaqu）。この際の髪型を結い直す人物は夫婦円満で、人望のある人が選ばれる（写真18―3）。新郎新婦はその夫婦を「髪結いの両親（üsü qayalaysan ečige eke）」として生涯にわたって尊敬する。王三家では、この儀式は省略されていた。

私達は新婦を馬に乗せてから自分達の馬に跨った。そこへ、酒を持った男達が何人か現れた。「鐙を強く踏ませる酒（dörige čingyarayulaqu ariki）」である。かつては二度蒸留した酒（araja）が用いられる。当然、二度蒸留した酒は度数が高く、すぐに効いてくる。「鐙を強く踏む」とは、威風堂々と出発するようとの願いが託された表現である。

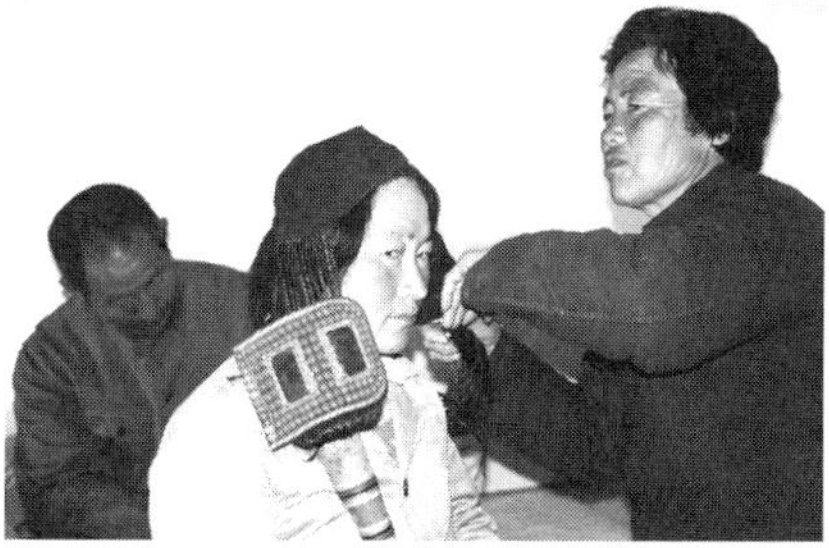

写真 18-3　髪型を結い直す風景。実際の結婚式ではなく、このように結い直す、と母と近所の夫人スチンゴワが私の調査の為に演出してくれた。(1992 年 2 月 14 日)

新婦側は三匹の馬と馬車一台、それにトラック一台に分乗して出発した。途中、先導する私達は複数回、馬を止め、「ぜひ新婦さんを送り届けるよう」招請する。新婦側も極力、「武装者集団」の足跡の上を覆い被るようにして行く。こちらは、人数が他人にばれないようにする為の工夫である。すべて、略奪婚時代の習慣が儀礼化したものである。

写真18-4　結婚式の宴会の風景。画面右は主賓で、その左は母方の祖父母。（1992年1月17日）

シャルスン・ゴル河を南へ渡ってから、ムンクダライ家の近くで私達はもう一度、新婦を送り届ける人達に酒を振るってから一直線で新郎家へ馬を飛ばした。午後四時にオジのチャガンチロー家に着き、二度の茶を飲みながら新婦側での様子を詳しく報告した。新婦側の結婚式の主賓の名と管財人の名、新婦を送ってくる親戚の人員構成等について説明し、対応を確認した。

午後四時半過ぎに、新婦を送って来る陣営が見えた。ここから二度にわたる出迎えが必要となってくる。まずは「大きい出迎え（yeke uɣtaɣul）」で、新郎側の管財人デムチともう一人が遠くまで出迎える。しばらくしてから、新郎の両親自らが出迎える。こちらを「小さい出迎え（baɣ-a uɣtaɣul）」と呼ぶ。

一同を迎え入れてからは、二度のお茶を出し、挨拶を交わしてから夜の七時に煮込み料理が出された。夜の十一時に新婦の挨拶が終わり、モンゴル名が付けられた。ウランチメグ（Urančimeg、「匠の飾り」との意）との名が披露された。かくして、中国人王三の娘、王蘭蘭がモンゴル人のウランチメグに生まれ変わったのである（写真18—4）。

モンゴルの結婚式では大抵、深夜になると、新婦を送り届けて来た親戚の一人や二人が「怒り出して不満を表す」。羊の丸煮の盛り方が問題だとか、酒の飲み方がマナーになっていないとかで、盛り上がる。新郎側は礼を失することなく、「怒りを鎮める」よう演じる。今回、王三の弟、王四もそれを演じたかったが、「中国人のくせに、モンゴルに来て何を威張っているのだ」、と若者達に睨まれたことで、すぐに収まった。

私は前の夜には一睡もできなかったので、肩凝りがひどかった。オジの隣に住むイトコの家に行き、カッピング（抜火罐）してから寝た。

一月十九日

深夜の廃墟再訪

次の日の朝、私達は新婦から出されたお茶を飲み、しばらく宴会に興じた。そして、昼過ぎに新婦の実家の親戚達は帰った。私達「武装者集団」と管財人はお礼として塼茶を一個ずつオジから配られた。

午後になると、私の馬が不機嫌になって来た。二日間も走り続けた疲労よりも、自由に動けないので、ストレスが溜まっているらしい。我が家にいる時は草原を歩き、自分で草と水を飲む。しかし、ここシベル寺周辺は農耕地帯で、馬が自由に散歩できるスペースは全くなく、終日、繋いでおかなければならない。それに、飼料として出されたキビの切り株も気に入らないらしいから、ほとんど食べていない。毛色も良くなく、やつれている。帰ろう、と言わんばかりに、私を見ると、嘶く。近づくと嚙もうとする。仕方ないので、オジからトウモロコシを少しもらって食わせた。

　夜、私はシベル寺の北西に住むムンク（Möngke、七十代）というキヤート・ボルジギン・オボクの貴族家に行き、話を聴いた。彼の家は中国共産党によって破壊されたシベル寺の廃墟内にある。厳密にいうと、かつて寺の住職ダーラマの邸宅の廃墟に住んでいる（写真18―5）。漆黒な夜でも、私は路を熟知している。実は母方の祖父の次女で、私の母の妹バーワーはムンクの長男バルライ（Barlai、故人）の嫁である。私は一九七四年に約一年間、オバのバーワー家から古城小学校に通っていた（一月十一日の記述参照）。結婚したばかりのバーワー夫婦は義父のムンク一家と同居していた。モンゴルは末子相続制である。息子達は結婚すると、次から次へと独立していく。しかし、社会主義時代だったことと、農耕地帯に住んでいたことで、長男が独立して家を建てる空間はなかった。シベル寺周辺はすべて長城以南から侵入して来た中国人に開墾された為である。

写真 18-5　中国に破壊されたシベル寺の住職の家の前を歩くラマ達。（1991 年 8 月 25 日）

　ムンク家への道は昔と変わらずに、破壊されたシベル寺の瓦と煉瓦の破片だらけである。中国人に倒された二基の仏塔の間を通り、「五・七幹部学校」の建物の北側にムンクの家がある［楊　二〇二一a：四九］。「五・七幹部学校」とは、文革中に粛清された幹部達の強制収容施設である。全員、紺色の人民服を着た囚人達が大きな茶碗を持って食事していた風景を子どもの私が遠くから眺めていたものである。

　ムンクとその夫人のメンチン（Menčin、七十代）は私の訪問を歓迎してくれた。

　「本の虫がますます本から離れられなくなっただろう」、と夫人のメンチンが笑いながら茶を入れてくれた。小学三年生だった私は友達から借りた禁書をムンク家で読み漁っていた。電気がなかった時代で、オバのバーワーの部屋よりもランプが明るかったし、ムンク夫婦もその禁書の内容が知りたかったからである。禁書とは、『三国志』と『水滸伝』の絵本（小児書、連環画）だった。『三国志』も『水滸伝』も殺人のシーンが多い。暴力的な話になると、メンチンはいつも嫌がり、部屋から出て行ったのを覚えている。ちなみに禁書を私にこっそり貸してくれたのは、中華民国時代にウーシン旗王府衙門の写字生をしていたボルルダイ（Boruldai）という人の孫である。ボルルダイは私の母方の祖父オトゴンと同じ私塾に通っていた知識人で、字が上手かった。後日、私は彼が保管していた同級生は現在、アメリカで研究生活を送っている。

モンゴル語の手写本を譲り受けた。禁書を貸してくれた同級生は現在、アメリカで研究生活を送っている。

ムンクによると、現在記憶している祖先の名はアムールサナだという[4]。アムールサナから始まり、ムンクの祖父であるノムーンまでは長城のすぐ北側のトゥーキ・トーリムで遊牧していた。ダー・クレーの貴族と同じ系統で、ホトクタイ・セチェン・ホン・タイジの後裔である。清朝時代からはずっとイケ・ケレイト・ハラーに属し、同じリーダーのダー・タイジに管轄されて来た。最後のダー・タイジはナランゲレルという人物だった。貴族は大抵、男子が生まれたら、三歳の時にダー・タイジが管理する系譜に書き込んでもらう。その際、銀貨（siyangyang）三枚をダー・タイジに渡す。

中国人の侵入を受けて貴族達も北上したのは、一九一〇年頃のことだった。最初はシベル寺の東、イケ・シベル平野に住んでいたが、一九三〇年代後半になると、毛沢東の共産党が現れ、無数の中国人農民を連れて来て罌粟を作った。紅軍に守られた中国人達はイケ・シベル平野の水の多いところで溜め池（čirman qudduγ）を掘り、一望無尽の罌粟畑を開拓した。罌粟農家の中国人から逃れようとして一族はシャルスン・ゴル河を北へ渡ってチョーダイ平野の一番北の方、現在、チャガンボンドンという人が住んでいるところへ移動した。貧困化が進み、金持ちの中国人商人の「辺客」の家畜を委託放牧した。しかし、一九三七年になると、ウーシン旗とオトク旗が境界をめぐって激しく対立するようになると、再び南下してシャルスン・ゴル河のグルバン・サラー渓谷に逃げた。天幕を張る財力もなくなったので、横穴式の住居窰洞に入った。

「窰洞は貧しい人間、生活していけない人間が住むものだ。長城以南の中国人を呼んで来て、掘ってもらった」、とムンク夫妻は語る。窰洞には十五年間も住み、その後シベル寺の近くに移り住んだ。当時は羊の放牧をしていた。

実はムンクの夫人メンチンも貴族の出身である。二人は珍しく、キヤート・ボルジギン・オボク同士の結婚である。

「封建社会の枠を打破しよう、社会主義時代の新しい風俗習慣に従おう、と政府に勧められて結婚した」、と二人は証言する。勿論、この結婚に両家共に抵抗感はあった。夫人はバガ・ケレイト・ハラーに属していたので、ハラーが異なる上、既に七世代以上分かれていたので、結婚が許されたそうである。

一族は一九五〇年から少しずつ畑を耕すようになる。一九五八年に人民公社の成立に伴い、個人が所有していた家畜はすべて中国政府に没収された。そして、まもなく誰が農業に携わり、誰が放牧するかも、一方的に決定された。政府に没収されてたまるものか、と公言して一夜で家畜を屠ってしまった人もいた。それも、一種の抵抗である。

貴族達の聖地オボーはチャンホク平野の南西部、オチル・ホラホの東にある。毎年「オルドス暦の八月（太陰暦五月）十三日」に祭がある。ちなみにオチル・ホラホは同じ月の二十五日に祀る。長いこと禁止されていた祭は一九八九年から再開し、ダー・クレーの貴族達も集まった。ラマも数人来る。羊の丸煮はなく、乳製品と穀類を献上する。農耕地域に住むモンゴル人に羊の丸煮を供出するほどの経済力がないからである。

写真 18-6　結婚したばかりの時のオジ夫婦。

ムンク夫妻の話を聴いてから、オバ家へ戻る。満点の星空の下で、中国人が破壊した白い仏塔の残骸が幽かに光っている。チベット仏教がモンゴルに再び伝わった十六世紀に建てられた最初の寺だと信じられている名刹も今やない。革命に破壊はつきものであろうが、身を以て体験できるのは辛いものである。

一月二〇日

朝起きて顔を洗うが、髪の毛が汚れて気分が進まない。速く家に帰って体を拭きたくなった。昼過ぎに母と家路につくが、馬は人間よりも気持ちが逸っているらしい。帰巣本能からか、家の方向へ向くと、私の馬は鞭で叩かなくても、ずっと小走りを続ける。途中のダンハイ平野まではオバのハスチチク（Qasčičig）も同行した。彼女は母の三番目の弟、バヤンドルジの妻で、実家がダンハイ平野にある。一九七七年春に結婚した際、両親は仲人だった。また、その年の秋から私が河南人民公社の農業中学校に入った時も、しばらくは新婚の彼女の家から通っていた。当時は食べ物がなく、死んだネズミの混ざった学食しかなかったので、時々、オバがご飯に呼んでくれたので、私の恩人である。彼女は美人で、馬の乗り方も上手い。オジは退役軍人で、気象士である（写真18―6）。地元で評判の夫婦である。

夕方、家に着き、結婚式の分け前（qurim-un qubi）を父に手渡したら、美味しそうに食べた。

一月二十一日

草原の「国際結婚」の意義

今日は太陰暦では大寒の日であるが、暖かく晴れている。午前中はノートを整理し、両親の意見も聴きながら、結婚式の感想をまとめた。

今回の結婚式はモンゴル人と中国人が通婚した、珍しい一例である。まだ両民族の通婚が非常に少ないオルドスにおいて、かなり話題になり、広く注目されている。(5) では何故、この民族間の通婚が成立したのだろうか。まず、モンゴル人の新郎側には以下のような事情があった。

第一に、モンゴル人の嫁がもらえないという客観的な条件に縛られている点である。モンゴル人は今、ほとんどがシャルスン・ゴル河の北の牧畜地帯に住んでいるが、河の南の農耕地帯に娘を嫁に出そうという人は皆無に近い。モンゴル人は中国人のように毎日、土をいじる農作業は苦行で、落ちこぼれた人間のする仕事だと理解している。また、そのように農民となったモンゴル人を「周縁化したモンゴル（jaqar-un Mongγol）」、「中国化したモンゴル」と見なしている。元々、シャルスン・ゴル河以北のモンゴル人も中国人の侵入を受けて北上した人々である。娘を南の農耕地帯に嫁がせて、再度、中国人と接触するのを極力、避けようとしているからである。

オジのチャガンチローも最初はシャルスン・ゴル河以北の複数のモンゴル人に仲人を送ったが、すべて断られた。仕方なく、同じく牧畜地帯のモンゴル化した中国人とも縁談を持ちかけたが、それも拒否された。モンゴル人化した元中国人はそもそも、自分達は長城以南から来たという過去を認めようとしないし、地元のモンゴル人以上にモンゴル人との結婚を理想としている。例えば、以前にも触れたボル・クデーの苗一族の娘達は癖のないモンゴル語を話し、家でもモンゴル人の生活習慣を堅く守っている。周りのモンゴル人も苗一族の娘達を中国人と見ないので、全員、オトク旗のモンゴル人の嫁になっていった。オトク旗の方が、ウーシン旗よりもモンゴル文化が濃厚に残っているからである。

牧畜地帯のモンゴル人からも、モンゴル化した中国人からも求婚を謝絶されたのを知った王三は積極的にオジに働きかけた。王三もその娘もモンゴル語が話せるし、生活習慣もある程度モンゴル化しているということで、親戚達もその結婚に同意せざるを得なくなったのである。

第二、オジの家庭事情も通婚を急がせた。祖父母はもう七十代に達し、いつ亡くなってもいい年齢になった。一日も早く孫を結婚させ、曾孫の顔を見たいとの願望が強いそうである。オジのチャガンチローは体が不自由で、生涯にわたって小学校の教師を務めて来たが、都市戸籍ではない。都市戸籍ではなく、農村戸籍だと、長男との同居は不利になる。政府から与えられる土地も少なくなる。もし、今のうちに長男を独立させて世帯を別々にすれば、少しは余分に土地がもらえる。その為には、結婚を急がなければならなかったのである。

次に中国人の新婦側の状況を見てみよう。

王三の父は一九三〇年代にテメート・ゴト（楡林）からやって来た物乞いであった。貧しく、一家にズボンが一枚しかなく、誰かが来たら、そのズボンを穿いた者だけが掘っ建て小屋の前に立って対応していたほどである。一九五〇年以降、中国政府は彼らをモンゴルに定住させた時から、豊かになった。

王三はモンゴルで生まれ育っている。何回か長城以南の親戚を訪ねたことがあるらしいが、二度と中国本土に帰ろうとしなかった。モンゴルに定着する為にはモンゴル人と通婚するのが一番良い方法だ、と彼らは考えている。現在、五十代の王三の世代は中国人同士の結婚が普通だが、その子供達となると、陝西省や山西省との通婚を望まないように変わっている。しかも、同じく牧畜地帯の中国人同士でも、裕福な者ほどモンゴル化が進み、モンゴル人との通婚も多い。王三も、シャルスン・ゴル河以北の中国人に娘を嫁がせたかったが、その希望は実らなかった。

両家が結婚を決めた時に、以下の点を確認し合ったそうである。

一、両家共に式は完全にモンゴル風でおこなう。王三家でも、結婚式の主賓と管財人デムチはモンゴル人が担当する。

二、中国人は娘を婚出させる際に巨額の「彩礼」（花嫁代償）を新郎側から取り立てる。現在の河南人民公社では少なくとも「彩礼」は一万元に上るが、王三家はそれを要求しない。

三、新婦を送り届ける際の中国人親戚の人数を極力少なめに抑え、結婚した後も中国人親戚とは一切、付き合わないようにする。中国人の親戚はすぐに金品や物質の援助を強請るので、それを事前に封じ込んだのである。

四、新婦を双方の親戚達の前で、モンゴル人として受け入れる。具体的には赤い頭巾を外して、顔を披露してから姑に挨拶する際に、モンゴル名を新たに付けることだった。これは一種の再生儀礼であり、彼女の場合は中国人からモンゴル人に生まれ変わったことが演出されたのである。

「結婚式は良くも悪くも、三日の噂（sayin mayu γurban edür-ün qurim）」と母は感想を述べた。モンゴル草原では結婚式の後に、多くの詩文が流行する。新郎や新婦の様子から式で酔った人達の様子等が描かれる。果たして、オジの家の「国際結婚」について、どんな詩文が創作されるのか、集めてみようと思った。

ノートの整理が一段落してから、母に髪の毛を切ってもらった。子どもの頃以来のことである。隣のエケレース家の子どもが遊びに来たので、雑談した。午後、父は「随旗モンゴル人」の陳五の家へ脱穀に行き、母は新しい枕を作り出した。私は他所からやって来た他人の牛を追い払ったり、羊に水をやったりして過ごした。夜、自家発電機で照明を付け、テレビにスイッチを入れる。中国が、旧ソ連邦から独立したベラルーシと外交関係を結んだとか、「中国少数民族対外交流協会」が成立したとかのニュースが流れていた。

「我が内モンゴルも独立し、いろんな国々と外交関係を結べたら、どんなにいいだろう」、と父は嘆く。

「今のは反革命的な発言だわ」、と母は笑う。モンゴル人は中華人民共和国成立後に徹底的に弾圧されて来たが、それでも、両親の反抗精神は衰えていないのである。

注

（1）モンゴルには「春の馬は敵に貸す。秋の馬は父親にも貸さない（qabur-un mori ösiyeten-dü ög, namur-un mori ečige –degenči öggükü ügüi）」という言い方がある。春の馬は摂食訓練で痩せる必要があるので、容赦なく乗って酷使する敵に貸す。秋には逆に肥らせる必要があり、自分の父親にも貸さないとの意味である。

（2）モンゴル語の原文は“edür edür daradaγ egüde buyu, bidanar-i üjiged daradaγ egüde buyu?”である。

（3）モンゴルの原文は次の通りである。“qamiγ-a-ača morilan saγadaγsan kümüs bayin? qur saγadaγ-tai yabuju bayiqu-yi čini üjebel, geyičin jočin siγ qaraγdaqu ügüi bayin-a, qurdun jiroγulju yabuqu-yi čini üjebel, qudaldaγan-u yabudal-un kümün siγ qaraγdaqu ügüi bayin-a.”

（4）オルドス西部シベル寺付近のボルジギン・オボクの系譜については、楊海英［二〇一一：一〇八］を参照されたい。

（5）内モンゴル自治区におけるモンゴル人と中国人との通婚について、オンドルナによる優れた調査研究があり、東部ウラーンハダ地域の事例を中心としている［温都日娜　二〇〇七］。

●第十九章
中国人が売春するモンゴル人の自治区

我が家の寝室のドア。伝統的なモンゴルの文様が描かれていたが、文革期に禁止され、代わりに中国風の花鳥風月が装飾となった。

一月二十二日

農村の陣地を守る社会主義教育

中国政府は見える形と見えない形で国民をコントロールしようとしている。どこにも行かずに実家にいたが、見えない中国を実感した一日となった。

晴れた暖かい日となったので、母はロバとガサクを借りる為に、隣のサンジャイ家に行って来た。ガサクとは、ロバに轢かせる車だ。明日、私をシャルリク・ソムまで送る為である。シャルリク・ソム政府所在地を経由して、ウーシン旗政府所在地のダブチャク鎮に行こうと計画している。私が馬に乗り、調査用のカメラやノート等の荷物はロバ車のガサクに乗せる。そして、母は帰りに旧正月用の買い物をする予定である。父は、陳五家に脱穀に行った。明日からの調査に備え、ノートを整理したり、カメラの手入れをしたりして過ごした。

お出かけから帰って来た両親によると、政府は少しずつ「聯戸」すなわち複数の牧畜民が聯合して草原を畑として利用するよう勧めているという。個々の牧畜民が畑を開拓するのは禁止されているが、共同体で農耕を広げるのは推奨されている。矛盾に満ちた政策だが、既にバガ・ゴル河沿線のハスチローとボジン・チャイダムに住むバトジャラガルらが「聯戸」する動きを見せているらしい。「聯戸」が実現した場合に、税金が免除され、国からの援助も見込まれるらしい。

また、政府は「社会主義教育運動」も今春から強化する、と宣伝している。共産党中央が公布した「四十号文件」という公文書を学び、「社会主義思想で以て農村の陣地を守る」との宣伝である。ソ連崩壊の後、西側諸国からの「平和のマスクをかぶった秘密の干渉を防ぐ」為だそうである。西側諸国に日本も含まれているので、留学先から帰って来た私は当然、監視の対象となる。

人民公社の崩壊に伴い、それまでに各地に存在していた生産大隊や生産小隊の本部は解体され、建物も残らなくなったので、政治学習の会議をどこで開くかの問題が出て来ている。今までは牧畜民の家が「臨時の本部」として順番に使われて来たが、もうみんな嫌がっている。幹部も参会者も皆ただで飲み食いするからである。人民公社が崩壊する以前は、幹部達がどこかの人家で飲み食いしたら、金と食糧配給券（糧票）を残すようしていた。しかし、現在は羊をただで屠るよう求める幹部もいるという。

一月二十三日

「風の馬」の掲揚

旅に出るのに最高の晴れた日である。朝のお茶を飲んでから母と二人でシャルリク・ソム政府所在地を目指した。ロバ車のガサクのペースに併せると、十五キロの道は二時半かかる。物心がついた時から、何十回も行き来した道である。この道はそのまま東へとダブチャク鎮、テメート・ゴトこと楡林城へと通じるキャラバンの道でもある。清朝の康熙帝がジュンガル・ハーン国のガルダン・ハーンと戦っていた頃、西のイルガイ・ゴト（銀川）に入った際も、恐らくこの道を通っただろう。他にルートがないからだ。近代に入ると、内モンゴル人民革命党軍も中国人匪賊集団も皆、ここを通過した。そして、国民党も共産党もまた往来した。

シャルリクでは西公シャンの王女スチンカンルと再会した。もう一度、前回の話の続きを聴きたかったが、旧正月の用意で忙しくなって来たので、新春になってからがいいと言われた。

「貴方のお祖父《じい》さんは毎年、旧正月一日の日が昇る前に我が家の西公シャンに挨拶に来ていた」、とも付け加えられた。いやいや、これは私にも同じ行動を取れ、と言っているように聞こえたので、慌てて退出した。旧正月になったら行くけれど、一日の太陽が昇る前は無理だろう。それにしても、清朝と中華民国時代のモンゴル人達はその殿《ノヤン》にどれほど忠誠だったかは、祖父の行動を見れば分かる。

スチンカンル家から出て来て、オジのドルジのところに行った。この前は彼が保管していたオーノス一族の家系譜の手写本を書き写し、話を聴いた。旧正月が近い為、シャルリク・ソムのモンゴル人達はドルジのところに来て、「風の馬」の新生（kei mori-yi amilaqu）をしてもらっている。

オルドスのモンゴル人は皆、門前に「風の馬」を立てる。ドルジによると、モンゴル人はチンギス・ハーンの時代は武器類を天幕の外に立てていたが、後にチベット仏教を受け入れてからは陀羅尼（tarni）を武器に付けて威力を高めた。それが、「風の馬」であるという。最も一般的な「風の馬」は、馬の前足の下に湖が、後ろ脚の下に魚が泳ぐデザインだそうである。湖は世界、魚は命あるもののシンボルである。父系親族集団オボクによって「風の馬」の掲揚方向も異なる。オルドス東部の人達は西へ、西部は東へ向かって掲揚する。オルドスの正中心のエジンホロー旗（旧郡王旗）にチンギス・ハーンの祭殿八白宮が置かれているからである。

五色の布に「風の馬」の版木を押し、「風の馬の賛歌（kei mori-yin sang）」と「軍神スゥルデの賛歌（sülde-yin sang）」を唱える。この儀礼を「風の馬の新生」という。旧正月に真新しい「風の馬」が掲揚されるのである。「風の馬の賛歌」と「軍神スゥルデの賛歌」は大抵のモンゴル人男性は記憶しているが、版木は文革中に中国政府に没収されたので、保管している人が少ない。ドルジは辛うじて一枚の版木を隠し通したので、今や格段とモンゴル人達に愛用されている。みんな真新しい五色の布と少しばかりの金を持ってドルジのところに来て版木を押してもらい、賛歌を唱える。私もノートに押しもらった（図８）。

図８　オルドスのドルジが保管していた「風の馬」の版木。

一月二十四日

破壊と暴力を謳歌する生き方

ドルジの家でお茶を飲んでから、バスに乗ってウーシン旗政府所在地のダブチャク鎮を目指した。約六十キロの道を三時間もかけて走る、のろのろ運転である。道路が舗装されていないから、沙埃がバスの中に充満し、息苦しい。

　ダブチャク鎮に着いてから、すぐに旗政府労働人事局のルワーディ局長を訪ねた。父の名誉回復の結果について確かめると、陳情局（上訪局）を通してやるよう言われた。労働人事局に父の檔案、すなわち人事に関する記録が残っていないので、かつては労働者の身分だったのか、それとも幹部の身分だったのか分からなくなった。中国では人事檔案は一度作られると、生涯にわたって政府に管理される。どこへ移動しようとも、本人に通知せずに政府側だけが把握して昇進やその他の判断材料として利用される［楊　二〇一九b：二一二］。政府が保管していたはずの父の檔案は文革中に紛失したので、名誉回復が順調に進まない。

　檔案がなければ、他の方法を考えよう、とルワーディ局長は話す。その他の方法とは、賄賂のことである。私からの賄賂を待っているとの意味である。賄賂もそう簡単に渡すものか、と思った私は直接、旗長と白志明書記を動かそうと思った。白志明書記は友人であることを前に述べた（十二月二十日の記述参照）。このように、私はいろんな形で地元の政治的環境にどっぷりと漬かってしまったのである。地元は調査者の故郷だからである。

　労働人事局から出て来てから、ダー・クレーの貴族バトラブダンを訪問した。昨年十二月二十一日に会った際に、バトラブダンは私に自らが取り組んで来たシベル寺再建の経緯について記した手写本をくれると約束していたからである。バトラブダンは約束通りに、『ウーシン旗の最初の寺・ラシラブダンリンの略史（*Üüsin qosiyun-u uuyan süm-e Rasirabdangling süm-*

e-yin tobči teiike orusimui)』という自身が書いた手写本をくれた。

　バトラブダンによると、手写本はシベル寺を再建する為に書いたという。一九八〇年代からモンゴル人達はシベル寺を再建しようとした際に、政府から寺の縁起に関する資料が必要だと求められた。その縁起に関する執筆を引き受けたバトラブダンは、どこまで史実について書くかで悩んだ。シベル寺は文革前から中国による取り壊しが進んでいたが、その破壊の歴史について触れることは許されなかった。また、シベル寺はモンゴル高原全体にとっても最初の寺であるが、その歴史を強調すると中国政府に「パン・モンゴリズム」として警戒される危険性があるので、「ウーシン旗最初の寺」と控えめに表記した。

　一度、書き上げたものを政府関係者に見せたが、再建の意義がないと却下された。そこで、バトラブダンはシベル寺と中国共産党との関係に重点を置いて書いた。寺には習仲勲（現国家主席習近平の父）と張愛萍（後に中国の国防部長）、党中央委員の宋任群と天宝（チベット人革命家）、それに田万生らが長期間滞在し、モンゴル人ラマ達と義兄弟アンダの契りを交わしていた史実を中心に書いた。いわば、シベル寺は「中国共産党の革命文物」だと謳歌した。すると、政府はまもなく寺の再建を許可した。


　シベル寺は中国共産党員、それも党中央委員になった高官達の諜報活動の拠点の一つだった。彼らはシベル寺を拠点にモンゴル工作を展開していた。それにもかかわらず、建国後はすぐに破壊された。モンゴル人は利用され、裏切られたのである。何百年もの歴史を誇るシベル寺の破壊と荒廃が、中国という国の性質を物語っている。


　中国共産党は建国後に国民政府軍の陳長捷司令官によって殺害された、ダー・クレーの貴族で、西協理タイジのドプチンドルジを「烈士」として位置づけた。ドプチンドルジは共産党の罌粟栽培を許可したから、処刑されたのである。「烈士」の一族であるエンケナムルとロンホダイらも幹部として登用されたが、文革が始まると、全員、「民族分裂主義者」として打倒された。

　エンケナムルとロンホダイはダー・クレーの貴族ハナマンル（奇金山）の三男と四男である。エンケナムルの夫人ボルはオーノス・オボクの出身で、私のオバである。弟のロンホダイはある日、中国共産党の批判闘争大会でリンチを受け、家に帰ると、夫人から離婚を伝えられた。「民族分裂主義者」と暮らしたくない、と言われた。絶望したロンホダイは井戸に身投げして自殺した（写真19—1）。ロンホダイはボジントという地、ログロという金持ちの南に住んでいた。死後も、

「自ら革命と断絶する道を選んだ」、と中国人から断罪された。

ロンホダイの息子はソノムダライ（Sodnomdalai）といい、父親の死後に精神的におかしくなっていた。一九七二年夏に我が家がチョーダイ平野に移動した際に彼に会ったことがある。ソノムダライはいつも私を連れ出して遊んでいた。体が弱かった私は炎天下でよく鼻血が出る病気になっていた。彼はいつも乾いた羊の糞（qoryul）を拾って、私の鼻に栓をして、止血してくれた。鼻血は止まったが、鼻栓の糞は臭かった。

ダー・クレーの貴族達は中国共産党に協力したが、子孫達は幸せになれなかった。バトラブダンも何ら実権のない政治協商委員会に務めていたが、いつも政府に批判的な発言をしてしまうので、重用されることは一度もなかった。バトラブダンからもらった手写本を私は二〇二一年に『モンゴルの仏教寺院』という著書の中で公開した［楊　二〇二一a：二六七—二九五］。

写真 19-1　貴族ロンホダイ。我が家とは親戚関係にある。

一月二十五日

中国共産党に裏切られた貴族達

ダー・クレーの貴族ドプチンドルジが国民政府軍に東勝で処刑された後、その遺体を運び帰ったのは、従者のドルジニンブーだった。ドルジニンブーは途中、我が家に一泊していた［楊　二〇一八b：五四—五九］。そのドルジニンブーもダブチャク鎮で暮らしている、と昨日バトラブダンから聞いたので、午前中に訪ねてみた。

「誰の息子さんかね」、とドルジニンブーは私に聞く。モンゴルの古い習慣である。私は祖父と父の名を伝えると、笑った。歴史について語ってもいいが、体調が優れないので、旧正月が明けてから来てくれ、と言われた。モンゴル人は気分よく旧正月を迎えようとしているので、あまりにも過酷な近代史の過去を思い出したくないだろう。それに、見た目で分かるほど、確かに健康状態も芳しくないので、私は速やかに挨拶してから出て来た。

この際、旧貴族達に集中しようと思った私は、続いてキヤート・ボルジギン・グンビリク（Günbilg、六十九歳）の家に入った。彼はウーシン旗の党副書記も務めた人物で、物事を分析しながら結論から語る特徴を持っている。

グンビリクは元々ジャサク旗の貴族タイジだった。ジャサク旗は乾隆元年にウーシン旗から分かれてできた旗で、三つのソムからなる。それはジューン・ソム（Jegün somu）とドンダ・ソム（Dumda somu）、それにバルーン・ソム（Barayun somu）だった。地理的分布から「東のソム」と「中央のソム」、「西のソム」との意味である。グンビリク一家はドンダ・ソムの貴族で、彼の祖父ゲシクダライの時にウーシン旗へ移住した。

「貴族でも他の旗へ移り住むのか」、と私は思わず尋ねた。

「ジャサク旗はオルドスの七旗の中で、最後に形成された組織である。草原が狭く、しかも清朝末期から中国人の侵入を受けて生活の基盤が破壊されたので、貴族も庶民も関係なく、逃亡した」、とグンビリクは話す。そのようなジャサク旗のモンゴル人の多くはオトク旗とウーシン旗へ避難していった。

グンビリクの祖父は息子のシャジンジャムソ（Šasinjamsu）を連れて、最初はウーシン旗西部のシルデク平野にしばらく掘っ建て小屋（bayan lay）に住み、その後更にやデンクイン・チャイダムとソースハイを転々とした。シルデクでは一時、横穴の窰洞を掘って住んだ。家畜は二十数頭の羊しかなく、テメート・ゴト（楡林）の胡という「辺客」の羊五十頭と合わせて放牧し、生計を立てていた。あまりにも貧しかったので、子どもの一人をある貴族の養子に出した。

「私達は貴方の家の南、チャガン・グーというところで一時、住んだことがある」、とグンビリクは語る。

毛沢東の紅軍が一九三五年冬に長城以南の陝西省北部に侵略して来ると、一家は簡単に中国共産党に傾斜していった。共産党は貧しい人々の味方だと宣伝されていた時代で、グンビリク一家は極貧の生活を送っていたからである。旗西部の実力者で、西協理タイジのドプチンドルジは自ら延安に赴き、毛沢東に会い、罌粟の種を持って帰ってモンゴル人に配り、栽培させた。

国民政府は罌粟の栽培を禁止していたので、ドプチンドルジの行為は許されるものではなかった。国民政府駐イケジョー盟の陳長捷司令官がドプチンドルジをジャサク旗政府所在地の盟政会に召喚し、罌粟栽培の件について説明してもらおうとした。不安に思ったドプチンドルジは共産党側と相談したら、「国民党に対しても統一戦線を組む必要があるので、行くように」と勧められた。しかし、ドプチンドルジは「罌粟を栽培し、抗日を破壊した罪」で国民政府軍に一九四二年十一月に処刑された。

ドプチンドルジは、中国共産党が死に追いやったようなものである。そもそも罌粟の栽培を勧めたのは共産党だし、国民政府軍に呼ばれた時も共産党は応じるよう説得した。共産党の罌粟栽培でモンゴル人はほぼ例外なくアヘンを吸うようになり、余計貧しくなった。ドプチンドルジはモンゴル人に全く人気がなかったが、腹黒い中国人にだけは好かれていた。貴族で、開明的な思想の持ち主だったから、利用価値があったからだろう。

ゲシクダライは更に続ける。

西協理タイジのドプチンドルジの死が、ウーシン旗政府に東西分裂の危機をもたらした。時のウーシン旗のモンゴル軍は「西モンゴル抗日遊撃騎兵師団」を形成し、司令官は護印ジャサクのラドナバンザルこと奇玉山少将だった。奇玉山は国民政府の抗日政策を支持し、共産党の罌粟栽培は「抗日を破壊し、人民を毒害している」と認識していた。一方、ドプチンドルジと同じくダー・クレーの貴族である奇金山《ハナマンル》第一連隊長は共産党八路軍の力を利用して国民政府軍をモンゴルから追い出したかった。奇金山が共産党に接近しているのを察知した国民政府の傅作義将軍は彼を黄河以北の陝壩《シャンバ》に呼んで事情を聞き、注意を与えた。

写真19-2　右から奇金山、ブリントグス、衛兵のセレンバラジュール。

　警告を受けても、奇金山は動揺しなかった。彼は一九四三年春、旧正月の挨拶回りを利用してシベル寺に行き、側近達を招集して武装蜂起を計画した。西の兵力を結集して王府衙門を襲い、ウーシン旗に駐屯する国民政府軍を追い払い、トグスアムーラン王と奇玉山を自陣に招き入れる策略だった。「王を挾《きょう》して旗内のモンゴルに令する」方法である。

　一九四三年四月十一日早朝から午前にかけて奇金山が率いたモンゴル軍が国民政府軍の中国人将兵四十人を処刑し、トグスアムーランと殿《ノヤン》の奇玉山少将に対しても旗西部へ移動するよう求めた。トグスアムーランと奇玉山も国民政府軍に追われて旗の西部に行こうとしたが、途中で離脱した。共産党に対する警戒感が強かったからである。しかし、奇金山は一層、八路軍に頼るようになった。奇金山は軍隊を指揮していたので、ドプチンドルジよりも利用価値が高かったからである。その為、中国共産党も彼に連隊長のポストを与えた。八路軍の高平部隊と曹洞之部隊が奇金山を側面から支援するよう長城沿線のイケ・マーシン・ゴト（定辺堡）に展開した。奇金山もその後、延安に入って毛沢東に面会した。毛沢東は彼に古い武器を提供した（写真19―2）。

　「第二のドプチンドルジになる」、と奇金山の親共産党ぶりを見た奇玉山少将は暗殺を決心した。一九四五年二月十五日深夜、すなわち旧正月四日に奇玉山の騎兵がボル・グショー寺に滞在していた奇金山を襲撃し、殺害した。奇金山は兵士達に旧正月の休みを与え、僅か衛兵のセレンバラジュール一人といたところを狙われたのである。[2]

共産党の宣伝と民族自決の理念

奇金山の死後、共産党八路軍はアルビンバヤル（王悦豊）を連隊長に任命した。アルビンバヤルのモンゴル軍はほとんどがウーシン旗西部出身者だったことで、東部との対立は決定的となった。中国共産党は郝文広と田万生[3]らの工作員を派遣してモンゴル軍の思想教育に当たった。国民党と国民政府側に立った東部のモンゴル人は反革命だ、と共産党は宣伝していた。

若きグンビリクは一九四五年からモンゴル軍（イケジョー盟第二支隊）に入った。支隊長はガタギン・ゴンチョクドンロブだった。私が一月六日に会った人物である。その後、グンビリクは郝文広と田万生らに見初められて共産党員となり、「シャルリク村」の「村長」に任命された。「シャルリク村」とは、中国共産党が勝手に命名した組織で、主として軍馬の調達基地として見なされた。グンビリクは馬を集めては八路軍に提供していた。

一九四九年になると、グンビリクはウーシン旗東部のガルート寺へ派遣された。ガルートは内モンゴル人民革命党のリーダーだったシニ・ラマ（ウルジイジャラガル）の拠点だったから、共産革命に熱心な人が多かった。中国共産党は当時、ガルート等ウーシン旗東部を一方的に「七区」と呼んでいた。グンビリクは「七区の区長」だった。共産党は「モンゴル人の独立を支持し、少なくとも高度の自治をおこなうべきだ」と主張していた。中国共産党のこうした宣伝は一九二〇年代の内モンゴル人民革命党の理念と近似している、と民族革命の伝統があるウーシン旗のモンゴル人達は次第に八路軍を支持するようになった。グンビリクに説得されて共産党員になる人も増えていった。

ところが、中華人民共和国になると、モンゴル人に対する共産党の政策も態度も一変した。ウーシン旗人民政府の共産党書記は初代の李錫銘を始め、必ず中国人が担当するようになった。副書記のポストだけがモンゴル人に与えられた。ウーシン旗ではマントグ（Manduqu、東北モンゴル人）とアルタンサン（熊占元）、ガルディ（東北モンゴル人）とグンビリク、ベルテゲル（Belтger、銭玉宝、Babaともいう）とダニスらが副書記を担当して来た。

一九六六年から文革が発動されると、アルビンバヤルとグンビリグは「民族分裂主義者」として打倒された。真っ先に問題視されたのが、ガルート地域における活動だった。

ガルート地域は、一九二〇年代にシニ・ラマを指導者とする内モンゴル人民革命党の軍隊、第十二連隊の根拠地だった。軍人の多くが内モンゴル人民革命党党員だった。シニ・ラマはモンゴル人民共和国の首都ウランバートルと連携し、モスクワからの指令を受けて共産主義革命を展開していた。シニ・ラマの目標は共産主義思想で内モンゴルを解放し、内外モンゴルを統一することだった。それは当時の内モンゴル人民革命党の政治的目標でもあった。内モンゴル人民革命党は、モンゴル人民革命党の姉妹党で、党綱領もほぼ同じだった。このような内モンゴル人民革命党は一九四七年春に周恩来の命令で解散させられた。中国共産党も建国直後は「進歩的組織」だ、と内モンゴル人民革命党を位置づけていたが、だんだんと厳しく見るように変わった。

ウラーンフーも内モンゴル人民革命党員だったが、彼はモンゴル人に人気がなかった。人気が高かったのは、東部出身のハーフンガである。一九四七年五月一日に自治政府が建立された際も、ウラーンフーは落選しそうになった。そこで、彼は内モンゴル人民革命党党員達よりも、同党の青年団の人達を重用した。内モンゴル人民革命青年団の団員達が後にウラーンフーの忠実な部下になっていく。

シニ・ラマや内モンゴル人民革命党の目標が内外モンゴルの統一であっても、私は共産党の指示でガルートに派遣されたものである。それが疑われ、歪曲されたのである。

当然、中国共産党もグンビリグが内モンゴル人民革命党党員ではないことは知っている。共産党はただ、ウーシン旗が内モンゴル人民革命党の活動拠点の一つだったことが気に入らなかったので、モンゴル人の粛清と大虐殺に力を入れていたのである。後日、私はウーシン旗東部で中国政府が働いた大虐殺について調査した。内モンゴル人民革命党が最も盛んに活動していた東部のトゥク人民公社で一九六九年春に大量虐殺が展開された。北京から派遣されて来た人民解放軍の「京字・二三五五部隊」が殺戮と組織的レイプを主導したのである［楊二〇一八c］。

草原の売春宿と監視体制

グンビリグの話を聴いてから、午後はウーシン旗政府所在地ダブチャク鎮の街を歩いてみた。ダブチャク鎮には現在、東西に走る三本の通りがある。南から北へと順に「一馬路」と「二馬路」、それに「三馬路」と呼ばれている。馬路とは、草原を行く街道のことであるが、都市でも援用されている。私は主として中国人が多い「二馬路」を散歩した。

写真 19-3　ウーシン旗の貿易市場。(1991 年冬)

「二馬路」に大きな「貿易市場」があり、その東側に布とシルクの店が十数軒ある（写真19―3）。聞くと、全員が南国浙江省からの中国人だ言う。彼らは年に数回、甘粛省の蘭州市に行って仕入れをし、鉄道でオルドス北部の烏海市まで来て、そこからオトク旗経由でウーシン旗に入る。布は十数種あり、買いに来るモンゴル人も多い。私が雑談している数分の間でも、三十元のシルクが売れた。年収は数万元に上る、と中国人達は満足げに話す。

「蒙地《モンゴル》は野菜がなくて、最初は困っていた。しかし、肉の方が美味しいので、今や何ら不自由はしない」、とある浙江省の中国人は笑う。モンゴルに来て三年が経つが、冬の寒さにも慣れたという。暖房がしっかりしているので、逆に南方よりも過ごしやすいと感じるようになったそうである。

「貿易市場」の西は美容室と裁縫屋で、どれも怪しいネオンが光っている。こちらも浙江省からの中国人が経営しているが、夜になると、すべて売春宿に変わる。「貿易市場」から長距離バスの発着場までは靴屋が多い。こちらも元々浙江省人が店を構えていたが、陝西省からの中国人達によって追放されたという。今や、陝西省からの中国人もモンゴルで「地元人」を自称する。

「我々北方人と違って、あいつら南方の漢人はすぐに売春する」、と「地元人」の陝西省からの中国人が証言する。陝西省の人はモンゴル人の私を仲間だと理解しているらしい。

「二馬路」を挟んで、市場の南に大工の店が数軒ある。南方スタイルの家具を作っている。そのうちの一軒に入ってみると、四十代の浙江省人が働いている。陝西省からの中国人の弟子を一人取り、すっかりとモンゴルに根を下ろしている。陝西省北部の楡林弁を操り、やたらと馴れ馴れしく話しかけて来る。子どもは三人もいて、そのうちの二人は「黒孩子《ヘイハイザ》」だ。「出産ゲリラ」として、沢山の子どもを産む為に実家から逃亡したが、今やモンゴルで成功している、と自慢する。モンゴルは中国人にとって、人口抑制政策から逃れて子どもを産む安全な場所であるだけでなく、ビジネスとしても成功が保障されている地である。以前は長城以南の陝西省の中国人で、今や南国の浙江省人に占領されつつあるのをこの目で確かめることができた。

夜、オバの旅館に投宿した。オバによると、ダブチャク鎮は今、厳しく監視されているという。身分証明書がないと宿泊できない。身分証明書の氏名とナンバーを写した登録簿を二冊作り、そのうちの一冊を一週間ごとに公安局に渡している。公安はまた時々深夜にチェックに来る。寝ている客を起こして根掘り葉掘り調べる。結婚証明書を所持していない男女がいれば、即刻、公安局に連行されるらしい。

「どうして厳しくなったのか」、とオバに聞く。

「グチュントグス君が近々、秘密裁判にかけられるらしいからだ」、とオバは話す。

グチュントグスは一九八一年に内モンゴル自治区へ中国人移民を増やそうとする北京の政策に反対した学生運動をリードしたことがある。彼は成績が優秀で、内モンゴル師範学院に残って教師になる予定だったが、政府に追放された。オルドスに帰ってからはまた中国人による草原の破壊と石油開発に反対する組織を作ったらしい。その為、昨年五月二十六日に逮捕された。逮捕された後は遅々として審議もせずに来たが、モンゴル人達が旧正月で休んでいる間を利用して秘密裁判がおこなわれるそうだ。グチュントグスの同志達が集まらないよう、公安は旅館を回って監視体制を強化している、とのことである。オバもグチュントグスの父ゲイソクと親しいので、同情の念を隠そうとしない。万が一に備えて、私は調査ノートとカメラを別の部屋に隠してから寝た。

一月二十六日

中国人の猿回しと売春の客引き

寒かったので、午前中は旅館の部屋で読書した。日本から持って来た田中克彦著『言語からみた民族と国家』（岩波書店）をフィールドで読むと、臨場感が湧いてくる。中国で急速に奪われていくモンゴル語教育をモンゴル人の視点で考えるのにヒントに富んだ著作である。

昼頃に外に出て毛糸と薬を買う。母がセーターを編むのに使う毛糸である。その後、気象局に務めるオジ、バヤンドルジの家に行く。母の二番目の弟で、その夫人はハスチチクという。オジが用意してくれたウーシン旗の気象データをノートに書き写した。気象データは「国家機密」とされているので、慎重に扱うよう言われた。毎日体験している草原の温暖や降水量を現わす資料のどこが「国家機密」なのか、全く理解できないが、ありがたさを感じた。

データによると、ウーシン旗政府所在地ダブチャク鎮の標高は海抜千三百七メートルで、東経一〇八度五十分、北緯三十八度三十六分となっている。(4) 私も高度計を持って来ていたが、昨年九月に包頭市で中国人に強盗された。それに精密機器を持っていると、公安関係者に怪しまれる。「日本のスパイ」だと疑われる危険性があるので、調査用の機器類はカメ

写真19-4　売春の取り締まりと性病防止を呼びかけたオルドス高原ウーシン旗の看板。（1991年8月）

ラだけにした。

　夕方、お腹がすいたので、貿易市場に入って饅《マン》頭《トゥー》という蒸しパンを買うことにした。何と、饅頭屋を経営しているのが、東北のジェリム盟のモンゴル人女性である。開口一番に、「モンゴル人か」と聞かれたので、嬉しかった。この東北のモンゴル人女性によると、今年から長城以南からやって来る中国人の物乞いが増えたという。

　今時の中国人の物乞いも「上品」になったというか、狡い。お金だけください、と強請って来るし、他の物は要らないと断られる。昔の中国人の物乞いは本当に可哀そうで、食べ物でも衣類でも何でもありがたってもらっていた。今や、物乞いも威張っているように見える。それと、南方の安徽省では今年も水害が発生したそうで、猿回しが増えている。モンゴル人が結婚式を挙げていたら、いきなり現れて勝手にサルの藝を見せる。中国人ならいいとしても、モンゴル人の結婚式は文化と縁起を大切にするので、サルを連れて来るなんて不吉だろう。仕方なくお金を二、三元渡して帰ってもらいたいが、もっとくれ、といわんばかりになかなか帰ろうとしない中国人である。

　このように、モンゴル人女性は外からやって来た中国人達の行動様式の変化に注目している。

　饅頭を買って帰ろうとしたら、浙江省弁の中国人が寄って来た。

「うちの旅館で美人と一晩過ごさないか」、といきなり私のカメラの紐を引っ張りながら、後ろに連れている若い女性を指している。動転している私に助け舟を出してくれたのは、饅頭屋のモンゴル人女性である。

「モンゴルに来て、尻《けつ》を売るのを止めなさい」、とジェリム盟のモンゴル人女性は大きな声で一喝する。モンゴル人は売春を「尻を売る（bögsü-yi qudalduqu）」と表現する。私は無事にその場から離れたが、堂々と客引きしている中国人に圧倒されてしまった。社会主義中国では建前上、売春は禁止されており、風俗の店もないことになっている（写真19―4）。しかし、実際は性の取引は異様なほど活況を呈している。内モンゴル自治区の場合は中国の内地よりも進んでいると言われている。

性取引の担い手は全員が中国人であるが、都市部に行くと、ロシア人女性従事者も増えているそうである。ソ連邦が崩壊したのに伴い、中国へ出稼ぎに来たそうである。

モンゴル人の墓を暴く中国人

夜、オバの長女サインジャラガル（Sayinjiryal）の家でウーシン旗東部のトゥク・ソムに住むガタギン・オボクの人（五十代）と雑談した。私がオーノス・オボクの一員である、と彼に伝えたら、話はすぐに盛り上がった。彼は一族の系譜を覚えていたが、インタビューは匿名希望だと言われた(5)。

彼によると、ガタギン・オボクの人達は元々ウーシン旗南東部のボダンとササ峠に住んでいた。ササ峠にはホトクタイ・セチェン・ホン・タイジとその曾孫のサガン・セチェン・ホン・タイジの墓と祭殿があり、中国人からそれぞれ「大墳台」と「小墳台」と呼ばれている。この二つの墳台はバンチェン寺の南十五キロくらいの沙漠内にあり、亀石が残っている。亀石の背中には二人のホン・タイジの軍神スゥルデが立っている（五月二十日の記述参照）。

ホトクタイ・セチェン・ホン・タイジが生前に所持していた印璽はウーシン旗東部のダルハン・ラマ寺に保管してあった。一九五〇年代初頭に内モンゴル自治区文化藝術聯合会の幹部で、オーノスという人物に持っていかれた。

「オーノスは、貴方の父方のオジだろう」、と彼は笑う。私のオジであるオーノスは一族のオボク名を個人名にしたユニークな人間である。オーノスは多数の手写本を有し、モンゴルの歴史と文化に造詣の深い人物として知られている。

「後日、オジに確認しよう」、と私は応じた。

彼によると、ウーシン旗東部のガタギン・オボクの人達は、私が今までに会って来た西部の同じオボク集団とあまり交流がないという。ウーシン旗西部のガタギン・オボクの人達が神聖視する守護神「十三嫉妬天」の祭祀にも参加しなくなっているし、親戚の付き合いもない。その代わり、彼らはメーリイ・スゥメ寺を特別視している。

メーリイ・スゥメ寺にはホトクタイ・セチェン・ホン・タイジの印璽だけでなく、ガタギン・オボクの神《ブルハン》もあった。その神を私の祖父が祀っていたが、個人で持つよりも寺がいいと思って、寄進したらしい。だから、我々ウーシン旗東部のガタギン・オボクの人達は「オルドス暦のヤツガシラ鳥月」と旧正月の三日にメーリイ・スゥメ寺に供物（soy）のパンと肉を献上する。

このように、彼は語る。ササ峠に住んでいたところへ、十九世紀末にムスリムの「悪盗《ムー・ホラガイ》」に襲われた。ガタギン・オボクの人達は果敢に戦いながら、北へと避難した。

「ササ峠にはバトマンナイ（Batumangnai）の代に住んでいた。親戚の中には悪盗と戦い、腕を失った者がいて、遅くまで生きていた、と聞いている」、と彼は祖先の名を挙げながら話す。

バトマンナイの孫ボルチローの代に、ササ峠を離れて北上した。北へ避難したガタギン・オボクの人達はウラーントルガイ、バヤン・ゴル河あたりに分布して暮らした。バヤン・ゴルには一族の墓地（ongyun）があった。墓地には沢山の楡が育って、林になっていたが、文革中に中国人に切り倒された。墓も中国人に暴かれ、大小八十体くらいの人骨や副葬品の馬具類が風雨に晒されていた。

中国人は憎しみを持つ人の墓まで暴くと聞いていたが、信じなかった。それが、文革中になると、我々一族の墓が実際にやられた。一体、どういう憎しみがあったのかも理解できない。物乞いとしてモンゴルに来て、私達が暖かく受け入れたのに、逆にやられてしまった。

トゥク地域のモンゴル人は文革中に人民解放軍と中国人によって虐殺されたことでも知られているので、後日に調査に行こうと決心した。(6)

私達のモンゴル文化は危機に晒されている。イケジョー盟や自治区政府から届く各種の公文書もタイトルだけがモンゴル語で、本文はすべて中国語からなる。末端のソム（旧人民公社）に中国語が分からないモンゴル人幹部もいるが、そのような人達はひどく差別されている。中国語ができないと、幹部になれないくらいモンゴル人は排除されている。自分の故郷で、後から侵入して来た他人によって排除されている。

このようにガタギン・オボクの人の話を聴いていると、午前中に読んだ田中克彦の著書に対する理解もまた更に深まった。そして、私は彼が匿名を希望した理由も分かったのである。言語と民族問題は目の前に、現在進行形で現れているのに対し、彼は鋭い認識を有していたからである。

一月二十七日

検閲される日本への手紙

朝起きてから税務局に行く。前日、ダー・クレーの貴族バトラブダンから借りた手写本をコピーする為である。一九九一年現在のウーシン旗ではゼロックス・コピー機は一、二台しかなく、共産党政府と税務局にだけある。共産党政府でコピーするわけにいかないので、知り合いの税務局員に頼むしかなかった。コピーをしてから政府庁舎に行き、何という副旗長と李秘書に会い、父の名誉回復に関する進捗状況について確認した。

続いて気象局に行き、オジのバヤンドルジから借りていた気象データを返した。オジの義父、すなわちウーシン旗西部ダンハイ平野に住むダルジャイ（Darjai、六十代）が来ていたので、久しぶりに挨拶した。彼は馬を調教するのが得意な人である。背が高く、仏像のような耳を持つ、威厳のある人物である。以前にグルバン・サラー渓谷にある母の実家へ行く際は、ダルジャイの家によって休憩したものである。

ダルジャイはクレータン・オボク（Küriyeten）である。クレーとは『モンゴル秘史』にも使われている言葉で、古代から続く遊牧民の円形屯営地か円陣を指す。クレータンはその複数形である。

クレータンは郡王旗に多いオボク集団だ、とダルジャイは話す。郡王旗の中央部、チャガン・ソールガ（Čaγan sobury-a「白塔」との意）という草原に住んでいたが、後に中国人の侵略を受けて西のウーシン旗へ移住した。チャガン・ソールガは清朝時代から中華民国期にかけて、オルドスの七旗、すなわちイケジョー盟が定期的に会盟を聞く場所だった。

チャガン・ソールガは水と草原の良いところだった。大きな平野が広がり、その周りには七つの丘があり、七旗それぞれの屯営地だった。七旗の王達はそれぞれ旗内の相撲選手や競馬の名手、弓射の達人を連れて集まって来て、「七旗の夏祭り」となる。王達は政治について談義し、庶民は歌ったり踊ったりして楽しむ。

チャガン・ソールガの周りに立つ七つの丘の上にはそれぞれ聖地オボーがあり、「オルドス暦の七月（太陰暦四月）十三日」に山羊の丸煮で祀る。クレータンは恐らく、会盟の儀式に関わる父系親族集団だろう、とダルジャイは語る。

オジの家を出てからダブチャク鎮の郵便局に行く。日本の民博に手紙を出そうとして、午前中にも一度来たが、窓口の担当者がいないと言われた。航空便用の封筒を頼んだら、何に使うのかと聞かれた。日本に手紙を出すのに使いたい、と返事すると、どんな内容の手紙かと聞いて来る。あからさまな検閲である。このように、日本ではコピーも手紙の送付も当たり前のように自由だが、中国に支配されている内モンゴル自治区ではすべてが不自由である。

つまらない問答を経て手紙を出してから食糧センターに務めるトゥメンオチル（Tümenvačir、五十代）に会いに行く。彼はウーシン旗西部の貴族で、詩人でもある。政府の幹部でありながら、数年前から家の前に「風の馬」を立てたことで注目を浴びた。草原に住むモンゴル人はほぼ例外なく門前に「風の馬」を立てるが、政府所在地のダブチャク鎮では彼だけである。政府の幹部や中国共産党員は特定の宗教を信じてはいけないことになっているからである。

「風の馬《キー・モリ》は国旗のようなものだ。毎朝、風の馬の前に立って朗誦する賛歌もモンゴル人の国歌にあたる。政府の幹部であっても、私には自分の信仰があるはずだ」、とトゥメンオチルは話す。彼はまもなく自分の詩歌を録音したカセット・テープも公開する予定だという。

トゥメンオチルの家を出てから、オバのシャルラ家に戻った。オジのオトゴンはナソク（Nasuy）という人のジープを借りてくれた。ガソリンを満タンにした上で、一日五十元を運転手に払う、という値段である。明日、家に帰るのに使う予定である。数日間に及ぶダブチャク鎮での調査であるが、モンゴルと中国の百年の歴史を肌で実感した日々であった。

注

（1）ハナマンルの長男はグンガーニンブといい、グンガーニンブの息子はジョルムトで、文革中に中国人から虐待されて狂った。次男はバヤンナムルである。ハナマンルの墓は私が通っていた古城小学校の南にある。墓地の場所が良くなかったので、子孫に不幸が多い、とも伝えられている。

（2）奇金山の暗殺については、拙著『モンゴル人の中国革命』に詳しい記述がある［楊　二〇一八a：一九五―一九八］。ガタギン・ネメフが一九九二年五月十六日に私に証言したところによると、当時、八路軍に投降したモンゴル軍の給料はアヘンだった。連隊長は百両で、副連隊長は五十両。中隊長は三十両で、兵士は二両だった。その時、馬一匹の値段はアヘン三両だった。

（3）郝文広と田万生は陝西省北部出身の中国共産党員である。彼らは中華人民共和国の建国後に延安派の幹部としてオルドスに務めたが、文革中は毛沢東の南中国派によって粛清された。詳しくは拙著『中国人とモンゴル人』［楊　二〇二一b：一四一―一六六］参照。

（4）この時に集めたウーシン旗の気象データについては、後日に公開している［楊　二〇二〇a：八五］。そして、現在では地元の気象局のホームページも毎日のように更新されている。

（5）オルドスのウーシン旗東部のガタギン・オボクの系譜については、楊海英［二〇二二：一〇九］を参照されたい。

（6）その後、私は複数回にわたってトゥク地域で人民解放軍によるモンゴル人虐殺について調査し、その成果を公開している［楊　二〇一八c］。

●第二十章　冬の草原の政治

冬の我が家。部分的に煉瓦を建材として使ったものであるが、文革期には「搾取階級の豪邸」、「反革命の巣窟」とされて没収された。子どもの頃、私はいつも窓際に座って両親が羊の放牧から帰って来るのを待っていた。数キロ先からもその姿が見えて来ると、私は両親と羊を迎えに走ったものである。

一月二十八日

燃える車と拝火祭

朝、六時半にダブチャク鎮を「北京ジープ」で出発する。昨夜に予約した車である。「北京ジープ」とは、一九三〇年代の米軍の軍用車を中国風に改造して作ったもので、オフロードも走れる。ところが、一時間も行かないうちに、突然、エンジンが燃え出したので、慌てて車から飛び降りた。何とか消火してからまた走る。十一時にようやくシャルリク・ソム政府所在地に辿り着いた。バスよりも時間がかかった。幸い、火事に巻き込まれることもなく、幸運に恵まれた。

実は今日は、「オルドス暦のヤツガシラ鳥月（太陰暦十二月）の二十四日」で、モンゴル人にとって、拝火祭の日である。拝火祭までには帰るよう、調査に行く前から両親に言われていた。拝火祭の日だから、火の神様が守ってくれたので、車の火事から身を守ることができた、と運転手と笑い合った。

ソム政府からは幼馴染のウーラとムンクの二人が、バイクで家まで送ってくれた。今や、モンゴル人の若者達はみんなバイクに乗っている。馬よりもバイクの時代である。貧しい青年でも、借金してバイクを買う。草原を走るので、ほとんどが無免許である。たまに警察が取り締まりに来ると、バイクで沙漠の中へ逃げ込む。警察はただ、彼らの後ろ姿を見て嘆くしかない。

オルドス西部では「ヤツガシラ鳥月の二十三日」に、東部では二十四日に拝火祭をおこなう。モンゴル人は昔、全員が二十三日に拝火祭を実施していたが、中央アジア遠征に出かけていた一部の人達は祭に間に合わなかった。戦士達をねぎらう為にチンギス・ハーンは二十四日も火を祀っていい、との勅令を出した。その為、オルドス東部のジュンガル旗とダルト旗、ハンギン旗とエジンホロー旗、それにウーシン旗東部のトゥクとガルートあたりに住むオボク集団は二十四日に拝火祭を営む。

拝火祭を迎える前に、モンゴル人は貸し借り（barilγ-a tabilγ-a）を清算する。我が家でも、昨年の雇い人の李が五十元ほど借りたいと前から頼んでいたので、拝火祭の前に貸した。また、家の大掃除をする。家の中の家財道具類をすべて外に運び出し、溜まっていた埃を払う。かつて天幕に住んでいた頃は、天幕のフェルトも叩いて塵を落とす。「火の神様は天窓に来た、忙しい正月は外に近づいた（γal-un burqan toγun-a-dur ireje,γaljaγu sin-e γadan-a ireje）」、と話しながら準備に勤しむ。この日、外に水を撒いたりしない。体に水疱瘡ができる、と言われている。

掃除が終わったら、今度は火の神様に捧げる供物類を用意する。羊の胸肉（ebčigü）を煮る。竈の数や経済的な状況に応じて、

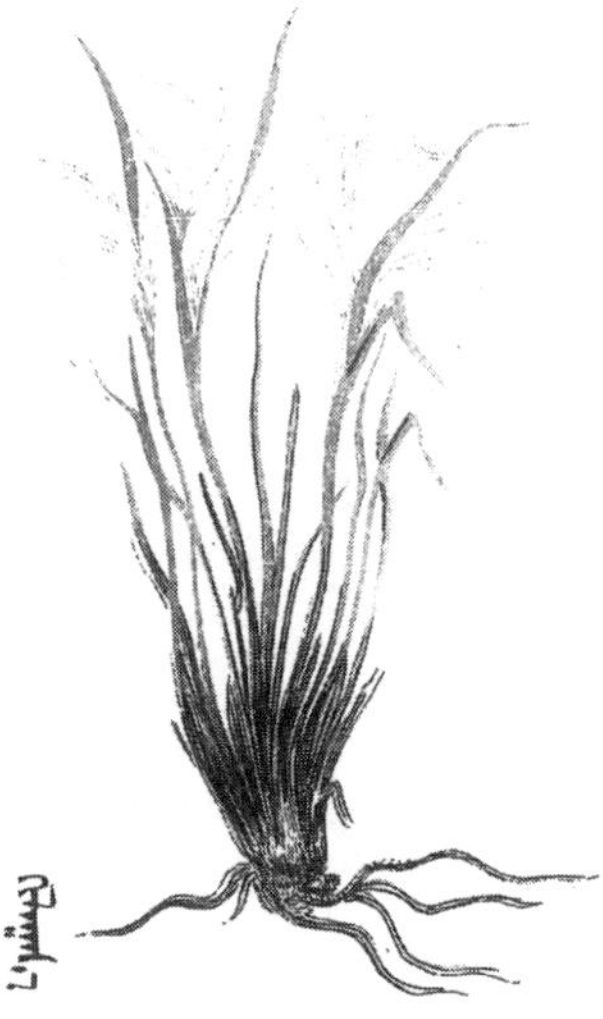

図９　再生する力の強い草キラガナ。（Sambuu, 1953 Sambuu, *Mal Aju Aqui Deger-e-ben Yaɣakiju Ajillaqu tuqai Arad-tu Ögkü Sanaɣulɣ-a Surɣal*, 1953 より）

複数の胸肉を茹でる。その際に、塩や調味料は加えない。どうしても胸肉がない場合は、「四つの高きもの（dörben ündür）」という四本の長い肋骨で代替してもいいことになっている。しかし、大概はどこの家庭も越冬用の肉を用意した時期に、予め胸肉を拝火祭用に取っておく。

　准貴族のガタギン・オボク等は昼頃に拝火祭を実施するが、庶民の我が家は夕方から始める。どちらの時間帯でも、家畜がお腹一杯草を食べた頃を見計らって進める。日が沈みそうになると、父が胸骨から肉を削り出し、骨だけにする（miq-a šuluqu）。この際、唾が供物に飛び散らないよう話したりしない。そして、胸骨を羊毛で練った糸で巻き、バターを塗布する。ハイマツとキラガナという草の根（kilɣan-a、図９）、楡のつぼみ（zanbaɣ-a）とチーズ、それに香を加えて、供物は完成する（写真20―1）。どちらも再生する力の強い草とされている。これらの供物を「羊の如き白い紙（qonin čaɣan čaɣasu）」に乗せて、五徳（ɣolumtu）の火に入れる。そして、跪いて九回拝む。

写真 20-1　拝火祭の供物である羊の胸肉と楡のつぼみ等。フレーザー［2011a, b］流に考えるならば、明らかに樹木信仰に繋がる。

　続いて外に出て「風の馬」にも供物を献上し、香を焚き、「軍神の賛歌」を唱える。この時、北斗七星が北の空できらきらと光り、北風が吹いていた。

「北風が吹くと、縁起が良い。来年もモンゴルの力で、長城以南からの中国人の侵入を抑えられると信じられている」、と父は嬉しそうにつぶやく。「風の馬」に供物を献上するのは男の義務で、母は室内で「火の賜物（ɣal-un kesig）」を用意する。「火の賜物」とは、胸肉を煮込んだ肉汁に米と棗、干し葡萄とチーズ（čurm-a）等を加えた煮込みご飯である。「火の賜物」は大量に作り、来る二十九日の「祖先祭」の時に使うだけでなく、近所にも裾分けをし、正月の七日まで食べる。

　モンゴル人の拝火祭は中国の竈信仰と全く無関係である。

家畜が満腹となった時間帯で実施していることから、拝火祭には家畜の繁殖を祈願しようとする目的が託されている。また、供物類の中で、草の根《キラガナ》は凍った大地の中から採ったもので、楡のつぼみと共に命の再生を意味している。こうした拝火祭の目的は、モンゴルに数多く残る「拝火祭の賛歌」といった手写本の内容からもまた読み取れる[1]。一方、中国の場合は、竈に「竈神爺」の像を貼る。旧正月の際にはこの「竈神爺」の口に食べ物をたっぷりと塗り付ける。正月が終わった後に天上に上がって玉皇大帝に家族の悪口を言わないようにする為の「口封じ」だ、と陝西省北部の中国人達は語る。さすがに賄賂の伝統がある中国で、神様にまで賄賂を贈るところが、他民族との違いではないか。

占いの実践

一月二十九日

「白い月」すなわち旧正月を迎えるのに買い物が必要となったので、父は馬に乗ってシャルリク・ソムに出かけた。爆竹と電池、砂糖と棗、缶詰とタバコ、豆腐と蝋燭、香と石鹸、タオル等の買い物リストを母が作って父に渡す。

母は今日、窓やドアの紙を張り替える（写真20―2）。窓の紙は年に二、三回張り替える。夏に雨に降られて破れた時と晩秋に虫に食われた時、それから旧正月前に一新する。夏は少し隙間を残して風通しを良くするが、冬は寒さから身を守る為に分厚い紙を選ぶ。窓の張り替えが終わると、今度は駒繋ぎや家畜小屋、碾き臼等にも赤い紙を張り付ける。その紙には縁起の良い言葉が書いてある。門前にはまた対句を貼る（写真20―3）。正月に挨拶に来た客はまずその対句を読み、家の主人の教養を観察する。対句はすべて母方のオジ、小学校教師のチャガンチローの手によるものである。

写真 20-2　張り替えた戸の対句

写真20-3　窓の紙も張り替えた。

買い物にしても、旧正月の準備にしても、モンゴル人はある程度、占いに従っている。日にちを十干（arban öngge）と十二支（arban qoyar čay）で合わせて命名し、それぞれに相応しい行動を取る。こうした占いの写本もまた民間に多く伝わっているし、著名なモンゴル学者モスタールトも一冊、公開している。それは、彼が一九一八年前後にソハイン・バイシン（寧条梁）に住むタングート・オボクのサンワール（Sangwār）から手に入れたものである[Mostaert 1969: 1]。母は以下の通りに占いを実践している。


ネズミの日（quluγan-a edür）：吉日で、何をしてもいい日。

ウシの日（üker edür）：雨や雪が降ると七日間続き、休む。

トラの日（bars edür）：吉日で、何をしてもいい日。

ウサギの日（taulai edür）：吉日。旅すると、時間がかかる。

己卯の日（siraγčin taulai edür）：風が吹くと、六十日間続く。

ヘビの日（moγai edür）：物事がうまくいかず、手数がかかる。

ウマの日（morin edür）：吉日。

羊の日（qonin edür）：吉日だが、雨や雪が降ると七日間続き、休む。

サルの日（mičin edür）：吉日で、特に結婚式に相応しい日。

トリの日（takiy-a edür）：吉日。

イヌの日（noqai edür）：物事がうまくいかず、成功する見込みの少ない日。

イの日（γaqai edür）：吉日。


これらの日にちの中でも、「赤い（丙）カササギの日（ulaγan šaγajaγai edür）」には殺生しないし、家畜の去勢もしない。そして、出かけるのも控える。ただ、猟師にとっては吉日とされる。

忙しい両親を手伝おうと、私は一日、羊の世話係を引き受けた。「九を数える」民間の季節認識で理解するならば、今日は「五の九」の三日目になる。冬至の日から始まって、「五の九と六の九」になると、夜に氷結した水槽の水も、昼になると溶ける。一週間後には立春となるので、正に風土にぴったりと合った季節認識である。

冬の間は柵で囲んだ複数の草原を順番で利用しているので、それを間違わないように羊を放つ。昼過ぎには水を飲ます。

夕方、家の西の沙丘に登って散歩した。二キロ離れた隣の家の子ども達の歌声が聞こえる。兎が数匹、夕日を浴びてぴょんぴょんと跳んでいる。我が家の羊達は悠然と草を食みながら家へと歩いている。こんなに静かな風情がまだモンゴル草原に残っているものだ、と思わず感動した。

夜、母は父が買って来た豆腐を使って、豚肉と炒めた料理を作った。夕飯を食べながら、日本のＮＨＫ国際放送を聞いていると、興味深いニュースが伝わって来た。春の四月には日本のボランティア団体四百人がオルドスの沙漠に来て植林活動を実施するという。ポプラとクズ、ナイとネシ等を植える予定だという。こうした活動を支えているのはウーシン旗東部のウーシンジョー寺にある「沙漠研究所」である。鳥取大学の研究者達が調査研究に取り組んでいるそうである。中国人の侵入と開墾で沙漠化した草原を日本人が緑化する。これも国際化時代の現象であろう。ボランティアとは名ばかりで、実際は政府開発援助（ＯＤＡ）の巨額の資金が動いている。その資金には日本人とモンゴル人、それに中国人の利益団体が群がっている。それに植える樹にも問題がある。ポプラとクズ、ナイとネシは現地にない外来種である。現地に元々ない木や草を植えると、逆に生態学的環境の劣化をもたらす可能性がある。政治と経済の利権的活動が、環境保護という美しい名の下で国境を越えて展開されているのである。

一月三十日

羊の管理と吉日選び

我が家の早朝一番の仕事は、羊達を寝床《ゴト》から起こして草原に出すことである。遅くとも八時前に数えて全頭を南へと出発させる。寝坊させてしまうと、体内に熱（qalayun）が溜まり、春に皮膚病（qamuyun）にかかる、と言われている。

今日は私と父が羊を「起床」させた。暖かい寝床から起こそうとした時は、どの羊も嫌がる。無理矢理に起こして数十メートル歩かせると、一斉に背伸びしたり、おしっこしたりする。父は「グル、グル（gür gür）」という掛け声を出しながら数える（写真20―4）。この掛け声はモンゴル各地と新疆ウイグル自治区アルタイ山中のテュルク系のカザフ人遊牧民のと同じである。霜の降った草原を羊達は細い列を成して、一直線で南へと歩いて行った。二歳になったばかりの羊や体力のない個体は家の近くの柵の中に入れて、夏の間に成長した草を食べさせる。

写真 20-4　羊を数える父と母。（1991 年 12 月 27 日）

オルドスのモンゴル人は既に定住せざるを得なくなった。それでも、限られた草原を鉄線で複数の区画を作って、輪番で利用する。我が家は南西と西、それに北側に三つの「区画された草原《クレー》」を設けている。東と南東は家畜が自由に歩けるように設定している。母の話では、昨年の春は旧正月の十六日まで羊の群れを南東方向の「自由な草原」に出していた。

十七日から南西方面の区画された草原《クレー》に入れ替えた。空いた南東方面にはオジのウイジンの馬二匹と我が家の馬三匹を放っていた。しかし、夏の終わりに父は馬を二匹売ったので、今や一匹しか残っていない。残った一匹を父は可愛がるので、ますます「わがままな馬」になった、と母は笑う。

道理、毎朝、父が馬を小屋から出すと、まるで子供のようにじゃれながら草原へ走る。そして、後ろ足で立ち上がって嘶いたりする。馬が急激になくなっていく現在、一匹だけでは寂しそうなので、人間と遊ぶしかないからだろう。

羊の大群が東へ出発した後、北の柵の中の七頭を連れて井戸に行く。こちらは妊娠した羊であるが、他の者よりも出産が一カ月ほど早いという。昨年十月のある日に、種雄が脱出して勝手に発情した牝羊と出会った（yuča aldaydaysan qonid）結果、七頭が妊娠してしまった。現在、七頭とも乳房が膨らんで来たので、出産が近い。寒い時期に出産予定なので、草の良い柵の中に入れて、特別な扱いを与えている。母はここ数日、深夜にも何回か起きて七頭を見て回る。出産した直後に手当をしないと、瞬時に凍死してしまう危険性があるからだ。

「棚《ブン》（小屋）を作ったら、楽なのに」、と私は母に言う。寒い夜には妊娠した羊を小屋に入れておけば、凍死せずに済むし、安心して眠れるのではないか。マイナス二、三十度にまで下がる夜中に何回も起きることは簡単ではない。母の関節炎は目に見えてひどくなっている。

母は小屋を作るのにあまり熱心ではない。品種改良が繰り返された羊は毛が長く、冷涼なところを好む。小屋に入れてしまうと、皮膚病にかかりやすい。寝床は毎年決まっているが、それでも毎日のように糞の掃除をする。糞の堆積は暖かく、春の羊の体によくないという。ただ、品種改良された羊から産まれて来る仔は毛が短い。長く細い毛が生えるよう品種改良されている分、出産時の毛は短い。

他の妊娠した羊も早晩、柵の中の良い草原に入れるが、今年は二月二日を予定している。母によると、その日は吉日の「サルの日」にあたるからだという。モンゴル人にとって、移動や家畜の群れの再編成は重要なことなので、吉日を選ばなければならない。

中国人の侵入と放牧の変化

草原に出しても、他家の羊と混ざる危険性はほぼない。四方を完全に鉄線で囲まれたからである。唯一の心配は長城以南の中国人だ。旧正月の休みを利用して、羊泥棒が毎年のようにやって来るからである。真昼でも、草原に放たれた羊を南へと追って行ってしまうし、場合によってはトラクターに乗せて略奪されることもある。

我が家の羊達は大体、昼過ぎの十二時半くらいから二頭、三頭と自分で帰って来て、井戸に集まる。両親が水を汲んで飲ませると、満足そうに黄色い瞳を輝かせて人間を眺める。それから大抵は井戸の周りで寝そべって反芻を始める。井戸に誰もいなかったら、牡達は百メートル離れた庭まで来て鳴く。まるで水を早く汲むよう催促するようだ。

写真 20-5　我が家の井戸に群がる羊達。（1991 年 8 月）

羊達の中にはまた潔癖症の個体がいる。仲間よりも先に飲まないと気が済まないらしく、頭突きしたりする。或いは、水槽の中に少しでも草が浮いたりすると、飲もうとしない。そういう時は、両親は素早く草を取り出すか、直接、バケツの中の水を飲ますかで対応する（写真20—5）。このような「わがまま」な個体の多くは、仔羊の時から可愛がられて育てた者である。両親が草原に立つと、まるでペットのように身辺から離れようとしない。

「そろそろ正月なので、羊達にもご褒美をやろう」、と母は話す。ご褒美とは塩だ。十日か十五日に一度の頻度で塩水を飲ませる。羊達も塩を入れた器を見るとすぐに察知し、大喜びで我先にと井戸へと走り出す。母は羊達を見て、以下のように話す。

> 羊に水をやるようになったのは、一九二〇年代後半からのことだ。それまでは草原の至るところに小さな水溜まりか湖があった。小河も沢山あった。しかし、中国人が侵入して来るようになると、彼らは真っ先に水のあるところを占拠して畑を作った。まもなく、湖も河も乾上がってしまったので、井戸を掘るしかなかった。今や井戸の地下水位も下がる一方だ。道路を作り過ぎ、畑を広げ過ぎ、石炭とガスを掘り過ぎた為だろう。要するに中国人が増え過ぎたからだ。

母の語りを聞いて、私も思い出した。我が家の東の沙漠の中にも小河があり、オタマジャクシが泳いでいたのを覚えている。その後、一九七〇年代初期に中国人の蘇一族と葉一族が入って来ると、河も消えた。蘇一族はしばらくの間、その小河で灌漑していたが、二年も経たないうちに枯渇してしまった。

午後二時にもう一度水を飲ませ、今度は東の草原へ羊達を行かせる。東へと出発させるが、決して前日と全く同じ道を歩もうとしない。少し北東方向か、南東方面へと散って行く。個性の強い牡達は何回も戻って来て西の草原に入ろうとする。我が家の西には鉄線で引かれた草原があり、きっとその草の芳しい匂いに惹かれているだろう。その草原は妊娠した羊達専用のもので、決して牡を入れない。

午前中に、脳包虫という病気にかかっていた仔羊が一匹死んでしまった。数日前から調子が悪そうだった。毛を切り取

写真 20-6　脳包虫で死んだ羊を処分する父と母。（1992 年 1 月 30 日）

り、頭部を切開して見ると、薄い膜《ウィーランハイ》（uyilanqai）が破れ、水が一杯溜まっていた。白いばい菌の塊もあった。寄生虫が鼻から侵入し、脳内に達して増殖したのが原因と見られている。脳包虫の羊を治すには手術が必要である。早い段階から症状を観察し、手術の時期を見計らわなければならない。両親によると、三カ月前から調子が悪そうだったが、丁寧に観察していた。頭のてっぺんが柔らかくなったら、隣家のゲレルチョクトを呼んで手術する予定だった。脳天を切開し、水の溜まった薄い膜《ウィーランハイ》を取り出せば治る。うっかりと膜を破ったら、助からない。この羊は夜寝ている間に膜が破れたか、他の羊に頭突きされたのかは、分からない。死んだ羊の皮を剥ぎ、死体を家の東の沙漠に運んで埋めた（写真20―6）。皮は高く売れる。この一年間、脳包虫で死んだ羊は三頭にもなる。

草原と土地の違い

羊の処理が終わった頃に、ソム政府の共産党書記バトチローと副書記のワンチュクがやって来た。「革命の為に貢献した古参の幹部達に挨拶する為だ」、という。古参幹部とは、父を指す。中国では、共産党が人民を大事にしていることを演出しようとして、年末には必ず幹部達が貧しい家々と「古参幹部」達の家々を回る。バトチローは両親と親しく、その息子のウーラも私の幼馴染である。昨年、私が現地調査しようとして帰郷した直後の八月十五日にも我が家を訪れていたことについては、前に記した。

「今、社会主義教育運動を強化している」、とバトチロー書記は語り出す。天安門事件に対する中国共産党の新しい対応である。具体的には以下の三点に力を入れているという。

第一、思想教育。社会主義の思想で以て農村と牧畜地帯の陣地を占領する。

第二、経済発展。郷鎮企業を一層、発展させ、人民を豊かにする。

第三、社会主義の基本組織の再建。人民公社の崩壊で一時は機能しなくなった旧生産大隊や生産小隊レベルのガチャー組織を復活させ、本部建物を造り、幹部専用の家畜群を設ける。

オルドスのウーシン旗では一九八三年に人民公社の解体に伴い、草原の使用権も個人に与えられた。翌一九八四年から生産大隊と小隊の本部（隊部）建物や農機具類等の公有財産も私有化された。それ以降、チョーダイ生産大隊の場合だと、月に一回の共産党会議はハスチローという個人の家で開催されるようになった。ハスチローは小隊長だからである。旗政府や盟政府から上級幹部達が視察に来ると、ハスチローは自腹で接待し、その都度、羊を屠ったが、限界に達しているらしい。当然、小隊長のポストにも利益があるからこそ、ハスチローに長いこと独占されて来た。この度、生産小隊の本部を建てるのに、主として牧畜民から徴収した「草原費」を充てるという。道路使用費（養路費）と教育費からも八割を転用する。

ハトチロー書記の話を聴いていた母は反論した。

モンゴル人から「草原費」という税金を徴収するのはおかしい。昔、ハーンや王様がいた清朝時代でも、家畜からは年に一頭か二頭の羊を税金として取っていたが、草原は徴税の対象ではなかった。モンゴル人にとって、草原（belčeger）は古代から万人が共同で利用して来た共同財産で、個人が所有する土地（γajar）ではない。草原は、中国人がいうところの畑ではない。今、畑から税金を取るのは許せるとしても、草原から税金を搾り取るのには反対だ。

このように、大地を草原と見なすか、それとも開墾すべき土地と位置づけるかで、モンゴル人と中国人の間には文明論的な、巨大な認識の差が横たわっている。近代に入ってから、草原を守ろうとするモンゴル人と、土地を開拓したい中国人が繰り広げた激しい戦争と対立は正に文明間の衝突である。

貧富の差と中国人人口

バトチロー書記の話は続く。一九八三年に生産大隊の本部建物を壊さずに、公有財産を私有化しなかった人民公社すなわちソムがある。隣のオトク旗エルクート・ソムである。そのエルクート・ソムは現在、全自治区の「模範」として宣伝されているという。エルクートとは、古代のネストリウス教徒を指す。我が家の近所にはエルクート・オボクの人達が住んでいるが、オトク旗ではソムを形成するほどの人達がいるらしい、地名にもなっている。

バトチロー書記によると、エルクート・ソムのバヤンブラク・ガチャー（Bayanbulay γačiy-a、生産大隊）には立派な本部建物があり、内部で幹部達の写真を飾ってある。本部専用の「北京ジープ」一台とトラック一台がある。また、映画館もテレビ中継局も充実している。テレビ中継局があるから、内モンゴル自治区のモンゴル語放送をモンゴル人達は受信できている。ウーシン旗だと、行政組織上は内モンゴル自治区に入るが、テレビを付けると、陝西省の番組しか映らない。当然、陝西省の番組はすべて中国語である。目下放送中の『漢の武帝の恋』も中国人には人気だが、匈奴を醜悪に描いているので、モンゴル人に嫌われている。しかし、ウーシン旗政府は中継塔を設置しなかったので、自治区のモンゴル語放送が入らない。

エルクート・ソムではまたソムが経営するモンゴル語小学校も学費は全額免除され、寄宿生活に必要な布団や食費もソム政府が賄う。その上、ソムには独自の貯金が七十万元ある。

「エルクート・ソムの財源はどこから来ているのか」、と私は思わず尋ねた。

「豊かな原因は我がウーシン旗にないものと、あるものだ」、とバトチロー書記は笑いながら答える。彼は常に歯に衣着せぬ言い方をする。

ウーシン旗にないものは、湖だ。エルクート・ソムにはトゴート・ノール（Toyoyatu nayur）とウラーン・ノール（Ulayan nayur）、それにチャガン・ゴトン・ノール（Čayan qotung nayur）という複数の湖があり、塩とアルカリを産出する。ウーシン旗にも実は湖があったが、西部のは中国人が灌漑に利用したので、乾上がった。東部の湖は自治区政府の直轄とされ、そこから産出する塩とアルカリは中国の国営企業に独占され、地元に還元されていない。

一方、ウーシン旗にあって、オトク旗のエルクート・ソムにないものは、外来の中国人だ。ウーシン旗の人口はオトク旗よりも多いし、その上中国人の割合も高い。狭い地域に多数の人口が集中しているだけでなく、農産物の値段も低いので、一人当たりの収入も少なくなる。エルクート・ソムは草原が広く、中国人もあまり少ないので、モンゴル人は豊かである。オトク旗のエルクート・ソム全体の人口が約二千人で、一人当たり四十六頭もの家畜を所有しているのに対し、ウーシン旗シャルリク・ソムは人口約六千人で、一人当たりの家畜所有頭数は十六頭である。この格差は、家畜の所有頭数で貧富の基準とするモンゴル人にとっては、実に衝撃的である。

自治区政府は今、オトク旗エルクート・ソムのように「聯戸」しようと呼びかけているが、モンゴル人は警戒を緩めない。「再び、ほくろのある人物が支配していた時代に逆戻りするのではないか」、と心配している人が多い。「ほくろのある人物」とは、毛沢東を指す。毛の公有化時代に逆戻りすると、家畜も草原もすべて政府に没収されてしまうからである。

電気と沙漠化の原因

ソムの書記バトチローらからまた以下のような壮大な近代化のプランについて聞いた。

実は、我が家も含めて、草原地帯ではまだ、電気が通っていない。党書記らによると、政府は一九九五年から二〇〇〇年までにウーシン旗全域で電気化を実現する計画を作成中だという。具体的には我が家から南西にある古城と南東のバトイン・トハイにそれぞれダムを造って発電する。どちらもシャルスン・ゴル河を利用しようとする計画である。

　古城とは西夏タングートの都城址で、シベル寺の北三キロのところにあり、母が生まれ育った地だ。人民公社が成立した一九五八年にシベル寺を破壊し、その建材でダムを造ったが、発電はできていない。灌漑にも使われていない、無駄なダムである。我が家から二十数キロも離れているが、古城ダムの瀑布の音だけは毎朝、聞こえていたのが、私の少年時代の「音の原風景」の一つである。モンゴル人はダムのある渓谷地帯をサルルク・トハイ（Sarluy-un toqai、中国語では「滴哨溝湾」）と呼ぶ。サルルクとは、「野生のヤク」や犀の意味である。この地から犀等の化石が大量に地上に出ていたから、古生物学者のティーヤル・ド・シャルダンも歩いたことがある。今や、雑音が増えたので、朝の瀑布の音も完全に抹消されている。

　バトイン・トハイにもダムはあり、そこの発電所の電気はシャルスン・ゴル河以南の河南人民公社の農業地帯に提供されている。昨年から週に一日だけ、シャルスン・ゴル河以北のチャンホク生産大隊の第五生産小隊、チョーダイ生産大隊の第一生産小隊に電気を提供しているが、どちらも中国人が多数住む、農耕地帯である。モンゴル人の住むところに通電できていないのに、牧畜民は不満である。このように、電気という近代の武器は確実に中国人に握られ、モンゴル人に不利となっている。

　バトイン・トハイは現在河南郷（旧河南人民公社）の所有となっているが、一九五二年まではシャルリクの草原だった。そこへ腹黒い「バーレン」達が入って来て、河の水を灌漑に使って畑を広げて定住した。シャルリクのモンゴル人は「バーレン」と一緒になりたくないという意志が強かったので、河南郷にダムを取られてしまった。追い出せなかった上、土地まで失った。

　このようにバトチロー書記は「バーレン」という言葉を使っている。「バーレン（baren）」とは「うんこたらし」の意で、専ら中国人を指す。中国人はモンゴル人を「草地の韃子」と呼ぶ。

　ウーシン旗西部全域に通電できるようにする為に、旗政府は今後五年間で三百五十万元投資する予定だが、不足の分は民間から集める。ダライン・チャイダムとボル・クデーの両生産大隊は一戸につき十五元を、チャンホクとチョーダイの両生産大隊は「一人の労働力」から二十四元をそれぞれ徴収するという。労働力とは、十八歳以上で六十歳以下の働き手を指す。こうして、一九九二年度にはまず、チャンホク生産大隊の第二生産小隊まで、チョーダイ生産大隊は第一生産小隊全域で電気が通るよう努力する目標を立てたそうである。

「電気が通れば、電気ポンプ式の井戸（機井）を掘り、水地も広がる」、と政府は勧誘している。

「結局は草原を全部、土地として開墾して畑にしようという政策ではないか。モンゴル人の牧畜はどうなるのか」、と母は疑問を示す。バトチロー書記も苦笑いをし、彼も実は政府の政策に不満である。

「草原が劣化し沙漠が広がるのはモンゴル人の牧畜業が原因だ、と政府は故意に歪曲している。外来の中国人が草原を破壊しているのが唯一の原因だ、と権力を握った中国人達が認めるはずもない」、と書記の説明である。

「匈奴の時代から住んで来た草原が、どうして一九四九年から大面積の沙漠になったか、政府は研究しないか」、と母は厳しい。こういう時、父はいつも黙っている。いくら主張しても意味がない、と父はとっくに諦めているからである。

モンゴル人がどんなに抵抗しても、いくら批判しても、権力は中国人の手中にあるので、農耕地開拓政策は変わらない。「悪いのは羊と頑固な草地韃子だ」、と長城以南から侵入して来た権力者達はそう思っている。既にチョーダイ生産大隊第一生産小隊の張一族と康一族ら中国人達は政府が推奨する「聯戸政策」を利用してデムチン・チャイダムで組合を作って、灌漑地を広げている。バトジャラガルらは張一族や康一族のような外来の入植者よりも、地元のモンゴル人が住むガトー・タラに先に電気を引くよう政府に働きかけている。しかし、中国人の方が動きは速く、賄賂を惜しまずに政府幹部に渡すので、負けそうだという。バトチロー書記は次のように嘆く。

畑にしても、灌漑できる土地にしても、農耕地の開拓で大量の中国人が入って来る。収穫も国に取られて長城以南へと運ばれていく。石炭も天然ガスも中国人に吸い取られていく。どうしてモンゴル人の草原から産出される物が、中国人のところに持っていかれるのか、我々は納得しない。利益は中国人に奪われ、草原に残されるのは汚染と犯罪者の「バーレン（うんこたらし）」達ではないか。

バトチロー書記らはまるで胸中の不満をどこかにぶつける為に我が家に来たように思えた。既に述べたように、彼の母親は私の祖父の養女で、両親とも信頼関係があるから、このような本音を吐露できたのであろう。

モンゴル人にとっての中国共産党

電気が通ったら、沙漠にも地下から吸い上げた水を引き、植林を増やすという。前日に報道されたように、日本の鳥取大学乾燥地研究センターの研究者達の呼びかけに応じて、オルドス側は五千人を動員して春から植林活動に参加するという。日本からは四百人が来る。ウーシン旗西部では、チョーダイ平野の西に広がる沙漠に苗木を植える。一人三畝の沙漠に植林しなければならない。一畝あたり長く太い苗木は百八十本、細く短い苗木だと二百四十本植えることになっているそうである。モンゴル人の草原を中国人が破壊して沙漠にし、そして日本人が植林の資金を出す、という時代である。私が知っている限りでは、それらの日本人の多くがかつて一九四五年まで徳王のモンゴル自治邦（蒙疆）と縁のある人々である。中には日本軍が発動した包頭作戦に参加した元軍人達も含まれていたのである。

後日談であるが、古城でダムを造る計画は実現しなかった。「ソースハイに住むダンセン老が亡くなった」、とバトチローは両親に伝える。ダンセンは中華民国の名門、蔣介石が校長を務めていた黄埔軍官学校を出たエリート軍人だった。郡王旗の少将、ブリンバヤル（奇全禧）が指揮するモンゴル騎馬軍の特務中隊長だった。文革中は我が家で強制労働に従事させられていた。

「最後まで軍人らしく生き抜いた、気骨ある人物だ」、と両親もバトチローも敬意をこめて語らい合っていた。気骨ある人物ほど、現代中国では虐待され、人間らしさが否定されるのである。

「結局、我々モンゴル人にとって、中国共産党とは何だろう」、と私はバトチロー書記に聞いてみた。彼は躊躇せずに答えた。

私は長いこと中国共産党の仕事をして来た経験から、十点にまとめた結論があるので、記録しておきなさい。

一、歴史あるモンゴル人が無学の中国人に支配されるようになった。我々モンゴル人は皆、字が書けるし、モンゴル語とチベット語、それに中国語ができる。しかし、中国人は自分の名前すら書けないのに、幹部になって我々に指図している。

二、祖先達が作り上げた合理的な制度と伝統文化がすべて破壊され、代わりに中国人の儒教思想に従わされている。

三、礼儀作法（yosu murayal）が完全に否定され、中国人のように無礼で、野蛮な行動を取る者が多数、現れるようになった。モンゴル人はお互いに会えば、丁寧に挨拶し、マナーを大切にする。しかし、今の若者は中国人のように黙ったままいる。

四、遊牧や牧畜が否定され、五畜の中の四種が完全になくなって、羊だけになって来たので、史上類例を見ないほど貧困化が進んでいる。

五、駿馬が消えて、中国人のロバに乗らされている。

六、モンゴル人の共有財産である草原が分割されて、外来の中国人に取られ、沙漠化が進んだ。

七、乳製品が作れなくなり、草のような野菜ばかり食わされるようになり、体型まで変わりつつある。

八、肉を食べられなくなり、動物のようにまずいトウモロコシを食わされている。

九、モンゴル人同士を離間させて戦わせ、中国人が調停役を演じて漁夫の利を得ている。

十、宗教が否定され、信仰のない、軽薄なモンゴル人が増えた。

このようなバトチロー書記の話を記録した際に、私は「中国」や「共産党」という言葉を漢字で書かずに、カタカナで表記した。万が一、公安当局に捕まり、ノートをチェックされたら困るからである。日本語が読めなくても、漢字の「共産党」はすぐに目につく。共産党について情報を集めている、と見られたら、ノートが没収されるだけでなく、逮捕される危険性もあるからである。実際、後日にフィールド・ノートの一部とフィルムは没収されたのである。

夜、テレビを付けると、天安門で民主化を求めた市民と学生を虐殺した李鵬首相がスイスを訪問している、と報道されている。娯楽の番組は中国語の越劇『漢の武帝の恋』しか映らない。弱い漢王朝が和親政策で強い匈奴に女性を嫁がせる物語だが、遊牧民は極端に醜悪な姿で描かれている。相手を醜く描写して自己満足し、女性を提供した屈辱の過去を自己慰撫している中国人の作品である。

一月三十一日

貧しくなったモンゴル人達とカラーテレビ

気温が低く、寒い日であるが、「午《ウマ》の日」なので、縁起が良く、「風の馬」を掲揚する（kei mori keyisegekü）ことになった。旧正月《チャガン・サラ》を迎えるのに際し、最も重要な行事である。我が家の「風の馬」は赤と青という二色の布に馬と陀羅尼を刷ったものである。「風の馬」にはまた青と赤、それに白の縁取りを付ける。それぞれ蒼天と太陽、そして大地を象徴する。旧正月以外では、結婚式の時も立て替える。逆に家の主人が亡くなった時には、降ろす。国旗同様、一家のシンボルである。「風の馬」の立て替えは男の仕事なので、父と私が担当した。春には台風並みの北西風が発生するが、それに耐えられるようしっかりと竿を地中に埋める。竿を立て、「風の馬」を掲揚してから、父は「軍神の賛歌《スウルデ・サン》」と「風の馬の賛歌」を唱え、新しい一年の幸運を祈った（写真20—7）。

午前十時半に、オバのウランドティ家のお手伝いさんの女の子が来た。彼女はヌクタン（Nüküten）という父系親族集団のバンザルガルディ（Banzaryardi）の七番目の娘で、名前をウルグ（Ulyu）という。バンザルガルディはシャルスン・ゴル河の渓谷、アドン・トハイに住んでいる。七人の娘と一人の息子がいる。中国人なら、娘を嫁がせる際に莫大な婚資を相手からもらうので、これで大金持ちになれる。しかし、モンゴル人は逆に娘に持参金を持たせるので、バンザルガルディはそれで貧困から脱出できないでいる。今までにようやく五人の娘を結婚させたが、来春にはもう一人の娘が結婚予定だという。彼の家には六十数頭の羊しかなく、とても生活ができない。それで、バンザルガルディはテムールバトという祭祀者ダルハトの家に住み込みで働いているし、末っ子の娘ウルグは今、私のオバであるウランドティ家で羊の放牧に携わっている。

「髪の毛を切ってほしい」、と彼女は旧正月を迎えるのに、お洒落したいらしい。母は髪の毛を切ってあげながら、いろいろと励ましていた。母は自分も兄弟が多く、小さかった時に貧乏だったので、同情している。

写真 20-7　幸運を祈るキー・モリを取り換える父。（1992年2月）

ウルグという娘が帰った後、近所で生活が困難なモンゴル人達の境遇が話題となった。長城以南からやって来た中国人に比べると、総じて貧しくなったモンゴル人は多い。両親は私に以下の事例を挙げた。

例えば、ポロー（Polo）というガタギン・オボクの人には二人の息子がいる。永紅と永喜という。一九八三年に人民公社の家畜は私有化され、草原の使用権が個人に与えられた際、ポロー夫婦は自分達の名義で家畜と草原をもらわなかった。ポローは長男と、夫人は次男と、それぞれ二つの世帯を作って登録した。ところが、最近、ポローは長男夫婦との関係がこじれてしまい、家から追い出されてしまった。仕方なく、ソム政府の倉庫の番人をやり、春節の時も家に帰れないでいる。次男も受け入れてくれないからだ。

「ガタギン・オボクの人達はどうしてしまったかな」、と母は嘆きながら別の事例を紹介する。ベルテゲル（Belteger、葛玉山）のことである。ベルテゲルは文革期に有名な造反派だったし、ずっと人民公社のトラックの運転手をやっていた。新しいもの、機械《マシン》が好きなモンゴル社会において、トラックの運転手は羨望の的だった。私も子どもの頃に彼を人民公社の本部で見かけたことがある。気難しそうな表情をしていたが、トラックの運転席に座ると、別人のように格好よく見えていた。

ベルテゲルは、人民公社の崩壊で職を失った。そのまま政府専用のトラックを安く買い取って個人経営（個体戸）の運送業を始めるが、道路費とガソリン代の高騰で廃業した。一九八七年から羊毛が高かった頃に、その転売に携わったが、長城以南の中国人に騙されて何万元もの借金を抱えてしまった。不運が続いたせいか、夫人も病気になり、入退院を繰り返している。仕方なく、ベルテゲルはシャルリク・ソムの政府所在地にある自宅を離れ、我が家の東北にある沙漠の中で小屋を建て、羊二十数頭を飼ってひっそりと暮らしている。

「あいつはシャルリク寺の白塔が建っていた地に家を建て、ラマを虐めたから貧乏になった」、とモンゴル人は厳しい見方をする。彼は確かに中国の政治運動に積極的に身を投じた。そして、政治運動が終息すると、捨てられた。その繰り返しで、不運な生活を送っているらしい。

我が家の北、三キロほどのところに住む寡婦ジャーハダイ（Jiyaqadai）も貧しい。彼女の夫サンリクは元々ラマだったが、共産党によって還俗させられた。若いジャーハダイと結婚し、次から次へと子どもが生まれた。しかし、サンリクは子ども達が成長する前に、一九八一年に死んでしまったので、ジャーハダイは仕方なく私のイトコのシャラクーの羊を委託放牧している。

私はサンリクとジャーハダイのことをよく覚えている。一九七二年夏に我が家に来ていたからである。当時、我が家の門前の草原が人民公社によって開墾され、家の西に生産小隊の本部も置かれていた。すべては、「搾取階級」の我が家を侮辱する為だった。サンリク夫婦はその生産小隊の仕事をしていた。敬虔な僧侶という雰囲気を漂わせた、清潔感が溢れる人物だった。サンリクの長女は私と同じ年で、我が家の北にある草原で遊んだことがある。大きくなってからアドン・トハイに住む男に嫁いだが、家庭内暴力が絶えなかった。そして、ある満月の夜に、夫に刺殺された。私と同じ年の女の子が殺害されたのを知り、悲しく、ショックを受けた。

チャンホク平野の南部に住むネメフ家は、父親と三人の子ども全員が白血病にかかり、相次いで死亡した。残された夫人と子ども一人が、極貧の生活を送っているそうである。

午後には父とテレビのアンテナを立てた。シャルリク・ソムが中継し始めた内モンゴル自治区のモンゴル語の番組を見る為である。高く立てたアンテナを使うと、内蒙古電視台のモンゴル語番組が映ったものの、白黒の画面である。白黒でも、カラーの『漢の武帝の恋』よりましだ、と父は話す。

夜、我が家で初めてモンゴル語のテレビが映った。

「記念すべき日だね」、と私が両親を喜ばそうと話してみた。すると、「モンゴル人の自治区なのに、モンゴル語の番組が映らないのは問題だろう」、と中国語の番組に全く興味のない母は厳しい。我が家はガソリンを使う日本の本田製の自家発電機でテレビを見ているが、ほとんどのモンゴル人はまだランプか蝋燭に頼っている。

　このように、モンゴル人達の生活について話しながら、白黒でしか映らないモンゴル語の番組を見た。実は今日は太陰暦の二十七日で、闇の世界に住む鬼達が解放される日（öjügüi doluyan）でもある。旧正月七日までの十日間、鬼達も自由に動き回ると信じられているので、夜の草原も余計に静寂に包まれているように感じた。

二月一日

『漢の武帝の恋』と李鵬の演説

　朝起きたら、雪が降っていた。最初は粉雪で、十一時頃から次第に大粒の雪となった。草原に出かけた羊達はいつもより早く、十時半にはもう井戸のところに戻って来た。「雨と雪の日の家畜は喉が渇く、結婚式に出た人はお腹がすく[2]」、とモンゴル人は表現する。私は大急ぎで井戸に行き、水を汲んで飲ませる。モンゴル人は雨の日と雪の日には特に家畜の管理に気を遣い、水と寒暖の変化を見ながら管理する。

　毎年のように柵で囲まれた草原《クレー》に入っていた牝達は水を飲んでから柵の入り口に行って並んでいる。「雪が降ったので、早く入れて」といわんばかりに入り口から離れようとしない。柵の中の草が外のより良いのを知っているからだ。それに妊娠しているので、遠くへ行きたがらない。

「近いうちに良い日があるので、入れてあげる。もう少し我慢して」、と母は牝達の頭をなでながら羊と会話している。母は父に柵のチェックを頼む。全体を一通り見て周り、壊れた箇所を直し、他家の羊の侵入を防ぐ。

　しばらくしたら、父は西の草原から戻り、イトコのシャラクーの羊が数頭、我が家の柵の中に入っていたという。両家の境界地帯の鉄線も我が家が引いたものだ。本来ならば、両家共に鉄線を引くと、二重になるので、羊の侵入も不可能になる。しかし、シャラクーは頑として鉄線を引こうとしないで、専ら我が家のものを利用しているので、彼の羊も簡単に入って来る。父はシャラクーの羊を彼の草原に戻しただけで、注意も与えなかった。年の瀬も近いので、トラブルを避けなければならない。

　午後には雪も止み、晴れた。父と二人でテレビのアンテナを立て直したが、それでもモンゴル語放送だけは画面が白黒のままだ。「白黒でも中国語のものより良い。モンゴル人を馬鹿にしたものは見ない」、と父は『漢の武帝の恋』によほど不満なようである。匈奴を野蛮人として描いているのに腹が立っているらしい。

　外は寒いので、暖かい部屋の中で、ペルシアの歴史家ラシード・ウッディーンの『集史』と *The Tarikh-I – Rashidi of Mirza Muhammad Haidar, Dughlát, A History of the Moghuls of Central Asia*（1972）を読む。両者を併せて見ると、中世から十六世紀までのモンゴル人の歴史と氏族制度の編成がよく分かる。ペルシアと中央アジアのモグリスタン方面へ、モンゴルのどんな父系親族集団オボクが、誰に率いられて行ったかに関心がある。というのも、アルタイ山やハンガイ山脈から移動して来たオルドス万戸にも西方の中央ユーラシアと全く同じオボク集団が残っているからだ。歴史書の中に出て来る古代モンゴル人の風俗習慣もまた、現在に踏襲されているのがある。草原での読書は、都会の大学の図書館よりも別の風情がある。歴史は単に古の物語ではなく、現在の人々にも直接的に繋がっている、と実感できるからだ。この二冊の本はどちらも日本語訳はまだない。翻訳してみようかな、とも思ったりした。

夕方になると、雪もほぼ完全に溶けた。春は確実に近づいている。我が家の真新しい「風の馬」は春風の中で音を立てて翻っている。父は室内でハトを六羽、仕込んでいる。ニワトリや雉、それに兎と一緒に料理すると、珍味になるという。母は饅頭を蒸している。我が家の春節の準備も順調である。

夜、テレビのモンゴル語放送は李鵬首相の国連演説を伝えていた。民主化を求めて天安門に集まった市民と学生を残忍な方法で弾圧した人物が、国連に乗り込んで演説するということ自体、国連の変質を意味しているのではないか。モンゴル語に翻訳された李鵬の演説にはとても乱暴な表現が多く含まれていたので、両親は嫌がっていた。

二月二日

祖先祭祀

今日は「オルドス暦のヤツガシラ鳥月の二十九日」で、祖先祭祀（yekes-i mordaγulaqu）の日である。どの家も歴代の祖先達に供物トゥリシを燃やして捧げる。昼間に墓地のオンゴンに行ってもいいし、夕方のうす暗い時（yongdong qar-a büriy-e-yin čay）に家の近くの小高い丘の上から燃やしてもいい。墓地に行った場合でも、土を動かしたりはしない。四月初めの清明節の時は土を墓に足す。

母は午前中に越冬用の肉から少しずつ切り取って供物用に茹でる。塩や調味料は加えない。また、春節を迎えるのに用意した乳製品とタバコ、菓子類と酒も入れて、供物は完成した。

夕方六時四十分に父と私は薪と供物を持って出発し、我が家の南西にある丘の上に行く。火を熾し、煙が完全に収まった段階で供物を火にくべる。そして、覚えている限りの祖先

写真20-8　歴世の祖先に供物を燃やす父。（1992年2月2日）

達の名前を逐一唱える（写真20―8）。

「今年は孫も遠くから帰って来て、歴世の祖先（degedüs）達に供物を捧げている。どうぞ、召し上がってください。また、たまたまここを通った方々も召し上がってください」、と父は叩頭してから唱える。

「たまたまここを通った方々」とは、子孫がなく、世の中を彷徨っている鬼達や無縁仏を指す。持って来た供物の中で、酒だけは火にかけないで、周りで振り撒いた。

供物を燃やした後は、あたりはすっかり暗くなった。父と私は静かに、互いに口を利かないようにして無言で家路を急ぐ。決して振り返ってはいけない。祖先達や無縁仏、それに鬼達が既に火の周りに集まっているはずである。彼らはその姿をこの世の子孫に見られたくないだろうし、子孫もまた彼らが家まで付いて来ないよう思っているからである。北斗七星が北の夜空に輝いている。家に入ってから、「祖先からの賜物（yekes-ün kesig）」として、ほんの少し残した供物類を三人で分けて食べた。

夜のテレビでは、清朝時代の満洲人の祖先祭祀が紹介されていた。

二月三日

大晦日の「民族間の団結」ショー

朝起きたら、羊は一匹もいないのではないか。春節を迎えようとして、どこの家でもここ数日は子ども達が夕方に爆竹を鳴らしたりする。我が家の羊達は爆竹の音にびっくりして、昨夜、寝床から逃げて草原に行ってしまっていた。それでも、午前十時半になると、自分達で井戸に帰って来た。夜、草原にいても、方々から爆竹の音が伝わって、さぞ、緊張した一晩だったのではないか。そのような羊達を落ち着かせようとして、今日は塩入りの水を飲ませた。

水を飲んだ羊達は井戸の周りでゆっくりと昼寝タイムに入る。しかし、元気の良い牡達は寝ない。どうも、羊にも派閥があるらしい。二頭の牡が喧嘩を始め、頭突きし出す。すると、別の何頭かも周りに集まって観察しているのではないか。そして、いきなり決闘中の一頭のお腹に突進していき、突き飛ばす。明らかに別の一頭の「友」を贔屓している。こういう時には大抵、母が最終的に調停に入る。力強いオス同

写真 20-9　ボン・アムというキビ団子を作る母。（1992 年 2 月 3 日）

士の喧嘩を早めに止めないと、怪我してしまうこともある。群れにとって、一番の権威ある存在は、母である。

今日は「オルドス暦ヤツガシラ鳥の三十日」で、太陰暦の大晦日に相当する「一年を丸く包む日（bitegü）」でもある。「一年を丸く包む」には「包んだ食べ物」、つまり肉まんである包《ボウ》子《ズ》を食べる。

各種の仕事も今日で収めることになっているので、来年に繋がるような厄介なことは残さない。我が家の羊が一頭、イトコのチャガンバンディ家の草原に迷い込んだので、連れ戻して群れに合流させた。どこの家も、極力、静かに過ごす。

母は午前中からボン・アム（böng amu）という保存食を作るのに余念がない。ボン・アムとは、炒ったキビ（amu）を固めた（böngnekü）ものを指す。一種のキビ団子である。キビを固めるのにはバターと黒砂糖、それに粉ミルク等を使う（写真20—9）。母によると、ボン・アムとは元々、遠くに嫁いだ娘が実家に帰省する際に両親や親戚の者に持って来る土産物の一種だったという。バターが不足していたら、羊肉を煮込んで出た脂を使ってもいい。ただ、羊脂を使うと、キビが硬くなってしまう。バターで固めたキビは何カ月経っても、ぱりぱりしていて、美味しい。

「尼さんは（出家しても）宗教に馴染まない。キビはバターに漬けても硬くはならない[3]」と母は話す。

夕方からは外へ水を撒いたりしない。下水施設がない為、食器とかを洗った水も室内の器に入れておき、明日に外へ出して処理する。我が家では午後から三人でゆっくりと包子を作った。夜、蒸した包子が出来上がると、まず外に出て、天に向かって振り撒く。それから竈に入れて火の神様に捧げる。

夕食後にはすべての部屋に灯を付けておき、徹夜灯す。中国人地帯に近いところでは、屋外に提灯を吊るすこともある。盗賊を防ぐ為である。

テレビを付けると、最高実力者の鄧小平は上海入りして春節を過ごそうとしていると伝えている。江沢民総書記は全国民に向けて講話を発表し、一致団結を呼びかけている。李鵬首相はニューヨークを発ってポルトガルを訪問し、現地の華僑達と交流中だという。ニュースが終わると、どこのチャンネルも中央電子台の「春節晩会（コンサート）」を中継している。広大な中国であるが、娯楽も共産党中央に統一されている。政治的色彩の強い「春節晩会」を見た私は以下のような感想をノートに書き込んだ。

一、二〇〇八年の北京オリンピックの開催を申請する内容が多い。国威発揚を目的としている。
二、計画出産を維持し、人口増を抑制しようというメッセージが強い。
三、台湾と香港に対する統一戦線工作の色彩が強い。「一日も早く祖国の懐に復帰するよう」呼びかけている。
四、民族間の団結を呼びかけているが、それは主としてチベットを対象とした内容で、モンゴル人とウイグル人は登場しないので、内モンゴルと新疆に「民族問題」がないとアピールしている。
五、全体を通して共産党と人民解放軍を謳歌している。「共産党による解放がなければ、中国人民の幸せもない」とのプロパガンダである。

　このような中国の政治的な匂いがプンプンとする番組の放送で、せっかくの大晦日も台無しである。「一年を包む」大晦日は寝ないで過ごすが、我が家では父だけが起きて、母と私は早々に寝たが、なかなか寝付かない。昔なら、一家の長は大晦日の深夜に静かに草原を歩きながら天体と大地の息吹を観測し、来る年の世相を予測していたそうである。

注

（1）モンゴルの拝火祭に関する手写本については、モスタールトがオルドスから集めた写本をボーデンが公開している［Bawden 1963: 281-303］。また、拙編著『モンゴルの仏教寺院——毛沢東とスターリンが創出した廃墟』を参照されたい［楊　二〇二一a：二四八—二六四］。
（2）モンゴル語の原文は“qur-un mal čangɣadaɣ,qurim-un kümün ölüsdeg”である。
（3）モンゴル語の原文は“šasin-du čibayanči debtekü ügüi, sir-a tosun-du amu debtekü ügüi”である。

●第二十一章　縁起の良い白い月

左から父、母方のオジのバヤンドルジ、母、バヤンドルジ夫人のハスチチクが1982年春に撮ったもの。私の記憶では、我が家に客人がいなかった日はないくらい、いつも誰かが来ていた。泊まって、話し込んで帰っていた。中国人の場合だと、以前からの知り合いで、清潔な人ではないと、基本的に家の中に入れなかった。

二月四日

正月の挨拶と食事

朝五時半に起きて、父と外に出て火を焚く。方々からお互いを見計らっていたかのように火の手が上がり、爆竹の音が聞こえて来る。やがて四方の空は真っ赤に染まり、旧正月の一日だ、と確実に伝わって来る。爆竹の音に混ざって、たまには轟音も混じる。中国の地質調査隊が草原に無数の爆薬を仕掛けて爆発させて電磁波を観測していた。中には爆発しなかったダイナマイトもあった。若者達はそのダイナマイトを爆竹として使っていた、と数日後に分かった。爆竹で羊達が驚いて逃げ出さないよう、昨晩早くから柵の中に入れて置いた。それでも、草原に轟く爆竹の音にびっくりしているようで、柵の中で全員、立ち上がって家の方を見ている。火に照らされた羊の目は無数のネオンのように光っている。

今日は旧正月の一日であると同時に、立春の日でもある。「新年は吉祥が良い、新婦は美人が良い（sin-e jil-ün sinji sayin, sin-e beri-yin čarai sayin）」、と母は話す。立春を吉祥だと理解している。春節の一日と立春という二つの吉日が珍しく一致するのは、四十六年に一度だけだ、と両親は話し合っている。

六時半になると、南東の空が少し赤く染まって来た。父はしきたりに従って「風の馬」に香を焚き、「風の馬の賛歌」と「軍神の賛歌」を唱える。母は家の中を片付け、新年の朝ご飯を用意する。家の中を掃除しても、ゴミは全部捨てない。少しだけ残して、三日までの間に少しずつ捨てる。早朝一番に水を汲みに行く際は、井戸に棗を偶数入れる。

八時頃に「新春の茶（sin-e jil-ün čai）」を飲む（写真21―1）。家族三人で揃って新春を迎えるのは、実に久しぶりである。古い習慣に沿って、私はまず両親に挨拶をする。木製の皿にパンを十個乗せ、その上に棗を偶数置く。パンと棗を父に捧げて三回お辞儀をする。父はその棗を少しちぎって天に振り撒いてから、ほんの少しだけ口に入れる。続いて儀礼用の絹ハダクを献上し、嗅ぎタバコを指し出す。私に続いて、母も一家の主人たる父に同じような形式で挨拶する。そして、あらゆるご馳走を机の上に並べて茶を飲む。

写真21-1　我が家の朝のお茶のある食卓。炒ったキビと乳製品と肉は欠かせない。

朝のお茶の後は、年始回り（ayilčilaqu）に行くことになっている。出かける前には四方へ向かってお辞儀をし、それから予め見定めた吉なる方向へ出かける。そのことを「足跡を出す（mör γarγaqu）」と表現する。「正月は昼夜を問わずに万事、丁寧にする（čaγan sar-a-yin kündü söni edür ügüi）」、と母は強調する。祖父が生きていた時代は、ウーシン旗政府の「界牌官」として、太陽が昇る前に貴族の邸宅、西公シャンに入らなければならなかった。ウーシン旗西部の有力者全員が西公シャンに馳せ参じていた過去である。

今年の正月一日は「辛未の日（čaγaγčin qonin edür）」に当たるので、「年始回り」に出かけるのには吉日ではないので、誰も来ないだろう、と我が家は予想していた。ところが、午前中にイトコ三人が子ども達を連れて挨拶に来た。バンザルとチャガンバンディ、それにシャラクーの三人である。叔父のチローンドルジが中国共産党の刑務所内で死去した時から、その未亡人のリンホワと我が家との関係は悪化した。文革中にオバのリンホワが「造反」して祖母を闘争したからである。そうした中国政治の影響の下で一九八一年に草原が分割されると、今度は境界の争いが後を絶たなかった。遊牧していた時代ならば、互いに遠くへ移動して行けるが、定住してしまった現代では、どんなに対立し合っても、付き合うしかない。モンゴル人は何よりも礼儀作法を重視し、年末年始の挨拶は欠かせないので、イトコ達も初々しくやって来たのである。両親は彼らにとって、オジとオバに当たるので、世代（üy-e）の面では次世代、社会的には下に位置する者の方が先に長老家に挨拶に行かなければならないのである。

イトコ達はまず両親に嗅ぎタバコを用いて挨拶する。「恙なく正月をお迎えになったか（sayin sinelegsen üü）」、と尋ね合う。続いて儀礼用の絹ハダクを両手で捧げて長寿を祈る韻文を述べるが、両親も彼らに祝福の言葉を返す。我が家とリンホワ家のイトコ三人とは冷え切った関係であっても、笑顔で新春の挨拶を交わした。

母は「白い食べ物」のチャガンデーをイトコ達に指し出す。ヨーグルトに棗を四個入れたものである。イトコ達はそれを賞味してから母に返す。そして、一度目のお茶になる。一口ほどの僅少のお茶に数個程度のキビが入っている。机の上には十個のパンと四個の棗が置いてある。客人は時間をかけて茶の水分で唇を潤し、縁起の良い会話が途絶えないよう気を配る。

しばらくしてから客人はパンの上の棗を少しちぎって賞味してからオンドルの上から降りる。これで一度目のお茶は終わり、客人は両親に新年の土産物を贈呈する。十個のパンと酒一本、それに新札である。パンと酒はイトコ達から両親への贈答品（sin-e jil-ün degeji）で、新札は弟にあたる私への贈り物である。贈答品類を机の上に乗せてから、我が家の「白い食べ物」を借りて両親に捧げる。両親は「白い食べ物」を賞味してから、贈答品を受け取る。「白い食べ物」を用いずに、持参して来た酒を二回ほど杯に入れて主人側に捧げることもある。酒を持参すると、荷物が増えるので、主人側の「白い食べ物」を借りて挨拶する人が増えているそうである。

挨拶用の贈答品の謹呈が終わると、二度目の本格的なお茶になる。旧正月を迎えるのに用意したあらゆる馳走類が出される。客人も遠慮せずに食べるし、一緒に来た子ども達にも行き渡るよう母はイトコの子ども達にいろいろと取って挙げている。

二度目の茶に続いて、主人は客に酒を出してもてなす。皿に酒杯を二つ乗せ（オトク旗では三つ）、満々と白酒（蒸留酒）を注いでから客人に出す。イトコ達は父から出された酒をその都度お辞儀をし、両手で受け取る。しばらく酒を飲んでいると、食事になる。旧正月の場合だと、大抵はどこの家でも包子と肉入りのスープが一般的である。家庭によって具材が異なり、味付けもまた別であるので、美味しい。我が家では今日、蒸しパン（饅頭）とキビのもち米を材料とした揚げパンと羊肉のスープを出した（写真21―2）。他家との違いを母は意識しているようだ。食事の後も、酒が続く。

写真21-2　蒸しパンを用意する母。奥に我が家の猫が寝ている。（1992年1月31日）

お昼過ぎにイトコ達は離れることになった。今度は私がイトコ達に「鐙を強く踏ませる酒」を提供する。彼らは馬ではなく、徒歩で数キロの道を歩いて来たとはいえ、飲ませる酒を鐙と関連づけて表現する。これも、モンゴル人の風習である。イトコ達は酒を飲み干すと、両親は彼らが持参して来た十個のパンを返す。オルドスの場合だと、遠くからの客人はそのパンを残すが、近くの人は持って帰る。イトコ達も我が家を出てからは、オバのウランドティとオジのウイジン家に行くことになっているので、向こうでも使うから返す必要がある。

パンを返す他、両親はまた祖父母として、イトコの子ども達に菓子類と新札を五元ずつ渡す。こちらの場合は「磨く（jülgekü）」と呼ばれる。客人達が去った後も、しばらくは食卓を片付けない。客人の幸（geyičin-ü kesig）が長く留まるよう願っているからである。このように、新春の挨拶周りは結婚式の儀礼と基本的に同じである。乳製品の「白い食べ物」は何よりも大事な儀礼用の品物である。文革が一九七六年に終わるまで、モンゴル人が乳製品を使って挨拶するのも中国政府に禁止されていた。仕方なく、白砂糖を代用していたと両親は振り返る。

夕方、羊達に水を飲ませて、草原の柵をチェックした。夜、李鵬首相の新春挨拶をテレビ各局は延々と流していた。私はノートを整理してから、早めに寝た。

中国に警戒されている宗教界

二月五日

朝のお茶を飲んでから、イトコのシャラクーとチャガンバンディ家へ挨拶に行く。お返しの年始回りをする為である。小雪が降り、草原と沙漠は白銀の世界に変身している。

シャラクー家ではオバのリンホワの妹ガージド（Gayajid、七十代）が来ていた。彼女はリンホワと異なり、賢明な人物として私の両親から評価されている。昔からオバのリンホワが騒ぎ出すと、必ず妹のガージドを呼んで調停してもらっていた。そのガージドは長男アルダルチョクト（Aldarčoytu、五十代）の妻と孫娘、それに婿達を連れて来ていた。ガージドとアルダルチョクトはイトコのチャガンバンディ家から西へ三キロ行ったところに住んでいる。私も子どもの頃は羊を放牧しながら、よく彼女の家の近くを通ったものである。ガージドの孫達は皆、大学や高等専門学校を卒業して都市部で働いているが、旧正月を過ごすのに帰っているという。彼女の婿チャガンバートル（Čayanbayatur、三十代）はイケジョー盟の統一戦線部宗教局に勤め、宗教関係者を指導・監督する立場にある。私はオバのリンホワ達に挨拶してから、チャガンバートルにオルドスの宗教事情について尋ねた。これも、フィールドワークである。

チャガンバートルはカバンの中から小さな手帳を取り出し、それを見ながら私に語った。一九九二年現在のオルドスにはチベット仏教の寺は十九しかないが、一九四九年以前は二百三十一あった。そのうち、ウーシン旗にはお寺が四つだけ残っている。シベル寺とトーリム寺、それにウーシンジョー寺とハリュート寺である。ハンギン旗とエジンホロー旗は相対的に多いという。残っていないのは、当然、中国共産党が破壊したからである。

ラマは現在五百六十人いるが、一九四九年以前は一万百三四人いた。こちらもすべて共産党が強制的に還俗を命じたからである。現在、ウーシン旗東部のガルート地域のモンゴル人の中には子どもを政府に内緒で包頭市近くのバディゲル・ジョー寺やギョク・ノールこと青海省のグンブム寺に出家させることもある。

キリスト教の場合、モンゴル人カトリック信徒は約二千人で、主としてオトク旗南部のボル・バルガスン（城川）とダルト旗のバガ・ノール（Bay-a nayur、小淖）に分布しているが、九割がオトク旗に暮らしている。プロテスタントはダルト旗の大樹湾にいるが、その信者数は不明である。一九四九年以前に十数戸の信者がいたので、多分、その後裔であろうという。

中国政府の宗教政策は非常に厳しい。公務員が特定の宗教を信じることは禁止されているし、十八歳未満の少年が宗教活動に従事するのも禁止である。だから、モンゴル人は子どもを出家させても、政府には報告しようとしない。要するに、宗教界は警戒される対象である。

このようにチャガンバートルは語る。彼はまた、シベル寺の檀家で、ダー・クレーの貴族バトラブダンが国務院に上告し、「シベル寺は革命的文物」であるので、再建を認めるよう働きかけていると教えてくれた。私も年末にバトラブダンに会っていたが、そのことをチャガンバートルには言わなかった。二〇二一年一月、私はチャガンバートルから聞いた宗教に関する情報を編著書『モンゴルの仏教寺院』内で公開した［楊二〇二一a：一四］。

絶滅に追い込まれた野生動物と猛禽類

昼頃にリンホワ家を出て北のチャガンバンディ家まで行く。小雪が嵐になっている。北へ向けて歩くのはつらく感じる。北風に圧倒されて息もできない。挨拶を簡単に済ませてから、午後はウイジン家に行った。馬の放牧者で、オバのウランドティの夫である。夜の八時まで滞在してから家路を急ぐ。雪は止んだが、風がますます強くなって、寒い。

ウイジン家を出た時、「狼もいなくなったので、安心だね」、とオバのウランドティは話した。

「いても、狼はモンゴル人を襲わないで、ひたすら中国人を食べる。狼はモンゴル人の祖先だから」、とオジのウイジンは笑いながら話していた。狼は既に一九五二年に絶滅した、と地元のモンゴル人達は口を揃えて語る。モンゴル人は狼を神聖視し、共生して来た。しかし、中国政府は狼を害獣と見なし［Qadai 1964］、人民解放軍を動員して自動小銃で猟を進めた結果、絶滅してしまった。

狼だけではない。ガゼル（jiger）もまた絶滅してしまった。ウイジンによると、ガゼルは一九六〇年までいた。我が家の近く、南東方面のチャガン・グーから南西のアブダル・マンハまで群れを成して移動していたという。人民解放軍の兵士達は射撃の練習としてガゼルを狙い、絶滅に追い込んだ。

「ガゼルは足が速いので、散弾銃や弓矢では簡単に射止められない。人民解放軍が自動小銃で撃つから、すぐにいなくなった。最後の一頭のガゼルは確か、チャガン・グーにいて、灌木の下で寝ていたところを撃たれて姿を永遠に消してしまった」、とウイジンは回想していた。

夜道を歩いていると、フクロウの鳴き声が聞こえた。モンゴル人はフクロウを不吉な鳥だと認識し、あまり好きではないが、私は特に気にしなかった。多くの野生動物や猛禽類が姿を消してしまった現在、フクロウも可愛い存在である。

　フクロウの鳴き声を聞きながら、私はハゲワシ（qar-a sibayu）と鷹を思い出した。ハゲワシも鷹も一九七〇年までは毎年の冬になると、北方のモンゴル高原やシベリアから飛来していた。我が家の西の高い沙丘がハゲワシと鷹の陣地だった。整然と列を成して止まっていた猛禽類の羽が太陽の下で黒く光っていたのを私は鮮明に覚えている。

「鷹はいたずらっ子を攫うこともある」、と大人に言われた。二歳の羊を襲うこともあったので、子どもも可能だろうと当時の私は本気で信じていた。モンゴル人は、ハゲワシも鷹も夏にはモンゴル高原のアルタイ山とハンガイ山に帰る、と信じている。アルタイとハンガイはオルドス・モンゴル人の伝説の故郷であるので、そうした語りにも一種の郷愁が託されている。モンゴル人が神聖視するハゲワシと鷹を狙って、中国人達は毒殺を考えた。死んだ兎の体に毒を塗って沙丘の上に置いておく。その兎を食べてしまったハゲワシと鷹は苦しんで吐いていた。そこへ、中国人達は棍棒を持って近づいて捕獲していたのを私はこの目で見ていたものである。

　日本から帰って来てから約半年間過ぎ、過去の記憶もすべて蘇って来た。どう考えても、二十世紀初頭までオルドスで最も素晴らしかった草原はシベル平野とその南のウルン、ジャングートだっただろう。最高に良質な草原だったから、オルドス等モンゴルの右翼三万戸の指導者だったホトクタイ・セチェン・ホン・タイジが駐営していたに違いない。

　モンゴル人は清朝時代から他人に支配されて来た。ホトクタイ・セチェン・ホン・タイジの曾孫で、ウーシン旗西部の貴族達の祖先であるサガン・セチェン・ホン・タイジはモンゴル人が清朝の支配下に入っていくのを見て、年代記『蒙古源流』を一六六二年に書き残した。

　清朝時代のオルドスに満洲人は一人もいなかった。当然、清朝の駐留軍もいなかったので、モンゴル人もそれなりに「パックス・マンチュリカ」（満洲人統治下の平和）を享受した。平和な暮らしを一変させたのは、二十世紀初頭に侵入して来た中国人である。特に内モンゴル西部の最高の草原が中国人に占領され、罌粟の栽培地とされたのが、一九三〇年代後半からのことである。罌粟を植えていた中国人達はそのまま住み着き、強大化してモンゴル人を支配するように変わったのである。

　中国共産党が中国人農民を入植させてから、草原の沙漠化は一気に進んだ。中華人民共和国が成立してからは、わざわざモンゴル人の聖地オボーや禁地（qoriyul）を選んで開墾した。禁地にはホトクタイ・セチェン・ホン・タイジの墓地も含まれている。禁地内に棲息していた野生動物は殺害されるか、他所へ逃げていった。何百年間も生きた大木ヤシルは切り倒され、駒繋ぎにされ、人民公社の本部を立てる建材として利用された。私が歩いている道も正にそのようにして沙漠になったのではないか。子どもの頃には小河が流れ、オタマジャクシが泳いでいたところも乾上がって沙丘になった。

　今や、社会の最も末端レベル、すなわちソム政府まで行政のトップはほぼ全員、外来の中国人に独占されるように変わった。オルドスとその近くの長城沿線に駐屯する人民解放軍もすべて中国人兵士からなる。モンゴル人達は辛うじてモンゴル語を話しているが、モンゴル語で教育をおこなう民族学校も一九七六年代まで禁止されていた。今、部分的に復活しても、もはや風前の灯火になっている。

　このように思索しながら、私は夜の九時ごろに家に帰った。両親は内モンゴル・テレビ局の番組、ドラマ『紅楼夢』を見ていた。清朝末期の満洲人貴族が退廃した生活を送っていたことを描いたものである。満洲人の退廃を今のモンゴル人達はどんな気持ちで理解しているのだろうか。

二月六日

中国政府と中国人を批判した民族右派

午前中に我が家の南西、ガトー・タラという平野の西北端に住むエケレース・オボクのボーソル（Ikeres obuγ Bousur、六二歳）家に新年の挨拶に行く。エケレースとは、「双子」や「対」の意で、ボーソルの漢字名は「双培文」である。彼らの骨はハラチン（Qaračin）である。

　ボーソルは地元の知識人で、ウーシン旗政府に務めていたが、一九五八年に「共産党を攻撃した民族右派」として追放された。長く名誉回復もされずに、ひどく差別されていたのを私は子どもの頃から知っていた。文革中に母親がたまに生産小隊の本部で開かれる政治学習会議に招集された際に、私を何回かエケレース家に預けていた。会議は徹夜になることが多かったからだ。私はいつも、ボーソルの次男ホースチンケルと遊んでいた。

　ボーソルはトゥーキ平野に住むガタギン・オボクのサチュラルトを長男として養子にもらっている。その為、今日はガタギン・オボクの親戚のところへ挨拶に行く予定を立てていたそうだが、私が来たので、明日に変更した。サチュラルトの他に、ホースバヤルとホースチンケル、それにホースダライという三人の息子がいる（写真21―3）。ホースバヤルはイケジョー盟モンゴル族中学校の教師をしており、モンゴル文学の専門家である[1]。

　ボーソルによると、エケレース・オボクの人達は元々、シベリアのバイガル湖の東側で遊牧していたが、数百年前に

写真 21-3　右からホースチンケル、ホースバヤル兄弟。（1991 年 8 月）

オルドスに移動して来たという。最初はウーシン旗中部のトゥンスゥイに住んでいたが、西公バルジュールに付いて西のサンヨー峠に移った。十九世紀末にイスラーム反乱軍と戦う為だった［楊　二〇二〇a：二二〇—二二二］。トゥンスゥイに住んでいた時の祖先の名はバヤンジャラガルで、その子のウーワー（Uu-a）は西公バルジュールの従者だった。エケレース・オボクの聖地オボーはムホル河のシユハイ（Muqur-un yool-un Šuqai）にあった。毎年、「オルドス暦の七月（太陰暦四月）」十日に山羊の丸煮で祀っていた。普通の聖地は羊の丸煮で供物とするが、エケレースの人達は山羊を用いていたことで独自性を示していたらしい。その後、エケレース・オボクの人達は中国人の侵入を受けて北へと避難した。

「我が一族の聖地オボーは晴れた日にここからも見える。見えるから忘れられない（üjegdeküi-eče bodoydan-a）」、と彼は話す。ムホル河まで約六十キロある。

「どうして右派にされたのですか」、と私はボーソルに尋ねた。

「中国人が約束を守らないから、批判した為だ」、とボーソルはあっさりと答える。

ボーソルは一九四七年に十八歳で中国共産党の幹部学校に入って勉強した。二年間学び、最後は四川省重慶市の金樹坪で研修を受けた。中国共産党は当時、国民政府が進めて来たモンゴルへの移民政策を厳しく批判してモンゴル人の支持を獲得していた。「草原の開墾を停止し、中国人の移民を中止する政策」を打ち出していたので、モンゴル人は当然、共産党側に就いた。ところが、中華人民共和国が成立した翌年からその政策はもう撤廃された。長城以南から無数の中国人農民が入植し、一番良い草原を選んで開墾していった。約束を守っていない、とボーソルは次第に批判の声を挙げていった。

ある日、ウーシン旗西部に移り住んだ王根相一族と衝突した。「お前の父親は物乞いとしてモンゴルに来たのではないか。何を威張っているのだ」、と喧嘩になった。王一族はモンゴル人と同じくらいの家畜を持ちたい、と政府に働きかけていたからだ。その時から、ボーソルは「中国政府を批判し、中国人を侮辱した罪」で「民族右派」とされた。「右派」にされたのは間違いだった、と名誉回復されたのは三十年後の一九八八年だった。

「長城以南から我がモンゴルにやって来て、先住民のモンゴル人を右派として打倒する。その人の一生が終わろうとする時期になって、間違いだったと詭弁する。何という腹黒い人達と無責任な政府だろう」、とボーソルは話す。ボーソルは明らかに怒っている。それでも、彼は旧正月の雰囲気が悪くならないよう控えめに語っている。

　夕方、エケレース家の三兄弟が我が家へ「お返しの挨拶」に来て、徹夜で酒を飲んだ。一九七〇年代初頭のガトー・タラ平野は馬群で溢れていた。私達は裸馬に跨り、戦争ごっこをしていた。真剣に「戦って」、喧嘩になると、三兄弟の姉が仲裁に入る。モンゴル人のお姉さんらしく、自分の弟に厳しく、私に優しかった。そのお姉さんは今、遠くに嫁いで行った。そして、馬も姿を消し、草原は有刺鉄線で区画されるようになった。悲しいことに、たまにお互いの家畜が相手側の草原に闖入すると、意見の対立にまで発展する。すべて、長城以南からの中国人の人口が増え過ぎて、モンゴル人社会に不和をもたらしているからである。他民族の侵入でモンゴル人同士が不和になるのは、実に悲劇的である。

二月七日

貴族邸の柔らかい沙

　羊の「メー」、「メー」という鳴き声で朝の五時半に目が覚めた。母が濡れた仔羊を二頭も山羊の皮に包んで家まで抱いて来たから、その母羊も付いて来たのだ（写真21―4）。

「初産の羊（tomi qoni）よ。しかも、双子」、と母は嬉しそうに見せる。「双子」を意味するエケレース家の客人が我が家に来ていたので、羊まで双仔を産んだ、と母は喜んでいる。早朝、たまたま母が起きて見に行ったら、ちょうど分娩が始まっていたらしい。マイナス二十度近くあるので、そのまま外に置いておくと、瞬時に氷の塊になってしまうので、午前中は家の中に入れるという。初産の母羊は大概、仔を舐めたりして可愛がるが、授乳しようとしない。乳房が吸われるとくすぐったいらしい。双仔だから、乳も足りなくなる可能性があるので、母羊を今日から柵の中に入れることにした。柵の中の草が良いからだ。そして、飼料もやる。

　私はお茶を飲んでから、馬に乗って西公シャンへ向かった。旧正月の四日で、スチンカンルに挨拶し、前日の話の続きを聞こうと思った。東へと馬を飛ばし、ダライン・チャイダム平野を過ぎたところ、大きな砲台が三つ見えて来た。西側に二つと、東の一つという三角形を成してい

写真21-4　双仔を抱く母。（1992年2月）

写真21-5　風の馬の前に立つエルデニオチル一家。（1992年2月7日）

る。かつて祖父も大体同じ道を通っただろうが、砲台はなかった。一九四〇年代に共産党八路軍が作ったものである。一番西にある砲台は西公シャンを建てた際に煉瓦を焼いた窯を再利用したものである。

平野の東側に住むスチンカンル家に入ると、あいにく彼女はいなかったが、その息子のエルデニオチル（Erdenivačir、四十代）と話をした。彼はハンサムで、非常に頭脳明晰な人であるが、文革中に両親が「封建社会の貴族」ということで学校に入れなかった。彼の家の床には、沙を撒いてあった。聞いてみると、西公シャンの伝統だという。西公シャンには旧正月になると、大勢の人々が挨拶に来て跪拝の礼をする。硬い床のままだと、年配の人の膝を痛めてしまうし、衣装の膝の部分も汚れる。そこで、柔らかくて、綺麗な沙を撒いて客の来訪に備えたそうである。そういえば、西公ジョクトチルは晩年、足を悪くしていた。きっと、自身の辛い経験からの判断だったのではないか。

エルデニオチル家の真新しい「風の馬」もまた独特である（写真21―5）。ライオンや虎、それに鷹等「五種の猛獣と猛禽（tabun maral）」が馬を取り囲むようなデザインである。馬の周囲には更に陀羅尼も印刷されている。

「馬はモンゴルのシンボルだ。五種の猛獣と猛禽、それに陀羅尼はモンゴルを押さえ込む為にある」、とエルデニオチルの見解である。彼によると、チベット人はモンゴル軍の猛威から自身を守ろうとして、遊牧の戦士達をチベット仏教に改宗させた。それでも安心できなかったので、戦馬を猛獣や猛禽で囲んだ上で、陀羅尼で封じ込む呪いをかけた。チベット仏教を再びモンゴルに導入したのは、他でもない彼の祖先ホトクタイ・セチェン・ホン・タイジである。ホン・タイジの子孫がチベット仏教とモンゴルとの関係をユニークな角度から解釈しているのもまた、一種の皮肉であろう。

中国に破壊された草原の紫禁城

しばらくしてから、エルデニオチル家を出て、彼のオジで、スチンカンルの弟バウー（Babu、五九歳、写真21―6）に挨拶に行く。エルデニオチル家から東へ約一キロのところにある、旧西公シャンである。

清朝皇帝が住まう紫禁城の乾清宮を模して、一八七六年に完成した西公シャンは南北に走る巨大な丘陵の先端部分にそそり立っていた。モンゴル人はこの丘陵をグルビンシリと呼

写真 21-6　沙漠と化した廃墟に住む西公シャンの貴族バウー夫妻。（1992 年 5 月 11 日）

ぶ。中央部分が隆起し、東西に広大な草原が広がる地形を指す独特な用語である。丘陵の上に立つと、眼前にチャガン・デレス（Čayan deresü、「白いススキ」との意）という平野が南数十キロのシャルスン・ゴル河まで続く。しかし、デレス（ススキ）はもう一本もない。中国人に伐採されて、沙漠に変わってしまったからだ。シャルスン・ゴル河の南には古代の烽火台が見える。ずっと陝西省北部の靖辺堡まで続く。その烽火台の西側にオルドス随一の草原、ウルンとジャングートが広がっているが、今や中国人の農耕地に変わった。

　宮殿シャンがあった丘の北の盆地に楡林が見えた。楡林の中にも廃墟がある。かつては宮殿内の貴族達の若者や、東の王府からやって来た王の従者達が人目を盗んで集まっていた場所だ、と聞いたことがある。一九五八年に中国政府が人民公社制度を強制した際に楡林は伐採され、「貧しい人民」に配られた。私のオバ、ウランドティ家が使う馬の貯水槽も西公シャンの楡で造ったものである。その後は更に、バトイン・トハイのダム工事にも使われた。楡林は中国人に切られて、僅か四だけ残った。今あるのは昔の楡の根から再生したものである。強い生命力を持つ楡をモンゴル人は深く愛している。まるでモンゴル人自身の生き方に重ねるかのように、楡を歌った民謡も多い。

　廃墟となった丘の東北斜面に、ダムバジャムソ（Dambajamsu）という人が住んでいる。中国政府は貴族バウー家の家畜を没収し、放牧する権利を剥奪した。そこで、生産小隊の小隊長だったダムバジャムソは他所からここへ移り住み、西公シャンの家畜をもらった。新しい時代の新しい支配者の特権である。

　丘陵の最南端部に建っていた西公シャンは文革が勃発した翌年、一九六七年に中国共産党に徹底的に破壊された。今や完全に廃墟となった煉瓦や瓦の山の中にバウー夫婦は住んでいる。厳密にいうと、バウーは巨大な廃墟の南半分の中で暮らしている。バウー家の玄関の下にもかつての宮殿の礎石があり、まるで中国人の暴虐を訴えているように見えた。祖父もきっとここを通って西公に会っていたに違いない。

　バウーは文革中に受けた暴力が原因で、足が悪くなり、静養中である。私はバウーとその夫人のバドマサラ（Badmasar-a、「月のような蓮」との意）に丁寧に挨拶し、静かにお茶を飲んだ。バドマサラはガタギン・オボクの出身である。貴族キヤート・ボルジギンと准貴族のガタギンは長いこと通婚しないで来たが、近代に入ってから婚姻関係を結ぶようになった、と聞いている。バドマサラは私の母と、バウーは父と仲が良く、失礼な振る舞いは許されないので、緊張する。二人が結婚した時、貴族の男は「武装者集団《サーダク》」の一員として新婦を迎えに行くことはしないので、庶民のバトバヤル（Batubayar）が代行した。文革期になると、バトバヤルは中国共産党に唆されてバウーを酷く殴った。「貴族として庶民を酷使した」、との理由で暴力を振るったことを私は前から知っている。

貴族家の興亡、それも共産中国に滅ぼされた政権の旧主に歴史について尋ねるにはあまりにも憚れる要素が多い。私は庶民の「黒い骨」で、彼が貴族の「白い骨」の領主だっただけではない。祖父が彼の父の臣下だったからでもない。目の前に、いや、中国人に破壊された廃墟の中で、歴史の当事者が生活しているから、語ってもらう勇気が湧いて来ない。ひょっとしたら、彼にも語る気はなかったのではないか。見れば分かるだろう、と歴史は廃墟として私達を包んでいるからである。

お茶を飲みながら、家に飾ってある写真を見た。私の小学校時代の同級生で、気の強い女の子ウヌルチチク（Önürčečeg）の写真もあるのではないか。ウヌルチチクはバウーの妹、セルジトティ（Serjitodi）の長女だ（後出の第二十七章扉写真、前列左から三人目）。バウーには男子がいなく、セルジトティの次男を養子にしているので、西公の血筋は事実上、途絶えたことになる。セルジトティの夫はグルバン・サラー渓谷に住んでいたウクルチン（Ükerčin）・オボクのホルガという男である。バウーの養子は現在、バトイン・トハイの発電所で働く予定であるという。若者は草原で暮らすよりも、現金がもらえる労働者になるのが理想的だと理解しているらしい。

「草原の状態は良いですか（belčiyer sayin bayin-a uu）」、と私は最も無難な会話を始めた。モンゴル人は会うと、まず互いの健康状態を尋ね合い、それから「家畜は元気か（mal sayin bayin-a uu）」とか聞き合う。続いて、草原に話題が及び、世界情勢にまで発展していく。

「草原はなくて、あるのは沙漠だけだ」、とバウーは苦笑いする。

既に途中で見て来たように、旧西公シャンの周りはすべて沙漠に変わった。かつては家畜の背中も見えないほどの草が生い茂る草原だった。唯一、北東方面にだけ草原が遠くに見えるが、そこはダムバジャムソ家の所有となっている。一九八一年に草原が分割された際に、バウー家には草一本も育たない沙漠しか与えられなかった。彼の百頭前後の羊は毎日のように沙漠を数キロも横断して、西のブヤンバヤン（Buyanbayin）とバンザルガルディ（Bansanyardi）家の草原まで「遠征」している。ブヤンバヤンは親戚なので、何も言わないでバウー家の羊を受け入れて来たが、バンザルガルディとはトラブルが増えて来たという。あまりにも草原が狭くなって来た為、バウーは昨年家畜を処理した。羊を減らし、数頭残っていた山羊を他人に委託し、二匹の馬も手放した。昔は全モンゴルに名を轟かせ、イスラーム反乱軍をオルドスから追い出して草原を守った西公家であるが、その後裔に一かけらの土地すら残らなくなったのは、あまりにも残酷である。すべてはモンゴル人が中国の支配下に入ったからである。

「御一族の祖先、ホトクタイ・セチェン・ホン・タイジの祭祀について知りたい」、と私は来意を伝えた。ホトクタイ・セチェン・ホン・タイジはオンゴンという丘陵に埋葬されているとされ、今までも多くの情報を集めた。しかし、貴族のみからなる祭祀活動については、やはりバウーに尋ねなければならないことがある。バウーは以下のように語った。

　ホトクタイ・セチェン・ホン・タイジの祭祀は「オルドス暦の七月（太陰暦四月）十七日」におこなう。これは、ホン・タイジが生まれた日なのか、それとも亡くなった日かは、分からない。貴族達《タイジ》が集まって、羊の丸煮オテュゲを三つ献上する。というのも、ウーシン旗西部の貴族は三つの部分に分かれていたので、オンゴンにも三つの牌楼《パイルル》が立っていた。この三つの牌楼には三集団の貴族達の名前が書いてあり、祭祀の時は書かれた名前の順番で供物オテュゲを差し上げていた。当然、牌楼には大貴族《ダー・タイジ》の名前しか書かないので、その他の者は自分の意志でオテュゲを持って来て、供物は山のように積んであった。牌楼に刻まれてある名前を五年に一度、書き換えていた。祭祀の時に、ダンセンという人が経文（öčüg）を唱えていた。また、「赤い主君（ulayan ejen）」というチベット語の経があり、こちらはラマが朗誦していた。祭祀活動は一九五四年まで続いて来たが、中国共産党によって禁止された。現在は私だけがオンゴンに行き、香を燃やすだけである。

実に分かりやすく、祭祀の形式と性質について説明したバウーである。私は著名なモンゴル学者で、ベルギー人のモスタールトをはじめとする西洋の宣教師が西公シャンで撮った写真を現像して持って来たので、それを土産に渡した。

動植物を絶滅に追い込む中国人

バウー夫妻に別れの挨拶をしてから再びスチンカンルの家に戻った。みんなで西公シャンの聖地オボーを見に行くことになった。「見えるから、忘れられない」、と隣で馬を牽いたエルデニオチルは話す。なるほど、モンゴル人にとって、失地はすべて「見えるから、忘れられない」存在となっている。

グルビンシリ丘陵の北部には「モンゴル棗[2]（Mongγol čibay-a）」という野生種が生い茂っていたが、今や一本も残っていない。一九五八年以降に入植して来た中国人に伐採されたからである。モンゴル人は灌木を絶対に切り倒そうとしないで、実った棗だけを採って儀礼に使う。しかし、中国人は実を食べるだけで満足せずに灌木そのものを切って絶滅に追い込む。

中国人はどうして何でも根こそぎ取って独占しようとするか、我々には全く理解できない。残しておけば、次の年にまた生えて再利用できるのに、必ずと言っていいほど動物も植物も絶滅させるのが好きらしい。歴史が始まって以来、一度も腹一杯になったことのない人間は何でも独占しようとするのではないか。独り占めして他人に渡さない。さもなければ生存できない。他者と共生すればもっと栄えるのに、中国人は絶対にそうはしない。

このように、エルデニオチルは嘆く。絶滅してしまったのは「モンゴル棗」だけではない。狼もハゲワシも、鷹もすべて中国人の入植で姿を消してしまったので、エルデニオチルの分析は正しい。これは決して彼一人の見解ではなく、モンゴル人全体にそのように映っている中国人のイメージである。

写真21-7　西公シャンの聖地オボー。（1992年2月7日）

西公シャンの聖地オボーはウルジイ・オボー（Üljeyi oboγ-a）、グルビン・オボー（Γurbin oboγ-a）等と呼ばれている。南北に連なる「十三塚（arban γurban oboγ-a）」からなる（写真21—7）。

先ほど会ったバウーの話では、毎年「オルドス暦の八月（太陰暦五月）十三日」に六つの丸煮オテュゲでオボーを祀るそうである。バウーによると、オボーにはシブダクという神が宿っているという。シブダクはまたラタ（rata）ともいう。ラマ達はシブダクを描く際に、九人が九頭の馬に乗り、一匹の犬を連れた姿にしていたそうである。バウーは実際にこのような絵画を見ていた。シブダクもラタも「地元の神（oyirad-un burqad）」である。移動や天幕を張る際、或いは定住してから家を建てる際には必ずオボーを大事にしなければならない。モンゴル人は中国政府の言いなりになってオボーを大事にしなくなったので、没落した、ともバウーは話す。一九八八年夏、ウーシン旗西部の旧シャルリク人民公社は何回も雹にやられたが、祭祀活動のあるグルビン・オボー周辺だけは無事だったという。

　貴族の聖地とされるこのグルビン・オボーの祭祀は以下のように実施される。

　まず、オボー祭祀の三日前から各家庭で「金剛明経」③を唱える（altan gerel-i bütegekü）。当日は参加者達がオボーに参集して丸煮と乳製品を献上する。それから「勇猛なる主君」（doysin burqan 或いは doysid）を祀る。「勇猛なる主君」にはゴンボ（マハカーラ）とチョイジル（閻魔大王）、ラモ（okin tngri）が含まれる。それから、「九つのスゥルデ・テンゲル」を祀る。続いて「ナムダク賛歌（namday-un sang、浄香供養）」と「十三オボー賛歌（arban yurban oboy-a-yin maytayal）」を唱える。最後に「招福儀礼（dalaly-a）」を実施する。この時、種雄馬をオボーに連れて来て酸乳とバターを塗布して祝福する。招福儀礼④は一族の平和と健康、そして長寿を祈願する為におこなわれる、とされている。

写真21-8　聖地オボーで馬の乳を搾る風景。（1992年4月23日）

　オボー祭の前後に、馬乳酒祭ジョラク（julay）も始まる（写真21―8）。モンゴル人達は牝馬を繋いで馬乳を醸し、天と大地に振り撒いた。一九一〇年、モスタールトはウーシン旗から二種類の馬乳酒祭の手写本を手に入れた。「馬乳を振り撒く書（sün-ü sačuli julay-un öčig）」と題する手写本の一つは西公バルジュールの二番目の息子アルタンオチル（通称「二爺」）から手に入れたものである。もう一冊は有名な詩人で、ガタギン・オボクのゲシクバトが所有していたものである。そのテキストにはチンギス・ハーンの祭殿八白宮と軍神黒いスゥルデ、ホトクタイ・セチェン・ホン・タイジとサガン・セチェン・ホン・タイジ、それにガタギン・オボクの「十三嫉妬天」、大小二つのオンゴン聖地等に馬乳を捧げようと書いてあった［Serruys 1974: 20-21, 58-59, 64-65］。

　私はこの聖地に立って初めて分かったことがある。ここから北のオンゴン丘陵が実にみごとに見える。オンゴンにはホトクタイ・セチェン・ホン・タイジが眠っていると伝えられているし、かつて貴族達はここからオンゴンを遥拝し、馬乳を振り撒いていた、とバウーは先ほど証言していた。現在、馬乳酒を醸造するほどの馬群はもうないし、馬乳酒祭の手写本も彼らの手にはなく、モスタールトが集めたものだけが、アメリカとヨーロッパの図書館に眠っているだけである。

　西公一族の墓はこの聖地オボーの西側にあった。一九六七年秋、中国共産党に唆されたガルマ（Garm-a）とアリヤ（Ariy-a）

等十数人の若者達が墓地を破壊した。彼らはバウーに犂を引かせて墓を倒し、付近を開墾した。その犂には中国の国旗と共産党を象徴する赤いシルクが巻かれていた。そして、その後はホトクタイ・セチェン・ホン・タイジを祀るオンゴンにも犂を入れた[5]。

西公シャンの聖地オボーも当然、中国共産党に壊されたが、今あるのは一九八六年六月十三日に再建されたものである。エルデニオチルとゲシク等八人のモンゴル人が力を合わせて、十日間かけて建て直した。毎年、「オルドス暦八月（太陰暦五月）」十三日に羊の丸煮で祀る。聖地の西約十五メートルのところに祭祀器具を収めた建物があったが、今や残っていない。建物の址から更に西へ三百メートル行くと、南北に広がる平野があり、昔はそこで競馬と馬乳祭を催していた。競馬が繰り広げられた草原の西、ダムバジャムソという人物の家の東に、生産大隊の穀物堆積場（ćang）があった。

私とエルデニオチル、それに彼の娘と友人達と共にグルビンシリ聖地に立ち、香を焚いた。遥か南の丘陵の上に、西公シャンの巨大な廃墟が夕日を浴びてオレンジ色に輝いていた。イスラームの反乱軍「悪盗《ムーホラガイ》」を追い払い、遊牧民達を落ち着かせようとして建てた貴族の宮殿だった。それが、中国共産党によって徹底的に壊されたので、暴力の爪痕はモンゴル社会に深く残された[6]。そして、チンギス・ハーンの直系子孫である西公の後裔は現在、一般の庶民よりも酷い立場に置かれている。

聖地オボーから西へと一路、馬を飛ばす。夜、家に着くと、ガタギン・オボクのベルテゲル（葛玉山）とオジのウイジン、オバのウランドティが年始周りで来ていた。ベルテゲルは歌の上手い人として知られているので、朝方の五時まで、彼が歌う民謡を録音し、ホトクタイ・セチェン・ホン・タイジに関する伝説を記録した。

二月八日　晴

夜空の星

朝、隣のサチュラルト家に新春の挨拶に行く。彼はトゥーキ平野に住むガタギン・オボクのオユーンバト家へ行く予定だったらしいが、向こうから来ることになったそうで、家で待っているという。二度のお茶と肉まんの包子を食べてから帰り、昨夜、ベルテゲルから借りた木版本『玉匣記』を撮影する。占いに拘るモンゴル人は皆、『玉匣記』を指針書としている。民間には多数の手写本が伝わっているが、木版本は珍重されている。私は現地調査用にカメラを二台持って来た。それぞれスライドと普通のプリントという二種のフィルムを使い分けて写真を撮っているので、『玉匣記』を各一部ずつ撮影した。

時間を有効に使おうと考え、夕方には我が家の東に住むサンジャイ家に挨拶に行く。夜の九時に帰宅して寝ようとしていたら、サチュラルトとその弟のホースバヤルがやって来て、酒を飲もうと誘われた。仕方なく再び三キロも離れているサチュラルト家まで歩く。深夜の二時半まで酒を飲み、歌う。

どうしても眠くなったので、脱出して家に帰ろうとしたが、道に迷ってしまった。すっかり酔っているが、サチュラルト家までの道は覚えている。二時間も真夜中の草原を彷徨ったあげくにまたサチュラルト家の外まで引き返し、北斗七星と北極星を確認してから、家路を急いだ。酒もだいぶ抜けて来たので、月も星もない、漆黒の草原を行く方法を思い出した。北西風に吹かれて、沙丘の急斜面は大抵、南東側に出来ていることと、灌木も南東側の枝が多いこと等、方向を確認する手係を両親から教わっていた。それらの経験は役に立ち、早朝の五時前に家に戻って寝た。

二月九日

羊の通過儀礼

朝帰りの過ちを犯してしまったので、母に怒られた。朝のお茶の後、母はまた仔羊を二頭抱えて家の中に入って来た。これから、羊の通過儀礼だ。仔羊の尻尾を切る。品種改良を繰り返された羊は尻尾が細長い。尻尾を切らなければ、夏草を食べるようになると、糞が付いて蛆が湧く危険性がある。それに、尻尾を切った羊は体格も大きくなると言われているので、産まれて数日後には切ることになっている。

母は鋏で仔羊の尻尾をバッサリと切ってから、ストーブで熱した鉄のアイロンを傷口に当てる。止血の為の措置である。仔羊は少し唸ったが、鳴いたりはしない。雄の尻尾は少し長めに、牝のは短めに残す。将来成長してから、交尾や人工授精がおこなわれやすいように工夫している。作業が終わると、母は香を焚いて祈りを捧げた。「私の群れから千もの万もの仔羊が生まれて来るよう（sürüg-eče mini mingy-a tümen quryaloyai）」、と唱えてから、切り取った尻尾を燃やした。

雄の仔羊にはもう一つの試練がある。去勢である。モンゴル人は仔羊の去勢をアルーラホ（ariyulaqu）、クンゲレフ（köngelekü）という。これは「清らかにする」、「身軽にする」との意である。去勢は「オルドス暦の八月（太陰暦五月）」五日に実施する。羊だけでなく、今や少なくなった大型家畜（bodu mal）も同じ時期に去勢する。耳印を切り込む作業もこの時期に一斉に進む。どの「通過儀礼」にも痛みを伴うが、羊は決して悲鳴を上げない。黙して耐えるので、犠牲にされて来たのではないか、と私は思った。

写真21-9　両親と我が家に挨拶に来た親戚の若者達。（1992年2月10日）

仔羊の通過儀礼が終わったところ、午後には親戚の若い夫婦が二組やって来た（写真21―9）。彼らと夜遅くまで話をし、テレビを見たり、日本のことを紹介したりした。珍しく、『桜桃《サクランボ》行動』というモンゴル語のドラマが上映されている。人民解放軍の女スパイが満洲国で活躍するという話である。

二月十日

羊泥棒と狐

午前中に親戚の若者四人を見送ってから、少しモンゴル語の資料を日本語に翻訳する仕事をした。午後は草原に入り、羊達をまとめて井戸まで連れて行き、水を飲ませた。朝晩はまだ寒いが、昼間は暖かく、すっかり春めいて来た。我が家では一昨日に羊を群れごと柵の中に入れた。出産予定の牝（töljikü qoni）と二歳になったばかりの羊は南西部の柵に放った。今までに一度も家畜を入れていなかったので、草が残っているからだ。去勢した牡達や妊娠していない羊（subai）は今までに仔羊達が使っていた柵に入ることになった。限られた草原を遊牧時代の知恵で効率よく利用する方法である。

柵の中の空間は相対的に狭く、体力のある牡達はたったの一日で飽きてしまったらしく、外に出たがっていた。仕方がないので、昨日は午後に外に出してやったら、広い草原を一通り歩いてから、満足気に夕方帰って来ていた。妊娠した羊五十頭と二歳羊の三十頭は大人しくしていた。草が良かったからである。ただ、毎日、草を踏みにじるので、いつまで持つかが心配である。羊は自分の食べた灌木が分かるので、二、三日の間は一度かじった灌木に近づこうとしない。

羊達は広い草原に放たれても、夕方には大抵帰って来て決まった寝床に着く。旧暦でいうところの「大雪（yeke jasun-u boljoγ-a）」から四月の「寒食（qansi）」までの間は、必ず寝床で夜を過ごすようにする。それ以外の時期は夜間放牧に出す。冬の間に草が足りなくなると、お腹が一杯にならないので、夜も帰ろうとしない。草を追い求めて遠くに行ってしまう。我が家の羊だと、中国人の張貴貴の草原に行くと危ない。草原に残しておくと、夜のうちに中国人に盗まれてしまうからだ。張貴貴は羊泥棒の常習犯である。我が家の羊は中国人に盗まれる危険を冒してでも、なるべく広い草原に長時間放つようにする。その為、羊達も元気で、毛色に光沢がある、と評価される。他家の場合は、一年中柵の中に入れているので、畑の埃が体に付いて、毛色も暗澹としている個体が多い。

草が良く、体力があると、牝羊も積極的に自分の仔に授乳する。母によると、七日に双仔を産んだ羊は自分の仔を可愛がり過ぎて、そのうちの一頭の尻尾をかじり落としたらしい。羊は自分の仔のお尻の匂いを確認しながら授乳する。最初は尻尾を軽く嚙んだりしていたが、いつの間に全部、嚙み落としたようである。この双仔は牡と牝からなり、牡の方が力強く、乳房を独占してしまうことが多いらしく、体格も大きくなって来た。その為、母は「二人」をしばらく隔離しておいて、牝の方を先に授乳させるようにして「平等分配」を諮っている。そして、夜は母仔共に小さな柵に入れておく。狐の襲撃から守る為である。

狐は春になると、活動が活発化してくる。狐もまた子育てしているからだ。数日前、我が家の羊が片足を狐に咬まれて大怪我をしてしまった。また、オバのウランドティ家の大人の羊が嚙み殺された。狐は賢く、巣の近くの人家の羊を襲うことはあまりない。わざわざ遠くまで出かけて行って「他人の羊」を狙う。例えば、我が家の草原の南東部に昔から狐一家が暮らしている。狐の縄張りなので、我が家はその一帯を「ウネゲン・ドゥクム（Ünegen töküm）」、すなわち「狐の盆地」と呼ぶ。大きな盆地の東側に穴がいくつもあり、近くには白い骨が散乱していた。「狐の盆地」の周りに我が家の羊達が寝そべり、その近くを仔狐達が走り回っていたのを私は何回も目撃していた。母狐は遠くへ狩に出かけるが、我が家の羊とは「平和共存」していた。モンゴルには家畜と狐との共生を祈る儀礼があり、その際に「狐の賛歌（ünegen-ü ubsang）」を唱える。モスタールトがオルドスから集めた「狐の賛歌」の手写本をセールイスは公開している(7)［Serruys 1970: 311-325］。

「狐の方が、中国人よりましだ。中国人は手あたり次第に盗むからね」、と両親はいつも話していた。

北斗七星と招魂儀礼

今日は旧正月の七日である。十日間も自由に走り回っていた鬼達の休暇も終わり、それぞれあの世に戻っていく日とされている。この日には以下のような行事が待ち受けている。

まず、夕暮れに北斗七星（doluɣan burqad）を祀る。北斗七星が北の天空に現れた頃、父は沙で地面に七つの小さな山を作る。その配置は天上の北斗七星と全く同じである。続いて五徳から燃えている薪を持って来て沙の上に置き、香を焚く。炒ったキビとパンを少量、火にくべる。そして、父と私は北斗七星に向かって跪拝の礼をした（写真21―10）。その後、「風の馬」にも香を焚き、チンギス・ハーンを称える「主君の賛歌」を唱えた。

写真21-10　北斗七星を沙で表現する父。(1992年2月10日)

次に、「子供の魂を招く(keüked-ün sönüs-i dalalaqu)」。十三歳で成人と見なすモンゴルでは、それ以下はすべて子どもである。子どもは去る一年間に病気や驚き等の原因でその魂(sönüs)が体から離れて草原を彷徨っているかもしれない。子どもの魂は非常に繊細で、些細な事にびっくりして体から飛んで行ってしまう、とモンゴル人は理解している。

草原を彷徨っている子どもの魂は今夜、鬼に連れられて行ってしまう危険性が高いので、招福儀礼が必要である。我が家に子どもはいないが、それでも母は木製の皿にパンと棗を載せ、家の外に行って「ホリー」、「ホリー」と呼びかける。すると、父は室内で「帰って来た(irčigle)」と応じる。(8)

「実は昨日、ジャンガーの子どもが我が家へ来る道中に泣いたそうだ。途中、墓があったからね」、と母は話す(前掲写真21—9)。ジャンガーとは昨日、挨拶に来てくれた四人の若者達の一人だ。きっと母はその子の名を口にしながら、魂を招いていただろう。

魂がしばらく体から離れてしまった子どもを治療する際は、ドムという呪術療法が用いられる。(9)母によると、次のような方法をとるという。

まず、大きな茶碗に水を入れる。それから空き瓶の口を下にして茶碗の中に入れる。同時に紙を燃やして茶碗に入れる。この際、茶碗の中で泡が立つ。その泡の立った方向に子どもの魂が攫われた原因があるはずである。

次には水の入った茶碗に赤い箸を三本、立ててみる。箸をまっすぐに立てながら、亡くなった人達の名前を挙げていく。先ほど、泡が立った方向の墓地に向かって、眠っている死者達の名を唱える。箸が直立した際に唱えられた名前の死者が鬼となって、子どもの魂を誘拐していた、と判明する。直ちにその亡霊に供物を供えれば、子どもの魂も無事に戻って来る、という。この儀礼を「水を返す(usu-yi ergigülekü)」という。

夜、周りのモンゴル人の子ども達は皆、火を焚き、爆竹を鳴らしている。羊達はその爆竹の音に驚いてしまい、夜の草原に逃げ込んだ。すでに先月の二十九日から毎晩のように爆竹の音が方々から鳴り響くので、羊達も落ちつかない。明日の晩からは静かになるだろうから、羊達も寝床で眠れそうだ。テレビでは昨日に続いてモンゴル語のドラマ『桜桃行動』があり、その後は中国語の『封神榜』(封神演義)が映っていた。両親は特に『封神榜』が気に入っていたようである。周王朝の物語で、死んだら、あの世で祀られる（封神される）という話である。

二月十一日

通婚し合う貴族同士

晴れ渡った朝を迎え、お茶を飲んでから南にあるゲレルチョクト家へ挨拶に行く。彼の父バヤンジャラガル（Bayanjiryal、六十代）が来ていたので、再会を喜んだ。バヤンジャラガルはバガ・ゴル河の北岸に住んでおり、一九七九年冬に河南人民公社の農業中学校から家に帰る途中、彼の家に入って休んで以来のことである。

バヤンジャラガルは背の高い人で、一族の系譜と移動について語ってくれた。彼らはドーダーチン・オボクで、「候」という漢字姓を用いている。ドーダーチンは雷が鳴り響くと、馬に乗って大声で叫ぶシャーマンである。叫ぶことを中国語で「吼」というので、同じ音の「候」を漢字姓に選んだのである。

バヤンジャラガル一家は二十世紀初頭までシャルスン・ゴル河の南、バガ・シベル平野に住んでいたが、一九三七年冬にウーシン旗とオトク旗が境界をめぐって争った際にオトク旗に移動した。元々オトク旗のドーダーチンで、ウーシン旗の所属ではなかったからである。その後、一九五〇年代に再び住み慣れたウーシン旗に戻って来たのである。私はドーダーチンの人達が主催する独特な雷退治の儀礼について知りたかったが、バヤンジャラガルはなかなか語ろうとしなかったので、系譜だけ記録した[10]。

ゲレルチョクト家には私達の共通の隣人、貴族であるキヤート・ボルジギン・ボーソル（Borjigin Bousur、六二歳）も挨拶に来ていた。ボーソルの家は我が家の南西三キロ、ボル平野（Boru-yin čayidam）の西にあるアブダル沙漠の中にある。私が子どもの頃にグルバン・サラー渓谷の母方の祖父母の家に行く時、必ず彼の家の西側を通った。沙丘の上に建つ家の周りはいつも綺麗に掃除してあり、薪も整然と積んであった。沙漠の中は草原と異なって、一種の独特な清潔感がある。ボーソル一家はその清潔感を愛し、ずっと住み続けた。彼の息子エルデニトクトフとは幼馴染で、よく沙漠の中で遊んだものである。

ボーソルによると、彼の一族は「大きいケレイト」すなわちイケ・ケレイト・ハラーの貴族タイジであるという。名門の西公シャンとダー・クレーの貴族は「小さいケレイト」ことバガ・ケレイトを領有していた。彼らイケ・ケレイトの貴族は十九世紀末までシベル平野南部の柳樹湾から東のグーティ・ゴト（横山堡）まで分布し、バガ・ケレイトの貴族はドゥクム盆地とトゥーキ・トーリムあたりで遊牧していた。ボーソルの祖先はかつてサンヨー峠の上に住んでいたが、後に中国人の侵略を受けてボル・グショー寺の付近まで移動し、一九五三年にシャルスン・ゴル河を渡って現在のところに避難した。ボーソル家と血縁的に近い親戚はほとんど西のチャンホク平野にいるそうである。

実はボーソルの夫人もまた貴族の出身で、二人はキヤート・ボルジギン・オボク内部の結婚である。その際には両家が家系譜を見て、既に枝分かれして七世代以上になることを確認し合ってから結婚した。家系譜は二部あった。一部はダー・タイジが保管し、もう一部を旗衙門に提出していた。一九八三年にボーソルはその家系譜を見たことがあるという。ボーソルが記憶している系譜はセデン（Sedeng）という人物から始まる。セデンはウーシン旗の協理タイジを務めたことがあるそうである。(11)

話をよく聞いていて分かったことであるが、ボーソルの娘ウランチメクはグルバン・サラー渓谷の貴族ムンクの息子テムールチローに嫁いでいる。この一門は、貴族同士の結婚に抵抗がないらしい。

ゲレルチョクト家で二人の長老の話が聞けたのは大きな収穫である。あいにく、ゲレルチョクトの二人の子どもに天然痘が出て、ようやく落ち着いて来たというので、私も早めに帰ることにした。午後は家で清朝時代の『靖辺県志稿』を読み、近いうちに長城沿線で調査するのに備えた。

二月十四日

頭飾りと骨董品

十二日に家を出てソム政府所在地のシャルリクに行き、陝西省北部の長城沿線に行く「北京ジープ」を手配した。シャルリク・ソムに車はないので、旗政府所在地のダブチャク鎮に個人の所有するジープが数台ある。大抵は政府の使い古した車を裏口で購入した人物が車を持っている。普通の人はまだ車を持つことができない時代である。オジのオトゴンは長いこと道路整備機関（養路段）に務めていたので、車を所有している人物を把握している。郵便局からオジに電話し、「北京ジープ」の手配を頼む。電話も郵便局と政府にしかないところである。

すぐに行くようにしておくので、売店のところで待つよう、と言われた。ここでいう「すぐに」とは、二日間ほどを意味している。車を待っている二日間は、イトコのガルザンの家に泊まり、オジのドルジと話した。

こうして、丸二日間待っても来ないので、十四日の朝にまた郵便局から電話すると、車はバッテリが壊れたので、行けなくなったと言われた。仕方がないので、「加急電報」を打って、十七日に来るよう頼む。「加急電報」とは、電報の中でも更に緊急性の高い扱いである。これで、相手に届くだろうと信じたい。

町にいても、することがないので、十四日の午後三時半に重い荷物を背負って家を目指した。二十キロを走破して夕方六時五十分に家に着いた。両足に大きな血豆が出来ていた。

私の留守の間、色んなことが起こっていた。シベル寺に住む母方の祖父オトゴンが一時、危篤状態になり、母は急遽、昨日見舞いに行った。幸い、持ち直したので、母も今日の午後に新婚のダブシルト夫妻と一緒に戻って来ていた。ダブシルト夫婦以外にも、三組の新婚夫婦が「紹介の挨拶」で来たという。

写真21-11　伝統的な頭飾りをつけたスチンゴワを出迎える母。（1992年春）

また、北のトゥーキ平野に住むスチンゴワ（Sečenyo-a）という女性が伝統的な頭飾りを私に売りたい、とやって来た（写真21—11）。彼女の実家は我が家の南東三キロのところ、沙漠の中にあった。彼女が嫁ぎ、母親も亡くなってから、その実家も廃墟と化した。

「昔は良い家だった」、と両親はいつも話していたし、彼女も母親を亡くしてから我が家を実家のように思い、時々、挨拶に来ていた。古い、伝統的な頭飾りはほとんど一九五八年に人民公社が成立した時に中国政府に没収されたが、こっそり隠し通した人も少数ながらいる。

スチンゴワの母親もそのような一人だろう。モンゴル人の頭飾りは真珠や金銀を使って作られているので、近年では骨董品として珍重されている。長城以南の中国人転売屋が草原を周り、手に入れようとするが、モンゴル人は騙されるのではないか、と中国人に売ろうとしない。私もほしいが、大金がないので、何とも言えない気持ちである。実は七日にスチンカンルの息子エルデニオチルに会った時も、彼は私に古い茶碗を売ろうとした。彼の近所の沙漠から見つかったという茶碗は、恐らく契丹時代のものであろう。金がないので、値段について尋ねる勇気もなかった。それに、骨董品を所持していれば、公安当局に捕まる危険性がある。公安は既に虎視眈々と私の周りに現われているからである。

二月十五日

手写本返却の旅

朝、お茶を飲んでから馬に乗ってゴンチョクドンロブ家まで飛ばす。彼からガタギン・オボクに関する手写本を譲り受けたが、一部は書写してから返した。独自の「十三天神祭」の賛歌や祈祷文等である。私はゴンチョクドンロブにダライ・ラマ法王とパンチェン・ラマの肖像画をプレゼントした。

「壁に飾って拝む」、とゴンチョクドンロブはダライ・ラマ法王とパンチェン・ラマの肖像画に向かって両手を合わせた。どちらも中国では禁止されている肖像画である。

続いてチョーダイ平野の南西部に住むイトコのボインジャラガルに挨拶に行く。彼は重い心臓病を患い、体が思うように動かない。シャーマンの治療法を受け入れ、体の前後に鏡（toli）をぶら下げ、暗い部屋に閉じこもっている。私は二人のオイで、ボインジャラガルの息子達と翌朝の三時まで話し込んだ。

二月十六日

夕べ寝るのが遅かったので、少し遅めに起きた。ご飯を食べてからゆっくりと家に向かう。途中、廃墟と化したダー・クレーの砦を観察した。ホトクタイ・セチェン・ホン・タイジの後裔で、ウーシン旗の貴族の三大名門の一つの豪邸は中国共産党に破壊されて瓦とレンガの破片だけが残っている。もう一つの名門である西公シャンも、ウーシン旗王府も何も残っていない。これが、中国革命の現実である。モンゴル人にとって、中国革命は殺戮と破壊以外の何物でもない。

家に帰ると、父の元同僚が二人、バイクに乗って挨拶に来ていた。母は羊の煮込み料理でもてなし、遅くまで酒を飲んだ。

二月十七日

朝のお茶の後、父の同僚達のバイクの後ろに乗って、シャルリク・ソムの政府所在地を目指す。ところが、沙漠の中でバイクが故障したので、三時間後にようやくシャルリクに着いた。馬なら一時間弱で着く道を、壊れたバイクはウシが牽く車と同じ速度で行く。

ソム政府所在地ではまず郵便局に行って、前日に予約した車を電話で確認する。旗政府所在地ダブチャク鎮の車で、十七日にシャルリクに着くよう「加急電報」を打って頼んでいた。しかし、相手には電報が届けられていなかったと言う。こちらが電報を打っても、ダブチャク鎮の郵便局に無視され、放置されていたことが分かった。これが、中国の郵便事情である。無性に腹が立つが、日本からの手紙が届いていたので、少し、怒りが収まった。民博助手（当時）の小長谷有紀からである。チンギス・ハーン祭祀とモンゴル人との関係に注目するようとの指示だった。

郵便局から出て電気管理センター（電管站）に行き、地元のモンゴル人青年達と話した。みんな、モンゴル人の権益を守ろうとしたグチュントグスが昨年五月に中国政府に逮捕されたことに不満を持っている。開発の波に乗って、更に多くの中国人が侵入して来ているが、阻止しなければならない、と相談し合っていた。民族主義精神の強い青年達である。

夕方、バトチロー党書記の家に行き、旧正月の挨拶をする。長男のウーラとは幼馴染なので、地元オルドスの文芸誌『アルタン・ガンダリ（*Altan Tandari*）』を注文するよう依頼しておいた（写真21―12）。雑誌を注文しておくと、定期的に郵便局へ取りに行かねばならない。早めに行かないと、他の人に取られてしまう。それほど、郵便局の管理はずさんである。ウーラは政府所在地に住んでいるので、雑誌が届き次第もらえるからである。『アルタン・ガンダリ』は地名から採った雑誌名である。チンギス・ハーンの祭殿、八白宮が置かれている聖なる場所、エジンホロー旗の地名である。私も近いうちに参拝し、調査する予定である。

写真21-12　私の幼馴染のウーラ夫妻。夫人はシャルリク小学校のモンゴル語教師である。（1992年2月17日）

中国人の増加で再燃した境界争い

バトチロー党書記はウーシン旗とオトク旗との境界争いの処理に当たっている、と言う。彼は語る。

旗同士の境界争いは歴史的にも発生し、最も深刻だったのは一九三七年の対立である、と前に述べた。当時、ウーシン旗側に十七人、オトク旗側では十九人の死者を出している。既に述べたように、両旗の紛争を処理する会盟《チョーラガン》がハラガムト寺で開催された際に、ウーシン旗がオトク旗の寺に放火した行為と、オトク旗の兵士がウーシン旗の役人三人を殺害した行為が相殺された。その時、境界も新たに引かれた。

一九三八年の会盟時に再確認された境界を両旗共に尊重し、社会主義時代に入ってからも「歴史を重視し、現実をも鑑みる」政策で維持されて来た。ところが、一九八四年に草原の使用権が個人に譲渡されてから、境界争いは再び激しくなった。一九九一年八月、ウーシン旗最西端のチャンホク・ガチャーにオトク旗のボインアルビン（Buyinarbin）という人物が入って来て井戸を掘り、家を建てた。地元の人達が抗議したところ、「ここは歴史的にオトク旗の草原だった」、とボインアルビンは譲ろうとしない。バトチロー党書記は何回も説得に行ったが、解決の糸口は見つからない。

ウーシン旗南部のバトイン・トハイは陝西省のグーティ・ゴト（横山県）と対立している。長城以南の中国人が勝手に入って来て祖師廟や龍王廟を建てる。廟が建つと、その近くに中国人の村落ができる。廟は元々、中国人が入植先の土地を確保する為に建てる神殿で、対外拡張のシンボルである。モンゴル人達は廟を壊したが、侵入して来た中国人は出て行こうとしない。

ウーシン旗内部でもソム同士の争いがある。シャルク・ソムはトリ・ソムとギョク・マンハという沙漠をめぐって所属権を争っている。河南人民公社とシャルリクもイケ・トハイの帰属で対立する。イケ・トハイには旧石器時代の遺跡がある。フランスの考古学者ティーヤル・ド・シャルダンらはモンゴル学者のモスタールトの協力で、一九二三年に有名な「オルドス人」について発掘調査した場所である［Taveirne 1999: 151］。

ウーシン旗はまた「八一牧場」の扱いで苦労している。「八一」とは、人民解放軍の建軍記念日から採ったものである。一九五八年、ウーシン旗政府は百人前後のモンゴル人除隊兵を中心に、シャルリク寺から南へ十五キロほど離れた平野に国営の八一牧場を作った。シャルリクでも良好な草原で、西公シャンの夏営地だったところである。最初はモンゴル人に就職口を見つけると中国政府は宣伝していたが、実際は陝西省からの中国人農民を受け入れる為の受け皿に過ぎなかった。中国人を受け入れ政策に熱心だったのが、当時、副旗長だった銭玉宝（Baba、別名Belteger）だった。彼は、中国政府が宣伝する「農業こそ先進的な産業で、漢人は先進的な民族だ」との政策を信じていたらしい。その為、西部では「八一牧場」を、東部では「紅泥湾（Darasi）育草站」を作った。育草とは名目で、実際は草原を開墾して草を破壊していたのである。

モンゴル人の退役軍人達もその目的が分かると、嫌気がさして牧場を離れて家に帰った。そこへ、政府は更に甘粛省の中国人乞食等を移住させた。一九五八年に七十八人だった中国人が今や三百八十人にまで増加した。人工が増えた中国人達は八一牧場を拠点に凄まじい勢いで周辺へ膨張し続け、モンゴル人の草原が浸蝕されていく。

物乞いだった中国人は最初、媚びるような笑顔と低姿勢で現れる。モンゴル人は彼らを可哀そうだと思って受け入れてしまう。数年経って、体力が付き、人口も増えると牙を剝く。大胆にも彼らを受け入れたモンゴル人に向かって「出ていけ」と言い出す。中国人の受け入れに熱心だった銭玉宝も文革期には中国人にさんざん虐待され、「反革命分子」として打倒された。そうしてモンゴル人との間に生じた亀裂は修復不可能になっていく。ソム同士のトラブルは旗政府が解決できるし、旗同士の境界争いも盟政府が調停してくれる。しかし、モンゴル人と中国人の対立は民族問題だから、誰も解決できない。共産党にはそもそも解決する意志すらないだろう。

私はハドチロー党書記の話を聴いて、絶望的な気持ちに包まれた。モンゴル人社会が没落していくのにはいろいろな原因があるが、中国人を受け入れてしまった教訓を今後、どういう風に生かすかが最大の課題であろう。

注

（1）オルドス西部のエケレース・オボクの系譜については、楊海英［二〇二一：一〇九］を参照されたい。

（2）かつてオルドス各地に「モンゴル棗」が生い茂っていた。ウーシン旗東部に「棗の峠（Čibayan sili）」という地があり、かつてトダイ・タイジという貴族が住んでいた。彼はホトクタイ・セチェン・ホン・タイジの後裔で、詩人でもあった。彼が作詞作曲した『棗の峠』は有名な長歌である。

（3）モンゴル語の「金剛明経」は大蔵経の一つで、広く流布し、計三つのバージョンがあるとされている［Damdinsüren 1979: 39-58］。

（4）モンゴルの各種祭祀に招福儀礼が伴われる。Krysyna Chabros は多種多様な招福儀礼を網羅した研究を上梓している［Chabros 1992］。

（5）私はこの証言を一九九二年二月十一日に、貴族のボーソルから聞いた。楊・新間［二〇一九］参照。

（6）ある伝説によると、西公シャンはその東南側にうっかりと新しい井戸を掘ったことがきっかけとなって没落した。グルビンシリ丘陵は横たわる龍の巨躯だった。南東側に井戸を掘ってしまったことで、龍の左の眼がつぶされてしまい、一族の運勢も堕ちていったという。

（7）セールイスの他にボーデンも「狐の賛歌」を複数公開しており、そのうちの一つはオイラート・モンゴルのものである［一九七六：四三九—四七三、一九七八：七—三四］。

（8）モンゴル人がおこなう魂を招く儀礼については、Bawden［1962: 80-103］と Chabros［1992］、それに Chiodo［1996: 153-171］がある。いずれも魂を招く際の手写本に関するテキスト分析が中心となっている。

（9）ドムは呪術だけでなく、病気治療としても用いられる。例えば、女性が乗馬や出産等が原因で子宮が歪んだと見られた場合もドムという治療を受ける。そのような手写本もある［Yang 2001: 200］。

（10）オルドス西部のドーダーチン・オボクの系譜については、楊海英［二〇二一：一〇九］を参照されたい。

（11）オルドス西部の貴族同士の婚姻関係と系譜については、楊海英［二〇二一：一一〇］を参照されたい。

第Ⅲ部　黄色い長城

●第二十二章　神々の戦い

陝西省北部の長城沿線の中国人の扉に貼ってある門神。秦瓊とは唐の武将で、中国社会では死後に門神になったと信じられている。

二月十八日

長城までの失地

モンゴル人からすれば、長城以南は異国の地であるが、その麓の地は、「くっきりと見えるから、忘れない」、と言われている伝説の故郷である。生まれた時から毎日のように眺めて来た長城の上の烽火台とその麓の草原が見たいのである。勿論、そこは既に中国人の農村に変わってしまい、牧歌的な要素は何一つ残っていないのも予想はつく。それでも、歴史の現場に立たないと、モンゴル人の気持ちが分からないので、現地に行くことにしたのである。

二月十八日の昼の十二時頃に、私が頼んだ車がようやく旗政府所在地のダブチャク鎮から来た。馬保子という中国人が運転するぼろぼろの「北京ジープ」だ。馬保子は五十代で、妻も同行している。ガソリン代と運転手の食事代、それに宿泊費は私が負担し、その上で一日二十元の賃金を支払うという契約だ。彼は妻を連れて旅行させているが、その食事代と宿泊費は交渉の内容にないが、どう見ても私が持つことになるらしい。公私を分別しようとしないところが、長城以南の人々の伝統である。

シャルリク・ソムの政府所在地から西へ飛ばし、途中にボル・クデーのディロワ（Diluba）・オボーという聖地を通った(1)。まもなく、チョーダイ平野のジョルムラルト（趙振華）家に着く。彼と一緒に南に見えている長城を目指す。陝西省靖辺県の管轄下に入ってしまったモンゴル人の聖地バドグイン・オボー（祭山梁）をはじめ、中国人に占領された故郷を見る為である。

ジョルムラルトと合流してから一路、南の長城を目指す。チョーダイ平野から南下し、グルバン・サラー渓谷からシャルスン・ゴル河を南へ渡る。イケ・シベル平野（旧河南人民公社第五生産大隊）を通ってオボー・シリとジャスン・シリ（Časun sili、旧第四生産大隊）平野に入る。ここはジョルムラルトの故郷である。ジャスン・シリの東はハラ・デレスタイ（Qa-a Deresütei）で、昔アルビンサンという人が住んでいた。

続いてデベレフ（Deberekü、旧第三生産大隊）平野である。デベレフとは、「泉が噴出する」との意味で、文字通り水の豊かな地である。デベレへの西北にホンジジン・チャイダムとシャルモドン・ホーライという草原があった。ホンジジンとは吟遊詩人のことである。シャルモドとは「黄色い木」という灌木を指す。ラマ達は「黄色い木」の実を顔料として用いて、袈裟を染めるのに使っていたそうである。

デベレフの南にジャングート平野（旧第二生産大隊）が広がる。平野の西にはブルハンタイ・マンハという沙漠が黄色く光っている。沙漠近くにはかつて小さな仏寺があって、クレートと呼ばれていた。このジャングートも河と湖が豊富で、そ

写真22-1　張家畔付近の鎮靖堡の村落。山の斜面に長城の廃墟が見える。

の名の通りに棘のある草が生い茂っていたので、馬や駱駝の放牧地だった。ウルトド（örted）とブドゥグネ（büdürgene）等棘のある草が多かった。

その後は双海と四道海子という順に走り続け、タール・ゴト（張家畔）に着いた時は夕方の七時だった（写真22—1）。旅をすることで、十六世紀のモンゴルの有力な政治家ホトクタイ・セチェン・ホン・タイジの根拠地であったイケ・シベル平野はかつてオルドス屈指の草原だったことがよく分かった。随所に湖と泉、それに小河があり、人よりも高いタマリスクが生い茂っている。「牛が入っても見えないくらい草の丈が高かった」、「夕方になると沙丘の上から狼の遠吠えが聞こえる地」だった面影は今でも残っている。入植して来た中国人の村落が九十キロにもわたって連綿と長城まで続く現在だが、かつてはモンゴル人の白い天幕が点々と緑の草原を飾っていただろう。天下一の草原を中国人に占領されてしまった祖先達の悔しさがひしひしと伝わって来る。

中国の穀倉地帯になったモンゴルの処女地

タール・ゴトは長城の要塞、陝西省北部の靖辺県の県庁所在地である。旧正月の十五日を祝おうとして、地元の中国人達は花火を上げていた。人出で溢れる街のガソリン・スタンドで給油してから西のトゥーキ・トーリムを目指す。三十キロの道を四十分かけて走った。トゥーキ・トーリムとは「処女地の窪み」との意で、それを意訳して中国人は「生地灘」と呼んでいる。ここはベーン・ウーラ（煙墩山）の東に位置し、正に私の父祖の地である。靖辺県の中国人はこの処女地を穀倉地帯に改造したが、今や完全にガス田に変わった。あちらこちらに地上に漏れているガスの炎が上がっている。

私達はトゥーキ・トーリムの白広懐という中国人の家に泊まることになった（写真22—2）。夜、キビのもち米で作った「紅酒」という自家製の酒が出された。うす暗いランプの下で、私は高海深（一九九二年当時七十四歳）という人物に話を聴いた。彼は、モンゴル人がバドグイン・オボーと呼び、中国人からは祭山梁と称される山の祖師祭祀に携わる中国人達のボスである。

高海深は一九一八年に陝西省北部の葭《カ》県（佳県とも）に生まれた。祖父の名は高秀で、父は高尚哲という。一九四三年に二十五歳で共産党の八路軍に参加し、中隊長まで昇進した。

写真 22-2　長城の麓の中国人の民家。庭に井戸を掘り、屋根の下に積んであるのは燃料の切り株。（1992 年 2 月 19 日）

一族は一九四九年に共産党支配下のテメート・ゴト（楡林城）に移り、一九五三年にはドゥクム（東坑）に移住した。高海深は一九五六年には除隊し、家族のいるドゥクムに来て、国営の農場長や郷長を歴任した。一九六二年には県政府の人員削減政策で幹部の身分を失い、文革中は生産大隊長となった。八路軍で中隊長まで務めた人物が人員削減政策の対象とされたのには、恐らく他にも原因があるに違いないが、彼はそれを語らなかった。

「共産党は宗教を否定するが、高さんはどうして祖師を信じるのか」、と私は直截的に尋ねた。

彼は故郷の葭県に道教の拠点、白雲山があることを挙げ、小さい時から祖師爺を信じていたと話す。一九四四年と一九四七年に二度にわたって国民党軍との激戦を経験し、傍にいた多くの戦友達は戦死したが、自分だけが生き残った。生き残ったのも、祖師爺が守ってくれているからだ、と彼は堅く信じるようになったという。

祖師信仰を不動のものにしたのは、一九八三年の大病の時だった。肺ガンを患い、四つの大病院で見てもらったが、家に帰って好きなものを食べなさい、と帰された。放射線の治療で髪の毛もすっかり抜けてしまった。そこで、白雲山の祖師爺の肖像をもらって来て家で祀り、白雲山祭祀会の「会長」にもなり、最後の奉仕をしようと決心した。すると、奇跡的に体は元気になり、自力で歩けるようになった。そこで、彼は決心してバドグイン・オボーに登って十数日泊まって祖師爺に祈祷を捧げたら、すっかり恢復した。

「ご覧のように、再び髪の毛も生えて来た。一九八九年にはもう完治した」、と高海深は話す。

祖師爺から五年の延命が下賜されただろう、と知人に言われたが、もうとっくにその期間も過ぎている。元気になってから、一九八五年には共産党から脱退し、一切の雑務や仕事を辞めて祭山梁の祖師祭祀に専念するようにした。翌年には祖師廟に一千元を寄付し、祖師祭祀の復興の為に奔走し始めた。高海深の息子高新記は人民解放軍兵士で、二人の孫の高原と高翔は公務員だという。また、海昇の夫人李玉蘭も共産党員である。総数五一人からなる大家族に繁栄できたのも、祭山梁の祖師爺が守ってくれているからだ、と高海深は語る。毎月の一日と十五日には「忌口」を実践する。「忌口」とは、肉食を断ち、精進料理を食べることを指す。

二月十九日

対ユーラシア遊牧民の最前線

翌朝、私は中国式のトイレで悪戦苦闘した。厠に案内され、「ここでしろ」と言われたが、どう見ても豚小屋ではないか。真っ白な巨豚が数頭うろうろしており、人間の体から出るものを一瞬で飲み込もうとしている。私は本能的に引き返し、我慢することにした。車も夜の寒さにやられて、なかなかエンジンがかからない。エンジンの下で火を焚き、しばらく温めると、ようやく動けるようになった。私達はまず高海深の家に行き、「紅酒」と揚げパンの「麻花」からなる朝食を取った。それから、高海深とその妻の李玉蘭の案内でバドグイン・オボーを目指す。

高海深によると、トゥーキ・トーリム（生地灘）は現在、靖辺県の一つの郷で、約一万七千人の中国人が暮らしているという。巨大な「処女地の窪み《トゥーキ・トーリム》」の西には標高約千三百五十メートルのモヨル・ウーラ（Moyur-un ayul-a、毛窰山）と黄家峁子という山がある。北はかつてのトゥーキ・トーリムである。現在は郝家壩と黄家澗と呼ばれる丘陵地帯が広がり、郝や黄いう中国人の一族からなる村落である。高海深のような中国人はこうした地名がモンゴル語に由来していることについては、完全に無知である。或いは、モンゴル語について知ろうという発想すらないようである。だから、彼らは侵入先で新しい、中国語の地名を付けていくのである。

バドグイン・オボーこと祭山梁への道は黄家峁子から南へと曲がり、山登りとなる。私達はここで車を降りて、徒歩で登るしかない。このあたりは地下水位が深く、飲料水の確保が難しい。その為、国連の援助で遠くから水が引かれ、民家へ配水する給水塔がいくつも見える。山道を十キロほど行くと、標高千六百メートルの黄羊脳児という峠を越える。黄羊とはガゼルのことで、一九五〇年代初頭まで棲息していたという。

峠の上から眺めると、高渠界からベーン・ウーラ（煙墩山）へと烽火台が続く。こちらは中国の最北であると同時に、対ユーラシアの異民族の最前線の烽火台にもなる。北方から匈奴や突厥、それにモンゴル等が馬を駆って攻めて来た時に第一の烽火を挙げる重要な要塞である。それを見た守備兵達が順次点火し、遥か南の長安へと急を知らせる設備であった。しかし、今や時代は変わり、どんな守備兵よりも強くなったのは無数の農民の進出ではないか。「沙を混ぜる政策」で遊牧民の人口を逆転させ、草原を畑にする中国人農民の植民村落こそが最強の堡塁ではないか、と私は歴史の現場に立って実感した。

バドグイン・オボーから烽火台のあるベーン・ウーラ山まで約十キロで、長城までは約二十キロある。雄大な山々はすべて「四十里長界黄羊脳児」と呼ばれている。「黄羊脳児」とはオーノス・ダワーの意訳である。私にとって、正に祖先の地である。ある報告によると、清朝政府は一六九七（康熙三十六）年に長城に沿って、北へ五十里（二十五キロ）の土地を中国人向けに開放したという［梁冰　一九八四：二四］。モンゴル人はその土地を「黒界地（qar-a qoriγul-un γajar）」と呼んでいた。「四十里もの長い境界」とは、モンゴル側が中国人向けに土地利用を許可した際の靖辺県と接する地帯の「黒界地」を指す。バドグイン・オボーは現在こそ中国人の村落に囲まれているが、土地利用を許可した幅五十里、東西四十里の外側にあるので、所有権はモンゴルにあるということである。もっとも、長城までの五十里も土地の一時的な利用を許可しただけで、所有権の譲渡はしていなかったのである。その為、制度上は、清朝時代でも、長城はモンゴル人と中国人の政治的な境界であり続けたのである。

河の伝説と井戸

ベーン・ウーラ（煙墩山）の西側には南北に走る大きな谷間がある。モンゴル人はこの峡谷をアマ・サラ（am-a sar-a、「口」との意）と呼ぶ。峡谷をアマ・サラと呼ぶ例は『モンゴル秘史』にも見られる。このアマ・サラ峡谷はウーシン旗とオトク旗の境界の最南端ともなっている。峡谷の奥、長城側には鉄人が一体、据えられている、と伝承されている。それは、中国がモンゴル等ユーラシアの遊牧民に呪いをかける為に設置された鉄人だと言われている。その為、モンゴル側もオルドスに向けて大きく口を開いたアマ・サラ峡谷を不吉なシンボルと見なす。軍神スゥルデを祀る時も、このアマ・サラ峡谷に向けておこなう［楊　二〇〇四a：二三三―二九六］。

バドグイン・オボーの西に北へと流れる河がある。モンゴル語ではシャルスン・ゴル河で、中国人は紅柳河と呼び、下流に行くとまた無定河との名に変わる。モンゴル人は昔から紅柳河がシャルスン・ゴル河の上流になっている、と把握していたし、それを以下のように語る。

昔、オルドス南部の烽火台[2]（Qariy-a-tai-yin oboγ-a）の近くのオーノス・ダワー（黄羊脳児）にタビ・タイジという貴族が住んでいた。彼の家の南に「四十里の長界」があった。ある日、タビ・タイジは自分の黒い馬に乗り、烽火台の北にある湖の周りを走っていた時に道に迷った。そこで、彼は静かな湖面を眺めながら、「迷った私に路が見つかるよう、溜まっている水に流れる方向ができるよう（tögerigsen

Tabi tayiji jam-iyan ol, toytaysan usun ni jam-iyan ol)」、と呪いをかけた。すると、湖の水が突然溢れ出した。タビ・タイジは驚いて北へと馬を飛ばしたが、水はずっとついて来た。とうとうタビ・タイジの馬が疲れて倒れたし、湖の水も河となった。タビ・タイジが死んだ場所はイケ・トハイ[3]で、河はタングート（西夏）の廃墟ハラ・バルグスン城の近くを流れてシャルスン・ゴル河となった。

この話の中に登場する「タングートのハラ・バルグスン」はまた古城とも呼ばれ、私が小学校を過ごした地で、ウーシン旗西部の都城址である。

紅柳河の西に横たわるのが大梁山で、山の中にソハイン・バイシンという町があり、中国人は梁鎮或いは寧条梁と呼ぶ。十九世紀末にイスラーム蜂起軍の「悪盗《ムーホラガイ》」の反乱を鎮圧した後に、モンゴルと中国側が戦後処理について話し合った地である（一九九一年十月二十八の記述参照）。以前からモンゴル人と中国人が茶馬貿易を実施する地だったが、次第に中国人の町と化した植民村落でもある。

紅柳河から大梁山までの間に宋渠があり、河の水を利用した灌漑施設であろう。宋渠の西に巴山梁がある。巴山《バーサン》とはバンザルの転訛で、十九世紀末にバンザルというオトク旗の管旗ジャンギが住み、回民反乱軍の「悪盗」と戦ったことで知られている。

バドグイン・オボーのある山の斜面を中国人は猪嘴梁とも呼び、行政上は三岔《サンサ》区郷に入る。付近の住民は約四十戸で、一戸あたり五、六頭の羊と二、三匹の豚を飼い、僅かなジャガイモと蕎麦を作っている。年収は約六百元前後で、極貧の生活である。水はなく、天水に頼る井戸で暮らすしかない。年間降水量二百ミリ未満の地だが、たまに降る雨と雪を深く掘った穴に溜め、馬糞や木の枝を加えて発酵させる。こうした井戸を地元では「発酵井」、「苦水井」と呼ぶ。井戸は、嫁をもらう時には財産の基準となっているそうである。モンゴル人が暮らしていた時代は渓谷に泉や小さな湖もあったが、中国人の侵入ですべて枯渇してしまった、と高海深は語る。バドグイン・オボーから北へとモトンクレー（毛団庫倫）、それに硬地梁に至る地域は、洋堂すなわちカトリック側に賠償金の代わりに取られた土地である。洋堂側は信者を獲得する為に、モンゴルからもぎ取った土地を長城以南からの中国人に無断で提供した。土地がもらえるなら、帰依するのを躊躇しなかった現世利益を優先する中国人は雪崩をうって「洋教徒」になっていったのである。

『楊家将』が占拠した聖地オボー

モンゴル人のバドグイン・オボーは、現在中国人から祭山梁と称されている山の頂上部分のやや北よりのところにある（写真22―3）。山頂は平らで、西側は断崖絶壁となっており、北側も急な斜面で、南東側からしか登れない。山の斜面にも人家があり、周りに小さな畑が整備されている。西側の断崖から下を覗くと、渓谷に人家が見えた。「あそこはもっと貧しい人達が住んでいる」、と高海深はまるで自分と異なる世界について触れるように話していた。

実はモンゴル人がいた時代は山全体が聖地、禁地だった。中華人民共和国が成立してから、中国人達はオボーの禁地にまで侵入して家を建て、畑を開拓した。聖地オボーのある山の南東斜面に真新しい霊観廟が建っている。窓と扉はまだ塗装していない。ここから更に行くと、小さな売店（商店）が二軒ある。この売店の間を通って北へ進むと、版築の大きな庭があり、その中にモンゴル人の聖地オボーと中国人の龍王廟、祖師廟と娘々廟、それに劇楼が立ち並ぶ（図10）。

写真 22-3　バドグイン・オボー山頂の聖地オボー（左端）と祖師廟（1992 年 2 月 19 日）

聖地オボーの隣の一室で、私は「祭山梁祭祀会（略して祭山梁会）」のメンバー達と会い、話を記録した。彼らによると、祭山梁会は現在、五つの分会に分かれ、それぞれ会長がいるという。

内モンゴル分会：楊耀光会長（ウーシン旗河南人民公社第二生産大隊に入植した中国人）
本山分会：閻生玉会長
ドゥクム（東坑）分会：白広恵、賀加中会長
四名分会：李建軍、張成芳（女、六十六歳）
タール・ゴト（張家畔）分会：王福山

以上のような五つの分会が総会を形成し、常務委員と委員会委員が廟会の運営に携わる。その構成は以下の通りである。

総会長：高海深、胡志江、ジョルムラルト（趙振華）
常務委員：高海深、胡志江、楊輝光、王福山、常玉亭、張志光
委員会委員：高海深、胡志江、楊輝光、王福山、常玉亭、張志光、賀加中、白広恵、張俊淌、段培徳、張成芳、閻生玉、王占淌（オトク前旗）、白紅江（オトク前旗）、謝某（オトク前旗）。
財産管理人（保管）：馬増勇（四十八歳）
出納係（会計）：段雲貴（三十八歳）

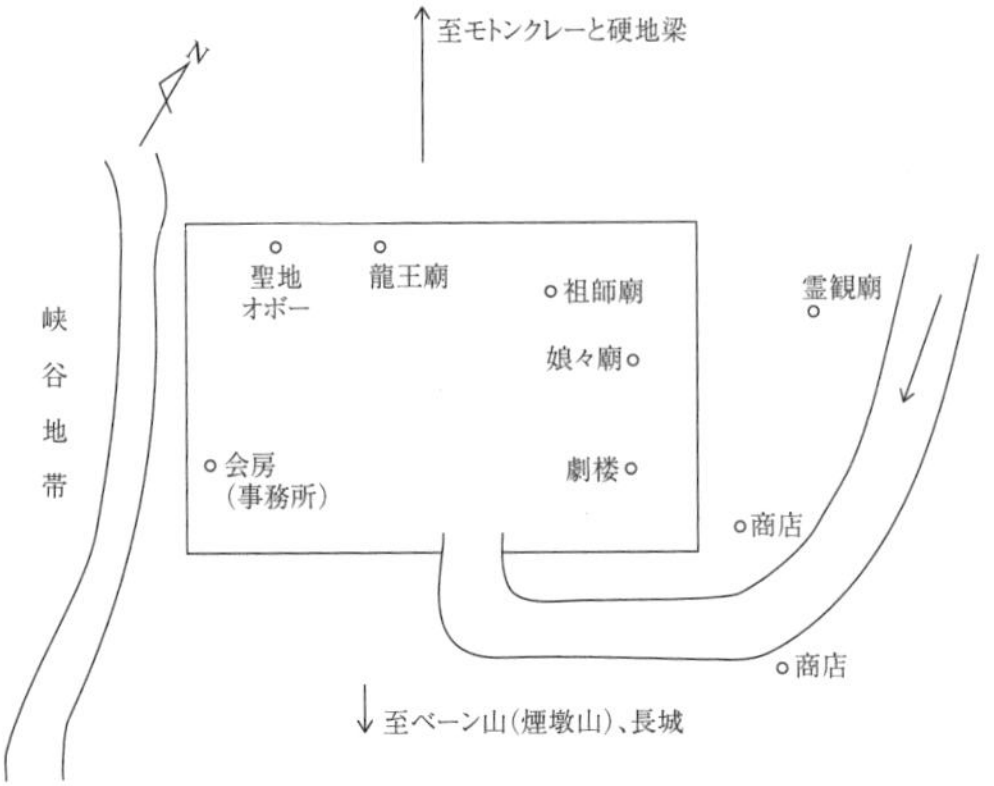

図10　バドグイン・オボー山頂における道教寺院の配置図

　廟会にはまた二百人くらいの「会長」達がいる。ここでいう「会長」とは、祭祀の係のようなものだという。私が訪れた時には紹海玉（四十里舗出身、ドゥクム分会、七十七歳）と鄭子興（トゥーキ・トーリム出身、本山分会、五十五歳）、方占玉（鐘山界出身、本山分会、七十六歳）といった「会長」達がいた。また、普段から廟と聖地オボーの番人を務めているのは、張世耀という人である。

　私は各廟が建てられた時期について尋ねた。彼らによると、最初に建てたのは本山分会が運営する祖師廟であるという。中国人はどこかに入植すると、真っ先に祖師廟と龍王廟を建てる。祖師爺と呼ぶ「神」は一族の安全を守り、龍王は雨を降らせる。一同によると、一九八六年に完成してから、三月三日の「桃花節」に灯会をおこなう。この日はまた「神降生日」にあたる。道士がいないので、陰陽というシャーマンを招いて来て「黄経」や「金剛経」を唱える。

　四月一日から八日までは祖師を祀る。毎年のように靖辺県の京劇団を呼んで来て京劇を披露するが、契丹や女真等の遊牧民との戦闘を演じた『楊家将』や『金沙灘演義』は人気を博している。ところが、一九八九年まで上演していたら、突然に強風が襲い、劇楼が吹き飛ばされそうになったので、それ以降は自粛しているという。「京劇はオボーの神に嫌われている」と分かったそうである。また、映画の上映も禁止である。祖師爺は電気が嫌いだからと信じられている。この他、秋の九月九日は「成神日」、「脱凡日」で、祖師を祀る。龍王節は五月十三日だとしている。

　祖師廟に続いて、一九九〇年に内モンゴル分会の中国人達が霊観廟を、タール・ゴト分会は娘々廟をそれぞれ建立した。また、劇楼も本山分会が同じ年に建てた。モンゴル人の聖地オボーは一九八六年から「起会」した。「起会」とは、祭祀の運営開始を意味する。

　「御蔭様で毎年盛会だ」、と高海深らは嬉しそうに語る。一九九一年だと、三月三日には二千人、四月八日に七万人、六月三日に四千人が集まって祭祀が実施されたという。今年の旧正月の十五日にも二千人弱が参拝したそうである。

　「実はオボーの方が祖師廟よりも古い」、と高海深は語る。

オボーは宋代に既にあった、と私が若かった頃に地元の老人達はそう話していた。清朝が倒れるまで、毎年、数十人のモンゴル人がやって来て、祀っていた。その後は少しずつ減り続けたが、一九五〇年代まではほそぼそと維持されていた。祖師廟は清朝の咸豊年間（一八五一～一八六一）に初めて建てられたが、同治年間（一八六二～一八七四）に回民に壊された。漢人達は一九六〇年代まで祖師爺を祀っていたが、その都度、オボーにも供物を捧げていた。

高海深の隣にいた劉漢興は、「文革中もモンゴル人はこっそり来て、オボーを祀っていた」、と補足する。

「伝話」する張志光

祖師廟祭祀運営委員会の常務委員の張志光（一九九二年当時六九歳）は「活きた神（活神々）」、超人と見られている。彼は私に自身の心霊経験を以下のようにみんなの前で語った。

張志光がドゥクム（東坑）に住んでいた一九三〇年代頃に、六、七人のモンゴル人が聖地オボーを祀りに来ていたのを見ていた。その中にはラマもいた。張は一九七三年から原因不明の病気にかかり、七年間も各地の病院を転々としたが、直らなかった。目も見えなくなり、働けなくなった。医者からは脳の病気だと診断されたが、次第に腰痛もひどくなった。

張志光は共産党の古参党員で、人民公社の生産大隊の幹部も務め、科学を信じていた。「迷信とは無縁だ」、と確信していた彼が、一九八〇年から突然、「替馬《ティーマ》」を始めた。「替馬」はまた「伝話」ともいい、神に代わって話すこと、神々の意志を伝える行為を指す。知らぬ間に神が自身の体に乗り移り、自分の意志とは完全に無関係に話し出したという。

「最初は病気について伝話していた。年に一、二回程度で、多くは正月の十五日に神々《シンシン》が降りて来る」、と張志光は話す。陝西省北部の中国人は神を必ずその複数形の「神々」という形で表現する。周りの中国人の「会長」達は誰も疑っておらず、敬意を持って彼の語りに耳を傾けている。恐らく、こういう話は既に何回も聞かされただろう。私が来る前日も「伝話」したそうである。

「神々は、どんなことがきっかけで降りて来たのか」、と私は尋ねた。

私は神々を信じていなかった。ある夜、寝ていたら、白い髭の神が夢の中で現れ、伝話しなさい、と指示しているのではないか。そう指図されても、口は自分のものだから、自分で口を開かない限り、神々でも何でも私をしゃべらせることはできない、と思った。ところが、数日後には羊羔瘋（癲癇）にかかったように痙攣し始め、気を失った。正気が戻ったら、いろいろと伝話した、と家族から言われたが、自分は何も覚えていない。

このように語る張志光だが、「伝話」するようになって十年経つと、一九九〇年頃から再び目がまた見えるようになったという。彼は「伝話」するだけで、一般的なシャーマンがやる「跳神」はしないという。「跳神」とは、太鼓を叩いたり、銅羅を打ち鳴らしたりして悪霊を追い払う儀式で、長城沿線のシャーマンは大概、これを実践する。

「どうして、ここの祭山梁の祭祀と関わるようになったのか」、と私は彼が「常務委員」になった経緯について知りたかった。張は語る。

梁鎮の娘のところにいた頃、三日三晩寝込んでしまった。昏睡状態に陥っていた。夢の中で一人の龍袍をまとった、白い髭の老人が現れ、「山に帰れ。他の会長達がお前を待っている」、と命令された。しばらくしたら、もう一人、背の高い、赤いマントを着た人からも同じことを厳命された。昏睡状態から目が覚めた後、娘からいろいろ聞かれたが、何も話さなかった。その日の午後、高海深会長が訪ねて来て、祭山梁に招待された。

張志光はこのように祭祀と関わった過去を振り返る。龍袍とは、普通、皇帝の衣装を指す。バドグイン・オボーのある祭山梁の祖師廟に来てから、ある日の夕方、外を散歩していたら、房上興という男の妻に会った。彼女は自分の家が見つからない、と泣いていた。「泣くなよ。君の家はそこに見えているのではないか。ほら、橋を渡ったところにあるよ」、と張は教えてから廟内に戻った。すると、二、三日後に房上興の妻が亡くなった、と聞かされた。

「しまった。あの時に橋を渡れ、と言わなかったらよかったのに」、と張志光は回想する。私はこの話を聴いて、臨死体験者が語る経験、それも三途の川を彷彿とさせているのに似ていると思った。

実は前日の夜に、高海深もまた私に張志光の「伝話」について話していた。高によると、一九七三年か七四年の時、白雲山を訪れていた張志光は急に倒れて意識不明になり、「伝話」を始めた。「祭山梁で神々を祀る廟を建てよう」と話したそうである。「彼は祭山梁と縁がある」、と高は付け加える。明らかに高と張は祖師廟の再建で協力関係にある。

祭山梁に建つモンゴル人の聖地オボーの再建にも張志光は関与している。一九八七年太陰暦四月一八日は聖地オボーを祀る日だった。この日、張志光は「オボーの再建は祖師廟の正殿よりも重要で、祖師爺の方が譲るべきだ」、と「伝話」した。

張志光の「伝話」は時々、素朴な漢詩の形で出て来る。彼と「会長」達は私に以下のような実例を挙げた。

一九九〇年のある「伝話」（傍線は筆者）

水流東海世界明、一個人不能両個心
山高擋不住万里路、海深飄起万只船

ここでは明らかに信者や関係者の動揺を防ぎ、高海深こそが万隻の船を浮かべるほどの能力のある人物だと伝えようとしている。

翌一九九一年旧正月の十五日の「伝話」

平地走路有高山、樹葉落在深平灘
清水淌在紅水道、青山変成紅山頭

「清らかな水」は海を連想させ、「高」と「深」の字を使い、高海深の功績をたたえようとしている。

私が来る前日、すなわち一九九二年旧正月十五日の昼、祖師廟の正殿内に入って参拝しようとした張志光は突然、痙攣しながら涙を流した。身辺にいた人達はまた「伝話」が始まると見て、鉛筆で速やかに記録した。それは以下のような文である。

平地起了高山頂、人々想把它往平起
百鳥空中起、声音乱叫声、有人作事把天欺
祖師伝善不伝悪、帰到甲数一筆勾。有人要奪権

周りの人達はこの「伝話」を筆で書き写してから廟の正門に張り出した。そこで、張の近くにいた高海深は「有人要奪権（誰かが権力を奪おうとしている）とあるが、これはどういう意味なのか。誰か我々の権力を奪おうとしているのか」、と尋ねた。祭山梁祖師廟の祭祀運営権を一手に握る高海深が「権力が奪われる」ことを心配していた（写真22―4）。

写真22-4　祖師廟の前に並ぶ中国人達。右から2人目が高海深、3人目はシャーマン張志光、4人目はジョルムラルト。（1992年2月19日）

すると、張志光は続いた。

「人民有難、牲口有難。夏田好、秋田不好。騎馬朝前看、不要朝後看」。これは、「人民には困難、動物には苦難がある。夏の

収穫は良く、秋のは良くない。馬に乗ったのと同じく、前向きに進み、後ろ向きにならないよう」、との意である。このように十数分間神々の意志を伝えたそうである。実に用意周到なパフォーマンスであるが、誰が高海深らの「権力」を奪おうとしているのか。それは、廟会内部の主導権争いなのか、それとも共産党政府なのかは、明示されていない。明示されないのが「伝話」の秘訣で、それを受けた者も任意的に解釈できるから、信仰されているだろう。

モンゴルと中国の神々の相克

「ここはモンゴル人の聖地オボーであるが、中国の神々はいつ移って来て、祖師廟が建ったのか」、と私も彼らの表現を使い、遠慮せずに尋ねる。すると、高海深と張志光らは以下のように語った。

祭山梁の神々は北部中国の道教の本拠地、白雲山から降臨して来たものである。それは一九二一年頃のことで、白永浩という白雲山の道士がやって来て、ここに道観を建てるよう指示したことから始まる。その後、一九五一年には張軍涛という人の父親（名前不詳）がドゥクムで「伝話」をし、道観の建立を勧めていた。続いて、一九七三年太陰暦の四月八日に「共産党員の張志光が伝話」したことで、民衆に衝撃が走った、という。その後、一九八七年に祖師廟だけは建てられたものの、モンゴル人の聖地オボーには誰も関心がなかった。太陰暦の四月八日に廟会がスタートしてまもなく、山は強風に襲われた。誰も山に登れないほどの強風で、参拝者の一人が風に飛ばされて山頂の西側の絶壁に落とされて死亡した。そこで、中国人の神々とモンゴル人のオボーの守護神は仲が悪く、相克していることと気づかされたという。

「どうして最初から祖師廟再建と同時にオボーを建てなかったのか」、と私は確認する。彼らの理屈は以下のようなものだった。

一九八五年から祖師廟の工事を準備していたら、モンゴルのオトク旗からイシというラマがやって来てオボーで読経した。イシ・ラマは帰りに、「オボーはモンゴル人の聖地だから、中国人は勝手に触らないように」と警告した。その為、仕方なく、モンゴルに行き、ジョルムラルトを見つけたそうである。

中国人達は聖地オボーの存在を必要とし、あの手この手で工夫した。一九八九年太陰暦四月七日、廟会の前日にある中国人農民が突然、意味の分からない「外国語で伝話」した。たまたま廟会に来ていたモンゴル人の楊桂英を呼んで来て確認してもらうと、モンゴル語だったと判明した。「おれは韓昌だ。ただちにオボーを再建しなさい」との内容だった、と楊桂英は解釈した。韓昌は北宋の武将とされ、契丹と戦った英雄だ、と中国人は理解している。その韓昌が時空間を凌駕して中国人農民に乗り移ったとのことである。

一般的に陝西省北部の中国人の祖師廟や龍王廟の祭祀の際に、必ず『楊家将』や『金沙灘演義』、『韓昌』等の京劇や秦腔が上映される。いずれも、遊牧民の女真や契丹と戦った宋の英雄を謳歌した内容である。中国人はそうした演劇を聞きながら、目の前のモンゴル人と自分を重ねて理解する。モンゴル人を駆逐してその草原を占領した行為を「英雄的」と理解して酔いしれ、自らの侵略行為を正当化する。

　翌八日には李という中国人も「伝話」した。何語が分からない言葉だったが、ただ、「紅匈奴《ホンションヌー》」、「白匈奴《ビエーションヌー》」という語句だけは分かった。また、別の「香客（巡礼者）」も「伝話」し、オトク旗とウーシン旗が合同でオボーを祀るようとの内容だったそうである。

　中国人の神々の「伝話」が相次ぐ中で、モンゴル人のオボーの神もまた以下のように「顕霊（神の意思表示）」した。

　祖師廟が建った一九八六年もまた旱魃に見舞われていた。五月になっても雨は一滴も降らなかったので、靖辺県の副県長が二人やって来て、高海深に雨乞いしてくれないかと依頼した。

「祖師爺と龍王に祈りを捧げれば、五日後には雨が降るだろう。その返礼として、劇楼を建てなさい」、と高海深は返事した。副県長達も承諾したので、雨乞いをする。すると、三日後には雨が降り、作物は助かり、劇楼も建った。高海深は祖師爺と龍王に祈りを捧げているが、両者とも聖地オボーに建っているから、中国人の神々とモンゴル人のオボーの神との意思疎通もうまくできていると解釈している。

　ある年、陝西省北部の子丹県の人がオボーに来た。ガンを患い、既に一万元も治療費を使ったが、効果はなかった。オボーに参拝し、もしガンを直してくれたら、沢山の布施をおこなうという「口願（約束、誓い）」をした。すると、九カ月後には完治した。オボーまでは車で運ばれて来たが、今や元気で働いているそうである。また、靖辺県民政局の局長厳正雲という人物もガンを患っていたが、高海深がオボーに「加寿」すなわち延命を祈願したら、無事に治った、と一同は証言する。彼らは私にこうした「奇跡」をすべて「オボー顕霊」、つまりオボーの神による意思表示だと説明しているが、実際は祖師爺や龍王に祈願している。明らかに私とジョルムラルトに対する対策であろう。というのも、祭山梁は実際、大きな政治問題を抱えているからだ。

道教と共産党との対立に利用される「蒙漢団結」

　バドグイン・オボーのある祭山梁に祖師廟が建った直後に、道教の名門白雲山は楡林地区政府に上告した。「勝手に白雲山の分山（分会）を自称した為、本山白雲山の参拝客が減り、収入も落ちた」、との理由だった。一方、地元の靖辺県は行政組織上、楡林地区の管轄下に入っている。靖辺県には税収が入るし、観光も見込まれるから、祭山梁の祖師廟の建設に賛成していた。こちらは経済的利権が絡む問題である。

　政治的にも厳しい。共産党政府は人民の宗教活動に目を光らせ、厳しい政策を実施しているので、祖師廟の建築許可はまだ出ていない。高海深は一九八九年に西安市に行き、陝西省宗教局と統一戦線部と交渉したが、「道士がいないので、宗教活動場所として認められない」、と伝えられた。その後、西安市にある陝西省政府道教協会は一九九一年八月と十月に調査団を二回派遣して来た際に、靖辺県はオボーから出た鉄の香炉[4]を持ち出し、「文物修復保管場所」だとして主張した。それでも、宗教活動を制限している陝西省政府は簡単に許可しなかった。現在、各地に住む祭祀に関わる「会長」は約一千二百人に達し、彼らの中から子どもを道士として育成する計画もある。自前の道士が育つまでは、参拝客が来たら、高海深らが道士の服を着て案内しているという。勿論、政府の許可がなくてもいい、との主張もある。正式の許可が出たら、逆に税金が増えるからだ。現在までに既に六十万元も注いで建設した祖師廟である以上、自分達の意のままに運営したい、と会長達は話す。彼らはまた祭山梁の縁起を伝える石碑や布施碑（功徳碑）を立てて、今日までの流れを記している（写真22—5）。

写真 22-5　バドグイン・オボー山頂の重修祖師殿碑記。（1992年2月19日）

　政府から許可をもらう妙策は一つだけある。それは、「蒙漢団結」である。私が山頂に立ち、バドグイン・オボーに貼ってある「蒙漢団結」との標語を見た瞬間、中国人「会長」達の心中を見抜いた（写真22—6）。中国人は何もモンゴル人のオボーとその「神々」を敬愛しているのではない。オボーのある一帯をモンゴル人の土地だとも思って譲る気も当然ない。モンゴル人の土地だと謙虚に認識しているならば、何も祖師廟と龍王廟を建てる必要は最初からない。わざわざモンゴル人の聖地に中国人の道教寺院を建てたのは、正に征服と入植の成功を誇示しているからである。

　では何故、中国人達はこれほど熱心にモンゴル人にオボー祭祀を勧めるのであろうか。

　実はバドグイン・オボーのある地、中国語でいうところの祭山梁は内モンゴル自治区の飛び地である。南北二十キロで、東西十キロもある地域は内モンゴル自治区の所有であるが、

写真 22-6　バドグイン・オボー山頂のオボー。蒙漢団結と書いてある（1992 年 2 月 19 日）

管轄権は陝西省にある、と解釈されている。オルドスのオトク旗もウーシン旗も長城以北の土地を康熙年間に幅五十里で開放した時も、洋堂すなわちカトリックに賠償金として土地の一部を譲渡した際も、聖地のあるバドグイン・オボーは含まれていなかった。その点は公文書で確認できるし、モンゴル人の集合的記憶とも一致している。

一九八一年、オトク前旗の王占魁書記（モンゴル人）が靖辺県を訪れた。王書記は「オボーを中心に、西は紅柳河まで、東は七個窖までの土地をモンゴルに返還するよう」求めた。当時、楡林地区も靖辺県も土地を返還してもいいが、そこに住む三万人の中国人も内モンゴル自治区の戸籍に編入してほしい、と返事した。王書記はそれを移民政策だと理解し、受け入れなかった。

一九九一年、今度はウーシン旗土地管理局の幹部達がやって来て、オボーのある地域の返還を求めたが、陝西省側は前回同様、入植者の中国人も連れて行くことを条件にした。

地元の中国人達は当然、内モンゴル戸籍に変わることに賛成だった。自由に自治区の他の草原に行けるし、経済状況も陝西省より遥かに優れているからである。オルドス側はその後、北京の国務院まで上告した。モンゴル人が土地の返還を要求するのは政治的な目標があるからである。長城以北はすべてモンゴルである、という信念を中国政府に示したいからである。当然、草原に侵入して来た中国人の人口をこれ以上は増やしたくない。一方の陝西省は人口を減らして経済的な負担を軽くしたかったが、折り合いはつかなかった。

ところが、一九八〇年代後半から陝西省側の態度は一変した。長城の北側のドゥクム盆地を中心に広範囲にガス田が発見されたからである。将来の開発を見込んで、飛び地そのものの存在すら陝西省側は認めようとしなくなって来た[5]。

地元の中国人にとって、まずは祖師信仰を確立したい。その為には「蒙漢団結」が必要である。オボー祭祀をモンゴル人の文化活動だと解釈すれば、祭山梁は宗教活動場所ではなく、民族文化を信仰する拠点になる。どさくさに紛れて、祖師廟の維持も可能となる、と中国人達は考えている。

祖師廟の運営費とオボーの維持費は現在一緒になっているという。オルドスのウーシン旗もオトク旗もジョルムラルトに対し、オボーの会計を別にするよう指示しているが、高海深らは抵抗している。モンゴル人からの寄進が多いからだ。

オボーの神も祖師も、龍王もみな土地の神々だから、分祭する必要はないと中国人達は譲らない。ジョルムラルトは、バドグイン・オボーそのものが中国人社会に囲まれている以上、運営費を別々にして分祭すれば、嫌がらせを受けるのではないかと心配している。

「中国人はオボーを祀る機会を利用して肉が食べたいのだ」、とジョルムラルトは端的に喝破する。靖辺県は中国全国で最も貧しい県の一つで、冠婚葬祭の時にしか肉にありつけない。それに、祖師祭祀も精進料理が用いられる。肉を食べようとして、中国人は毎年、祖師祖師を疎かにしてオボーのところに殺到する。モンゴル人が献上した羊の丸煮は瞬時に奪われてなくなるという。

「肉を奪う中国人の群れはまるで餓狼だよ」、とジョルムラルトはモンゴル語で私に話す。一九九一年秋に西安市に行った際に、「陝西省北部の人間は貪欲で、がめついから、北山狼と呼ばれている」、と私に語っていたことを思い出した。

中国人の侵略を象徴する存在

モンゴルのバドグイン・オボー、中国人が祭山梁と現在呼ぶ地域は長城の北側にあり、古くからモンゴル領土であり続けた。モンゴルのオーノスとハダチン、それにケレイトとハラーチンといった父系親族集団の放牧地であった。中国はかつてベーン山（煙墩山）に最北端の烽火台を作って遊牧民の南進を監視していた。二十世紀初頭に中国人がこの付近に侵入してから、その入植地の確保を祈願した祖師廟と龍王廟を建てた。それ以前にはあったはずもない。モンゴル人が大挙して北へと避難していった後も、聖地オボーの祭祀は途絶えなかった。モンゴル人も、自分達の聖地オボーのある場所に侵略者のシンボルたる祖師廟と龍王廟の建設を許すわけがない。更に、清末に編纂された『靖辺県志稿』は光緒年間までの県内の寺院や廟について詳しく網羅しているが、祭山梁の祖師廟に関する記述は全くない。

モンゴルの草原に建てられた祖師廟と龍王廟は中国人の侵略行為を象徴する存在である。中国人にとって、祖師と龍王は入植地を確保する為の聖なる施設である。この二つの「神」は他のどんな神々よりも優遇されている。祖先の加護の下、雨を降らせ、水をもたらすのは龍王である。五穀豊穣を実現するには祖師と龍王に祈願しなければならない。バドグイン・オボーだけでなく、長城を突破した中国人はその侵入先のモンゴル草原の各地に龍王廟を建てている。後日談であるが、一九九九年以降に私は台湾国内の各地を旅した。台湾でも漢人が原住民の領域に侵入すると、直ちに祖師廟と龍王廟を建立する現象が一般的である。

中国人達は香炉を祖師廟のものとするが、それはオボーの祭祀用具だった可能性も否定できない。また、モンゴル人達はバドグイン・オボーに祖師像を飾るのに今も抵抗している。一九九〇年春にウーシン旗南部に入植した中国人の張万遷がテメート・ゴト（楡林）で祖師像を注文してバドグイン・オボーに寄付しようとした。張の運んだ祖師像がウーシン旗南部のバイン・ウンドゥルを通った際に、地元のモンゴル人に阻止された。張は地元の警察に「迷信活動に参加した疑い」で逮捕されたが、祖師像はその後、靖辺県の中国人に渡された。

バドグイン・オボーはいわば、中国とモンゴルのオルドスが対峙する最前線であったし、今も変わらない。モンゴル人はオボーの祭祀を維持しようとしているし、中国人もまた祖師祭祀だけでなく、モンゴルを取り込みながら、「蒙漢団結」、「民族団結のシンボル」にしようとしたたかな戦略を打ち立てている。そのしたたかさは、共産党政府への対策であると同時に、モンゴル人対策でもある。共産党政府はまだ祖師廟の建築許可を出していないし、モンゴル人も失地回復を主張しているからである。中国人にとっての「民族団結」とは、占領したモンゴル草原について、モンゴル人が何も主張しないことである。

中国人の郷土意識は変わりやすいし、確立されやすいようである。意識の政治的転換は実に速いのである。というのは、現在、長城の北側に住んでいる彼らはここへ侵入してまだ百年も経っていないのに、自分の故郷だと確信しているように見える。彼らは識字率が低く、文盲も多く、文化的素養もあまりない。家系譜を保管していないし、自らの系譜について三代以上はほとんど覚えていない。本籍地はどこだ、と尋ねると、「ここだ」としか返事しない。ここは元々、モンゴルの草原だったという認識すらない。

活神々シャーマン

バドグイン・オボーのある山頂を歩き、祖師廟と龍王廟を見て回ってから山を下りた。一緒に来たジョルムラルトと運転手の馬保子夫婦は寄りたいところがあるという。近くに有名な「活神々《ホーシンシン》」がいるから、占いをしたいと話している。

「活神々」とは、シャーマンのことである。宋渠に住む、劉漢興である（一九九二年当時四十歳、写真22—7）。我々が彼の家に着くと、門前に数十人も立って並んでいるのではないか。確かに人気があるようだ。私は占いこそしなかったが、彼の経歴について少しだけ話を聴くことができた。

劉漢興によると、彼の一族は元々テメート・ゴト（楡林城）のバラスに住んでいたが、一九三〇年に靖辺県に移り住んだという。「活神々」になったのは、一九八七年八月一日のことである。原因不明の病気になり。大量の汗をかき、虚脱状態

写真 22-7　長城の近くに住む中国人シャーマン劉漢興（1992 年 2 月 19 日）

で憂鬱な毎日を過ごし、誰にも会うことができなかった。金はあったが、治療に行く気にならなかった。そして、いつも町や寺を彷徨っているような夢を見るようになった。ある日、無意識のうちに「伝話」を始めたので、周りの人達からそれに専念するよう勧められた。村の共産党員や生産大隊長も彼が「伝話」するのを許可した。

劉の「伝話」は当たる、との噂が瞬時に広がり、それ以来人気は衰えていないそうである。彼はとても慎重で、家に来た人には占いをして神様からの「伝話」を教えてあげるが、村から出ることはしないらしい。「人を騙し歩いている」、と見られたくないからだ。私と一緒に来たジョルムラルトの話では、劉はバドグイン・オボーの再建に熱心で七百元も寄付し、オボーの競馬大会にも三百元を賞金として提供しているという。

「オボーはモンゴル人のものだが、民族間関係を大事にしないといけない」、と劉は語る。運転手の馬保子夫婦はどういうことについて占ってもらったかは知らない。

注

（1）何故、ディロワと呼ばれているのかは分からない。ディロワとは恐らくディロワ・ホトクトのことであろう。清朝の乾隆年間以前はオルドスの北西部を拠点としていたが、その後は黄河を渡ってモンゴル高原の南西部に巨大な寺領を所有し、ナロバンチン・ホトクトと共同で管理するようになっていた。ディロワ・ホトクトはモンゴルの社会主義革命の嵐から逃れようとして内モンゴルに亡命し、独立運動の指導者である徳王の身辺にいた。ただ、彼の先代の寺はオルドスにあったので、何回か私の故郷を訪問したことがある［楊　二〇〇八：二九―七五］。もしかして、歴世ディロワ・ホトクトの一人がここを訪れたことがあるから、そのような聖地オボーが建てられたかもしれない。

（2）中国人の烽火台の上にも後にモンゴル人が聖地オボーを建てた。そのオボーをオルドスのガルハタン・オボクの人達が祀っていた。ガルハタンはホトクタイ・セチェン・ホン・タイジの直属の集団だったが、後に一部がウーシン旗東部へ、別のグループはオトク旗へと移動していった、と一九九二年二月二十八日にウーシン旗党史弁公室のナソンバトが私に語った。

（3）オーノス・ドルジ（七十五歳）が一九九二年二月二十七日にこの伝説を私に語った時に、タビ・タイジの墓は一九四〇年代までイケ・トハイにあったという。その墓の近くには彼が乗っていた黒い馬の骨の山もあったそうである。毎年「オルドス暦八月（太陰暦五月）の十三日」にラマ達がシャルスン・ゴル河の水を汲み上げてタビ・タイジを祀っていた。イケ・トハイはティーヤル・ド・シャルダンらが発見した新石器時代まで続いた「オルドス人」の遺跡のある場所で、古代に棲息していた動物の骨が化石化し、随所に白く光っているのを私も子どもの頃に目撃したことがある。タビ・タイジはまた「トゥーレンキ・タイジ（tögerüngkei tayiji）」すなわち「道によく迷う貴族」とも呼ばれている。

（4）　鉄製の香炉の大きさは三十センチメートル×二十六・五センチメートルで、高さは二十八センチメートル。

（5）　一九九〇年代の内モンゴル自治区と陝西省の地図はまだこの飛び地を明確に記していたが、二十一世紀に入ってからはなくなった。何一つ正式の公文書を出さないで、静かに抹消するのが得意な中国政府である。

●第二十三章　物理的防塁と心の壁

長城の要塞、鎮靖堡。長城には数キロごとに要塞が設置され、その内部に軍の駐屯所があった。この鎮靖堡の北に我が一族の伝説の故郷があった。

中国が引いた心のライン

中国人が建設した万里の長城について研究したジュリア・ローヴェル（Julia Lovell）は興味深い観点を示している。長城は中国と世界との分断を図る為の建造物である。長城は、物理的に中国人と外の世界との交流を遮断した以上に、精神的な面で果たした阻害性の方が遥かに大きかった[Lovell 2006: 8-9]。

私は右の見方に賛成である。歴代の中国王朝は長城の北側の住民との交流を阻止する為に、あらゆる手段と言辞を駆使して相手をずっと醜悪化して来た。曰く、長城以北の住民は「人間ではなく、禽獣の心を持った存在だ」、と剥き出しの差別の視線を向けて来た。これから、私は中国から「禽獣」と呼ばれた側の人間として、中国人が建てた「心のライン」たる長城に沿って旅をする。

宋渠から出てまもなく長城のタール・ゴト（鎮靖堡）に着いた。村のあちらこちらに爆竹の滓が散乱している。地元の人達によると、旧正月の三日から「社火」祭が始まり、十五日まで続くそうである（写真23―1）。その間に人々は太鼓や銅鑼を叩いて秧歌舞を踊りながら家々を回る。各家からはお菓子や金が出され、王母娘々廟（写真23―2）と祖師廟に寄付される。夜には提灯（花灯）を飾る。娯楽と神事が一体化した祭である。

昔の要塞タール・ゴト（鎮靖堡。本章扉写真）は黄色い大地に小さな城壁と城門だけが残っている。城門の北は広大な農耕地であるが、かつては私の父祖が遊牧する草原であった。ここから北西へと、長城は延々と続く。祖先達はこの地まで家畜を放ち、馬と茶の交易をおこない、時には長城を突破して長安まで戦馬を駆った。中国人もまた平時には絹と布を持参して家畜と交換し、風雲急を告げる時には長城に駆け上がって烽火を挙げただろう。

十九世紀後半の同治年間に入ると、ムスリム達が長安付近から北上し、異教徒の中国人を突き動かした。その中国人の難民が長城を越えてモンゴルに闖入すると、遊牧民は遥かなる北方へと移動していった。かくして、長城以北の地も次第に中国化していったのである。

一九三五年冬以降は毛沢東の共産党が出現し、河と湖の畔に罌粟の種を撒いた。罌粟をアヘンに精錬して収入を増やした中国人農民は共産党支持に回り、みごとに毛沢東を北京へ入城させて、それまで満洲人の皇帝が座っていた玉座に就かせ

写真 23-1　長城付近の中国人村落内の社火祭の場所（1992 年 2 月 19 日）

写真23-2　バドグイン・オボー山頂の王母娘々廟内の西王母。（1992年2月19日）

た。毛沢東の社会主義政策でモンゴル人は草原を失い、貧困の一途を辿った。これが、長城の上に立った私の脳裏に浮かんだ歴史である。

実は靖辺県の政府所在地は一九五〇年までここタール・ゴトにあった。共産党政府になってから、県政府を南の張家畔に移した。その為、モンゴル人は鎮靖堡と張家畔の両方をタール・ゴトと呼ぶ。

どうして、県政府を移転したのか。張家畔の方が人口は多く、経済的に栄えていたからだと言われているが、実際は「共産党は城壁が嫌いだった」のが原因だと地元では伝えられている。人民が城内に立て籠って抵抗するのを危惧した共産党は建国後に全国規模で古代の城壁を取り壊した。首都北京も免れることはなかった。運よく残ったのは西安城と山西省の平遥城（平妖城）等、極僅かである。

私達は張家畔で軽い食事をしてから長城に沿って南東へ向かう（地図10）。私はモンゴル人であるが、脳内には漢籍が蓄積されている。その漢籍の知識を思い浮かべながら、以下

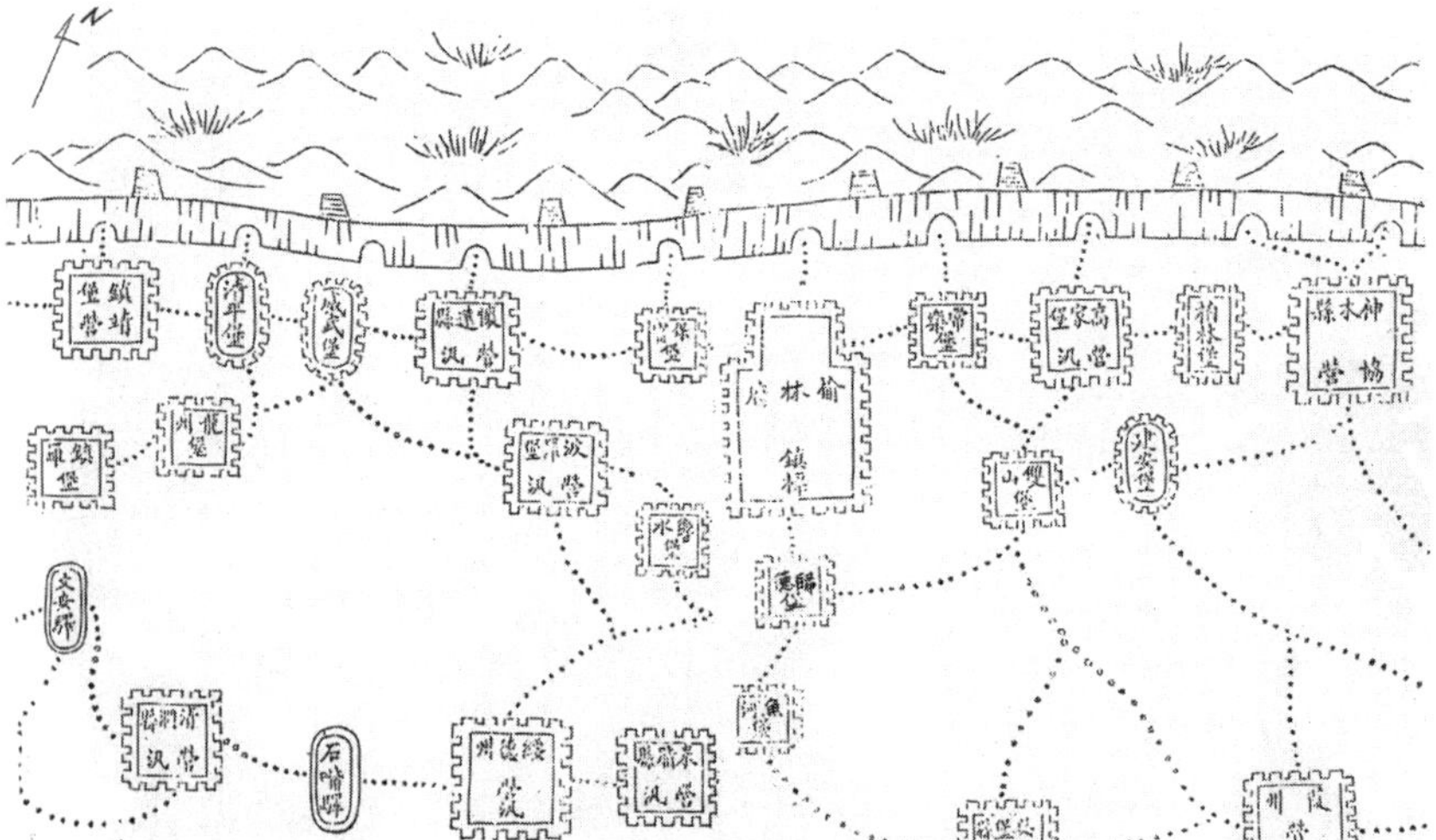
地図10　中国人が描いた長城沿線の要塞都市群。劉厚基編『図開勝跡』より。

写真23-3　オルドス高原を深く切り込みながら流れるシャルスン・ゴル河（無定河）。河の南岸に長城の烽火台が見える。（1992年2月20日）

のような行程を辿った。

夕方十八時二十六分にタール・ゴトの張家畔を出発し、古石渡口という渡場で奢延河に沿って東へ進む。この河は現在では葦河と呼ばれているが、光緒年間に編纂された『靖辺県志稿』では酈道元の『水経註』を引用する形で、「鎮靖堡あたりから奢延河と称する」としている［丁錫奎　一九七〇：六八］。

しばらくすると、道は河谷に入り、途中、「葦河大曲」という酒を造る工場が見えた。地元で人気の酒を造っている地だ。ここから更に東へ二十キロほど走り、十八時五十八分に楊橋畔を通過する。河は黄土高原を百メートルも深く浸蝕しながら流れている。夕日を浴びる赤い峡谷は巨大な猛獣の胸腔のように見える（写真23―3）。

長城はこの楊橋畔あたりから北側へと延びる。明代の長城で、中国人がいう「套虜」の攻略を防ぐ為のものである。中国人は黄河以南のオルドスを河套と呼び、ここへ進出して来た私達オルドス万戸を「套虜」と表現した。相手に差別的な名称を与えていること自体、深刻な脅威を受けていた事実を現わしている。

河の北側の長城は殆んど沙漠に消え、烽火台だけが辛うじて見える。長い年月の中で、モンゴルという脅威は消え、代わり黄沙が長城を呑み込んでいる。長城を建設するのに、両側の灌木をすべて根こそぎ切り倒した為に沙漠化も早かった。自然からの復讐はモンゴル人の攻撃より遥かに残忍である。

十九時十分に賈家湾に着き、再びシャルスン・ゴル河（紅柳河）の大橋を渡る。ここで南から支流が一つ流れて来る。橋の東はグーティ・ゴト（横山県、旧懐遠県）領内になる。『靖辺県志稿』では「斉家園から懐遠県境」と記述しているが［丁錫奎　一九七〇：六八］、現在も「斉家園」があるか否かは分からない。少し行くと、更に二つの支流がシャルスン・ゴル河に合流し、河里廟ダムが見えた。ダムの周辺に小規模の畑が見え、河谷地帯には民家が集中している。手元の高度計を見ると、河谷が一千百十五メートルと表示されていた。

二十時八分に趙石畔の西にある仏塔が南側に見えた。北京時間ではすっかり夜のはずだが、モンゴル高原の最南端とは時差があるので、まだ明るい。地元では仏塔を響鈴塔と呼んでおり、十二階建てだという。ここからはかつて懐遠県と呼ばれていた地である。懐遠とは、「遠くを懐柔する」との意で、あくまでも中国中心の思想の発露である。

二十一時にグーティ・ゴト（横山城）を通過し、石家湾に入る。西のタール・ゴトから百十五キロ離れた地である。私達は更にグーティ・ゴトから東へ二十九キロ走り、二十一時四十分にクヌグ・ゴト（波羅堡）に入る。クヌグ・ゴトは陶器の名産地で、道路沿いにも陶器が並べてあり、寒い中で商売していた。恐らく、かつてはモンゴル人もここの陶器を購入していただろう。ただ、遊牧していた時代は大きな陶器は使えないし、壊れやすい。定住するにつれ、次第に大型の陶器もモンゴル社会に伝わっただろう。我が家でも、乳製品を作るのに大きな陶器を使っている。

クヌグ・ゴトでは言葉では言い尽くせないほど汚い、狭い「車馬大店」に泊まる。外でうどんを食べてからノートを整理するが、ジョルムラルトは運転手と酒を飲む。明日の朝の食事も夜のうちに注文しておいた。米酒がいい、と希望を伝える。発酵、濾過しているので、一応、衛生的に思われたからである。他の食べ物はどれも極端に非衛生的に見えるし、味も受け付けないからである。このように、長城を越えると、食文化と衛生状況もまた受け付けられないほど異なって来たのである。

二月二十日

生理的に受け付けない文化の溝

朝、中国社会の大きな騒音で目が覚めた。「車馬大店」とは、文字通り馬車とそれを牽く馬や牛を一緒に収容する旅館である。大抵は庭の南半分は馬や牛小屋で、北側に客用の部屋がある。客人が部屋から自分の家畜の様子を見えるようにした設計である。中国人は家畜の糞尿の処理をしないので、悪臭が充満している。庭の中を歩き回る中国人は唾を吐き、手鼻を掻きながら互いに大声でしゃべっている。すべて、私には耐えられない情景で、庭を出て山に入る。庭の中のトイレに入る勇気がなかったからである。

私には子どもの頃から強烈な潔癖症があり、小学校の三年生になるまで中国人の家に入るのに抵抗していたものである。中国人の家の中の匂いが心底、受け付けないからである。モンゴルに入植して来た中国人は家の中で豚を飼い、白菜を漬ける。布団は畳まないし、鍋と食器類を洗おうともしない。その豚と発酵の進んだ白菜の匂いが、いわば中国人の匂いとしてのイメージが定着していた。一九七一年夏のある日、チョーダイ生産大隊第一生産小隊で深夜まで政治学習会議が開かれ、母親は私を連れて参加していた。会議が終わってから家に帰る途中、雷雨に見舞われた。母親は仕方なく、ある中国人の家に入って雨宿りをした。その中国人の好意で泊まることになったが、七歳になった私は頑として反抗した。「臭いから帰る」、と泣きわめく私を母は困った顔で見ていたのを覚えている。結局、朝まで私は人豚同居する中国人の家で一睡もしなかった［楊　二〇一〇：四一―五二］。その後、中学校時代を中国人の多い河南人民公社で過ごさざるを得なくなり、憔悴しきっていたのを母は心配していたものである。寮内では中国人の学生に囲まれて寝るしかなかったので、いつも虱だらけだった。高校と大学時代は都市部に移っていたので、衛生状況も少しは改善されていた。このように、生理的に受け付けない中国人社会で寝泊まりするのは、実に二十年ぶりになるが、それでも苦痛で我慢できない。私は山の上に立って、周りの中国社会の風景を眺めながら、まるで異次元の惑星に不時着したような苦しい感覚に陥ってしまった。異なる文化の巨大な溝を私はどうしても越えられない、と自覚せざるを得なかった。

写真 23-4　波羅城の大西門。（1992 年 2 月 20 日）

山から下りて来ると、車が故障した、と運転手の馬保子に言われた。車馬大店に修理屋がいるので、直してもらうことになった。車の修理は午後二時までかかり、私はその間に歩いてクヌグ・ゴト（波羅城）を一周し、城内も散歩した。

世界史の動乱を伝える城の石碑

中国人の波羅城、モンゴル人がクヌグ・ゴトと呼ぶ城は、シャルスン・ゴル河の南岸の険しい崖の上に建っている。北から遊牧民が攻めて来ると、河と崖が天然の防護になる。周囲はニキロ弱で、現状では北門の保存状態が良い。西側には小西門と大西門が残り（写真23―4）、東門は壊れて消え、南側にも城楼はない。城の北と東には版築の城壁が残り、ところどころ煉瓦と石で補強してある。城の東側はそのまま長城に繋がっていき、南東部に角楼がある。南側には城門が二つある。

シャルスン・ゴル河に望む北門はまた水門とも呼ばれ、壁には「延楡綏〇〇[1]道許宗智、楡林府知府陳業遠、懐遠県知県胡紹智……参拾伍年肆月」との題辞がある。北門の北東側約四十メートルのところに接引寺が建つ。正門に「道行千載銜蓮沐露成正果、徳佑一方彰善懲悪済衆生」との対聯がある。寺の内部に摩崖仏が立ち、浸蝕がひどく、面目が分からなくなっている。摩崖仏の北で軒轅黄帝と東方青帝、北方黒帝と南方赤帝、それに西方白帝が祀られている。同じ殿内にはま

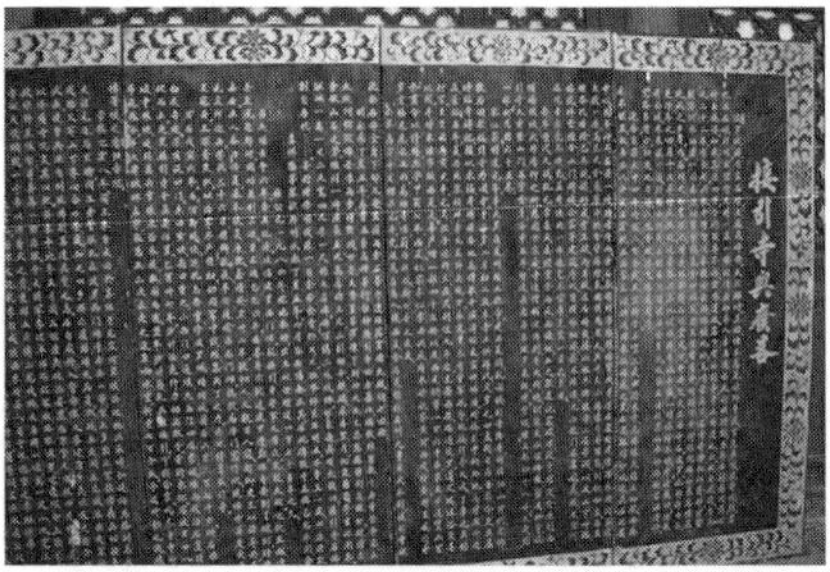
写真 23-5　波羅城内接引寺碑（1992 年 2 月 20 日）

た、天皇と地皇、それに人皇も祭祀の対象となり、文字通り三皇五帝の居場所である。接引寺とあるが、地元の人達は娘々《にゃんにゃん》廟と呼んでいる。摩崖仏は仏教を代表し、三皇五帝は中国の古代信仰であるので、一種の宗教混淆の施設である。

　接引寺の境内に寺の縁起を記した石碑があり、私はその碑文を書き写した。碑文によると、この地に仏寺が建ったのは唐代のことで、波羅とは梵語で、彼岸に到達することを指す(2)（写真23―5）。その後、唐が亡ぶと、この地にいたタングート人の李元昊が大夏国（西夏）を建立した後に寺に参拝し、寺を行宮としたという。確かに李元昊は長城沿線に沿って西へ発展し、今の寧夏を中心とする独立国を建立し、ユーラシア東部で契丹や宋と三国鼎立の国際的な局面を創出した。ここに離宮があったとは、良いところを選んだものである。寺から見たシャルスン・ゴル河渓谷とその北のモンゴル草原は絶景だったに違いない。

　碑文は続く。明天順壬午年（一四六二年）に「套兵」すなわちオルドス・モンゴル軍が波羅城の西門を破り、僧侶と駐屯兵を殲滅した。明軍の巡撫王越が城内を出てホンホタン河（滉忽都河）まで追撃した。その後、嘉靖三十二年（一五五三年）にもまたオルドス兵数百人が夜にシャルスン・ゴル河を渡って西門を占拠した。一進一退の戦いは三六日間も続いた。度重なるモンゴルの進攻に備えようとして、万歴六年（一五七八年）に堅牢な城を建築した。その時に命名した城門は以下の通りである。

東　門：紫凝。
小西門：通順
大西門：鳳〇(3)

万歴三十七年（一六〇九年）にオルドス万戸のシャジムンク（沙計猛克）とシャル（什力）が数千人の兵を率いて来て、またもや城を包囲した。そして、明末の崇禎八年（一六三五年）になると、陝西省北部から造反した李自成が波羅城の西に軍営を張っていた。

　まもなく明が滅亡し、清朝になっても動乱になる度に波羅城は襲われた。同治七年（一八六八年）には「回人《ムスリム》馬文禄」が寺院を破壊した。二十世紀に入った直後に西洋からの宣教師達も姿を現した。イギリス人のアインスタインとフランス人のペリオが訪れ、オルドス側の雷龍湾で教会を建てた。民国期には有名な匪賊楊猴小もまた襲撃したことがある、との世界史的内容である。

　接引寺（娘々廟）の南は真武祖師廟で、その中では岳飛が祖師の陪神とされている。岳飛は南宋時代に遊牧民の女真人と戦った英雄とされ、中国人から「戦神」、軍神として崇められている。この波羅城は対遊牧民の前線であったので、地元の中国人も当然、岳飛を崇める。モンゴル人がチンギス・ハーンの軍神スゥルデを祀り、中国に対する戦勝を祈願していたのに対し、長城の南側では岳飛にすがっていたのである。

　寺のある山頂に八階建ての仏塔が建ち、その下にまた洞窟が三つある（写真23―6）。その内の一つには巨大な石柱があり、地元の人達は男根崇拝だというが、むしろ、石窟寺院内の中心柱であろう。摩崖と石窟寺院はセットで、中心柱式は中央アジアのスタイルである。中心柱式のスタイルは敦煌とオルドス高原北部のアルジャイ石窟でも確認されている［楊二〇〇八：二一一―二一三］。

　もう一つの洞窟内にはかつて臥仏があって、シルクで覆われていたという。

写真 23-6　波羅城内の仏塔。（1992 年 2 月 20 日）

文革期に入ると、臥仏は破壊された。土地の中国人で、武震男（五十代）という人によると、洞窟内に狐仙が棲みついており、人間は近づかないようにしているという。狐が体に憑依（頂人）したら、狂ってしまうからだ。私は狐仙よりも、景色に見とれた。北へ眺めると、シャルスン・ゴル河の北側の黄色い沙漠を長城が東西に横たわっている。まるで沙漠に息絶えた恐竜の背骨のように、歴史の興亡を伝えている。私はやはり、長城以北の景色をこよなく愛している。長城以南はどうしても生理的に受け付けない。

　城内を歩いてみたが、七十数戸の住民は昔ながらの暮らしを営んでいる（写真23―7）。城内に井戸はなく、天秤棒で南門外の谷間から担いで来るという。道路は狭く、ゴミが散乱して歩けないくらい汚い。中国人の城は古代からこんなに汚物で満ち溢れていたのだろうか。どうして自らの居住の環境を清潔にしないのだろうか。遊牧民の草原にはゴミ一つなく、中国人の農村は息ができないくらい悪臭が漂う。こん

写真 23-7　波羅城の中国人村落。横穴式の住居窰洞からなる。（1992 年 2 月 20 日）

な汚い城を攻める必要性はどこにあったのか、私にはとうてい祖先達の行動が理解できなかった。一九八七年冬に中国最南端の海南島を旅したことがある。その海南島内にも古代の城がいくつもあった。城の周りにはリ族やミョウ族の村落があった。リ族とミョウ族の村はどれも清潔で、食べ物も美味しかったのに対し、中国人すなわち漢民族の村は汚物が山積していたのを思い出した。

清朝の変質と南蛮子による要塞破壊

「北京ジープ」の修理が終わったので、午後二時半に波羅城を出て南東へ走り、長城を更に観察することにした。陶器工場はあちらこちらにあり、道端にも沢山の製品が並べてある。まもなく潘河炭鉱を通過するが、大型トラックの渋滞で走れない。今、中国政府が大金を投じて開発中の「内モンゴル南部・陝西省北部大規模炭鉱」はこの付近を中心としているので、無数の労働者達が集まっている。その労働者達の金を少しでも横取りしようとして、女性達も大勢出現している。運転手の馬保子の話だと、炭鉱の近くの食堂の多くは売春も兼ねているという。

　私達は下泥湾を通って三時に響水橋を渡り、十分後にはケルテギイ・ゴト（響水城）に入った。住民約三百戸で、一千五百人の人口を有する、古代から続く長城の要塞である。

写真 23-8　廃墟となった響水城壁。

写真 23-9　響水城内のかつての豪邸。

黄色い城壁は、西側の方が比較的に良く残っている。かつて七つの城門があったそうで、現在では大西門一つしかない。この大西門のある破れた城壁は道路沿いに立ち、全く威厳を感じることはできない（写真23―8）。大西門の近くを柿子溝河が北へとシャルスン・ゴル河に流れ込んでいる。

　城内の中国人は波羅城の住民と同じ、煉瓦造りの古い家に住んでいる。昔の名望家か、二、三軒とても立派な民家が残っている。庭の前には影壁と門楼が立ち、庭園内には洋槐の巨木がある。少し南に行き、小西門の近くに曹姓の豪邸が建つ。門には「封聖公」とあり、いかにも歴史を感じさせる建物だ（写真23―9）。「封聖公」とある以上、多分、孔子を崇めていた知識人が住んでいたのであろう。

「文物になりそうな建物だが、どうしてぼろぼろになったのか」、と私は思わず溜息をつき、近くに座っていた老人に尋ねた。

「南蛮子の共産党の仕業だよ。あいつらは良いこと何一つしていない」、と老人は強い口調で話す。老人は私が「草地」すなわちモンゴル高原から来た「韃子《ダッ》」であるのを確かめてから、こう答えた。

「ここは曹という読書人の邸宅だったが、共産党になってから破壊された」。

「革命根拠地ではなかったか、陝西省北部は」、と私は老人と雑談する。

「我々陝西省北部の人間は南蛮子の毛沢東を受け入れた。彼は北京に入って王朝を建ててから、我々を忘れてしまった。だから、ご覧の通り、今も貧乏だ」、と老人の見解である。

「南蛮子と韃子、どちらが怖いですか」、と私は妙な質問をしてしまった。


　貴方達韃子とは歴史が始まって以来、ずっと戦って来たので、お互いの心が分かる。しかし、南蛮子は無理だ。南蛮子は謀略に長けているし、何を考えているか分からないので、毛沢東や紅軍にやられた。

老人と別れてから、ケルテギイ・ゴトこと響水城内の中心に建つ祖師廟を見学した。鳳凰山祖師廟という。祖師廟の近くに立つ石碑の碑文によると、響水城には漢の時代から駐屯兵が派遣され、対匈奴の前線基地だった。恐らく秦が「河南地」に設置した県の一つで、それを漢王朝も受け継いだだろう。河南地とは黄河以南の地で、現在のオルドスを指す。祖師廟から南東方向、すなわち城内の南部に娘々廟と霊観廟が建つ。祖師廟には毎年太陰暦の三月三日と四月八日、それに七月二日に祭祀があるそうである。

要塞を真中に、東西へと延びていく長城は私の祖先、中国人が「套虜」と呼ぶオルドス万戸の進攻を防ぐ為に明の正統年間（一四三六〜一四四九）に構築したものである。ただ、大西門の上の題字は「分巡延楡綏兵備道許宗智、楡林府知府陳業遠督修、懐遠県知県胡紹智承修、乾隆参什五年（一七七〇年）肆月吉日」となっているので、清朝の乾隆帝による改修がおこなわれたようである。改修に関する題辞は、クヌグ・ゴト（波羅堡）の城壁にあったものと同じである。

それにしても、何故、遊牧民の一員だった満洲人が中原を占領した後に、今度は自分達の手で長城を補修し、兵員を配備したのか。乾隆帝は「最後の遊牧帝国」、トルキスタンのジュンガル・ハーン国と敵対して合っていたので、長城の補修も西モンゴルの東進を防ぐ為だったかもしれない。長城を戦略的に意識するほど、満洲人の清朝は限りなく中国の王朝に変質していたのである(4)。このように、匈奴の時代から清朝まで続いた遊牧民からの脅威を防ごうとした要塞を、南蛮子と称される中国人が取り壊すのもまた、興味深いことである。

一五三七年の対モンゴル戦勝碑と人民解放軍

午後四時にケルテギイ・ゴトこと響水城を出てテメート・ゴトすなわち楡林城を目指す。振り返ると、シャルスン・ゴル河の北側の高い沙丘の上に長城が見えた。私には長城はまるで極貧の生活を送る陝西省北部の中国人農民の住み家のように見える。現に彼らの一部は長城の壁に横穴の窰洞を掘って住んでいる。烽火台はその沙丘から始まり、二列を成して南へと続く。大体二キロごとに一つの大きな烽火台は建つ。遊牧民が北から長城のどの要塞を攻めても、狼煙を挙げて南の帝都に知らせることができる装置である。

四時二十分に楡林界河を渡ると、北から楡渓河が合流して来た。楡渓河には三つの源がある。どちらもオルドス高原のウーシン旗にあり、西から順にハブチャガイ・ゴル（Qabčayaiy-yin yool）、ゲチューン・ゴル（Gečüü-yin yool）、とトドハイ・ゴル（Todqai yool）の三本の河である。シャルスン・ゴル河すなわち無定河と楡渓河が合流する地点に魚河鎮があり、賑わっている。私達はこの魚河鎮から北東へと方向を転換し、草原から流れて来た楡渓河の東側を走る。楡渓河に沿って多数の中国人入植者の村落があり、そのままオルドス高原へと続く。中国人は河に沿って侵入し、畑を作りながら北上したルートであることが手に取るように分かる。河の三本の上流の源流には複数の泉があった。昔のモンゴル人は井戸を掘らなかったが、家畜も人間も草原の泉と河に頼っていた。ところが、中国人が侵入して来ると、彼らは泉の水を畑に引き、湖から水路を作った。すると、草原の水はまもなく乾上がり、沙漠が広がった。

写真23-10　長城の要塞鎮北台。(1992年2月20日)

「中国人は大地に皮膚病をもたらす存在だ」と老人達はそのような長城以南からの侵入者を指して話していたのを思い出さずにはいられなかった。

魚河鎮から楡林城まで三十七キロある。楡林城が前方に見えたところで、車は警察に止められ、三十元の罰金が取られた。理由は特にないが、内モンゴル自治区のナンバー・プレートだと止められるし、罰金は警察の小遣いになる。中国ならではの独特な現象である。夕方十七時十分にテメート・ゴトこと楡林城に入った。

私達はまず鎮北台を見学した（写真23―10）。文字通り、北の遊牧民を抑えるとの意味の天守台である。台は三階建てで、高さ約三十メートルで、北側に版築の甕城があり、長城はその北側を東西に走る。鎮北台は要衝テメート・ゴト（楡林城）の前線基地で、東へウールト・ゴト（清水営）、西はイルデルキイ・ゴト（横城堡）まで続き、数十キロごとに要塞《ゴト》がある。

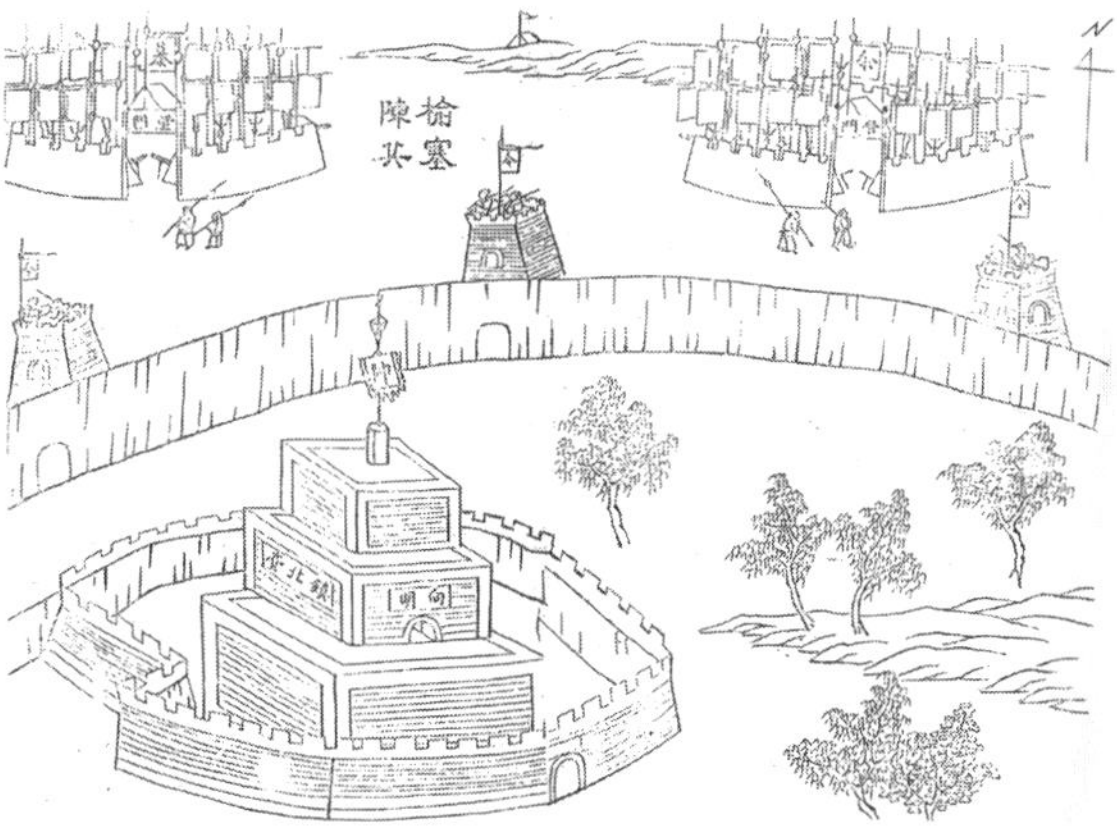

図11　清朝末期における鎮北台の様子。（劉厚基編『図開勝跡』より）

鎮北台から東へ延びる長城には数キロごとに煙墩台があり、駐屯兵の駐在所である（図11）。西へ延びる長城は現在ほぼ沙漠に埋もれている。中国人が北の遊牧民を警戒するのは何も古代に限った話ではない。現在も鎮北台の周辺に人民解放軍の巨大な軍営があり、三年前までは大軍が駐屯していたが、今は少し減ったそうである。中国軍の作った駐屯地は古代の長城を利用するように作られ、一部は地下要塞となっている。いうまでもなく、人民解放軍が「鎮守する北」は私達モンゴル人である。

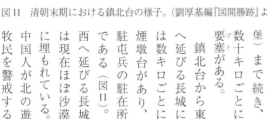

鎮北台の北に広がる高原を土地の中国人達は走馬梁と呼んでいる。こちらはモンゴル語のジローモリン・シリ（Jiruγ-a morin sili）の訳である。走馬梁の下を流れる楡渓河の両岸に紅石峡があり、その断崖絶壁に石窟寺院と摩崖石刻がある。[5]題字のほとんどが明代のもので、清朝と民国期のものもある（写真23―11）。文革期には封建社会の残滓として共産党に破壊されたが、今、修復を始めたそうである。およそ百六十カ所ある石刻の中で、私が特に注目したのは東側にある一五三七年十月六日の記録である（写真23―12）。碑文を要約すると、以下の通りである。

写真23-11　楡渓渓谷の石窟群。（1992年2月）

一五三六年、明朝中国は「疆馬十万の套虜」に悩まさ

写真 23-12　楡渓の岩壁に残る明朝の対モンゴル戦勝刻文（1992 年 2 月）

れていた。翌年、敵の「吉囊」と「俺答」は三万の兵を率いて入寇したが、明軍は周到な準備を経て、長城沿線三十四の要塞から一斉に反撃した。戦いの結果、百三十人のモンゴル兵を斬首し、馬千匹余りを捕獲した。明軍は紅石峡で戦勝祝いの酒宴を開き、五言律詩を石に刻んだ、という。

ここでいう「吉囊」とはジョノン（晋王）のことで、「俺答」とはアルタン・ハーンである。ジョノンはオルドスを始めとする右翼三万戸の指導者で、チンギス・ハーン祭祀を司る。アルタン・ハーンはトゥメト万戸のハーンである。一五三六年の時点で、ジョノンはグンビリク・メルゲンで、アルタン・ハーンはその弟である。兄弟二人で、モンゴルの左右両翼六大万戸のうちの右翼の三万戸を統率していたのである[6]。中国側はジョノンを人名として誤認しており、全くモンゴルの内情に暗い。私は碑文を書き写しながら、漢籍や石碑の記録は汗牛充棟だが、中味は往々にして粗末だ、と改めて思った。明軍が戦勝祝いの酒宴を開いた場所は石窟寺院である点でも興味深い。彼らはその功績を石に刻んで後世に残すのに熱心だったようである。

中華思想が刻まれた要塞の名

中国人は長城に沿って要塞と堡塁を構築した際に、彼らの得意とする中華思想に沿って、他者を差別する名前を付けていった［Serruys 1982: 271-283］。以下はオルドス南部を東から西へと走る長城の要塞で、その名を見れば、一目瞭然である。

鎮羌（Boru qota）：羌を鎮める
懐遠（Geüti qota）：遠く（の遊牧民を）懐柔する
鎮北台：北（の遊牧民）を鎮圧する
鎮靖（tar qota）：（遊牧民を）鎮めて靖らかにする
靖辺（Boru qota）：辺境を靖らかにする
鎮虜（Čayji qota）：虜を鎮圧する
安辺（Bay-a masing qota）：辺境を安定させる
定辺（Yeke masing qota）：辺境を定める

中国からすれば「辺境」で、我々遊牧民からすれば対中国の最前線にあたる要塞の安定と平和は、中華思想のみで保てるものではない。あくまでも軍事力と政治力の均衡が平和と安定をもたらす。かつては、遊牧民が強かったが、今や逆転されてしまったものの、本質は変わらない。

紅石峡を見学してから楡林城の南門付近の食堂に入って夕食を摂る。米脂県の中国人が経営する焼きうどんの店だが、肉は明らかに腐っていたもので、私は一口も食べなかった。よくも腐敗した肉を食材に使うものだ、と感心したものである。

食事の後にすっかり暗くなった道を西へ引き返す。夜の九時頃にケルテギイ・ゴト（響水）を過ぎたところで車はまた故障し、完全に動かなくなった。マイナス十八度の寒さの中で一時間くらい火を熾して修理したが、何の効果もない。近くに住む中国人の農民に頼んで、トラクターでクヌグ・ゴト（波羅）まで牽引してくれるよう依頼すると、四十元ほしいと言う。四十元でもいいと交渉は成立して引いてもらうが、数十メートル行くごとに止まっては金を足すようせびる。こういう時にモンゴル人やカザフ人に出会っていたら、金は絶対に取られない。感謝を込めてこちらから支払おうとしても、絶対に受け取らない。困った人を助けるのが最高の名誉となる遊牧民社会である。ユーラシアの遊牧社会と反対に、陝西省北部の中国人は何が原因なのか知らないが、本当に道徳心のない人間が圧倒的に多いと断じざるを得ない。

深夜二時に、私達は昨夜に泊ったクヌグ・ゴトの汚い車馬大店に辿りついた。中国陝西省北部ほど不愉快な世界はこの世にない、と私は思った。

「窮山悪水出刁民《ディオミン》、と中国語の格言にあるのではないか」、と一緒に来た中国人の馬保子が私を慰める。刁民とは、道徳心のかけらすらないごろつきのことである。馬保子の実家もこの窮山悪水の長城沿線であるが、それでも彼は仲間をそう呼んでいるので、私は納得した。自然環境の劣悪なところから悪徳分子が輩出するのも仕方のないことであろう。

二月二十一日

ネストリウス教徒の墓地探し

我々の「北京ジープ」が故障して動かなくなったので、車屋を呼んで来て修理してもらうことになった。しかし、車屋にも壊れた部品はなく、午後には運転手の馬保子が自分でグーティ・ゴト（横山）へ買いに行かなければならなくなった。もうモンゴルを離れて丸三日経つが、ジョルムラルトと私は何も言わないで我慢している。調査の為とはいえ、悪臭が漂う非衛生的な中国人社会の中に置かれ、毎日、腐った食べ物を口にするしかないので、実に地獄にいるような苦しい日々である。

私達モンゴル人以上に苦しんでいるのは中国人の馬保子夫婦である。

「早くウーシン旗に帰って、羊肉を食べて、ミルクティーが飲みたい」、と馬夫人はご飯を食べる度にそう発言する。調査と無関係の彼女の費用も一路、私が払って来た。実に不愉快である。

「ここ陝西省北部はお二人の実家ではないか。もう食べ物は口に合わなくなったのか」、と私は確かめた。彼らには嫌味に聞こえているはずだろう。

「尿它了《ニョータラ》」、と馬保子は吐き捨てるように返事する。それは、「全く無関係だ」、との意味の北部中国語で、極めて乱暴な表現である。馬夫婦だけでなく、大体、モンゴルに入植して来た中国人達には元の長城以南の地域を極端に嫌う傾向が強い。牧畜地域のモンゴル人社会で長く生活して来た結果、彼らの発想もモンゴル人に近い。食べ物の好みもモンゴル人と似ている。勿論、モンゴル人もまた彼らから多くを受け入れた。例えば、豚肉の煮込み料理等がそうである。ただ、衛生観念と味付けの面では、中国人の方がモンゴル化している。このような「モンゴル化」した中国人をオルドスで見た時にはやはり、中国人に見える。しかし、不思議なことに、陝西省北部の長城地帯まで来ると、オルドスに入植して来た中国人も親しく感じる。

運転手が部品を買いに行っている間、私はもう一度接引寺に行き、前日に急いで書き写した碑文をチェックした。途中、何人かの老人に「碾疙瘩梁」という地名について尋ねたが、知っている人はいなかった。郷長宅にも行って聞いてみたが、まともに対応してくれなかった。

「碾疙瘩梁」という地名については、ベルギー人宣教師で、著名なモンゴル学者のモスタールトが触れている。一九三三年、モスタールトは北京でウーシン旗のモンゴル人ガルマから聞いた話を論文として発表している。それによると、クヌグ・ゴト（波羅城）の北にモンゴル人ネストリウス教徒達の集団墓地があり、その地が中国語で「碾疙瘩梁」だという。「碾疙瘩梁」とは、モンゴル語のボルイン・ガトーの意訳である。その地には牌楼が立ち並び、墓石が林立していると書いていた［Mostaert 1934: 4］。私はこの「碾疙瘩梁」を見つけて、墓石が見たかった。墓石には碑文もしくは文様があるはずである。

しかし、ここの中国人は誰も何も教えてくれなかった。明らかに、彼らは「碾疙瘩梁」という地名は知っているが、それがどこにあるかについては、モンゴル人には教えようとしない。というのは、その地は長城の北側にあり、現在は中国人の入植地となっているからである。モンゴル人がその特定の地を探しに来るのに、中国人は強烈な警戒感を抱く。土地を返せ、と言われて失地回復に繋がるのが怖いらしい。

後日、女流作家のウランゴワが二〇一九年十一月十一日にみごとにこのボルイン・ガトーすなわち碾疙瘩梁を見つけ出した。彼女は横山県政府地方史弁公室の人達の協力を得て現地調査を実施し、多くの墓石を発見した。私は彼女の論文をまず日本で公開し、それからカトリックの本部があるベルギーにも伝えた［ウランゴワ　二〇二一：二一—三一、Yang 2021: 30-31］。

中国の軍神岳飛と黄毛韃子

波羅城内を一通り歩いて旅館に戻ると、ジョルムラルトがタバコを吸いながら待っている。彼も散歩し、色んな中国人と雑談して来たという。

「中国人の地域はどう」、と私は彼に旅の感想を聞いた。すると、彼は以下のように答えた。

我がモンゴル人の将来像を見ているような印象だ。人に出会ったら、「今日は」との挨拶もないし、着ているのも人民服ばかりだ。(7) 人民服は中国のマーク（Gitad-un temdeg）のようものだ。纏足している年寄りの女の人も人民服を着ている。あの小さい足を見る度に、モンゴル人と中国人は別の人種だとの認識が強まる。

私達モンゴル人は一九五八年から伝統的な衣装を共産党に没収され、中国の人民服を強制された時は大変つらい思いをしたものだ。モンゴル人女性は裾の長いデールを着ないと、臀部が丸見えで見苦しい。今思えば、共産党は我々モンゴル人女性達の頭飾りに使われていた真珠と金銀が欲しかっただけでなく、同化を促したかっただろう。服装も文化だ。同じ服を着るようになると、モンゴル人も中国人に同化されてしまう危険性がある。

ジョルムラルトは町で見て来た情景に即して私に語る。

「中国人は我々をどう見ているかね」、と私はまた聞く。

「トリ年に黄毛韃子《ホワンモーダッ》が攻めて来るだろう、と彼らは話していた」、とジョルムラルトは真顔で話す。黄毛韃子とは、長城沿線の中国人が私達モンゴル人を呼ぶ際の蔑称である。「トリ年」は来る一九九三年を指す。長城以北に侵入した中国人はいつか「韃子」が攻撃して来て、自分達が入植地から中国へ追い返されるのではないか、と危機感を持っている。

ジョルムラルトによると、中国人達は「南方の虎五匹よりも、北山の狼が怖い（不怕南山五隻虎，就怕北山一匹狼）」との言い回しを使っていたそうである。私はこの言い回しを西安市でも聞いたことがある。西安人がいう「北山の一匹狼」とは、陝西省北部の中国人を指す。がめつい性格を表現するのに使っていた。

「祖師廟も龍王廟も皆、占領した土地を守る為の中国人の神殿だろう」、とジョルムラルトの見解は私と同じである。

「中国人はまた岳飛を軍神として祀っているね」と私達の会話である。ジョルムラルトは次のように続けた。

長城沿線以北の草原を失ったモンゴル人達も、中国人が岳飛を軍神として崇めている事実を知っている。中国人の軍神である岳飛を抑える為に、モンゴル人はチンギス・ハーンの軍神である「黒いスゥルデ」を祀る。黒いスゥルデには十三年に一度、トラ年に血祭を捧げる。血祭の前に、祭祀者ダルハト達は軍神を携えてモンゴル各地を回る。その際は獰猛な種雄馬に跨り、軍神を鐙に立てて走る。人家に近づくと、軍神スゥルデを高い丘に挿し、羊の丸煮を献上する。その際の羊は馬捕り竿を使い、素手で捕まえることを避ける。モンゴルでは最高の供物は馬である。羊を馬捕り竿で捕らえることで、供物の聖性を高めているだろう。

二十世紀に入り、トラ年にウーシン旗西部のホラホという高いところでモンゴル人達が集まって、チンギス・ハーンの軍神に供物を捧げていたのをジョルムラルトは目撃している。

地面に白いフェルトを敷いておく。その上に机を置き、供物類を載せる。祭祀者のダルハトは「軍神の賛歌」を唱える際に、みんなも唱和する。フェルトの南東、すなわち中国の方向に「不吉な漆黒な山羊」を一頭、立たせておく。祭祀者は片足で軍神スゥルデを持ちながら中国の方向へ刺す。そして、山羊を中国の方向へ向けて射殺する。

このような軍神の血祭はウーシン旗だけでなく、オルドス七旗の各地でおこなって来た。一方、中国人がどのように岳飛を祀っているかは、知らない。ちなみにモンゴルでは黒い山羊は普通にいるが、雑色の毛がない、「漆黒な山羊」は珍しいと信じられている。このような漆黒な山羊は呪いや儀礼に使われるので、畜群の主に珍重される。誰か、そのような漆黒な山羊を求めて来る人がいれば、詳細は一切聞かずに黙って売るのが一般的である。

人情のない長城

二月二十二日

丸一日、車の修理に使われた。「北京ジープ」は午後四時に一旦は動けるようになったが、十キロも行かないうちにまた故障してストップした。エンジンが壊れている。一時間ほど、運転手が自分で修理したが、これ以上、走る勇気はないという。沙漠に入って止まったら、凍死してしまうかもしれないからである。

仕方なく再びグーティ・ゴト（横山県）に戻るが、お金もなくなって来た。少し、兌換券を持っているが、ここの人間はそれを金だとは認めようとしない。兌換券とは文革後の北京や上海等の都市部で外国人専用の売店で使う買い物券である。外国人専用の店では一般の中国人の手に入らない商品もあるので、都市部の中国人は人民元よりも兌換券を欲しがる。当然、人民元よりもレートが高かったので、私も日本円を兌換券に両替して北京で使う予定だった。それが、中国の農村では拒否されたのである。仕方なく町の店を歩いていたら、西安市等によく行く商売人に出会い、彼に兌換券を渡して同額の人民元を手に入れた。

ここ陝西省北部の楡林地区ではうす暗い朝六時に出勤する。職場にしばらく滞在してから、十時になるとみんな一斉に出て来て朝食を取り、家に帰る。それから十二時にまた出勤し、午後四時まで職場でトランプをしたり、雑談したりして過ごす。政府機関もほぼ麻痺状態である。その為、新華書店に行って本を書いたかったたが、本屋らしい本屋もない。

光緒年間の『靖辺県志稿』の編纂者丁錫奎も「地元の人間は詩書礼儀を知らない」とし、その原因は「蒙番雑処」、すなわち「モンゴル人と雑居している」のが原因だとしている。しかし、その見解は成立しないどころか、長城沿線の中国人だけが「詩書礼儀を知らない」のである。モンゴル人地域なら、人民公社の本部所在地の小さな売店でも必ず本を多数置いてある。しかも、それは地元の知識人が書いたもので、貴重な第一次資料である。モンゴル人は皆、口を開けば頭韻を合わせ、脚韻を踏んだ詩句を発するが、長城沿線の中国人は字も読めない者がほとんどである。読書のような知的生活を好むか否かでも、長城の内外に住む両民族の間で大きな文明的な差が認められる。

食事もまずい。新鮮な食材はないし、調理と味付けも洗練されていない。トイレはなく、豚小屋で排泄するしかない。老若男女問わず、歯を磨く習慣は全くないそうである。若い娘でも、黄色い歯をしているので、美しいという言葉と無縁である。そして、着ている衣服は洗濯したことがないようで、汚れでピカピカと光っているし、近づくと強烈な異臭がする。

陝西省北部の中国人の人情はその土地と同じく、実に貧弱なものである。故障した車を牽いてもらうだけでも、法外の金をせびられる。寒いので、民家で少しだけ暖を取らせてと頼んでも、断られる。交渉に交渉を重ねて寒い外から家の中に入れてもらっても、白湯も出してくれない。もてなしの文化圏で生まれ育った私達モンゴル人にとって、まるで地獄に落ちたような経験である。ユーラシアの遊牧民モンゴル人やカザフ人社会では、知らぬ旅人にも暖かい食事と一夜の宿を提供するのは何よりも名誉なことだと信じられている。しかし、長城沿線の人間にはそのような名誉観は完全にないのである。元々、長城沿線は農耕民と遊牧民が一進一退を繰り返す地帯であり、人情やもてなしを期待するのが間違っていたかもしれない。一日も早く、地獄のような中国社会から脱出したい、と私は夜遅くまで眠れなかった。

二月二十三日

守られなかった毛沢東の約束

車の修理が午後三時までかかり、三時二十分にようやく出発できた。しかし、タンクから漏水し、十キロ走るごとに水を足さなければならない。我々一行は地球上で最も不愉快な地域から離れることができたことを喜び合った。

我々を不愉快にさせたのは、陝西省北部の人間である。深夜に車が故障し、ちょっと牽引しただけで、八十元もの金を取られた。内モンゴル自治区だと、たとえ中国人でもただで牽いてくれるのと対照的である。モンゴル人なら、親身になって修理に加わるのが普通である。

「前も陝西省北部で夜に車が故障したが、徹夜で守るしかなかった。そうしないと、朝に起きたら、タイヤはなくなるし、部品が盗まれるからだ」、と運転手の中国人馬保子は回顧する。我々は一応、水を持参しているが、陝西省領内ではどの民家も水をくれない。内モンゴルに入ると、モンゴル人は子どもに水を運ばせて、提供してくれた。

「お客さんが困っているので、水を足してあげなさい」と道中のモンゴル人はこのように子どもに話し、小さい時から人助けの価値観と理念を植え付けているのを目撃した。

早く内モンゴルに帰りたいという気持ちを胸に、私達は逃げるように北へと走り続ける。午後四時十分に石毛湾を通る。石毛湾は北からのシャルスン・ゴル河と西からの葦河が合流し、水量が増えたことで形成された湾、入江である。黄色い長城は北の方、凡そ五キロの沙漠の中を東西に横たわっている。

石毛湾から北へ十分ほど走り、王圪瘩村で道は西へと変わる。しばらくすると、王楊荘に着く。ここで、ハリュート河が北からシャルスン・ゴル河に合流して来る。現在、河の北側は楡林県で、南側は横山県の所領であるが、すべて一九四九年以降に長城以南の中国人に占領されたモンゴル人の草原である。

私達は沙溝を通り、雷龍湾に入る。かつて一九五四年までここに洋堂すなわちカトリックの教会が建ち、中国人の信者もいた。カトリック側はモンゴルの草原を「土地」として中国人に与えて改宗させていた。中国人もただで土地がもらえるし、碧眼金髪の「洋人」の方が「黄毛韃子」よりも強そうなので、喜んで西洋の神に帰依していた。それが、彼らの宗教信仰の実態である。

雷龍湾の北にガルート・トハイ（「鶴のいる入り江」との意）があり、中国人は大草湾と呼ぶ。ここはウーシン旗ナリーンゴル郷の領土になる。湾内に果樹園があり、リンゴが有名だそうである。小さな、酸味の強いリンゴで、原種に近い品種であろう。リンゴの原産地は中央ユーラシアのコーカサスか天山とされている。陸続きで東方に伝わり、内モンゴルがその最東端であろう。雷龍湾の北、張馮畔ではシャルスン・ゴル河のダム工事が始まっていた。

私達は一路、シャルスン・ゴル河に沿って北上し、夕方六時四十分にトゥメン・バルグスンに着いた。トゥメン・バルグスンを中国人は統万城と呼ぶ。匈奴の赫連勃勃が建てた城である（写真23—13）。モンゴル人はトゥメン・バルグスンをまた「チャガン・リンホワ・ゴト」、すなわち「白い蓮華の城」と呼び、民謡にも出て来る。

写真23-13　匈奴のトゥメン・バルグスンこと統万城。（1992年2月23日）

このトゥメン・バルグスンこと統万城はシャルスン・ゴル河の北岸、五百メートルの地にある。城まで行くには河谷から上へと登らなければならない。河の北に白城村がある。白家村とも呼ばれ、四十五戸の中国人が住んでいる。中には西側の城壁に横穴の窰洞を掘って住んでいる人もいる。こうした窰洞の民家は十数戸もあるという。文化財を住居としている利用している現象は全く理解できない。

トゥメン・バルグスン周辺も当然、モンゴルの土地であるが、村は陝西省靖辺県に属している。いわば、中国人がモンゴルに侵入して作った最北の村である。モンゴル人はここを「バトイン・トハイ」すなわち「バト湾」と呼ぶ。バトというモンゴル人の草原だった証拠である。

バト湾は中国人がモンゴルで作った最北の村で、入植地のシンボルだった為に、毛沢東の著作にも登場する。毛沢東が一九三五年秋に紅軍を率いて陝西省北部の延安に逃げて来ると、モンゴル人からの攻撃を恐れ、同年十二月二十日に「中華ソヴィエト中央政府対内モンゴル人民宣言（三五宣言）」を公布した。モンゴル人には分離独立権があり、少なくとも中国とは連邦を形成する権利がある、との内容であった。そして、中国共産党はモンゴル人の味方であるので、中国人に占領された土地、バト湾等を直ちにモンゴル人に返還する、と書いてあった［毛沢東文献資料研究会　一九七〇：一五一―一八］。毛沢東の宣言を見たモンゴル人は中国共産党こそ自分達の草原を守ってくれる勢力だと信じて八路軍を支持したが、まもなく裏切られた。オルドスのウーシン旗のモンゴル人は一九五四年までバト湾とトゥメン・バルグスンの返還を中央政府の国務院に求めたが、完全に無視された。現在、この地の中国人達は内モンゴル自治区の戸籍を希望している。しかし、モンゴル側はあくまでも土地だけの返還を要求し、そこに住む侵入者の中国人の受け入れを拒否している。

匈奴の統万城

私は何故か、匈奴の遺跡を見ると、悲しくなる。その悲しい気持ちを抑えながら、城の中を歩き、周囲を徒歩で測った（図12）。

城から南へ眺めると、シャルスン・ゴル河を隔てて、南方に烽火台が一つ見えた。烽火台の南に長城があるはずである。城の南側に城壁がなく、河に流されたのか、或いは元々河を天然の障害物として利用し、城壁を作らなかったのかは分からない。現在、南側に小さな平野が広がり、あたり一面煉瓦が散乱している。ここから石毛湾まで六キロで、クヌグ・ゴト（波羅城）まで七十キロである。城から河まで降りていくのに一キロ歩くが、河谷までの垂直距離は五百メートルくらいに見える。

城の西側の城壁が高く残っているが、崩落も激しい。北側は沙に埋もれ、ところどころに城壁の上部が露出している。北西部と北東部はほぼ沙漠に埋もれている。城内も七割くらいは沙漠になっているが、その沙も北から流れて来ている。東部の角楼は高さが約七、八メートルで、その下に中国人の新しい墓がある。どうして、文化財の近くに墓地を選ぶのかも、理解できない。

城の外側に堀の跡があり、東側の城外には煉瓦の破片が多い。石臼の破片も見られた。城外には耕地の跡もあり、恐らく城を棲み処とする中国人のものであろう。城全体を見渡すと、北西側の角楼だけが高く残っている。角楼の高さは約

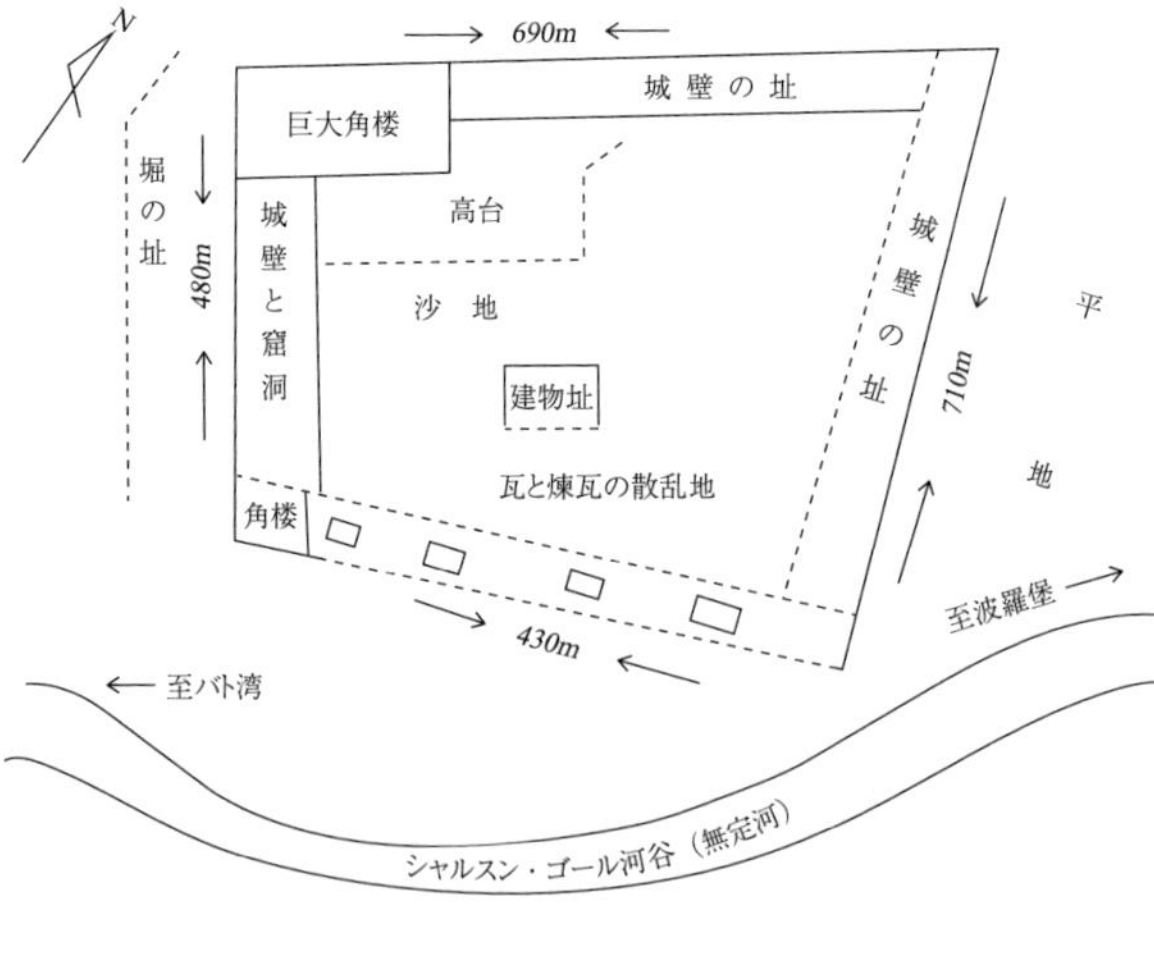

図12　1992年春のトゥメン・バルグスン（統万城）の見取り図

二十メートルで、版築の際に使われた木材の穴に鳩が無数の巣を作っている。この角楼の近くに大きな土台があり、城内の主要建築物の址であろう。城壁の上から東と北、そして西へ視線を転じると、一望無尽のオルドス高原が天辺まで広がっている。一九六〇年代まで灌木の生い茂る草原であったが、侵入して来た中国人に伐採されて沙漠と化してしまった。

　このトゥメン・バルグスンについて、オルドスには以下のような伝説がある。

　城の下、シャルスン・ゴル河に面したところに大きな洞穴があり、地下で遠い中国の長安城まで通じていた。その洞穴は二つの城の間を行き来する軍用トンネルの入り口だったので、転兵洞と呼ばれていた。転兵洞の入り口には大きな鐘が吊るしてあった。いざ、敵が攻めて来た際には、その鐘を軽く叩けば、音は長安に伝わるので、援軍が駆け付ける。

　統万城に駐屯する将軍の妃は気難しい人で、なかなか笑わなかった。ある日、転兵洞を通った将軍の剣が鐘に当たってしまい、音が長安まで伝わる。忽ち援軍が地下から怒涛のように現れた様子を見て、妃は腹を抱えて笑った。その後、将軍はまた妃を喜ばそうとして三日も続けて鐘を鳴らし、その都度、大軍は長安から駆け付けた。ところが、四日目に遊牧民の騎馬軍が北方から奇襲して来た。将軍は慌てて鐘を壊すほどついたが、長安の援軍は一人も来なかった。そして、遊牧民の軍隊は城を占領し、転兵洞を壊した。

　これと似たような話は司馬遷の『史記』にもある。周王朝の幽王の妃、傾国の美女とされる褒姒《ほうじ》が諸侯の来援を見て抱腹絶倒した物語である。幽王は繰り返し狼煙を挙げていたが、モンゴル人の伝説は鐘撞となっている。

　この城を建てたのは匈奴の赫連勃勃であるが、後世ではチベット系のタングート（西夏）人の李元昊もここを夏州とし、大軍を配備して南の宋や東の契丹と対峙していた。その経緯を前日に訪れた波羅城内接引寺の碑文は伝えている。タングートは国家の周りに多くの要塞都市を配置していた。西のアラシャン沙漠内の黒水城、東方のトゥメン・バルグスン（統万城）、私が少年時代を過ごしたウーシン旗西部の古城等がそれにあたる。

　タングートを滅ぼしたモンゴルはこのトゥメン・バルグスンを利用しなかったようである。京兆すなわち長安を拠点とする歴代の安西王もオルドス南西部、すなわち今日のウーシン旗西部にチャガン・ノールの行宮を置いていた、と見られている。

中国人の明王朝にはこのトゥメン・バルグスンを再利用する財力も軍事力もなかった。その為、明人はここから南の方に長城を築き、波羅城や響水堡のような軍事都市を作った。その為、ここは完全に中国人が言うところの「套虜」ことオルドス万戸の放牧地となっていた。清末になると、満洲人のもたらした平和、「パックス・マンジュリカ」で人口が増加した中国人達は長城を北へと越えて侵入し、匈奴人の城壁に横穴を開けて住み、城下の草原を切り開いて沙漠にしてしまった。それが、眼前に横たわる歴史の変遷である。

夜の九時に、私達はシャルリク・ソムの政府所在地に戻った。中国人の馬保子夫婦も陝西省北部からウーシン旗に帰って来たことを喜んでいる。私は幼馴染のウーラ家に行き、彼らはそれぞれ家路についた。モンゴル人にとって、いや、オルドスに住み着いた中国人にとっても、長城沿線は文化が完全に違う、異次元の世界だと実感する旅であった。

二月二十四日

朝、ウーラ家でミルクティーを飲んだ後、彼のバイクで家に帰ることにした。十一時頃に家に着き、早速、頭を洗う。「腹黒い中国人の黒い汚れ（qar-a Gitad-un qar-a bujar）を落としなさい」、と母に言われた通りにした。一九七七年から河南人民公社の農業中学校に入っていた時は、中国人学生と寮生活を送っていたので、いつも虱だらけだった。数カ月に一度家に帰ると、玄関先で服を脱ぎ棄てて体を拭いた。匂いも中国化していたので、いつも「腹黒い中国人の黒い汚れ」だと言われたものである。

一週間の間、食べ物らしいものにありつけなかったので、昼は肉まん、夜は羊肉を母が用意してくれた。長城沿線の中国人は偽物を作るのが得意なようである。牛肉料理だと称して出された物も、実際はロバの肉だった。中国人は牛を一頭屠る時も必ずロバを二頭くらい道連れにする。ロバの肉を牛肉と偽って売る為だ、と運転手の馬保子が話していた。羊頭狗肉ではなく、牛頭驢肉である。私が現地で肉を探していた時も、止めた方がいいと彼から言われた。ジャガイモだけはまだ偽物がないだろうと彼は口癖のように話していた。中国人が中国人の料理を一番、疑っていた。

夕方、長城の麓、漢人大石砭爾の尤紅衛という十九歳の若者が現れた。どこかモンゴル人の家で働きたいという。その理由を聞くと、モンゴルの方が食べ物は美味しく、給料も良いからだという。春の出稼ぎのシーズンがもう始まったのである。

注

（1）　この題辞は消えているが、後出の響水城の題字から推定して、「兵備道」とあったに違いない。

（2）　寺で出会った武震男という人物によると、昔、波羅城内に住む男が奇妙な本を隠し持っていた。無字書という。昼間に本を開いても字はなく、妻は不思議に思っていた。ある夜、夫のいない間に妻が灯火の下で本を開いてみると、金字がくっきりと映る本だった。それが、金剛波羅弥陀経だった。

（3）字が消えて、読めなかった。

（4）二十世紀初頭からアメリカを中心に一世を風靡した「新清史」研究者はこのような満洲人の政治的変質に触れながらも、最後まで民族性を失わなかった性質に注目している［Elliott 2001;Millward and Dunnell, Elliott, Forêt 2004;Perdue 2005］。

（5）波羅城の摩崖は唐の貞観二十二年（六四八年）に造られたとし、楡林の紅石峡石窟は開鑿年代不明であるが、私は両者とも仏教信仰が盛んだった北魏時代に開造した可能性もあると見ている。北魏は大同雲崗石窟とアルジャイ石窟をはじめ、各地に石窟寺院を設置していたからである。大体、石窟寺院内の落款も前代の物を消して、その上から後世のを書き込むのが一般的である。

（6）モンゴル語年代記『アルタン・ハーン伝』によると、グンビリク・メルゲン・ジョノンとアルタン・ハーンは一五三六年に「中国のイルガイ・ゴトを包囲」していた。その翌年にはヌーチャ・ゴトに遠征していた。イルガイ・ゴトは寧夏の首府銀川で、ヌーチャ・ゴトは山西省大同付近の平虜すなわち今日の平羅である［楊　二〇一八d：一四八―一四九］。尚、明朝とオルドス・モンゴルとの長城をめぐる攻防については、城地孝による歴史学的研究がある［城地　二〇一二］。

（7）モンゴル語の原文は“amur mendü ügüi bayin-a, oqur qubčas γool bolju bayin-a.”

第Ⅳ部　抑圧の春

●第二十四章　養女を迎える

春先に開花したハラガナクという灌木を背景に、隣人のゲレルチョクトの娘と一緒にカメラに収まる我が家の養女サランホワール（左）。調査中に我が家は四人家族になった。

二月二十五日

頭蓋骨と売られる中国娘

朝起きると、両親が何かについて話し合っているのが聞こえた。我が家の南の草原でまた人間の頭蓋骨が風に吹かれて現れたそうである。母は人骨がその辺りから現れる度に、以前に自死した父の兄セレブドルジのものではないかと心配するが、父はいつものように否定する。

春になると、ほぼ毎日のように北西からの風が吹く。昼頃に気温が上がると、沙嵐になる日も多い。沙嵐が過ぎると、沙漠や草原に人骨があちらこちらから出現する。中にはその人骨の傍に銅鏡や鏃、鞍の一部が一緒に「出土」した例もある。私は子どもの頃からこのような光景に慣れていたので、ロマンを感じて観察していた。矢に当たって倒れた戦士なのか。キャラバンの旅人なのか、と思いを馳せていた。早く写真を撮らないと羊に食われてしまうと思って、カメラを持って草原に出かけた。人骨にはカルシウム成分があるからか、家畜の好物である。家畜は人骨をかじり、人間がまたその家畜の乳や肉を食べる。長い歳月の中の輪廻のようなリサイクルである。

両親はこの日、尤紅衛という中国人の青年を月給は八十三元でしばらく雇うことにした。そろそろ羊の出産シーズンを迎え、忙しくなる。尤は五人家族で、姉が今年結婚し、下に十七歳になる妹と弟がいる。彼の両親は男の子だけを学校に入れ、娘達には一切教育を受けさせなかったそうである。その彼も小学校四年の時に学校を中退し、働いて来た。

尤の姉は十二歳の時から我が家の西にあるチョーダイ平野に来て十年間も住みついて働いたので、モンゴル語はモンゴル人並みに話せる。雇い主の評判も高く、「蒙地の嫁」になりたかったが、なかなか相手が見つからなかった。陝西省北部では二十二歳の娘はもう「老姑娘《ろうくーにゃん》（年取った娘）」と見なされるので、尤の両親は強権を発動して娘を連れ戻して地元の中国人に高額で売り、結婚させたという。

モンゴル人と違い、中国人の農村では娘を婚出させる際に莫大な結納金を要求する。その結納金はまた男子の嫁取りに使われる。若い女性を売買するのは一種の公然としたビジネスである。尤の姉は激しく抵抗したものの、モンゴル人と結婚し、内モンゴル自治区の戸籍をもらうのも困難な為、諦めるしかなかった。私の母親は昔からこういう境遇の女性に強い同情心を抱く人なので、尤青年の姉の結婚は早かったとずっと残念がっていた。

夕方、仔羊が一頭生まれた。首の下に小さな鈴のようなこぶ（süike）を持っている仔である。

二月二十六日

草原のモンゴル医学者

朝、私と母親は馬に乗ってシャルリク・ソムの政府所在地を目指した。イケジョー盟政府所在地の東勝に行き、母親の健康診断をおこなう為である。途中、ウーシン旗政府のダブチャク鎮に行って、父親の定年退職の手続きをしようと計画した。シャルリク・ソムに着いてからまず郵便局に立ち寄る。北京にいる延辺朝鮮族の友人が指導教官の松原正毅からのファックスを速達で送ってくれたので、届いていた。「二十一世紀文化学術財団」の助成金が決定されたとの内容だった。これで、安心して人類学的調査を続けられるので、嬉しい。

午後、叔父のドルジ家に行く。ドルジの家にはモンゴル医者のトグスジャラガル（Tegüsjiryal、七十五歳）がいたので、伝統的な治療法について教えてもらった。

トグスジャラガルはケレイト・オボクで、その祖先はテメート・ゴト（楡林城）の北、シベル・ダラシ（Siber darasi、中国名は紅泥湾）に住んでいた。十九世紀末に中国人の侵入を受けて北へ移動し、ウーシン旗西部のシルデクに住み着いた。当時は、チンギス・ハーン祭祀に携わるダルハトが一戸、一緒に移動していた。シルデクに移って来た直後は天幕もなかったので、柳とススキで小屋を作って住んでいた。家畜を中国人に奪われていたので、仕方なく畑を切り開いて農業を始めた。行政組織上は、バガ・ケレイト・ハラーに属していた[1]。

トグスジャラガルは十歳の時に父親についてモンゴル文字を学んだ。父親は教科書としてモンゴル語の『聖諭広訓』を用いていた。十六章からなる『聖諭広訓』を暗記しなければならなかった。三十歳の時、チョインポルというラマの弟子となり、チベット医学をマスターした。相当、遅く医者になったものである。師匠はシャルスン・ゴル河南岸にあった薬師寺（Otoči-yin süm-e）の僧で、シャルリク寺の薬師仏にも祈りを捧げていた。

「モンゴル医学はタングートから多くを学んでいるが、中国の漢方とは何の関係もない」、とトグスジャラガルは話す。ここでいうタングートとは、チベットのことだ。既に触れたように、モンゴル人は西夏もチベットもどちらもタングートと呼ぶ。多分、両者の共通した言語学的特徴を昔から把握していたからであろう。

「モンゴルにはどんな風土病があったのか」、と私はトグスジャラガルに尋ねた。

「四つの季節にそれぞれ百種あった」、と彼は詩文を唱えるように笑いながら答える。

眼の前の草原の医学者によると、昔からよく見られた病気は風邪（qaniyad）と各種の持病（kenege）、それに「タングート病（tangyud ebdčin）」と半身不随（sa-du dayariqu）だという。

「タングート病」とは一種の皮膚病（yar-a）を意味する。何故、皮膚病がタングートと関連付けられるかは不明である。半身不随の原因は気（kei）にある。それを治す有効な方法の一つが患者を密室に封じ込むことである。体の前後に鏡を着けて邪悪な視線から守り、ジャチュム・ジャソム（jačum jasum）、セミピルノルー（sempilniruu）、アギルジャドム（agirjadum）、セデドト（sededed）、モガイ（moyai）等の薬を飲み続ければ治る。彼がこのように挙げた薬の名はすべて「タングート語」すなわちチベット語である。モガイだけはモンゴル語で、蛇を指し、他はすべて薬草である。治療に当たる際にモンゴル医学者はまず脈（sudas）を診る。それから舌と目を観察する。

「私達の草原にどんな薬草があるのか」、と私は聞いてみた。トグスジャラガルは即座に私に以下のような薬草名を挙げた。

アギ（Agi）：ラシナムジャル（rasinamjal）という薬の材料の一つで、婦人病に効く。

バンセ（Bangse）：風邪の治療に用いる。硬く、乾いた平地に生える。

ベレング（Belenggü）：タンチンニルガ（tančinnirenga）という薬の材料で、咽頭ガン（narin、boreng）に効く。

チャイホ（Čayiqu）：サルギロ（sargelo）という薬の材料の一つで、肺病や子どもの風に効く。

ジクダ（Jigda）：ジクダタブト（jigda tabutu）という薬の材料で、胃酸過多（sir-a）に有効である。湖や川の近くに生える。

シムタクリ（Simtegli）：ラシナムジャルという薬の材料の一つで、婦人病に効く。

薬草の他に、岩石や動物の糞も薬になる。例えば、羊の糞（qomoyul）は体内の気脈を調整するのに効く。兎の糞は胃病の薬の材料になるし、豚の糞は胃酸過多を抑えるのに役に立つ。

草原の医学者トグスジャラガルの話を聴きながら、私は子どもの頃に診てもらったシベル寺の僧ニンラク（Borjigin Ningray）のことを思い出した。ニンラクはいつも仏のような優しい顔をし、私の腹痛を何回も直してくれた。お礼のお金もなかった時には、薬草を集めるよう話していたものである。私もニンラク師の指示通りに沢山の薬草を集めては定期的に渡していた。

二月二十七日

平原の樹木信仰

知人の「北京ジープ」がウーシン旗政府所在地のダブチャク鎮に行くことになったので、母と私は乗せてもらうことに

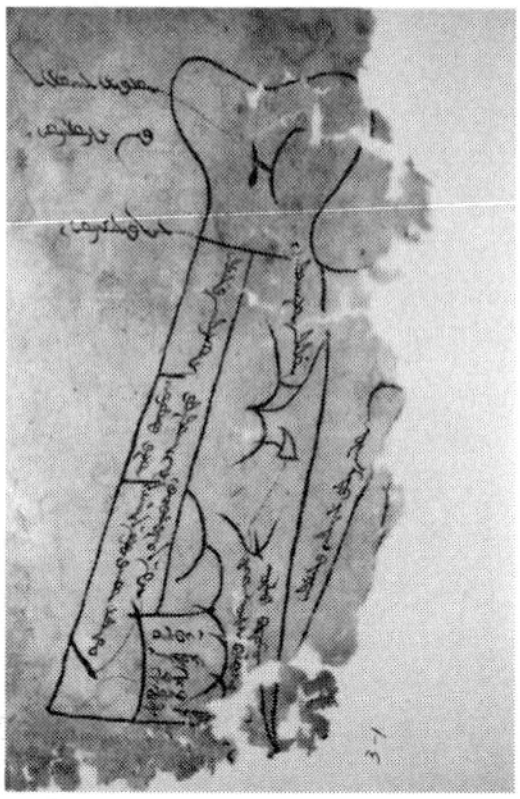

写真24-1　肩甲骨卜いに関する古い写本の一ページ。

なった。途中、トリ・ソム政府所在地近くのトリ平野を通過した。平野の南部にジャラン・ハイラス（Jiran qayilas）という沙漠がある。ジャラン・ハイラスとは「六十本の楡」との意で、オルドス高原に複数ある地名だ。その内の一つは中国人に占領された為に、有名な長歌（urtu-yin dayu）にもなっている。モンゴル人は皆、「ジャラン・ハイラス」という長歌を歌う時に非常に感傷的になる。

トリ平野のジャラン・ハイラスはまたシャーマニズムの祭祀の地でもある。地元の人達によると、かつて三百本ほど太い楡が生い茂り、木々の枝から六十個の肩甲骨（dalu）が吊るしてあった。肩甲骨は肉の中でも特別な部位で、占いの道具として古代から使われて来たし、民間にも多くの肩甲骨卜いに関する写本がある（写真24―1）。この六十個の肩甲骨をイケ・ケレイト・ハラーのバヤンジャラガルという人物が一九五〇年代まで祀っていたが、中国共産党に禁止された。彼の息子はアルビンゲシクである。三百本の楡は文革中に中国人に伐採され、現在は数本しか残っていない。

このジャラン・ハイラスはまた、「ボギン・モド（böge-yin modu）」とも呼ばれている。「ボギン・モド」とは、「シャーマンの樹」との意である。ただ、別の解釈もある。「封じ込む為の樹（böglekü modu）」だ、と説明する人々もいる。トリ平野は南北に細長く、草原の穴のような地形となっているので、そこを通過する悪霊を封じ込む為に、平野南端に楡を植えた、といわれている。ある研究によると、モンゴル人は古くから大地の穴や洞窟を特別視し、祭祀をおこなっていた［Sárközi 1984: 325-343］。どちらの解釈でも、シャーマニズムと関係がある、一種の樹木信仰であるのは間違いなかろう。尚、トリ平野の樹木信仰について、私はその後、五月九日に更に詳しい情報を手に入れるのに成功する（五月九日の記述参照）。

ダブチャク鎮に着いてから、白志明旗長と人事局のルワーディ局長に会う。父の定年退職の手続きも無事に終わったと聞き、安心した。母と私は気象局に務めるオジの家に泊まることにした。

二月二十八日

監視体制と「警匪一家」の社会

母はこの日、旗政府所在地のダブチャク鎮でゆっくり休みたかったので、私は旗政府党史弁公室に行き、郷土史家のナソンバト（Nasunbatu）に会った。彼は、内モンゴル師範大学の学生で、昨年五月に逮捕されたグチュントグスと親しかった。二人とも中国人の草原開墾と略奪的資源開発に反対していた為、厳しく監視されている。彼に会うと、私も監視されるようになるのではないか、と母は心配している。しかし、彼の手元には膨大な第一次資料がある。中国政府は今、全国規模で地方史や党史の編纂をおこない、その国家プロジェクトの一環として資料収集が進められている。反体制派の知識人ナソンバトは政府の監視下に置かれているが、その執筆の才能だけは利用されている。

党史弁公室には何人もの中国人がいたので、話はできない。私とナソンバトは外に出て歩きながら話し合った。

「今すぐには何も渡せない。日本に帰る前にまた立ち寄ってください。中国に占領された草原に関する詳しいデータを用意しておこう」、と彼は約束した。

「貴方も監視されているはずだから、気を付けなさい」、と注意してくれた。

二月二十九日

母と私は盟政府所在地の東勝市に行こうとして、朝六時発の長距離バスに乗る。しかし、バスはなかなか動こうとしないし、七時になってようやく出発した。規定では五十二人乗りのバスに八十人以上が乗っている。運転手は会社に五十二人分の運賃だけを渡し、残りは自分のポケットに入れる。客は稼ぐ為の手段で、詰められるだけ詰めるというやり方で、安全は度外視されている。中国は「上に政策があれば、下に対策がある」という社会であり、規定も法律も所詮は無用の長物だ、とみんな公言して憚らない。

バスには七、八人くらいの警察学校の生徒が乗っている。彼らは所定の五十二人分以外に乗り込んで来たので、当然、席はない。立つだろうと思ったら、チケットを買って座っていた人達を力で追い出して我が物顔で席を占拠した。中国人は制服を着た人に弱く、言われたまま席を立った。まるで匪賊のように振舞っている人達が「人民の警察」になると思うと、ぞっとする。「警匪一家」、すなわち警察と強盗はつるんでいる、という中国社会の見方が的中した一幕だった。

舗装していない道路を百キロくらい走ったところで、トイレ休憩したいと乗客が申し出たが、運転手に無視されている。ここまで運転手だけは車を止めて何回も道端で立小便するが、乗客の希望を聞き入れようとしない。まるで嫌がらせをするかのように更に三十キロ走ってから、バスは道路脇に止まった。乗客達が沙丘の中に入ってトイレをする。中国のバスは、本当に不愉快である。

午後二時に東勝市に入り、バスターミナル近くの交通賓館に泊まる。近くの食堂に入って、炒め物を頼むが、肉は腐っているので、母も私も食べなかった。夜、別の食堂で「包頭啤酒《ビール》」を頼むが、瓶の中に汚れた沈殿物が入っていたので、飲むのを止めた。私は中国内地でも旅して来たので、詐欺と偽物天国の社会であるのを知っているが、母はなかなか慣れない。中国の内地は別として、どうして中国人は我がモンゴルに来ても、悪事ばかりを働くのか。モンゴルに来て、モンゴルの水を飲み、モンゴルの空気を吸っているのに、中国人の悪徳商人達は腐った肉でモンゴル人を騙している。

「中国人はどうしてどこに行っても、悪いことばかりするのか」、と母は理解に苦しんでいるようだった。

交通賓館に戻ってから、服務員という客室係にお湯をくれないかと頼んだら、「自分でボイラ室から汲みなさい」と冷たく言われた。服務員とは、「奉仕係」との意味の社会主義の言葉である。何の為に、誰に「奉仕」しているかさっぱり分からない存在である。

三月一日

午前中に歯科に行って、母の歯をみてもらった。明日は盟政府経営の病院に行き、健康診断する予定である。昼、オルドスに進出している天津の名物「狗不理」という肉まん屋に行く。それから、母は生地を見に市場に行き、私は旅館に帰る。しばらくすると、母親は一・五メートルの生地を買ったと帰って来た。私が持参していたメジャーで測ると、一メートルも満たない。騙された、と二人で市場に戻るが、中国人の生地商人は認めようとしない。自分の売ったものではない、と言い張る。

「モンゴル人の土地なのに、一歩でも外に出ると、他所から来た中国人に騙される」、と母は絶句している。そもそも、中国人はモンゴル人を騙す為に進出して来ている。清朝末期にモンゴル各地で勃発した独立運動も、中国人商人による搾取が起爆剤だった事実を思い出した。モンゴル人の民族革命を経験しても、中国人の商業手段は変わらないものだ、と母親と話し合った。結局、足りなかった生地は諦めるしかなかった。

食べ物は合わないし、外を歩けば中国人に騙されるので、母は旅館を出て親戚の家に避難することになった。元々モンゴル人は中国人の経営する旅館に泊まろうとしないで、必ず親戚の家に行く。旅館を選んだのは、私が夜に書き物をしたかったからである。

母は私のイトコで、チョーダイ平野に住むボインジャラガルの娘、ソドの家に行くことになった。彼女の夫はマンドラーといい、「オルドス歌舞団」の馬頭琴演奏家である。「オルドス歌舞団」は全国的に知られているので、私もマンドラーから話を聴きたい、と思った。母は以前から少女だったソドを可愛がっていたのを思い出し、最初から彼女の家に行きたかっただろう、と申し訳なく思った。

母をソドの家に送ってから旅館に戻ると、昼からの小雨が雪に変わっていた。

三月二日

地方史と共産党の歌舞団

姪のソドが母を連れて二日間イケジョー盟病院に行き、健康診断を済ませる。中国人の主治医は高校時代の同級生だが、あえて声をかけなかった。ソドの知り合いのモンゴル人がいるからだ。私はその間に盟公署の党史弁公室を訪問し、同級生の楊建林に会う。楊建林は山西省北部から入植して来た中国人の二世で、内モンゴル大学中文系（学部）を卒業した後は政府機関の盟公署に就職した（写真24－2）。彼の父親も政府幹部だったから、順調に公職に就いたのである。既に共産党員になり、オルドスの地方史の執筆に取りかかっていると言う。

写真 24-2　私の高校時代の同窓生の楊建林（右）。

「山西省からの人間が、我々モンゴルの歴史が書けるか。お前はモンゴル語も分からないだろう」、と私は彼に遠慮しない。

楊建林は苦笑いしながら地方史執筆の内情を教えてくれた。執筆者は全員が中国共産党員の中国人で、配下に複数のモンゴル人部下を置き、モンゴル語史料を翻訳させる。訳された資料を取捨選択して、共産党の政策に沿って「古代から現代まで続く我が国のオルドス史」を書く、と言う。その際、オルドスを含むモンゴル高原で興亡した匈奴も突厥も、モンゴルもすべて「我が国の古代の少数民族」で、その政権も「中国の地方政権」と位置づけられているそうである。

「お前はそんなウソの歴史を書いていいのか」、と私は楊建林に苦言を呈する。「党の政策に従って、少数民族の発展史を書いているだけだ」、と彼もある程度は忸怩たる立場に立たされていることを自覚しているようだ。このように書かれた地方史そのものは客観的な歴史と程遠いが、その執筆過程で蒐集された資料が重要である。楊建林は若干の「内部資料」を私に提供し、将来、地方史が出版された時も一部くれると約束した。

その後、楊建林は包頭市の政府高官に昇進し、ある大学の共産党書記を務めるまで順調に出世し続けている、と聞いた。

当然、私との付き合いもそれっきりとなってしまった。

夜、私は高校時代の同窓生達と酒を飲んだ。全員中国人で、呉鎖祥と高原、李懐国と賈向陽、それに楊建林達である。私達は高校時代から飲んでいたし、喧嘩もした。そのうち、賈向陽は秘密警察である。夜遅くまで宴会してから、私は交通賓館から出て、政府経営のイケジョー盟賓館に泊まった。

三月三日

姪のソドの夫マンドラーは才気溢れる馬頭琴演奏家である。彼は私に「オルドス歌舞団」の現状について教えてくれた。

社会主義ソ連や中国では、藝術は共産党専用のプロパガンダの道具である。歌舞団も共産党の政策を称賛する機関である。そのような中国において、オルドスは「歌と踊りの地」と認められている。その為、国営のオルドス歌舞団は「民族文化を発展させ、民族団結を実現させた偉大な中国共産党の優れた民族政策の産物」だと位置づけられている。中国共産党の支配で「幸せに暮らすモンゴル人」の文化を演出しなければならない。現在、百三十人いるオルドス歌舞団員の半分が中国人だという。団員の選抜はまちまちである。

モンゴル人団員はオルドス七旗のそれぞれの「旗歌舞団」内から優秀な団員を抜擢する場合もあれば、民間の歌と踊りの上手な青少年を直接採用することもあるという。イケジョー盟藝術学校や内モンゴル藝術学校（現内モンゴル大学藝術学院）を出たエリートもいる。

中国人団員はほぼ全員がイケジョー盟藝術学校と内モンゴル藝術学校の卒業生である。中国人団員も在学中にモンゴル語を学ぶ。演出の時にモンゴル語で歌わなければならないからである。

「中国人団員もモンゴル語はうまい。長城以南の内地に行くと、彼らもお互いモンゴル語で会話し、漢民族の悪口を言うよ」、とマンドラーは笑いながら話す。中国人団員も草原地帯の出身者が多く、子どもの頃からモンゴル人と雑居して育っているので、モンゴルの歌と踊りも自然と身につく。そのような選ばれた中国人は確かにモンゴル文化を舞台で演じることもできるが、現実の社会の中では少数派である。

翌三月四日、私は盟政府宗教局に行き、宗教に関する第一次資料をもらった。その一部は後日に公開した［楊　二〇二一a：一四］。

三月五日

混乱の中の資料収集

朝六時半発車予定の長距離バスに乗って出発を待つ。三日間も雪が降ったので、道路が閉鎖され、バスの発着も止まっていた。その為、今日のバスもまた超満員である。五十二人乗りのバスに八十九人も乗っている。座席番号があっても意味はなく、先に乗った人が勝手に他人の席を占拠している。「髒亂差《ザンランチャ》」、つまり「汚く、混乱、落伍的」が現代中国の特徴だ、と中国メディアは報道するが、正にその通りである。

ところが、一時間くらい待たされたあげくに、本日は出ない、と言われた。途中の雪が溶けてないので、道路はまだ開通していないそうである。仕方なく、マンドラー家に引き返す。

三月六日

早朝六時二十分発のバスが十一時半にウーシン旗政府所在地のダブチャク鎮に着く。昼ご飯を食べてから党史弁公室に行き、前日に会ったナソンバトからモンゴル語の資料をもらう。中国人の侵入に反対するドグイラン運動に関する檔案十冊と「内部発行」の『ウーシン旗民族誌』等である。すべて謄写版のモンゴル語である。檔案を影印で公開する資金も技術もないので、懸命に謄写版で印刷して対応している。

モンゴル語檔案を謄写版で公開する行為は一種の抵抗でもある。中国はドグイラン運動を「反帝にして反封建社会の民族革命」だと歪曲しているが、モンゴル人からすればれっきとした反中国人侵入と独立を目指した民族自決運動だから、譲れない。ドグイラン運動は後にモンゴル人民共和国からの支援を受けていたのも、共産主義の思想で中国から同胞を解放する為であった。私には檔案館に入る勇気がないので、謄写版の檔案は実にありがたい資料である。民間を歩いているだけでも監視されているので、檔案館に行くと、瞬時に捕まる。檔案館に公安当局者が駐在しているからである。

夜、叔父のオトゴンと中国人の運転手馬保子の家に行く。長城沿線で調査した時の車代を支払う。当初の約束より高く、二百五十元かかった。ただで飲み食いしていた彼の妻の分も含まれている。清算の後、聯営という半分公営の旅館に行って泊まった。一晩十五元で、ダブチャク鎮で一番良い旅館である。

翌日、母と家に帰った。草原ほど静かで、清潔なところはない、と母は落ち着いている。数日間、中国人の多い地域を旅して、ひどく疲れたらしい。

三月八日

羊の「養子」と我が家の養女

「九を数える」ことで計算すると、今日は「九の九の第六日」にあたる。あと三日で「九を数え終わる」ので、寒さも去っていくことになる。もうすっかり春らしくなり、羊の体に付着する寄生虫（silja）が発生して来た。寄生虫は羊毛の根のところにくっついて血を吸う。品種改良を繰り返された羊は毛が密で長いので、寄生虫にとって天国だ。寄生虫が増えると、羊はすっかり元気を失い、毛の光沢も失われていく。体を崖や灌木に擦ろうとして怪我をしてしまうこともあるので、早めに駆除しなければならなくなった。

「昔の在来種は寄生虫に強かった」、と母は話しながら、血を吸ってパンパンになった寄生虫を取り出して、足で踏みつぶすか、沙に埋めた。

前日の雪が解けた後、草原に薄い緑が現れた。マル・トゥーシ（mal tegüsi）である。マル・トゥーシとは、「家畜《マル》が探し求めるもの」との意味で、春に一番早く緑の芽を出す草を指す。シャその草はシャラルジ（siralji、「黄色いもの」との意）である。シャラルジには強い匂いを放つ花粉があり、成長すると家畜に敬遠される。しかし、シャラルジの芽は羊の好物である。春先になると、家畜達はこのシャラルジの芽を探し求めて遠くに行ってしまう。場合によっては、見つかった若芽の割に遠くへ走り過ぎて、かえって疲弊してしまう危険性もあるので、牧畜民はこの時期の若芽の出現を喜ばない。シャラルジが次に家畜の餌になるのは冬である。花粉が落ちて、他に草がなくなった段階で、羊に選ばれる。

午後、双仔の羊が生まれた。耳の小さい、上品の仔羊だ。牝と牡一匹ずつである。昨秋、早く妊娠した羊達の出産がもう相次いでいる。群れを目で確認したら、我が家でも既に五匹の仔羊が生まれたのが分かる。

モンゴル人は仔畜を大きな声で数えたりはしない。まだ成長しきれていないのと、これからも出産が続くので、仔畜は群れの正式の一員として見なされない。他人の群れに何頭生まれたかも聞かないし、聞かれても正確な数字は教えない。「オルドス暦の九月（太陰暦六月）」に入り、仔羊達を群れに合流させてから、正式なメンバーとして定着する。

「一人をサチュラルト家に養子に出そう」、と母の言葉に私は驚いた。こんな可愛い仔羊を他人に挙げるのか。子どもの頃から羊を可愛がる私の性格を母も知っている。母によると、双仔だと、あと一週間もすれば母乳が足りなくなるので、仔羊の成長に良くない。それに、サチュラルト家のある母羊の仔が生まれた直後に死んだので、乳が余り、乳房が張れているという。放置しておくと、病気になりやすいので、「養子」に出すことにしたそうである。このように、普段は決して簡単に他人に譲渡しない家畜でも、仔畜の時は例外である。

羊の仔を他家に「養子」に出すのに対し、我が家は養女をもらうことになった。子どもは私一人で、しかも遠い日本に留学している。家では草原の使用権が個人に与えられたことで、仕事も増えた。羊の放牧と草原の管理、そして畑仕事もある。両親もこれから年を取っていくので、面倒を見る人も欠かせない。その為、両親は以前から女の子をもらおうと計画していた。

母方のオジ、チャガンホラガが昨日、三月七日に来て、良い子を見つけたと言う。河南人民公社第四生産大隊に住むチャガンボンドルー[2]（Čaγanbonγduru）という人物の娘で、今年十三歳になる。父方は貴族のキヤート・ボルジギンで、母方は我が家と同じく、オーノス・オボクである。遠い親戚関係であるが、確認したところ、輩分（üy-e）も合うので、問題ないそうである。この話に両親は大喜び、早速、その子を見に行くことになった。馬が足りないので、母は午後、オジのウイジン家の馬を借りるのに出かけた。

三月九日

羊飼いに戻る

今日は「九を数えること、九の九の第七日」で、縁起の良い日にあたる。両親は朝早く起きて、母方のオジ、チャガンホラガと共に馬に乗って河南人民公社のシベル寺へ、養女になる予定の子を見に行った。家の仕事は私一人に任せられた。仕事とは、羊達の世話である。母は私のことが心配でたまらないらしい。二七歳になったとはいえ、小学校に入って以降、家畜の世話から実質上、離れていた素人である。毎年のように学校の休みに帰って来ていたとはいえ、年間を通して、体系的に家畜群に関わったことはない。母は私に以下のような細かい指示を出した。

第一、南東方向へ自由に動く（atar yabuqu）、元気な群れ（subai）には水を欠かさないこと。お腹一杯になったら、いつでも草原から帰って来るので、その都度、井戸から新鮮な水を汲んで飲ませること（写真24―3）。

第二、こまめに数えること。中国人に盗まれたり、寄生虫が付着し、痒さゆえに崖や灌木に体を擦ろうとして倒れてしまったりすることもあるからだ。

第三、南西の柵の中に放たれているのは、まもなく出産予定の牝達と、体力のない二歳羊達だ。柵の中の草が良く、すぐに喉が渇くので、午前十一時には水を飲ませるとのこと。また、この南西の柵の中には隣のシャラクー家やエケレース家の羊が侵入して来ることもあるので、「巡視警邏」を怠らないこと。寄生虫が付いているかどうかも目を光らせなければならない。

写真 24-3　我が家の井戸。（1991 年 8 月）

第四、北の柵の中には九頭の牝羊がいる。こちらは昨秋の早い段階で妊娠した牝で、まもなく出産予定で、昼夜、見なければならない。既に産まれた五頭の仔羊の世話もしなければならない。

以上の四点だが、私はその任務の重さに改めて気づかされた。子どもの頃は毎日のように羊の放牧に携わったが、その時は親の指示通りに動いていれば良かったので、自分の頭で判断することは少なかった。今回、昨年の夏から帰って来て、羊の放牧知識について母から聞いて記録し、観察して来たつもりだが、いざ、自分一人で群れ全体の面倒を見るとなると、途端に責任の重大さを認識しなければならなくなった。

オルドスのモンゴル人は既に定住生活に入ったが、我が家のように東西南北四つの方向に三つの柵で囲んだ草原を設けて使い分けているのは、実は遊牧時代の春夏秋冬の屯営地の名残である。

「大丈夫、行ってらっしゃい」、と私は見栄を張って両親を送り出した。養女をもらおうとして、両親は以下のような土産類を持参した。

パン：二皿　計二十個
塼茶：一個
タバコ：一カートン
酒：二本
女の子用の服：上下ワンセット
女の子の両親用の服：それぞれ上下ワンセット

以上の他、式典の後に更に両親に金を四百元渡す。こちらはジューゲイ（jegügei）というが、「飾り」や寸志の意味である。両親と母方のオジ、チャガンホラガの三人が馬に乗って出発した後、私は一人で草原に立ち、羊の群れを眺めた。久しぶりに羊飼いになった気分は爽快そのものだった。

三月十日

仔羊の出産と狐の襲撃

沙嵐が窓を叩く猛烈な音で目が覚めた。外の世界は強風に襲われていた。朝一の仕事は仔羊の授乳だが、それが男の私にはなかなかできないので、七時にイトコのチャガンバンディ家を目指した。イトコの夫人で、私にとっては兄嫁になるオユーンチチクはとてもしっかりした女性で、彼女に授乳を頼んだ。我が家とチャガンバンディ家はいつも草原やその他のことで衝突して来たが、困った時にはやはり互いに助け合う。それに、彼女は昔から私に優しかった。

授乳が必要な仔羊は昨夜の八時に産まれたものだ。母羊は初産で、産まれた仔を綺麗に舐めて可愛がるが、乳房がくすぐったいらしく、乳を吸わせようとしない。こういう時には人間が介入し、仔を抱いて乳を飲ませるが、私にはその技がなくて困り果てた。深夜の三時にも一度起きて試みたが、全く駄目だった。仔羊も一晩、空腹で過ごしてしまった。

兄嫁オユーンチチクもモンゴル人女性らしく、家畜の世話は当然、プロである。彼女はまず仔羊を膝の上に乗せて掌でその口を温める。一滴も母乳にあり付けなかった仔羊は既に寒さと空腹で弱っており、体ががたがたと震えている。オユーンチチクは続いてバターを少し、仔羊の口に入れて、ぬるいお茶を飲ませる。

「しばらくはこのままにしておこう」、と兄嫁は話す。

昼の十二時過ぎにオユーンチチクはもう一度、来てくれた。仔羊は寝込んだままで、立ち上がる体力もないらしい。兄嫁は針でその耳を刺したりしてみたが、乳を飲もうとしない。もう手遅れかもしれない。

私は沈んだ気分で、牡からなる羊達の群れを南西の柵から出した。誰かが我が家の草原を通った後に柵の入り口を開けたままに残した為に、牡達は牝専用の南西の柵に侵入してしまった。その侵入者達を柵から出して南東方向へ追い出そうとした。しかし、羊達も強風を嫌がって出発しようとしないで、灌木の下で寝てしまった。数えてみると、昨日から帰って来ていない個体がいるのに気づいた。大丈夫かな、と途端に怖くなって来た。

午後一時に、南西の柵の中の牝達と二歳の羊達を出して水を飲ませ、数えてみた。夕べは百頭だったのに、何回数えても、九十九頭しかいない。そこで、慌てて南西方面の草原に行ってみると、二歳の羊一頭が、狐に食べられていたのではないか。体に寄生虫が付き、それを口で噛もうとしてバランスを崩して倒れたら、二度と立ち上がれなかった。品種改良されて、毛が重い上、体力もなかったからだろう。そこへ、狐がやって来た。狐は左足の肉と、内臓だけを食べてから去っていったようである。喉に噛みついて命を絶ってから食べればいいのに、苦しかっただろう。

私は死んだ羊の毛を抜き取ってから、穴を掘って埋めた。深く埋めないと、夜のうちに狐はまた来て掘り起こす危険性がある。家に帰ると、三時になっていたので、軽く食事をとろうとしたが、どうも気が重い。両親が行ってすぐに羊一頭を失うなんて、自分の無能ぶりを認めなければならない。牧畜民として、完全に失格である。

食事の後、北の柵の羊達を出して水を飲ませようとしたら、一頭のお尻に血が付いているのではないか。仔を産んで、どこかに残して来たらしい。探してみたら、灌木シャワクの下に可愛い仔羊が寝ているのを見つけた。産まれてだいぶ経ったらしく、体がもう乾いている。こちらも母羊は初産で、授乳しようとしないし、乳房も小さい。仔羊を抱いて帰り、口にバターを入れてから、夕べの羊を捕まえて、その乳を吸わせた。こちらは乳房が大きく、パンパンに張れていたから、吸わせないと良くない。すべては、兄嫁を見習ったやり方である。

私は昨夜の牝羊を小さな囲いの中に入れて、その仔と一緒に「監禁」した。楡の梢と洗面器一杯の水を置いた。母仔を狭い空間に閉じ込めて、濃密な関係を作れば、次第に授乳するようになるからだ。そして、夕方にチャガンバンディ家に行き、夜にもう一度、兄嫁のオユーンチチクに来てもらうよう頼んだ。

三月十一日

「月の如き花」の誕生

晴れた、穏やかな朝を迎えた。私は一人で羊達を数え、それぞれの草原に放った。昼過ぎに、両親は一人の女の子を連れて来た。彼女の両親も一緒に来た。赤い上着を着た、静かな子である。その両親も物静かな人である。

「会った瞬間、懐いてくれたので、連れて来た」、と母は嬉しそうに話す。父も喜んでいる。両親はずっと、女の子が欲しかった。モンゴル人は女の子を可愛がり、娘に頼るからだ。一人っ子の私は小学校に入った時から家にいなくなったので、両親は寂しかったに違いない。

女の子は静かに笑うだけだが、それはモンゴル語が話せないからである。これから、母が彼女にモンゴル語を、父は中国語の読み書きを教える、と二人は役割分担で家庭教育を進めるらしい。後日談だが、私が五月に家を離れて日本に戻る際に、彼女はもう完璧なモンゴル語を操るまで成長していた。

彼女は生まれた時からずっと中国人に囲まれた、言語学的に「陸封」された社会環境に置かれて育った。その為、モンゴル語は家庭内で使っていても、一歩でも外に出れば、中国語の世界だったから、モンゴル語はできなかったというよりも、使う雰囲気がなかっただけである。我が家のような草原に来て、周囲もモンゴル人だけとなると、彼女の母語のモンゴル語も瞬時に元に戻ったのである。数年後、彼女は父と全く同じ筆跡の漢字を書くようになった。彼女は学校に行かなかったが、小学校卒レベルの教育を我が家で父から受けていたのである。

両親は彼女にサランホワール（Saranquvar）という名を与えた。「月の如き花」との意である。かくして、我が家は四人家族となり、私にも妹ができたのである（写真24—4）。

私はサランホワールの生みの両親に現地のモンゴル人達に関する情報を聞いた。彼らが「陸封」されている河南人民公社には現在、極少数のモンゴル人しかいない。ほとんどがシャルスン・ゴル河を北へと渡って移動した為である。残されたモンゴル人達は何万人もの中国人に包囲されて暮らし、いずれ同化されて姿を消すだろう、とサランホワールの父チャガンボンドルーは嘆く[3]。

私達は夜遅くまで語らい合い、中国人の増加と対外膨張がモンゴル全体の衰退をもたらした、と認識した。チャガンボンドルー一家は草原地帯へ避難する経済力もないが、せめて娘の一人をモンゴル人に養女として出して、モンゴル人らしく活きて行ってほしい、と彼らは希望している。

三月十二日　沙嵐

中国人とモンゴル人の土地認識の差

穏やかな昨日と打って変わって、朝から猛烈な沙嵐に襲われる日になった。我が家の妊娠している牝羊は合計五十六頭いるが、今日からすべて隔離して飼料をやることにした。飼料を与えないと、体力がなく、仔を産む時に難産になる危険性がある。また、産んだ後も授乳しようとしなかったりする。本来ならば、大体旧正月の前後から飼料を与え出すが、今年は母の健康状態が良くなく、養女をもらう準備をしていたので、遅くなったそうである。今、娘が来てくれたので、飼料を食べさせることにした。

飼料は穀物を粉砕し、少し、発酵させたものである。妊娠経験のある牝達は冬になると、飼料を強請るが、初産の羊は食べようとしない。そうした個体は捕まえて、口の中に飼料を入れる（写真24—5）。味をしめたら、すぐに食べるように変わる。こうした仕事を養女のサランホワールはてきぱきとこなしている。また、両親が留守していた間に出産した二頭の牝もまだ仔に授乳しようとしないので、多めに飼料を与えて体力を付けようとした。

春になったので、陝西省北部から出稼ぎにやって来る中国人も増えて来た。これらの人達を次のような三種類に分けることができる。

一、羊の放牧だけしたい人。大抵は年寄りか、十八歳未満の少年少女。給料については月額八十五元から百十元まで要求して来る。中には自分の羊や豚、馬やロバを連れて来て、モンゴル人の草原を利用しようとする者もいる。

写真 24-4　我が家の養女サランホワール（右端）とその両親。左から母バイワル、父バヤンドルジ、チャガンボンドルー（1992 年 3 月 11 日）

写真24-5　羊の口に飼料入りの小さな袋を付けようとする母（1992年3月）

二、畑だけを耕作したい人。畑耕作を完全に請け負い（承包）、秋に雇い主が給料を支払うだけの契約である。食と住居は雇い主が提供する。一部の中国人は現金よりも収穫の半分をもらおうとする。こちらの場合は大概、オルドスに先に侵入して来て住み着いた中国人が長城以南の新参者を雇う場合の契約で、給料は支払わずに、食と住居は別々である。

三、畑の世話をしながら、放牧にも携わる者。給料は基本的に八十五元以上で、食と住居を入れると、実は百五十元以上の経費がかかる。現在の中国で、月給百五十五元は、中小都市の労働者なみの良い収入になる。

隣のサチュラルト家には前日、河南人民公社の鄭子祥という中国人がやって来た。鄭が出した条件は、月給が最低百二十元で、最短六カ月間雇用し続けなければならない。食事と住居、それに嗜好品のタバコは雇い主が提供する。そして、鄭は仔馬を一頭連れて来て、モンゴルの草原に放す、という。結局、両者は合意に至らなかった。

我が家にも頻繁に中国人がやって来るようになった。三月八日には漢人大石砭爾の若い中国人が自転車に乗って現れ、雇ってほしいと話す。

「人相が悪い」、と両親は即座に断っていた。その二日後にはまた別の少年を連れた中年の中国人が来た。自分は羊の世話をし、息子が畑を耕すという。二人分の給料は払えないし、少年一人で畑仕事ができるはずもないので、やはり雇わなかった。

モンゴルのオルドスでは草原の狭小化が原因で生活が困難になっているとはいえ、陝西省北部の長城沿線と比べたら、天と地の差がある。中国人から見れば、広大な「荒地」がほったらかしになっていて、耕作しないほど馬鹿げたことはないと映る。モンゴル人はその草原が開墾されたら、沙漠になるのを分かっていながら、限られた土地を選んで井戸を掘って灌漑できる畑を作る。畑から穀物を得なければ家畜の飼料も、人間の食べ物もない。しかし、モンゴル人は皆、農耕が苦手である。こうした構造的な社会問題と民族問題の中で、モンゴル人と中国人は関わり合っているのである。

三月十三日　雨

沙嵐の日々と中国人の拡散

一雨ごとに春らしくなっているが、朝晩は寒い。午後、妊娠している羊達五十六頭に早めに飼料をやることにした。昨年も飼料を与えていた牝達は午後になると、家の近くにやって来てしきりに飼料を強請るからだ。こうした「ベテラン」達には小さな袋（tomoy）を用意し、その中に飼料を入れてから口に付けておくと、自分で食べる（写真24−6）。しかし、初めての牝達は口の中に入れてやらなければならないし、慣れるまで数日間はかかる。牝達全員に飼料を食べさせるのに約一時間必要だが、娘のサランホワールは母について手っ取り早くこなしている。

小さな袋に飼料を入れないで、オンゴチ（ongyuča）という水槽に飼料を撒いて食べさせる方法もあるが、体力のある者が弱い者を排除してしまう危険性がある。我が家では、北の柵に入っている七頭の牝羊に対して、水槽で飼料を食べさせている。

写真 24-6　自ら進んで飼料を食べる羊達

三月十四日　晴

昨日、雨が降った為か、非常に寒い。昼、羊達を柵の中から出して水を飲まそうとしても、水槽に口を入れるだけで、飲もうとしない。春の寒さはこたえる。羊達は皆、家の近くをうろうろし、牝達はひたすら飼料を待っている。今のところ、妊娠中の羊にだけ飼料をやっているが、いずれ体力のない二歳羊にも飼料をやる時期が来るだろう。広大な草原を移動しながら、豊富な草を利用していた遊牧時代にはなかった悩みである。

羊が一頭、足りない。父は午前も午後も探しに行ったが、見つからない。ひょっとしたら、我が家と草原分割をめぐってトラブルを抱えている隣のイトコのシャラクーの草原に迷い込んだところ、彼らが意地悪で別の方向へ追いやったかもしれない、と両親は心配している。普通は元の草原に戻すのが、モンゴル人の古くからの習慣であるが、最近ではそうしたしきたりを無視する人も増えて来た。

三月十五日　強風

朝から強い風が吹き、沙嵐が襲って来た。枯れ草は北西風に吹かれて雪だるまのような球体に発達していく。一種の「枯れ草だるま」で、軽く、よく飛ぶ。「草だるま」はまるで騎馬の戦士達のように南の長城方面へと席巻していく。私は子どもの頃から家の中の窓の近くに座って、「草だるま」が飛んでいくのを見るのが好きだった。

我が家の近くでまた大きな社会変動が起こっていた。シャルリク・ソムが人民公社時代の「専業隊」に専属していた中国人を解散したからである。バトチロー主任は中国人が草原に分散していくのを防ごうとして、彼らを専業隊の範囲内に住まわせていたが、とうとう、盟政府の政治的圧力に抵抗できなくなったそうである。これからは、専業隊という限られた土地に住んでいた中国人達が一気に溢れ出して草原に散っていくことになる。

その専業隊から出て来た中国人の葉占兵と蘇占奎、万大喜と万二喜兄弟ら四家は我が家とゲレルチョクト家の南に移住して来ることになった。我々両家の東にあるブラーン・ホーライ（Buriy-a-yin qoyulai）からチャガン・グーまでの良質な草原が彼ら中国人に与えられた。草原の近くにモドン・マンハという沙漠があるが、これで一層、沙漠化は進むだろう。

「あと十五年もすれば、オルドス西部全体が沙漠となるだろう。かろうじて生き残っているモンゴル人達は十頭くらいの羊を飼って、点々と分布し、やがて消えていくだろう」、と母は諦めたような見方を示す。シャルリク・ソム全体でも、唯一、我が家だけが草原の一部、すなわち南東方面に鉄線を引いていない。言い換えれば、家畜が自由に動ける草原は我が家の東にしかない。そこへ、中国人達が四戸も移り住んで来たら、鉄線を引いて自己防衛するしか方法がなくなる。またもや、外来の中国人の侵入でモンゴル人の草原が消されていくことになった。正に、悲劇である。

「中国人には環境に配慮する思想がない」、と両親は我が家の近くの環境変化の例を挙げた。実は一九七〇年に我が家のすぐ近く、南西一キロのところに左連英という中国人一家が移って来て、十一年間住んだことがある。彼らは来てすぐに家の周りの灌木を根こそぎ切っていった。すると、家の周りはまるで円形脱毛症のように小さな沙漠が出現する。冬になると、モンゴル人は燃料として枯れた灌木を拾ったり、丘陵地帯の南東斜面の雑木を少し切ったりする。南東斜面は北西風によって吹かれることがなく、根本からまた新しい苗が春に成長して来るからだ。しかし、左連英一家はそうした配慮は一切せずに、手あたり次第に灌木を切りまくる。その為、彼の家の周りは数年後に沙丘に囲まれるようになった。我が家の墓地もその近くにあったので、危機を感じた父は何回も交渉しに行っていた。結局、左連英は自分で破壊した草原に住めなくなったので、シャルスン・ゴル河渓谷へ引っ越して行った。彼ら一家が去った後、十数年後にようやく一部の草原に緑が戻ったものの、沙丘は消えなかった。

左家だけではない。

我が家の南に住む張貴貴と王建忠の家の周りもすべてこ十数年間で沙漠化した。張貴貴が来るまで、その草原にはジャンガー（Janggiy-a）という馬の放牧者が住んでいたが、一九七四年に西のチョーダイ平野に移動していった。ブラーン・ホーライの北にはジャムヤンという獣医が住んでいたが、その後、ダライン・チャイダムに移動した(4)。どちらも、モンゴル人が百年近く住んでいても、環境は何ら変わらなかった。しかし、中国人が家を建てると、たったの数年間で周囲の草原は劣化していく。

　我が家の南、今、ゲレルチョクトとバトジャラガルらが住んでいるガトー・タラという平野は優れた草原として知られている。その為、中国人達に何回も狙われた。一九八〇年代半ばに王万禄がまずやって来て小屋を建てて住もうとしたが、ボインジャラガル生産大隊長に阻止された。続いて王根相もまた一九八七年七月に小屋を建て、息子の一人を住まわせようとした。ある雨の夜、周りのモンゴル人達が抵抗組織ドグイランを結成し、王の小屋を壊した。モンゴル人の強い反対に遭った王一族はその後、侵入を止めた。

　草原を歩いていて、人家が見えたら、モンゴル人か中国人か、外から見てすぐに分かる。家の周りにゴミが散乱し、草が生えていなかったら、絶対に中国人が住んでいると見ていい。これは、一人や二人の例ではなく、彼らは全員そうだろう。モンゴル人はその逆だ。

このように、両親は人々の住まいと環境の変化から民族の違いを読み取っている。

注

(1)　トグスジャラガルが記憶している系譜は以下の通りである。Bayinmöngke → Včirbatu → Buyandelger → Tegüsjiryal → Sayinningbu → Čayandorji（十九歳）とNamjaldorji（十二歳）。

(2)　チャガンボンドルーの父はショー・タイジ（小太子）で、その属民（albatu）はゴンブスレンで、我が家の南東トゥグルグに住む。

(3)　彼によると、河南人民公社の各生産大隊（村）には以下のようなモンゴル人がいるという。第一生産大隊：全員中国人。第二生産大隊：全員中国人。うち一戸の范姓はモンゴルに帰化した「随旗モンゴル人」。第三生産大隊：ロンホ（Longq-a）、バヤンダライ（Bayandalai）、バトダライ（Batudalai）。第四生産大隊：石宝林、石宝山（Qadačin Jaba）、石ドロー（Qadačin Doluy-a）、キヤート・サクサ（Saysay-a）、キヤート・マシ（Masi）、チャガンボンドルー。第五生産大隊：数十戸。第六生産大隊：二十～三十戸。第七生産大隊：数戸。主としてサンヨー峠のボル・ホショー斜面に住む。第八生産大隊：全員中国人で、バトイン・トハイのダム（バト湾）周辺に住む。第九生産大隊：十数戸。主としてバガ・シベルに分布。第十生産大隊：十数戸。主としてイケ・トハイとミランに分布。

(4)　ジャムヤン家が移動していった原因は火事である。一九七四年春、沙嵐の日に彼の家は炎に包まれた。幼い子ども達が外に出ないよう、ジャムヤンの夫人リンハワーは外から鍵をかけてから放牧に出かけた。家の中にいた子ども達が何らかのことで火を熾してしまい、火事に繋がったと語られていた。この火事でジャムヤンの長女が亡くなった。草原でこのような事故が発生すると、何カ月も語られる時代だった。

●第二十五章　王様がいた頃の歴史

我が家の草原と沙漠から出土した灰陶。春の沙嵐の後に、完全な形で現れたものの、太陽の光を浴びて割れた。スキタイ式青銅器や鏃、銅鏡と頭蓋骨も出る。そういう意味で、我が家は人類の遺跡の上に立っている。

三月二十日

軍用犬泥棒

養女のサランホワールが来たことで、私も安心して広範囲に動けるようになった。三月十六日に私は家を出てシャルリク・ソムの政府所在地に一泊し、十七日にはウーシン旗政府所在地のダブチャク鎮に二泊して、十九日にオルドスの最大の都市、東勝市を訪れた。たったの三百キロでも、町と町の間には一日に一本のバスしかないので、移動には時間がかかる。東勝市に来たのは、著名な民俗学者にして、詩人のハスビリクトに会う為である。オルドスの文化と歴史について、教えてもらい、調査の最終段階に供えたい為である。私は道中、質問事項を多数、用意してから、ハスビリクト家を訪問した。

ハスビリクト家は東勝市内の北東区域、革命烈士の塔が建つ、丘の上にある。烈士塔の西には私の母校、イケジョー盟第一中学がある。烈士塔の東には人民解放軍イケジョー盟軍分区と動物園が立ち並ぶ。

実はハスビリクトの息子、ナラソは私の幼馴染で、「悪友」でもある。高校時代、私達二人はいつも教室から脱出し、動物園内の狼を見に行っていた。二人とも、何故か狼が好きだった。「荒野の真の主は狼だ」、と彼の父親のハスビリクトがいつもそう話していたのを覚えていたので、閉じ込められた狼に無性に同情していた。

動物園の狼を見てから、垣を乗り越えて隣の解放軍駐屯地の倉庫に侵入し、軍人達の訓練をこっそり眺めていた。捕まれば、逮捕される危険性もあったが、少年は怖くなかった。

一九八二年四月のある曇の日、軍分区に侵入したナラソと私は人民解放軍の飼っていた軍用犬が仔を産んでいたのに気づいた。

「何と可愛いだろう、まるで狼の仔じゃん」、と二人でじっと眺めていた。そして、私達二人は特に何も相談し合うこともなく、その仔犬を懐に抱えて盗み出して逃げた。私達はその仔犬をナラソの家の倉庫に置いてから、軍分区の北山に逃げ込んだ。数時間後、何一つ食わぬ顔で学校に戻ると、人民解放軍の兵士達が母狗を連れて校内にいるのではないか。

「仔犬の匂いが付いているので、これで終わった。逮捕される」、とびくびくしていたが、国語の蔡鉄明先生は兵士らを教室に入れなかったので、助かった。私達二人の表情が異様に硬かっただろうから、蔡先生は絶対、分かっていたはずである。

夜、私達二人がハスビリクトから雷のように怒鳴られたのは、当然のことである。

軍用犬の仔は可愛く、順調に育ったが、一年後にいなくなった。ハスビリクトがこっそり連れ出して、ウーシン旗ガルート人民公社のモンゴル人に渡したのである。私達二人は受験生だったので、これ以上、道を踏み外れることが許されなかったからである。きっと、優秀な牧羊犬になっただろう。

「軍用犬泥棒の悪餓鬼（ene mayu küü）が大学に行けるとは思わなかった。我々モンゴルの歴史と文化については、無知だろう」、とハスビリクトは笑っている。彼の息子ナラソは内モンゴル大学法学部を卒業して弁護士になっていた。私は丁寧に、事前に用意した質問から切り出す。

万戸の由来と父系親族集団

オルドスという部族の名前は何に由来するのか、と私はまず尋ねた。

オルドとは祭殿を意味し、チンギス・ハーンを祀った八つの白い天幕がその代表格であるが、他にも四十いくつはある、とハスビリクトは自身の書斎の中で語り出す。八つの白い祭殿をモンゴル人は古くから八白宮（ナイマン・チャガン・オルド）や八白室と呼んで来た。八つだけではオルドスとは呼ばない。他の多くの祭殿と併せて初めてオルドスと称される。チンギス・ハーンを祀る祭殿があったからこそ、他の祭殿をも受け入れるようになった。言い換えれば、モンゴルで誰か、或いは何かを神聖視し、祭殿を設ける必要が生じた場合には、チンギス・ハーンの八白宮の近くに設置した。そこから祭殿群オルドスが形成されたし、それらの祭祀に携われる人々もオルドス・モンゴルという万戸集団を形成した。

では、具体的にどんな白宮、白室すなわち祭殿があるのか。

ハスビリクトは以下の祭殿を挙げた。

ウーシン旗：国王ムハライの祭殿「真の守護神」、ホトクタイ・セチェン・ホン・タイジの祭殿、サガン・セチェン・ホン・タイジの祭殿、最後の大ハーンであるリクダン・ハーンの軍神チャガン・トゥク（チャガン・スゥルデ）、オイラート・モンゴルのガルダン・ハーンの軍神スゥルデ（ウーシンジョーにある）、ウーシン・オボクのチャガン・トゥク（ウーシン旗の南部セクールにある）、ケレイト・オボクのスゥルデ（アンバイ・オボーの近くにあった）、ガタギン・オボクの祭殿サクース、ガルハタン・オボクの祭殿（ジンケン・オボーの近くジグジ・チャイダムにある）……

エジンホロー旗：チンギス・ハーンと第一夫人の祭殿、イシ・ガトンの祭殿

オトク旗：アラク・スゥルデ、アルタン・ガダス（黄金の馬繋ぎ）、チンギス・ハーンの末子トロイ・エジンの祭殿……

ダルト旗：八白宮の一つ、ボル・ウンドゥルという馬乳酒入れ、オゴダイ・ハーンの肩甲骨を祀った祭殿……

ハンギン旗：ジャハル・モンゴル人の神聖な井戸（Čaγar usun

sitügen）……

白宮と呼ばれる祭殿は一つないしは複数の神聖な守護神シュテーン（sitügen）を有する。オルドス・モンゴルが維持して来た祭殿はチンギス・ハーンを対象としたものと、その同時代の他の人物、例えば国王ムハライの祭殿等もある。チンギス・ハーン以降の歴世の大ハーンのものもある。例えば、十六世紀のバトムンク・ダヤン・ハーン時代のものや最後の大ハーンのリクダン・ハーンのものもある。

数多くの祭殿を特別な祭祀者達が祀って来たので、彼らはいわばモンゴル社会の特権階級にしてエリートであった。八白宮の祭祀者はダルハトで、納税の義務と兵役が免除された集団である。他の祭祀者達にダルハトの身分がなくても、神聖な祭祀に従事して来たので、自ら特別視される。祭祀者達はまた周りの一般のモンゴル人達と強固な関係を結んで来た。各種の儀礼を司るには礼儀と法律、音楽と文書の運用が欠かせない。こうした祭祀者達はすべてモンゴルの各万戸集団から選ばれた者である。言い換えれば、各万戸集団内の祭祀者達が集められてできたのが、オルドス・モンゴルである。その為、オルドス・モンゴルの文化と社会はモンゴルの各万戸の文化の集大成として成立したものである。

ハスビリクトによると、モンゴルの各万戸から寄せ集められた人々だから、オルドス・モンゴル人はその父系親族集団の名オボクとヤス（骨）を覚えている、という。ヤスの名は、男性の祖先の名から来る。一人の男性祖先から複数の息子が生まれ、それぞれ異なる父系親族集団オボクに発展していくが、彼らのヤス（骨）はあくまでも同じである。オルドス・モンゴル人は各万戸集団内の「ハーン・ヤス」出身者から選ばれた者が多かった為、「ハード・ヤス」と自称する。ハードとは、ハーンの複数形である。テムジンがチンギス・ハーンと名乗るまで、モンゴルの各集団内にそれぞれ「ハーン・ヤス」があり、各自のハーンがいた。チンギス・ハーンに統一されてから、各集団内のハーンは廃止された。以来、ボルジギン・オボクで、キヤト・ヤスの者だけがユーラシアの遊牧民社会でハーンになる資格が与えられたのである。

ハスビリクト自身はウイグルチン・オボクで、アラルート・ヤスである。彼によると、ウイグルチンは古代のウイグル（回鶻）に由来という。古代のウイグルでもその内部には様々なオボク集団がいた。オルドス万戸ウーシン集団内のウイグルチンの人達はチンギス・ハーンの功臣の一人、ボグルチ（Buyurči）を祖先とし（写真25—1）、代々、国王ムハライを祀って来た。

オルドス各地に分布していた様々な白宮は一九五十年代に「文物」、文化財として一カ所に集められて、新たに「チンギス・ハーン陵」が作られた。ジャサク旗と郡王旗が合併されてで

写真25-1　チンギス・ハーンの祭殿に伝わる古い絵画の一つ、功臣ボグルチ。ナ・リンチンという画家の模写。（写真提供：Qurčabaɣatur）

きたエジンホロー旗に固定建築の「チンギス・ハーン陵」は作られた。これらを主導したのは、自治区の指導者ウラーンフーだった。

ウラーンフーはモンゴル人だが、中国共産党に尽くしてしまった。彼は問題のある人物だが、モンゴル人の為にした唯一の良いことは、各地の守護神、祭殿を文化財として集めて、大きなチンギス・ハーン陵を創設したことだろう。文革中に破壊されたが、それでも部分的に復元され、文化としては残った。もし、各地に残されていたならば、それぞれ取るに足らない、ちっぽけなものとして中国に無視されただろう。文革の後も、復元されることもなかっただろう。

右はハスビリクトの見解だが、私は少し、異なる意見を抱いている。モンゴルの各父系親族集団が古くから祀って来た各種の守護神、白宮は草原の各地に分布し、特定の集団と特別な関係で結ばれて来た。そして、これらの守護神は何等かの形で八白宮と連動していた。それぞれの守護神がチンギス・ハーンと繋がっていたからである。各地に分散してあっても、各祭祀者集団は皆、自分達に与えられた義務（alba）に忠実であり続けた。その祭殿、守護神を中心に形成された歴史と文化の多様性を守り通した。

一九五〇年代に進められた、一カ所への収集も実際は没収であった。守護神が文化財として没収された後に、祭祀者達は現地に残され、二度と守護神と接触できなくなった。五百戸の祭祀者ダルハトも解散され、たったの八戸だけが残された。祭祀者達は遠い、エジンホロー旗に来て、守護神に会うことも困難になった。こうして、モンゴル人の守護神とその祭祀者、更には近縁の集団との隔離によって、モンゴル人固有のアイデンティティが中国によって抹消されたのではないか。

ウーシン旗内部の東西間の政治的対立

私が今回、わざわざハスビリクトを訪ねたのには、もう一つの理由があった。オルドス七旗の一つであるウーシン旗は、その内部において、東西間で激しく政治的に対立して来た。私は西部の出身で、東部で生活した経験を持たないし、人脈も細い。その為に、東部出身の知識人ハスビリクトに会い、指導を受けたかったのである。今後は東部での調査にも力を入れなければならない、と自覚していたからである。東西間の対立について、東部出身の知識人ハスビリクトの見解は以下の通りである。

ウーシン旗の王チャクドラスレンは、清末期に長城以南の中国人の高利貸しから金を借りていた。その借金を返済しようとして、王は旗南部の土地を中国人に租借することにした。長城に沿って東西へ延びる、幅五十里の土地を中国人に部分的に開放していたが、チャクドラスレン王は更に北へ十五里の草原を中国人に追加で開放するよう命じていた。しかし、時の政治を運営していたナソンバト・アンバム（略してナト・アンバム。一月四日の記述参照）は旗東部の長城沿線の土地だけを中国人に開放し、西部の草原に中国人を入れようとしなかった。ナト・アンバムはまた長城に近いところに歩哨を置いていた。中国人の高利貸しが現れると、すぐにタマガライの王府に知らせた。借金まみれの王は牧畜民の家に避難し、高利貸しが長城以南に帰ると、王も王府に戻るという情けない状況が続いた。

清朝が崩壊し、中華民国時代を迎えると、王はまた中国人農民から取った租税金を北京当局に賄賂として贈り、郡王の爵位を授けられた。そうした王府のやり方に不満を抱いて来た人物、ウルジイジャラガルことシニ・ラマはついにドグイラン運動を起こした。最初は十のドグイランだったが、後に十二に発展した。東部出身のシニ・ラマを密かに応援していたのは、ナト・アンバム等西部の有力者達だった。

一九二四年秋に、シニ・ラマは女性二人を含む十六人を連れて社会主義のモンゴル人民共和国に渡った。ウランバートルに着いてから、シニ・ラマはオルドスの活仏ワンダンニマと合流し、チョイバルサン将軍の強い支持を得て、革命思想の薫陶と軍事訓練を受けた。二年後、シニ・ラマは内モンゴル人民革命党軍を連れて南下し、包頭に着いた時に、ワンダンニマは弟子のトンミド（Tüngmid）に毒を盛られて死んだ。そのシニ・ラマはオルドスを拠点に中国からの独立を勝ち取ろうと戦ったが、一九二九年に暗殺された。それでも、ウーシン旗のモンゴル人がモンゴル人民共和国に憧れ、民族の統一を実現しようとした闘争は長く続いた。

シニ・ラマの死後、東部出身のムンクウルジがウーシン旗の全権を掌握した。ムンクウルジは西部に分布する父系親族集団の成員を抑え、東部出身の軍人が政治を動かす体制を作った。

ナト・アンバムが一九三五年に亡くなった後にアンバムに昇進したのは、旗東部出身のトゥメンジャラガル・メイリンだった。彼は西部の草原を開放したところ、猛烈な反対に遭い、発狂してしまった。ナト・アンバムは旗の東西を問わずに人気があったが、トゥメンジャラガルは無能だった。

同じ年に陝西省北部の中国人からなる共産党が浸透して来た。中国共産党は西部のモンゴル人達の不満を利用し、王政打倒、民族独立のスローガンで支持層を少しずつ広げていった。しかし、東部のモンゴル人達、それも貴族層は中国共産党の政策にますます不信感を抱いていた［楊　二〇一八a］。ハスビリクトは最後に次のように話した。

私達のウーシン旗は近現代に入ってから、長城以南から侵入して来る中国人勢力にどう対処するかで、東西の見解が分かれていた。特に、一九三五年冬から毛沢東の中国共産党による組織的、軍事的侵略が始まると、モンゴル人社会は分裂していった。親共産党の人もいれば、反共の思想を持つ人も多数いた。これには、古くから続いて来た父系親族集団オボク同士の対立も重なり、紛争は激化していった。

伝統的なモンゴル人社会において、父系親族集団間に対立があっても、それは政治的な問題ではなく、文化的な意見の不一致によるものだった。中国人の侵入が始まると、従来の対立は次第に政治問題と化していき、酷い場合は血で血を洗う衝突にまで発展していったのである。

三月二十二日　雪

歴代の王と境界

ハスビリクトが住む東勝市を私は二十一日に立ち、再びウーシン旗の政府所在地ダブチャク鎮に帰った。残された調査期間中に何に重点を置くべきか、いろいろと教えてもらった。翌二十二日朝に起きると、町は雪に包まれていた。春の雪はすぐに溶け、乾燥した大地を潤している。

私は旗政府に務める幹部、ブレンジャラガル（Bürenjirγal、五十代）に会い、一九四九年まで存続したウーシン旗の歴代の王についての情報を集めた。前日にハスビリクトも王の借金について語っていたので、更に調べる必要性を感じた。ブレンジャラガルは手元の写本資料を見ながら、以下のように話した。

オルドス・モンゴルは他の万戸同様に、清朝時代は六つの旗に分割され、後に七つの旗に発展していった。以前はギョク・ノールこと青海まで移動していたが、清朝時代になると、ウーシン旗の歴代のジャサク（王）は、旗の領地内でしか移動できなくなった。王府も主として旗東部の各地を転々とした。以下は王府が置かれていた地である。

リンチン貝子（在位一六四九―一六六一）：王府はバガノールにあった。その後、アドハイ・ホラホの南数キロ、ヌクン・スゥメ寺の近く、チャガン・ノール湖畔に移った。

ダルジャイ貝勒（在位一六六一―一六九四）：王府はササトルガイ峠の南、ラシバルダン・オボーの西に屯営していた。

ワンチュク貝勒（在位一六九四―一六九八）からジャンバルダルジ貝子（一八〇八―一八一七）まで：王府はアドハイ・ホラホにあった。王府はその後、ここに約百年間、置かれていた。

サンジャイワンチン貝子（在位一八一七―一八二八）：王府はバヤントハイ寺の西にあった。

バダラホ貝子（在位一八二九―一八八四。後に貝勒に昇進）：王府はバートルディン・ハラトルガイ峠の南斜面に置かれていたが、後にトジへ移転した。

チャクドラスレン貝子（在位一八八四―一九一五）：タマガライに王府を置いていた。

トグスアムーラン王（在位一九一八―一九四一）：ダブチャクに王府があった[1]。

このように、王とはいえ、基本的に東部の草原を拠点としていたことが分かる。西部には西公とダー・クレーという二つの名門があったから、入る余地がなかったのであろう。

「ウーシン旗の領域はオルドス六旗の中でも比較的に大きかったが、後に一七三六（乾隆元年）年にジャサク・タイジ旗、俗にいうジャサク旗が分かれたので、小さくなった。その後、中国人が長城を北へと越えて侵入を続け、多くの土地が占領されてしまった」、とブレンジャラガルは語る。

ウーシン旗の境界の変化は以下の通りである。康熙年間は、南は長城までで、北はウーシン旗とオトク旗、それにハンギン旗の三旗の境界が交差するチャガン・ジャダガイの駅站（Čaγan Jadaγai-yin Örtüge）までだった。西はウールジュルイン・エリイェントルガイ（Ayuljiγur-un Eriyen Toluγai）までで、東はウーシン旗と郡王旗、それにハンギン旗の三旗の境界が交差するチャガン・チョロート（Čaγan Čilaγutu）までだった。

ところが、乾隆年間に入ると、ジャサク旗の成立で境界は変動した。ブレンジャラガルは私にモスタールトが一九五六年に公開した地図を見せながら、説明した。モスタールトが公にした地図では、「乾隆四年、冬の中月の十六日にナンソ寺でモンゴル人事務を司るリユー・バヤル」らが七旗の王達と境界を定めたとある［Mostaert 1956a: 86］。ナンソ寺は現在のウーシンジョー寺の別名である。このナンソ寺で会盟し、画定したウーシン旗の境界は以下の通りだ、とブレンジャラガルは手元の檔案資料を見ながら語る。

南は長城までで、南西はタール・ゴト（鎮靖堡）に至る。西はバドグイン・オボーの北西から北へとトゥーキ・トーリムに至って北西へとバヤン・デレス（Bayan Deresü）とハラ・エルゲ（Qar-a Erige）に至る。そこから東へとチャンホク・チャイダム、ボル・クデー、バガ・シリ（Bay-a Sili）、ジゲイ（Jegei）を通って東北へ向かう。ハンギン・セクール（Qanggin Seküil）の北のハラ・ショローン（Qar-a Siroyun）、バヤン・ボラク、ジャングート、ギョク・ノールの北、クマン・トルガイ（Quman Toluyai）から更に北へ、バガ・チャイダムとモドン・チャガン・ノール湖の間を通って東へ、ムキイ・ノール湖に沿って南東へ向かう。チャガン・ジャダガイを通ってジュラン・オボーの北を南へ進み、ボハダイとナリーン・シリから南へチャガン・チョロートに至る。途中にバンダイドガン寺がある。こうした境界は一九〇二（光緒）年まで維持された。

ブレンジャラガルが語った情報は重要である。モンゴル人が遊牧から定住に入り、清朝時代を経て中華民国期になるまでに経験した領域の変動を示す証言である。私は治安当局が見張っている檔案館に入るのを躊躇していたので、彼は配慮して文書を持ち出して見せてくれた。後日、こうした「秘密文書」を見たのではないか、という容疑をかけられ、秘密警察につきまとわれることになる。

三月二十五日

税金も会議も多い中国共産党

春になり、我が家の起床時間も早まった。父はいつも一番に起きてストーブの火を熾す。そして、井戸に行き、新鮮な水を汲んで来る。母と妹は家の掃除をし、羊達を草原に見送る。ミルクティーに炒ったキビとチーズ、そして塩ゆでの羊肉をたっぷりと入れた食事が毎朝の食卓を飾る。

朝のお茶の後、母は妹に新しい服を作り始めた（写真25—2）。私は羊の群れを見に出かけた。牝羊達と一緒に柵の中に入れた二歳《ホルガ》羊達の一部が最近、元気がない。移動範囲が狭く、草が少なくなった為であろう。狭い草原の中を繰り返し歩いていると、蹄で踏まれたことのある草を食もうとしなくなるからだ。そこで、母はあえて弱っている二歳羊達を柵から出して、妊娠していない牝や元気の良い牡《ソワイ》達と一緒に南東方向の遠い草原に出すことにした。勝手気ままに広い範囲を歩けば、ストレスが解消されるだろう、という判断である。

体力のある牡達は遠く、三キロから五キロ先のゲレルチョクト家やバトジャラガル家の草原まで行っている。遠い草原には棘のある草チュリケルや、柔らかい草チャガン・エブスといった好物がある。喉が渇くと、大胆にも両家の井戸に行って水を飲む場合もある。両家とも我が家と親しいので、決して我が家の羊達を追い返そうとしない。これが、本来のモンゴル人同士の家畜をめぐる関係である。しかし、この南東方面へもいつまで自由に行けるかは不明である。既に述べたように、中国人からなる専業隊の解散に伴い、葉占兵の入植が決まっている。我が家と対立する、イトコのシャラクーは鉄線を引くよう葉占兵を唆しているそうだ。もし、葉占兵が我が家との間に鉄線を引いたら、羊達の移動範囲も一段と狭くなる。父祖代々住んで来た草原が少しずつ、他所からの中国人に蚕食されている現実である。

牝達を入れて来た、北の柵の中の草も目に見えて減って来たので、明日からは南西方面の柵に入れ替える、と母は話す。南西方面の柵の中に更に小さな柵があり、今までに一度も羊達を入れていない場所がある。いわば、「草の倉庫」である。春の一番厳しい時期に、最も草を必要とする羊達を入れるのに用意した、特別なエリアである。

写真25-2　両親と養女のサランホワール。（1992年2月14日）

午前十一時に、隣家のサチュラルトの夫人がやって来た。彼女によると、シャルリク・ソムのチョーダイ・ガチャーのシャントルガイ・ドグイラン（旧シャルリク人民公社チョーダイ生産大隊第一生産小隊）は最近、会議を開き、今年からの税金の変更が決定されたという。彼女は幹部達の依頼を受けて、政策変更を知らせに来た。変更後の税金は以下の通りである。

生活草場：一畝　〇・二五元
租賃草場：一畝　一・五〇元
責任草場：一畝　〇・五〇元

羊毛は今年から食糧と同じように、価格の自由変動は許さなくなる。まずは「国家任務」すなわち国に徴収される分を優先的に確保してから、残りの分をある程度自由に売買できるようにする。今年の「国家任務」は羊一頭につき五・二五キロの羊毛を供出しなければならない。その任務を完成しなければ、羊一頭につき、罰金三元が科される。交配はすべて人工授精にしなければならない。羊一頭の交配用の費用は〇・五元で、しなかった場合には二元の罰金が科される。また、夏には群れ全体で薬浴もしなければならないという。

電動ポンプで地下水を汲み上げ、灌漑できる畑の普及を促進する為、水利施設のない畑の耕作は逐次、制限される。灌漑できる畑は一人につき一・五畝で、食料油用の作物を一戸につき五畝作る必要がある。昨年は一人につき二・五畝だったが、我が家はその制限を超えていたので、百元の罰金が取られていた。

政治の面でも厳しくなる。「社会主義教育運動」を強化する為、旧生産小隊に政府から幹部二人が派遣されて来る。政府の幹部が監視に来るだけでなく、内モンゴル大学の大学生達も動員される。既に四十数人もの大学生達がイケジョー盟に来ているので、各旗に七、八人は派遣される見通しだという。「国民党は税金が多く、共産党は政治会議が多い、と昔は言われていた。今や共産党は税金も会議も多い」、と父は怒っている。

注

（1）ウーシン旗の歴代の王については、最後の王子であるユンルンノルブーによる回想がある［Yöngrinorbu 1986: 92-101］。中国共産党がモンゴルのオルドスを一九四九年に占領した時点で、ダブチャクの王府には約百人が働いていた、と『烏審旗歴史與現状』は伝えている。

●第二十六章　農村に住む農民モンゴル人

キビを炒る母（右）と隣人のナランチムク。キビはモンゴル人の日常生活に欠かせないものである。

三月二十六日

沙漠内の農村

今までの調査で私は貴重なモンゴル語の手写本類を多数、集めた。母方の祖父オトゴンは旧式のモンゴル語教育を私塾で受け、机を並べて学んだ同学には王府衙門の写字生《ビチエーチ》になった者もいる。その写字生はまた無類の蔵書家で、多くのモンゴル語手写本を保管しているそうで、手に入れたいと考えた。オトゴンの三男で、私の母方のオジのチャガンチローは現在、風前の灯となった河南人民公社のモンゴル語小学校の校長を務めている。モンゴル語手写本を集めながら、漢化の激しいシャルスン・ゴル河南岸のモンゴル人農村地帯で調査しよう、と私は決めた。

　昼ご飯を食べてから父と私は馬に乗って出発し、シャルスン・ゴル河南岸のバガ・シベル平野を目指した。バガ・シベルのサンヨー峠の麓に旧河南人民公社の本部とモンゴル語小学校があるからだ（写真26—1）。凍ったままのシャルスン・ゴル河を南へ渡って、人民公社本部に行ってみると、農繁期の為、学校はまだ始まっていなかった。そこから更に馬頭を西へ変え、イケ・シベル平野へ走る。母方の祖父オトゴンと叔父のチャガンチローは名刹シベル寺の近く、イケ・シベルに住んでいる。

　バガ・シベルから西のイケ・シベルまではほとんどが沙漠に変わってしまっていた。かつて一九七七年から三年間、バガ・シベルの農業中学校で学んでいた頃は一望無尽の大草原だった。その草原の名をダンハイといい、シャワクという灌木が生い茂り、小河が縦横に流れ、湖が点在する美しい地だった。私が母方の祖父の家から出発して、中学校に行くまでは途中に人家が少なかったので、少し、怖かったものである。その後、中国人農民が大挙して入植して来て住み着いた。彼らは村落を形成して草原を開墾していったが、最初の数年間だけは収穫が良かった。五年も経たないうちに、収穫どころか、沙漠が天涯まで続く地獄のような世界に変わった。かつて、十六世紀にはモンゴルの有力な政治家ホトクタイ・セチェン・ホン・タイジの本拠地だったから、恐らくはオルドスでも最も良質な草原だったに違いない。それが、中国人の侵入により、数年間で沙漠に化してしまうとは、どこまで地球を破壊するだろう、と危機感を抱かざるを得なくなる。

写真26-1　我が家から南東方向に見えるサンヨー峠。（1991年8月）

このような劣悪な沙漠路を走りぬいて、夕方、シベル寺近くの祖父家に着いた。

私は早速、母方のオジ、チャガンチロー校長にシャルスン・ゴル河南岸に居残り、絶対的少数派に転落してしまったモンゴル人の現状について尋ねた。旧河南人民公社は農耕地帯で、河の北側にある牧畜地域と比べると、行政組織の名称も性質も若干、異なる。

チャガンチローによると、元の人民公社は現在「郷」、生産大隊は「村（yačiy-a）」、生産小隊は「社（qorsiy-a）」とそれぞれ政府から与えられた名称に変更されているが、地元では相変わらず昔の人民公社時代の名称が使われているという。

現在の河南人民公社すなわち「河南郷」には十の村と一つの「治沙站（沙漠緑化センター）」がある。チャガンチローはモンゴル人小学校の校長であるので、生徒達の保護者等、モンゴル人の名前をすべて記憶している。彼の情報は十一日に妹の父チャガンボンドルーより詳しい(1)。

合計約百二戸のモンゴル人だが、ほとんどはその子供をモンゴル人小学校に通わせている。私は一九七二年から五年間、旧第五生産大隊のモンゴル人の子どもたち達と古城小学校に通っていた。その後、一九七七年に河南人民公社本部所在地の農業中学校に入ると、第七と第六生産大隊のモンゴル人の子ども達とも出会った。モンゴル人は当時も全人口の一割を満たさなかった。

身体言語と日常生活の中国化

三月二十七日

朝七時に起きてから、母方の祖父一家の暮らしを観察した。農耕地帯に住み、農業を営むモンゴル人達の生活ぶりは我が家のような牧畜民と異なっている。私にとって、部分的に非常に懐かしい生活である。小学校時代にシベル寺の廃墟に住んでいた祖父オトゴン家から毎日、北西二キロくらい離れた古城小学校に通った（写真26―2）。昼休みになると、子ども達は皆、西夏《タングート》時代の城壁に上り、銅銭や銅鏡、鏃を拾っていた。頭蓋骨が見つかると、両手で抱えて女子学生達を驚かせた。案の定、女子学生達は校長先生に「告げ口」をする。そして、午後の時間帯には大抵、校長先生の部屋で叱責を受ける。立たされている私を見て、女子学生達は喜んでいた。

そのような古城小学校はもうない。統廃合されて、遠い人民公社の本部があるサンヨー峠の麓、今や寨子村というところに一つだけモンゴル語小学校がかろうじて残っているだけである。

祖父オトゴンとオジのチャガンチロー家の一日は炉の火を熾すことから始まる。牧畜民なら、朝はお茶だけで済ませるが、農耕地帯では力仕事が待っているので、しっかりとキビご飯、ジャガイモと豆からなる煮込み料理を作って食べる。乳製品は一切ない。旧正月や結婚式等の際に客用に出す乳製品はほとんど我が家が提供している。ただ、オトゴンは三頭の搾乳用のヤギ（yanggir imay-a）を飼っている。毎日、複数回搾乳し、ミルクティーを作る。年を取った祖父オトゴンと祖母ロンホはやはり、昔ながらのミルクティーがないと困るらしい。

　オトゴンの孫で、新婚のダブシルトは農作業を陝西省北部の中国人同様に、「受苦《シューク》」と表現する。文字通り、苦行との意味である。この点は、牧畜地帯のモンゴル人は放牧を楽しい生業と見なすのと根本的に異なる。ご飯を食べる際、若いダブシルト夫婦はオンドルの上に座ることもなく、床にしゃがんで箸を取る。大きな声で肥料や灌漑のことについてしゃべる。モンゴル語にない語彙はすべて中国語からなる。身体言語も日常生活も確実に中国化している。家族同士の会話も、特に農業関係になると、六割くらいが中国語になる。

　オトゴンは今年で七十五歳になり、農作業の第一線から退いて、ダブシルト夫婦を指揮するだけである。チャガンチローは校長先生だが、農繁期になると、学生達に休みを与え、自分も帰って来て畑に立つ。それでも、働き手が足りないので、タール・ゴト（張家畔）の双という五十歳の中国人を雇っている。双はオトゴン家で働いて三年になる。

　オトゴン家では灌漑できる畑には既に堆肥を撒いたし、今日からは灌漑できない畑にも堆肥を運ぶ。堆肥を家畜小屋から畑へ運び出すのはダブシルトと中国人の双の仕事で、チャガンチロー夫人アルタントプチは羊の番をする。

　オトゴンとチャガンチロー、そしてダブシルトという三世代からなる同居生活だが、家庭の運営権を握っているのは祖父のオトゴンである。季節の変化に応じて、どんな作業をすべきかを熟知しているので、そうした智慧を伝えようと細かい指示を出す。チャガンチローは体が不自由の為、大抵は現場で控えめに励ますよう監督する。

　朝ご飯の後、九時に二十数頭の羊を祖母のロンホとチャガンチロー夫人が柵の中から出す。羊達は極限られた場所、まだ耕作されていない畑の畔を縫うように走って一キロ先の草原を目指す。途中、オトゴンの次女で、私の母の妹バーワー

写真 26-2　古城小学校に通っていた 1976 年春の私。左が父バヤンドルジで、右は母方のオジのチャガンチロー。

の羊と合流していく。両家の羊は昼に一緒に放牧され、夜は別々の家に帰っていく。草原と言っても、広々としたものではなく、沙漠の近くか、三キロ離れたグルバン・サラー渓谷を指す。私がここに住んでいた一九七〇年代にはまだ草原が残っていたし、人民公社の馬群もいた。しかし、今や外来の中国人の民家が立ち並ぶ村落に変わったので、往昔の面影は残っていない。

三月二十八日

中国化による生活の困窮

朝一番にオトゴン家の隣、約五百メートル離れたところに住むジョリクトがやって来た。彼はオトゴンの長男、チャガンホラガの次男で、私の小学校時代の同窓生である。毎晩のようにやって来てテレビを見て、夜遅くまで話し込んで帰る。

ジョリクトによると、河南人民公社（郷）全体で電力不足になっている為、今年から一人当たり灌漑できる畑の耕作面積は減らされることになったという。昨年は一人につき〇・七畝だったのに対し、今年は〇・四畝に限られるそうだ。こうした決定は党政府から一方的に出されるので、農民側には何ら対策がない。灌漑可能な畑が減らされた以上は、生産高の高い品種のトウモロコシを見つけなければならない、とオトゴンはジョリクトの悩みに答えていた。

新婚のダブシルト夫婦と中国人の双は堆肥を畑に運び、その上から沙漠の沙を持って来て足す。私は羊二十数頭を追ってシャルスン・ゴル河渓谷のグルバン・サラーに入る。河に沿って生い茂る柳と楡、それにタマリスクの落ち葉を食べさせる。渓谷の断崖には横穴式住居の窰洞の廃墟が点在する。一九五〇年まで逃亡して来た中国人難民達が住んでいたものである。現在、彼らは「共産党によって解放され、立ち上がった人民」との地位を得たので、窰洞を捨てて立派な家を建てて住むようになった。彼らの到来で草原と権力を失った先住民のモンゴル人達は清貧の生活を送っている。

三月二十九日

毎朝、校長先生のチャガンチローはその日一日の農作業のスケジュールを決める。彼の口調は柔らかく、息子夫婦と相談しているような言い方が多い。それは、祖父のオトゴンがいるからだ。たまに、季節の実態に合わない指示が出されると、オトゴンに否定される場合もある。

オトゴン家の近くにはその長男チャガンホラガの息子二人が住んでいる。毎晩、テレビを見に来るジョリクトとその兄のトゥメンジャラガルである。三家の畑もすべて繋がっている。三家にはロバが一頭ずついるので、今日は三頭立てのロバが牽く犂で畑を耕すことになった（写真26—3）。畑の近くには鉄線を引き、果樹園を新たに作るという。畑と水地だけでは現金収入が足りないので、果樹園の設置を考えたそうである。

実はオトゴン家に大きな悩みがある。慢性的な燃料不足だ。かつてのモンゴル人は家畜の糞を燃やしていたし、冬になると、シベル寺の西にあるハラルダイ沙漠（Qaraldai-yin mangq-a）とシャルスン・ゴル河以北のアル・ダンハイ沙漠（Aru Dangqai-yin mangq-a）から灌木のシャワクやハラガナクを薪として拾っていた。しかし、中国人の侵入で灌木は切り尽くされてほぼ絶滅してしまったし、家畜の頭数も激減してしまった。その為、トウモロコシや向日葵の幹や切り株を燃料として使うが、量が足りない。石炭は現金がないと、買えない。オトゴン家は数年前からボルガスという灌木を家の周りに栽培し、風除けと同時に燃料にもなる。しかし、そのボラガスはまだ充分に成長していない。家の中の温度で下がると、余計に貧困を肌で感じるようになる。

写真 26-3　ロバで犂を牽き、開墾するダブシルト。

三月三十一日

中国人と共生することの難しさ

昨夜、寝る時に雨が降っていたので、みんな期待を抱いて寝た。一晩中降ったら、灌漑しなくて済むからである。ところが、朝起きてみたら、地面が濡れた程度だったので、今日も畑に沙を補給し、堆肥を運び、水をやらなければならない。それから整備して水路を作り、種を撒く。

電気はずっと慢性的に不足しがちだが、ここのところ停電はない。農民達は皆、昼夜を問わずに、電気があるうちに灌漑し続けている。というのも、「機井」と呼ぶ電気ポンプ式の井戸の数が限られているし、いつも通知なしに突然停電するからだ。夕べは楊バーワー、今日の昼は趙三、そして今夜はオトゴン家という順番で灌漑する予定である。

「機井」で水を汲み上げて灌漑する畑の順番も決まっている。昨年はシベル平野の南部に住む人家から始まったのに対し、今年は北部から楊バーワーと趙三、そしてオトゴンの順となっている。順番が決まっても、中国人は絶対に守ろうとしないので、紛争の原因となる。

電気ポンプの「機井」を使うには、専用の変圧器が必要であるが、それが共同利用ではない。みんな、自家の灌漑が終わると、変圧器を取り外して持ち帰る。人民公社が崩壊する以前は、電線と変圧器は公有財産で、生産大隊の幹部達が管理していた。私有化になってから、しばらくは共同利用だったが、中国人は自分が使った後に故意に壊したりしてモンゴル人に嫌がらせをするので、各自負担となった。

「長城の南から来た腹黒い中国人との共存は実に困難だ。彼らは少しもモンゴル人に配慮しないし、何でも我が物顔で独占したがる。モンゴル人は出ていけ、といわんばかりに威張っている」、とオトゴンは嘆く。

「水は足りているのか」、と私は尋ねた。これらの「機井」はすべて一九八〇年代前半に掘ったもので、無制限に吸い上げられて来た。

「水位は下がっているし、シャルスン・ゴル河の水も無くなりつつある。中国人は地球上のあらゆるものを食い尽くすよ」、と七十五歳に達したオトゴンの観察である。このように、中国人と混住する環境だからこそ、オトゴンはいろいろと細かい指示を出す。

孫のダブシルトとチャガンチローは畑に行く。孫は明らかに反抗的になっているし、すぐに中国人と喧嘩したがる。もう、何でも知っているとの顔だが、祖父と父からすれば、未熟な農民である。夕べは小雨だったので、楊バーワーは少し灌漑しただけで帰って寝たらしい。

「楊バーワーの奴も教えてくれたら、おれも昨夜から灌漑できたのに」、とダブシルトは残念がる。

「他人のやり方に口を出すな」、とチャガンチローは息子に怒る。停電さえしなければ、今夜は夜の十一時まで灌漑する、と決まった。

四月一日

性的賄賂が贈れないモンゴル人

オトゴン一家の順番が来た時に限って、昨夜は停電してしまった。朝九時になってようやく電気が来たので、早速灌漑を始める。河南郷の電気はバトイン・トハイ湾のダム発電に頼っている。郷政府の変電所は各村に順番で送電しているので、午前の十一時にまた停電してしまった。

変電所が故意に電気を止めることも多々あるという。農民達から賄賂をもらう為である。畑が乾上がってしまっては農作物がだめになるので、慌てて賄賂を支払う。

停電している間、チャガンチローはずっと「機井」のところで待ち続けている。いつまた通電するか分からないからだ。他の農民達も同じように待つ。電気を待つのは、今だけではなく、夏も同じだ。例年、麦には六回灌漑していたが、ここ三年の間は、二、三回しかできないという。灌漑の回数が少ない分、当然、収穫も減る。

慢性的な電力不足をもたらしているのは、中国人の人口増加に伴う「機井」の数の増大による。一九七〇年代後半、僅かに第四生産大隊に数個の「機井」があったのに対し、今や全人民公社をカバーするようになった。

「昔は大草原だったのに、今や中国人の村落が軒を連ねるように変わったので、いくら機井を増やしても、中国人を養うことはできない」、とチャガンチローは井戸の近くに座って語る。南部のバガ・シベル平野から北部のイケ・シベル平野まで、シャルスン・ゴル河渓谷に近づくにつれ、水位は深くなっている。このイケ・シベルにモンゴル人が集中しているので、農耕を始めたのも遅いし、畑を耕す技術も中国人に遠く及ばないので、貧困化が進んでいる。言い換えれば、長城以南から侵入して来た中国人が最も良いところ、水源地を占領したので、彼らだけが豊かになっている。

シャルスン・ゴル河渓谷の近く、すなわち旧第五生産大隊のモンゴル人達に「機井」を一つ掘削してくれたのは、ウーシン旗政府民政局の幹部、ソノムバラジュールだった。彼はダー・クレーの貴族で、「革命烈士」とされるハナマンル（奇金山）の孫である。(2) ソノムバラジュールはウーシン旗南部を「老・少・貧地区」と呼んでいた。「革命の老区（根拠地）にして、少数民族地域で、かつ貧困化が酷い」、との意味である。モンゴル人の為に掘った井戸も今や、中国人に奪われた。それ以降、「機井」の数も増えていない。河南郷の幹部は皆、中国人である。中国人幹部達はいつも政府の予算を中国人地域に優先的に回し、モンゴル人達は無視されているからである。

「機井」の数が少ないので、灌漑できる畑の面積も小さい。旧第五生産大隊のモンゴル人の場合だと、一人当たり〇・七畝に過ぎず、中国人の半分にも及ばない。「機井」を新たに掘削してもらう為に、村長のチャガンホラガは卵を持ってダブチャク鎮へ行ったそうである。旗政府に陳情し、懇願する為である。

今、流行っている最高の賄賂はスッポンと女の子だ。幹部達を宴会に招待し、若い女の子を侍らせて性的サービスを提供しないと、予算も回してくれない。滋養強壮に良いスッポンは夏にしか取れないし、若い女の子も見つからない。というのも、モンゴル人は性的な取引をしない民族だ。羊肉や牛肉は見向きもしない。卵なんて眼中にないだろう。

チャガンホラガはチャガンチローの兄で、オトゴンの長男である。社会主義が成立して以来、ずっと生産大隊の幹部を務めて来た。生涯にわたって他人に賄賂を渡したことのない、

写真 26-4　母方の祖父オトゴン家族。(1991 年 8 月 25 日)

正直な人物である（一九九一年八月四日の記述参照）。その彼が、地元のモンゴル人達を貧困から救う為に、幹部達が見向きもしない卵を持って政府機関に行ったことを弟のチャガンチローは悔やんでいる。

　一年間にわたって汗を流しても、農産物の価格は政府によって低く抑えられている。農民は収穫した農産物を旗政府の食糧センターに売らなければならない。食糧センターの購入価格は麦一キロにつき〇・一五元で、所定の量に達さなければ罰金が取られる。一方、陝西省に売れば、その倍になる。農民は皆、罰金を支払う前提で長城以南の陝西省に穀物を売る。売った金で化学肥料を購入し、電気代を払えば、年末には何も残らない。オトゴン家の昨年の収入は二千元だった。ここから電気代二十七元、化学肥料代二百元、農業税四十元、牧業税（羊の税金）百元、その他（生産大隊の幹部の給料等）八十五元等を支払った後は、一千五百四十八元しか残らなかったそうである。

　実は今日、畑に灌漑に来たのは体が不自由なチャガンチローとその夫人アルタントプチの二人である。息子のダブシルトは嫁の親戚の家へ脱穀に行った。嫁のウランチメグ（王蘭蘭）は風邪を引いたと称して寝ているからだ。

　チャガンチローは今、嫁との仲が急速に悪くなっている。夕べは嫁が口をきこうともせずにテレビばかり見ていたし、今朝は家事もしなかった。長男ダブシルトが一月中旬に中国人の嫁をもらったことをチャガンチローは大変、後悔している。祖父のオトゴンから「死ぬ前に孫を結婚させたい」と強く求められたので、仕方なく帰化中国人の娘を迎えた。牧畜地域に住むモンゴル人の娘は誰も農耕地帯に来ようとしない厳しい現実があるからである（写真26―4）。

「中国人との意思疎通は難しい」、と井戸端に座ったチャガンチローは私に愚痴をこぼす。私も「武装者集団」の一員となって、一月十八日に「略奪」して来た嫁である。

四月二日

ピジン語の世界

ダブシラトの義父王三が午後にシャルスン・ゴル河の北、チャンホク平野の南部からやって来た。電力が不足し、税金も増えている時代に、どのように収入を増やすかで話し合いが始まった。

ここでは灌漑する畑を「水地」と呼ぶ。オトゴン家は水地の面積が小さく、王三から少し、土地を借りることにした。王三家は草原が広く、シャルリク・ソムでは水地の面積も制限されていないので、喜んでモンゴル人に嫁がせた娘の為にも承諾するしかない。

水地を耕すには、最低二頭の牛か、ラバ或いはロバが必要である。オトゴン家にはロバが一頭しかいないので、ダブシラトの義父王三のラバを借りて来て犂を牽かせる。犂を入れた後は平らに整備する。

四月三日

昨日やって来て王三とチャガンチロー達との会話がユニークである。中国人の王三は「チョー・モンゴル語（Čo Mongyol kele）」を操る。「チョー・モンゴル語」とは、中国人が話す、独特なイントネーションを持つモンゴル語を指す。大量の中国語の語彙が混ざるが、一応、意味は伝わる「中間的なピジン語」である。RとLを区別しないか、省略する傾向が強い。例えば、灌木の茂る沙漠性草原をモンゴル人はバラル（balar）と呼ぶが、中国人は「バラー」と発音する。シャルスン・ゴル河以北の草原に侵入して来た中国人の多くはこうした「チョー・モンゴル語」が話せる。ただ、若者のモンゴル語には中国人特有の癖はあまり見られない。

チャガンチローと王三はホンジン・チャイダム村（黄金灘村、旧第三生産大隊）へ行くことになった。二千本の苗木を現地の植林場に注文していたので、それを取りに二台のロバ車ガサクで午前中に出発した。ダブシルト夫妻は昨日、平らにした水地の畔造りに励んでいる。

四月四日

昨日、チャガンチローと王三が苗木を運びに行った際に、隣に住むトゥメンジャラガルからロバ車を一台借りた。今朝、ダブシルトがそれを返しに行ったら、「返すのが遅い」、とトゥメンジャラガルに怒られた。実は、昨夜も二人は喧嘩していた。旧正月の照明用に引いた電線が直接、変圧器からではなく、トゥメンジャラガル家経由だったのに、トゥメンジャラガルは不満だった。危険だから、早く撤収しろ、とトゥメンジャラガルは酒の勢いに乗って大声で怒鳴っていた。農機具や家畜、手伝い等を巡って、近所同士のトラブルは多い。モンゴル人は伝統的に草原に遠く離れて暮らして来たのに対し、農耕地帯ではすぐ近くに家を建てて暮らすように変わると、人間関係もギクシャクしやすくなっている。

トゥメンジャラガルは長城以南から来た中国人に対し、強烈な嫌悪感を抱いている。彼は電気や灌漑等で中国人と喧嘩すると、倉庫に隠してある「殺猪刀《さっちょとう》」を持ち出し、「腹黒い中国人を屠る」、と暴れる。「殺猪刀」とは、刃渡り一メートルもある、豚を屠るのに使う特殊な刀である。その都度、警察に警告されたこともあるが、全く気にしていないそうである。そういう彼はモンゴルに帰化した「随旗モンゴル人」王三の娘と結婚したダブシルトにも不満である。このように、民族間の対立と些細な生活上のトラブルが重なると、激しい衝突に発展する。トゥメンジャラの父チャガンホラガも通婚を快く思っていない。

　昨夜の後遺症か、昼にトゥメンジャラガルの弟ジョリクトがチャガンチローの水地で種撒きを手伝っていたら、その父親のチャガンホラガがやって来て、「早く自分の家の作業をしなさい」、と怒鳴る。チャガンチローは自分のメンツが兄のチャガンホラガに潰された、と悲しんでいた。

ソ連崩壊の教訓と末端の腐敗

　河南郷は今、「社会主義教育運動」の真っ最中である。この運動自体は昨年の冬からスタートしたが、最近、政治学習の強制が増えて来た。農民達は共産党の村幹部に「生産小隊本部」に招集され、「党中央四十号文件（公文書）」を学ばなければならない。字が読めない人達が多いので、小学校を卒業した者が順番で朗読を担当しているそうである。

　「社会主義教育運動」の目的は、「ソ連のように崩壊しない為の防止策として、社会主義の思想で以て農村の陣地を占領しなければならないこと」である。具体的に勉強する文件は「アメリカの覇権主義に反対すること」、「西側諸国が企む和平演変の謀略に警戒しなければならないこと」、等の内容からなる。毎月、十五時間も政治学習しないといけない。昼は農作業で、夜は政治学習となると、ストレスが溜まる。若いダブシルト夫妻が政治学習から帰るとすぐに自分達の部屋に閉じこもったので、チャガンチロー夫人と祖母のロンホが夕食の用意を黙々とこなしている。

　「皇帝が代われど、百姓は変わらない中国はどうにもならない」、とチャガンチローは怒っている。彼からすれば、共産党の抑圧に対して反抗すべきだが、中国人農民は大人しく忍耐しているので、社会全体の雰囲気が暗い、という。

　「社会主義教育運動」に参加する為にやって来た旗政府や党の幹部達は深夜まで酒を飲んでいる。村の幹部達も政治学習が無事に合格となるよう、公費で接待するし、自分達も酒盛りに加わる。朝になって、酒盛りを隠そうとして、酒瓶を地中に埋める。そこで、以下のような風刺の言葉が流行っている。

　「社会主義一教《イージョー》、羊肉骨頭一窖《イージョー》、酒瓶子一窖《イージョー》」。

　日本語に訳すと、「社会主義教育運動がもたらしたのは、地中に埋め込んだ羊肉の骨と酒瓶ばかりだ」、となる。旗政府から来た幹部は「下放幹部」と呼ばれる。これらの「下放幹部」達は豊かな農家に寝泊まりをする。その選ばれた農家はまた接待をしなければ罰金を取られる。接待を受けて満足した幹部達は当然、その農民に資金と予算を優先的に投じる。このように、豪農と党幹部との癒着もまた進んでいる。

農村では今また、「社会主義の公有財産を立て直そう（重建社会主義公有財産）」というプロジェクトが進められている。村所有の羊群と水地を確保し、そこから得られる収入で以て村幹部達の給料に充てる。村民達はこうしたプロジェクトには概ね理解を示している。「以村養村」という。というのも、上級機関の旗政府の幹部達が視察に訪れた際に接待がなければ何も投資や予算が回って来ないからである。

夜、ダブシルトはまたもや隣に住むトゥメンジャラガルと喧嘩を始めた。前日に、ダブシルトの犬がトゥメンジャラガルの豚に噛みついたのに不満らしく、井戸の利用を控えるよう抗議して来た。井戸はトゥメンジャラガルが掘ったものだが、ダブシルトとジョリクトも手伝ったし、三家がずっと共同で利用して来た。実はダブシルトは昼間にトゥメンジャラガルから求められていた電線も撤回したし、放し飼いにしていた豚二匹も柵の中に入れた。電気代はダブシルトとトゥメンジャラガルが半分ずつ支払っていたが、今後は別々に実際に利用した分だけを払おう、とトゥメンジャラガルは要求している。ダブシルトは反論しようとしたが、祖父のオトゴンと父のチャガンチローに止められていた。

トゥメンジャラガルの娘二人はチャガンチローが校長を務める小学校で寄宿している。今は農繁期で帰って来ているが、明日、学校が再開する予定である。トゥメンジャラガルが忙しい場合、大抵は叔父にあたるチャガンチローが連れて行くが、今回はそういう風にならないらしい。

「親戚同士は近くに住むものではない。中国人が言うように、親戚同士は遠くにいた方が良い。兄弟同士も垣根を高くした方が良い（親戚走遠方、兄弟打高墻）」、とチャガンチローは嘆く。

後日譚であるが、実はこの日の記録を私は四月二十五日に一旦フィールド・ノート（オルドス・十六、No.2018）から切り離している。それは、チンギス・ハーンの祭殿八白宮があるエジンホロー旗で治安当局に連行されたので、慌てて隠したからである。中国の政治運動に批判的な発言を記録していることが発覚したら、当事者にも不利になる可能性があったからである。幸い、この日のノートは没収されなかったので、記録が残ったのである。

注

（1）　河南人民公社に残るモンゴル人の名前は以下の通りである。

ウルン村（旧第一生産大隊）：楊福成、楊貴英、趙来鎖、張宝林、バーライ、石永紅、双記名。楊は、オーノス・オボク、趙はハラーチン・オボク、石はハダチン・オボク、双はエケレース・オボクの漢字姓である。
・王窰湾村（旧第二生産大隊）：范登発（帰化した随旗モンゴル人）。
・ホンジン・チャイダム村（黄金灘村、旧第三生産大隊）：牛大毛、牛二毛、牛三毛、牛四毛、牛六毛、ロンホ。牛一族は「随旗モンゴル人」すなわち帰化モンゴル人で、元々ウーシン旗にいたウクルチンやブハスといったオボク集団とは異なる。
・イケ・シベル村（大石砭爾村、旧第四生産大隊）：チャガンボンドルー、マシ、マーホンワール、ムンク、トクサ、石宝林、ノムーンダライ。
・グルバン・サラー村（三叉河村、旧第五生産大隊）：まず西のミラン渓谷に住むモンゴル人はバヤンナムル、アルダルト、ジュルガーダイ、チャガンホラガ、ジュルムト、ウジェール、バトジャラガル、トグスジャラガル、范ソーディエル、賀オトゴン、チャガンクー、チャガーダイ、トンナ。尚、賀はケレイト・オボクの漢字姓である。
・古城に住むモンゴル人はオトゴンバーワー、趙テムール。
・シベル寺の近くに住むモンゴル人はムンク、センゲ、ガルディ、バーワー、ドルジ、チョクドゥーレン、チャガンバル、アルビンダグライ、シャラブ、バトベレク、ソルケムザンムボ。
・六小隊（シベル寺の東部平野）に住むのはバトスレン、ウルジーホトク、ジブセクト、インディンカー、ホルガ、バダラホ、ボルルダイ、バヤンチロー、バトダライ、ジャラガルト、ジョリクト、トゥメンジャラガル、オトゴン、テムールチロー、セーウル、ムンクダライ、ボル、バトチロー、ワンジャル、チヤガンロンホ、ヤンバーワー、チャガンホラガ、バヤンダライ。
・バガ・シベル村（小石砭爾村、旧第六生産大隊）：南部にはサキヤ、オトゴンバーワー、センゲ、王ジャンガー、チヤガンバル。北部はチャガンクー、チョイラブ、大ムンク、小ムンク、ウイシンブー（石英貴）、ウラーンバル、ウラーンダライ、テムールチロー、ロンホ、チャガンクー、バヤントクトフ、チャガンドン、ジャークー。
・サンヨー窪村（旧第七生産大隊）：ボル・ホショー盆地にはダムハ、バーライ、ボーソル、ゾンルイ、バヤントグス、バヤンオチル、チャガンバーワーが住む。それからボル・ホショー峠の西斜面に住むのはウネンバヤル、チョクト、チヤガンダリ。シャラタラ平野にはオーノス・ウルジーダライ、オユーンダライ、ナソンダライ、スレン。
・バトイン・ドハイ村（バト湾村、旧第八生産大隊）：チャガンバーワー（ムホル河の北に住む）。
・寨子村（旧第九生産大隊で、人民公社本部所在地）：バヤンオチル、シャジン、オトゴン、バヤル、マシ、トブチン。マシとトブチンは兄弟で、オーノス・オボクである。私が小学校に通っていた頃の同窓生で、当時はシャルスン・ゴル河南岸の沙漠内に住んでいた。
・イケ・トハイ村（大溝湾村、旧第十生産大隊）：いずれもウクルチン・オボクで、バヤンユウェール、ソヨルト、ユウェールダライ、トウブシンジャラガル。范インソールと范エルケ無ジャラガルは「随旗モンゴル人」。賀エルケ、トクトーンダライ、王張文（随旗モンゴル人）、双宝林、バヤンムンク、劉飛田（随旗モンゴル人）、オーノス・ナソン。
（2）　ソノムバラジュールの父はエンケナムルで、母親は私の父方祖父の娘である。私に名門高校のイケジョー盟第一中学の受験を勧めたのはソノムバラジュールである。ソノムバラジュールは小説家にして民族学者でもある。後日、私は彼の遺品を整理し、公開したことがある［Yang & Bulag 2003］。

●第二十七章　廃れていくモンゴル語教育

1977年7月25日に小学校を卒業した時の記念写真。後方2列目、右から3人目が私。前方2列目で、右端にいるのが母方のオジ、チャガンチロー先生。前列、右から3人目の女子はサランゴワーで、白血病で亡くなった。

四月五日

モンゴル語教育が軽視され続けた歴史

そろそろ農繁期の休みも終わり、シベル寺の家からサンヨー峠の麓のモンゴル語小学校に戻ることになったので、私は母方のオジ、チャガンチローのライフ・ヒストリーを書き残すことにした。小学校に戻ったら、校長としての仕事も多忙になりそうだし、私もこの機会を利用してサンヨー峠の周辺地域をじっくり見たかったので、話を聴くのは今日しかないと思った。

チャガンチローは中華人民共和国が成立した一九四九年の冬、「オルドス暦の黒い塩の月（太陰暦十一月）」二十日に生まれ、現在、四十三歳である。生まれつき、足が不自由だったので、一九六〇年になって、十一歳の時にバガ・シベル平野にあるモンゴル語小学校に入った。小学校といっても、四年までしかなかった。五年からはシャルスン・ゴル河北のシャルリク人民公社のモンゴル語小学校に転入するしかなかった。ほとんどの子ども達は四年まで通ってから学校を辞めていたが、チャガンチローは私の両親の強力な勧めで、一九六三年秋に遠いシャルリク人民公社の学校に入って、寄宿生活を始めた。一緒に五年生に進学したのは、四人だけだった。貧乏だったので、布団もなく、羊の皮で作ったコートをかけて寝ていた。シャルリク人民公社の学校へ送り届けたのもまた私の両親である。

「弟は体が不自由だから、虐められていた。立っていたら、誰かが後ろから押し倒してしまう。立ち上がっても、意地悪な子を捕まえることもできなくて、いつも悔しがって泣いていた」、と母は以前に私に語ったことがある。当時、母は既にシベル寺の実家から父のところ、シャントルガイのスゥミンクデーへ嫁いで来ていた。お金にも困っていたので、休みの時間を利用して草原に散らばっていた動物の骨を拾って国営の売店（供銷社）に売って、ノートとペン、ランプの灯油を買っていた。みんなが寝静まった後も、ランプを付けて読書していたそうである。

二年後の一九六五年秋には「蒙漢合併」政策で、ダブチャク鎮にある「ウーシン旗第一中学」に進学した。「合併」とは実質上、モンゴル語学校を中国語の学校が統合する政策だった。この時も祖父のオトゴンは反対したが、私の母が説得して連れて行った。当時はバスがなく、旗政府で開かれる会議に参加する幹部達の車に乗せてもらって、ダブチャク鎮に辿り着いた。

一九六六年に文革が発動されると、教育も完全に中断した。モンゴル語教育は禁止され、生徒達は解散されることになった。今後は解放された中国人すなわち漢民族の子弟達を優遇する為に、各人民公社単位で中国語だけの中学校を設置する、と明確に言われた。モンゴル語教育については、「強調しない、重視しない（不強調、不重視）」という暗黙の政策が実施された。それを受けて、モンゴル人達も諦めるしかなかった。

　それでも、チャガンチロー達には一九六八年十二月に卒業した、と一方的に伝えられた。本来ならば、夏の七月に卒業するのが一般的だったが、学生達も皆、造反していたから、学校は機能しなくなっていたからである。

　旗政府所在地のダブチャク鎮から帰ると、「民弁古城小学校」の教師に採用された。民弁とは、民営の意味である。ジャーワー（Jaba）とリンチン、それにウルトナソン（Urtunasun、後に作家となる）らと共に四人で一年生から五年生、それもモンゴル語と中国語の二種類のクラス、合計十クラスに教えなければならなかった。その間の一九六九年に一年間、ダブチャク鎮に戻されて再教育を受けたが、実際は毎日、洞穴を掘る仕事（深挖洞《シンワートン》）に従事させられた。当時、中国政府はモンゴル人大虐殺を進めていたし、ソ連とモンゴル人民共和国の軍隊が攻めて来るのを防ごうとして、「戦闘用のシェルター」を各地で掘っていたからである。

　「モンゴル語は役に立たない言語で、モンゴル文字は時代遅れだ」、との理由で一九七一年秋に古城小学校のモンゴル語クラスはすべて中国語クラスへの編入が命じられた。教師四人とも中国語は話せるが、体系的な教育を受けたことはなかった。そこで、政府から指示されたのは、「辺学辺教」すなわち「学びながら教える」ことだった。給料は点数制（工分制）で、一日働けば八点で、一カ月無欠勤だと、約七元もらえた。身分は「民弁教師」で、授業担当可能な農民、との意味である。

同化政策との戦い

　一九七一年といえば、私も小学校に入る予定だったが、「反動的な搾取階級」兼「民族分裂主義者の内モンゴル人民革命党員の子ども」という身分だったので、どこも受け入れてくれなかった。父はシャルリク人民公社のモンゴル語小学校に行き、ウズゥクバヤル（Üzügbayar）という自治区東部のジェリム盟出身の校長に何回も頼んだが、頑として私だけを受け入れてくれなかった。仕方なく、私は翌一九七二年秋に、母方の祖父家に移り住み、別の行政組織、すなわち河南人民公社第五生産大隊古城小学校に通った。最初に学んだ中国語は「絶対に階級闘争を忘れるな（千万不要忘記階級闘争）」であった（本章扉写真）。

　内モンゴル自治区におけるモンゴル語教育の廃止政策は一九七三年夏まで続いた。オルドスでも、その年の秋から再びモンゴル語クラスの生徒を少しずつ募集し始めた。二年生や三年生になっていた大勢のモンゴル人生徒達はモンゴル語クラスの一年生に「留年」したが、私はそのまま進級することになった。既に二年も遅れて学校に入ったので、これ以上の「留年」は良くないと判断されたからである。

同じ一九七三年に民営の小学校は公立に変わった。チャガンチローは私達にモンゴル語と中国語、それに「算数」を教えていた。当時の河南人民公社では、第五生産大隊の古城小学校にだけモンゴル語のクラスが一つあり、隣のバガ・シベルの第六生産大隊のモンゴル人達は泣きながら子供達を中国語の小学校に入れるしかなかったのである。すべては、中国政府がモンゴル人を同化させようと公然と進めていた文化抹消政策の結果である。

第五生産大隊の古城小学校は一九七七年七月に廃止され、代わりに河南人民公社本部でモンゴル族小学校が成立した。この時から第六生産大隊のモンゴル人も含め、全人民公社のモンゴル人児童は寄宿制の小学校に入ることになった。私はその年の秋に河南人民公社政府所在地にある農業中学校に入った。午前中は授業で、午後は農作業に携わらなければならなかった。食べ物は白菜の煮込みとトウモロコシの蒸しパンだけだった。白菜の煮込みにはいつも死んだネズミが入っていたし、トウモロコシも腐っていた。私にとっては地獄のような三年間だったが、その時、チャガンチローが校長を務めるモンゴル族小学校は輝いていた。コックもモンゴル人で、羊肉の料理が多かった。チャガンチローはこの年に「民弁教師」から「工農兵代理教師」の身分になった。給料は七元から三十六元に上がった。翌一九七八年九月に更に「臨時教師」に昇進し、冬には試験を受け、一九七九年春から「国家教師」の身分を得ることができた。

国家教師には二種類あり、労働者と同じ身分の「工人待遇」と、幹部と同等な「行政待遇」である。共産党一党独裁の中国において、当然、党と行政の幹部があらゆる面で優遇されている。チャガンチローも努力し続け、一九八二年に試験を受けて、公務員に相当する「行政待遇」の教師になった。

チャガンチローは教育経験が豊富で、教え方が上手い先生としてウーシン旗で知られている。私は小学校の時から「算数」、中学時代は「数学」が苦手だったので、いつも指導してもらっていた。しかし、彼には大学や師範学校を出たという学歴がなく、常に不利な立場に立たされて来た。そこで、一九八七年から独学で心理学と教育学、地理学を学んで、師範学校卒と同等以上の学歴証明書を獲得した。

チャガンチローが校長を務めるモンゴル族小学校は今、困難な立場に立たされている。[1] 郷立すなわち「人民公社の公立」なので、予算が不足している。今年も既に三カ月間も教師達の給料が支払われておらず、変電所からは電気代が催促されている。郷の実権を握っているのは中国人ばかりで、彼らは

写真 27-1　河南人民公社モンゴル民族小学校の生徒達による国旗掲揚式。（1992 年 4 月）

そもそもモンゴル族小学校の存在意義を否定しようとしているので、予算を回してくれない（写真27—1）。

学校には五十畝あまりの灌漑できる畑があり、それを教師一人当たり三畝ほど分配して小麦を作って収入を増やしている。また、七千本ほどの白楊樹があり、燃料にも困らない。六十人いるモンゴル人児童は全員寄宿生なので、一人当たり一学期につき九十キロのジャガイモと七キロの肉、百キロの穀類を学校に提供する。これで、学生達の一日三食が賄える。学費は一学期につき四元で、教科書代は十三元である。それでも、学費が払えない貧しいモンゴル人がいるそうである。

四月十三日

性善説が招いた中国人の侵入と革命史観の定着

母方のオジ、チャガンチロー校長先生と一緒に、私も河南人民公社（郷）本部所在地のサンヨー峠の麓に来た。モンゴル語小学校を見て、近くで調査しようと思った。小学校の教師達もほとんどが旧知である。シベル寺の近くに住んでいる貴族ムンクの息子、ガルディ夫婦もいたので、毎日、彼らと雑談し、学生達を観察して過ごした（写真27—2）。

サンヨー峠の西斜面をモンゴル人はボル・グショー峠《シリ》と呼ぶ。一九六六年までボル・グショー寺という薬師仏を祀った寺があったが、中国人に破壊された。ガルディ達によると、ボル・グショー峠の斜面は現在、侵入して来た中国人の墓で覆い尽くされるようになったそうである。つい数年前までは中国人達は必ず遺体を長城以南に運び帰って、祖墳と呼ぶ一族の墓地に入れるようにしていた。ところが、今や、逆になっている。中国陝西省にある祖墳を掘り起こしてモンゴルへ移しているという。

祖墳の移転は決して個別な事例ではなく、牧畜地帯のシャルリク・ソムでも私は李茂林という中国人が長城以南から李一族の墓をモンゴルへ持って来た事実を把握している（一月一日の記述参照）。同様な現象が農耕地域の河南郷でも見られる以上、中国人の入植戦略も大きく変化したと言える。当然河南郷でも、モンゴル人達は中国人達のやり方に危機感を抱いている。「死者によるモンゴル侵略」と認識し、活きている中国人の定着が一段と進むだろうと理解されている。

ボル・グショー寺の近くにそもそも中国人はいなかった。

バガ・シベルのジャングートに入植していた中国人の数戸が寺の家畜を放牧していたが、彼らは次から次へと親戚の者を長城以南から呼んで来て、あっという間に人口が増えた。一九五八年に人民公社が設置された時に、外来の中国人達は第七生産大隊を形成し、広大な草原を農耕地として切り開いた。続いて一九六〇年代に入ると、更に陝西省北部と第三生産大隊南部のデベレフとホンジン・チャイダムからの中国人が移り住んだ。中国人侵入者を積極的に増やしていたのは、河南人民公社の中国人書記の史重科という人物だった。

それでも、侵入して来た中国人達は「長城以北は蒙地」、すなわちモンゴル人の土地だと認識し、いつかは陝西省北部に帰る、との考え方を持っていた。中国人達も最初は謙虚な態度でモンゴル人と接していた。ところが、人民公社が成立して草原を「中国の国有地」と定め、モンゴル人も中国人もどちらも「中国人民」だと位置づけられると、中国人の態度はがらりと変わった。一九六四年からの「社会主義教育運動」を経て、文革期になると、モンゴル人を虐殺し始めた。中国人こそ優秀な民族で、農業は牧畜よりも進んでいると公言し、モンゴル人を追い出し、モンゴル語教育を廃止するような政策が相次いで打ち出された。

写真 27-2　整列する河南人民公社モンゴル族小学校の生徒達。

「我々モンゴル人は性善説を信じ、簡単に他人を信じてしまうから、何もかも失ってしまった」、と先生達は失望を禁じえない。モンゴル族小学校もまもなく廃止されるのではないか、と彼らは危機感を抱いていた。

四月十四日

小学校の先生達と雑談し、子ども達の遊びと授業を観察しながら、図書室にある本を閲覧した。地元のイケジョー盟の政治協商委員会の関係者が編集した『伊盟《イケジョー》革命回憶録』等が置いてあったので、読んでみた。自治区の指導者ウラーンフーの革命的経歴や、モンゴル人の民族主義政党、内モンゴル人民革命党の活動に関する文章を読み、メモを取った。こした「革命回憶録」はモンゴル人の記憶や歴史観と抵触する場合が多く、把握しておく必要がある。

夜、テレビを見ていたら、包頭市が市内の建物「秦安客桟」を自治区の重点文物（重要文化財）に指定した、とのニュースが伝えられた。その理由は、中国共産党のスパイ、王若飛の隠れ家だったという。王若飛は中国共産党とコミンテルンとの連絡を担当し、モンゴル人民共和国と中華民国との間を行き来していた際に国民政府に逮捕され、処刑された〔楊植霖　薵明甫　薄一波　一九七九〕。彼の隠れ家が革命文物となるのは、共産党史観しか許されてないからである。包頭市にあるモンゴル人の文化財は悉く破壊され、モンゴル人の歴史は抹消された上で、モンゴルと無関係の中国人のものが文化財となっている現実に、先生達は怒っていた。

四月十五日

呪術師を務めた反中国人侵入の僧侶

河南郷の寨子村（旧第九生産大隊で、人民公社本部所在地）に住むモンゴル人の歴史と現状について知りたい、と思った私はウルジダライ（Öljeyidalai、五十五歳）という人物に会いたくなった。彼は私と同じオーノス・オボクという父系親族集団に属し、かつてはシャルリク人民公社の幹部だった。母が一九七〇年代初期のある夏、シャルリク人民公社の病院に入院していた頃、私はいつも食堂からご飯を買って届けていた。どうしても、人民公社本部の高い鉄柵を越えられないで困っていたら、ウルジダライがどこからともなく現れて、私を抱いて柵の中に入れてくれたものである。

ウルジダライはシャラタラ平野の東部、丘の西斜面にある横穴の窰洞に住んでいる。小学校のガルディ先生がバイクで私をシャラタラ平野まで送ってくれた。

「貴族の方が珍しい親戚の弟を連れて来た」、とウルジダライは喜んでいる。ガルディは貴族のキヤート・ボルジギンの出身だから、上座に座った。こういう時はやはり、貴族と庶民という身分に対する気配りが必要である。窰洞の中は暖かく、お茶を飲みながら、ウルジダライの語りを私は記録した。

ここシャラタラ平野にはいくつもの高い丘陵が点在し、人々はその丘陵の斜面を利用して、窰洞を掘って住む。モンゴル人もいれば、中国人もいる。ウルジダライの場合は、その祖父バウライ（Babulai）の代から窰洞に住むようになったという。十九世紀末か二十世紀初頭のことであろう。モンゴル人の掘った窰洞の方は質が良く、その後他所へ移動していった後も、中国人に利用され続けているそうである。バーダイやナミド、ジャムソらの窰洞に今や、中国人が入っている。天幕のゲルは夏の間だけ建てて住んでいた。また、臨時の移動オトルに行く時も天幕を携帯していた。

現在は寨子村と呼ばれているシャラタラに一九五三年前は八戸のモンゴル人と十九戸の中国人侵入者がいた。現在では中国人は二百戸に増え、人口は約一千五百人に達している。モンゴル人はほとんど増加していないという。モンゴル人は今、ウルジダライとエルケムビリグ、オユーンダライとナソンダライ、それにスレンら僅か七戸である。

ウルジダライ一族はオーノス・オボク集団内で、私と同じくアンバイという人物の後裔に当たる。我々一族の家系譜を彼の祖父バウライが保管していたが、親戚のラマ僧、ポンスクに渡した。ポンスクは反中国人侵入のドグイラン運動のリーダーの一人だったが、紛争中に家系譜を私の祖父、ノムーンゲレルに移管したという。ノムーンゲレルはウーシン旗の境界を守る役人、界牌官だった、と前に述べた。

オーノス一族の故郷は長城のすぐ北側のトゥーキ・トーリムにあった。トゥーキ・トーリムにいた頃は、アンバイとホンバイ（Qombai）、バルハイとブーライの四人兄弟からなる家族だった。[2] 一族が祀っていた聖地オボーは毎年「オルドス暦の八月（太陰暦五月）十五日」に祭祀があり、羊の丸煮から成る供物が献上されていた。その後、ムスリムの反乱と中国人の侵入で北上してからは、聖地そのものが、「アンバイ・オボー」と呼ばれるようになった。ムスリムに追われた際は持って行けなかった金銀を石の水槽に入れて埋めた。反乱の後に探しに行ったが、見つからなかったし、トゥーキ・トーリムに戻る勇気もなかった。

シャラタラに移動して来た後も、アンバイ一族は豊かだった。平野にはオーノス家の家畜の群れがいくつもあった。小河や湖は多く、家畜の放牧も楽だった。人間は井戸水に頼っていたが、水位は深かった。ウルジダライは語る。

モンゴル人達は天幕ではなく、窰洞に住むようになって貧しくなった。窰洞を掘っていたら、「太歳《タイスウイ》」が出て来たので、没落していったと信じられている。「太歳」とは、体中に目がある、鼠のような生き物で、富のシンボルだとされていた。窰洞の掘削で風水が壊され、土地の「太歳」に逃げられたので、家畜の放牧ができなくなったそうである。

オーノス一族の名僧、ポンスクはハリュート寺のラマだった。出家した者は普通、政治運動に関わらない。ウーシン旗の王チャクドラスレンが一九〇五年に長城以北の草原を中国人に開放した際に、モンゴル人達はドグイランを組織して反対運動を起こした。ポンスクはそのドグイラン運動に積極的に参加した。

ウルジダライによると、ポンスクには呪いをかける能力があったと言う。西部のドグイラン運動のリーダー達が大人しくなるよう、東部の王府衙門がこっそりと呪いをかけていたそうである。そのニュースが西部に伝わると、貴族の西公ジョクトチルも東部を呪うのを許可した。呪いをかけるには真っ黒な山羊か牛が必要で、牛の方が威力あると信じられていた。

ポンスクは黒い牛を西公シャンの北にある聖地オボーで屠り、頭部と四本の足が皮と繋がった状態で地面に敷く。そして、自身の顔を黒く塗って東部に向かって踊りながら呪文を唱えた。すると、王府衙門が雇っていた僧侶がガルート地域のある民家内で急死した。その僧はチャクドラスレン王とその第三夫人のナランゲレル（通称シャラ・ガトン）の命令で西部を呪っていた人物である（一月四日の記述参照）。

ポンスクは一九四〇年に、ウルジダライの家で亡くなった。

ポンスク・ラマは、モンゴル人の草原が中国人の侵入で沙漠になるので、何としてでも阻止しようと一生、戦った。父エルケセチェン（楊宝山）は老齢になったポンスクの世話をしながら、侵入して来た中国人達が草原を開墾するのに抵抗し続けた。ここシャラタラには一九七〇年代まで沙丘は一つもなかったが、今や沙漠化が着実に進んでいる。私だけが草原開墾を阻止し続けている。

このようにウルジダライは政治運動と環境変動を関連付けて語る。

中国人が増えた訳

河南郷郷政府に務める中国人幹部達にとって、シャラタラに住むモンゴル人は目障りな存在で、なるべくシャルスン・ゴル河以北の牧畜地帯へ追放したい、と思っているらしい。一九九〇年のある日、郷政府の中国人幹部達と警察がやって来て、草原に植林した「罪」でウルジダライを逮捕した。

お前ら中国人は物乞いとして我がモンゴルにやって来た。モンゴル人はお前らを受け入れて住ませたが、草原は全部破壊されて沙漠になったのではないか。その沙漠にお前が木を植えて、何の罪になるのか。長城の南へ帰れ！

ウルジダライは息子達と抵抗し、幹部達を追い払った。ウルジダライは現在、息子三人の家族と暮らしている。十五人もの家族の存在を周辺の中国人達は目の敵として見ている、と言う。ウルジダライは以前、シャルリク人民公社の幹部となり、河南人民公社に属するシャラタラの家には彼の妻と子供達だけが残っていた。その為、一九八〇年代後半に人民公社が崩壊し、草原を土地として農民に分割した際に、ウルジダライ家には妻と子供達の分に当たる、一千畝の土地しか分譲されなかった。他の中国人は皆、ウルジダライ家より六倍も多い土地を獲得していた。

郷政府から与えられた畑も家から遠く、そこまで行くには自動車専用の道路を横断しなければならない。周りの中国人達はほぼ全員、政府から与えられた土地を鉄線で囲んでいるのに対し、ウルジダライだけは頑として柵を建てないようにしている。

　うちには百頭くらいの羊がいるが、十キロ先のボル・グショー寺の廃墟まで追って行って草を食べさせる。中国人達が引いた鉄線の間を潜り抜けて行く毎日だ。ここは私達モンゴル人の土地だから、おれは一歩たりとも譲らない。

　中国人は侵入して来たところに必ず祖師廟と娘々廟、それに龍王廟を建てる。シャラタラ平野のボンカンにも中国人は祖師廟を建設した（写真27―3、写真27―4）。ボンカンとは、寺の古い経典類を保管する場所を指す。シャラタラのボンカンはボル・グショー寺のものだった。そこに住む孫宝鎖が祖師廟と「斉天大師（孫悟空）廟」を建立した。孫宝鎖はダンゼンジャムソという僧と中国人の寡婦の間に出来た子である。一九九〇年四月十七日、モンゴル人のウイシンブー（賀克豊）ら十数人が車に乗って長城以北の祖師廟を片っ端から焼き払ったという。このように、モンゴル人と中国人との土地をめぐる紛争は激しくなっているのである。

写真27-3　長城沿線の波羅城内の祖師廟内の祖師像。（1992年2月20日）

「中国人が増え続ける理由を知っているか」、とウルジダライは私に聞く。彼は以下のような伝説を語った。

　チンギス・ハーンの時代、モンゴル軍は中国を征服していた。長城を越えた陝西省で、最後の一人の中国人が水甕の中に入って隠れた。モンゴル軍は刀で水を攪拌し、その人を見つけた。兵士達は殺そうとしたが、チンギス・ハーンに止められた。運よく生き残った中国人は子孫を増やそうとし、結婚式の際には必ず「攪団（攪拌）湯」という水のようなスープを啜り飲むようになった。新婦は「攪団（攪拌）湯」を飲んでから、牡のロバに乗って出発する。ロバは繁殖力があり、子孫繁栄に繋がるからだ。それ以降、黒いロバと腹黒い中国人が増えたのである。

　ウルジダライの話を聴きながら、私も中学時代に見学した中国人の結婚式で「攪団（攪拌）湯」が提供されていたのを思い出した。白菜の漬物に少量のキビの入ったもので、全

写真 27-4　長城沿線の波羅城内の祖師廟内の壁画。（1992 年 2 月 20 日）

然美味しくなかった記憶が蘇った。

夜、ウルジダライは私に詩人ゲシクバトの詩文の手写本を見せてくれた。ゲシクバトもまたドグイラン運動のリーダーの一人だった。ゲシクバトの詩を詠んで、侵入して来た中国人からの抑圧に抵抗しようとしている。

四月十六日

羊も人間と同じ

河南郷からバスに乗り、バトイン・トハイ湾経由でシャルリク・ソムに着き、それから家に帰った。我が家では「オルドス暦の六月（太陰暦三月）」の現在、羊の出産ラッシュを迎えている。毎日、三、四頭生まれ、既に三十数頭に達している。しかも、双子《エケル》が多く、実に八頭もの羊は双子を産んでいる。母親は深夜にも起きて、三回ほど見て回っている。疲れて寝てしまうが、その隙に産まれる。

「羊は大抵、夜明け前に仔を産むことが多い。起きるのが遅いと、凍死してしまう」、と母は明らかに疲労が溜まっているようだった。こういう時に、男は役に立たないのは、この前に私が一人で留守番をした経験で立証されている。産まれて来た仔を授乳させるのが苦手だ。父もそれを自覚し、深夜に見て回る仕事を担当している。産まれそうな牝がいると、部屋に戻って母を起こす。

「貴方が見て回っても意味はない。授乳もできないし」、と母は愚痴をこぼす。

仔が凍死してしまった母羊には、他の双子のうちの一頭を「養子」に付ける。狭い柵の中に牝と「養子」を一緒に入れて、二、三日過ごさせると、授乳するようになる。死んだ仔の匂いを「養子」に付けたりすることもある。既に触れたように、凍死しなくても、初産の牝でも仔を可愛がるが、授乳しない場合がある。そういう個体もまた「監禁用の狭い柵」に入れて、仔を受け入れるよう説得する。優しく母羊に声をかける場合もあれば、耳をちょぴっと叩いて叱ることもある。母はいつもまるで人間に話しかけているように羊達に接している。

仔を受け入れない個体と、「養子」を付けたものと併せて、母の介入で授乳する牝は七、八頭いる。昨年は旱魃で草の成長が悪く、牝達の体力が弱いと、仔の面倒を見たがらない傾向が強いという。

「羊も人間と一緒よ。自分も腹一杯にならないと、仔を捨ててしまうことがある。特に初産の羊は」、と母はこういう現象に慣れている。

近所のモンゴル人達と比べると、我が家はまだ良いほうだ。我が家には複数の柵があり、まるで遊牧時代のように順番で草原を使い分けている。牝達には飼料も早めに与えて来たからである。対照的なのは、オバのウランドティ家だ。柵は一切作らないし、飼料も基本的にやらない主義である。その為か、オバ家の牝達は乳の出が悪く、授乳もしたがらないという。そこで、卵と小麦粉で哺乳を始めたそうである。昔は小麦粉がなく、トウモロコシの粉を用いていたが、それを飲ませた仔羊はすぐに下痢をするし、育ちもよくないらしい。

昼間、牡達は南東方面の草原へ自由に出かけた。仔連れの牝達は南西方面の草原に向かったが、父は付きっきりで見張っている。狐に仔を攫われないようにするのと、新たに出産するのに備えている。母は複数ある小さな柵の中の母羊と仔の関係に介入している。授乳させたり、飼料をやったりしている。草原のモンゴル人にとって、春ほど忙しい時期はない。ろくに食事も摂れない場合がある。いつも朝にミルクティーをたっぷり作って魔法瓶に入れておく。昼も夜も、一日三食ともミルクティーと炒ったキビ、それにパンとチーズを食べる。

注

（1）内モンゴル自治区におけるモンゴル語教育の編成については、ウルゲン［二〇一五］とハスゲレル［二〇一六］による体系的な研究がある。

（2）オルドス西部に住んでいたオーノス・オボクの系譜については、楊海英［二〇二二：一一〇］を参照されたい。

●第二十八章　聖主チンギス・ハーンの御前にて

チンギス・ハーンの祭殿。明治神宮外苑の絵画館がモデルとされている。

四月十七日

沙嵐の旅路

両親は羊の出産で忙しいが、私は年に一度実施されるチンギス・ハーン祭祀を観察しようと思い、エジンホロー旗に行くことにした。オルドス・モンゴルはチンギス・ハーンを祀って来た万戸集団である。チンギス・ハーンの祭殿は八白宮と呼ばれ、一九五〇年代後半まで四季折々の祭祀があったが、中国共産党に禁止された。五百戸もあった特別な祭祀者集団も解散された。文革を経て、今や年に一度だけ、春の大祭だけが許されている。両親が忙殺されているのは分かるが、祭祀観察の機会も失いたくない。

「聖主《エジン》のところに行きなさい。家が羊で忙しいのは、毎年のことだから」、と両親も励ましてくれたので、私は朝のお茶を飲んでから、リュックに調査用のカメラやノートを入れて出発した。シャルリク・ソム政府所在地まで歩き、明日の早朝のバスに乗って、エジンホロー旗を目指す予定である。いつもなら、両親が馬で送ってくれるが、徒歩で草原を観察したいと言って、出発した。

あいにく、酷い沙嵐の日である。十メートル先は何も見えないくらい、台風並みの北西風が黄沙を巻き起こして咆哮している。数キロ歩いてから、道端に座って休もうとしたが、動いている沙は瞬時に足まで来て、埋もれそうになる。十五キロ弱の路を実に三時間もかけて歩いた。普段なら、二時間弱で走破できる距離である。

シャルリク・ソム政府所在地では父方のオジ、ドルジの家に行き、一夜の宿を頼む。それから、以前に話を聴いたスチンカンルの家に行く。彼女は貴族で、西公シャンの王女である。

「チンギス・ハーン祭祀を見に行きたい」、と私は彼女に伝える。

図13　オルドスを20世紀初頭に訪れたヨーロッパの宣教師が描いたチンギス・ハーンの祭殿。現代モンゴル人の証言と一致する形である（Joseph Van Oost, *Au Pays des Ortos*, 1932 より）

「聖主の祭殿をチョムチョク（ejen-ü čočuγ）という。現在の固定建築の祭殿が建つ丘陵の南、比較的小さな丘の北側斜面に張ってあった、二つの繫がった天幕だった」、と王女スチンカンルは過去を思い出した（図13）。

チンギス・ハーンの祭祀に携わる祭祀者のダルハト達は毎年、七、八人のグループで馬に乗って、軍神スゥルデの分身たるエルチ・スゥルデ（elčí sülde）を持って威勢よく西公シャンに訪ねて来る。供物を徴収しに来たが、祭殿の骨組みを修理する予定だとか、祭祀器具を新調する必要があるとか、必要性を述べていた。西公シャンも色んなものを献上するが、ダルハトはそれらを登録してから、後日また取りに来る。

西公シャンの貴族は毎年、「灯明用のバター（jula-yin tosu）」と羊の丸煮を持参する。普通の儀礼に使う丸煮をシュースと呼ぶのに対し、チンギス・ハーンの祭祀に献上するものは、オテュゲ（ötüge）と表現する。貴族達は祭殿に近づくと、その爵位に従って、下馬する場所が決まっている。

スチンカンルによると、ソム政府所在地に住んでいるモンゴル人の年配の人達や女性達は皆、ダンゼンの家で「マニ法会（mani-yin qural）」に参加しており、自分もこれから行くという。前にも述べたように、マニとは、仏教の神々を礼賛し、親孝行を勧める詩文である。独特な抑揚があり、女性達はそれを吟唱していると、感情が高ぶって涙を流す［Nasunbatu 1999: 9; Yang 2000: 6-8; Masjirγal 2009］。かつては父系親族集団のオボクごとにマニ法会をおこなっていたが、今日は親族集団ではなく、オープンに実施しているそうである。スチンカンルだけでなく、叔父のドルジも嬉しそうに参加しに行った。私は沙嵐の埃を洗い落とそうと部屋で休むことにした。沙嵐は夜通し、猛威を振るっていた。

四月十八日

モンゴル人参拝客

早朝六時のバスに乗ってシャルリク・ソムを出発し、途中、旗政府所在地のダブチャク鎮で別の長距離バスに乗り換え、夕方の六時にチンギス・ハーンの祭殿に着いた。祭殿はエジンホロー旗のホロー・ソム（旧人民公社）にある。ホローとは、祭殿の囲いを指していたが、転じて祭殿そのものを意味するようになった。かつてはまた、クレーとも呼ばれていた。

祭殿は標高一千四百五十メートルある高い丘陵の上に建ち、文革中は中国人に破壊され、塩の倉庫になっていた。私は一九八〇年秋九月中旬に、生まれて初めてホローの近くを通った。東勝市にある高校に行く途中のことであった。「昔、女性達は聖主の近くを通ると、頭飾りを使って顔を隠していたものだ」、と一緒に行っていた母親は話していた。嫁は義父の前で顔を隠すという、ユーラシアの遊牧民の習慣である。

ホローでは、祭殿の南にある旅館に入った。一晩、五元と安い。今日からモンゴル人参拝客が少しずつ増えて来るので、旅館は値下げしているという。

私はハンギン旗のイケ・ウソ（Yeke usus、「大いなる水」との意）人民公社から来た、ロライザンブ（Lorayizambu、四十九歳）という人と同じ部屋に泊まった。一般のモンゴル人参拝客達はどこから、どういう気持ちで祭殿を訪れるかについて知りたかったからだ。詳しくは後述するが、これが逆に中国の治安当局から問題視されたのである。

ロライザンブは僧《ラマ》の身分である。ハンギン旗のロウンジョー寺に出家していたが、内モンゴルが中国に占領されると、還俗を命じられた。成人してから結婚し、娘を一人儲けた。今の家は駱駝が二、三頭、(1)山羊と羊併せて百頭以上、ロバ二匹を放牧しているという。イケ・ウソ人民公社の人口は約九百人で、八割以上が侵入者の中国人である。

「モンゴル人の土地は全部、中国人に奪われた。モンゴル人として生まれた以上、聖主に参拝しないといけない」、とロライザンブは話す。

ロライザンブの仏門への憧れの気持ちは消えず、一九八〇年代に再び寺に戻った。彼によると、現在、ハンギン旗にはロウンジョー寺とシャラジョー、シャラテメート寺、それにウラーン・アグイ寺にごく少数のモンゴル人僧がいるという。そのうち、ウラーン・アグイ寺だけ政府から許可されていない。ハンギン旗の寺院もすべて文革中に中国によって破壊されたが、今ある数カ所の寺は十年前から少しずつ建て直されたものばかりだ。政府が許可した僧は二人で、高校を卒業した若者である。イケ・ウソ出身者が一人で、もう一人はホローンチャイダムの青年で、二人とも現在、北京の雍和宮でトブデン・ゲゲーン（一九二四～二〇二二）に師事して修行している。トブデン・ゲゲーンは元々、ハンギン旗のシャラジョー寺の高僧だったが、今は中国仏教協会の責任者になっている。

ハンギン旗の寺は地理的にもバヤンノール盟のメルゲン・キイト寺に近かったことから、その影響を受けていた。メルゲン・キイト寺はモンゴル語で読経していたことで、広く知られていた。

「チベット語で読経しても、一般の信者には何の意味かも伝わらないので、意味がない」、と歴代のメルゲン・ゲゲーンはそう認識していた。しかし、メルゲン・キイト以外の僧達はチベット語で読経するのを知的だと信じていた。研究者が英語で論文を書くのを自慢するのと同じだったかもしれない。

ロライザンブは初めて八白宮に参拝に来たと言う。チンギス・ハーンの祭殿を訪れ、祭祀に参列することをモンゴル人達は「聖主に跪拝する（ejen-dü mörgükü）」、と表現する。一族の祖先はかつて毎年欠かさずに参拝していたし、自分の時代になってから中国共産党にずっと禁止されて来たので、参拝の気持ちが年を追うごとに強まった。彼の父は毎年、駱駝に簡易テントのマイハンを載せて、イケ・ウソから五、六日間かけて旅して来ていた。帰りもまた同じくらい時間を要した。ロライザンブは私より先に来て、聖主に参拝してから展示場を何回も見学したという。

　聖主が生きておられた時代の銀碗と指輪、武器と馬車、それに手写本等、どれも我がモンゴルの歴史を伝えているので、感動した。七百数十年も前の物を目撃して、涙が出た。今度帰ったら、秋までに娘と妻を連れて来る予定だ。二人は私に五十元のお金を旅費として持たせた。色々とチンギス・ハーン関連の品物を買って帰る予定だ。

ロライザンブは展示品をすべて本物だと認識しているようだ。実際は、レプリカばかりである。本物は中国に破壊されたからである。本物だと信じ込んでいるロライザンブに私は事実を伝える勇気を持たなかった。

監視される闇の中で

私はまた旅館のフロントにいた、目の大きいモンゴル人女性（匿名希望、十九歳）に話を聴いた。彼女はホローの西、ウーシン旗の東部と隣接するタイガ・ソムの出身である。かつてのジャサク旗である。ジャサク旗は乾隆元年にウーシン旗から分かれて成立した旗である。

彼女によると、ホローには現在、五十六人の服務員がいるという。女性二十一人で、男性三十五人（写真28―1）で、うち中国人は二人。全員、歌と踊りの上手い青少年で、モンゴル語中学校卒以上の学歴を持つ。普段は服務員として旅館やレストランで働くが、イベントがある時には歌舞団員に変身する。また、祭殿内の解説係や観光用の施設でガイドを務めることもある。中国人二人のうち、一人はその父親がオルドス歌舞団員で、もう一人は幹部の娘だという。給料は五十八元で、年に一回、四十元のボーナスも出る。

写真28-1　八白宮で服務員として働くモンゴル人青年達（1992年4月19日）

このように親しくなった女性だが、数日後、私は彼女に助けられて、中国の治安当局の厳しい取り調べに対処できたのである。

少し時間があったので、日が落ちる前に祭殿へ参拝した。祭殿内にはチローンバートル（Čilayunbayatur、四十代）という祭祀者ダルハトがいた。私は供物の酒と儀礼用の絹ハダクを献上した際に、彼は私の名前を聞いて来た。そして、ちゃんと私の名前を聖主チンギス・ハーンに伝えてから、祈祷文ユルールを唱えてくれた。

祭殿から出たら、写真屋が二、三軒あった。モンゴル服を着て撮影しないか誘われた。数日後にプリントして渡すか、家に送ってあげると言われた。私は実家の住所を書いて渡したが、日本に帰るまで届かなかった。後で分かったが、写真屋もアイスキャンディー売りも、ゴミ収集者も全員、治安当局者が扮していたのである。彼らはモンゴル人を撮影しながら、どこから、誰が来たかの情報を集めていたのである。

夜、私は八白宮と隣接する「チンギス・ハーン陵研究所」所長のシャラルダイ（Šaraldai、五十代）の家に行き、挨拶した。彼は優れた民族誌『黄金オルドの祭祀（*Altan Ordun-u Tayily-a*）』をサインジャラガルと共同執筆で上梓していた［Sayinjiryal & Šaraldai 1983］し、私も民博で小長谷有紀と読んでいた。そして、私は小長谷有紀の著書『モンゴルの春』を手渡した。小長谷とシャラルダイは旧知の間柄である。

シャラルダイは語る。

八白宮は「天の御子チンギス・ハーン」を祀っている。天とは「永遠なる蒼天」、「天幕に住む遍くユーラシアの遊牧民」を指す。天が不滅なのは、それを奉る遊牧民が力を持っているからだ。天を祀る思想はすなわち、人間を大切にする哲学である。天を崇拝するのは、モンゴルの民族精神である。死は一回だけ、誰にも訪れる。しかし、天は死ぬことなく、万世にわたって生き続ける。モンゴル人は「天の民」であり、不滅の民族である。このような哲学は長城の南に住む中国人の思想とは根本的に異なる。

チンギス・ハーンの八白宮を中心に、オルドス各地に様々な祭殿白宮があった。それはすべて「シュテーン」と呼ばれ、一種の守護神であった。各守護仲には固有の祭祀者集団がいた。一九五四年に中国政府の命令で各地の守護神が一カ所、すなわちエジンホロー旗に集められた。その際、ダルト旗の守護神だけは現地に残された。その守護神はオゴダイ・ハーンの肩甲骨（dalu）だった。

その後、一九八〇年代に入り、モンゴル人達の一部は再び、守護神の返還を求めて来た。シャラルダイはそうした動きに賛同した。というのも、守護神は各地にあって、モンゴル人の身近な精神的な支えになった方がいいと考えたからである。オルドスだけでなく、自治区東北のハラチン部のモンゴル人にも軍神「黒いスゥルデ」の分祭を許可した。また、甘粛省の興隆山にも「チンギス・ハーン記念館」の設置を支援した。一九三九年に八白宮の一部が甘粛の奥地に移転されたことがある。日本軍と徳王がそれを入手しようとしていたので、国民政府が移転を命じたからである。その興隆山もまたチンギス・ハーン縁の聖地となったのである。

各種の祭殿や守護神は本来ならば、蒼天の下、草原に立っていたが、中国政府がそれらを固定建築内に入れた。現代は固定建築の時代だ、と認めざるを得ない。「現代中国の統治が終われば、モンゴルの守護神達はまた草原に戻る日が来る」、とシャラルダイは未来を予測しているように話す。

今年一九九二年はチンギス・ハーン生誕八百三十周年にあたり、八白宮でも記念活動を企画しているが、中国政府からの圧力が強く、何も実現しない可能性が高い。圧力に対応する為に、祭祀者ダルハトは主催者ジョノン（晋王）にあたるエルデニオチル(2)（Erdenivčir、六七歳、中国名は奇宝璽）と相談しているそうだ。エルデニオチルは郡王旗の王トゥブシンジャラガル郡王の四番目の息子である。「天には太陽と月の二つ、モンゴルにはハーンとジョノンの二人」と言われるように、ジョノンはモンゴルの右翼三万戸のリーダーとして、全モンゴルの八白宮祭祀の主催者であった。

祭祀者としてのシャラルダイはとても威厳のある人物である。彼は私を含め、今の若者達がモンゴル人としての闘争精神を維持しないと、民族の将来は危機的だ、と語る。その点はモンゴル人のチンギス・ハーン観にも現れているという。

八白宮の祭祀は単なる民俗的な風俗習慣ではない。全モンゴルの政治大祭である。まず、その点を正しく認識しなければならない。

今の若いモンゴル人達はチンギス・ハーンの復活を夢見るが、復活はない。チンギス・ハーン時代に憧れ、自分もその時に生まれていれば英雄だったと夢想する。そのように空想するよりも、一人ひとりがモンゴル人の独立不屈と草原を守る哲学を忘れずに努力し、チンギス・ハーンの精神を継承していけば、モンゴルは発展する。

シャラルダイによれば、チンギス・ハーン信仰は宗教ではない。「チンギス・ハーンは天の御子だが、盲信してはいけない」、と彼は話す。モンゴル人は如何なる宗教も排除しないが、特定の宗教に無原則に帰依しても困る。チンギス・ハーン時代も色んな宗教がモンゴルに伝わり、信仰の自由が確保されていたが、盲信したり、宗教に束縛されたりはしなかった。宗教信仰の自由をモンゴル人が推進して来たのは、人の思想と精神的活力を生かす為だった。チンギス・ハーンの盟友達の中にはムスリムも多かったし、クリスチャンもいた。

「ラマ教は良い宗教だろうが、モンゴルの発展に寄与しなかった。逆にモンゴル人はラマ教を盲信したことで、長い停滞期に入った」、とシャラルダイは指摘する。このように、シャラルダイは今のモンゴル人の信仰の在り方と、中国政府による信仰の自由を制限する政策に批判的である。

四月十九日

警察と巡礼者

朝早く起きて祭殿の写真を撮る。その後、旅館の食堂でモンゴル風のミルクティーを飲む。チーズと炒ったキビ、そしてバターと羊肉もあり、我が家と変わらないくらい美味しかった。午前中は祭殿内で祭祀者ダルハトのグルジャブ（Gürjab、五十一歳）とチローンバートルらに会い、話を聞きながら参拝客の様子を観察した。二人の祭祀者は私の調査に協力的で、普段は許可されていない殿内での撮影も許してくれた。チローンバートルは「チンギス・ハーンの四人の駿馬（dörben külüg）」と称される将軍の一人、ケレイト・オボクで、アラルート・ヤスのボグルチの三十七代目の子孫である。

殿内から出てから本屋に入り、本を数冊、百八十元くらいで購入した。本屋の前に石碑が一体立っていた。良く見ると、「大元加封詔」とある。寸法を測り、碑文を書き写した（写真28―2）。元朝の皇帝が孔子に爵号を与えた事実を伝えている石碑[3]である。

写真 28-2　八白宮の前に立つ孔子に爵号を与えた経緯を記した大元加封詔碑。（1992 年 4 月 19 日）

昼は食堂でモンゴル人服務員達と一緒に羊の煮込み料理を食べた。その席上で自己紹介することになり、私は日本から来た大学院生だと本当のことを話してしまった。すると、一人の太った青年が「何？ 日本からだと」、と大きな声で反応した。変わった人だと思いながら、嫌な予感がした。その後判明するが、彼は警察官で、同じテーブルにはまた複数の私服の公安関係者がいたのである。彼らはその時からずっと私に尾行し続けていた。私が誰に会い、どんな話を聞いているかも全部、把握されていた。そして、私が殿内で撮った写真もフィルムごと没収されてしまう。詳細については、後に述べる。

午後、祭殿の東側にあるバヤン・チャンホクという南北に広がる平野に行ってみた。かつて一九五四年まではオルドス各地から集まって来た守護神達がこの平野に集まる（図14）。平野の中心を小河が流れ、典型的な遊牧民の夏営地である。その為、ここに集まって実施される八白宮の祭祀はまた「夏の湖祭」とも呼ばれている。現在は四月だが、「オルドス暦六月」になるので、初夏に当たる。

バヤン・チャンホク平野には「チンギス・ハーンの二頭の駿馬」と「八頭の卵白色馬」、それに「チンギス・ハーンの九十九頭の馬からなる馬群」が悠然と草を食んでいた。この

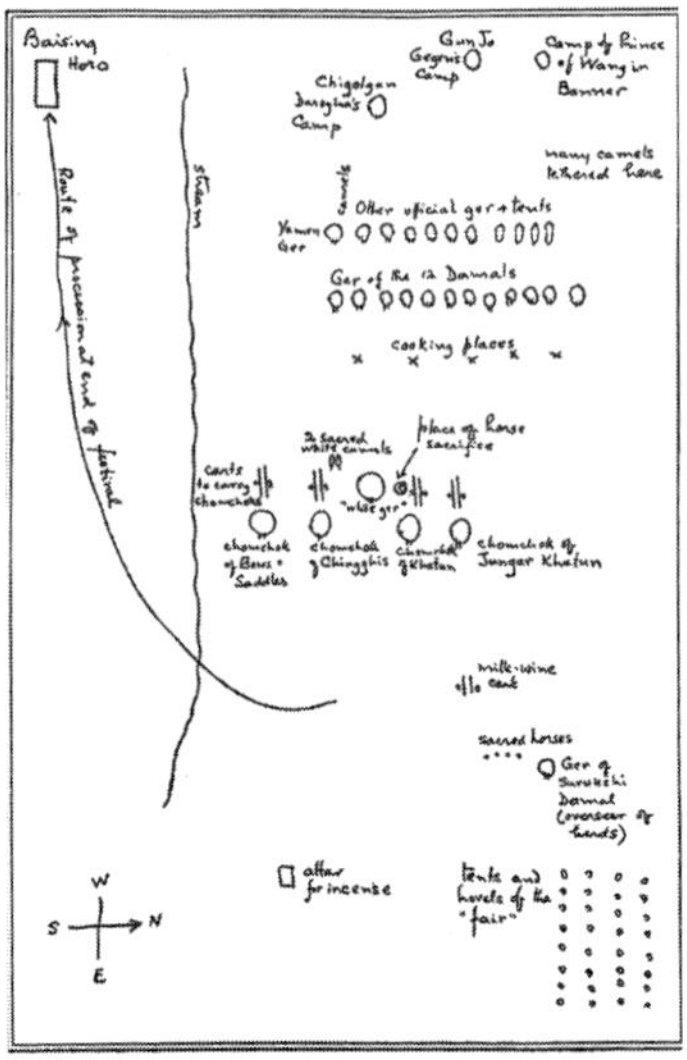

図 14　1935 年 4 月の大祭時の八白宮とオルドスの有力者達の設営風景。（Owen Lattimore, *Mongol Journeys,* 1975 より）

ような数字で表現される各種の神聖な「馬群」であるが、現在は実際、たったの数頭しかない。一九五四年までは「二頭の駿馬」はオトク旗に、「八頭の卵白色馬」はジュンガル旗の草原に、「九十九頭の馬からなる馬群」は各旗に放たれていた。中国政府が祭祀を禁止し、家畜を公有化したことで、絶滅に近い状態に追い込まれたのである。例えば、今ある「卵白色馬」は一九八八年にオトク旗から見つけたものである。祭祀の時には「チンギス・ハーンの鞍」を付けて、「黄金の駒繋ぎ」という祭祀者が牽いて立つ。モンゴル人達はこの神馬にお辞儀をし、祝福してもらう。

　バヤン・チャンホク平野の南は現在、観光地として利用されている。モンゴル帝国時代の馬車や牛に牽かれる天幕オルド（yabuyul ordu）のレプリカがある（写真28―3）。平野の近くで、ホニチン・オボクのロブサン（Lubsang、五十歳）という旧郡王旗出身のモンゴル人が観光地の管理人として住んでいる。ロブサンによると、観光は今後ますます重要性を増して来るので、中国人も一層増えるだろうと心配していた。ロブサンのテント内で私は内モンゴル自治区西部のバヤンノール盟から参拝に来ていたバトジャブ（Batujab、七十五歳）という、貴族出身の人物に出会った。

　バトジャブは元々ダルト旗ソハイート（Suqayitu）地域に住んでいたが、中国人の侵入を受けて北上し、黄河を渡ったところのウラト前旗ウラーンホグ（Ulayanquyu）に避難した。現在のソハイートには約百戸のモンゴル人が残っているそうである。

　バトジャブは遠いバヤンノール盟から八日間もかけて、歩いて来たという。ウラーンホグから出発して黄河を南へと渡る。それからダルト旗のウラーン人民公社を通ってチャイダム、グンウソ、高頭窰電廠、陳梁、馬窪廟等の地を通って徒歩で訪ねて来た。

「歩くことの意義は何だろう」、と私は思わず聞いてみた。

　自分の足で聖主の近くまで歩いて来るのは、敬意を高める為である。少しずつ歩き、近づくにつれ、偉大な祖先にして神であるチンギス・ハーンへの敬愛の感情も次第に高まって来る。八白宮に参拝に来ることは、一種の巡礼（mörgültü）である。

バトジャブは三十歳の時、一九四七年に一度、八白宮の大祭に参加したことがある。当時はダルト旗のソハイートから三日間かけて歩いた。北のハルハも含め、モンゴル高原全土からの参拝客はウルゲ（örge）という組織に編入されてから、組織的に祭殿に参詣していた。バトジャブのようなダルト旗のモンゴル人達は「アルタイ・ウルゲ」を編成していたという。馬で来た参拝者はそれぞれのウルゲのところで下馬し、徒歩で祭殿に向かった。

写真 28-3　観光用に復元されたモンゴル帝国時代の宮殿。（1992 年 4 月 19 日）

その後、社会主義時代になると、参拝は禁止され、モンゴル人民共和国からの参拝客も来られなくなった。文革中、バトジャブはほとんどのモンゴル人と同様に、「民族分裂主義者の内モンゴル人民革命党員」とされ、中国人から十年間も虐待された。

夕方、ダルハト達は供物用の羊を用意していた。かつてはオルドス七旗から四十九の馬の丸煮（adaγun ötüge）もこの日に届いていたが、今やない。

清朝と中国による祭祀者の再編

夜、グルジャブの家で遅くまで話を聞いた。

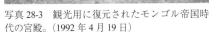

グルジャブはモンゴルの習慣に従い、成人した十三歳の時にチンギス・ハーンの祭祀者ダルハトになった。彼の一族は名門中の名門で、代々、太師の爵位を持つ身分である（系譜図2）。その祖父は一九一一年に独立前夜のモンゴル高原から来た著名なモンゴル学者ジャムツァラーノを受け入れていた。ジャムツァラーノはブリヤート・モンゴル人で、八白宮をオルドスからモンゴル高原へ移し、独立国家のシンボルにしようという密命を帯びていた。

既に述べたように、ダルハトは五百戸いたが、中国が内モンゴルを占領してから解散を命じ、現在はグルジャブとチローンバートル、それにバヤンチンケルの三戸だけである。この三人の他に、グルジャブの息子ベレクをはじめ、サイワンジャブ、ハサ、セディという四人の若いダルハトがいる。四人の若者の身分は「臨時雇い」で、計七人のダルハトが七百数十年間も続いて来た祭祀を維持している。ダルハトが置かれている現状を知り、私は思わず深い敬意を抱くようになった。そして、長い歴史と伝統ある祭祀を禁止した中国の文化抹消

系譜図 2

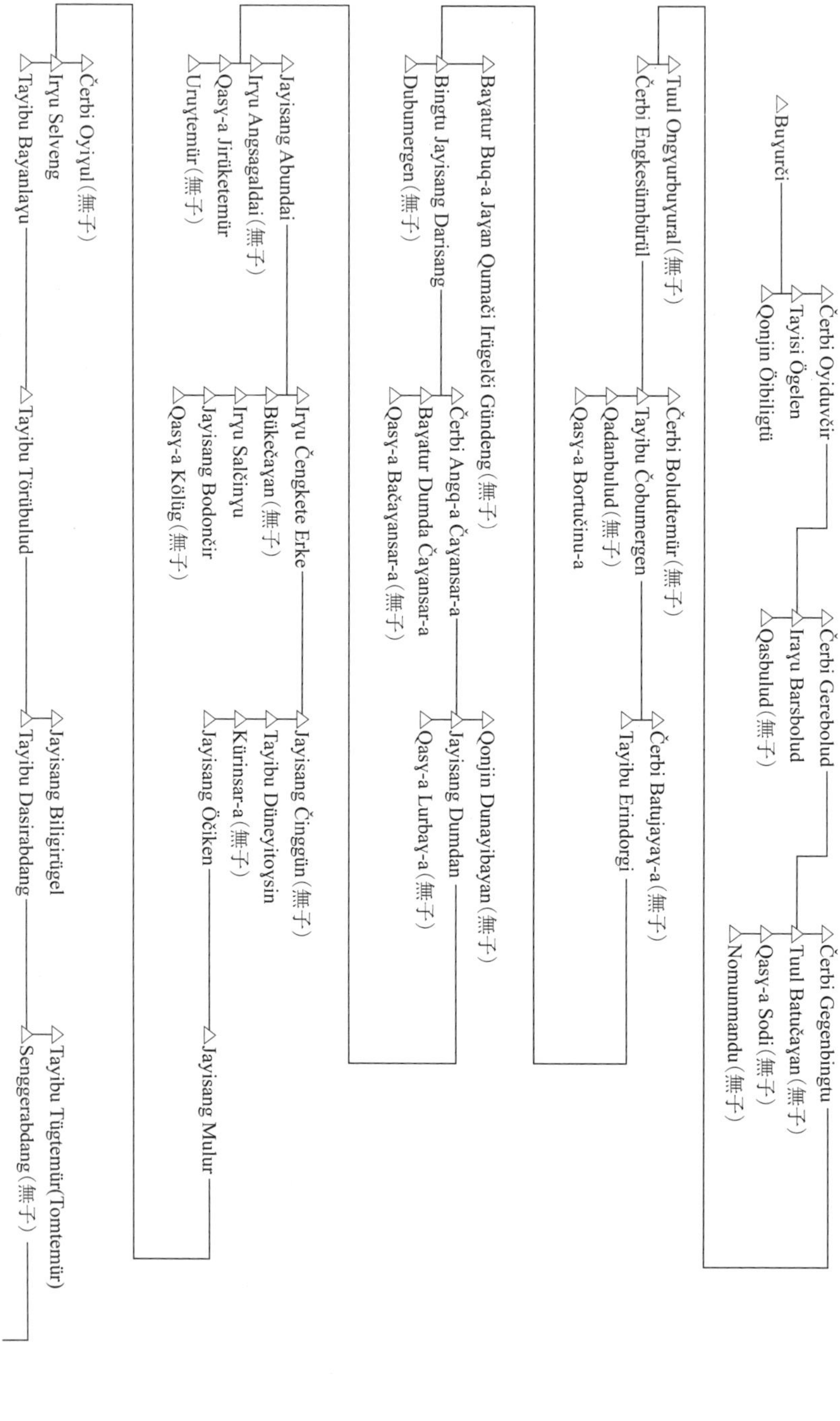
△Buɣurči
△Čerbi Oyiduvčir
△Tayisi Ögelen
△Qonjin Öibiligtü
△Čerbi Gerebolud
△Iraɣu Barsbolud
△Qasbulud（無子）
△Čerbi Gegenbingtu
△Tuul Batučaɣan（無子）
△Qasɣ-a Sodi（無子）
△Nomunmandu（無子）
△Tuul Ongɣurbuɣural（無子）
△Čerbi Engkesümbüril
△Čerbi Boludtemür（無子）
△Tayibu Čobumergen
△Qadanbulud（無子）
△Qasɣ-a Bortučinu-a
△Čerbi Batujaɣaɣ-a（無子）
△Tayibu Erindorgi
△Baɣatur Buq-a Jaɣan Qumači Irügelči Gündeng（無子）
△Bingtu Jayisang Darisang
△Dubumergen（無子）
△Čerbi Angq-a Čaɣansar-a
△Baɣatur Dumda Čaɣansar-a
△Qasɣ-a Bačaɣansar-a（無子）
△Qonjin Dunayibayan（無子）
△Jayisang Dumdan
△Qasɣ-a Lurbaɣ-a（無子）
△Jayisang Abundai
△Iryu Angsagaldai（無子）
△Qasɣ-a Jirüketemür
△Uruɣtemür（無子）
△Iryu Čengkete Erke
△Bükečaɣan（無子）
△Iryu Salčinyu
△Jayisang Bodončir
△Qasɣ-a Kölüg（無子）
△Jayisang Činggün（無子）
△Tayibu Düneyitoysin
△Kürinsar-a（無子）
△Jayisang Öčiken
△Jayisang Mulur
△Čerbi Oyiyul（無子）
△Iryu Selveng
△Tayibu Bayanlaɣu
△Tayibu Törübulud
△Jayisang Biligrügel
△Tayibu Dasirabdang
△Tayibu Tügtemür(Tomtemür)
△Senggerabdang（無子）

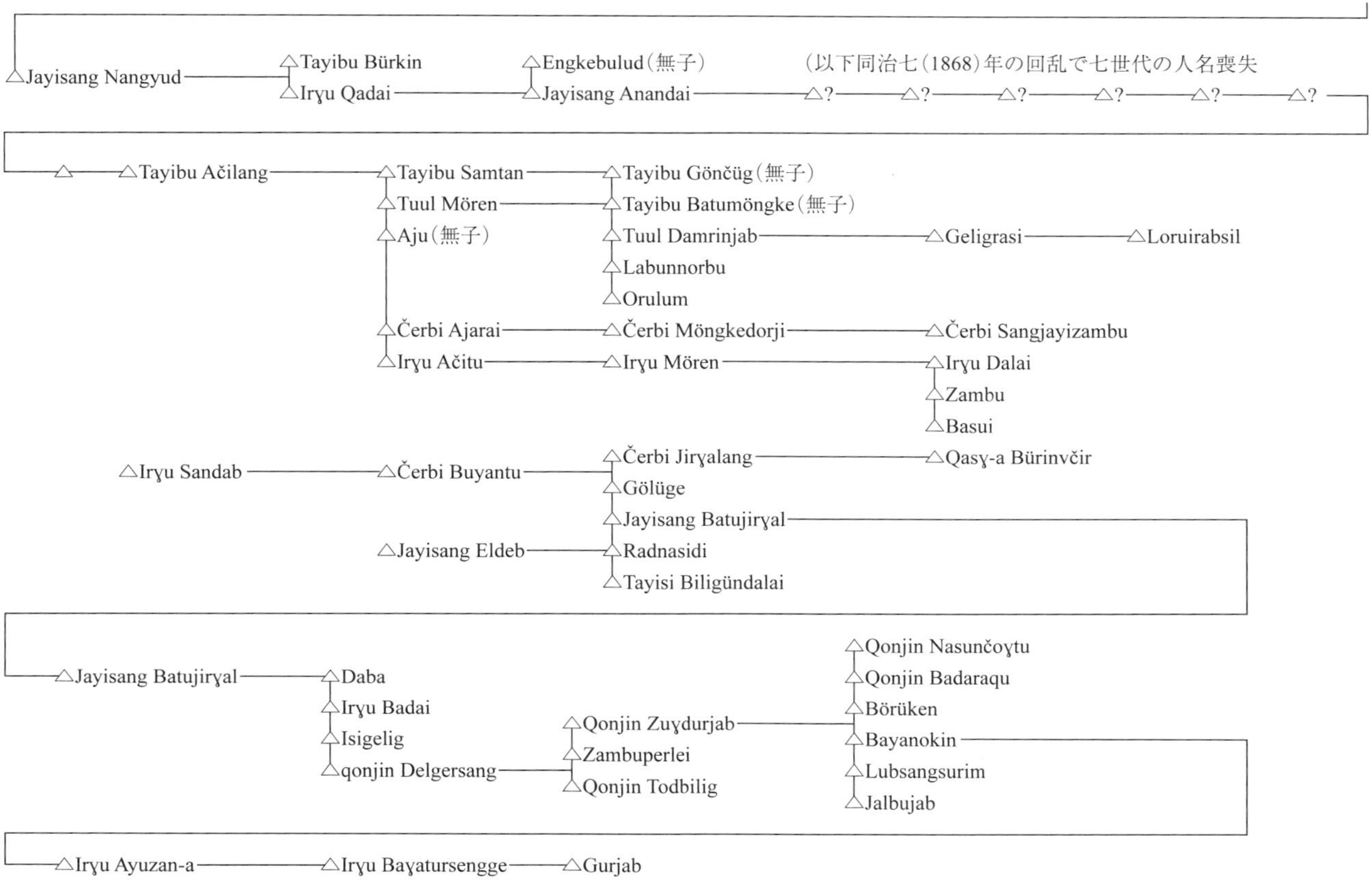

△Jayisang Nangyud
△Tayibu Bürkin
△Iryu Qadai
△Engkebulud(無子)
△Jayisang Anandai
(以下同治七(1868)年の回乱で七世代の人名喪失
△?
△?
△?
△?
△?
△?
△
△Tayibu Ačilang
△Tayibu Samtan
△Tuul Mören
△Aju(無子)
△Čerbi Ajarai
△Iryu Ačitu
△Tayibu Gönčüg(無子)
△Tayibu Batumöngke(無子)
△Tuul Damrinjab
△Labunnorbu
△Orulum
△Geligrasi
△Loruirabsil
△Čerbi Möngkedorji
△Čerbi Sangjayizambu
△Iryu Mören
△Iryu Dalai
△Zambu
△Basui
△Iryu Sandab
△Čerbi Buyantu
△Čerbi Jiryalang
△Qasy-a Bürinvčir
△Gölüge
△Jayisang Batujiryal
△Jayisang Eldeb
△Radnasidi
△Tayisi Biligündalai
△Jayisang Batujiryal
△Daba
△Iryu Badai
△Isigelig
△qonjin Delgersang
△Qonjin Zuydurjab
△Zambuperlei
△Qonjin Todbilig
△Qonjin Nasunčoytu
△Qonjin Badaraqu
△Börüken
△Bayanokin
△Lubsangsurim
△Jalbujab
△Iryu Ayuzan-a
△Iryu Bayatursengge
△Gurjab

政策に対する怒りもまた心頭に沸き起こった。

チンギス・ハーンを祀る八白宮の祭祀は民間の行事ではなく、全モンゴルの政治大祭だった。歴世の大ハーンは必ず八白宮の前で即位するか、即位後に直ちに参拝しなければならなかった。参拝してはじめて正統な大ハーンとして全モンゴルを統合できるようになる。

五百戸の祭祀者ダルハトは大小二つの部（yeke bay-a qoyar tal-a）に分かれる。その内、チンギス・ハーンの八白宮を祀る祭祀者は「大部（yeke tal-a）」で、軍神スゥルデの祭祀に携わる者は「小部（bay-a tal-a）」になる。「大部」ダルハトは八大ヤムタト（yamutad）に統率され、それぞれ決まった日にちの祭祀を司る。その八大ヤムタトは以下の通りである。

太師（Tayisi）：「オルドス暦の九月（太陰暦六月）」の十日の祭祀を主催

太傅（Tayibu）：オルドス暦の九月（太陰暦六月）」の二十日の祭祀を主催

マンナイ（Mangnai）：オルドス暦の九月（太陰暦六月）」の十七日の祭祀を主催

ホンジン（Qongjin）：「オルドス暦の九月（太陰暦六月）」の二十日の祭祀を主催

グケー（Göke）：オルドス暦の九月（太陰暦六月）」の十七日の祭祀を主催

ガスガー（Qasq-a）：「オルドス暦の九月（太陰暦六月）」の十七日の祭祀を主催

チェルビ（Čerbi）：「オルドス暦の九月（太陰暦六月）」の十七日の祭祀を主催

宰相（Zayisang）：「オルドス暦の九月（太陰暦六月）」の二十日の祭祀を主催

八大ヤムタトの中でも、太師と太傅、それに宰相とホンジン等「四大ヤムタト」はフビライ・ハーンが任命した役職である。その後、清朝時代の一七二〇（康熙五十九）年には更にグケー等四つの爵位を追加され、「八大ヤメトド」に増えた。太師と太傅はチンギス・ハーンの側近ボグルチを祖先とし、相互に結婚しないが、他のヤムタトとは通婚可能である。

清朝政府はまた五百戸のダルハトを六つのハラー、十八のゲシクに再編成した。ハラーの長官はダーマル（dayamal）と呼ばれた。ダーマルはダルハトの名簿を作成し、モンゴル各地から調達して来た祭祀用品を管理していた。勿論、古代からの伝統に従い、ダルハトは一切の税金と公務、労役等から免除されていたのである。

八つの白い守護神の構成

八白宮は文字通り、「八つの守護神（naiman sitügen）」、「八人の主君（naiman ejen）」からなる。年に一度の大祭、「夏の湖の祭」に参加する為、「オルドス暦の六月（太陰暦四月）十八日」までに、オルドス各地に分散して祀られていた「八人の主君」はアルタン・ガンディル峠に集まらなければならなかった（前掲図14）。ここに「大いなる主君チンギス・ハーンと第一夫人のボルテ」の白宮が普段から置かれているからである。「八人の主君」は以下の構成である。

写真 28-4　駱駝が牽く車に乗せた八白宮。中世の天幕の古いスタイルを残していると見られている。（Owen Lattimore 1938 より）

一、チンギス・ハーンと第一夫人のボルテの白宮：二つの繋がった天幕（チョムチョク）で、普段はアルタン・ガンディル峠と向かい合う、南の峠の北斜面に張ってあった。ダルハト達はこの天幕をイケ・エジン（yeke ejen）、「大主君」と呼ぶ。「大主君」は白い駱駝が牽く、大きな車に乗せて動く。その駱駝は、アラシャン・モンゴルが提供したものである（写真28－4）。八白宮を構成するチンギス・ハーンの祭殿チョムチョクが車に乗せてあった cart tent だった点は、奇しくも中央アジアのテュルク系遊牧民ノガイの天幕と近似していたという指摘がある。それは遊牧民の尤も古い形式の天幕だった可能性が高いと見られている［Andrews 1999: 3-30; Gervers, and Schlepp, Wayne 1997: 93-116］。

二、第二夫人ホランの白宮：バガ・ホローとも呼ばれる天幕で、ジャサク旗のシニ・ジェール（新街）の東にあった。

三、第三夫人イェスゥイと第四夫人イェスガン姉妹の白宮：ジュンガル旗に置かれていた天幕である。

四、「褐色の高きもの」[4]と称する馬乳酒桶：神聖な桶で、ジュンガル旗に置かれていた。

五、弓矢の白宮：アルタン・ガンディル峠の近くの天幕内で祀られていた。[5]

六、手綱の白宮：手綱は上下二つに分かれ、「上の手綱（degedü jiloɣ-a）」は東勝市の西、ダルハン・ホーライにあった。「下の手綱（doudo jiluɣ-a）」はチャガン・デレスで祀られていた。

七、文書館シャンの白宮：祭祀用の古文書や年代記を保管する天幕で、アルタン・ガンディル峠にあった。

八、卵白色馬の白宮：馬そのものが守護神で、ジュンガル旗の東部、黄河沿岸の草原に放たれていた。

このように、八つの守護神はチンギス・ハーンの四人の妃達の宮帳オルドから発展して形成されたもので、乳製品入れや武器、文書、馬等も神聖な遺品として吸収されている。

八白宮祭祀の主催者はジョノン（晋王）である。現在、祭祀者達は旧郡王旗の最後の王だったエルデニボルト（Erdenibolud、六十五歳、奇忠義）のオジ、エルデニオチルをジョノン（写真28—5）として迎えているが、中国政府は認めようとしない。中国は八白宮祭祀を単なる「民間行事」、「モンゴルの民俗の一つ」として極力矮小化し、政治色を否定しようとしているからである。

かつては、「オルドス暦の六月（太陰暦四月）十八日」にオルドスの七旗の王とジョノン、全モンゴル各盟や旗の代表らも集まらなければならなかった。各旗からの王や貴族、一般の参拝者達はそれぞれの位に沿って参集する場所ウルゲが決まっていた。王達は青色のシルクで飾った天幕を張り、聖主の祭殿に参拝する時も各旗からの指揮者の指示に従っていた。各種の儀礼に王と王位継承者（jalγamji）は参加するが、妃達は天幕内に留まり、遥拝していた。

八白宮祭祀の中に、「九十九頭の白き牝馬の乳を九十九の蒼天に振り撒く」という儀礼がある。その儀礼は今、深刻な影響を受けている。中国政府は農耕を進め、牧畜を禁止した為、馬乳の確保が出来なくなったからである。そこで、ジョノンのエルデニオチルはエジンホロー旗政府の近くに牧場を作って馬を飼い、何とか馬乳酒を醸している。彼の夫人アルタンチチクは一九四九年以前から王府で暮らした経験があるので、各種の儀礼に詳しい(6)。

写真28-5　チンギス・ハーン祭祀の主催者ジョノン、エルデニオチル。祭殿の前、八白宮を運ぶ駱駝車の前に立ち、写真撮影に応じてくれた（1992年4月23日）

共産党政権が現れる以前、郡王旗をはじめ、オルドス七旗の貴族は旧正月を迎えるにあたり、大晦日を八白宮で過ごすが、今は中国に禁止されている。勇気を出して来ているのはエルデニオチルとウーシン旗の王の末裔チャガーライ（Čaγalai）くらいである。他の王達は中国に殺害されるか、逮捕されたからである。

インタビューの途中、突然、停電となったので、旅館に戻って寝た。私は祭祀者から聞いた話に満足していたが、実際は既に秘密警察に完全にマークされていたにもかかわらず、何も察知していなかったのである。

四月二十日　強風

一般参賀の儀礼

朝六時に起きて、祭殿オンゴンに行く。まだ、誰も来ていなかった。六時半になって、ようやくグルジャブが現れた。夕べは十二時にやっと寝たが、疲れが溜まっているという。停電の為、水もなく、供物の丸煮オテュゲの調理もできていない、と焦っている。明日の二十一日は例年のように雨か風になるだろう、と彼は話す。

祭祀者グルジャブの家でお茶を飲む。昨夜誘われたし、話の続きも聞きたかったからである。お茶を飲んでいる途中も、若い祭祀者達や、元ダルハト達がしきりに訪ねて来る。中国は五百戸の祭祀者のダルハトを強制的に解散し、文革中は熾烈な弾圧を加えたが、それでも、近年では祭祀の日になると、自らの意志で手伝いに来る人達が増えているそうである。

お茶を飲んでからグルジャブについて祭殿に入り、一般参賀の儀礼の進行をじっくり観察した。儀礼は以下の通りに実施された。

七時：ある若いダルハトがその父親のバイクでやって来た。グルジャブが彼に指示を出す。

八時：火を熾し、供物の羊の丸煮オテュゲを調理する。塩と調味料は一切使用しない。グルジャブは殿内でチンギス・ハーンの天幕チョムチョクの前で灯明をつけ、「主君の賛歌」を唱える。疲労の為か、声がかすれている。続いて王冠（レプリカ）を祭殿に迎え入れる。

十時四十分：丸煮オテュゲを殿内に運び込む。祭祀者の一人、ジローチン（jiluyačin、手綱屋）にモンゴル服がなく、他人から借りることになった。

祭祀は午後十三時十分からスタートした。かつてはオルドス七旗の王達の集団参拝の儀礼だったが、中国共産党に支配されている現在、貴族は誰一人として来られない。政府のモンゴル人高官が参加するだろうと期待していたが、それも実現しなかったので、事務局の職員や服務員、それにダルハトの家族ら計三十数人で開始した。歴史的に参加を許されなかった中国人も何故か、一人いた。モンゴル人達は皆、露骨にその中国人を嫌っていた。

まず、儀礼用の絹ニンダル（nindar）を殿内の五つの守護神と殿外の三主君に献上する。殿外にあるのは馬乳酒入れの「褐色の高きもの」と手綱、それに卵白色馬の三つである。殿内の宮帳チョムチョクの扉の上、弓矢はケースの上にそれぞれ

写真28-6　チンギス・ハーンの神馬、「八頭の黄色い馬」の転生に儀礼用の絹を捧げる祭祀者グルジャブ（右）。（1992年4月23日）

ニンダルを飾る。

　卵白色馬は祭殿の外の東側で、北西に向かって立つ。その馬には神聖な鞍を付けられ、手綱を牽く者が傍に立つ。ニンダルは馬の鬣に付ける。「褐色の高きもの」は馬の南に置かれ、ニンダルをその取手に巻き付ける。祭殿の西側には二頭の黄色い馬シャルガが立ち並び、やはり手綱を牽く者が近くに寄り添い、ニンダルを鬣に結び付ける。これらの三つの守護神の前に香炉が置かれ、香を焚く(7)。また、小さな供机の上に茶とパンを供える。卵白色馬はチンギス・ハーンが蒼天に捧げた馬の生まれ変わりで、二頭のシャルガは『モンゴル秘史』にも登場するチンギス・ハーン一族が所有していた「八頭の黄色い馬」の転生とされている。ダルハトはまず卵白色馬に、続いて「褐色の高きもの」、そしてシャルガ馬へ酒と絹を献上する（写真28―6）。

　次は灯明を献上する。事前に用意した灯明を祭殿内の五つの守護神の前に飾る。祭殿外では風が強いので、灯明の代わりに灯籠を飾ることになった。

　祭殿の中で、祭祀者はチンギス・ハーンと第一夫人の前に灯明を置いた後は羊の丸煮オテュゲを献上する。ダルハトのグルジャブは「儀礼用絹ニンダルの祈祷文（nindar-un irügel）」を朗誦し、チローンバートルは「灯明の祈祷文（julan-u irügel）」を読み上げた。私を含め、殿内にいた一同は九回、跪拝の礼をした。

　続いて炉を祀る（γolumta-yin takilγ-a）。グルジャブが丸煮オテュゲの脂肪尾と四つの脛骨（šaγ-a čimüge）から少しずつ肉片を切り取り、火に入れる。この供物をミラート（milaγutu）という。跪いていた一同を前にして、チローンバートルが「主君の賛歌」を吟唱し出すと、私達は唱和し、全員で一緒に唱えた。厳粛な雰囲気の中で、老齢のダルハト達は涙を流していた。そして、「軍神スゥルデの賛歌」を朗誦する番になると、女性達は沈黙した。軍神の賛歌は男性達だけが詠むものとされている。詠み終わると、一同は三回、跪拝した。

　チローンバートルは次に「祭史オチュク（öčüg）」を唱える。チンギス・ハーン一族の祖先から始まり、モンゴルの歴史上の重要な人物達の名前が延々と続き、オルドス七旗の王達まで至る(8)。一同はそれを聞きながら、モンゴルの歴史を復習しているような気分になる。

　祭史オチュクを読み終わると、二人の若いダルハトは銀製

写真 28-7　聖なる主君達へ酒を捧げる風景。（1992 年 4 月 23 日）

写真 28-8　献酒の儀礼をおこなう祭祀者のチローンバートル（左）。（1992 年 4 月 23 日）

の酒杯（bariγul）と酒を入れた壺（čaγu）を持って来た。正座していた一同は殿内の西側に整列し、順番で聖なる主君達に供物の酒（tabiγ）を献上する（写真28—7）。その際に、グルジャブはチャルギ（čargi）という楽器を奏でながら、「天の歌（tngri-yin dayu）」を朗誦する。チャルギは馬の頭の形をした、複数の木板からなる楽器で、「天の歌」は誰も聞いて分からない言葉からなる。各種の儀礼を司る役職も古代から決まっていた。その役職のダルハト達はヤメトドと呼ばれる。例えば、「天の歌」の吟唱はホンジン職が担当していたが、現在はグルジャブが代替するしかない。彼の息子も懸命に学習中である。

酒の献上はまずチローンバートルから始まる。チローンバートルが酒と絹ニンダルを持って前に進み出ると、グルジャブはチャルギを演奏しながら、「天の歌」を歌う。チローンバートルは肩に儀礼用のニンダルをかけ、「オーオー」と叫びながら主君達の前に初々しく進み出て、酒を振り撒き、絹を飾っておく（写真28—8）。酒を献上する儀式を「マンライラホ[9]（manglaγilaqu）」と言い、残った酒を再び壺に戻すのを「チャグーラホ[10]（čaγulaqu）」と表現する。この儀式を七回、九回、ないしは十二回おこなうという。

酒を酒器チャグーに戻す際に、グルジャブは「黄金オルドの外の祈祷文（altan ordun-u γadanai irügel）」を朗誦した。「マンライラホ」儀礼が終わると、一同は酒を「聖なる主君からの恩賜（kesig）」として分けて飲み、丸煮を共食する。この時、チローンバートルが「黄金オルドの内の祈祷文（altan ordun-u dotur-un irügel）」を朗誦する。一般参賀の儀礼はここで終わる。

秘密警察の出現と怪しまれた日本語ノート

儀礼を観察していたら、急にどこからともなく、中国人の秘密警察が現れ、撮影を止めるよう警告された。ダルハト達の許可を得ている、と説明したら、逆に身分証明書の提示を求められた。私は実家のウーシン旗から来た、と説明しても聞き入れないで、「日本のスパイだろう」と疑われた。

「私はモンゴル人だ。ここは我々モンゴル人の神聖な場所だ」、と私は中国人に抗議した。私は厳しく監視されていると気が付き、実に不愉快な気持ちになったが、ノートを取り続けた。

私に嫌がらせをした中国人はどこかへ消えたが、間もなく別の中年のモンゴル人男性が現れた。紺色の人民服を着て、左胸のポケットに万年筆を差し込んでいる。私の傍に立って、日本語のノートをじっと眺めているではないか。私のノートは最初から日本語だった。

「何故、日本語でノートを取るのか」、と彼は聞く。

何故、と言われても、特に理由はない。将来、博士論文は日本語で書かなければならないので、フィールドワークで集めた情報も最初から日本語で記録した方がいいだろう、と思っていた。それくらいの理由だ。しかし、中国の治安当局からすれば、私が日本語で書くこと自体、日本の為のスパイ行為に見えたに違いない。

「私のノートにご関心があるようだが、貴方は何の仕事をしているのか」、と私も腹が立ち、思わず聞き返した。

「小学校の教師だよ」、と「万年筆男」は返事する。私は心の中で、彼をこう呼ぼうと決めていたからだ。数日後、彼は実際、秘密警察の幹部だったことが判明する。

言葉で言い尽くせないほど嫌な雰囲気の中でも、私は儀礼観察を続けた。参拝客はモンゴル人だけで、中国人は単なる観光客だ。古代から宿敵の中国人の参加を許さなかったモンゴルの神聖な祭殿内に、侵略者にして支配者となった彼らの姿は実に醜悪に見えた。

ダルハト達は参拝客の名前を聞き、主君チンギス・ハーンの前まで案内する。モンゴル人は両手に儀礼用の絹ハダクを持って跪き、ダルハトは「主君の賛歌」を朗誦する。悠揚とした「主君の賛歌」を聞いていると、思わず心が打たれて、涙が出て来た。

聖なる主君チンギス・ハーンよ
苦難の中にいる
貴方の臣民を救い賜え。

この文言は正に目の前に置かれている我々モンゴル人の苦境を指しているのではないか。モンゴル人達は聖なる主君の身辺に自由に来られないし、その本当の歴史も改竄されている。「チンギス・ハーンは中国の英雄だ」とか、「モンゴル人は中華民族の一員」と書き換えられているし、異議を唱えた者は容赦なく弾圧されているからである。

夜、ノートを整理した。同室のハンギン旗のラマは知人の部屋に移った。彼も今日ずっと祭殿内にいたが、各種儀礼には参加しなかった。祈祷文の吟唱にも加わらなかった。「宗教が異なるから」、と苦笑いしていた。

四月二十一日　晴

祭祀者が語る軍神スゥルデ

朝のお茶を飲んでから、祭殿の南、約一キロ離れた峠の上に行ってみた。かつて天幕式の祭殿チョムチョクが置かれていた場所で、現在はダルハト達の建てた仏塔がそそり立っている（写真28—9）。ダルハトはシャーマニズムの儀礼に即してチンギス・ハーンを祀って来た。建前上はチベット仏教と距離を置いているし、出家もしない。彼らの儀礼はいわば、モンゴル帝国の国家儀礼であり、高度に政治化したシャーマニズムである。従って、この仏塔もある個人が建立したことになっているが、実際は個々のダルハト達の中にもチベット仏教の信者もいる(11)。

写真 28-9　かつて天幕式の祭殿が置かれていた地に立つ仏塔。（1992 年 4 月 19 日）

昼頃、モンゴル国から四人の参拝客が訪れた。全員、体の不自由な人であるが、それでも万難を排してチンギス・ハーンに祈りを捧げたいとの気持ちでやって来たそうである。若い服務員達は皆、モンゴル服を着て出迎えたが、客が帰ると、脱いで人民服に戻っていたので、なんとなくむなしく感じた。

午後はほとんど参拝客が来なかったが、それでもアイスキャンディー売りや清掃屋はいる。真面目に仕事しているものだ、と思ったが、実際は私服の治安当局者だったと後で分かる。

私は参拝客がいない間を利用して、ホニチン・オボクのバヤンチンケル（Qoničin obuy Bayančingkel、五十六歳。前掲写真28—6の左側の人物）に挨拶し、軍神黒いスゥルデについて話を聴いた。彼は「スゥルデのダルハト」だからである。チンギス・ハーンの祭殿八白宮は常に軍神黒いスゥルデとセットで維持されて来たし、五百戸の祭祀者も半分は「軍神スゥルデのダルハト」である。バヤンチンケルは祭殿の入り口の玄関に座って、静かに語った。チンギス・ハーンの御前で、祭祀者から歴史について話が聴けることを私はとても名誉に感じた。広い祭殿内に誰もいない時間帯は本当に貴重に感じた。

「軍神スゥルデの祭祀者ダルハト達は、国王ムハライの子孫達からなる」、と彼は語り出す。

八白宮のダルハトが「大部」と呼ばれるのに対し、軍神のダルハトは「小部」とされる。「大部」の祖先ボグルチもムハライも、チンギス・ハーンと生死を共にした忠臣の中の忠臣である。ダルハトの原型はチンギス・ハーンにまで遡ることができるが、歴代の大ハーン達もまた側近や功臣を祭祀者の列に追加した。その為、「ダヤン・ハーンの四十万人の中から選ばれしダルハト」とも表現する。

軍神スェルデは元々現在のエジンホローから東へ三十キロ離れた地、「スゥルデのホロー（Sülde-yin qoriy-a）」という平地（borljing γajar）にあったが、一九五四年に移転させられた。ホローとは、木製の柵で囲んだものだった。柵にはまた黄色いシルクを垂れ幕として飾ってあった。スゥルデにはまた付随する軍用ラッパ（büriy-e）があった。ホローのすぐ南、チャガン・トルガイという地にダルハトの聖地オボーがあった。

スゥルデの垂房（gökül）と竿（silbi）は十三年に一度新調するが、神器とされる金製の槍は古代のものであった。

スゥルデの近くには八戸の専属のダルハトが住み、ザイサン（Zayisang、宰相）、チンサン（Čingsang、臣相）、トゥメト（Tümed、万戸長）、ミンガト（Mingyad、千戸長）、チェルビ（Čerbi）、ガスガー（Qasq-a）、マンナイ（Mangnai）、グケー（Göke）といった軍隊の爵位を有する人々だった。八白宮の「大部」ダルハトの爵位は文官であるのに対し、軍神スゥルデの「小部」ダルハトは軍官職が多い。実際、ダルハトは清朝が成立するまで武装していたのである。

八戸のダルハト達は数十頭の家畜を放牧し、小さな畑を有していた。生活費はすべてモンゴル人からの寄付に頼っていた。祭祀の供物である羊を集めて来たら、肉を丸煮オテュゲとして軍神に献上し、毛皮を生活に充てた。しかし、中国がオルドスを占領してから、一九五六年にこの八戸のダルハトに対して解散を命じたので、みんなオトク旗やハンギン旗へと離散していった。ただ一戸、ガスガー爵のダルハトがホローの近く、シャバルタイに住んでいるだけである。

八戸のスゥルデのダルハトの中で、ザイサンが一番高い爵位だと位置づけられている。バヤンチンケルの祖父はグルジャブといい、ザイサン（宰相）の爵位を持っていた。グルジャブの息子はトブチンサンで、バヤンチンケルはトプチンサンの三男である。トブチンサンの長男はバトチンケルで、次男はエルデニチンケルで、四男はチャガンボーソルという。

ダルハトは代々世襲制だが、父祖の爵位を受け継ぐ際には盟長のところへ挨拶（kesig-tü mörgükü）に行かなければならない。もし、ダルハトに男子が生まれなかったら、他家から養子をもらう。その際に、養子は養父のオボクを名乗るが、ヤス（骨）は変わらないという。結婚はダルハト同士でもいいが、同じケシク内では禁止されていた。ケシクとは、ダルハトの組織で、チンギス・ハーンの親衛隊に由来する、と伝えられている。

バヤンチンケルの場合だと、兄弟四人の中で、最初は長兄のバトチンケルがザイサン（宰相）になっていた。その後、長兄は郡王旗の軍人になりたいと気が変わったし、次兄も他家の婿になっていたので、バヤンチンケルがザイサン爵を受け継いだ。文革中になると、祭祀はすべて中断させられたし、父親のトブチンサンは中国人から酷い暴力を受けていた。

軍神の血祭と移転

スゥルデには毎日と毎月、それに季節ごとの大祭がある。主として「オルドス暦の七月（太陰暦四月）七日」と「オルドス暦の十月（太陰暦七月）十四日」、それに「オルドス暦の変化する月（太陰暦十月）三日」に季節祭を挙行する。中でも特に「オルドス暦の変化する月（太陰暦十月）三日」の祭祀が規模は大きく、十二個の丸煮オテュゲを献上する。スゥルデに十、軍用ラッパに二つそれぞれ捧げる。普段でも、ダルハト達は毎朝、スゥルでの前で「主君の賛歌」と「スゥルデの賛歌」を朗誦する。不幸があったり、穢れに接したりしたら、一カ月間は軍神に近づかないようにする。

軍神黒いスゥルデは「十二年に一度、辰年に血祭（doysiyuly-a）」がおこなわれる。それ以外でも、外敵の侵略や旱魃のような非常事態が発生したら、各旗や盟政府からの要請を受けて、血祭を実施することがあるという。その際、王や盟長は自らスゥルデを出迎える。

血祭の祭祀用品は各旗が均等に負担し、四本の「使者たるスェルデ」がそれを徴収にモンゴル全土に出かける。中華民国期に入ると、祭祀用品の調達もオルドスに限られるようになった。大抵は「オルドス暦の十月（太陰暦七月）十四日」に東部のジュンガル旗とダルト旗に一本、郡王旗とハンギン旗に一本、ウーシン旗とジャサク旗に一本、そしてオトク旗に一本と「使者たるスゥルデ」は出発する。ダルハト達は種雄馬に跨って、盟長から与えられた牌子《パイス》を手に威風堂々と疾駆する。ダルハトが訪れた旗では王自らか、役人を派遣して出迎え、巡回するコースを案内する。豊かで、社会的身分の高い家庭を回る。モンゴル人の家に着くと、スゥルデを天幕の南側の高い場所に建てる。そして、チンギス・ハーンの肖像画を両手に抱えて家に入り、神棚に飾る。家の主人は灯明を灯し、ダルハトは賛歌を朗誦する。夜、家の主人は羊の丸煮オテュゲを献上する。「九×九の八一の羊の丸煮オテュゲ」が揃うと、普段祀られている地、スゥルデのホローに戻って来る。

血祭は「オルドス暦の変化する月（太陰暦十月）五日」に、ホローから北へ十五キロ離れたミンガン・モド（Mingyan modu）という地でおこなわれる。ミンガン・モドとは「千本の木」との意で、文字通り林が生い茂った草原で、軍神スゥルデが天から降臨した場所と信仰されているからである。林は文革中に中国人に燃やされた。四人のダルハトが四本の「使者たるスゥルデ」を手にして、南東方向の中国人の住むところに向かって、右足だけで、つまり片足で八十一歩ジャンプする。祭祀者は軍用ラッパを吹き、中国人を象徴する「不吉な黒山羊」を刺殺し、参加者全員で供物オテュゲを奪い合って食する。(12)

中国政府は八白宮の中でも、特に軍神スゥルデを敵視している。軍神にはかつて中国人を生贄として捧げていたからだろう。だから、我々は解散させられた。聖なる主君の身辺から離れるということは、実に罪深いことだ。我々はチンギス・ハーン自身が任命したダルハト達の子孫だから、解散なんて歴史上、一度もなかったことだ。それを中国は大胆にもやって見せた。

バヤンチンケルはこのように強調する。

実は八白宮と軍神スゥルデは一九三九年に甘粛省の奥地、興隆山へ移転させられたことがある。日本軍と徳王政権の手に落ちないよう、中華民国から命令されたからである。公式には当時、すべての神聖な遺品類が甘粛へ移動したことになっている。しかし、バヤンチンケルの話では、事実は別だという。

興隆山への移転が命じられた時に、ダルハト達は直ちに新しいスゥルデを作った。新しいスゥルデを古いものだと称し、ダルハトのジローチン（手綱）職のハルジャンバーワーとバヤルダライらが管理人として興隆山へ行った。本物のスゥルデを箱に入れ、グーティンホーライ（Tutin qoyulai）という地に埋めて隠した。聖なる主君の神聖な遺品を無くしたら、モンゴルの罪人になるし、歴世の祖先に顔向けできなくなるからだ。しかし、せっかく隠し通した本物も、文革中に中国政府に没収されてなくなった。中国はモンゴル人が数百年間も維持して来た文化財を悉く破壊したのである。今、中国政府はダルハトを八人しか採用しておらず、関係のない若者や中国人を服務員として集めている。歌や踊りを演出させられているのも、すべて観光で稼ぐ為で、モンゴルの歴史や文化を守る為ではない。

興隆山へ移転させられた聖なる遺品は一九五四年に帰還している。数百年にわたって聖なる軍神の祭祀に携わって来たダルハトの子孫であるバヤンチンケルは、中国政府によって解散させられた組織と禁止された祭祀の消滅に危機感を抱いていた。

チンギス・ハーン祭殿が中国に破壊されたプロセス

夜、再び、「大部」ダルハトのグルジャブに会い、彼の語りを記録した。グルジャブはチンギス・ハーンの祭殿八白宮の歴史について、次のように話した。

中国共産党はオルドスを一九四九年に占領してから、文革が発動される一九六六年までは頻繁に公文書を出して、儀礼の実施に関する政策を公布し、締め付けを強化して来た。

チンギス・ハーンの八白宮と軍神が一九五四年に青海省経由で甘粛省の興隆山から帰還すると、その年の「オルドス暦六月（太陰暦四月）二十一日」の大祭に自治区政府の最高指導者のウラーンフーは駆けつけて参加した。彼はその時に、固定建築の宮殿からなる祭殿を建てるよう指示し、現在の場所を指定した。工事はその年に始まり、同時にオルドス各地に分散していた様々な白宮やチンギス・ハーンと関連する文化財の収集と一か所への集中も命じられた。

固定建築の祭殿は一九五六年に竣工し、自治区の副主席のハーフンガがテープカット式に臨んだ。立派な祭殿の完成にダルハト達は喜んだのもつかの間で、何と五百戸の解散が正式に命じられたからである。「大部」ダルハトからは太師と太傅、ホンジンとガルチ（火起こし役）、ホラン妃の専属者一人、イェスゥイとイェスガン姉妹の専属祭祀者一人の計六人だけが残され、「小部」軍神ダルハトは宰相とトゥールのみが残留した。その内の七人は祭祀者の身分で、一人は政府招待所の職員とされた。給料は二十五元だった。

グルジャブは話す。

中国は、七百数十年もの長い歴史を持つ、伝統ある五百戸のダルハト集団を解散した。五百戸のダルハトは実に複雑な社会組織によって結束していたが、解散させられた後は、二度と恢復できなくなった。八白宮は元来、全モンゴルの大ハーン、或いはジョノン（晋王）直属の国家祭殿であった。歴代の大ハーンは八白宮の前で即位するくらい、重要な歴史の場であり続けた。

中国の制度上では現在、チンギス・ハーンの神聖な祭殿は単なる「陵の管理所」だと位置づけられている。それも、県クラスの行政組織に属する管理所である。祭殿の近くには昔、中国人は一人もいなかった。しかし、一九五六年から侵入が始まり、今や方々に中国人の民家が立ち並ぶようになり、ゴミが散乱する汚い世界に変わってしまった。

祭祀活動の維持も困難である。現在、太師はバボージャブで、タイブとホンジンを私グルジャブが兼任している。儀礼を遂行するにあたって、本来、「八大ヤムタト」にはそれぞれ固有の役割があったが、兼任だと儀礼にならない。簡略に簡略を重ねた結果、八白宮の儀礼は中国共産党によって完全に骨抜きにされてしまった。これは、モンゴルの文化と歴史に対する宿敵の異民族からの冒涜である。神に対する冒涜である。

中国政府から解散を命じられたダルハト達はオルドスの西部三旗、オトク旗とウーシン旗、それにハンギン旗へと離散していった。西部三旗は東部のジュンガルとダルト、それに郡王旗よりも牧畜文化が残り、モンゴル人もモンゴル語を話していたからである。

残された八人のダルハトも一九六五年になると、五人が亡くなり、三人だけで祭祀を運営しなければならなくなった。一年後に文革が発動されると、祭祀はすべて中断に追い込まれ、十三世紀から守られて来た数々の神聖な遺品類も中国人に燃やされた。祭殿は「戦略物資」の倉庫とされた。「戦略物資」とは塩を指す。ソ連との一戦を想定していた中国は塩を保管し、戦時中に消費する予定だったようである。

文革後、中国政府は一九七七年に一度だけ、三千元の経費を捻出し、壊された祭殿の修復に充てられた。修復工事は翌年から始まるが、経費は足りなかったが、それ以降は政府からの予算配分は一切ない。

グルジャブとバヤンチンケル、チローンバートルとソドの四人は一九八一年にダルハトに復帰した。当時、八白宮は「チンギス・ハーン陵文物管理站」と呼ばれていた。一九八四年九月二十五日にイケジョー盟政府は「チンギス・ハーン陵文物管理站」を「チンギス・ハーン陵管理所」に変えた。所長はグルジャブで、副所長には楊勇というダルト旗のモンゴル人が任命された。「チンギス・ハーン陵管理所」も最初は盟政府文化処の直属だったが、一九八五年五月二十二日付でエジンホロー旗の所属とされ、一段と格下げとなったのである。その後、改革開放政策の実施に伴い、観光業の発展が見込まれるようになると、一九九一年八月から再び盟政府の直轄下に置かれた。

中国がチンギス・ハーン祭祀を敵視するわけ

現在、ダルハトの生活費と儀礼の運営費等、すべて「チンギス・ハーン陵」への入場料に頼っている。入場料といっても、モンゴル人の参拝客から取るのはモンゴル人の道義に反するので、他民族の見学者に限られているという。たった数人しかいないダルハト達は昔からのしきたりに従って、モンゴル人社会へ祭祀用品調達の旅（badar bariqu）に出かけたいが、中国政府からの許可は出ない。祭祀用品や祭祀者の生活費はすべて、モンゴル人達からの寄付に頼って来たので、彼らにとって、寄付金調達の旅は重要である。自分達の生活費用の為だけでなく、チンギス・ハーンの歴史と文化を全モンゴル人に知らせ、広げる旅でもある。ダルハト達は行った先々で儀礼を披露し、チンギス・ハーンに関する歴史を語り、モンゴル人との一体化を図って来た。それが、八白宮の役割だった。チンギス・ハーンとモンゴル人は一体化していたので、両者を切り離す目的で、ダルハト達の活動は中国に禁止されたのである。

内モンゴルが中国に占領される以前は実に豊富な祭祀用品でチンギス・ハーンを祀って来た。しかし、「文革後は長らく、参拝者も大抵は羊の丸煮を持参した。モンゴル人も豊かで、たった一つの丸煮で聖なる主君の御前に供えるしかなかった。全く面目がない」、とグルジャブの目には光るものが見えた。今年は何とか、東勝市の国営食肉冷凍庫から十九体の羊の胴体を一千三百元で買って来たが、頭部がないものばかりだ。頭部がなければ、供物にならない。

「聖なる主君も天国で悲しんでいるに違いない」、とグルジャブは悔しがる。

分かりやすく言えば、ダルハトとは、チンギス・ハーン一人に永遠に喪に服す集団だ、とグルジャブは強調する[13]。清朝時代、満洲人の皇帝が崩御したら、全国の臣民が服喪していたが、ダルハトだけはそれに従わなかった。中国がチンギス・ハーン祭殿を格下げし、モンゴル文化を完全に抹消しようとするのは、毛沢東が「一代の天驕たるチンギス・ハーンも、只識るのは、弯弓で以て大鵰を射ることのみ」との漢詩を書いたからである。しかし、モンゴル人は毛の見解に賛同できない。以前、陳美玉というモンゴル人が「識るのは、弯弓で以て大鵰を射ることに留まらず」との額縁を仕上げ、八白宮に献上したが、それも中国政府の命令で撤回された。

「中国人はいつも自分達だけが偉大な民族で、他人それもモンゴル人は立ち遅れた民族だ、と決めつけているが、何の根拠もない」、とグルジャブは指摘する。

グルジャブは続く。

中国の政治家達は内心毛沢東と同じ思想を抱き、モンゴル人を差別し、「蒙古とは、啓蒙できない、古臭い民族だ」と公言して憚らない。そのような中国人達はチンギス・ハーンを単なる一介の武人だと貶しているが、それは事実ではない。チンギス・ハーンはヨーロッパまでの世界を一つにした稀代の政治家である。一般の中国人がチンギス・ハーンを批判しないように政治家達が口止めしているのは、単に自分の在任中に「民族間関係を破壊した」と言われるのが怖いからだろう。

清朝の皇帝もある程度チンギス・ハーン祭祀に関与しようとしたことはあったが、基本的に干渉しなかった。内モンゴルが中国に占領されてからは毛沢東だろうと、鄧小平だろうと、江沢民まで全員が口を出してくる。「チンギス・ハーン陵記念館」に多くの額縁が飾られている。江沢民や蔣石のような政治家もいれば、費孝通のような無節操な共産党の御用学者もいるが、ほぼ例外なく毛沢東の漢詩「一代の天驕」以上の表現は見られない。中国人には他民族の政治家、異文化を正当評価しようとの発想はないようだ。

「蕎石もここに来たが、聖なる主君に敬意を持っているようには見えなかった」、とグルジャブの印象である。

文革が発動されると、ダルハト達は例外なく「民族分裂主義者」として打倒され、暴力を受けた。祭殿内で祀られていた神聖な祭祀器具もすべて破壊された。守護神を奪われた祭祀者集団は仕方なく方々へと離散し行った。モンゴル人が七百数十年にわたって守り通した精神と哲学が、中国によって跡形もなく抹消されたのである。グルジャブは述べる。

ダルハトという祭祀者集団は今、存亡の危機に直面している。若い後継者は四人しかいない。離散してしまったダルハトの子ども達は洗脳教育を受けて人民解放軍や共産党の幹部になるのを出世だと思うように変わった。自分達の祖先が七百数十年にわたって維持して来たモンゴル文化と思想に無関心になってしまった。ダルハトはずっと独自の法律と大清律令の双方を守って来たが、今や共産党の規定だけに従わされている。ダルハトはチンギス・ハーンや後世の歴代の大ハーンによって任命された人々で、モンゴルの法律に従い、免税等の特権が付与された人々であるが、今や何の権利もない、少数民族の一員とされている。これは、我々モンゴル文化に対する否定で、モンゴル人を同化させる為のやり方である。

文化が抹消され、伝統を失った現代の内モンゴルにおいて、グルジャブは若い祭祀者達の教育で苦労している。例えば、チンギス・ハーンの聖なる遺品の一つである「手綱《ジロー》の白宮（jiloγan čaγan ordu）」は馬と鞍を祀って来た。その祭祀者のジローチンは鞍の付け方が分からない。牧畜がなくなり、農民になってしまったので、馬の扱い方にも不慣れだからである。グルジャブは毎朝、若い四人を連れて聖なるチンギス・ハーンの午前にて、各種の賛歌を朗誦し、会議を開く。祭祀の指針書は『金書（*Altan Bičig*）』と呼ばれ、それを暗記するよう指導している。若い四人とも中学卒で、最初は祭祀活動を「迷信」だと理解していた。それも中国によって洗脳されたからだ。迷信ではなく、民族の開祖にして神様であるチンギス・ハーンを祀っている、と教育し直さなければならなかった。

一九八九年六月四日の天安門事件以降、中国政府による締め付けは一段と厳しくなった。それまではフフホト市内にある各大学のモンゴル人大学生達も集団で参拝していたが、禁止された。大祭の日に併せて「政治学習」を強制したり、フフホト市からオルドスへ向かう道路に警察を配備して阻止したりしている。

一九九一年五月にウーシン旗のグチュントグスをリーダーとする青年達が逮捕されてからは更に情勢は悪化した。グチュトグスの知人達の参拝も禁止された。グチュントグスの友人で、「チンギス・ハーン研究所」に務めていたセチェンバヤルという師範学院の大学院を出た青年研究者も今、東勝市で軟禁されている。

「大学生達は来られないが、小中学生は来ているようだ」、と私は話してみた。

「そう、オルドス七旗のモンゴル人民族学校の先生達は必ず生徒達を連れて来る。彼らは我がモンゴル民族の希望だ」、とグルジャブは話す。私も小中学生達の集団参拝を目撃し、感動を覚えた。また、バヤンノール盟から年配の貴族の老人はすべての聖なる遺品にだけでなく、祭殿の扉や供机にも跪拝していた。燃え残った香を拾い上げて、持ち帰るとも話していた。モンゴル人達は中国に抑圧されているが、決して屈服していないのである。

注

（1）ロライザンブによると、ハンギン旗のバヤンウソとイケ・ウソ等の地にラクダがいるという。その他の地域ではラクダの姿はもう見られなくなったそうである。

（2）ジョノンであるエルデニオチルは郡王旗の軍権を一九四九年までに掌握していた。文革期には暴力を受けて身体に障害が残った［王文光　一九八八：一〇六―一二〇］。

（3）この石碑について、私は一九九九に公開した［楊　一九九九b：四七―五三］。

（4）「褐色の高きもの」は馬乳酒を入れる神聖な容器であるが、現在のオルドスに馬乳酒を醸すほどの牝馬がないので、牛の乳で作ったヨーグルトで代用している。

（5）ダルハトのバヤンチンケルが四月二一日に私に語った話によると、弓矢の白宮は最初ジゲンタラにあったが、中国人の侵入を受けて北のシャンシ・ハマルに移った。その後、アルタン・ガンディル峠に移動した。弓矢の白宮を守るグルチナル職（Qurčinar、箭筒士）は一九五四年前に三人いて、名前はバトとボル、それにナソンゲシクだった。

（6）グルジャブらダルハト達によると、オルドス万戸はジョノンに付いて黄河南岸の今日の地、かつてはボル・トハイすなわち「褐色の湾曲地帯」と呼ばれていた高原に入ったという。ハーンはモンゴル全体を、ジョノンはモンゴルの右翼三万戸をそれぞれ統率していた。現代に入り、郡王旗の王トゥブシンジャラガル（在位一九一七～一九四九年）はイスラームの軍閥で、寧夏の馬鴻奎に拉致、抑留された時、王位を将来は孫のエルデニボルト（奇忠義）に、八白宮の祭祀を主催するジョノンを四男のエルデニオチル（奇宝璽）に託す、と決定した。これらの決定は、トゥブシンジャラガル王の四男エルデニオチルの妃、アルタンチチクの提案だったそうである。アルタンチチクは有能な女性だと評価されている。また、トゥブシンジャラガル王の側近セレンゲシクは王妃と徒党を組み、旗の政治を独裁的に運営していた。トゥブシンジャラガルの死後、同旗の青年軍人ブレンバヤル（奇全禧）はタイジ・ジョー寺で王の遺体を荼毘に付した後に、セレンゲシクを殺した。この時も、アルタンチチクの夫で、四男エルデニオチルは優柔不断だったが、ブレンバヤルに決断を促したのは、アルタンチチクだったと伝えられている。ジョノンのエルデニオチルと夫人アルタンチチクからハスダライという息子が生まれ、次世代のジョノンになる。尚、エルデニボルトは自伝『末代王爺』を残している［奇忠義　一九九一］。

（7）香として使うハイマツ（arča）は郡王旗内のハラ・セールという地のものを選ぶ。かつてダライ・ラマがオルドスを通って北京に行った際に用いられたものが生えている地である。

（8）この際に唱える「金書」については私が公開したことがある［楊　一九九八：一〇〇―一〇二］。

（9）マンライとは額、「上位」との意味で、転じて献上するとの儀礼用の言葉になった。

（10）チャグーラホとは、酒器の動詞化で、その酒器を用いた儀礼を指すようになった。

（11）あるダルハトによると、この仏塔はハラーチン（趙）・ジャラガルという人物が建てたと言う。

（12）軍神スゥルデの血祭の実施方法、祭祀の際に唱える各種のテキストを私は後日に公開した［楊　一九九八：八九―九〇］。

（13）例えば、旧正月の一日に、ダルハト達はチンギス・ハーンにパンを献上するが、そのパンはタマガ（印璽）が押されていないものでなければならない。普通のモンゴル人は皆、タマガという縁起の良い模様を打たれたパンを用いるのに対し、模様のないパンは葬式に使われる。ダルハトの各種儀礼は一般のものと逆である。また、ダルハトは清朝時代の男子が一般的にかぶっていた頂戴帽を使わない。清朝の皇帝が死去した時に頂戴帽を外すが、ダルハトは永遠にチンギス・ハーン一人に服喪しているので、最初から頂戴帽をかぶらない。

●第二十九章　黄金オルドの祭祀

チンギス・ハーンの軍神、黒いスゥルデ

四月二十二日　晴　強風

一個中隊の秘密警察

モンゴル人は八白宮を黄金オルドとも呼ぶ。今日はこの黄金オルドにおいて、夕方に重要な前夜祭がある。前夜祭はチンギス・ハーンの「黄金家族」のメンバーしか参加できないが、極力、観察しようと思い、朝早く起きて、祭殿に行く。

八時頃になると、東勝市の冷凍庫から運んで来た羊肉を解凍して茹でる。四肢が折れたものもあり、「供物にならない、聖主よ、許して」、とグルジャブとチローンバートルは泣きそうな表情である。かつては全モンゴル人世界から最高級の供物が届けられ、六万戸とも最上級の羊等を献上していた［楊一九九八：一二七］。「中国に併合されてからは、聖主もろくなものを召し上がっていない」、とバヤンチンケルは話す。風もだんだん強くなって来たので、チンギス・ハーンの魂が怒っている（kilingleǰü bayin-a）、とみんな理解していた。

やがて観光客も増えて来たので、若いダルハトの一人が殿内で対応せざるを得なくなった。観光客の中に、オルドス博物館の副館長、楊勇もいた。彼はダルト旗のモンゴル人で、内モンゴル大学の歴史学系を出て、イケジョー盟第一中学の歴史の先生になっていた一九八二年に、私の担任だった。モンゴル語は話せないが、民族主義者である。実に、九年ぶりの再会である。

「お前、気を付けろ。周りに変な奴があれだけいるのに気づかないのか」、と楊先生は私を祭殿内の隅っこに連れて行って、厳しい表情でそう話した。

「ここには一個中隊もの秘密警察が常駐して、モンゴル人を監視している。アイスキャンディー売りも掃除のおばさんも全員、秘密警察が扮した者だ」、と注意された。周りに怪しい人物が付きっきりでうろうろしているのは、私も気づいているが、その規模については想定していなかった。一個中隊とは、百人近い。気づいたからと言って、調査を止めて逃げるわけにはいかない。私が秘密警察に監視されているのをダルハトのグルジャブとチローンバートル、それにバヤンチンケルも分かっていた。「気を付けよう」、と数日前から親切に注意してくれていた。私も彼らに守られている気持ちになり、ノートを日本語で書き、シャッターを押し続けた。

午前中にはウーシン旗から二人の中年の参拝者が訪れた。彼らは、「チンギス・ハーン陵」で服務員になっていた息子に案内してもらい、とても満足げに見学していた。モンゴル人は皆、ここに務めることを名誉に思っているからである。彼らによると、かつては祖先が馬に乗って、何日もかけて祭祀に参加しに来ていたという。

モンゴル人は皆、まず殿内に入ると、スゥルデのところに行って、バターを献上する（jul-a-yin tosu-yi ergükü）。それから、チンギス・ハーンとボルテの祭殿に来る。ダルハトはナイフでそのバターを少し取って、軍神スゥルデと主君チンギス・ハーンの前の灯明に足す。そして、参拝者の名前を聞いてから、以下のように「儀礼用絹の賛歌」を唱える。

> 救いの主よ
> 一九九二年四月二十二日に
> ウーシン旗から訪れた○○氏を
> 軍神スゥルデと聖主がご加護するよう
> 来る十三年後の今月の今日に至るまで
> 彼のご家族と家畜が元気で
> 病気にならぬようご加護ください。
> ……

「儀礼用絹の賛歌」を朗誦し終えると、「灯明の祈祷文（jul-a-yin dayatayal）」を吟唱する。儀礼用の絹を買えなかった人には、ダルハトが事前用意したものを提供する。続いて第三、第四夫人のイェスゥイとイェスガン姉妹の宮殿を訪れる。

もし、子孫繁栄や求子の希望があれば、エシ・ガトンの祭殿に入る。エシ・ガトンはまた「嫁たる妃（beri qatun）」とも呼ばれ、チンギス・ハーンの末子トロイの妃ソルカクタニ・ベキを指す。その祭殿はかつてエジンホローの南西にあったが、一九五四年に八白宮の地へ移転させられた。こうした配置にダルハト達は強烈な不満を抱いている。

> 軍神スゥルデは外に立つものだ。殿内に収めるのはおかしい。殿内に入れられたから、モンゴル人の運勢が尽きた。エシ・ガトンはチンギス・ハーンの嫁だ。嫁と義理の父が同じ殿内にいてはいけないのは、我々ユーラシアの遊牧民の道徳観念である。こうした道徳観念を無視したやり方は、文化に対する冒涜以外の何ものでもない。

右はグルジャブとバヤンチンケルの見解である。

参拝客は次第に増えて来た。ウーシン旗東部のウラーントルガイとトゥク、エジンホロー旗西部（旧ジャサク旗）とオトク旗からのモンゴル人が特に多い。参拝客は殿内での儀礼を終えると、外に出て宮殿を九回、時計回りに回る。殿内の天幕に飾ってあった儀礼用のシルクをダルハトは細かく切って、ジャンガー（janggiy-a）という結びにする。そのジャンガーをモンゴル人達は無病息災に有用だとして持ち帰る。

活きた羊を用いた占い

明日の大祭を迎えるに当たり、本日には一連の前夜祭がある。中でも特に重要なのは、「祈祷用羊の占い祭（sibsilge qonin tayily-a）」とガリル祭（yaril-un takily-a）である。

祈祷用の羊の占いとは、活きた羊の肝臓を取り出してモンゴルの運勢を占う儀礼である。ガリル祭は、チンギス・ハーンを生んだ「黄金家族」、キヤート・ボルジギン家の家族祭である。ガリル祭は家族祭で、本来ならば「黄金家族」の者以外は参加できないが、私は特別に許可されて観察できた。ダルハト達の私に対する特別な配慮もまた中国の治安当局の怒りを買っていたのを後日に知らされる。

八白宮の秘密儀礼は次のように挙行された。

ジョノンのエルデニオチル（奇宝璽）は昼頃に到着し、ダルハト達と昼食を取る。その間に若いダルハト達は供物オテュゲを祭殿内へ次々と運び込んでいた。ジョノンは明日の大祭の進行について、ダルハトのグルジャブから報告を受けて、「その通りに進めよう」と答えた。午後四時、殿内の三つの天幕の前に灯明が灯され、ジョノンとダルハト達はチンギス・ハーンと第一夫人ボルテの天幕前に集まった。以下では、時間順に記述する。

写真29-1　チンギス・ハーンに酒を捧げるジョノン。（1992年4月23日）

午後四時三十六分：ダルハト達はモンゴル服に着替え、一同は「儀礼用絹の賛歌」を朗誦し、祝儀の結びであるジャンガーを配る。

午後四時四十五分：聖主と妃達の前に供物オテュゲを九つ供える。

午後五時：ジョノンが厳粛な表情で殿内に入って来る。ダルハト達は銀製の壷チャグーに酒を注いでおく。

午後五時十五分：若いダルハトが祈祷用の羊（sibsilge qoni）を殿内に連れて来る。ジョノンが聖主の肖像画に跪拝する。ダルハトが香を焚いて清める。

午後五時二十五分：ジョノンが一同を率いてチンギス・ハーンの天幕の前に跪拝し、グルジャブが「儀礼用絹の賛歌」を朗誦する（写真29—1）。続いて、チローンバートルが「灯明の祈祷文」を吟唱する。一同、三回跪拝する。スゥルデのダルハトであるバヤンチンケルが羊を供机の前に連れて来ると、チローンバートルはハイマツと香でその全身を清める。その他の二人のダルハトはオテュゲを持ってジョノンの前に立って聖主に献上する。

「オルドス万戸の郡王旗のエルデニオチル・ジョノンが聖

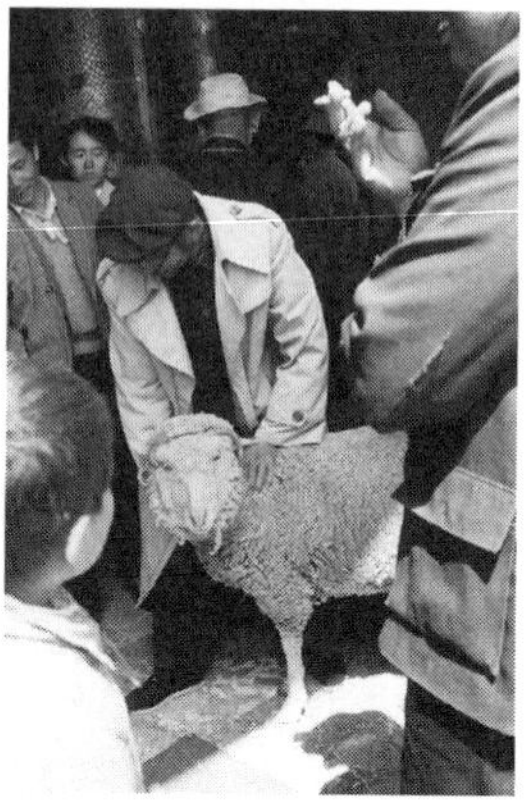
写真29-2　活きたまま占いに使われる羊。（1992年4月23日）

なる祖先に供物を捧げます」、と初々しく跪拝する。ジョノンはダルハトから渡されたハイマツを使い、羊の頭と背中を三回、清める。「ジョノン殿が参りました」、とグルジャブは大きな声で聖主に報告する。ジョノンは三回、跪拝する。

午後五時三十分：羊を赤い絨毯の上に立たせ、五色の絹を捧げる（写真29―2）。五色の絹は「五色四夷（tabun öngge dörben qariy-a）」すなわち「青色はモンゴル、白は高麗、黄色はテュルク系のサルト、黒はタングート（チベット）、赤は中国」をそれぞれ代表する。これはモンゴル人の宇宙認識で、年代記『十善福白史』等にも見られる表現である［楊　二〇一八e］。

ジョノンは酒の壷を持って、羊の傍に立ち、グルジャブは聖主に跪拝する。別のダルハトは羊の背中の毛を撫でて小さな窪みを作る。グルジャブは今度、羊の「正しい側（jöb tal-a）」すなわち左耳に口を付け、誰にも聞こえないように話しかける。羊に耳を打つ風景である。チローンバートルは羊の背の窪みに酒を注ぎ、ハイマツで清める。すると、羊は南に向かって全身をぶるぶると震わせる（sibsibe）。一同は感激し、「おー」と感嘆の声が漏れた。

午後五時三十五分：バヤンチンケルは羊を赤い絨毯の上に仰向けにする。腹腔を開け、羊が絶命する前に素早く肝臓を取り出す。胆嚢をシルクのニンダルの上に乗せて天幕の後ろへ持っていく。グルジャブ達は肝臓と胆嚢、それに小腸（toγuraqai）の様子を観察して、モンゴル帝国全体の運勢を占い、宿敵の中国の様子を読み取ってジョノンに極秘に報告する。先ほど、羊の耳に語り掛けていたのは、モンゴル人達の希求を天やチンギス・ハーンに託していたのである。羊はいわば、モンゴル人と天上にいるチンギス・ハーンとの間のメッセンジャーである。チンギス・ハーンは羊の肝臓と胆嚢にその意志を具現するのである。読み取った聖主の意志はジョノン一人に伝達される(1)。

荒野の戦士達の鎮魂

「どうぞ、聖主に拝んでください」、とチローンバートルは呼びかける。一同はジョノンをはじめ、聖主の炉に供物を捧げる儀礼に取り掛かる。ダルハトがオテュゲの脂肪尾を小さく切り取り、銀碗に入れる。ジョノンと一同はその肉片をもらって炉にくべる（yolumtu tögeneküi）。炉は家族の象徴であるが、ここではモンゴル帝国のシンボルでもある。炉にはダルハトが起こした火があり、静かに燃える。チローンバートルは「炉と火の祭史（yolumtu-yin öčüg）」を朗誦し、グルジャブは火に酒を少しずつ注ぐ。祈祷文の後に、一同が「主君の賛歌」を朗誦し終えると、時計の針は六時五分を回っていた。

続いてグルジャブは祭祀用の楽器チャルギーを持って殿内の壁画に向かう。チンギス・ハーンの生涯を描いた作品である。若いダルハトの一人が酒の入った銀の壷を持ち、もう一人は杯を載せた皿を手にしてグルジャブと並んで立つ。チローンバートルが酒を献上する「マンライラホ」儀式を始め、グルジャブがチャルギを演奏し、その息子が『金書』を見ながら「天の歌」を歌った。これを九回、繰り返すが、その間に各旗からのモンゴル人達も献酒する。本来ならば、モンゴルの左右両翼六つの万戸の長、清朝時代ならば各盟や旗の王が献酒していたという。

夕方六時十五分：一同はジョノンについて祭殿の外に出る。ジョノンが西北、すなわち「ハーンの住む方向」に向かって三回、酒を振り撒いた。他の参加者は一回ずつ振り撒く。このように酒を振り撒く儀式を「野の振り撒き（jirlig čačulɣ-a）」という。荒野に散った歴世のモンゴルの戦士達やあらゆる霊魂に酒を振り撒いて与えている意味を持つ。祖先祭祀でも「野にいる名もなき霊達や鬼達」に供物を与えるのと同じである。その間にチローンバートルは「黄金オルドの小祭史（altan ordun-u bay-a öčig）」を唱える。祭史の最後には、「明日は各々の白い天幕内で祭祀を捧げます（tus tus-un čayan ger-tü činu tayilɣ-a ergümem）」、とあった。

一同が祭殿に戻ると、ジョノンは再び供机の前に立ち、銀の壷の中の酒を少量、グルジャブが持つ祭祀用楽器チャルギに付ける。既に述べたように、チャルギの先端には馬頭琴のような形の馬頭があり、その馬頭部分に酒を塗布した。一同は香とハイマツを手にしてチンギス・ハーンと第一夫人ボルテの天幕を三回、時計回りに回る。続いてホラン妃、それに第三と第四夫人の天幕を三回ずつ回るが、グルジャブはチャルギを奏で、その息子は「天の歌」を歌う。グルジャブは最後に天幕の前に立って、明日の祭祀の詳細について聖主チンギス・ハーン本人に報告する。

黄金家族の祖先祭への特別参加

夜の七時前になると、ガリル祭の準備が始まった。ダルハトのバヤンチンケルとグルジャブらはガリル祭の性質について、次のように話した。

ガリル祭とは、チンギス・ハーン一族、キヤート・ボルジギン家の家族祭である。黄金家族の人達が、その祖先達に供物を燃やす儀礼（tülisi tülikü yosun）である。フビライ・セチェン・ハーンも大都北京で、祖先達に供物を燃やしていた儀礼と同じである。

一同は事前に用意していた袋の中から羊の丸煮オテュゲを取り出す。肉を小刀で切りおとし、骨を別の袋に入れる。これらの骨からなる供物をガトー（qatayu）、すなわち「硬き物」と呼ぶ。本来はオルドス七旗の貴族達が、王の指示に従って初冬に用意したものでなければならないが、現在はダルハト達が代替している。

「硬き物」をオトク・ユルーチ（otuγ irügelči）と「黄金家族」の成員達がエジンホローから東へ七キロほど行ったところの、「ガリルの盆地」で燃やしていた。オトクとは、オトゴンと同様、末子を意味する。オトク・ユルーチは言わば、「末子の祝詞師」である。ユーラシアのモンゴルやテュルク系の遊牧民は末子オトク（オテュゲン、オトゴン）が父母の財産を受け継ぎ、家系のシンボルである火（ot）の神を祀る。オトク・ユルーチは普段、オトク旗に住んでおり、二十日に遠いオトク旗からやって来て、夜のガリル祭を主催していたが、それも中国によって禁止されたので、ダルハト達が代行しているのである。黄金家族の家族祭、貴族の祖先祭祀であるので、ダルハト達も基本的に参加しなかったのである。

私はダルハトではないし、「黄金家族」の成員でもないが、特別に参加を許可された。秘密の儀礼を秘匿しておいたままでは、伝統は守れない、と彼らは悟ったからである。

「貴方の参加を私達ダルハトは会議を開いて検討し、特別に許可することにした。しっかりと記録し、研究してくれると嬉しい」、と私はグルジャブからそう言われた。名誉と信頼、そして自分に託された研究という責任を自覚した瞬間である。(2)

夜七時半：骨から肉を削り落とす作業が終了した。ジョノンとダルハト達は夕食を取り、しばらく休憩する。

夜八時半：ダルハトの火起こし職（yalči）を務めるチャガン・ラワイを先頭に、グルジャブとチローンバートルらが「硬き物」の骨と線香、それに酒（sarqud）を持って出発する。本来ならば、ジュンガル旗から持って来たグシ（qusi）という松の一種で作った松明を灯す。その灯明を用意していたのはジョマ（jum-a）という祭祀者で、松をバターに付けて燃えやすくしていたそうである。

一行は祭殿の敷居に立って馬に乗って出発する。モンゴルでは敷居に関するタブーが多い。天幕に出入りする際も敷居にぶつかったりしてはいけない。わざわざ、敷居に立つことは、末子としての特権を誇示しているだろう。当然、現在は松明もないので、線香で代用した。チャガン・ラワイ一族は代々、火起こし職を務めて来たので、唯一、ガリル祭に参加するダルハトであるが、現在は学校の教師となっている。彼の一族もまた一九五四年に中国政府によってダルハト集団から追放されたからである。

私達一行はガリル盆地（yaril-un sayu）を目指すが、途中、誰もいない。ガリルに行く人々に出くわさないよう、周辺のモンゴル人は昔から避けるからだ、といわれている。あたりはすっかり暗くなっているので、前の人にくっつくように静かに速足で歩く。グルジャブは「ガリル祭の天の歌」を吟唱しながら歩く。「天の歌」は「天の言葉」で書かれているので、誰もその意味を解さない。

「天の言葉は何語ですか」、と私は数日前に彼に尋ねたことがある。

「古代のテュルク語だろう」、と彼はそう答えていた。

八時四十三分にガリル盆地に着くと、火を三つ熾した。チンギス・ハーンと第一夫人ボルテ、第二夫人のホラン妃、それにイェスゥイとイェスガン姉妹の為に用意する三つの火である。火の勢いが収まり、炎が上らなくなると、火起こし職のチャガン・ラワイは供物の「硬き物」を火に入れる。本来ならば、「硬き物」はここガリル盆地で骨から肉を削ることになっていたという。肉を自分のモンゴル服の裾に切り落としながら、燃やす。

供物が燃え出すと、チローンバートルは「ガリルの金書」を静かに、他人に聞き取れないような感じで吟唱した。本来ならば、この「ガリルの金書」をオトク・ユルールチが吟唱することになっていた。黄金家族の神話上の祖先ボトンチョルから始まり、歴代のハーンや妃達の名前を読み上げている。これはまるで『モンゴル秘史』を聞いているような感じである。最後はオルドスの郡王旗の郡王と貴族タイジで終わっているが、「老婆ホワクチン（Qoyučin emügen）」が突然出て来る。「老婆ホワクチン」はチンギス・ハーンの乳母のような存在である。新婚のテムジンを敵の来襲から救ったことがあるし、第一夫人のボルテの付添人でもある。いわば、黄金家族の恩人であるので、特別に供物を捧げて、その名を唱えているのである。こうした一連の儀礼は旧正月を迎える前に、一般のモンゴル人が墓地に行き、供物を燃やし、祖先達の名前を読み上げるのと同じである。ただ、こちらは「金書」に名前が記されているので、当然、その系譜は長い。一同は北に向かって座り、静かに「ガリルの金書」を聞いた[3]。

「ガリルの金書」内の歴代の大ハーン達の名前を聞いている時、グルジャブとチローンバートルは思わず感無量になり、涙が溢れ出た。

「聖主よ、私達を許したまえ。全員、解散させられたし、何もできなくなってしまった[4]」。この言葉を聞いていた他のダルハト達と私も、みんな悲しくなった。ここだけは、秘密警察も付いて来ていないので、ほんの短い間に、私達は自分の心情を祖先達の前で直に吐露することができた。チンギス・ハーンが亡くなってから、ずっと維持されて来た祭祀が中国によって惨めな状況に追い込まれている。何百年間も困難の中で活動して来た五百戸もの祭祀集団のダルハトが解散させられ、たったの八人しか残らなくなった惨状は正に文化の抹消政策以外の何物でもない。

「硬き物」を燃やしてから、私達は沈黙を保ったまま帰路についた。グルジャブだけはまた「天の言葉」で「天の歌」を歌っている。かつては帰りに出会った物を壊し、沿路の人家に入って略奪することも許された。それを遠くから目撃した人も「今年のガリルも威勢がいい」と称賛する。こうした行動は、年代記が伝えるチンギス・ハーンの葬式を思わせる。西夏タングートを征服中に亡くなったチンギス・ハーンの遺体を北のモンゴル高原に運び帰る際に、出会った者はすべて切られたという伝承を彷彿とさせる。私は許可を得て暗闇の中でも写真を撮り続けたが、後日、すべて中国の治安当局に没収された。

私達は夜の九時半に祭殿オンゴンに戻った。殿内の三つの天幕に跪拝し、「硬き物」の残りを恩賜ゲシクとしてもらう。その際は左手を使う。普段は右手で食べ物を受け取るが、この時だけは左手になる。かつては馬に乗ってガリル祭に出向いていたので、普段と違って、馬の右側から乗る。馬の右側をモンゴル人は「正しくない側」と呼び、日常的には「正しい側」すなわち馬の身体の左側から乗り降りする。乗ってからも足の爪先で鐙を踏むのに対し、ガリル祭の時は踵を鐙に入れる。すべては普段と逆の行動を取るのが特徴的で、葬式との共通点が多い。

グルジャブは誇り高く、自分達ダルハトの職務に忠実である。そして、彼は現在の貴族達、すなわち「黄金家族」の成員達に対しても厳しい見方を有している。

「聖主チンギスは自分の死後、黄金家族のメンバーは権力闘争に明け暮れて分裂するだろうと予想しただろう。そして、一族の祖先祭祀も廃れるだろう、と悟ったから、側近の子孫からなるダルハト達に祭祀を委託したのではないか」、とグルジャブは語る。彼の眼は赤くなっていた。道中、泣いていたらしい。

「八白宮の祭祀は民間行事ではない。全モンゴルの国家大祭である」、と彼と他のダルハト達は事あるごとに私に強調している。

四月二十三日　晴

「夏の湖祭」に参加するモンゴル人

今日は「オルドス暦の六月（太陰暦四月）二十一日」で、八白宮の最も重要な祭祀、「夏の湖祭」の日に当たる。例年、この日は雨が降ったり、強い風が吹いたりするが、今年は穏やかな晴れの日となったので、ダルハト達も喜んでいる。

早くも朝の七時二十分から参拝客達がやって来たので、ダルハト達は手際よく殿内に案内している。

「昔から、どんなに偉い王や貴族でも、二十一日の大祭の日になると、実に大人しくダルハトの指示に従って儀礼に参加していた」、とグルジャブは話す。まもなくジョノン（晋王）も到着し、伝内の聖主の前で三回、跪拝の礼をおこなった。

八時過ぎた時、ダルハト達はススキの一種であるデレスに白い種雄の羊の毛を巻きつけて、ジャラマ（jalm-a、ongyur とも）を作る。ジャラマは八十一本でなければならず、「九×九の八十一の天」を代表する。祭殿の近く、聖地オボーのところで白い馬を繋ぎ、「八十一の天」に向かって、八十一回も馬乳を振り撒く際に、ジャラマを地面に挿し込んで、天の川を表現する。天の川は北極星のアルタン・ガダス（altan γadasu）に繋がるとされ、ジャラマの先端には祭祀者のアルタン・ガダスが馬を牽いて立つ（写真29―3）。このアルタン・ガダスという祭祀者は「黄金の駒繋ぎ」との意である。要するに、モンゴル語のアルタン・ガダスという言葉は北極星を意味すると同時に、チンギス・ハーンの馬を祀る祭祀者「黄金の駒繋ぎ」をも指しているのである。

「黄金の駒繋ぎ」は八時半に卵白馬と二頭のシャルガ馬を牽いて聖地オボーのところに来ると、別のタルハトが金製の鞍を付けた。実は「黄金の駒繋ぎ」のアルタン・ガダスは普段、オトク旗に暮らしていたが、一九五四年以降に祭祀に参加できなくなったので、現在は「手綱主」のジローチンが代替している。金製の鞍は古代の物で、チンギス・ハーン本人が使っていたとされるが、それも中国政府に破壊されたので、今の物はハンギン旗の最後の王、アルタンオチルの物で代用している。モンゴル人達は卵白色馬に儀礼用の絹を献上し、頭を馬の唇に付けて祝福（adis）

写真 29-3　天の川の端に立つ神馬。重要なのは、祭祀者も、北極星も、どちらもアルタン・ガダス（黄金の駒繋ぎ）と呼ばれていることである。

写真29-4　神馬からの祝福を受けるモンゴル人（1992年4月22～23日）

してもらう。馬も参拝者の気持ちが分かるようで、人の頭に軽く口づけをする（写真29—4）。

八白宮のすべての儀礼をダルハト達がシャーマニズムの伝統に従って主催し、建前上はチベット仏教を排除していることになっている。ラマ達も祭殿に近づくが、控えめに行動する。聖地オボーにはラマの関与が不可欠とされるので、シグイ寺の僧、ガルザン（Talsang、七四歳）がソバ粉で供物のバリン⑤を作っていた。彼はジョノンの招待を受けて、オボーの祭祀に参加しているという。

中国共産党イケジョー盟の盟長と中国人の書記も十時過ぎにやって来たので、ダルハト達は殿内へと案内する。宗教を否定し、さんざん破壊行為を繰り返して来た中国共産党の幹部達は跪拝の礼こそしないものの、酒と絹ハダクだけ献上していた。彼らの存在は小さく、行動は極めて下品かつ醜悪に見えた。

中国共産党の中国人幹部達を横に、内モンゴル自治区各地の民族学校の生徒達は整然と列を作ってチンギス・ハーンの天幕前に進み出て、秩序よく跪拝している風景は実に感動的である（写真29—5）。少年少女達は皆、一元や二元札を献上していた。具体的には以下のような学校が集団で参拝していた。

ウラーンチャブ盟ドゥルベン・クーケト（四子王）旗民族学校
イケジョー盟ウーシン旗民族学校（第二中学）
ウーシン旗トリ・ソム小学校五年生二クラス
オトク旗民族学校
ハンギン旗バヤンブラク・ソム小学校一クラス
エジンホロー旗民族学校
イケジョー盟衛生学校民族班
イケジョー盟東勝市モンゴル民族小学校

他にも集団で参拝に向かっている民族学校があるが、中国政府は各地でチェック・ポイントを設けて、様々な口実を作ってあの手この手で阻止している。一種の民族間闘争である。

厳しい世相の反映と天に撒く馬乳

十一時五十分になると、昨日と同じように、「祈祷用の羊の占い」儀礼が始まる。今度はジョノンがまずハイマツでチンギス・ハーンの天幕前に連れて来られた羊を清めてから、その羊に儀礼用のハダクを捧げる。グルジャブは羊の傍に立って「儀礼用絹の賛歌」を唱える。

十二時を過ぎた頃、チローンバートルは酒で自らの手を清めてから、羊の耳に口を付けて希求の言葉（dayaγal）を伝える。一同は静かに祈りを捧げ、羊の背中に酒を注ぐ。しかし、何回、注いでも、羊は頑として身震いをしない。一同の表情はますます厳しくなる。モンゴルのメッセージがチンギス・ハーンと最高神に届いていないか、届いても受け付けてくれない、と見なされるからである。こういう場合は、政治的情勢が風雲急を告げている、と理解されている。

写真29-5　チンギス・ハーンの祭殿に参拝するオルドスのウーシン旗の学生達（1992年4月23日）

「仕方ない、正に現状だ」、とグルジャブは話す。彼は素早く儀礼用の絹で羊の口を防ぐと、スゥルデのダルハトであるバヤンチンケルが羊を仰向けにして肝臓と胆嚢を取り出した。昨日はチンギス・ハーン家の「黄金家族」の成員が希望した占いで、本日の主役はジョノンである。ジョノンが「祈祷用の羊」を通してモンゴル全体の運勢を占っているのである。あえて繰り返すが、普通は羊の背中に酒を注ぐと、瞬時に身震いをし、メッセージを受け取ったとのしぐさを見せてくれるので、「祈禱用の羊の占い」もスムーズに進む。そうでない場合は、モンゴル全体を取り巻く政治情勢の厳しさを物語っている、と理解される。当然、占いの結果は、ジョノン以外には知らされなかったのである。さきほど身震いをしなかったのと同様、占いの結果も芳しくないようである。

一同は厳しい表情のまま祭殿を出て聖地オボーへ向かう。十二時半になっていた。オボーでは卵白色馬をジローチン職が牽いて西北に向かって立っていた。元々は「黄金の駒繋ぎ」のアルタン・ガダスという祭祀者の役割である。馬の前に供机があり、「褐色の高き物」に溢れんばかりのヨーグルトが入れてある。こちらも本来ならば、馬乳酒でなければならない。ダルハトは牝馬から乳を搾り、「褐色の高き物」に入れる。ジョノンは儀礼用の絹ニンダルを卵白色馬に献上し、その鬣に付ける。「褐色の高き物」から始まり、卵白色馬を経て西北へと、八十一本のジャラマが地面に挿し込まれ、天の川になっている。天の川の先端、すなわち西北端に「黄金の駒繋ぎ」という柱が立っている。

一時七分になると、若いダルハトから始まり、参拝者達は「褐色の高き物」から馬乳を杓子で掬って天の川に沿って走り

写真 29-6　天の川に向かって馬乳を振り撒く風景。スタート地点に黄金の駒繋ぎが立てられているのは、北極星は天の川に繋がるという神話があるからである。（1992 年 4 月 23 日）

ながら振り撒く（写真29—6）。そして、「黄金の駒繋ぎ」を回って戻って来て、次の人に杓子を渡す。杓子には九つの窪みがあり、一度で九回振り撒いたことになる。グルジャブはこの時、『金書』の中の「九十九頭の白き馬の乳の振り撒きの祝詞（yere yisün čaγaγčin-ü sün sačulγan-u irigel）」を朗誦した[6]。こちらも元々は「黄金家族」の成員が担っていたが、現在では全モンゴル人が実施することになっている。

馬乳を振り撒く人が天の川を一周してくる間に、グルジャブは「金書」の中の一節を詠み終わる。馬乳を振り撒いて捧げている対象は、モンゴルの歴史上の聖地と歴代の大ハーンである。具体的にはオノン河やケルレン河、ヘンティ山脈とアルタイ山、ハンガイ山脈とブルハン・ガルドン岳、そして最後の大ハーン、リクダン・ハーンまでの歴世のハーン達である。この儀礼は、チンギス・ハーン自身が九十九頭の牝馬を「堅牢な紐（batu jigele）」に繋いで、蒼天に馬乳を振り撒いていた儀礼の再演とされ、後に更に歴世の大ハーン達も列聖されたという[7]。

ハーンからの恩賜と招福儀礼

馬乳の振り撒きが終わったのは、午後二時五十分だった。そこで、ダルハト達は銀製の杯（taγsi）を卵白色馬の後部背中に乗せ、落ち方で情勢を占う儀礼をする。もし、銀杯の口が地面についていたら、繰り返す。銀杯の口が上向けに落ちたら、吉祥として跪拝して拾う。この儀礼も『金書』にあり[8]、祭祀者達とジョノンは忠実に実施していたのである（写真29—7）。ここで、卵白色馬も放たれた。四人のラマ達は遠く、祭殿の西側で読経していた。

一同は祭殿の中に入り、チンギス・ハーンとボルテ夫人の天幕の前に立つ。供机の上には棗とパンや菓子類が盛ってある。グルジャブは黄色い紙に何かを書いてから折りたたんで銀碗に入れた。そして、グルジャブとチローンバートルの二人はその銀碗を手にして天幕内に入り、チンギス・ハーンの前に跪き、静かに祈りを捧げ、祭祀の進行について報告した。

天幕から出ると、「オルドス万戸七旗のモンゴル人は、旗ごとに並ぶように」、と指示する。この時にジュンガル旗の若い活仏が到着したので、一時は活仏の接待に回らなければならなくなった。

　四時になり、ジョノンは七旗のモンゴル人達を引率して、再びチンギス・ハーンの天幕前に整列して羊の丸煮と儀礼用の絹ニンダル、そして灯明を捧げ始めた。オトク旗とハンギン旗、それにウーシン旗という風にオルドス右翼諸旗から始まり、左翼各旗で終わるという順番である。清朝時代以前は左右両翼十二のオトクからなるオルドス万戸だったが、その時も右翼の各オトクからスタートしていたそうである。ダルハトは相変わらず賛歌を吟唱していたが、明らかに喉がかすれて来ているのが分かる。参拝者達は羊の丸煮オテュゲを少しずつ切り取っては香炉の中に入れた。

写真 29-7　神馬の背中に酒杯を載せ、その落ち方で占いをする風景。右はジョノン。（1992 年 4 月 23 日）

　儀式は五時半まで続いてから、聖主からの恩賜として一同に酒が配られた。そして、オテュゲも恩賜として分配された（tügel tügenekü）。本来ならば、ここでチンギス・ハーンや歴代のハーン達からの恩賜が功臣のダルハト達に分配されることになっている。私は勿論、功臣の子孫ではないが、ありがたく恩賜をもらった。グルジャブは「チンギス・ハーンの大いなる黄金の恩賜（Činggis qaγan-u yeke altan tügel,qutuγtu yeke qurim-un tügel）」を朗誦した(9)。具体的にどの父系親族集団オボクの誰が、どんな功績を建てたかを明示した上で、恩賜が配分されている。そして、グルジャブはまたオテュゲを煮た汁で作った肉ご飯アムス（amus）を持って天幕内に入り、扉や炉に塗布し、「黄金オルドの塗油の祝福」を読み上げた(10)。

　夜の七時二十分から「黄金オルドの招福儀礼（altan ordun-u dalalγ-a）」が始まる。昼間に使った「祈祷用羊」の皮を天幕前の供机の前に持って来て、毛が下に向くよう敷いておく。丸煮を煮た肉汁に米と棗を加えたご飯アムスを桶に入れて近くに置いた。肉汁のご飯は拝火祭の時のものと同じである。また、酒に漬けた小腸と胃袋を焼いて加えた。焼いた小腸や胃袋をジョタイ（jutai）と言い、拝火祭に欠かせない供物である。

　まず、丸煮オテュゲを香炉の側に供え、ハイマツで周りを清める。続いてダルハトはご飯とジョタイの小腸と胃袋を盛り、チンギス・ハーンとボルテ夫人の天幕、ホラン妃の天幕、イェスゥイとイェスガン姉妹の天幕の前にそれぞれ献上する（qutuγ miliγaqu）。チローンバートルは「ジョタイの祈祷文（jutai-yim irügel）」を唱えた。

　残ったご飯アムスとオテュゲから切り落とした肉を皮の

上に乗せ、みんなでこねる。チローンバートルは桶の中のご飯を掬っては振り撒く。この際にハ[11]（qa）という羊の前肢を使う。グルジャブはこの時、「招福の祭史（dalaly-a-yin öčüg）」を唱えた[12]。一連の儀式が終わってから、我々はご飯アムスとオテュゲを「聖主からの恩賜」として食べた。

四月二十四日　晴

モンゴル人女性に助けられる

一年に一度の大祭が終わったので、ダルハト達は疲れ切っていた。参拝客達もほとんど帰った。朝のお茶を飲んでからゆっくりと祭殿に行くと、ジョノンは妃のアルタンチチクと息子のダライを連れて参拝している。ジョノンに招かれて、私達はグルジャブの家に行く。地元のイケジョー盟テレビ局のモンゴル人記者も二人来ている。至極自然に宴会となった。私はグルジャブとバヤンチンケル、それにチローンバートルらにとても親切に教えてもらったので、感謝の言葉を述べた。「聖主の御蔭だ（boyda-yin kesig）」、とグルジャブは話す。

中国によって抹消されつつある長い歴史と破壊された民族文化を守ろうとする彼らの不撓不屈の精神に私は心から敬服している。せめて記録しておきたい、と努力する無知な私を彼らは懸命に庇い、応援してくれた。私達は心が通じ合い、酒が進み、すぐに酔ってしまった。

四月二十五日　晴

前日に酔ってしまい、観光客達も帰り、静かになった旅館でぐっすり寝た。遅めに起きてお茶を飲み、ノートを整理する。ダルハト達が親切に接してくれたので、秘儀も見られたし、祭殿内でも撮影できたことに満足した。何百年間にわたって祭祀活動を維持して来たダルハト達は皆、由緒ある名門の出身者である。ここでいう名門とは、『モンゴル秘史』や『蒙古源流』等の年代記に名前と事績が詳しく列挙されている人達の出自である。いわば、彼らの父系親族集団名や祖先の名前を聞いただけで、モンゴルの歴史を思い浮かべるほどである。そのような彼らが担うチンギス・ハーン祭祀は決して一オルドス地域の民間風習ではなく、全モンゴルの政治大祭、ハーン国の政治大祭であった。それが中国によって否定され、祭祀者が解散させられているという事実は、文化の抹消以外の何物でもない。ダルハト達が伝えようとしている歴史と文化の意義について理解できた、と私は静かに思い、懸命にノートを文章化した。当然、私は自分に危険が迫っている事には気が付かなかった。

私が泊まっていた旅館は東西に長く延びた、煉瓦建ての平屋である。静かさを求めて、私は平屋の端の部屋、東側の角部屋に入っていた。どの部屋も室内にトイレはなく、柵の外に一カ所だけ中国風の厠があった。

午後三時頃になると、少し寒く感じた。ストーブでも熾そうか、と思っていたら、受付にいた、例の目の大きい女性が私の部屋の前を通った。彼女は一旦、柵の外に出て、トイレに行くふりをして、私の部屋に素早く入って来た。

「警察と安全局の人達が貴方を狙っている。早く対応を考えて」、と彼女は話してから出て行った。

実は秘密警察と治安当局者達が昼食時に会議を開き、午後に私を捕まえる準備をしていたのである。彼女は、秘密警察達に食事を運ぶ際にその会話が耳に入ったようである。早くも十九日に食堂で昼食を一緒に取った時に、私の存在が治安当局に伝わっていた。一緒に食事した人達の中にも秘密警察は複数いたからである。調査中も「何故、日本語でノートを取るのか」、と知らない男に聞かれたことがある。尾行されているのは分かっていても、逃げる訳にもいかなかったのである。

しかし、彼女の言う通り、ここでは対応しなければならない。私はとっさに大学ノートの中の数ページを取り外して敷き布団の下に入れた。ファイル式のノートなので、数ページ外しても、警察には分からないだろうと思った。ここ数日間、ダルハト達から聞いた話が特に重要である。中国政府による歴史の否定と文化財の破壊に関する内容が検閲にひっかかる可能性があるだろう。

敷布団の下は駄目だと思い、びっしりと書いたノートを取り出してストーブの中に入れた。火を熾す準備をしていたので、ノートをストーブ内の石炭の下に隠した。二十一人いた女性服務員達の中で、私はいつも彼女に近づいていた。彼女に迷惑にならないよう、フロントで話し込んでいた。彼女もモンゴルの歴史と文化に興味があるし、日本にも関心があった。私が属するウーシン旗に近いところに住み、旧ジャサク旗の草原に実家があり、両親と兄弟達は牧畜を営んでいる、と彼女は話していた。ほのぼのとした、暖かい気持ちが通じ合っていた。私は毎日のように祭殿に行ってはダルハト達にインタビューし、帰りに彼女がいるフロントに行って鍵をもらって部屋に戻っていた。

治安当局の侮辱と取り調べ

「同胞のモンゴル人女性が助けてくれたのだから、逮捕されてもいい」、と私は意外と自分が落ち着いているのに安堵した。

三時半くらいにドアをノックする音がした。開けて見ると、肥った男がいるのではないか。名前はミンガンバヤル（Mingyanbayar、「千の喜び」との意）で、いつもしわしわの服を着ていたが、何故か、この時だけは新しい警察の制服で身を包んでいる（写真29—8）。時々、祭殿の周りで会うと、ぎこちな

写真 29-8　モンゴル人参拝者を監視する警察。左から 3 人目がミンガンバヤル。(1992 年 4 月 23 日)

い笑顔を見せていた陰湿な男であるが、部屋に入るなり、私に敬礼し、警察手帳を見せた。

「貴方は違法行為を働いたので、派出所まで連行する」、と彼は厳しい表情で私に命じている。

「何が違法行為だ?」、と私も譲らなかった。

「祭殿内でずっと撮影していたのが、違法行為だ。日本の為にスパイ活動しているだろう」、とミンガンバヤルは話しているが、酒の匂いがする。撮影はダルハト達が許可したものだ、と反論した。

「ダルハトが許可しても意味はない。我々警察の許可が必要だ」、と彼は話す。そして、私が色んな参拝客やジョノン（晋王）にインタビューしたのも、違法行為だと断じている。

「一般のモンゴル人は皆、馬鹿だ。共産党員や幹部以外の人達から集めた話には何の価値もない」、とミンガンバヤルは怒鳴る。私は余計に、ノートが没収されるのではないか、と心配して来た。

「撮影したフィルムを渡せ」、とミンガンバヤルは迫る。警察はノートよりも私が撮った写真を重視しているとすぐに分かった。それでも、抵抗した。

「日本のスパイだと言うけど、軍事秘密でも何でもなく、単なる風俗習慣を撮っただけだ」、と私は抗議した。

「フィルムを渡さなければ、逮捕する。日本に戻れなくなってもいいのか」、と恫喝して来た。

日本には戻りたい。博士論文も書きたい。本一冊、書き上げたら死んでもいいと私は前からそう思っていた。日本に戻る為に、フィルムは諦めるしかないか、と私は五本のフィルムを彼に渡した。他のフィルムも実はストーブの中に隠してあった。

「カメラの中にまだあるだろう。それを引っ張り出せ」、と彼は執拗に強制している。私はカメラを差し出し、「どうぞ」と応じた。

「いや、自分でやれ」、と彼はカメラを受け取ろうとしない。実によく訓練された中国共産党の優秀な警察だ。自分の手を汚したくないから、私に強制している。何かあっても、「自分でやった」、と彼らはそう主張するのが分かっている。

私は仕方なく自分でカメラのケースを開け、まだ撮影途中のフィルムを引っ張り出し、光線に当てた。これで、この一本のフィルムは使えなくなった。すると、中国の警察で、モンゴル人の裏切り者はにやりと笑ったが、私は最大の侮辱感を味わった。何しろ、自分で撮影したフィルムを自分の手で破棄しなければならなかったからである。私は中国の暴力に屈服したのである。日本に戻って論文を書く為に、屈辱を選ばざるを得なかったので、実に情けない人間である。

自分の手で自分のフィルムを露光させてから、私は警察の派出所まで連行された。派出所は祭殿に行く途中の東側の建物の中にある。数十人ものモンゴル人の服務員達は皆、旅館の外に立って見守っている。目の大きい、受付係の彼女もいた。「日本のスパイを捕まえた」、と警察のミンガンバヤルはそう言わんばかりに誇らしげに先導し、私はゆっくりと後に付いて歩く。

派出所には年配のモンゴル人所長と六人の中国人の若い男達がいる。所長は制服を着て真中の椅子に座っているが、私服の中国人の秘密警察達は立っている。どう見ても、モンゴル人所長に何の権限もなく、実権はすべて中国人達に握られている、と瞬時に分かった。

「犯罪行為を働いたことを認めるか」、とモンゴル人所長は下手な中国語で冷たく聞く。

「違法行為は何一つしていない。フィルムを没収するのには納得できない」、と私はモンゴル語で弁明した。彼は「犯罪行為」と表現しているが、私は「違法行為」と使った。そして、心の中では「この傀儡所長め、中国人の犬だ」、と彼を軽蔑した。

「中国語で答えなさい。フィルムを没収したのは上からの指示だ。不満なら、上級機関に陳情しなさい」、と所長は表情を変えない。その間に、肥ったミンガンバヤルは私から没収した五本のフィルムを所長に渡した。

私が具体的に何を記録したか、詳しく取り調べを受けるのではないかと心配していたが、それはなかった。約一時間にわたって、延々と所長から訓示と恫喝を受けただけで済んだ。それは、「チンギス・ハーンは中国の英雄で、祭祀は民間の行事に過ぎず、中国政府も共産党もモンゴルの民俗文化を大事にしている」との内容だった。

「貴方も将来が見込まれる青年だから、日本に行ったら、中国の政策は素晴らしい、と宣伝してほしい」、と所長が最後に話した。

「中国の政策が素晴らしいならば、フィルムを返してください」、と私も引き下がらなかった。結局、簡単に諦めなかった私に対し、所長は東勝市公安局行きを勧めた。彼は明らかに責任逃れしようとしているし、そもそも実権もないので、そうするしかなかったのだろう。

取り調べを終えて部屋に戻る際に、あたりはすっかり暗闇に包まれていた。フィルムは五本も没収され、それから更に一本は私自身の手でカメラから引き出すという侮辱を受けたが、ノートは無事に残った。不幸中の幸いか。

　この日、私は偉大な祖先、チンギス・ハーンの神聖な祭殿前で完全に覚醒した。中国とは何か。中国人とモンゴル人との民族間関係の性質はどうなっているのか。モンゴル人の歴史が中国にどう見られているのか。こうした問題に対する私の基本的な認識はこの日に一気に形成されたのである。この日から、私の中国に対する見方と歴史観は根本的に定着したのである。この日以降、変わらぬ思想と歴史観を私は人生の研究生活の中で一層発展させていくことになる。そういう意味で、実に記念碑的な一日である。

四月二十六日　曇

屯営地への帰還儀礼

　今日は「オルドス暦の六月（太陰暦四月）二十四日」で、本来は八白宮こと八つの神聖な守護神がそれぞれの駐営地に帰還する日である。各旗の王がモンゴル兵を率いて、守護神を守って帰途に就いていた。祭祀者ダルハトは見送りの行事を主催していたという。一か所に集められた現在、そうした儀礼は自然と姿を消すか、簡略化されている。文化を抹消する中国のやり方は実に巧妙である。

　私はフィルムを没収され、遅くまで派出所で取り調べを受けたことをダルハト達も知っている。ダルハト達も当然、私に親切に接したことで、治安当局から警告されていた。私達は互いの心情を察し、慎重に行動した。まだ、治安当局は監視の目を光らせているからである。

　夕方五時四十分にグルジャブ達は三つの丸煮オテュゲを祭殿内の三つの天幕の前に一個ずつ備えた。ハイマツと香でオテュゲと供机を清め、灯明に火を付けたチローンバートルは以下のような「儀礼用ニンダルの祝詞」を唱えた。

> 大祭が無事に終わり、聖なる守護神達がそれぞれの駐営地にお帰りになる日である。また、来る十三年後の今月今日に至るまで、我がモンゴルを守るよう。[13]

　続いてグルジャブがダルハトの「八大ヤムタト」を代表して一連の祭祀が実施された経緯を詳しく報告した。私を含む一同は整列して参拝した後、丸煮オテュゲの脂肪尾の左側を少し切り取って炉に入れた。チローンバートルはその場にいた全モンゴル人の名前を聖主チンギス・ハーンに向かって唱えた。全員、三回跪拝してから、「聖主チンギス・ハーン賛歌」を朗誦した。

　グルジャブは「天の言葉」からなる「天の歌」を歌っている。この時、私達は全員思った。モンゴルを抑圧している中国は許せない存在で、中国の弾圧には絶対に負けない。中国に否定された歴史と抹消されつつある歴史を伝え、記録する責務は私達の肩にかかっている、と自覚した。これこそが、八白宮祭祀の最大の政治的な意義ではなかろうか。

夜の七時、私達は聖主チンギス・ハーンからの恩賜ゲシクを共食した。丸煮オテュゲと酒である。

四月二十七日　晴　強風

治安当局の将校との遭遇

朝起きてから、私は旅館の受付で清算をした。私を助けてくれた、目の大きい彼女はいない。聞いてみると、「休んでいる」、と不愛想な返事を他の男がする。何かあったかもしれない、と嫌な予感がしたが、確かめようがない。

私は東勝市へ行こうと決意した。イケジョー盟安全局に乗り込んで、フィルムを返してもらい、そして、日本のスパイではない、と抗議しようと思ったからである。

陝西省のテメート・ゴト（楡林）からエジンホロー旗経由で東勝市行きの長距離バスに乗り込む。ほとんどの乗客が中国人で、モンゴル人は酔客が一人いた。いや、酔ったふりをしているモンゴル人だ。

「お前ら中国人は長城の南へ帰れ」

「何でモンゴルに来たのか?誰がお前らを招待したのか？」

「どれほど草原を破壊し、モンゴル人を殺せば気が済むのか？」

と彼は車内でずっと暴れている。乗客の中国人達は皆、タバコを吸い、車窓の外を眺めている。私はそのモンゴル人と目が合った瞬間、彼は酔っていないと分かった。互いに気持ちが伝わったからである。

しばらく走ると、バスはカー・バクシ（Kiy-a baysi）の峠を登り、ダルハン・ホーライに入った。カー・バクシとは、ダルハトの爵位で、かつて祭祀者が住んでいたところである。中国人は現在、康巴什《カンバシ》と呼ぶが、地名の歴史的意味に無関心である。ダルハン・ホーライとは、「ダルハト達が多数、暮らしていた盆地」の意味であるが、現在は一人もいない。中国によって解散させられ、各地へと離散していったからである。文化抹消政策の爪痕はオルドスの大地に刻まれ、モンゴル人の地名の消失からも読み取れる。

昼過ぎに東勝市に着いた。バスを降りてから市公安局を目指した。オルドスの安全局は公安局と同じ建物内にあるからだ。信号を渡ったところで、私はばったりと「旧知」に遭遇した。八白宮でずっと私のノートを覗き込んでいた「万年筆男」が何と、公安の制服を着て立っているのではないか。しかも、肩章には艶やかな飾りがあり、将校の身分である。

「あ！小学校の先生ではないか?!」、と私は彼の顔をじっと見て、無性に腹が立って来た。私が日本語でノートを取っていたところを彼に絡まれていた事実については、前に述べた。そして、私服の彼の身分について問い質した際に、彼は「小学校の教師だ」と返事していたからである。

「お前はいつ、警察になったのか？将校に昇進するのも早くないか?!」、と私は何も恐れることなく、彼の前に立って尋ねた。実は私は高校二年生の時に東勝市で一時、不良少年グループのリーダーになったことがある。当時の蛮勇が蘇り、私は彼を殴ろうとした。

「貴方はまだ若いから、理解できないこともあるよ」、と彼は一瞬、赤面したが、プロらしく応対している。

「理解とは何だ。おれのフィルムを返せ」、と私は彼に来た目的を告げた。

「安全局には誰もいないから、無理だろう」、と「万年筆男」だった将校は笑っている。

夜になると、風は一段と強まり、気温も下がったが、私の怒りは逆に高まって来た。東勝市は一本しかないメインストリートにだけ街灯があるが、路地裏に入ると真暗である。私はその真暗の暗闇の中で、イケジョー盟第一中学の裏にある建物群に入った。母校の近くだから、卒業して七年以上経っても、道は分かる。その建物群の中の一棟が、安全局の宿舎である。

私は安全局の副局長の家に入った。昨年八月十九日に会った、エルクート・ボンホの長男（四十代）である。エルクート人はネストリウス教徒であると前に述べた。彼の実家は我が家の北にあり、モンゴルの習慣では一応、「隣人《アイマク》」になる。私は一九七四年の旧正月に一度、彼に会ったことがある。彼の弟は私と同じ年で、家に『九頭の鷲（九頭老鷹）』という絵本を隠している、と自慢していたので、馬に乗って借りに行ったものである。文革中は読む本が全くなかったので、どうしてもそれを読みたかった。しかし、その本も禁止されていたもので、簡単には貸してくれなかった。「気を付けるんだ」、と何回も念には念を押され、ようやく貸してくれたものである。

副局長は私に丁寧にお茶を出したが、口は堅い。

「中国政府も貴方を日本のスパイだとは思っていないので、安心して調査に専念していい」と言われた。しかし、フィルムは部下達が没収した以上、返せないだろう、とも付け加えた。私もフィルムの返還は諦めていたが、夜に彼に会いに来たのは、これ以上、その部下達が付きまとうのを止めるようと指示してほしかったからである。彼が私の真意を理解したかどうかは不明であるが、しばらくしてから、旅館に戻った。

私は東勝市で以前に付き合っていた不良少年や「暴力団」の友人達のことを思い出した。私が入った高校ではモンゴル人生徒と中国人はいつも民族問題をめぐって激しく対立していた。市内の不良少年達や「暴力団」もまた民族ごとに分かれていた。中国人からの差別に反発する為に、私はモンゴル人からなる「暴力団」と付き合っていた。私より年上で、主として建築業と地質調査隊、それに技術専門学校のモンゴル人青少年からなる組織であった。そのようなモンゴル人「暴力団」の成員も実は親達が文革期に中国共産党に粛清され、虐殺された人達であった。中国は文革期にモンゴル人に対し大量虐殺を発動したにもかかわらず、真摯に善後政策を実施しなかった。親を失ったモンゴル人青少年は路頭を彷徨い、暴力で中国人幹部に復讐する方法を採っていた。その後、一九八三年春から秋にかけて鄧小平主導の「厳打政策」という超法規的弾圧が全国規模で実施され、多くの青少年が裁判もなしに処刑された。私の知人達も何人かは銃殺され、数人は東北満洲の白城子で無期懲役刑に服した。

四月二十八日　沙嵐

モンゴル人達の支え

「東勝市は中国人匪賊の街だ」、とモンゴル人はこの小さな都市の雰囲気が好きになれない。清朝末期から山西省や陝西省からの匪賊達が盤踞してできたからである。言葉遣いは極めて乱暴で、行動も粗野な人達が多く、犯罪率も高い。私が泊まった旅館も騒音が酷く、中国人の若いチンピラ達が徹夜で酒を飲んで騒いでいたので、ほとんど眠れなかった。

匪賊の街を出よう、と決心し、西のエジンホロー旗へ行く長距離バスに乗る。もう一度、八白宮の旅館に行って、目の大きい女性に礼を伝えようと思った。彼女が助けてくれた御蔭で、ノートを無事に保管できたのである。

八白宮の旅館に着き、受付に行くと、「また来たか」、と別の女性に笑われた。私は恥ずかしがりながら、言葉を選んで、目の大きい女性のことを尋ねた。

「家に帰ったよ」、と受付の人の表情が変わった。彼女は私に治安当局の動向を教えたことで、解雇されたのである。

私はチンギス・ハーンの祭殿八白宮を振り返りながら、ウーシン旗へ行く長距離バスに乗った。しばらく走ると、旧ジャサク旗領内に入った。チンギス・ハーンの第二夫人ホラン妃を祀る集団で、ウーシン旗から一七三六年に分かれて形成されたのが、ジャサク旗である。彼女はここの人間である。

私は彼女に二度と会えなかったが、幸せになるようずっと祈って来た。私の調査研究は彼女のようなモンゴル人達に支えられていることを一層自覚しなければならないと思った。

旧ジャサク旗を通過した長距離バスがウーシン旗東部のタマガライ平野に入ると、風景は一変する。タマガライとは、「印璽のある地」との意で、かつては一時、ウーシン旗の王府衙門が置かれていたところである。道路はタマガライ平野の北部を通って西に通じるが、南の長城までの百数十キロはずっと平原となっている。道理、かつては馬の放牧地として知られていたのも納得する。

「ハーンと王様の烙印が押された馬群の放たれた地、それは王府のある場所だ」[14]、との民謡もよく描いたものである。

タマガライ平野を過ぎると巨大な丘陵（sili）を登る。トインティン・シリ（Toyin-tu-yin sili）とバヤン・シリ（Bayan sili）である。一九五〇年春、中国共産党人民解放軍がウーシン旗に侵略した際に、地元のモンゴル軍が決死の抵抗を展開した地である。結局、モンゴル軍は破れ、オルドスは中国領とされたのである。[15]

峠の上に、スゥルデ・マンハがある。スゥルデとは軍神の意で、マンハは沙漠である。どうして、こういう名になったかは、不明である。沙漠の北側に数本のコブン・モド（köbün-ü modu）という灌木があり、その木の下にウーシン旗の王一族の墓地がある。チャグドラスレン王（在位一八八四―一九一五）とトグスアムーラン（在位一九一五―一九四一）王、それにユンルンノルブー王子らが眠っている。中国共産党はモンゴルの歴代の王を「腐敗した封建階級の代表」、「悪質な搾取階級」と断じて侮辱しているが、少しでも自分の頭で物事を考える人ならば、誰もそうした宣伝を信じない。貴族も庶民も調和した社会を形成して来たが、外来の中国人の政権は私達モンゴルの平和を破壊した。環境を破壊し、民族のエリートを処刑してから、「解放」と宣言したのである。それが、中国に占領された内モンゴルの実態ではないか。

文化財見学という時限爆弾

四月二十九日　晴

ウーシン旗政府所在地のダブチャク鎮に「文物管理所」があると聞いていたので、訪ねてみようと思った。しかし、どこにあるかは知らないので、政府に務めている知人に案内してもらった。一馬路というストリートに面した粗末な部屋で、看板も何もない。

党幹部身分の知人が案内してくれたので、所長の中国人も丁寧に説明してくれた。ナリーンゴル河渓谷のマンモスの化石と、ガルート・ソムから発見された珪化木、バヤンチャイダム平野から収集した新石器、ミラン渓谷の古墳群の写真等が展示されてあった。そのうち、ミラン渓谷はシャルスン・ゴル河の湾曲地帯で、フランス人の古生物学者ティーヤル・ド・シャルダンが発見し、世界に発信したことで知られている。ティーヤル・ド・シャルダンはこの新石器時代の主人公を出土地に因んで「オルドス人」と表現したが、中国の考古学者は「河套人」と歪曲する。河套はオルドスではない。オルドス北部にあるバヤンノール盟南部の黄河沿岸地帯を指す概念である。中国人はオルドスというモンゴル語を使用したくないので、遠いところにある、別の地名を持って来て代替している。歪んだ、自己満足のナショナリズムであるが、人類史の展開と無関係の茶番劇である。[16]

小さな展示室であるが、文化財は豊富である。全体として、シャルスン・ゴル河とハリュート河沿線に遺跡が多いのに気づいた。三本ある匈奴時代の青銅の小刀は「オルドス式青銅器」と呼ばれているが、モンゴル高原との関係については触れようとしていない。時代は下って、十世紀からのタングート（西夏）の陶器や貨幣も多い。数カ月前にトリ・ソムからタングートの貨幣が埋葬された窯が見つかり、約一トンもの古銭が発見されたという。オルドス西部はタングート領だったから、出土文物も多いのが特徴的である。

文物管理所の裏庭に石碑が数体、無造作に捨ててあった。ここ数年間に盗掘された古墳からの墓石だという。見ると、北魏時代の墓碑銘である。既に中国の考古学関係の雑誌で報告されていたのを私は民博で読んだことがある。歴史的発見だと報告書は強調していたが、実物がこんなに無造作に放置されているのには驚いた。

「ご関心があるようで、一緒に研究論文でも書かないか」、と中国人の所長に誘われた。

「暖かくなったら、まず拓本を取り、それから読もう」、と私は返事し、礼を伝えて別れた。後日、この時の文物管理所訪問が大きな問題に発展するのを私は当然、予想だにしていなかったのである（五月二十二日の記述参照）。

文物管理所を見てから、西への長距離バスに乗り、シャルリク・ソム政府所在地に帰った。四月三十日と三十一日は丸二日間、西公の王女スチンカンルに会って、話を記録した。その成果を私は一九九五年に新間聡と共著の形で、『チンギス・ハーンの末裔―現代中国を生きた王女スチンカンル』を草思社から出版した。その後、私の本は脚本化され、二〇〇九年に映画『スチンカンル（斯琴杭茹）』になり、翌二〇一〇年に「中国大学生電影賞」を受賞した。二〇一九年に、草思社は同社文庫に加えてくれた。

五月一日の朝、ソム政府所在地を出て我が家へと歩く。草原のしっとりとした湿地帯にはもう緑が目に見えて増えて来た。日本はもう初夏かと思い、休んでから締めの調査をおこなおうと決心した。家では、両親が私の帰りを喜んでくれた。「安全局に行ったのか、逮捕されるよ」、と両親は驚いていた。

注

（1）　八白宮における羊の肝臓占いについては、小長谷［一九八九：

三六―四六］とHurčabaatur［1999: 135-144］、それに楊海英［二〇〇四b：六五―八二］による詳しい報告がある。

（2）後日、私は自分がモンゴル国やオルドスから収集した八白宮祭祀に関する指針書、『金書』［楊　一九九八］と著書『チンギス・ハーン祭祀』［楊　二〇〇四a］をダルハト達に謹呈した。それはかのジャムツアラーノやリンチン、それにダムディンスレンら偉大な先学達が集めたものであった。ダルハト達は私の成果を「聖主への貢献だ」と評価してくれた。

（3）供物を燃やして捧げる「黄金家族」の歴代の祖先の名前は『金書』にあり、詳しくは［楊　一九九八：一二〇―一二二］にある。

（4）モンゴル語の原文は“boγdu ejen örüsiy-e tügei. Darqadud čini tarqaγdaysan, yaγuči ülediü čidaysan ügüi bolba”.

（5）ガルザンによると、オボーにはシブダク（sibday）という霊が住んでおり、地蔵のルソート（lusud）と交流する。シブダクをタングート（チベット）語でdorm-aと言い、バターとソバ粉で作ったバリンが好物であるとされる。ガルザンはケスグイの称号を持つ高僧である。

（6）この時に使われる『金書』は［楊　一九九八：一〇三―一〇五、一二一―一二三］を参照されたい。

（7）馬乳を振り撒く儀礼の発祥については、以下の伝説がある。モンゴルと敵対関係にあったケレイト部族のワンハンとその息子のサンクンが馬乳酒に毒を入れて、夏の六月二十一日にチンギス・ハーンを招待した。そうとは知らずにチンギス・ハーンが馬乳を飲もうとした時に、一羽の鳥が飛んで来て杯を落としたら、草もしぼんでしまうほどの猛毒が盛られているとばれた。それでもチンギス・ハーンは顔色一つ変えずに、まず天に捧げよう、大地に捧げよう、と振り撒き出すと、部下達も見習った。それ以降、大勢で馬乳を天と大地に振り撒く儀礼が定着した、という。

（8）この銀杯を用いた占いの儀礼については、『金書』にも記述がある［楊　一九九八：一二三］。

（9）この時のテキストは［楊　一九九八：九一―九八、一〇五―一〇九］を参照されたい。

（10）この時のテキストは［楊　一九九八：九八］にある。

（11）ハは儀礼に使われる尊い食べ物とされ、恩賜としても使われる。ハには二種類あり、上腕骨や肩甲骨、それに肋骨が入ったものと、肋骨が入らないものの二種である。詳しくは楊［一九九六a：六六二―六六三］参照されたい。

（12）この時の「招福儀礼」のテキストは［楊　一九九八：一二六―一二七］にある。

（13）モンゴル語の原文は“yeke qurim čini tögüsebe. boγdu sitügentus tus-tayan mordaqu čaγ boljei. iregüdüi-yin arban γurbanjil-ün ene sara-yin ene edür boltur qamuγ Mongγul-iyan qamaγaltuγai”.

（14）モンゴル語の原文は“Qaγan noyan-u tamaγ-a-tai sürüg, Qaγan Vang-un šang-un γajar”である。

（15）この時の戦いについては、私は後日に記述している。詳しくは「楊　二〇一八a」参照されたい。

（16）中国の考古学会における、いわゆる「河套人」と「オルドス人」をめぐる論争について、［楊　二〇〇六：三一五―三二〇］で詳しく論じている。

第Ⅴ部　世界宗教の初夏

●第三十章　モンゴルに伝わって来たヨーロッパの「洋教」

ブリュッセル市郊外に立つスキュート派聖母聖心会（CICM）の成立記念碑。この派から多くの著名なモンゴル学者が誕生した。

五月三日

草原のクリスチャンを探す意義

我が家で少し休んでから、私は現代モンゴル人社会のカトリック信徒達に会いたくなった。現代中国は宗教を「人民を毒害するアヘンだ」と位置づけているし、西洋からの宣教師は「帝国主義が中国を侵略した際の手先」で、キリスト教に改宗した人々は「帝国主義の走狗」だと認定されている。当然、教会が進めて来た各種の慈善事業もすべて「文化的侵略行為」になる［Taveirne 2004: 22］。

清朝末期のモンゴル人達は「帝国主義の手先」だったのか。何故、モンゴル人の中から改宗者が現れたのか。そして、そもそもモンゴル人達は西洋からの宣教師とどんな交流をしていたのか。こうした点に関する資料を集めないと、中国の官製史観からの飛躍はあり得ないからである。

母は違うが、彼女が属するハダチンという父系親族集団の人達の中には多数の「帝国主義の走狗」がいて、「文化的侵略」の恩恵を蒙って来た。母も修道女の注射で麻疹の感染から救われた。「帝国主義の走狗」がいなかったら、今の私もいないはずである。去る一月五日にチャガンロンホという親戚のカトリック信徒に会ったが、今回はもう少し、体系的に調べることにした。

カトリックが近代にモンゴルに伝わってから、負の要素ももたらされた。宣教師達は長城を北へと越えて草原に闖入した中国人の中で信者を獲得する為に、モンゴル人の草原を無断で渡していた。賢い宣教師達の眼に中国人とモンゴル人の区別がつかなかった訳ではない。難民に対する「博愛精神」よりも、とにかく宣教拠点欲しさから、中国人が何よりも手に入れたい土地を一方的に与えて定住させた。ある研究によると、カトリック内のスキュート派（Scheut　本章扉写真）だけでも、その中国人信者達が開拓した農耕植民村落（地主堂、教民村）は十九世紀末のオルドスの周りに複数現れていた。それは、オルドス北部の三道河と東部ダルト旗の大発公、それに二十四頃地等だった［Taveirne 2004: 41-42］。

モンゴル人カトリック信徒の多くはウーシン旗西部のチョーダイ平野とチャンホク平野、それにオトク前旗のボル・バルグスン（城川）に住んでいる。

人民公社が崩壊し、草原の使用権が個人に譲渡されてから、モンゴル人達も少しずつ鉄線で自家の草原を囲むようになり、移動が不便になって来た。草原を移動中に民家が見えても、辿り着くまでに時間がかかる。それまでの道路が寸断されたからである。

車でも馬でも、どちらも不便になって来たが、まだ馬なら自由に走れるところが多いので、私は車をチャーターしないことにした。我が家からボル・バルグスンまで百キロの道を馬で行こうと決心した。馬だと、途中の景色をじっくりと観察できるからである。それに、馬上の視線こそモンゴル人の本当の視線で、徒歩の農民と完全に違い、遠くが見える。恐らく、これから数年経てば、もう馬は姿を消し、モンゴル人も自由に草原を歩けなくなるので、最後の昔ながらの旅を楽しむことにした。

昔風の旅とは、誰かの家に近づくと、まず猛犬が吠えながら襲って来る。「犬を見てくれ（noqai-yi-ban qoriyarai）」と客は馬上で犬を警戒しながら大声で叫ぶ。家の主人は出て来て、犬を抑えている間に下馬し、挨拶を交わす。そして、主人は馬の手綱をもらい、駒繋ぎに繋いでくれる。もし、泊まることになれば、翌朝まで自分の馬のことは心配しなくていい。水や草等すべて主人側が世話してくれる。次の日もまた駒繋ぎに立ち、鞍が付けられた馬に乗って出発し、旅を続ければいい。長城以南の中国人社会のように、金を無心されることは絶対にない。両親も私の気持ちを分かってくれたので、馬を用意してくれた。そして、母の親戚で、カトリック信徒がどこに住んでいるかについても、教えてくれた。

「青い宗教」の天主徒の過酷な運命

チャンホク平野の南西部にあるイケ・ウスン・チャイダム（Yeke Usun Čayidam）に住むマンナイ（Mangnai、七十歳）家に着いたのは、夕方だった。イケ・ウスン・チャイダムとは、「大いなる水のある平野」との意である。かつて一九六〇年代以前は至るところに湧き水があり、小河となって南のシャルスン・ゴル河へと流れていた。中国人が侵入して来て、畑を作り出すと水は枯渇し、周囲に沙丘が現れた。マンナイ家はそのような黄色い沙丘の中にある。数十頭の羊と八頭の牛、二匹の馬等家畜の世話で忙しそうだったが、母とは同じハダチン・オボクで、遠い親戚関係にあると知り、私を暖かく迎え入れた。

我がハダチン一族は元々長城の北、トゥーキ・トーリムに住んでいたが、祖父アムーラン（Amuyulang）の時代に北へとシャルスン・ゴル河を渡り、ボル・バルグスン平野に避難した。そこへ、天主（tngri-yin ejen）が派遣したバクシ（神父）がやって来たので、その宗教に入った。黄教のラマ教と区別する為に、我々の天主教は「青い宗教（köke-yin šasin）」になる。私の洗礼名はヨハネスで、我々はノムタンと自称する。「経典の民」との意である。

私達の天主はモンゴル人が古くから崇拝して来た「主たる天（ejen tngri）」と異なり、宇宙内の命ある者と命のない物すべてを司る。天主は左手に地球と十字架を、右手を高く挙げているイメージで描かれる。主イェス（ejen yesü）は天主の御子（tngri-yin köbegün）である。

　このように、マンナイは実に論理的に語る。彼の家には天主と聖母マリア、それに主イエスの肖像画が飾ってあった（写真30―1）。灯油ランプの下で、聖母マリア像が見守る中で、私はマンナイの話を記録した。

　マンナイの祖父アムーラン一族[1]が北へ逃げたのは、回民蜂起軍が襲って来たからである。イスラームを信仰する回民に追われた中国人が難民化して長城以北になだれ込むと、モンゴル人は更に北へ移動した。玉突き現象で惹起された、十九世紀末の民族の大移動である。

写真 30-1　モンゴル人カトリック信徒家内の天主と聖母マリア、それに主イエスの肖像画。1958 年から禁止されていたが、1989 年からようやく可能になったそうである。（1992 年 5 月 3 日）

　祖父アムーランは一人でボル・バルグスンに来て、ある年配の女性のドアを叩いた。その女性は一人娘と暮らしていたカトリック信徒で、婿となったアムーランも信者となった。タン（堂）と呼ばれていた教会から畑を与えられ、駱駝ももらった。アムーランは教会専属の駱駝牽きとなり、キャラバンの運営に携わったのである。

　カトリックに改宗したモンゴル人はウーシン旗だけでなく、オトク旗やジャサク旗、それに郡王旗からの人もいた。各旗のジャサク（王）もモンゴル人の改宗に干渉しなかったが、一九三七年冬に、ウーシン旗とオトク旗が境界をめぐって武力衝突した時に、ボル・バルグスンはオトク旗のゲシクバヤル（Kesigbayar）とチョクドゥーレン（Čoydegüreng）に指揮された軍隊に占領された。その時、一部のウーシン旗出身の信者達が取り調べを受けたが、迫害されることはなかった。

　マンナイの記憶では、ボル・バルグスンの教会《タン》は新旧、二つあった。教会は寨子《ザイス》と呼ぶ砦の中にあり、周囲に民家が建ち並んでいた。新しい教会は賀神父（Van Hecken, Joseph）がハラ・シリという地に建てたものだった。賀神父は医術にも優れ、「徳国《ゲルマン》六〇六」という薬の注射を普及しようと努力していた。麻疹の予防に有効だった。私の母もボル・バルグスンの馬姑《グー》娘《ニャン》という修道女から「徳国六〇六」を打たれたことがある、と話していた。姑娘とは、修道女のことである。

　賀神父の建立した新しい教会は堅牢で、時折、陝西省北部の匪賊が襲って来ても、攻め落とされることはなかった。ところが、一九四〇年九月に中国共産党の八路軍が突然侵攻して来て、砦を占拠し、教会を「帝国主義のシンボル」だとして、焼き払った。信者達も厳しく弾圧されたので、父ゲシクチョクト（Kesigčoγtu）は家族を連れて現在のイケ・ウスン・チャイダムに移住したのである。一緒に避難したのはハダチン・サクサ(2)（石玉山）一家だった。ハダチン・サクサは後に中国共産党に接近し、八路軍にも入った。

社会主義時代になってから、一家の遭難は始まった。父親ゲシクチョクトは敬虔な信者で、ボル・バルグスンの教会で信者達をまとめる会長を務めていたので、「帝国主義の走狗にして、封建的な宗教人員」とされた。文革期には批判闘争され、鼻からの出血が止まらなくなり、一九七四年に死去した。

長兄バヤルマンナイはある時、知人のチャクドラスレンと雑談していた。

モンゴル人は皆、アヘンを吸うようになったのは、毛沢東に責任がある。毛主席の紅軍が罌粟の種を持って来て栽培したから、モンゴル人はアヘン中毒者になってしまった。我々クリスチャンだけはアヘンに手を出さなかった。

バヤルマンナイは事実を語っただけであるが、「偉大な中国共産党」が罌粟を栽培していた事実はタブーだったので、逮捕された。人民公社で中国人から殴る蹴るの暴力を受け、人民裁判で無期懲役を言い渡された。その後は山西省の太原市で強制労働に従事させられ、ずっと音信不通だった。一九七一年に死亡した、との通知が家族の元に届いたのは一九七八年のことだった。娘二人が山西省まで遺骨をもらいに行ったが、何の返事もなく、中国政府に追い返された。

二人の兄は一時、八路軍に連行されて軍隊に入らなければならなかったが、チョーダライをリーダーとするモンゴル人達が集団で脱走した時に共産党陣営から離れたので、文革中は「革命の裏切者」だと認定され、「労働改造」を命じられた。「労働改造」とは、強制労働に参加しながら、自らの思想を悔い改めることを意味する。それ以来、モンゴル人カトリック信徒達は全員、厳しい監視下に置かれて来た。それでも、現在のチャンホク平野には約四〇数戸のカトリック信徒が暮らしているそうである。極少数ではあるが、チベット仏教とカトリックの双方を信仰している、と宣言しているモンゴル人もいるそうである。例えば、チャンホク平野に住むオチルとゲシクの両家はクリスチャン兼仏教徒であるという。ゲシクは子どもが授からなかったので、寺に行って祈願したら、夫人が妊娠した。それ以降、双方を信じるようになったそうである。

「経典の民」たるモンゴル人

「経典《ノムタン》の民」にいつなったのか。私はマンナイに尋ねた。マンナイは一九三九年、十七歳の時に洗礼（uγaly-a）を受けて、正式に入信したという。彼はカトリックの儀式について語る時だけ、時折、中国語を用いる。例えば、洗礼を陝西省北部のクリスチャン達と同じように、臨洗《リンシイ》と表現する。ヨーロッパからの宣教師が額と体に聖水アラシャンをかけ、経典《ノム》を唱えて信者になったと覚えている。洗礼を受けた後は、洗礼名（ariyun ner-e）を与えられる。マンナイの洗礼名はヨハネスである。カトリック信徒同士は、互いを洗礼名で呼ぶことが多いそうである。

　ボル・バルグスンでは宣教師（神父）をバクシと、修道女を姑娘《グーニャン》と呼ぶ。元々、バクシとは、シャーマンに対する古い呼称であったが、後世では教師、師匠と転じた。マンナイはカトリック信徒の宗教的世界観についても認識していた。カトリックのバクシ達から推戴されたローマ教皇は「宗教のハーン（šasin-u qaγan）」で、主教は「経典の主（nom-un ejen）」である。マンナイはまた私にアダムとイブの物語をモンゴル語で語った。マンナイの語りは以下の通りである。

　天主テンゲル・エジンは黄色い土で人を作った。アダムと名付けた。しばらくしてからアダムの脇の骨を使ってもう一人、エーワ（＝イブ）という女の人を作った。アダムはよく眠る。一度、寝たら、なかなか起きて来ない。ある日、目覚めてからエーワを見て、「私の骨肉だ」と呼んだので、天主は二人を結婚させ、羊の群れを与えて放牧させた。

　天主はまた一本の樹を指して「この木の実を食べないで、毒がある」と話した。よく見ると、樹には蛇が巻き付いて、その実をかじっていた。ある日、アダムが寝た後、鬼（jitüger）が現れてエーワを唆した。エーワはその樹の実を半分食べて、残りの半分をアダムに挙げた。アダムは少し食べたが、喉に引っかかって呑み込めなかった。樹の実はリンゴだった。二人は裸のままでいるのに気が付き、草で恥ずかしいところを隠すようになった。天主はそうした二人を見て、デレヘイ（deleki）からユルテムチ（irtümčü）に追放した。それ以来、ユルテムチにアダムとエーワの子孫が繁栄した。

夜の草原で、モンゴル人カトリック信徒が語るキリスト教の創世神話である。エデンの園を現わすモンゴル語のデレヘイはまた「世界」や「宇宙」を意味し、ユルテムチは「世間」を指す。シャーマニズムと仏教用語が織り成すカトリックの宗教学的世界である。

　カトリック信徒になっても、暦は昔ながらの「オルドス暦」を使っていた。「オルドス暦の六月（太陰暦三月）十七日」に復活祭を実施する。「オルドス暦の八月（太陰暦五月）七日」に「聖神降臨節」を迎え、「オルドス暦の十月（太陰暦七月）十七日」は聖母昇天節で、「オルドス暦の黒い塩月（太陰暦十一月）三日」にクリスマスを過ごす。このような重要な儀式を彼らは「斎礼」と表現し、西洋人の宣教師達が一九五四年に共産党によって追放されるまで祝っていたという。「斎礼」の日になると、一九五〇年代以前は必ず教会に行くようにしていた。馬に乗って数時間かけて通っていた。共産党政府が成立してからは、禁止された。

「教会でどんな経典を唱えていたのか」、と私は尋ねた。

「我々カトリックの経典もモンゴル語で書かれていた」、とマンナイは証言する。彼が覚えていたのは、「カテキズム(3)（Čiqul nom-un surtal、正教要理、要理問答）」と「聖母マリア賛歌（ejen Mariy-a-yin nom）」であった。

結婚式（qamutayal）も中国共産党が来るまでは教会でおこなっていた。神父の前で経典の一節を聞き、家に帰ってから親戚一同で羊の丸煮を食べる。一般のモンゴル人の結婚式に欠かせない「火の間を通過する清めの儀式」や「新婦に塗油する儀式」は実施しない。式の後は夫婦とも天主（ejen）から恩賜（kesig）を受けて慎ましく暮らす。チベット仏教信者と結婚することもあるが、相手から「洋鬼子《ヤングイツ》（西洋の鬼）」と呼ばれ、断られる場合も多い。中には結婚後にカトリックに改宗する女性もいるが、どちらかというと、信者同士の通婚が多いそうである。病気になったら、ラマ医から薬をもらうこともある。

日常生活の中で、既婚の女性達も普通のオルドス・モンゴル人と同様に鮮やかな頭飾りを付けていた。家の前に「風の馬《キー・モリ》」を立てずに、拝火祭も実施しない(4)。これは、火の神様を認めない立場である。年始回りで親戚の家に行く時に、儀礼用の絹ハダクを使うし、跪拝もするが、三回以上の跪拝はしない。客をもてなす際も、一般のモンゴル人と同じようにパンと棗を用いるが、乳製品に指を入れて賞味することはしない。食事の前には十字を切り（temteg nom tabiqu）、祈りを捧げる。

信者が亡くなったら神父を呼び、魂（sönüs）が天界に行けるよう祈りを捧げる。仏教徒やシャーマニズム信者のように埋葬日や埋葬地を選ぶようなことはしない。近隣や親戚の者が集まり、駆け付けた神父と修道女の姑娘に二、三元の金を渡すが、彼らもまたその金を貧しい人の救済に充てる。墓地に十字架を立てるが、死者に供物（tülis）を燃やすこともしない。「天主は死を避けないが、供物は受け付けない」、とマンナイの見解である。

五月四日　晴

世界宗教の伝来とムスリムの反乱

ヨハネスことマンナイ家で朝のお茶を飲んでから、私は次の目的地のボル・バルグスンの教会を目指した。マンナイの長兄バヤルマンナイの息子リンチンダライは現在、マンナイと同居しているので、私の馬を世話してくれた。駒繋ぎに着くと、私の馬には昨日と同じように鞍が付けてあった。私を見ると、馬は嘶き、早く出発しようと言わんばかりに興奮している。馬も人間の気持ちが分かる。私が乗ると瞬時に飛ぶように走るが、母を乗せたら、ゆっくり、優しく歩く。

沙漠の道をひたすら北西に向かって疾駆する。北西風は冷たく、気持ち良い。夕方、有名なボル・バルグスンの教会に着いた。教会は小高い丘の上に建ち、遠くから見えた。教会の南にはシャラ・ノール（Sir-a Nayur）平野が広がっている。シャラ・ノールとは、「黄色い湖」との意であるが、水は完全に枯渇している。オルドス全体と同じ原因、すなわち中国人の侵入で農耕地が開拓されて、水源が乾上がったからである。平野のところどころに沙丘が現れ、北西風で竜巻が発達している。かつて、雨の多い年だと、湖から溢れ出る水は遥か南のシャルスン・ゴル河へと流れていた。

シャラ・ノール平野は長大なボル・バルグスン平野の北部を指す名称で、今ある教会は新しい。昨夜にマンナイが語った古い教会と砦はボル・バルグスン平野の中心部に廃墟となって残っている。

「夏になると、草は仔牛の背中よりも高く成長し、あちらこちらに白い天幕が見えていた」、とこの地に移って来た延安民族学院で数年間学んだ経験のある父は私に語ったことがある（図15）。しかし、往昔の面影は完全になくなっている。あたり一面、畑が広がっているだけで、家畜の姿はなかった。

教会で私はトグスビリグ（Tegüsbilig、一九一一―二〇二〇）神父に会い、挨拶した。世界でただ一人のモンゴル人司教である[5]。彼は私の馬を馬小屋へ連れて行き、普段起居している部屋へ案内した。

「ここにはかつてノゴーンジョーという寺が建っていた。同治年間の回民反乱で寺は破壊された。ラマ達もシニ・ウスへ避難していった。教会は寺の廃墟の上で再建されたものである」、と彼は早速、近現代の歴史から語り出した。

トグスビリグ司教の質素な部屋で、修道女のカデリナ（Kaderin-a、六十二歳）が私に茶を入れてくれた。しばらくしたら、夜になり、食事を終えてから、私は

図15　西洋からの宣教師が描いた1875年～1880年頃のボル・バルグスン平野。天幕と教会、そしてラクダのキャラバンが見える。（Jozef Van Hecken, *Mgr. Alfons Bermyn*, 1947より）

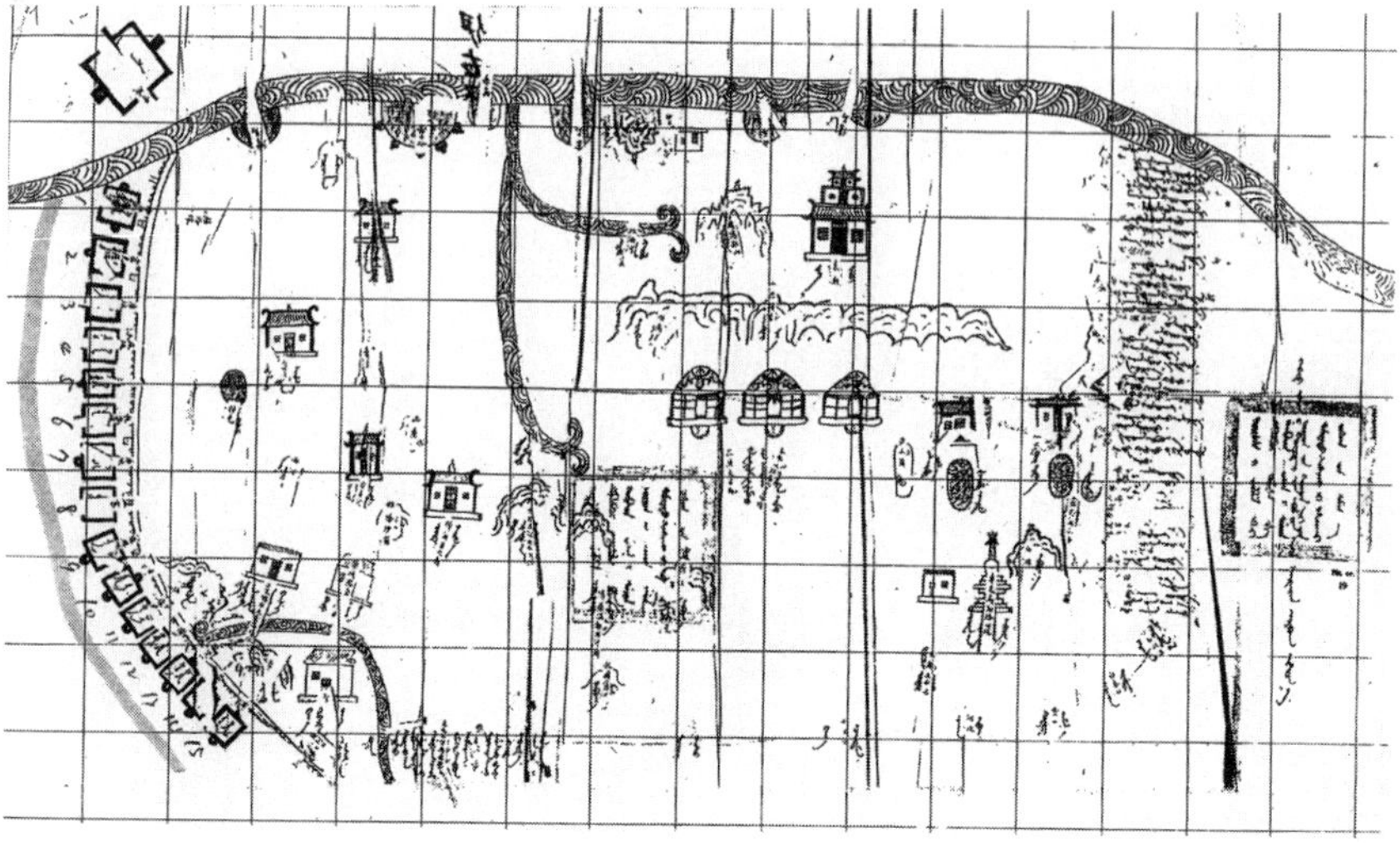

地図 11　清朝末期のオトク旗（Heissig, 1978 より）。長城沿線の要塞都市のモンゴル語名は以下の通りである。1.Ilderki Qota: 横城堡　2.Qongsar Qota: 紅山堡　3.Sang Qota: 清水営　4.Ünesü Qota: 毛卜喇堡　5.Qabatu Qota: 興武営　6.Nuča Qota: 安定堡　7.Ulaɣan Terge Qota: 花馬池　8.Dabusu Čai-yin Qota: 塩場堡　9.Yeke Masing Qota: 定辺堡　10.Juvan Jing Qota: 塼井　11.Baɣ-a Masing Qota: 安辺　12.Badaɣu Qota: 把都河堡　13.Qar-a Qota: 寧塞堡　14.Boru Qota: 靖辺堡　15.Čayija Qota: 鎮羅堡

トグスビリグの語りに耳を傾けた。世界宗教の一つ、カトリックがモンゴルに伝播した歴史である。

　トグスビリクはアクタチン（Aɣtačin）という父系親族集団オボクの一員である。アクタチンとは、「去勢馬の放牧者」との意で、祖先はチンギス・ハーンに専属する馬群の管理者だったと伝承されている。その為、彼の漢字名は馬仲牧である。洗礼名ジョセフと合わせ、実に三つの名前を持っていることになる。

　アクタチン一族は元々万里の長城に近いブドゥルグネ（堆子梁）のウラーンドウォーン（Ulaɣan Dobung、紅沙石梁）に住んでいた（地図11）。このブドゥルグネはオトク旗とウーシン旗の境界地帯でもあった。トグスビリクの祖父ハラジャーダイ（Qaljadai、馬広田）が少年時代に北へ移住し、ボル・バルグスン平野の南東にあるシャラブルン寺（Sir-a Bulung-un Süm-e）のガルタル・シャブルン（Qaltar Šaburong）という髭面の僧の弟子となった。十九世紀後半のことだった。

　当時、オトク旗の王府衙門も長城に近い、ブドゥルグネの銀盤梁にあった（地図11参照）。ブドゥルグネ周辺には無数の中国人農民が侵入し、草原が破壊され、モンゴル人が貧しくなっていた。それにもかかわらず、オトク旗の王はいつも密かに王府を出て長城の南側にある中国人

の街で賭博していた。モンゴルの王が勝手に長城以南に入ってはいけなかった時代である。

ある時、王は道楽から帰ろうとして、ブドゥルグネの西、バラス・ゴル河（Bars γool、八里河）で氾濫に遭い、渡れなくなった。そこで、王は近くのモンゴル人達を役務に動員し、橋を作らせた。祖父ハラジャーダイも橋の工事に動員されたことで、不満は爆発した。無能な王が草原を守らずに中国人に侵略され、おまけに賭博で負けると税金を増やすし、もう我慢できない、と祖父は思ったらしい。祖父ハラジャーダイは旗の政治に不満になり、一旦は出家してラマになる。しかし、ラマになっても、旗の統治から離脱できないので、ボル・バルグスンの教会に来て、カトリックに改宗したのである。カトリック信徒になれば、オトク旗に納税する義務もなくなるからである。

このように、ハラジャーダイはモンゴル人貴族の腐敗と無能に不満だったことから西洋からの宗教に改宗したのである。トグスビリグは正確な年を覚えていなかったが、カトリック側の記録によると、ハラジャーダイは一八七五年に改宗したそうである［Van Hecken 2003a: 102］。

西洋人宣教師達は堅牢な教会を立てて信者達を守っていた。ハラジャーダイはまもなくその中にいたモンゴル人女性と結婚した。トグスビリクの母である。

「母は同治年間の回民反乱の犠牲者だった」、とトグスビリグは話す。彼の母親一族もブドゥルグネ（堆子梁）に住んでいた頃は、千頭もの馬を所有する大金持ちだったが、回民反乱軍に襲われて、一人の十二歳の少女以外、家族全員が殺された。近くのソハイン・バイシン（寧条梁）ではモンゴル軍と避難して来た中国人を合わせて、一万人ぐらいの犠牲者が出たほどだった。回民反乱軍はその少女を捕まえて食事を作らせていた。少女は羊をつぶして料理をし、満腹になった回民反乱軍が夜に熟睡している間に馬に乗って北へ逃亡した。その少女もまたボル・バルグスンの教会に入り、トグスビリグの祖母となった[6]。

「回民反乱軍の手から逃れたのは、同治三（一八六四）年のことだった」、とトグスビリグは語る。ハラジャーダイからはムーオヒン（Mayuokin）とリンジ（Lindji、一八九五〜一九二七）という二人の娘、それにマンドゥール（Manduγul）という息子が生まれた。マンドゥールの洗礼名はセルニス（Serünis、一八八六〜一九四二）である。セルニスはトグスビリグ等六男六女を儲けた[7]。祖父ハラジャーダイはカトリックに入信した後も、シャラブルン寺の近くに住み続けた。家の近くに数千本もの樹を植えたことで、神父達に注目された。

「黄毛韃子」の宣教師

「西洋からの宣教師達はいつオルドスに来たのか」、と私はトグスビリクに確かめる。

トグスビリクによると、宣教師達がオルドス西部のボル・バルグスンに来たのは、一八七四年春か初夏だったという。ムスリムの回民の反乱を鎮圧したオルドス・モンゴルの副盟長で、ジュンガル旗ジャサクのジャナガルディ王が長城の麓にある西湾子を通った際に、宣教師達の布教を許可したという。ジャハル・モンゴル人の草原だった西湾子には宣教師達の拠点があった。ジャナガルディ王の許可を得て、オルドス東部のアギルマ（Agirm-a、爾加麻）と北部のシャジントハイ（三盛公）での布教活動は一八七一年から始まった。

それから三年後、二人の宣教師ヴェーリンデン（Verlinden Remingius、費爾林頓）とアルフォン・デヴォス（Alfons Devos、徳玉明）をサムタンジンバ（Samtanjimba、一八一六―一九〇〇）という「三川（Turban yool）人」が案内してまたオルドスに入った。「三川人」とは、ギョク・ノールこと青海省に住む「白い《チャガン》モンゴル人」を指す。このサムタンジンバについては、カトリック側に多くの記録が残っている。[8] トグスビリクは以下のように語る。

サムタンジンバは宗教の根本的な真理を探究しようとして、五体投地の修行をしながら、五台山へ巡礼を決行していた。途中、長城の北側、崇礼県（現張家口市崇礼区）の北、ジャハル・モンゴルの西湾子を通過した際に、布教中の神父達と出会った。神父達は彼の修行に感動し、教会に泊まるよう誘った。教会に滞在中のサムタンジンバは神父達との討論で自分が探し求めている真理はここにある、と悟り、改宗を決意した。

西湾子でカトリックについて学んだサムタンジンバは神父達に対し、モンゴルでの布教に協力すると申し出た。そこで、ヴェーリンデンとアルフォン・デヴォスがサムタンジンバの案内でオルドスに入り、バガ・マーシン・ゴト（安辺堡）を通って、ソハイン・バイシン（寧条梁）の東にある劉貴湾で天幕を張って布教を始めた。初めて西洋人を見た現地の中国人はモンゴル高原の「黄毛韃子」が来た、と理解していたらしい。時は一八七四年の春だったのである。[9] 韃子とはモンゴル人に対する中国人の差別的な呼称で、宣教師は「髪の毛の黄色い野蛮人」に見えたらしい。

別の記録によると、実はサムタンジンバは既に一八四四年に一度、ユックとガベー両神父らを案内してオルドス高原を通過していたのである［ユック　一九三九、Taveirne 2004: 44］。その時は、西湾子から出発し、チベットを目指す探検だった。実に三十年ぶりのオルドス再訪だったはずである。

西洋からの宣教師達が来た一八七四年は旱魃の年だった。ムスリムの回民の反乱も重なり、無数の中国人難民が長城を

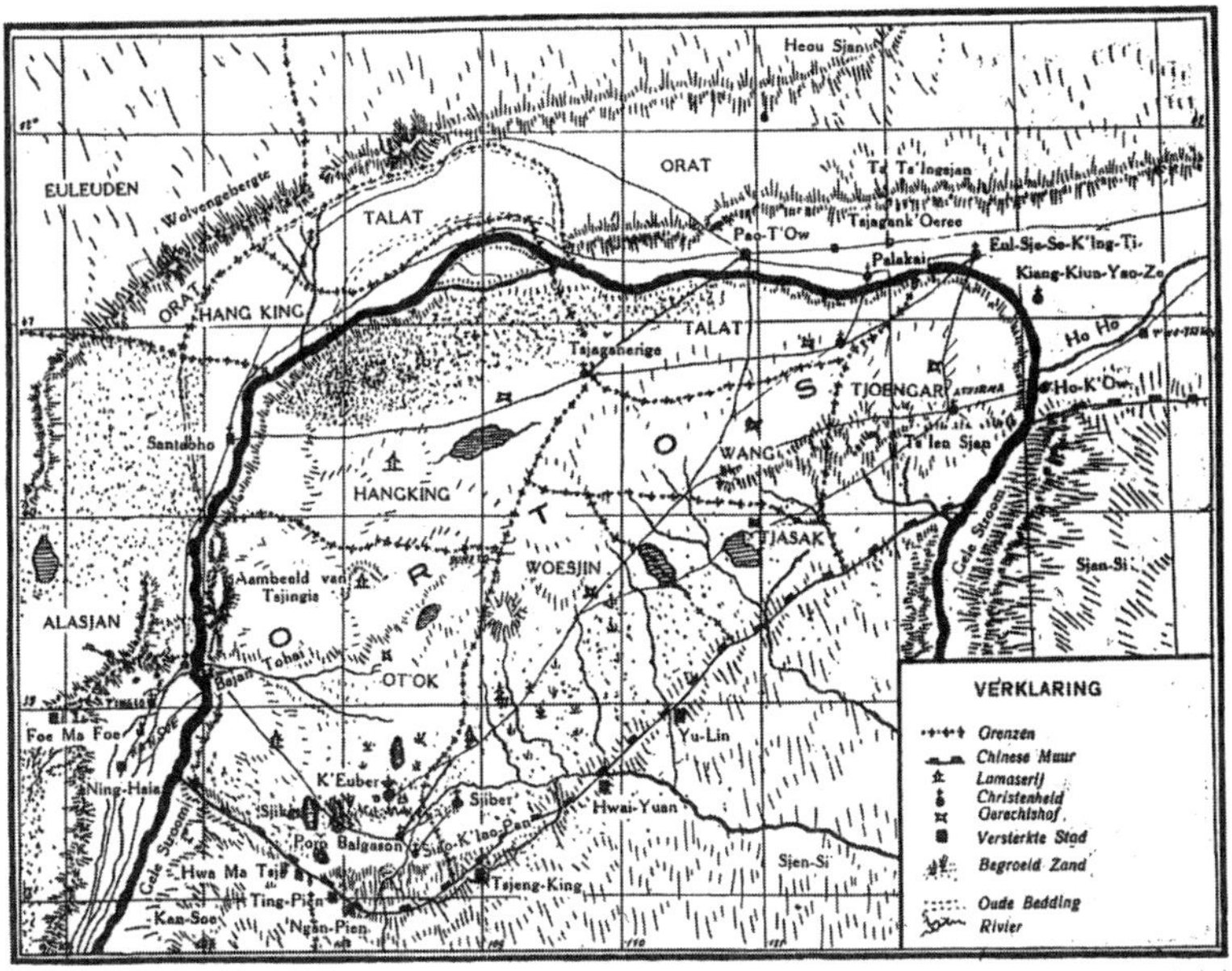

地図12　宣教師ベルメンが描いたオルドス。（Jozef Van Hecken, *Mgr. Alfons Bermyn,* 1947 より）

北へと越えてソハイン・バイシンに現れていた。宣教師達を見て、十字を切る者がいたので、クリスチャンがいるのを発見した。それは、聖母聖心会とは別のグループ、スペインのフランシスコ会の神父達が獲得した信者達だった（一九九一年十月二十八日の記述参照）。宣教師達はその後、ソハイン・バイシンの東にあるソウグ（Sobuy）という地に住むモンゴル人から天幕を買い、布教の拠点とした。サムタンジンバはオルドスで結婚し、子どもを儲けた。現在、グンビリグ（Gungbilig）とジャラガルという二人の孫がボル・バルグスンに暮らしている[10]。

西洋人の宣教師達が建てた最初の教会は古代の廃墟、宥州城の北西にあった。三間からなる小さな建物だった。宣教師達の中でも、閔玉清ことベルメン・アルフォン（Bermyn, Alfons, 一八五三―一九一五）はボル・バルグスンの他にナリーンゴル河、クールゲ（小橋畔）等の地に教会を相次いで建設し、信者の獲得に力を入れていた（地図12）。

ベルメン・アルフォンはまた包頭からオルドスに入る際に三百頭の牛を購入し、孤児達数十人を連れ、二人の回民を雇って旅を続けた。沿路に泊まったモンゴル人には牛を一頭贈った。途中、二人の回民はベルメン・アルフォンを殺害して寧夏に逃亡しようと企てていたのが発覚し、彼らを解雇した。代わりにモンゴル人を雇った。ボル・バルグスンに着いた時

写真30-2　ベルメン・アルフォン大司教。（写真提供：Museum of Scheut）

には牛が百頭になっていたので、すべて信者達に配った。包頭から来た孤児達もクリスチャンだったし、牛をもらったモンゴル人達の中にも改宗者が現れ、後から追って来た。十九世紀末になると、モンゴル人カトリック信徒は約三十戸に増えた。ベルメン・アルフォンはモンゴル人に人気が高く、「経典の主たる閔神父（nom-un ejen Ming baysi）」という歌が流行ったほどである（写真30—2）。教会も各地に建った。[11]

「オルドス・モンゴル人は当時、緩やかに定住し始めていたので、カトリックを受け入れる余地があった。一日に二回、教会のような固定建築の施設でミサを実施するには定住が必要であろう。遊牧していたら、無理だったかもしれない」、とトグスビリグは分析している。彼の見方はダイアモンドの見解と近似している。宣教師は移動する人々に対し、定住生活に入るよう勧める。改宗者とその予備軍の居場所を把握する為である。次にはまた医療と教育を受けさせ、自らの管理下に入れる。宣教師だけでなく、近代国家の役人もまた同じである［ダイアモンド　二〇一二b：一四一］。

義和拳の乱

一九〇〇年になると、清朝全土のキリスト教界は大きな危機に直面した。義和拳の乱である。

「義和拳の乱は、董福祥という軍人が皇帝と西太后の命令を僭称して西洋人を排除する為に起こしたものだ」、とトグスビリグは指摘する。ムスリムの将軍董福祥の意図が陝西省等清朝西北部に伝わると、義和拳系統の中国人の秘密結社、紅灯照は直ちに呼応し、「西洋人を殺そう」と動き出した。

当時、オルドス東部のダルト旗とハンギン旗、それにジュンガル旗の王達は北京に滞在していたので、旗内のモンゴル人は動かなかった。しかし、西部オトク旗とウーシン旗の王は地元に残っていたので、紅灯照の動向に同調し、軍を結集させた。危険を察知したベルメン・アルフォン司教は有力な信者の一人、中国人の任海龍に金の延べ棒二本を渡して紅灯照と交渉させた。しかし、オトク旗のボルという管旗章京（jakiruγči janggi）は任海龍を殺害し、教会を攻撃すると宣言した。逃げ帰った任海龍の従者の報告を聞いて、ベルメン・アルフォン司教は砦の寨子に入って籠城した。

まもなくボルとチローに率いられたオトク旗のモンゴル軍は陝西省北部の中国人難民からなる盗賊団、「襤褸を纏った流民（liumin nabtas）」と合流し、各地の教会に火を放ち、信者達を「二毛子《アルモース》」と呼んで殺した。中国人は西洋人を「老毛子《ローモース》」、中国人改宗者を「二毛子」と表現し、排除していた。籠城は一カ月間も続いた後、皇帝の勅命が届き、紅灯照とモンゴル軍は撤退した。義和拳が各地で暴れ回っていた時、祖父ハラジャーダイは陝西省の保安県へ逃亡し、祖母は家族を連れてウーシン旗のタカーチ（Takiyači）に避難していた。

カトリック側は賠償を求めた。清朝側からは十一人の役人がソハイン・バイシン（寧条梁）にやって来て宣教師達と交渉に当たった。教会の焼き討ちをはじめ、「三辺（γurban kijaγar）」と呼ばれていた靖辺と定辺、それに安辺に避難して来た中国人とモンゴル人信者達の民家を焼き払ったことと任海龍の命に対する賠償等が銀九千万両という莫大な金額に膨れ上がった。オトク旗とウーシン旗の人達は懸命に税金を払って何とか銀九千万両を用意した。カトリック側の代表ベルメン・アルフォン司教も銀を必要とし、それで信徒達を救済したかったが、モンゴル側は草原の割譲を提案した。銀両を渡せば持っていかれてしまうが、草原ならば持っていかれることはないし、いつでも取り戻せるとの遊牧民の素朴な発想だった。オトク旗とウーシン旗の王はバンザルとバーダイ、マシとボル、李崔成と厳輔成ら六人を仲介人として派遣して、教会からはボル会長とパラガル、ボルルダイとウルジジャブ（ジュンガル旗のモンゴル人）、ムーシャルとシャラルダイら六人が困難な交渉を重ねた結果、一部は草原、一部は銀両で賠償することが決まった(12)。

写真30-3　西洋からの宣教師達と戦い、後に交流を深めたガタギンの詩人ゲシクバト。（*Erdeni-yin Tobči*, I より）

後にウーシン旗の著名な詩人で、ガタギン・オボクのゲシクバトはこの時の交渉を辛辣に批判する詩を書き、「大司教《バクシ》閔バクシの下に、リトル・バクシとして振舞ったマシらの奴ら」と風刺した。ゲシクバトはバルジュール公の従者（qiy-a）だった（写真30―3）。最初はカトリックの伝播に警戒していたが、やがて神父達と熱心に交友するようになった。西洋側の記録では、バルジュール公はウーシン旗の聖王バダラホが西洋からの宣教師達と交流するのを喜ばなかったという。一八七四年春にベルリントンとアルフォン・デヴォス（徳玉明）がサムタンジンバの案内でウーシン旗の衙門を通った際も、バルジュール公は宣教師達と聖王バダラホとの面会を阻止したかったそうである［Taveirne 2004: 231］。

賠償が招いた中国人の侵入

モンゴル側からカトリック側に賠償金として割譲した土地

は以下のところである。長城のすぐ北側から北へとトゥーキ・トーリム（生地灘）、イダム・トハイ、ウルド・ベイェ（河南）、ハラーティン・オボー（Qariy-a-tai-yin oboɣ-a）、ウラーン・ウンドゥル（Ulayan Ündür）、ハラ・エルゲ（Qar-a Erige）、チャガン・トルガイ、キジュール・ハラトルガイ（Kijuɣur-un Qar-a Toluɣai）、ハラ・シリ、ハラ・クデー（Qar-a Ködege）、ゴリーン・ジャハ（Ɣool-un Jiq-a）等である。(13)

割譲された土地とオトク旗との間に新たな境界が設けられた。この境界には印として堆子《ドゥイース》という小さな盛り土を立てた。具体的には南から北へとシャラ・オボーの頂上（Sir-a oboɣ-a-yin orui）、張家寨東、張家寨南、ラマ灘、テメーン・クジュー（Temegen-ü Küjigü）、チョルムーン・チャイダム（Čolmun Čayidam）に堆子を立てて境界とした。

不足の銀両を補う為に更に譲渡したのはボルトルガイから羊場壕までの南北二十キロ、東西二十五キロの土地だった。これらの土地は現在すべて陝西省北部の靖辺県の管轄下に置かれている。

長城に近い草原が土地としてカトリック側に譲渡されると、中国人信者が大量に定住した。中国人の侵入と定住を見て、オトク旗の王は王府衙門を北へと移した。王府はハラ・シリという地に置かれていたが、せめてモンゴル人信者に草原を利用してもらいたいと思った王はハラ・シリ周辺を教会のモンゴル人信者に譲ったのである。このハラ・シリという王府のある地をカトリック側に譲渡した原因について、トグスビリグは以下のように語る。

オトク旗のニマという管旗章京が以前にゴンボ井あたりの塩湖を陝西省の金持ちである胡宝同と胡宝元兄弟に開発権を売った。その際、塩湖周辺の白泥井という地も含まれていた。この白泥井には既に中国人信者が多数入植していたので、彼らは西洋人の権威を借りてモンゴル人と対立していた。(14)そのような中国人信者に嫌気がさしたオトク旗の王は王府を移動させたという。

オトク旗が割譲する草原は、「租借期間二十五年間」であった。その間でも土地の所有権はオトク旗側にあり、税金はカトリックの「公会」に納付することになった。モンゴル人から獲得した土地をカトリックの「公会」が管理した。「公会」とは、信者達の為に設置した「公共社会事業会」の略称だった。「公会」はオトク旗からの土地を「サムタンジンバの土地」と名付けた。サムタンジンバは最初の宣教師達の道案内人だった、と前に述べた。

中国人の義和拳系統の紅灯照やモンゴル軍による教会襲撃が一段落した後、宣教師達は再び布教を始めた。一九〇二年冬のある日、トグスビリクの祖父ハラジャーダイが宣教師達とウーシン旗南部のナリーンゴル河の教会付近を通った際に、近くの貴族、管旗章京ドガールジャブの犬に襲われた。ドガールジャブはナリーンゴル河の東側に大きな砦を建てて住み、その砦は「ドガールの寨子」として知られていた［楊二〇二〇a：九五―九六］。

　馬上の宣教師はモンゴル風に「犬を止めて」と叫ぶ間もなく、危険を感じたので、犬を射殺した。怒ったドガールジャブは宣教師を引きずり下ろし、髭を毟り取った。祖父ハラジャーダイは厳冬の外に縛られていた為に、足の親指を凍傷で落とした。まもなく、ドガールジャブはその犬を塩漬けにして、「わしの七番目の息子が西洋人に殺害された」として神木理事司員に上告した。ドガールジャブには六人の息子がいた。犬を家族同然に見なすモンゴル人だから、「七番目の息子」と表現した。神木理事司員は清朝皇帝が任命した役人で、陝西省北部のサイントリ・ゴトこと神木に駐在し、オルドスのモンゴル人と中国人とのトラブルを処理する役を担っていた。

写真30-4　世界的なモンゴル学者 Moataert, A.（写真提供：Museum of Scheut）

　宣教師は従者ハラジャーダイの足指が凍傷で失ったことと、毟り取られた髭に対する賠償を要求した。「犬は犬で弁償し、人間は人間で賠償を」と応酬し合った。結局、貴族ドガールジャブが敗訴し、銀五十両をカトリック側に弁償することになった[15]。銀両が足りなかった為、ドガールジャブはナリーンゴル河に植えていた巨木十本を渡した。カトリック側はこの十本の巨木をボル・バルグスンに運び、中国人の秘密結社紅灯照に焼き払われた教会の再建に使った。二十四間もの広さを誇る大きな教会がボル・バルグスン平野に建ったのである。中国共産党に破壊されるまで、この立派な教会は数十キロ先から見えていたものである。

神父達とモンゴル人の交流

「ボル・バルグスンの教会にどんな神父達がいたのか」、と私は尋ねた。

「歴代の西洋からの宣教師は合計十九人いた。彼らは本堂神父（qariyatu baysi）と呼ばれていた。他に助手もいた」、とトグスビリグは答える。歴代の宣教師達は清朝時代からの習慣として、皆、中国名を付けていた。トグスビリグは私にボル・バルグスンにいた神父達のリストを見せてくれたので、私はランプの下で書き写した（表14参照）。

　神父達のうち、アントワーヌ・モスタールト（田清波、写真30―4）は世界的に知られているモンゴル学者である。オルドスでは今でも、彼をその中国風の「姓」で以て、「田先生《ティエン・バクシ》」と

表 14　聖母聖心会ボル・バルグスン教会に着任していた神父達

姓名	本堂神父としての在任期間	中国名	備考
Verlinden Remingius	1874-1876	費爾林頓	
Staenackers Gohonnes	1876-1879	司福寿（音）	
Van Aestselaes Lesoon	1879-1880	方思洛	
Roofthoolt Ludovicus	1880-1886	羅庭梁	
Verellen Karel	1886-1887	袁万福	［Taveirne 2004: 621］は Charles と表記
Bermijn Alphonse	1887-1889	閔玉清	
Roggeman Fredevicius	1890-1897	孟世昌	［Taveirne 2004: 619］は Frederik と表記
Leesens Desiolenius	1890-1897	雷斉華	［Taveirne 2004: 621］は Désiré と表記
Braam Johannes	1897-1899	巴士英	
Anicq Jules	1898-1899	南懐義	
Braam Johannes	1901-1903	巴士英	［Taveirne 2004: 617］は Jan-Theo と表記
Claeys Florent	1904-1910	葛永勉	
Tanghe Julinis	1910-1912	党明仁	［Taveirne 2004: 620］は Jules と表記
Mostaert Antoine	1912-1925	田清波	
Claeys Florent	1925-1941	葛永勉	
Van Hecken Josephus	1941-1943	賀歌南	
Van Hyfte Remigius	1943-1946	文懐徳	
Möngkejirgal Joannes	1947-1949	馬元牧	
Maertens Franciscus	1949-1953	馬如龍	

資料提供：Tegüsbilg。尚、中国名とローマ字表記の確認の為、Dirk Van Overmeire 編『在華聖母聖心会士名録』を参照したことを断っておきたい。

呼んでいる。

田博士は一九〇五年に二十四歳でオルドスに赴任し、一九二五年までいた。最初は助手で、清朝が崩壊した翌年、一九一二年から本堂神父に昇進した。その間にギョク・ノール（青海）に行き、十二戸のモンゴル人信者をボル・バルグスンに連れて来た。清朝時代以前のギョク・ノールはオルドス・モンゴル人の夏営地で、三百年前に多くのオルドス・モンゴル人が居残っていたので、発音は全く同じである。ギョク・ノールから移住して来た十二戸のモンゴル人の子孫として、バヤンサイ（Bayansai）とナブタ（Nabta）、それにバーダイ（Badai）等がいる。

ボル・バルグスンの西洋人と信者達は金持ちだ、と中国人匪賊に見られていた。陝西省北部の匪賊集団のボス、楊猴小と蘆占魁は度々、襲来し、ギョク・ノールから移住して来たナブタの父が殺害された。モスタールト師は信者達を守る為に砦、寨子を一九一八年に建て、武器を配った。

一九一九年になると、モンゴル人信者は約二百戸、一千人に増えた。モスタールトは砦の寨子の南に十間、西に十間、二カ所の祈りの部屋（jirüken tang）を設置した。毎年「オルドス暦の八月（太陰暦五月）十八日」の聖母昇天節の時に信者が集まっていた[16]。

教会はまた幼稚園を設置し、普通の子ども達と孤児達を収容していた。ハラジャーダイの娘で、トグスビリグのオバであるムーオヒンとリンジ姉妹は幼稚園の教師となっていた。「私の二人のオバはとても知的な女性で、選ばれて幼稚園の先生になったものである」、とトグスビリグは回想する。

モスタールトは幼稚園の子ども達の為に、クールグ（小橋畔）へ野菜や肉を買いに出かけていた。やがて教会は寨子の中で井戸を掘り、畑を灌漑して野菜を植えるようになったので、遠くのクールグまで買い物に行く必要もなくなった。モスタールトはまた信者達に植林を勧めていた。寨子の中に桃の木を十本、木瓜を一本、葡萄を沢山植えた。当時、沢山の木を植えたのはギョク・ノールから移住して来たバーダイであった。当時の木は今、一本だけ中学校の庭に残っている。他は中国共産党に伐採された。

写真 30-5　著名なモンゴル学者のモスタールら西洋からの宣教師達が設置したボル・バルグスンの小学校で体操を披露する児童達。（*Au Pays des Ortos* より）

初夏になると、モスタールトは二十数人もの幼稚園児達を連れて、ボル・バルグスン平野の東にある沙漠性草原（balar）に入り、野生のニラを採取した。大きな銅製の鍋でミルクティーを沸かしてピクニックを楽しみながら、モスタールトは子ども達から草のモンゴル名を熱心に尋ねては記録していた。

児童教育と経典の翻訳

モスタールトはまた賀先生と共に小学校を創設した（写真30—5）。一九二四年になると、五十九名の男子と七十四名の女子学生が学んでいた[Taveirne 1999: 149]。賀先生とはヴァン・ヘッケン（Van Hecken, Josephus, 賀歌南）神父のことである。二人は「地理」や「モンゴル史」等の教科書を木版印刷して使っていた。トグスビリグもそのような教科書を使っていた一人である。寨子の近くに古代の宥州城の城壁が立ち、古銭があちらこちらに落ちていた。子ども達がその古銭を拾って見せると、田先生は「西夏《タングート》のものだね」、と歴史の現場で教えてくれた。オルドス西部には西夏時代の遺跡が多く、モスタールトは実際に歩いて観察していた。

田先生は私達に『モンゴル秘史』の物語をよく語って聴かせてくれた。日月の精（naran saran-u kil）を受けて妊娠し、チンギス・ハーン一族の祖先を生んだ聖アルン・ゴア母には聖母マリアと共通する精神があると話していた。モンゴル人は団結し、普段は羊のように優しく、敵と戦う時は狼のようになれ、と教えてくれた。

モンゴル人が神聖視するアルン・ゴア母を聖母マリアと結び付けたモスタールトの指導は子ども達の心に響いた。カトリックの教義について説明する際に、モンゴル人が古くから崇拝する「永久なる天（möngke tngri）」と「天神アフラマズダ（qurmustu tngri）」の「天」を天主教の「天」と関連付けていたので、容易に受け入れられた。聖書の中の警句をモンゴルの格言と比較したり、オルドスの民謡のリズムで賛美歌を歌ったりして信者を獲得した。詩歌と民謡、歴史の語りを熱愛するモンゴル人社会内において、こうした布教方法は奏功した。

トグスビリクの父と兄もモンゴル語で布教の詩を創作してモスタールトに見せたら、「ここまで教義について理解できたら、もう充分だ」、と褒めてくれた。トグスビリクはその後、「ディンランの物語」の中の歌をカトリックの讃美歌に改編したことがある。この「ディンランの物語」を去る一月四日にジョルムラルトという人物が私に語ったことがある。モスタールトはまた中国語で書かれた「天主論」という著作をトグスビリグに見せたことがある。トグスビリクはそれをモンゴル語に翻訳して上下二冊で印刷したものの、文革中に中国共産党に没収されて燃やされた。

当時、民間の私塾ではモンゴル文字のアルファベットから教えていたが、モスタールトはまずローマ字から教えた。そして、モンゴル文字はシリア文字から由来し、元々は横書きだったが、漢語の影響を受けて縦書きになった、とも話していた。今後は再び横書きになってもいい、と教えていた。

「田先生はパーフェクトなオルドス・モンゴル語を話し、振る舞いもモンゴル人そっくりだったので、みんなに愛されていた」、とトグスビリグは嬉しそうに語る。天幕に入って、モンゴル人と話し込み、民謡や昔話等を集めていた。また、オルドス各地の著名な詩人や有力な政治家達とも交流していた。その中にはトグスビリグの祖父、ハラジャーダイの足指を凍傷させたウーシン旗の有力な貴族、前述のドガールジャブも含まれていた。

「田先生は智者《メルゲン》だ」、とドガールジャブは感心したそうである。そのドガールジャブからモスタールトは『蒙古源流』の写本を借りて書写し、一九五六年にハーバード大学から出版した［Mostaert 1956］。後にモスタールトが一九二五年十月にオルドスを離れて北京の輔仁大学に赴任した後、ドガールジャブの息子トブチンジャブ（Tobčinjab）を助けたことがある。たまたま北京に滞在していたトブチンジャブは旅費を無くした為にカトリックの普愛堂を訪ね、援助を求めた。モスタールは彼に銀貨四十枚を渡して帰郷させた。トブチンジャブはオルドスに帰ると、立派な馬を一頭ボル・バルグスンの教会に贈った。ガ先生こと葛永勉（Claeys Florent）は一九四一年に離任するまでずっとその馬に乗っていたのである。

　モスタールトは十一種の宣教用のテキストをモンゴル語に訳した。それには三冊からなる『要理条解[17]（*Čiqul-a bičig-ün tayilburi, Explanation of Catechism*）』と『聖教日課（*Jalbiral-un debter*）』が含まれていた。また、重要な『古経大略（*Qayučin toɣuɣal-un ariyun šastar-un tobčiy-a*）』を選び、モスタールトが翻訳を始め、葛先生（Claeys Florent）が完成させ、トグスビリクの父がモンゴル語を直し、兄ボヤンダライ（洗礼名はペテル）が毛筆で書写した。信者達と教会は計銀貨三百枚を出し合い、テキストを石版印刷した。これらの経典は大事に保管されていたが、すべて中国共産党に燃やされた（写真30—6）。辛うじて隠し通した『古経大略』をトグスビリグは一九八〇年代に謄写版で復刻して配布した。

写真 30-6　中国共産党によって破壊され、今や残らなくなったボル・バルグスンの古い教会堂。（*MGR. Alfons Bermyn*, 1947 より）

「貴方にも一冊あげる」、と私は大事な謄写版の『古経大略』をもらった。

　西洋からの宣教師達も中国人とモンゴル人の対立に気づくようになった。モトンクレー（毛団庫倫）のある神父は草原を中国人信者達に開墾させようとしたところ、モスタールトは反対した。草原を開墾すると沙漠になり、モンゴル人と中国人との民族間紛争に発展する危険性がある、と彼は仲間を説得していた。その為か、モスタールトが本堂神父だった時代にボル・バルグスン平野に暮らす信者達は牧畜に力を入れ、モンゴル人が忌み嫌う農耕を拡大させることはしなかった。

　モスタールトはカトリック教会中国本部の意向で北京に呼ばれた。

　「新しい『モンゴル秘史』の版本が発見され、それに関する研究に専念するよう本部から指示されたと聞いている」[18]、とトグスビリクはモスタールトの離任の理由について語る。北京に行ってからもオルドスからモンゴルの知識人達を招待しては民謡や物語を語ってもらい、記録していた。信者のブリンジャラガル（Bürinjirɣal）は歌と故事を多数知っている人物だったので、北京でモスタールトに語ったことがある。モスタールトはブリンジャラガルをベッドに寝かせ、口の形を眺めながら正確に記録していたそうである。

　オルドスに長く滞在したことで、モスタールトはまた多く

写真 30-7　世界でただ一人のモンゴル人司教トグスビリク。

のモンゴル語手写本を収集していた。私が民博にいた頃、調査に来る前に関連の文献学の論文を読んでみると、少なくとも一五五冊もの手写本がカタログに登録されていた［Serruys 1975: 191-208］。この膨大な手写本コレクションに関するカタログを読んだ時の感動は今でも忘れられない。モンゴル学は基本的に文献学で、手写本が読めないと、研究者として認められない、と指導教官達に何回も指摘された。その文献学の基礎を成す豊富な手写本が自分の故郷から集められていると思うと、実に誇りを感じる。そして、私も今回の調査で極力、手写本を集めようとしているが、予想以上に困難である。ほとんど中国政府に燃やされたからである。

一九三九年に共産党の紅軍がボル・バルグスンに侵攻し、教会に火を放ち、モスタールトの建てた寨子を徹底的に壊した。延安からの中国共産党による破壊は一九四一年十一月十二日にもおこなわれた［Van Hecken 1969: 209; Heyndrickx 2004: 34］。一九四九年に中国共産党政権が成立すると、「西洋人の侵略者が武器を使って偉大な中国人民を抑圧した」、と批判されたが、匪賊に抵抗していた事実は無視された。現在、かつての寨子の跡地に城川中学校が建っている。

クリスチャンになったモンゴル人の受難

「ご自身はいつから、どのように経典《ノム》の民《タン》について勉強したのか」、と私は大胆にも聞いてみた（写真30―7）。

「遅いよ。十三歳で成人してからだ」、とトグスビリグは語る。モンゴル人は昔から数え年十三歳で成人と見なされる。トグスビリグも成人となるまでは家族と教会の牛をボル・バルグスン平野で放牧し、夜には父親から字を習っていた。十三歳になると、教会が創設したブドゥルグネ（堆子梁）の培徳公学院に入った。学費は賀先生すなわちヴァン・ヘッケンが出してくれた。四年後に卒業してからバヤンノール盟のシャジントハイ（三盛公）にあった修道院で六年間学んだ。ラテン語を中心に神学と歴史、地理等について勉強した。続いてフフホトの修道院に進み、更に物理と化学、それに教会哲学について研鑽を重ねた。成績が優秀だったので、大同神学院に進学し、四年間修業し、一九四七年七月に卒業した。同じ七月の三十一日にシャジントハイに帰り、神父となった。学生達を相手に文系と理系の講義を担当した。

トグスビリグは中国カトリック界の誰もが認める優秀な若き神父だったので、一九四八年に北京の輔仁大学農学部に進学した。大学構内の第五宿舎[19]に入り、懸命に勉強した。同じ大学には渡米直前のモスタールト師がモンゴル語とモンゴルの歴史を教えていた。

　モンゴル人は世界的な民族である。現在も世界各地に分布している。南中国のデレスト（Deresütü、泉州）にはモンゴルの文物が多いし、雲南にも大勢のモンゴル人がいる。そして、外国にもモンゴル人集団が暮らしている。モンゴル語の地名も世界中に見られる。北京市内に什刹《シーチャ》海《ハイ》という小さな湖があるだろう。その什刹海とはモンゴル語のシャルチク（šalčiγ、「水溜まり」との意）が訛ったもので、元朝時代のモンゴル軍の軍馬の飲水地だった。

　モスタールト師の授業はモンゴルと世界を結び付けて話していたので、それを受けて視野が広がった。モスタールト師はトグスビリグにモンゴル語学を専攻するよう勧めていた。ところが、輔仁大学農学部は翌一九四九年に北京大学に譲渡されることになったので、トグスビリグはまもなく化学部に転入した。一九四八年暮れになると、中国共産党の人民解放軍が北京を包囲し、陥落はもはや時間の問題となった。モスタールトは十二月にアメリカに渡り、ハーバード大学で教鞭を執ることになった。

　中華人民共和国が成立してから二年後の一九五一年夏に、トグスビリグは内モンゴル自治区のオルドスに帰った。北京で一度に三百人もの「反革命分子」達が公開処刑されるのを見て、精神的に大きなダメージを受けたからである。一九五三年に再度上京し、荷物を片付けてフフホトに帰り、修道院で物理と化学を教えた。次第に政治情勢は厳しくなり、信仰の自由は目に見えて消えて行った。トグスビリグはたまに中国共産党の宗教政策に批判的な発言をしていたので、一九五八年に「反右派闘争」がスタートすると、逸早く「反革命集団を結成した容疑」で逮捕された。李聡哲神父と韓進徳神父、それに修道女二人、普通の信者数人と親しくしていたのが、「反革命集団」を組織した「証拠」とされたのである。そのままフフホト刑務所に閉じ込められ、釈放されたのは一九六六年五月だった。

　故郷オルドスのオトク旗に帰ると、自宅のあるジューハ（Juq-a）人民公社のダム現場で強制労働を命じられた。朝一番に毛沢東の肖像画に向かって礼拝し、夕方にまた一日の労働について報告しなければならなかった。

「強制労働の辛さよりも、モスタールトをはじめとする宣教師達がモンゴル語に翻訳した経典類が目の前で燃やされるのを見るのが苦しかった」、とトグスビリグは回想する。

　文革が終息した二年後の一九七八年に政府から一枚の薄い

紙が届き、「元の判決を撤回し、無罪とする（撤消原判、改判無罪）」と書いてあった。

「私は何の罪もなく、中国共産党の刑務所に合計二十年間も閉じ込められた。共産党から謝罪もなく、たったの四百元をくれただけで過去を清算したことになった」、とトグスビリグはランプの下で話した。

厳しい宗教政策も一九七九年から少しずつ緩くなったので、ミサを再開した。地中に埋めていたモンゴル語のミサのテキストを掘り起こし、書き写して使い、陝西省北部の神父達にも貸した。他にも沢山のモンゴル語の経典類と手写本を埋めたが、見つからなくなった。かくして、一八七四年から西洋の宣教師とモンゴル人達が協力し合って翻訳して来たモンゴル語のキリスト教経典類は破滅的な打撃を受けた。それでも、ル信仰を守り通したモンゴル人は一九九二年現在、二千人いるという。ボル・バルグスンに九百六十人をはじめ、ジューハとチャガン・トルガイ、それにウーシン旗西部のチャンホク平野とチョーダイ平野に分布している。

トグスビリクによると、内モンゴル自治区のカトリックは現在、「内蒙天主教愛国会」の管理下に置かれているという。王学明大主教（一九九二年当時九十一歳）を頂点に、フフホト市では雲光亮司教、バヤンノール盟には郭正全司教、そしてオルドスではトグスビリク主教が生き残っている。ただし、トグスビリクについては、バチカンは「ただ一人のモンゴル人司教」だと認めるが、中国政府からは公認されていない。

ヨーロッパとの宗教交流も陝西省や山西省の中国人信者が暮らす地域では自由度が相対的に高く、モンゴル人信者がいるオルドスには絶対にヨーロッパとの行き来は許されない。聖母聖心会の本部があるベルギーの関係者も何回かオルドス入りを試みたが、その都度、途中で中国政府に捕まっていた。一度、隣接する寧夏回族自治区の首府銀川で密かに会おうと連絡し合っていたが、それも果たせなかった。トグスビリクが銀川へ出発しようとするのを察知した中国の治安当局はボル・バルグスンにやって来て、自宅軟禁に置かれたこともあるという。

限られた「信仰の自由」でも、中国人には緩く、モンゴル人には厳しい政策を取り続ける中国において、トグスビリクとその信者達の戦いはまだ続いている。

五月五日　曇

字が下手だと言われた調査者

朝五時半に起きて、六時のミサの風景を見学した。トグスビリク司教をはじめ、ウヤナ（Uyan-a、九一歳）とマグデリナ（Maydarin-a、八十歳、モンゴル名はQadačin Siker）、それにカデリナという三人の修道女、そして近所の老齢な信者の女性、それからモンゴル人孤児二人が参加していた（写真30—8）。私は静かに座り、讃美歌に耳を傾けた。ミサは一日に二回、朝と午後四時におこなうそうである。

ミサが終わると、トグスビリグは二人の孤児に英語を教え、それから食事を摂る。ミルクティーを飲んでから、インタビューを再開しようとした時、私のノートを眺めていたトグスビリク司教は真面目な表情で話した。

「君はもう少し、字を綺麗に書かないといけないね」

彼の目に入ったのは、前の夜に書き写した歴代宣教師達の名前を書き記したページだった（前掲の表14）。そのローマ字の書き方が下手だ、と指摘された。電気もない、ランプの下で懸命に書いたのに、と弁明したかったが、勇気はなかった。モンゴル語と中国語は勿論、英語とフランス語、それにラテン語と日本語に堪能で、北京の輔仁大学を出た司教の前で、私はただの無学の青年である。神学と哲学を世界一流の学者達から学び、人生の哲理を中国共産党の刑務所で鍛えられ、昇華させて来た人生の偉大な先輩に対し、素直に非を認めるしかなかった。

「モンゴル、それも特にオルドスの歴史と文化について知りたければ、フランス語をきちんと学ばないと話にならない。モスタールト師をはじめ、ヴァン・ヘッケン神父らは多数の論文を書いている」、と私はまるで大学院のゼミに出席しているような時間を過ごしている。トグスビリクの話した通りで、聖母聖心会の宣教師達は学問に熱心で、彼らの中から多くの世界的なモンゴル学者が誕生している。[20] 実は調査に行く前に、民博館長の梅棹忠夫からも同じようなことを指摘されていた。日本は大阪の民博、かたやオルドス高原西部のボル・バルグスン教会で、私は近代ヨーロッパからの学問の力強さに直面しなければならなかった。というのも、今を生きている人達もまたその学問と思想を守っているからである。

字が下手だと言われた私は懺悔の気持ちを抱きながら、もう一日、滞在することになった。

写真 30-8　ボル・バルグスン教会に暮らす老齢の修道女。（1992 年 5 月 4 日）

トグスビリクによると、何回も中国共産党に破壊されては再建した教会《タン》は一九八八年に建てたという。その前は一九八三年に今の場所から南へ一キロ離れた地に建っていたが、倒されたので、現在の場所に移したという。西湾子のある河北省の信者から八千元、フフホト市と包頭市の信者から六千元、地元のモンゴル人信者達が一万元をそれぞれ出し合って作った教会である。灌漑できる畑は三十畝で、天水に頼っている畑は七十畝である。畑の耕作はドルジという信者の青年に請け負わせ、収穫した作物を半分ずつで分け合っているそうである。信者達が遠くから馬に乗って泊りがけで来るから、その為の食事と馬の飼料を用意しなければならない。信者達はまた生老病死等の時や、家畜の増殖儀礼、結婚式の時に司教を自宅へ招待しに来るという。

　ボル・バルグスン平野ではカトリック信徒達も実は民族ごとに棲み分けの論理で行動している。モンゴル人信者達はボル・バルグスン教会に、中国人信者達はブドゥルグネ（堆子梁）とバヤンドゥクムの教会に通っている。

　現在のボル・バルグスン平野には約一千人のモンゴル人と、その十三倍にもなる一万三千人もの中国人が住んでいる。中国人は十九世紀末の回民反乱の難民と、中国共産党が移住させた人々の子孫である。

「昔のボル・バルグスン平野は周りがすべて黒い灌木地帯《ハラ・シリ》だったが、今や中国人に伐採され、開墾されて、黄色い沙漠になってしまった」、とトグスビリグも草原の破壊に触れると、中国人の環境に配慮しない生き方には批判的である。モンゴル人は自然との共生を大事にするが、中国人はカトリックに改宗しても、自省精神は芽生えない、とトグスビリグは嘆く。

生き方は羊と狼の如く

「中国政府からの政治的な圧力は尋常ではない現在、新しい信者の獲得も難しいだろう」、と私は尋ねた。これから、どういう風に適応していくかについて知りたかった。トグスビリクもそれに関しては独自の認識を有していたので、キー・モリこと「風の馬」の例を挙げた。前日にはクリスチャンのマンナイもそれについて触れていたのである。

　私は、カトリック信徒達もキー・モリを門前に立てていい、と指導している。それは神《ブルハン》として崇拝するのではなく、モンゴル人の古い伝統として、シンボルとして立てればいい。また、キー・モリを改造してもいいのではないか。現状では鉄製の三叉（seyisem）を上に向けて立て、それにチベット語の経文を付けて飾っているだろう。武器としての三叉を天に向けるのは天神に対する失礼ではないか。三叉の代わりに十字架を、チベット語の経典の代わりに「聖書」を使えばいい。

「普段は羊のように大人しく、戦う時は狼の如き」とのモンゴル人の信条はカトリックとも抵触しない。聖地オボー祭にも参加していい、と信者に伝えている。アダムも石の塚で羊を犠牲として最高神に捧げていたのと共通しているからだ。魂が救われるのを優先としたい。

　このように、トグスビリクの見解は斬新である。すべては厳しい環境の中で生き残る為である。生き残れば、信仰も保てる。彼はこのように、チベット仏教のラマとも議論し合うという。実際にカトリックに改宗しても、キー・モリを立て続けてもいい、とボル・バルグスン教会の最後の西洋からの宣教師の馬如龍（Maertens Franciscus）も許可していたそうである。

　私が教会の部屋で休んでいると、トグスビリクの妹、修道女カデリンナが話しかけて来た。

「馬姑娘はどこにいるのか、挨拶したい」、と私は頼んでみた。

「姉は今いない」、と彼女は答える。馬姑娘はトグスビリグの姉で、医術に優れ、温厚な人物としてモンゴル人の間に高い人気を誇っている。私の母も彼女に病気を治してもらったことがある。薬箱を背負い、馬に乗って草原を行く彼女を私も子どもの頃に遠くから見かけたことがある。

写真30-9　ボル・バルグスン教会堂を背景としたモンゴル人孤児。（1992年5月4日）

　カデリンナは自身の見た奇跡について話してくれた。十七歳の時に一度結婚したものの、夫と死別したので、実家に戻って放牧していた。文革が始まると、彼女も兄のことで連座し、ハラ・エルゲネ（Qar-a Ergen-e、「黒い崖」との意）のダムの工事現場で強制労働を命じられた。一九七二年に解放されてから、人民公社が崩壊する一九八二年まで生産大隊の羊の放牧に携わった。

　一九七九年の冬は例年よりも寒かったので、窓ガラスに毎朝、氷の文様ができるようになった。彼女はその氷文様を眺めていると、その中に光輪が映った。光輪の中には天神と神の御子、それに聖母マリアの姿がくっきりと見えたという。空を見上げると、太陽にも三本の黒いラインがあった。そこから、彼女は「永久なる天」を称賛する詩を書くようになった、という。彼女は自作の詩を私に詠んで聞かせてくれた[21]。

午後、私は三人の孤児と教会の周りを散歩した（写真30－9）。

ユーラシアの宥州胡城

五月六日　強風　沙嵐

　朝から猛烈な北西風が吹き、沙嵐が猛威を振るっている。トグスビリク司教はミサから帰ると、私とミルクティーを飲んだ。私は司教に礼を伝えてから馬に乗って南下した。オルドス西部の有名な遺跡、宥州古城を見る為である。

宥州は、鮮卑系の王朝、唐が今日のオルドス高原に設置した六つの州の一つである。六つの州の住民は中央アジアのソグディアナ周辺からの人々であった。西からの住民は地元のテュルク系の人々（突厥）と混血し、新たに「六州胡」という民族集団を形成していった。今でも、長城以南の陝西省北部に青い目、尖がった鼻という身体的な特徴を有する住民がいるのは、「六州胡」の子孫である可能性を物語っている。私が北京第二外国語学院で学んでいた頃、ドイツ語学部に陝西省北部出身の友人がいた。彼は正にそのような身体的特徴の持ち主だったので、「ゲルマン人」と自称していた。

ボル・バルグスン平野は細長く、北西から南東へとのびやかに広がっている。南北に約三十キロ、東西約三キロで、平野の中心に宥州古城の廃墟が建つ（写真30－10）。地元のモンゴル人はこの廃墟を「ハラ・バルグスン」、すなわち「黒い廃墟」と呼ぶ。中国人は「旧寨子」や「爛城」と表現する。モスタールトが建設した寨子が「新寨子」だったから、廃墟は「旧」とされたのである。

私は馬から降りて、歩いて城壁の長さを測ることにした。片手に手綱、もう一手にカメラを持ち、撮影しながら観察した。私の徒歩による測量では、現存する城壁は北側が約五千六百メートルで、西は四千四百メートル、南は六千一百メートルで、東は四千六百メートルという結果である。東西に長く、南北は短めに作られた城であったことが分かる。城壁は版築で、幅は四～六メートルである。元々、城の外を堀で囲んでいたが、現在、北と東の堀に水が溜まっている。全体として、南と東側の城壁が比較的によく残っており、西と北側は北西風の為か、沙に埋もれつつある。西側には城門跡がある。農民達は城壁を取り壊してその土を畑に撒いているらしく、破壊が進んでいる。

写真30-10　ボル・バルグスン平野に残る古代の宥州古城。（1992年5月）

城壁のところどころに横穴式住居の窰洞として利用された跡がある。一九四〇年代まで、長城以南から逃亡して来た中国人のカトリック信徒達が住んでいたそうである。また、城壁の一部を自宅の壁として利用した民家も城の南側と東側に二軒ずつある。その内、東側の二軒はモンゴル人で、ハダチンという父系親族集団のカトリック信徒である。その他の二軒はどういう人か、確認できなかった。

城壁を一周してから城内を散歩した。至る所に人骨と陶器が散乱している。鏃も散らばっている。いつの時代の誰なのかは、分からない。今や廃墟となっているが、古代では栄えていただろう。城の周りに無数の小河が流れ、白い天幕が家畜群の中で展開していた風景を私は想像した。天幕の住民はテュルク語を話し、城内の住民はペルシア系の言語を操る、というユーラシアの多言語、多文化世界であったに違いない。

唐が作った六つの胡州は恐らく匈奴人の赫連勃勃が建てたトゥメン・バルグス（統万城）をはじめとする諸都市を再利用しているだろう。唐が滅んだ後、タングート人が建立した大夏国もまた繁栄に努めたのではないか。

ボル・バルグスン平野の南端はシャルスン・ゴル河で、河を南へ渡ると、ウルンとジャングート平野になる。かつてはオルドス随一の草原で、十六世紀の明主、ホトクタイ・セチェン・ホン・タイジの根拠地であった。このように、延々と歴史の舞台となり続けて来た六胡州の一つ、宥州は現在、「オトク旗の文物」として位置づけられている。無視に近いくらい過小評価しているというか、歴史の深遠さが分からない無知の扱われ方であるとしか言いようがない。

ボル・バルグスン平野の宥州古城を離れてから、私は一路、馬を飛ばした。家に帰ると分かると、馬の足取りも軽快である。耳を少し垂らして走る癖がある馬は、喜んでいるように感じた。

途中、チャンホク平野北部に住むあるモンゴル人の家に入って、昼休みした。沙漠の中に建つ人家の主人は私のことを知らないが、お茶と肉を出してくれた。丁寧に挨拶してから、私は自己紹介した。実はこの家は、私の母方のオジ、チャガンホラガの長女、エルデンチメグの嫁ぎ先である。私の従姉になるエルデンチメグは既に独立して別のところに住んでいる。一九七五年春に結婚した際に私は馬に乗って、彼女を見送って来たものである。馬を飛ばす癖があった私は道中、何回も新婦を「略奪」しに来た「武装者集団《サーダクチン》」の隊列を越えてしまう無礼を働いたことがある。その都度、両親に怒られたものである。

「聞いたよ。馬を飛ばす少年だったか」、と従姉の義父は笑いながら、私を暖かくもてなしてくれた。泊まるよう何回も勧められたが、次の調査地へ行く約束があったので、午後にまた出発した。夜、家に着き、汗だらけの馬を父に渡した。「春の馬は汗が出るほど走らせるものだ」、と父は馬の背中を撫でながら話す。しかし、飛ばし過ぎたのではないか、と顔に書いてあった。

注

（1）カトリックになったハダチン・オボクの系譜については、楊海英［二〇二二：一一二］を参照されたい。

（2）サクサは一九四九年九月二十二日、中国共産党のモンゴル侵略に不満を持つモンゴル軍に処刑された［楊　二〇一八a：二三二］。

（3）オルドスに伝わるモンゴル語の「カテキズム」はベルメン・アルフォン司教の許可を得て、印刷されたもので、著名なモンゴル学者Ａ・モスタールトもそれを用いて布教していたようである。実物はローマのＣＩＣＭ文書館に保管されている［Sagaster 1999: 14-17］。

（4）この日のマンナイによると、ボル・バルグスンの教会にいる神父トグスビリグは現在、信者達も「風の馬」を立てていい、との改革を進めようとしているそうである。「風の馬」はチベット仏教の習慣ではなく、モンゴルのシンボルだと解釈しているからである。

（5）内モンゴルに暮らすカトリック信徒達は中国共産党に弾圧され。バチカンからの新しい司教の任命も阻止されて来た。その後、二〇一六年にバチカンはモンゴル国のエンヘバータルという人を司教に任命した［楊　二〇一六］。オルドスのモンゴル人教徒達もモンゴル国へ移住する人達が現れた。

（6）カトリック側の記録では、その女性の名はチャガンオヒンである［Van Hecken 2003a: 102］。

（7）カトリック側の記録では、ムーオヒンの洗礼名はBarbaraで、リンジのはMagdalenaである。セルニスの妻、すなわちトグスビリク司教の母はToghos Magdalenaで、ダルト旗のモンゴル人であった［Van Hecken 2003a: 102-103］。

（8）ユックとガベー神父は以下のように書いている。「サムダチエンバだけが旅の伴侶だった。……（中略）彼の小さな眼が睫毛の全くない眼瞼の奥から光って、額をひそめながら君をみつめるとき、直ちに彼は畏怖と信頼の感情を君に起させる。顔貌にこれという特徴はない。漢人の邪気ある横着さも、韃靼人のお人好しも、西藏人の剽悍な精力も、認められなくて、これら三つの混合からなる。サムダチエンバはヂャー・ホル族であった」［ユック　一九三九：一八］。一行は鎖国されていたチベットに辿り着いたものの、まもなく追放されることになった。神父達はインド経由でマカオに向かい、サムダチエンバことサムタンジンバはギョク・ノールこと青海に帰った。そして、しばらくしてからまたもや河北省の西湾子に帰還したのである。尚、サムタンジンバの履歴と貢献については、Jeroom Heyndrickx［2009: 261-279］に詳しい。宣教師達のオルドスにおける布教活動については、Van Hecken［1949］の記録が体系的である。

（9）カトリック側の記録では、ヴェーリンデン（Verlinden Remingius、費爾林頓）とアルフォン・デヴォス（Alfons Devos、徳玉明）を派遣したのは西湾子の聖母聖心会の大司教ジャック・バックス（Jaak Bax、巴耆賢）で、時は一八七四年二月十四日だったとしている［古偉瀛　二〇〇二：一六四］。張家口から旅をし、オルドス西部に辿り着いたのが春か初夏であろう。

（10）Taveirneらによると、サムタンジンバは一度、西湾子に暮らす中国人女性の改宗者と結婚していたが、子どもはいなかったそうである［Taveirne 2004: 205, 223; Heyndrickx 2009: 270］。

（11）トグスビリクの話では、ボル・バルグスンの教会は一八七四年に建ち、クールグ（小橋畔）教会は一八七九年、ブドゥルグネ（堆子梁）・白泥井教会は一九〇二年にそれぞれ建設されたという。土地の購入は一八九〇年にクールグで五十ヘクタール、一八九五年に大羊湾で百ヘクタール買い取ったそうである。また、トグスビリクの証言通り、ベルメン・アルフォンは布教先のオトク旗とウーシン旗の有力者と交流し、紛争の調停役も務めていた文書も残っている［Serruys 1978: 254-272］。ベルメン・

アルフォンの伝記もまたその布教活動を中心に綴っている［Van Hecken 1947］。

（12）カトリック側からすれば、モンゴル人の行動は反布教・反教会的に見えていた。こうした視点からの研究はセールイスが代表的である［Serruys 1977a, 1977, 1977］。

（13）時のオルドスのイケジョー盟盟長のアルビンバヤルから一九〇三年潤五月四日に宣教師に出した公文書にもこの賠償について詳しく述べている［Van Hecken 1972: 401-423］。

（14）オトク旗の塩湖の売買と経営については、セールイスの研究がある［Serruys 1977: 338-353, 1979: 61-65］。

（15）モンゴルの貴族と宣教師が犬をめぐって対立した伝説には別のバージョンがある。それは、主人公がドガールジャブではなく、ダー・クレーの貴族ダムリンジャブだったという説である［楊　一九九四a：一一六—一二二］。

（16）トグスビリクが言う「聖母昇天節」は前日に会ったマンナイの記憶と異なっていた。マンナイは「オルドスレ歴の十月（太陰暦七月）十七日」を聖母昇天節だと語っていた。

（17）この『要理条解』をトグスビリグは（Čiqul-a bičig-ün tayilburi）と表現したが、一九九九年に公刊されたモスタールト記念論文集ではČiqul-a yosun-u tayilburiとなっている。上、中、下三冊で、「フランス語からモンゴル語に訳したのはウルジジャブで、ガ先生の許可で印刷した」とある。ガ先生とは、葛永勉（Claeys Florent, 一八七一—一九五〇）を指している［Sagaster 1999: 24-33］。ウルジジャブは前出のジュンガル旗の人である。また、別の研究によると、モスタールトはまず一九一四年に『カテキズム（Čiqul nom-un surtal、要理問答）』を漢文からモンゴル語に翻訳した。一九一七年には『一目瞭然』をNigen üjemegče todorqai debter に、一九二〇年に『要理条解』をモンゴル語に翻訳したという［Taveirne 1999: 148-149］。尚、カトリックの布教用の経典類のモンゴル語への翻訳については、Van Hecken［2003b: 63-85］に詳しい記述がある。

（18）Igor de Rachewiltzによると、モスタールトが『モンゴル秘史』に強い関心を寄せるようになったのは、一九二六年からのことだそうである。その後、同書の訳注に取り組み、一九四九年にアメリカに渡る前はほぼ完成していた［Igor de Rachewiltz 1999: 95］。成果の発表は翌年から始まる［Mostaert 1950: 285-361, 1951: 329-403, 1952: 285-407, 1956c: 1-11］。また、ボル・バルグスンにおける聖書その他の翻訳については、芝山豊らによる最新の論考がある［芝山　二〇二一：二三五—二五六］。

（19）一九八〇年代から「中華全国天主愛国会」本部が入っている建物。

（20）聖母聖心会の指導者の一人で、私と親交のあるジェローム・ヘンドリックスは同会から生まれた世界的な学者達を「独学のモンゴル学者達」と呼んでいる［Heyndrickx 2004: 32］。

（21）彼女はまた自身が過去に見たさまざまな夢についても語ってくれた。詳しくは楊［一九九四b：一三—二二］

●第三十一章　帝国の白い旗

モンゴル帝国の国旗、チャガン・スゥルデの祭祀者達が保管していた古い絵画。行軍する騎馬軍の軍旗にはモンゴル軍の守護神である白い隼が描かれている。こうした軍旗を眺めたヨーロッパの騎士団は白い隼を十字架だと勘違いした。十字架の軍旗を手にしたネストリウス教徒の軍団が東方からやって来て、ムスリムと戦うと信じられていた。

五月七日　晴

春のモンゴル娘

朝起きて草原を歩いてみた。ハラガナクはもう黄色い花を咲かせている（写真31―1）。沙地ではチャガン・エブス（čaγan ebesü、「白い草」との意）とキラガナも緑色の芽を見せているし、シャワクも半分は若葉が出ている。季節の上では初夏に近づきつつあるが、モンゴル草原はまだ完全に緑に変身できていない。雨が余り降らないからである。

我が家は草原を柵で囲み、複数の区域クレーに分けて使っている。その為、一部のクレーではまだ古い草がたっぷりと残っているが、牝羊達はもう入りたがらなくなった。沙地の緑の若草の味をしめたからである。今年の春に産まれて来た仔羊達は開花したばかりのハラガナクから離れようとしない。

写真 31-1　ハラガナクの黄色い花。羊達の好物である。（1992 年 5 月）

母は早朝一番に羊達を沙地に追って行って、三時間ほど新芽を食べさせてから柵の中に入れる。それから、自分の仔に授乳しない牝羊を捕まえて乳房を吸わせる。やがて緑の草をお腹一杯食べて体力がつくと、仔に積極的に授乳するようになる。

「若いお母さんもこういう風に成長する」、と母は羊を指して人間のことのように語る。

牡達や出産しない牝達は昨夜から柵の外の草原に行っており、十時くらいになると自分達で帰って井戸水を飲む。ただ、体力の良い牡や二頭の種雄はずいぶんと遠くに行き、二、三日帰って来ない場合もある。そういう羊達を父は午前十一時に馬に乗って、探しに行った。多分、南のゲレルチョクト家の草原に入っただろう。

私は家でノートを整理することにした。母と妹のサランホワールはイトコのシャラクーの家に行き、上棟式（niruγu bosuγaqu）に参加するという。上棟式も元々は中国人の習慣だが、天幕に住んでいた遊牧民も定住生活に入ったので、当然、新しい風俗習慣も伝わる。工事が進み、屋根の一番上に乗せる棟梁を組む上棟を陝西省北部では「上梁」という。大工は陝西省北部の中国人で、式には近所の人々が招待される。儀礼の一環として、大工が屋根に組んだ棟に乗って、棗やパン、五穀を集まった客人に向かって撒く。家の主人は祝儀として大工に掛け布団と敷布団のカバーを一セット渡す。そして、爆竹を鳴らして悪霊を祓い、一家の安全を祈願する。

夕方、母と妹サランホワールは牝羊達に飼料を与える。妹は我が家に来てそろそろ一カ月になろうとしているが、もう完璧なモンゴル語を話すようになった。養女として我が家に来た時はまだ中国語を使っていたが、実際、モンゴル語は脳内に「陸封」されていたのである。母語の記憶は十数日で蘇り、もう中国語は一切口にしなくなった。牧畜の知識も母から伝授されているし、近所中の人々から愛されている。

「オーノス家の愛娘だ」、とモンゴル人社会から認められるようになった。父は彼女を溺愛し、夜は取り寄せた小学校の教科書を使って読み書きを教えている。

五月八日　曇

帝国の「白い旗」と人体由来の地名

今日から私はモンゴル帝国の国旗、「白い旗」に関する情報を集める旅に出ることにした。モンゴル人は「白い旗」をチャガン・トゥク（Čaγan tuγ、白纛）またはチャガン・スゥルデと呼ぶ。モンゴル軍の軍神は「黒いスゥルデ」であるのに対し、帝国の国旗は白い、という認識である。白は高潔、平和なシンボルであるのに対し、黒は力強さの象徴である。軍神の「黒いスゥルデ」はチンギス・ハーンの聖なる遺品である八白宮と共に祀られて来たのに対し、チャガン・トゥクは歴代の大ハーンに追随して行動していた。その為、モンゴル帝国の最後の大ハーンであるリクダン・ハーンとその直轄の集団であるジャハル（チャハル）万戸がチャガン・トゥクを維持して来た。リクダン・ハーンが一六三五年にギョク・ノールこと青海で逝去してから、ジャハル万戸は解散したが、相当数のジャハル・モンゴル人はオルドス万戸に合流した。後にオルドス万戸が盟旗制度に再編されると、ウーシン旗にジャハル・ハラーが誕生した。このジャハル・ハラーのモンゴル人達が帝国の国旗チャガン・トゥクを守り抜き、祭祀活動を運営して来たのである。

チャガン・トゥクはウーシン旗西部のトリ・ソム（旧トリ人民公社）のムー・ブラク（Mayu bulaγ）というところにあると聞いたので、訪ねてみることにした。ムー・ブラクまで遠いので、近所のバトジャラガルが、バイクで送ってくれることになった。バトジャラガルはトリ・ソム政府に務めているので、現地に詳しい（写真31―2）。

私達は朝のお茶を飲んでから、バイクに二人乗りして出か

写真31-2　中国に破壊されたシニ・スメ寺の廃墟に立つバトジャラガル。（1992年5月9日）

けた。我が家を出て、草原の道を走ってシャルリク・ソム政府所在地に着く。シャルリクからトリまではバイクで約四十分の道のりである。途中、道路の北側に巨大なギョク・マンハ沙漠が見える。オルドス・モンゴル語の方言ではギョクは「青色」や「乳房」を指す。地元のモンゴル人は「乳房の形をした沙漠」と理解する人もいれば、「青い沙漠」と解釈する人もいる。

　ギョク・マンハ沙漠の東にトリ平野が広がり、その東にスゥージン・シリ（Següji-yin sili）という南北に延びる丘陵地帯がある。スゥージとは「股骨」の意味である。スゥージン・シリの南にホンドライン・オライ（Qoyundulai-yin oroi）という峠がある。ホンドライは臀部である。このように、トリ平野周辺の地は人体の部位で名付けられていることが分かる。こうした地名について、一つの伝承がある。

　聖主チンギス・ハーンが西夏国《タングート》を征服しにやって来た時、黄河以北のムナン山で年老いた女の呪術師（qariyalčin qar-a emügen）に呪われた。呪われたモンゴル軍は前進できずに、止まった。困ったチンギス・ハーンは部下達に対策を尋ねると、弟のハサルなら呪術師を退治できる、と言われた。そこで、聖主は名射手ハサル（qabutu Qasar）に呪術師を射殺せよと命じた。呪術師は黒い山羊を使って呪いをかけていたが、ハサルの矢に射抜かれた。死を前にして、呪術師は今度、「ハサルの子孫は黒い山羊のように死に絶えるよう」、と名射手を呪った。怒ったハサルはその呪術師の身体をバラバラにし、ムナン山頂から遠くへ投げ飛ばした。乳房と股骨、それに臀部が黄河を越えて落ちたところが今日のオルドス西部トリ平野の周りである。子宮《ムー・マハ》（mayu miq-a）は現在の包頭市東部に落ちたので、その地がムー・ミンガンと呼ばれるようになった。ムー・ミンガンはムー・マハ[1]の訛りであり、そこでハサルが祀られている。

　この伝説はモンゴル語年代記にも記録されているが、地名として人々に親しまれているのは、オルドスのトリ平野周辺だけではないか。モンゴル人は子宮をムー・マハすなわち「悪い肉」と呼ぶ。薪を燃やして遺体を荼毘に付す際も、子宮には特別の力が宿っていることから、なかなか燃えない、と信じている。

悪化した環境に住む祭祀者

私達はまずムー・ブラクの西、トゴート（Toyuyatu）という地に住むトクトフ（Toytaqu、六三歳）という人に会い、チャガン・トゥクについて話しを聞いた。ムー・ブラクとは「悪い泉」との意で、現在はバヤン・ブラクに変えようと努力しているそうだ。バヤン・ブラクは「豊かな湖」との意である。トゴートとは、「鍋のある地」を意味する。かつて、リクダン・ハーンが西へ進軍した際に、軍用の釜を残したことから地名が生まれたという。地名は「悪い泉」でも、実際は水質が良く、かつて一九四九年以前はウーシン旗西部のタライン・ウスとナリーンゴル地域の馬群が集まる場所で、優れた夏営地だった。しかし、中国共産党政権ができると、モンゴル人の家畜も減り続け、沙漠化も進み、水質が悪化しただけでなく、今や泉は完全に姿を消してしまったのである。

「中国人は社会制度だけでなく、自然まで変えてしまう。社会が変わるのは当然かもしれないが、自然まで改造しようとする考え方は、我々モンゴル人にない思想だ」、とトクトフは嘆く。

トクトフ一族はジャハル・ハラーに属し、代々、チャガン・トゥクの祭祀に関わって来た。トクトフ自身も三年間、チャガン・トゥク祭祀の管財人（demči）を担当したことがあるという。

トクトフ一族は清朝初期の十七世紀から長城に近いサイントリ・ゴト（神木堡）の北、スゥルデ・シリという地に住んでいた。スゥルデ・シリとは、文字通り、「スゥルデのある峠」との意で、チャガン・トゥクことチャガン・スゥルデが立っていた。その後、中国人が長城を越えて草原に侵入して来ると、十九世紀末にナリーンゴル河の東、クブン・ブラク（Köbüng-ün bulaγ、「木綿の泉」との意）まで移住した。二十世紀初頭になり、中国人がナリーンゴル河の河谷まで入って来ると、ジャハル・ハラーのモンゴル人もまたチャガン・トゥクを携えて更に北へ二十キロ移動した。その地が現在のムー・ブラクである。トクトフの祖父エルケムビリク（Erkembilig）はクブン・ブラクで生まれ、父バヤンサイ（Bayansai）の時にムー・ブラクに来たそうである。現在、トクトフは羊八十頭と十六畝の畑で生計を立てている。

実はトクトフが住んでいるムー・ブラクは中国人が実権を握るナリーンゴル・ソムの一村となっている。四十数戸のモンゴル人と六戸の中国人からなる村である。草原の利用を巡って、モンゴル人と中国人は激しく対立している。六戸の中国人は同じ姓で、結束も強い。彼らはどこにいようと、草原を開墾しては沙漠に変えてしまう。沙漠になると住民が貧しくなるので、開墾を止めるよう、とモンゴル人が忠告しても無視される。その為、モンゴル人はトリ・ソムへの編入を求めているが、ナリーンゴル・ソムから許可が出ない。ナリーンゴル・ソムにもモンゴル人がいれば、政府から「少数民族補助金」がもらえるからである。

チャガン・トゥクの祭祀は一九六六年に文革が始まると禁止され、一九八五年から再開した。トクトフとダルジャイ、それにセルジンガとエルケセチェンらが中心となって祭祀を復活させた(2)。エルケセチェンは知識人で、現在はチャガン・トゥクのバクシ（博士）となっている。ダルジャイは共産党員であるが、トゥクの竿を提供しているという。「オルドス暦の八月と九月（太陰暦五月と六月）の三日」、「オルドス暦の変化する月（太陰暦十月）の三日」に祭祀がある。ジャハル・ハラーのモンゴル人達は羊の丸煮オテュゲを持参して参加する。昨年は計七つの丸煮で祀った、とトクトフは話す。

「チャガン・トゥク祭祀について、私よりもセルジンガ（Serjingy-a）という年配の方が良く知っている」、とトクトフに勧められたので、私達は旅を続けた。

全モンゴルの大ハーンの旗

午後、私達はトゴートに住むシニチュート（Sinečüyud）・オボクのセルジンガ（七四歳、写真31—3）の家に着いた。八百畝の草原に羊四十数頭を放し、十五畝の畑で生計を立てている、矍鑠《かくしゃく》とした祭祀者である。

「トゴートの鍋《トゴー》はどんなものだったのか」、と私はまず地名の由来から尋ねた。

セルジンガによると、鍋はリクダン・ハーンの軍隊が使っていた大きなものであったという。大ハーンが亡くなってからは祭祀用の供物を煮るのに使われるようになった。鍋は旗手達と共に移動していたので、大ハーンが残した元の地に仏塔を立てて記念としていた。ジャハル・ハラーのモンゴル人は年に一度、「オルドス暦の八月（太陰暦五月）」三日にその塔の周りに集まって祭《ナーダム》をおこなっていた。近くには泉があり、馬群の放牧地だった。ある時、ウーシン旗の金持ちが多数の馬を追って来て水を飲ませたら、泉の水が足りなくなった。

写真31-3　モンゴル帝国の国旗、チャガン・スゥルデの旗手セルジンガ。(1992年5月8日)

そこで、金持ちは「悪い泉だ」、と文句を言いふらしたので、ムー・ブラクという地名が生まれた、という。

お茶を飲んでから、私はまず彼の家の西にあるチャガン・トゥクの測量を実施した。南北約八メートルで、東西約七メートルの木柵の中に槍（jida）が一本立つ。槍からは色の褪せた旗が吊るされている（写真31―4）。

「もう少し立派な祭壇があればよかったのに」、とセルジンガは申し訳なそうに話す。しかし、私にはこの質素な槍こそが、モンゴル帝国の国旗、最後の大ハーンに追随していた纛らしく見えた。インタビューの冒頭、セルジンガは以下の点を強調した。

我々の大ハーンは髭の濃い人（qaltar）で、ギョク・ノールのシャラタラで亡くなった。チャガン・トゥクはジャハル万戸のものではなく、全モンゴルの国旗である。リクダン・ハーンもジャハル万戸のハーンではなく、全モンゴルのハーンだ。今、若い人や一部の学者まで間違った言い方をする。「ジャハルのリクダン・ハーン」云々とするが、自分達全モンゴルの大ハーンをたったの一万戸のハーンに格下げするような言い方は品位に欠けている。

私はセルジンガの見解に納得し、静かに記録を続けた。満洲人の清朝政府による洗脳の結果、モンゴルには一種の「リクダン・ハーン批判」がある。曰く、リクダン・ハーンは腐敗していたとか、非道の統治をしていたと貶す。これは、中国の歴史観を継承した満洲人の謀略である。王朝交替時の最後の皇帝を悪者に仕立て上げ、新しい朝廷の君主を「天命を受けた正統な統治者」と礼賛する。実際のリクダン・ハーンは満洲人に最後まで抵抗し続けたので、当然、清朝に喜ばれなかったし、その旗の祭祀も禁止された。清朝統治下のモンゴル人はまだしも、現代の知識人まで無批判にリクダン・ハーンを貶すのは、無知の現れである。[3]

写真31-4　モンゴル帝国の国旗、チャガン・スゥルデ。（1992年5月8日）

ムー・ブラクに住むジャハル・ハラーのモンゴル人はほとんどがチャガン・トゥクの祭祀者である。チャガン・トゥクの祭祀者は「旗手《トゥクチナル》」（tuɣčinar）と称する。旗手達の中には以下のような職掌があった。

バクシ：祭祀用の経典を唱える人[4]
イルガイチン（Irɣayičin）：祭祀用の家畜を屠る人
シルビチン（Silbičin）：チャガン・トゥクの竿を用意する人。また、祭祀の際に旗を持つ係
ウグルガイチン（Uɣurɣačin）：祭祀用の羊を馬捕り竿で捕らえる人
ドーダーチン：雷を退治する人

シレーチン（Siregečin）：祭祀用品の机を準備する人
グルチン（Qurčin＝ホルチン）：チャガン・トゥクに付いて来た聖なる弓矢を保管する係
ヤンガート（Yangyayad）：祭祀の際に厄払いのジョリクを務める者

旗手達は元々、長城のサイントリ・ゴト（神木堡）の北、スゥルデイン・シリに住んでいた。スゥルデイン・シリとは「スゥルデ（トゥク）が立つ峠」との意で、現在は中国人から「旗竿梁」や「羊圏梁」と呼ばれている。その後、十九世紀末に中国人の侵入を受けてナリーンゴル渓谷の雷龍湾の東とクブン・ブラクを経由してムー・ブラクのトゴートに避難して来た。北上を決意したのは、セルジンガの曾祖父チローであった[5]。家財道具を駱駝に積み、家畜を追って逃亡した。ムー・ブラクに来てから、しばらくは天幕に住んでいた。やがて貧困化が進み、天幕も張れなくなり、固定建築に頼るしかなかった。

中華民国になると、若いセルジンガはウーシン旗のモンゴル軍に入った。ラドナバンザルこと奇玉山を司令官とし、トゥブシンジャラガル（Töbsinjirγal、賀永禄）を参謀長官とする軍隊で、共産党の八路軍の侵入に抵抗していた。その後、軍の一部が八路軍に投降した際はセルジンガも同行し、共産党員になった。一九四〇年代にドゥーレンサン（白豊海）とウラーンフーについて延安にも行ったが、共産党の政策には違和感を覚えた（一月八日の記述参照）。

社会主義政権が出現して文革期になると、チャガン・トゥクの祭祀も禁止され、モンゴル人の風俗習慣は悉く否定された。祭祀用の文書と祭祀用品もすべて中国人に燃やされた。「共産党は中国人の民族政党で、モンゴル人には合わない」、と批判した為に、党から除名された。「反革命分子にして裏切者」とされ、暴力を受けて大怪我をした。一九八六年五月八日、北京軍区から「名誉回復」の証明書が一枚、届けられたという。

「さんざん暴虐を尽くしてから、薄い紙一枚で解決された。それが腹黒い中国人のやり方だ」、とセルジンガは苦笑いする。

「チャガン・トゥクの祭祀を守らなければ、モンゴル人は同化されて消えるのも時間の問題だ」、とセルジンガの結論である。日本に帰ってから私はチャガン・トゥクに関する論文を公開した[6]。

五月九日　曇後晴

身代わりに関するインタビューの失敗

セルジンガ家で朝のお茶を飲んでから私達は再びバイクに乗って、ウスンチャイダムに入り、ハリュート寺[7]とシニ・スメ寺の廃墟を見学した。ハリュート寺はかつて中国人の侵入に反対するドグイラン運動の拠点の一つであったし、清朝時代には何回もモンゴル人の紛争を処理する会盟チョーラガンが開かれた地である。シニ・スメ寺は楡と木瓜の林が有名だった。しかし、どちらも文革期に中国人に破壊された。特にシニ・スメ寺は徹底的に壊された[8]。「何かを壊す時の中国人の力は世界一だ」、と同行のバトジャラガルは話す。中国人の破壊力はどこから沸き起こっているのか、モンゴル人には到底理解できない。

　私達は夕方に再びトリ・ソム政府所在地に戻った。トリ・ソムの幹部であるバトジャラガルは単身赴任で寮生活なので、私達はソムの食堂で夕食を取った。夜の八時過ぎに、私はソム政府の近くに住むチョイジジャルサン（Čoyjijalsang、七四歳）という人を訪ねた。彼はヤンガートという父系親族集団オボクに属し、「骨」はガルハタン（＝ハルハタン、Qalqatan）である。

　実はこのオボク集団の人達はチャガン・トゥクの祭祀において、特別な職掌を担っている。それは、ジョリク（Joliγ）役である。ジョリクとは、「身代わり」や「厄払い」の意味である。祭祀が始まると、不浄のシンボルとされる羊の腎臓を両手に握らせて、南東方向へ走らされる。そして、他の祭祀者達は後ろから「ゴク、ショク（gök šög）」と言いながら追いかける。一般的にモンゴル社会では、ジョリクは不名誉な職掌とされており、嫌われる存在とされている。誰かに悪罵をかける時も、「このジョリクのような奴（ene mayu joliγ）」、と表現する。人類学者は誕生した直後の古典期から世界中に見られる身代わりの存在に注目した。災禍を転嫁させる際に人間を身代わりに使ったり、生贄にしたりしていた、との報告は多数ある［フレーザー　二〇一一b：一二五］。モンゴル社会での実態については詳しい情報がなかったので、当事者から話を聴くのを楽しみにしていた。

　「ヤンガート・オボクの方々が務めるジョリクについて知りたい」、と私は実直にチョイジジャルサンに伝えた。すると、彼は明らかに不愉快な顔をした。

　しまった、と私は瞬時に後悔した。昨年の夏から故郷で現地調査を始めてから、多分、最初の失敗である。毎回、事前に質問を用意し、歴史の物語がインフォーマントの口から理路整然と出るよう、聞きたい内容を慎重に用意した。ジョリクは嫌われ役なので、ダイレクトに尋ねてしまったことで彼の気分を悪くしてしまった。本来ならば、チャガン・トゥクの祭祀について語らせ、自然にジョリクの話が出て来るのを待つべきだった。

　それでも、チョイジジャルサンは私に知っていることを話してくれた。彼は語る。

　ヤンガート人の祖先は元朝時代に大都北京に住んでいた。独自の小さな神像を祀っていたが、罪を犯したことで、身代わりのジョリク役を担うよう命じられた。同時に略奪の特権も与えられた。ヤンガートの人は腎臓を握って南東方向へ向かうが、道中に出会った家畜や他家の財産を奪う権利もまた付与されている。チョイジジャルサンの場合、祖父のバヤンビリク(Bayanbilig)、父のバトデレゲル(Batudelger)の代からジョリクを務めて来たという。トンスゥイ平野に住むバダラホ(Badaraqu)家からもジョリクは出ていたそうである。

「ジョリクは確かに身代わりや厄払いの役割を担って来たが、同時に略奪の特権も与えられていることから見れば、物事に二面性があると分かる。我々モンゴル人社会の祭祀活動は複雑だ」、とチョイジジャルサンは話す。暗い部屋の中で、私は頷きながら記録を続けた。相手を傷つけたことをどう挽回するか考えた。

神格を持つ人間に災禍を転嫁させて身代わりにすることで、その人間の神格は更に高まる、と人類学者のフレーザーは指摘していたのを思い出した［フレーザー　二〇一一b：一四四―一四五］。

モンゴル草原の「金枝篇」

困った私に救いの手を差し伸べてくれたのは、「安楽椅子の人類学者」フレーザーだった。かの有名な『金枝篇』の物語である。

イタリアの聖なる杜の中に「ネミの湖」すなわち女神「ディアナの鏡」があった。湖畔には黄金色に輝く一本の枝が立っていた。森の王を狙う者はその枝を折らなければならなかった。この金枝伝説をフレーザーは樹霊信仰や再生儀礼の視点で分析し、大著『金枝篇』を世に送り出した［フレーザー　二〇一一a、b］。私はフレーザーの「身代わり」論を思い起こしながら話を聴いていたが、自分の失敗を反省している間に、突然、樹霊信仰に関する『金枝篇』の記述が脳裏に蘇ったのである。

そうだ。トリ平野の「ボギン・モド」について教えてもらおう、と私は思いついた。「ボギン・モド」とは、「シャーマンの樹」或いは「封じ込む為の樹」、と解釈されている。そしてトリ平野の「トリ」もまた、鏡の意味である。トリ平野の樹は正に「女神ディアナの鏡（ネミの湖）」の湖に立つ樹ではないか。

私は去る二月二十七日にここトリ平野を通過した際にも記述しているが、以前は多数の肩甲骨が楡の木から吊るされていた、と伝えられている。祭祀に詳しいチョイジジャルサンなら、もっと詳しく知っているはずである。彼は私の失敗を許すかの如く、まるで現代のフレーザーのように、次の二通りの見方を紹介してくれた。

トリ平野の東西南北に「乳房の形をした沙漠」や「臀部の丘陵」がある。それはチンギス・ハーンの弟、名射手ハサルが西夏タングートの女の呪術師を射殺し、その身体をばら撒いた地である。呪術師が住んでいた建物も壊れ、廃墟（ebderkei）となっている。その廃墟は平野の中心にある。呪術師が祟らないよう、その魂を封じ込む為に肩甲骨を楡から吊るして、モンゴルのシャーマン達が祀っていた。

ところが、後にラマ教が伝わって来ると、今度はラマとシャーマンの対立が始まった。後にラマが勝ち、シャーマンが封じ込められた。近代に入ると、中国人が長城の南から侵入して来た。モンゴルの家畜や富が中国人に吸い取られているので、地元の福（kesig）が長城以南の中国人の方向へ流れ出ないように、平野の狭いところで楡を植え込み、肩甲骨を吊るして封（bög）とした。

このように、チョイジジャルサンの語りは十三世紀から始まり、近代にまで至る。「シャーマンの樹」か「封じ込む為の樹」かは、自由に解釈できる。ただし、歴史と連動しているのは明らかである。鬱蒼とした楡林に無数の肩甲骨が吊るされた神聖な地だったが、文革期になると、楡は切り倒され、肩甲骨も壊された。しかし、楡を木材として使った中国人達には不幸が多く、死者も出た。その為、中国人達もまた夜になると、こっそりと材木を元の沙漠に戻していたそうである。

「草原に自生する大木は、長くなると鬼に占領されるので、近づかない方が良い」、と最後にチョイジジャルサンは話した。この言い方もまた「樹木は精霊が気の向くままに出ていける棲み家」だとのフレーザーの表現を彷彿とさせる［フレーザー二〇一一a：一四五］。

私は毎回、インタビューした人物の写真を撮るよう努力して来たが、彼の前でカメラを取り出す勇気はなかった。

しばらくしていたら、ドルジ（六十代）という人が訪ねて来た。近所に住んでいるという。何と、ドルジはイケ・ケレイト・ハラーの貴族で、代々樹木「ボギン・モド」（Bög-un modu）を祀っていたという。祖父の時代まではウーシン旗南部のチャガン・オボーに住んでいたが、その後は中国人の圧力でトリ平野に移り住んだ。トリ平野の「ボギン・モド」の祭祀には祖父の時代から関わっていたらしい。ドルジは次のように話す。

「ボギン・モド」は元々、一本の楡だった。それが少しずつ増えていき、トリ平野を中心部から東西に横切って北側を封じ込むほど繁殖した（写真31―5）。人畜とも通過できないほどの楡林に封じ込められた、とモンゴル人達は認識していた。

トリ平野は南北に細く、鬼が良く通過する地だ（güičin čayidam）。近くに西夏タングート時代の仏塔もあった。仏塔は元々、大地の鬼を封じ込む為に建てられたものだ。

楡の枝が伸びると、精霊に占領されてしまう（ejirkekü）。近くに住む子どもが樹の周りで遊んだりすると、気絶してしまうので、親は馬を献上していた。神木とされた樹に捧げられた馬は「オンゴン馬《モリ》（ongyun mori）」と呼ばれ、乗ることはしない。また、ある時には近くを通過した新婦が樹に供物を捧げなかったらしく、嫁ぎ先で不幸に見舞われたそうである。

楡林の中でも、神聖視されていたのは、一本の枯れ樹だった（写真31―6）。祭祀は毎年、旧正月の三日におこなわれる。山羊を一頭連れて来て、背中にミルクと酒、それに聖水をかけて身震い（silgegekü）させる。そして、近くのシニ・スメ寺のラマが樹に向かって読経する。山羊にはダンザン・ブルハン（damzan burqan=Dharmapāla、騎獅護法神）が乗り移り、「オンゴン山羊」となる。それ以降は毛を刈らないし、一切利用しない。参加者は羊の前足ハを燃やして供物として献上する。長く神聖視されて来た場所だから、供物や肩甲骨からなる枯れた骨が山となっていた。

「ボギン・モド」の楡林は一九四九年に共産党政府が成立すると、中国人達に切り倒され、道路工事に使われた。辛うじて残された十一本の楡にはドルジをはじめ、モンゴル人達は供物を捧げ続けていた。祭礼は一九五七年に禁止された。このように、元々シャーマニズムの聖地だったが、それにチベット仏教のラマ、そして共産党まで関与するようになったのである。

写真 31-5　トリ平野を通過する鬼を封じ込む楡。沙漠の中の楡林には独特な雰囲気がある。

写真 31-6　長年にわたって祭祀の対象として神聖視されて来た古木の周りに動物の骨の堆積がある。沙漠の中にあって、強烈な生命力を感じさせる。（1992 年 5 月 10 日）

五月十日　晴

身代わりになる人

「昨日、チョイジジャルサンに会った時に、失敗してしまった」、と私は素直にバトジャラガルに話した。もっと、インタビューの方法を工夫しなければならない、とどことなく気が緩んでいたのではないか、と自省した。

「それならば、今日はバダラホに会ってみるか。彼はちょうどシャルリク・ソムへ帰る途中のトンスゥイ平野に住んでいるので、寄って行こう」、とバトジャラガルは慰めてくれた。私達はまたバイクに二人乗りして、トリ平野を南西へと走った。平野の真中を南北に流れるトリ河を渡り、左に見えた「シャーマンの樹」を眺めながら進んだ。しばらく行くと、トンスゥイ平野に繋がる。バダラホ家は沙漠の中にある。

私が静かにお茶を飲んでいる間に、バトジャラガルは来訪の趣旨と昨夜の私の失敗も含めてバダラホ（六十二歳）に伝えた。すると、「おれは全く気にしないよ。なんでも聞いていい」、と彼は豪快に笑った。そして、彼は自分の方から以下のように語り出した。

モンゴル人は昔から清朝時代の行政組織ハラーや、父系親族組織のオボクを特定の動物と結び付けて相手を揶揄《からか》うことがある。例えば、「ジャハル人はロバで、ケレイト人は鴉《ケレイ》だ。ウーシン人は牛で、クンディ・ハラーの連中は自分の父親を知らない(9)」、と表現する。

「我々ヤンガート・オボクの人達を身代わりのジョリクと呼ぶのも、一種の悪罵だろう」、とバダラホの見解である。

ヤンガート・オボクの人達はかつてウーシン旗西部のウルン（Ülüng、花爾灘）に住んでいたという。現在は、トンスゥイ平野に大勢いる。

「チャガン・トゥクはずっとジャハル・ハラーの旗手達が祀って来た。ヤンガート・オボクの人達はジャハル人の奴隷だった。ジャハル人がロバならば、我々はロバ用のおんぼろ鞍（yangɣarčay）か」、とバダラホは冗談のように話す。彼は長兄のボヤンデレゲルが身代わりのジョリクを務めた経緯を以下のように語った。

私が六歳か七歳だった頃、我が家はウーシン旗南部のジュリヘン・オボーの南に住んでいた。父アルタンゲレルから長男ボヤンデレゲルと次男ボヤンドゥーレン、三男シャラブ、四男オトゴン、それに五男の自分が生まれた。長兄のボヤンデレゲルは十歳だった。私と兄は春にシャルリク寺の北部、タブン・トルガイに移動し、親戚の家に滞在し、牛の放牧を手伝っていた。一カ月後のある日、姉のトブチンがやって来て私達を連れて帰った。聞いてみると、ジャハル・ハラーの方から兄にジョリク役をやれ、との命令が届いたと言う。その理由は、父が他人の家畜を盗んだのではないかと、と疑われていたので、その処罰として羊十三頭を没収され、更に兄にジョリク役を命じられたそうである。

ジョリク役を命じられた兄は、ジョマダス（jumadas）と称される穢れを抱えて南東方向へ「追い出された」。ジュマダスはまたジョマル（jumal）ともいい、屠った羊からなる。毛が毟り取られ、内臓も取り出され、頭部と四肢が付いた羊の胴体である。「両手に腎臓を握って南東の腹黒い中国人の住む方向へ穢れを運べ」、と兄は命じられていた。他人からは「穢れの鬼」と見なされ、三日間は誰の家にも入れないことになっていた。ただし、ジョリクを務めている間、他人の家畜等の財産を略奪し、自分のものにする権利を持っていた。

「あとで分かったが、父は私達がジョリクにならないよう、早春から遠くへ移動させていた。ところが、ハラーの方から父に繰り返し圧力をかけて、兄にやらせたそうだ」、とバダラホの記憶である。

長兄のボヤンデレゲルはその後大きくなり、チョクジャラガル（Čoyjiryal）という人の息子の寡婦と結婚した。普通の結婚が難しかったことと、寡婦をハラーの方から再婚させる権利があったので、婚姻関係は成立したという。

バダラホによると、私が昨夜に会ったチョイジジャルサンも以前は中国人から福福《フーフー》という養子をもらい、その子にジョリクを担わせていたそうである。こうした話も当然、チョイジジャルサン本人は私に語らなかった。

夕方、私とバトジャラガルは家に帰った。

五月十一日　雨のち晴

自然の色彩と環境変動

昨夜からの雨は昼になっても止まない。昨年は酷い旱魃の年だったので、乾き切った大地は天からの水を懸命に吸い込もうとしているように感じるほど、草原が喜んでいるように見えた。緑になりつつある若草が雨の中で少しずつ耀くになっているし、楡の樹にも若葉が出て来た。我が家の楡林の中にも数本の太くなったのがある。そのうち、精霊達の棲み家になるのだろう。すべては再生しつつあるのである。

写真31-7　灌木ハラガナクの花を探す仔羊達。中国に開墾されて沙漠となる前は美しい草原であった。（1992年5月）

我が家は羊が多く、今春も雨が少なく、草の成長が遅いので、数日前に柵を拡大した。家の東に南北に延びる、細長い沙丘地帯がある。そこは棘の多い灌木ハラガナクしか育たなくなった（写真31—7）。かつては柔らかいシャワクもあったが、一九七〇年代初頭に中国人によって開墾されてから、数年間は沙漠になるほど環境は極端に悪化した。その後、少しずつハラガナクが育つようになったものの、以前にあった多種多様な草はもう姿を消した。開墾ほど草原を沙漠にする行為はない。開墾を国家使命のように、文明化だと位置づけている中国において、乾燥地の環境が好転する見込みはほぼない。

我が家の羊達は井戸で水を飲んでから、ハラガナクの蔭で昼寝をするのが慣例となっている。それもあって、羊達の利用頻度が高く、沙漠は拡大する勢いを見せている。沙漠を柵で囲んだら、そのうち草も再び出て来るだろう、と両親は期待しているらしい。実際、そのような成功例もある。我が家と東の隣家、サンジャイ家との間の地も一九七〇年代以前は立派な草原だった。その後、政府の開墾で沙漠となった。開墾が中止した後は半沙漠性草原のシャルラク（siralay）が出現した。そして、数年前に柵を作って保護するようになると、「褐色の草原ボルルジン（boruljing）」にまで回復した。このように、シャルラクとは「黄色い草原」で、ボルルジンは「褐色の草原」になり、草の多寡で色合いも異なる。モンゴル人は色で以て草原を表現するが、そこには環境変化に対する認識が含蓄されているのである。

狭い草原で複数の柵を設けて、それぞれの空間を順番で利用するのは、遊牧時代の知恵に由来する。年間を通してずっと同じ場所にいると、そこの利用頻度も高くなり、草原も疲弊して沙漠になる。逆に移動していれば、草原も順次、恢復して来る自生力を持つ。こうした環境変化は、定住させられたオルドス高原で特に顕著に現れている。ただし、将来は更に悪化するだろう。中国は遊牧そのものを立ち遅れた生業だと断じているし、その生業を営む人々を野蛮人だと理解しているからである。環境がどんなに悪化しても、自分達の責任を絶対に認めようとしない中国である。「モンゴル人の過放牧が悪い」とか、「羊が増えすぎた、山羊が灌木を食べた」とか、中国人幹部は主張する。現地の自然環境にも目を配るという発想は毛頭ない。

柵で囲んだ区域クレーを増やすのに、我が家は現在、バトバヤルの三人の息子を臨時に雇ったそうである。一人一日五元で、二日間かかったという。バトバヤル家は家畜の頭数が少なく、羊十数頭しかない。畑もないので、息子達は全員、町の工事現場で働いている。

「なるべくモンゴル人に働く機会を与えたい。それに、中国人は匂いがきつくて、数日間滞在させると、家中に変な匂いが充満して消えない」、と母は厳しい表情で話す。我が家の仕事を終えてから、バトバヤルの三人の息子は叔母のウランドティ家の柵を修理している。絶対に有刺鉄線を引かない、と豪語していたオジのウイジンもついに時代の潮流に逆らえなくなったらしい。このあたりでは、ウイジンとウランドティ夫婦だけが自家の草原を鉄線で囲んでいなかったので、方々から他家の家畜が入り込んで草を食べられた。そして、トラブルも増えた。

「大地の草原を人間が勝手に区切るなんて、お天道様が許さない」、とウイジンは怒っているそうである。正論であるが、人類は既に大地に欲望の根を深く下ろしているので、彼の主張も負け犬の遠吠えに聞こえる。

中国というとてつもない政治的、経済的な圧力の下で、モンゴル人達はまだ過去の知恵を残そうと努力している。例えば、我が家と東の隣家のサンジャイとバンザル、南の隣家ゲレルチョクトの間の草原は誰も鉄線で囲もうとしないで、残している。その結果、四家の羊と馬が自然にそこに集まっている。「家畜達のたまり場」、と我々は呼んでいる。この「家畜達のたまり場」はいわば、太古の昔からの伝統の残影で、あらゆる生き物が共同で利用する聖なる空間である。ただ、そこにも中国の地質調査隊が来ているので、やがて資源開発の荒波に晒されるだろう。

我が家の西は環境の悪化が更に酷い。イトコのシャラクーとチャガンバンディ両家は他家との境界に堅牢な鉄線を引いている。家畜は限られた空間内で行動するしかないので、痩せ細っている。

「家畜も不満だろう。だから、毛に艶がない」、と母は話す。艶のない羊毛は売れない。売れないと貧しくなる。草原の分割は色んな形でモンゴル人の貧困化に繋がっているのである。

昼過ぎから晴れて来たので、私は馬に乗って、西公シャンの廃墟を目指した。調査もそろそろ最終段階に入って来たので、貴族である西公の後裔バウー夫妻に挨拶し、謝意を伝えた。

注

（1）同じような伝承をジョルムラルトという人が一九九二年二月二十一日に以下のように私に語ったことがある。昔、チンギス・ハーンが黄河以北のムナン山に来た時、タングート（西夏）の呪術師に呪いをかけられて病気になった。その呪術師は年老いた、醜い女（**qariɣalčin qar-a emügen**）だった。側近達は百頭の漆黒な山羊と百頭の黒い牛で丸煮を用意し、そのスープを百日間飲めば、治ると勧めた。言われた通りにしたので、百日後には病気も治ったので、弟の名射手のハサル（**qabutu Qasar**）に命じて、その呪術師を射殺した。呪術師は死ぬ前に、「ハサルの子孫は没落せよ、黒い牛と黒い山羊は群れから消えろ（**qabutu Qasar-un qoyičis dousirtuɣqai, qar-a üker qar-a imaɣ-a ügüi boltuɣai**）」と呪った。それ以降、すべてが呪われた通りになり、黒い山羊と黒い牛は珍しくなった。タングートの都市を攻めに来た時、チンギス・ハーンは今のウーシン旗西部のホラホに駐営し、弟のハサルは東部のギョク・ウンドゥルにいた。その為、ウーシン旗の貴族達は今もこの二つの地にオボーを建てて祀っている。この話は多くのモンゴル語の年代記にも記録されている。また、ハサルの祭殿はオルドスのオトク旗とウラーンチャブ盟ダルハン・ムーミンガン旗にある［楊　二〇〇四：

二八〇］。それらの祭祀に関する民族誌もある［Sayjiraqu 2007］。

（2）トクトフ本人は語らなかったが、その後に会ったセルジンガは以下のような経緯を紹介した。トクトフは息子の病気に悩んでいた。一九八四年のある日、「チャガン・トゥクの祭祀を復活せよ」との託宣が降りたそうである。そこからトクトフは熱心に祭祀の復活に取り組むようになった。そして、祭祀が再開されると、その息子も健康になったという。

（3）リクダン・ハーンを批判するのは無知だ、と私はずっと主張してきた。著書［巴図吉日嘎拉・楊　二〇〇五：七七―七九］の中でも、その点を強調して来た。私の主張は現在、研究者達にも受け入れられている［Suqan Gereltü 2006: 207-214］。

（4）現在のバクシはシャラ・アジャラガ（Sir-a ajary-a）というオボクに属するエルケセチェンという人が務めているという。シャラ・アジャラガとは「黄色い種雄馬」との意で、その為、「馬」という漢字姓を用いているそうである。

（5）オルドス西部のシニチュート・オボクの系譜については、楊海英［二〇二二：一一三］を参照されたい。

（6）白いトゥク、或いは白いスゥルデはモンゴル高原の各地で祀られていたので、私はその他のチャガン・トゥクとも比較した視点で論文を執筆した［楊　一九九九ｂ：一三五―二一二、二〇〇四ａ：一六五―二三二］。また、私より一年前の一九九〇年四月にウーシン旗を訪れたイタリア人のモンゴル学者エリザベト・キョードーも論文を出している［Chiodo 1999/2000: 232-246］。更にモンゴルでも同チャガン・スゥルデについて、祭祀者エルケセチェンによる権威ある民族誌が上梓されている［Erkesečen 2005］。

（7）ハリュート寺はハリュート河の東側にある。ハリュートは「獺のいるところ」との意である。現在、ハリュート河の源となっている泉は寺から北へ九キロ行ったところにある。私が現地で踏査して分かったのは、かつては更に北、ウーシン旗政府所在地のダブチャクの西、トーリム（Toyurim）寺の東に一つの源流があったことである。また、アラクトルガイ峠の東にも二つの源流があった。この三つの上流はいずれも枯渇しているが、深い渓谷は残っている。一九九二年当時、中国地質調査隊は河谷沿いに掘削し、石油と天然ガスを見つけようとしている。その後、大規模な油田が発見された。尚、モンゴル等諸民族地域における資源開発と草原地帯の環境破壊については、棚瀬・島村［二〇一五］と包宝柱［二〇一八］参照。

（8）ハリュート寺とシニ・スメ寺の歴史については、楊［二〇二一ａ：六七―七二］を参照されたい。

（9）モンゴル語の原文は“Čaqar eljige, Kereyid keriye, Ügüsin üker, Köndičügüd ečige-iyen medekü ügüi”となっている。

●第三十二章　草原に育まれた人類学者と中国が創成した民族主義者

伝統的なモンゴル衣装と頭飾りを付けた母親バイワルは私の人生観の形成に大きな影響を与えた。

五月十五日　晴

大小二つのオンゴン

　調査ノートを二、三日整理してから、私はオルドスの二つのオンゴンを見てみようと思い立った。既に述べたように、オンゴンとは「処女地」や「聖なる場所」から転じて墓地や祭殿を指すようになった言葉である。ウーシン旗のモンゴル人は自分達の旗内のオンゴンを「イケ・オンゴン」すなわち「大きいオンゴン」と呼び、その北のオトク旗領内のオンゴンを「バガ・オンゴン」こと「小さいオンゴン」と表現する。

　逆も同じである。オトク旗のモンゴル人は自分達の領内のオンゴンを大きく、ウーシン旗内のを小さいと見ている。ただし、それぞれのオンゴンの主人に関しては異論がない。ウーシン旗のオンゴンはホトクタイ・セチェン・ホン・タイジの墓と祭殿で、オトク旗のは十六世紀の「中興の祖」として崇められるバトムンク・ダヤン・ハーンの陵墓とされている。

　ウーシン旗のオンゴンを私は昨年十二月二十九日に一人で登ったことがある。雪の日だったので、じっくり観察できなかった。今回は、イトコのホルガに頼んで、彼のバイクに乗せてもらうことにした。ホルガは昨年に尋ねたオジのソンニトの長男である（写真32―1）。長距離の調査の時にはどうしても、親戚の力を借りる。調査費用の節約になるし、信頼できるからである。

　オンゴンの上に上ると、大きな蛇がいたので、イトコは喜んだ。

「ホン・タイジの魂が我々を歓迎している」、と彼はモンゴル人らしい発言をした。

　ウーシン旗のオンゴン、すなわちホトクタイ・セチェン・ホン・タイジの墓と祭殿があったとされる場所は、一つの大きな丘を中心に、周りはなだらかな丘陵である。丘の頂上には考古学的に有孔灰陶と呼ぶ陶器の破片や分厚い赤陶の破片が散らかっている。丘の南面の中腹に盛り土があり、地表のものではなく、地中深くから掘り起こしたものだと分かる。

写真32-1　オンゴンの上に立つ私のイトコのホルガ。（1992年5月15日）

　地表に複数の凹凸があり、古墳の跡である。時折、長城以南の中国人の墓泥棒がやって来て、盗掘を繰り返す。モンゴル人はオンゴン（墓地）を神聖視するので、決して土を動かしたりしない。凹凸の多い南斜面の東側には無数の瓦や煉瓦が散乱しており、かつて固定建築があったと推定できる（写

写真 32-2　ホトクタイ・セチェン・ホン・タイジの祭殿兼墓があったオンゴンの上に散乱する瓦。（1992 年 5 月 15 日）

真32―2）。燃やしたばかりの家畜の骨もあり、誰かが供物（tülïš）を献上したのであろう。仮に有孔灰陶と赤陶を古く、瓦と煉瓦を相対的に後世のものだと分類すれば、オンゴンには複数の時代の文化層が存在すると推察できる。

　両親やモンゴル人達によると、オンゴンはかつてヤシルという灌木に覆われ、馬群と野生のガゼルが集まる地だったという。そのガゼルを狙って、狼もやって来る。鷹や鷲といった猛禽類も巣を作り、神秘的な雰囲気が醸し出され、誰も近寄ろうとしなかった地であった。オンゴンの東をギラト（Gilatu、「耀く水」との意）、西をデンクイ・ボラクという二本の河が南へと奔流し、シャルスン・ゴル河に合流していた。それが、一九六〇年代に中国人による伐採と破壊で、今や黄色い沙漠の世界に悪化した。現在、ヤシルという灌木は一本もなく、野生動物は完全に絶滅してしまった。

「オルドス随一の聖地が沙漠になるなんて、信じられない」、と私は溜息をついた。

「一体、中国人はどこまで環境を破壊すれば気が済むか、理解できない」、とイトコのホルガは憤慨している。

　ウーシン旗のオンゴンから北へ二十五キロ行ったところに、オトク旗の「バガ・オンゴン」がある。行政上はオトク旗のチャガン・トルガイ・ソムのバヤン・ウス・ガチャー（村）に属している。モンゴル人が二十五戸、中国人四戸という小さなガチャーである。チャガン・トルガイの中国人は一九五〇年代に陝西省北部から政府の移民政策で来た大工と毛皮商人だった。間もなく中国人は親族を呼び寄せて人口が増え、チャガン・トルガイ人民公社の七つの生産大隊の大隊長のポストを独占した。そして、文革期になると、モンゴル人を迫害する急先鋒を演じたことで広く知られている。政府の「沙を混ぜる政策」が成功した実例だ。

　私達はバトムンク・ダヤン・ハーンのオンゴン（写真32―3）に上り、標高を測ると、一千四百七十メートルだった。ウーシン旗のオンゴンは標高一千四百五十メートルで、オトク旗の方が高い。こちらのオンゴンも西の斜面に陶器の破片があたり一面に散乱している。

オンゴンの祭祀と日本軍の記憶

峠の北側にあるホニチン・オボクのワンチュクスレン

（Vangčuysereng、五十一歳）の家に入った。現在、オトク旗のオンゴンを祀っている人物である。ワンチュクスレンの家がある場所はムー・ウスと言い、「悪い水」との意味である。彼の家の東に小さな湖があったので、そのような地名になったそうである。雨が降ると、オンゴン周辺の水が流れてできた湖である。土壌の性質もあり、良質な水と思われていないらしい。「父は日本軍にいたよ」、とワンチュクスレンは私が日本にいると知ると、そう語り出した。

ワンチュクスレンによると、一九三五年秋に毛沢東の率いた中国共産党の紅軍が陝西省北部に逃げて来ると、モンゴル人の有力者達も分裂した。共産党の紅軍はモンゴル独立を支持すると宣言していたが、簡単に信じようと思わないモンゴル人もいた。まもなく紅軍が長城を越えてオルドス南部に侵略して来ると、情勢は更に悪化した。

写真 32-3　オトク旗にあるバトムンク・ダヤン・ハーンのオンゴン。（1992 年 5 月 15 日）

二つのオンゴンはどちらも本来はウーシン旗の聖地だった。ウーシン旗のウーシン・ハラーがその祭祀を担っていた。一九三七年にウーシンとオトクの両旗が境界を巡って武力紛争を起こした際に、最初はウーシン旗が勝った。一度は負けたオトク旗の実力者アラリン・ラマ（章文軒）が新式の武器「蘭州」という銃を大量に購入して旗兵を武装すると、ウーシン旗は負けた。勝ったオトク旗は境界を更に南のウーシン旗側へ伸ばした結果、オンゴンの一つがオトク旗領内に区画されたという。両旗が対立していた頃、ウーシン旗のドルジという副小隊長がこのオンゴンの西側でオトク旗兵に射殺されたそうである。時のウーシン旗は、親共産党派のナソンデレゲル大隊長に支配されていた（第十六章参照）。

ウーシンとオトク両旗の境界紛争が激しかった一九三七年十月末に徳王政権軍と日本軍が包頭からオルドス東部に入って来た。これでモンゴル人は国民党と共産党という「赤と白の二種類の中国人」と「太陽の国の人」すなわち日本人と上手く接触しなければならなくなった。そこで、アラリン・ラマはオトク旗からワンチュクスレンの父ゲシクデレゲル[1]を含む九人を包頭に派遣して日本軍支配下の徳王の軍隊に入れた。電気技術を学びに行く、と言い残してから出発した。九人の若者は一九四五年秋に張家口から帰還した。

「バトムンク・ダヤン・ハーンの祭殿はどんなものだったのか」、と私はワンチュクスレンに尋ねた。すると、彼は以下のように語った。

一九五八年に中国政府が私達の祭祀を禁止する前、今のオンゴン峠の南側に四つの小さな丘があった。その四つの丘に囲まれるように、真ん中に五百畝ほどの小さな盆地があった。東西南北四つの丘の上にそれぞれ石製の獅子が置いてあった。祭殿というよりも、四体の獅子に囲まれた盆地が陵墓《オンゴン》だとされていた。盆地の南約五百メートルのところに煉瓦や瓦の山があり、かつては祭殿だったと聞いている。盆地内の陵墓《オンゴン》の東にムー・ウスという湖、西にはナイダン（Nayidang）という水溜まりがあった。湖は神聖なもので、決して汚してはいけないと言われていた。

バトムンク・ダヤン・ハーンの陵墓か否かは不明であるが、何らかの固定建築の祭殿が置かれ、祭祀活動が一九五八年まで実施されていたのは、事実である。

聖地オンゴン付近のモンゴル人は夏には天幕に、冬には固定建築に入る、という遊牧の暮らしを守っていた。距離は短かったが、季節ごとの移動も続けていた。夏には決まって、標高の高い丘陵か、湖の畔に集まって、馬乳酒祭ジョラクを開催した。ところが、一九五八年に人民公社が成立し、中国政府は近くで畑を作り出し、湖の水を灌漑に使うと、忽ち枯渇してしまった。ナイダンという水溜まりはもうなく、ムー・ウスという湖も雨の多い年にしか現れないという。家畜が公有化され、移動が禁じられると、天幕も姿を消した。

ワンチュクスレンは一九八九年からオンゴンの祭祀を再開したが、あくまでも聖地オボー[2]の祭として実施しているという。バトムンク・ダヤン・ハーンの祭祀だと表現すると、政治的だとされて、共産党に睨まれるのが怖いからである。一九五八年以前はウーシン旗のトーリム寺付近に住むウヌグ（Ünügü、?～一九八四年）という人が祭祀を担っていた。ウヌグの死後、その息子のエルケドルジ（Erkdorji、六〇歳）に祭祀を運営する経済力がなかったので、ワンチュクスレンが代わりを務めているという。

祭祀を再開するに当たり、ワンチュクスレンはまずウーシン旗の西公シャンの後裔バウーを訪ねた。前に述べたように、バウーは現在、一人でホトクタイ・セチェン・ホン・タイジのオンゴン祭祀をおこなっている（二月二日の記述参照）。ワンチュクスレンはバウーから「赤い主君」という祭祀文書をもらって唱えているという。バウーの「赤い主君」はトリ・ソムに住むグンゼンニマ（Gunzennim-a）というラマが提供したそうである。それから、ワンチュクスレンはまた旧ジヤサク旗のある高僧を密かに訪問した。その高僧からはオボーに赤い石を多数、積むよう指示された。

祭祀は毎年、「オルドス暦の九月（太陰暦六月）」八日から始まる。八日の朝にオンゴンの峠に上り、石を加えて整備する（bitegül bütegekü）。「清めの賛歌（ariyun sang）」を唱え、「金剛明経」を翌九日まで読誦する。十日には「赤い主君」と「主君の賛歌」を東の八白宮の方向へ向かって唱え、供物を捧げる。一九九〇年には百十八人（うちラマ二人）が集まり、羊の丸煮オテュゲを四つ献上した。昨年は百四十八人（うちラマ一人）でオテュゲを六つ用意した。一同はまた相撲と側対歩競争（jiroy-a mori）を楽しんだ。

「この二年、十日の午後には決まって雨が降ってくれる。だから、湖も出現した」、とワンチュクスレンは話す。

五月十六日　晴

神に捧げた山羊と世界史

翌朝、私はワンチュクスレン家の家畜の群れに二頭の「オンゴン山羊《ヤマ》」がいるのに気づいた（写真32―4）。モンゴル人は神に捧げた家畜を「オンゴン・マル」と呼ぶが、現在のオルドスではすっかりその現象も減ったので、見ることができて嬉しかった。以前、小長谷有紀もこのような家畜を探し求めてオルドスに入っていた［利光　一九八八：二九―三六］。

「まさか聖地オンゴンに捧げたことで、オンゴン山羊として認定されたのか」、と私は聞いてみた。

「その通りだ」、とワンチュクスレンは笑う。オトク旗南部には山羊が多く、ほとんどの家庭に神に捧げた個体がある。モンゴル人達は皆、オンゴンを祀る日に山羊を連れて来て、活きたまま献上し、認知してもらう。その際、体格が良く、赤毛か蒼色を帯びた黒（köke）の山羊を選ぶ。オンゴンの頂上でラマによって耳と背中に聖水をかけてもらい、身震いしたら、神たるオンゴンに認知されたことになる。その聖水にはサンルー（sangru）という薬草や五穀が入っているという[3]。

一度、「オンゴン・マル」とされたら、屠ることはない。

「前にいたオンゴン山羊は、十二年間も長生きし、一九八九年に昇天した。今のはその後継者だ」、とワンチュクスレンは話した。

写真32-4　活きたまま神に捧げられた山羊。オンゴン・ヤマという。（1992年5月16日）

ワンチュクスレン家から出て、私達はタブン・トルガイに住むガタギン・オボクのネメフに会い、以前に話を聴かせてくれた礼を伝えた。

「どこに行ったのか」、とネメフに聞かれた私は自分の行程を教えた。すると、ネメフもウーシン旗のモンゴル軍にいたことを思い出したので、オルドスから日本軍と徳王の政権に兵士を派遣した経緯について証言した。

それは、一九三八年のことだ。オルドスの七旗とも兵士を徳王政権に提供した。ウーシン旗からはアルビンバヤル（王悦豊）の部下、一個小隊が派遣された。ギラト出身のバヤンダライが連れて行った。

ネメフの話は前夜のワンチュクスレンの話と一致した。「一年間、故郷に滞在し、色々と回って歴史の話を聴いたそうだが、どうだった」、と私はいきなり彼に聞かれた。正直、自分でもこれで満足できる調査だったかどうかは分からない。私はとにかく、集めた情報で何とか博士論文を仕上げたいが、地元の長老達はそれよりも自分達の経験した歴史を私に伝えたかったようである。それは、中国共産党が否定し、抹消しようとしている歴史や文化だけでなく、歴史の見方と文化の価値に関する思想と哲学であった。ネメフは最後に私に次のように話した。

モンゴル人は昔、馬に乗って自分達の力で大きな世界を作った。今や戦いよりも、陰謀や金で政治を動かす時代に入った。中国人はそれが得意だ。我々も中国の支配下に入ったので、独立を獲得するのもしばらくは困難だろう。モンゴル人は謀略が苦手だが、経済的に豊かになる必要がある。

私はネメフの言葉を記録し、別れの挨拶をした。前回は雪が降る真冬だったが、既に初夏になりつつある。それにしても、ネメフはすごい人物だ。ガタギンという父系親族集団の独自の「十三嫉妬天」祭祀に関わりながら、軍人にもなった。彼の語る歴史は決してオルドスという狭い地域に収まらずに、全モンゴルと中国を照射した視点に立っているので、世界史的である。果たして、私はこうしたユーラシア草原の歴史物語を文字にすることができるのだろうか。

五月十九日　晴

調査の終盤時の資料隠し

我が家に数日間滞在してから、私はいよいよ、日本に戻ることにした。六月から指導教官の松原正毅と新疆ウイグル自治区のアルタイ山と天山、それに独立したばかりの中央アジアに行く予定をしていたからである。両親は何も言わなかったが、心中は察している。私は小学校の時から家を離れていたが、毎回、静かに送り出してくれた。私も一度だけ、一九七二年秋に小学校に入った時に泣いたことがある。その後、河南人民公社と東勝市、そして北京へと次第に遠くへ行ってしまった。両親は毎度、馬やロバ車で近くの街まで送り、そこからバスに乗り換えて出発していた。両親はどうしても羊の世話で見送りに行けない時は、近所の親戚や知り合い達が助けてくれた。大学を出て、日本に留学することになっても、草原からの出発は変わらなかった。今までは私が外の世界に出て勉強していたが、今回は違う。故郷に約一年間滞在し、私を生み、育ててくれた人々から学んだ知識と思想を胸に、世界に向けて発信する目的を帯びて旅に出る。その為には、人類学の学位論文を書き上げ、人類学者にならなければならない、と私は決心した。

写真32-5　両親（右の二人）と近所のゲレルチョクト夫婦、それに我が家の養女で、私の妹のサランホワール。調査を終えて実家を離れる前に撮った一枚。灌木ハラガナクが開花を始めていた頃に撮った一枚。（1992年5月10日）

相変わらず、電話も電気もない時代である（写真32―5）。しかし、開発の波は既に我が家を含む全モンゴル草原を巻き込んでいる。都市部のように、電話線が引かれる時代が来るだろうと思い、「電話するよ」、と私は別れにそう話した。

電話機は政府所在地の郵便局にしかないから、事前に手紙で掛ける日にちを決めておかないといけない、と母はそう話す。「手紙を書くよ」、と私は自分の失態に気づき、心の中で詫びた。

夕方、ウーシン旗政府所在地のダブチャク鎮に着き、旅館に入った。

夜、あたりがすっかり暗くなってから、私は政府地方史編纂室に勤める郷土史家ナソンバトの家に行った。ダブチャク鎮の南、粗末な平屋に住んでいる。彼は私に自身がイケジョー盟檔案館から書き写して来た第一次資料をくれた。清朝末期から中国人が長城を北へと越えて侵入し、占領した草原に関するものである。地図もある（前掲地図7）。私は文書を保管する檔案館に入れないので、彼に頼んでいた。檔案館に行くと、見張っている秘密警察に捕まるからである。ナソンバトも昨年春に逮捕されたグチュントグスの「一味」とされ、決して安全ではないので、夜にしか訪ねられない。下手に捕まって一年間の情報が没収されたら元も子もない、と自覚しているからである。

我がウーシン旗の檔案は一九四九年秋にすべて中国共

産党に燃やされたので、何も残っていない。中国人がモンゴルに入って来た際に、みんな土地を借用するという契約を交わしていた。土地の所有権はモンゴル人にある、という証拠を消す為に燃やされた。三日間もトラックで運び出して、ダブチャク鎮の西の沙漠内で燃やしていた。書かれた証拠が燃やされた以上、余計にインタビュー調査が重要だ。一年間で書き残した記録を大切にしなさい。

これは、ナソンバトが私を自宅から送り出した時に、玄関で話した言葉である。家の中だと、盗聴されている危険性があるからである。私は彼からもらった地図等を日本語の本の中に挟んでカムフラージュした。実際は何の意味もない、と自覚していたのである。

五月二十日　晴

貴族と訪ねるモンゴルの失地

ホトクタイ・セチェン・ホン・タイジの墓と祭殿のあるイケ・オンゴンを前日見学したが、その曾孫で、一六六二年に年代記『蒙古源流』を書いたサガン・セチェン・ホン・タイジの墓と祭殿も最後に見ておきたい、と私は計画していた。私は、サガン・セチェン・ホン・タイジが好きである。彼は若い時にモンゴル最後の大ハーン、リクダン・ハーンに追随して満洲人の征服に抵抗し続けた。モンゴル帝国が滅ぶと、その滅亡の歴史を年代記に記した。そのようなサガン・セチェン・ホン・タイジを清朝は決して重用しなかった。サガン・セチェン・ホン・タイジをウーシン旗の王に任命せずに、別の系統の貴族を王位に就けたのである。サガン・セチェン・ホン・タイジの後裔はウーシン旗西部の貴族集団を形成し、王家は東部に拠点を置いた。ウーシン旗東西の政治的対立の原因もここにある。

サガン・セチェン・ホン・タイジの祭殿はウーシン旗南部、ササイン・シリにある、とモスタールトは伝えていた［Mostaert 1957: 497］。今回帰郷して調査すると、地元のモンゴル人達も同じ見解を示している。そこで、私はウーシン旗の政府統一戦線部に勤めるバトラブダンに会い、一緒にササイン・シリに行くことにした。バトラブダンはサガン・セチェン・ホン・タイジの直系子孫で、俗に「ダー・クレーの貴族」と呼ばれるグループの一員である。モスタールトはダー・クレーの貴族達と親交があった。一九三四年にダー・クレーの貴族ドブチンドルジを北京に招待していた。昨夜、地方史編纂者のナソンバトから聞いた話では、モスタールトがダー・クレーの保管していたモンゴル語年代記を五部借りていたことへの返礼であったという。確かに後日、モスタールトが『蒙古源流』

の著者サガン・セチェン・ホン・タイジ祭祀について書いた論文の中で、「サガン・セチェン・ホン・タイジの書」という写本をドブチンドルジからもらったと書いている［Mostaert 1957: 503］。

　バトラブダンとは、一月二十七日以来の再会である。私達は彼の勤務先の「北京ジープ」に乗り、十一時前にダブチャク鎮を出た。ササイン・シリは長城の北側にあっても、現在は陝西省北部の神木県の管轄下に置かれている。モンゴルの失地の一つである。私達はダブチャク鎮から東へ四十分走り、ウラーントルガイ・ソムで南へ方向を変える。テメート・ゴト（楡林）への道である。途中、「営《イン》オボー」とシベル・ダラシ（紅泥湾）を通る。十九世紀末にモンゴル軍が結集し、ムスリムの回民反乱軍と戦った地である。そして、イケ・ジチャルガナ（Yeke Jičaryan-a）とマンハ（Mangq-a）、ジクジン・チャイダム（Jigjin Čayidam）等を見る。地名はすべてモンゴル語である。ジチャルガナとは植物名で、中国語では沙棘と言う(4)。黄色い、酸っぱい実はモンゴル人の好物で、近年ではジュースにされて、日本等外国へ輸出していると伝えられている。マンハとは、沙漠との意で、中国人は馬哈《マハ》と発音する。ジグジン・チャイダムとは、「ジグジンというモンゴル人が住んでいた平野」から由来し、中国人は金鶏灘《ジンジータン》と呼んでいる。

　私達は午後三時に王家伙場《ホーチャン》に着いた。隣には段家伙場がある。既に述べたように、陝西省北部の中国人は同姓からなる村落を伙場や伙盤と呼ぶ。地名から分かるように、王姓と段姓の中国人の入植地である。そのうち、王家伙場には十四戸、八十数人の中国人が住んでいる。王家伙場から長城まで約十五キロある。かつてはジチャルガナという植物が生い茂り、猪《ボダン》が棲息する草原だったので、モンゴル人からイケ・ボダン（Yeke Bodang）、すなわち「大いなる猪のいる草原」と呼ばれていた。十九世紀末になると、長城以南の双山麻伙梁の中国人が土地を求めて侵入し、開拓した村が王家伙場である。

中国人が祀るモンゴルの祭殿

　この二つの伙場の中間地帯の沙漠がササイン・シリである。モンゴル人のササイン・シリを侵入して来た中国人は小墳塔（小墳台とも）と呼んでいる。ササとは、小さな仏像や仏塔のことである。中国人が言うところの小墳塔も、モンゴル語のバガ・ササの翻訳である。バガ・ササすなわち小墳塔はサガン・セチェン・ホン・タイジの祭殿が置かれていた地とされている。あたり一面に黄色い沙漠が広がり、枯れた柳を束ねたものが、小墳塔である（写真32―6）。しかし、私には立派な固定建築よりも神聖に見えた。

　バトラブダンは旧知の王永政（四十五歳）と王永開兄弟を呼んで来た（写真32―7）。王家伙場に住むこの二人が現在、サガ

写真 32-6　サガン・セチェン・ホン・タイジの祭殿が置かれていた地。（1992 年 5 月 10 日）

ン・セチェン・ホン・タイジ祭殿を管理しているという。王兄弟によると、柳の束が立っている地に、かつては五つの塔があった。中心の大きな塔を四つの小さな塔が取り囲む形式から、小墳塔と称されていた。ここから北へしばらく行った地、バンチェン寺近くに固定建築の祭殿があるそうである。その固定建築はまた大墳塔と呼ばれ、ホトクタイ・セチェン・ホン・タイジの祭殿と認識されている。太陰暦の毎月一日と十五日、それに二十三日に大小二つの墳塔に香と黄色い紙（黄表）を燃やす儀式がある。また、太陰暦の五月八日にも大祭があり、一九五八年に人民公社が成立するまでは張三喇嘛が祭祀を担っていたという。

「張三は中国人だが、いつもモンゴルのラマ僧の格好をし、モンゴル人の神であるサガン・セチェン・ホン・タイジを祀っていたから、ラマと呼ばれるようになった」、と王兄弟は語る。

王兄弟はまた私に以下のような伝説を教えた。

写真 32-7　貴族バトラブダン（左）と中国人の王永政。壁に飾られた絵は前掲写真 9-1。

サガン・セチェン・ホン・タイジはササイン・シリより西、ソハイン・バイシンこと寗条梁に住んでいた。ホン・タイジはいつも万里風と麗馬という二頭の駿馬に乗り、銀川から包頭までの領地を管理していた。ある日、中国人の馬泥棒が来て麗馬を盗んでいった。ホン・タイジは万里風に乗って追いかけ、ササイン・シリまで来て戦い、死んでしまった。ホン・タイジの死後、万里風も湖に入って自死した。それ以降、サガン・セチェン・ホン・タイジをここに埋葬し、祀るようになった。

「どういう経緯で、サガン・セチェン・ホン・タイジの祭祀に関わるようになったのか」、と私は尋ねた。すると、王永政は次のように話した。

実は王氏兄弟は病気がちで、二十数年間も頭痛に苦しんでいた。一九八九年に長城以南の薬王廟に行って卜ってもらうと、「自宅から西北へ二百歩ほど離れたところの神様を大事にしなさい」、と指示された。

旧正月前のある日、甥の一人が突然、神懸かり状態になり、託宣（替人《ティーレン》）を受けてしゃべり出した。「わしはモンゴル人の神だ。春節の頃にお前の家に降臨する」、と話しているのではないか。痙攣状態の甥は断るが、すると「お前の指をもらうぞ」とも話した。明らかに甥の体に誰かが乗り移り、抵抗する甥と話し合っているように見えた。しばらくしたら、甥は神懸かり状態から何もなかったかのように我に返っていた。ところが、春節の時に甥は雷管をいじっていたら爆発し、指を三本も失った。きっと、大小墳塔の神が怒っている、と老人達は諭してくれた。そこで、一九九〇年から、私達はサガン・セチェン・ホン・タイジとホトクタイ・セチェン・ホン・タイジの祭殿を建て直して祀り出した。

写真32-8　バガ・ササという地に立つサガン・セチェン・ホン・タイジのスゥルデ。(1992年5月20日)

以上の経緯で、二つの伙場の中国人達はモンゴル人の二人のホン・タイジの祭祀を開始した。一九九〇年になると、イケ・ボダンの野鶏河に住む記柳財（当時五十歳）という巫神《シャーマン》も託宣を受けた。

「我々モンゴル人はもうすぐ戻って来る。聖地オボーを建てなさい」、と突然しゃべり出したという。

王兄弟は父親が一九七九年に死去した際の遺言を思い出した。「二つの墳塔の神を大事にしなさい」と言い残して父は他界した。兄弟が二つの墳塔の神を再建した際に、劉太平（八十歳）という老人も関わった。劉も実は一九五八年まで墳塔の神を祀っていたそうである。

小墳塔ことバガ・ササの北に固定建築があり、スゥルデ一本が亀石の上に立っている（写真32—8）。サガン・セチェン・ホン・タイジのスゥルデだと解釈されている。

スゥルデの近くに鬱蒼とした巨木がある。こちらはイケ・ササすなわち大墳塔とも呼ばれている、ホトクタイ・セチェン・ホン・タイジの祭殿とも認識されている（写真32—9）。ウーシン旗西部のイケ・オンゴンと合わせると、二つの祭殿があると言える。

この大墳塔の近くにまたチベット仏教のパンチェン寺があ

写真32-9　バガ・ササの地にあるホトクタイ・セチェン・ホン・タイジの祭殿。（1992年5月20日）

る。

私達はイケ・ササこと大墳塔で王宝華（五十八歳）という管理人に会った。彼によると、モンゴル人が一九〇三（光緒二十九）年にイケ・ササ周辺から北へ移った時に、草原を李と杜、劉と慕、それに高という五姓の中国人に移譲したという。ただし、祭殿とその周辺の禁地（廟界）は手放さなかったので、中国人達も共産党政権ができるまでは禁地内を開墾しなかった。共産党政権が成立すると、祭殿内にも入り込み、禁地を開墾してしまったので、「モンゴル人の神の怒りを買った」そうである。具体的には地元で病人が多数、現れるようになった現象を挙げている。[5]

内モンゴル自治区側では、一九八八年に民俗学者にして詩人でもあるハスビリクトが内モンゴル大学モンゴル語学部講師のトゥヤらを連れてここを訪れた。楡林市文物管理会の代志尚やパンチェン寺廟会の任徳明と李耀兵、王宝華らと協議し、ホトクタイ・セチェン・ホン・タイジの事績を壁画として祭殿とパンチェン寺内に描いた。

道教の神々による侵略

一部の中国人はモンゴル人と一緒になってサガン・セチェン・ホン・タイジとホトクタイ・セチェン・ホン・タイジの祭殿をチベット仏教の寺院であるパンチェン寺とセットで運営したいが、別の中国人達は反対している。反対しているのは任徳明や王、それに崔といった人々である。反対派の中国人達は「パンチェンという外套を纏い、その下で祖師と中国の岳飛や楊家将といった元帥達を祀ろう」と企画しているそうである。外見上はモンゴル人が信仰するチベット仏教の活仏パンチェン・ラマを主神としながらも、実際はモンゴル等北方遊牧民と戦った中国人の英雄を祀るという戦略である。さすがにそれがモンゴル人に知られたら、「民族間の団結」に不利になる、ということも彼らは知っている。

パンチェン寺周辺を占領して道観を建てた中国人達は現在、五つの廟会[6]を組織して寺と祭殿の祭祀を運営している。祖師廟を中心に、関帝廟と龍王廟、斉天大聖廟と牛馬明王廟、それに岳飛廟等がある（写真32―10）。正に侵入して来た中国人の道教の神々が先住民のモンゴル人のチベット仏教の神々を包囲するような配置である。

中国人達は一九八〇年から以下のような祭祀を実施している。三月三日に蟠桃會を開き、王母娘々を祀る。四月八日は祖師を祀り、五月十三日は演劇を披露する「古塔聖事節」で、十二月二十九日にホトクタイ・セチェン・ホン・タイジに供物を献上する。

実はパンチェン寺とサガン・セチェン・ホン・タイジの祭殿がある一帯を巡って、陝西省北部の楡林市と神木県は対立している。また、内モンゴル自治区も寺院周辺の土地を一度も中国人に開放したことがないので、ウーシン旗に帰属すると主張している。ウーシン旗のウーシンジョー寺のサンピルとナンクゥイ、それにチャンスン等のラマ達は、ウーシンジョー寺がパンチェン寺の権益を継承しているので、中国人の道観は撤去すべきだと反発している。このように、サガン・セチェン・ホン・タイジの祭殿とその近くのパンチェン寺は正にモンゴル人と中国人、政治と宗教が一体となって抗争する舞台である。

写真 32-10　モンゴル人のパンチェン寺付近に出現した道観内の岳飛像。（1992年4月23日）

以前二月に訪ねた陝西省北部靖辺県のバドグイン・オボーと同様に、オボーや祖師廟は地元の経済的な利益と直結している。「民族間の団結」云々は表向きの看板に過ぎず、実際は中国人自身の祖師廟を建てるのが目的である。場合によっては、チンギス・ハーンを祖師の股間に置いて侮辱する祭殿もある。それに、陝西省は宗教政策が厳しく、道教の祖師廟建設は許可されない。一つの祭殿内にモンゴル人の神と中国人の神が併存していれば、両民族の参拝客が訪れるし、利益も増える。モンゴル人の祭殿とはいえ、実際はモンゴル人も近くにいないので、日常的な管理運営権はすべて中国人に握られる。その為、中国人は熱心である。名刹パンチェン寺はこうした背景から、中国風の道観になり果てたのが、現状である［楊　二〇一二a：七二―七七］。「中国人は何故、我々モンゴルの神々を祀るのか」、と私は直截的に王宝華に確かめた。すると、彼は以下のように話す。

　ここは貴方達モンゴル人の土地だ。ウーシン旗の王様の土地だ。我々漢人は借りているに過ぎない。王朝も交替するものだから、間もなくモンゴル人の朝廷が現れるだろう。モンゴル人の神々は我々漢人に厳しいので、きちんと祀らないと長城以南へ追い返されてしまう。モンゴルの神々を祀るだけでは物足りないので、私達自身の神である祖師と関帝（関羽）も欠かせない。

王宝華は長年、中国人が言うところの「蒙地」を歩いて来たので、片言のモンゴル語を使う。彼は本音を語っている。長城を越えて占領したモンゴル人の土地を自分達のものにする為に、モンゴル人の神々と自分達の神々を同列に祀っている。征服者が被征服者の神々をパンテオンに迎え入れるという古い手法の現代中国版である。

軍事遊牧集団の軍神

サガン・セチェン・ホン・タイジの祭殿[7]とパンチェン寺を見学してから、私達は再びウーシン旗への帰路に就いた。途中、夕方に政府所在地ダブチャクの東にあるアルチャト・バラル（Arčatu-yin balar、「ハイマツの茂る草原」との意）という地に住むリンチン（Rinčin、五十二歳）の家に立ち寄った。彼はスゥルデを立てて祀っているので、注目されている。どういうスゥルデか、私も知りたかった。

リンチンは自身のスゥルデをアラク・スゥルデ（Alaγ sülde）と呼んでいる。[8]バトムンク・ダヤン・ハーン時代からリクダン・ハーンまではベストという父系親族集団の人達が祀っていたが、清朝時代にはウーシン旗のベスト・ハラーが祭祀を維持していたという。『蒙古源流』等の年代記では、ベストは常にウーシンと行動を共にしていた軍事遊牧集団《オトク》で、「オルドス十二オトク」の一つとして知られていた。スゥルデには四人のチンサン（丞相）と九人のヤメトドという祭祀者がいたそうである。[9]

十九世紀末に回民反乱軍がオルドスに闖入し来た際、ベスト・ハラーのダンゼンラシという貴族がスゥルデを携えて、チロー将軍の率いる五百人の騎兵と共に戦った。その時、リンチンの曾祖父サンジャイ[10]が従軍していたので、以降、スゥルでの祭祀にも関わるようになったそうである。

ベスト・ハラーのスゥルデは元々ウーシン旗南東部のコブント（Köbüntü、「木綿の木がある地」との意）で祀られていたが、その後、中国人の侵入を避けてトゥクに移る。一九六五年、文革が勃発する前の年に、現在のアルチャト・バラルに移動して来た。

ベスト・ハラーのアラク・スゥルデは毎年、旧正月の三日と「オルドス暦の九月（太陰暦六月三日）」に祭祀があり、羊の丸煮オテュゲを献上していた。また、「十三年に一度寅年」に「血祭」があり、八一頭の羊の丸煮で祀られる。チンギス・ハーンの祭殿八白宮やムハライ将軍の祭殿「真の英雄」、それにホトクタイ・セチェン・ホン・タイジの祭殿祭祀に欠かさずに参加していたという。文革が始まると、スゥルデは中国人に破壊され、祭祀用の経典は燃やされた。祭祀者達はスゥルデの鉄器と神聖視されていた剣を地中に埋めて隠し通した。

リンチンが数年前からアラク・スゥルデの祭祀を体系的に再開できたのは、良い相談相手がいるからだ、と話す。その相談相手はチンギス・ハーンの軍神黒いスゥルデの祭祀者バヤンチンケルである。私も四月二十一日にバヤンチンケルから多くの情報を集めた。バヤンチンケルとリンチンは子ども同士が結婚しているので、「姻戚（quda）の関係」である。モンゴルでは「姻戚の関係」は非常に重視されるので、それがスゥルデ祭祀の復活に役に立っているのである。ウーシン旗政府はリンチンのスゥルデ祭祀を許可していないが、それでも彼は圧力に屈していない。

「スゥルデを立てたら、降ろさない。我々モンゴルの魂《スゥル》が宿っているからだ」、と彼は私に話した。

五月二十一日　晴

シベリアに辿るルーツ

いよいよウーシン旗を離れる日になったので、オバのシャラとその夫で、オジのオトゴンに挨拶に行くことにした。思えば、昨年七月三十日にウーシン旗に帰ってから、すぐに彼らに会い、調査地に関する情報を得ていた。挨拶もせずに行ってしまうと、後から怒られるモンゴル人社会だから、常に気を遣わなければならない。

オトゴン家に着くと、ワンチンジャブ（Vangčinjab、鄂文化）という人が待ってくれていた。ウーシン旗政治協商委員会委員という閑職にいる幹部である。というのは、彼のオジのエルデニトクトフ（Erdenitoγtaqu、鄂宝山）はウーシン旗の王の婿（tabunang）で、一九四二年にはウーシン旗のモンゴル人からなる「西モンゴル抗日遊撃騎兵師団」第二連隊長を務め、反共の立場を貫いた人物である［楊　二〇一八a：一七三］。その為、エルデニトクトフはウーシン旗の「悪名高き反革命分子」とされていたので、その子孫も才能があっても重用されない。エルデニトクトフはまた詩人で、『新編モンゴル語・中国語辞典』や小学校教科書を独自に編纂し、多くの手写本を保管していた知識人でもあった。

私がワンチンに会いたかったのには、別の理由がある。実は私の亡き祖母ウイジンゲレルはワンチンジャブの祖父の妹で、バルグージン（Barγujin）という父系親族集団の一員だった[11]。私はこのバルグージンというユニークなオボク集団について知りたかった。祖母の関係から言えば、ワンチンジャブと私は同じ世代である。

ワンチンジャブによると、バルグージンとは、シベリアのバイカル湖の東にある巨大な盆地、バルグージン・ドゥクムに由来するという。バルグージン・オボクの人達は元々モンゴル高原のハルハに住んでいたが、ジュンガル・ハーン国のガルダン・ハーン（一六四四年生まれ、在位一六七八～九七）の軍人だった。ジュンガル・ハーン国が滅んだ後、オルドスに移って来た。一族の祖先の名はアビダイ（Abidai）という。七歳のアビダイをその母方のオジが連れて、ガルダン・ハーンの軍神スゥルデを携えて移り住んだ。オルドスに来てからは、ウーシン旗のクンディ・ハラーに編入された。オルドス万戸以外から来た者はすべてクンディ・ハラーに加入することになっていたからである。

ガルダン・ハーンの軍神スゥルデを持参していたのは、その娘であった。ハーンの娘はスゥルデを清朝の皇帝に渡すのに抵抗し、チンギス・ハーンの祭殿八白宮に献上した。八白宮はチンギス・ハーンの軍神黒いスゥルデを維持していたからである。祭祀者ダルハトとウーシン旗の王が相談し合った結果、ウーシン旗がガルダン・ハーンの軍神スゥルデを隠し祀ることになった。そのスゥルデは現在ウーシンジョー寺付近で祀られている。最初はアユールザナという人物が主催していたが、後にナランザナに変わった。ナランザナに息子が生まれなかったので、ラブサンを養子として迎えた。

「ご一族の家系譜はあるか」、と私は尋ねた。

バルグージンというオボク集団の故郷はシベリアである。いつモンゴル高原のハルハに移住し、いつまたオルドスに来たかについて、詳しく書いた手写本があった。祖先のアビダイから始まり、現在まで繋がる家系譜もあった。私も少年時代にそれらを書き写したことがある。家系譜と手写本はすべて一九六六年に文革が始まると、燃やされた。反革命分子の家庭だという理由で、財産は全部没収された。ガルダン・ハーンのスゥルデは、神器とされる鉄の部分と黒馬の鬣だけを錫のバケツに入れて、地中に埋めて隠し通した[12]。

ワンチンジャブの話を聴きながら、彼の表情や手振り身振りが亡き祖母と非常に似ているのに気づいた。バルグージンとは、「バルガ（Baryu）らしき」、「バルガに近き」との意味で、バルガのサブ・グループとでも解釈できる。バルガは『モンゴル秘史』に登場する大集団で、チンギス・ハーン家の祖先と婚姻関係を結んでいた。現在でも、シベリアのブリヤート共和国やモンゴル国南東部、内モンゴル自治区東部のフルンボイル盟に多数のバルガ・モンゴル人が暮らしている。

私はモンゴル高原の最南端に位置し、長城と接するオルドスに生まれ育ったが、祖母の一族がバイカル湖以東のバルグージン盆地にルーツがあると分かると、シベリアに行きたくなった。オルドスとシベリアは繋がり合い、モンゴリアの最南端と最北端を成している、と肌で感じた。モンゴルは大きくて小さい。モンゴル人はシベリアから発祥し、長城までを自らの故郷と見なす理屈も良く理解できるようになった。

一年間の調査を終えるに当たり、私個人がシベリアと連結しているのを確認できたことで、新しい課題が現れた。オルドス・モンゴルの歴史は、十三世紀のチンギス・ハーンの四大オルドの祭祀から始まる。東西という横のラインでは西のキリスト教世界やイスラーム文化圏と連動して来たし、南北という軸ではシベリアと一体を成して来た。正に世界史という視野で民族誌を描かないといけない、と自覚せねばならなくなったのである。

シベリアへの憧れを胸に、私は午後一時発の長距離バスに乗って東勝市を目指した。夕方に東勝市に着き、イケジョー盟賓館に泊まった。政府賓館では高校時代の友達が七人も待っていた。全員、中国人で政府幹部となっている。彼らと遅くまで酒を飲んだ。

五月二十二日　晴　東勝市

「モンゴル人は、信頼に値しない」

朝、友人の呉鎖祥と朝食を摂る（写真32—11）。彼も同じイケジョー盟賓館に泊まっていた。

「お前、帰りに気を付けろ。日本にいるから、警察と安全局に監視されて来ただろう」、と呉鎖祥は話す。安全局とは、秘密警察のことである。

「張君だって、日本に留学しているのではないか。彼も帰って来ているのに、おれだけが監視されるのか」。私は昨夜一緒に飲んだ張君のことを思い出した。彼は三井物産がオルドスで一九七九年に設置したカシミヤ工場[13]の通訳をやっている。

「何を呑気なことを言っているのか。張君は漢族で、お前はモンゴル人だろう。モンゴル人は信頼されていない」、と呉鎖祥は話す。

「おれは何もやっていないし、伝統文化や風俗習慣について調べているだけだ」、と苦笑した。

そういえば、昨夜一緒に酒を飲んだ同窓生の賈向陽はオルドスのイケジョー盟安全局弁公室に務めている。彼は東北にある中国警官大学を出て、地元の治安当局に就職したのである。高校時代の同窓生に会えて嬉しい、と何も警戒せずに再会を喜んだ私であるが、まさか彼らにマークされるとは予想していなかった。

写真 32-11　高校時代の親友で、中国人の呉鎖祥（左）と天安門広場で 1985 年冬に撮った一枚。

「安全局はお前が訪問したモンゴル人の家々を後から一戸ずつ訪ねて行って、何をしゃべったかについても全部調べた」、と呉鎖祥は賈向陽から聞いた事実を明かす。信じられないことが起こっていたのである。

「そして、何回か、お前の荷物も調べたそうだ」、と聞かされると、私は自分のノートとフィルムが心配になって来た。

「おれのノートをチェックしたのか」

「違う。お前が文化財を盗んだのではないか、と政府は見ている」。このように聞かされて、私は仰天した。

呉鎖祥が安全局主任の賈向陽らから聞いた話によると、実は、約一カ月前にウーシン旗の出土文物が窃盗されたという。政府と安全局は私が盗んだのではないか、と今も疑っているそうである。

「どんな文物が盗まれたのか」、と私は尋ねる。私は確かに四月二十九日にウーシン旗文物管理所を訪問し、粗末な展示場を中国人所長の案内で見学したことがある（四月二十九日の記述参照）。

「北魏時代の石碑だ」、と呉鎖祥は答える。それなら、知っている。ウーシン旗南部の古墳から、複数の墓碑銘が見つかり、北魏時代の物だと報道されていたのを私は把握している。

「それで、どういう風に私の行動を調べたのか」、と聞く。

「お前が出かけている間に、警察はリュックとかをチェックしたらしい」、と呉鎖祥は真面目な表情で言う。

「おれのリュックに北魏時代の巨大な石碑、二、三メートルも高い墓碑銘が入るか」、と思わず笑った。北魏時代の石碑の窃盗を疑うのではなく、私が文化財を窃盗したとの噂を広げる為の作戦ではないか。中国政府は誰かを倒そうとする際にはまずその人が如何に悪い人間かという流言飛語を拡散する。それから、「正義を確立する為」に逮捕したり、追放したりする。

オルドス西部から発見された北魏時代の石碑は、私の「魔法」のリュックサックの中に入り切れないくらい巨大なものである。碑文もその後、『文物』や『考古』といった中国の雑誌で公開された。その碑文に注目した大阪大学文学部東洋史専攻の博士課程の研究者達は世界史的成果を公表している。

民族主義者と人類学者の両立

モンゴル人だから、信頼に値しない！

なるほど。この冷徹な事実に直面した瞬間、私は民族主義者にならねばならなかった。民族主義者は生まれた時からなれるものではない。私の場合、私を最初から信頼していない中国が育ててくれたことになる。もう、これ以上内モンゴルに滞在するのは危険になって来た、と私は直感した。そろそろ日本に戻る時が来た、と決心した。

民族主義者になった私は人類学者になる夢をまだ放棄して

いない。博士論文を書いて、人類学者になってみせる。そして、人類学者として、モンゴル民族の為に戦う。それが、私に負わされた民族の運命だ、と自覚した。人類学者にとって、現地調査ほどその研究の内容と方向性に影響を与える要因は他にないのではないか(14)。

東勝市を離れ、フフホト市経由で北京を目指した。列車が万里の長城を八達嶺で南へ越えた瞬間、湿った空気に包まれた。あ、異質な世界に来た、と乾燥地で錬成された体がそう反応している。この異質な世界は長城以北の人間を有史以来ずっと敵視し続け、一度も信頼しなかった。長城以北の人間もまた中国には馴染まなかった。文明が異なるからであろう。

五月末、私は北京から大阪行きの飛行機に乗った。二十六冊のフィールド・ノートと数十本のフィルムだけは片時も手から離さなかった。ノートとフィルムに大勢の人々の生の歴史が刻まれているので、もはや一個人の所有品ではなくなったのである。それは、民族の声、人類の歴史の一部である。

注

(1) ワンチュクスレンの父はゲシクデレゲルで、祖父はリンチン、曾祖父はムンクという。

(2) ワンチュクスレンによると、近くには他にチローン・オボー（Čilayun oboy-a）とシャディーン・オボー（Šada-yin oboy-a）があるという。チローン・オボーは家畜の繁殖を保障し、シャディーン・オボーは狐や狼を退治する聖地だそうである。

(3) 別の情報によると、ウーシン旗ウーシン・ハラーの人達は旧正月の一日に山羊をホトクタイ・セチェン・ホン・タイジの墓があるオンゴンに連れて来て、オンゴン山羊にする儀式をおこなっていたという。ウーシン・ハラーの人達はまた独自のアラク・スゥルデを祀っていた。彼らのアラク・スゥルデはウーシン旗西部のシャンイン・ホーライという地にあった。

(4) ジチャルガナの学名は *Hippophae rhamnoides L.* である［靳仁 一九八三：一六〇］。

(5) モンゴルの神ホトクタイ・セチェン・ホン・タイジを祀るのに反対した人物の一人に、ジグジン・チャイダム（金鶏灘）の病院長がいた。彼は反対する為に、祭殿内の灯明を蹴飛ばした。しかし、その夜の内に彼の息子は電線に当たって死亡した。モンゴルの神が怒った結果だ、と地元ではそう信じられているという。

(6) 廟会の総会長は辺氏で、会員は任徳明と王宝華ら六人。第一廟会の会長は劉忠華、第二廟会張は李中元、第三廟会長は李光堂、第四廟会長は曹万才、第五廟会長は崔栓柱である。また、内モンゴル自治区の中国人からなる会は呉三と李明子、王課義、王漢文からなる。

(7) サガン・セチェン・ホン・タイジとホトクタイ・セチェン・ホン・タイジの祭祀については、後日、多くの民族誌が上梓されている［Layšanbürin 2004; Layšanbürin and Qasčoytu 2008; Möngkedalai and Qurčabilig 2009a, b］。

(8) ウーシン旗南部のムホル・チャイダムにベスト・ハラーの黒いスゥルデがある［楊　二〇二〇a：二四九―二五〇］。

(9) リンチンはチンサンを務めている。他にジュミト（Jumid）

とブリントグス、バルジがいる。九人のヤメトドはラーラルジャブ（Lkhraljab）とジャウラル（Jabural）、ドブジャイとダワー、ゴンボとオチルバヤル等である。

(10) リンチンの曾祖父サンジャイの父はソネ（Sone）である。サンジャイの息子はバーダイで、バーダイからはノルジト（Nurjitu）が生まれている。ノルジトの長男はロブサンで、次男がリンチンで。三男はチョルムーンである。

(11) オルドス西部のバルグージン・オボクの系譜については、楊海英［二〇二二：一一三］を参照されたい。

(12) ガルダン・ハーンのスゥルデとその祭祀については、その後更に調査を続けた。楊［二〇二〇ａ：二五〇―二五五］に詳しい記述がある。

(13) オルドスの羊毛とカシミヤを利用した三井物産の工場については、于明珠［一九八九：二二八―二三四］による概説がある。

(14) 現地調査時の影響が人類学者の理論と民族誌作成に影響を与えるのは私だけではない。実は私の畏友のウラディーン・ボラグも同じである。彼と私は同じ一九八〇年九月にオルドスのイケジョー盟第一中学に入学した。その後、彼は私より一年前の一九九〇年八月から社会主義が崩壊した直後のモンゴル国でフィールドワークを開始した。当時のモンゴル国では彼のような内モンゴル人を「真正のモンゴル人」と見なさず、「華僑（qoja）」や「雑種（erlez）」と罵倒されていた。そこから彼は刺激を受け、有名な『モンゴルのナショナリズムとハイブリデイティ』を書き上げた［Bulag 1998］。

●エピローグ　狼の心を持つ羊と崩落した長城

調査中にずっと乗っていた愛馬。足が速く、競争心の強い性格の持ち主である。他の馬と並んで走るのを嫌がり、先頭に立たないと満足しない。父や私が乗ると瞬時に疾走するが、母のような女性が乗ると、ゆっくりと歩く。調査期間中に多くの人々に会えたのは、馬の貢献も大きかった。

本書は凡そ一年間に及ぶオルドス高原での民族誌的記録である。本書の主人公達の歴史は、「たて」では約百年前の十九世紀後半のムスリムの蜂起まで遡り、「よこ」では西のカトリック世界と中央ユーラシアを射程に入れている。そのようなオルドス・モンゴルの独自の歴史叙述と歴史認識の特徴を以下のような三点に要約できよう。

第一、強固な父系親族集団オボクとヤス（骨＝クラン）の存在と機能である。チンギス・ハーンや「中興の祖」バトムンク・ダヤン・ハーン等による政治的再編が繰り返しおこなわれたとしても、軍事遊牧組織の基本を父系親族集団が担って来た。清朝時代には更に行政組織と一体化していたが、ムスリムの襲来とカトリックの伝播、そして中国人の侵入と共産主義革命で父系親族集団は弱体化した。それでも、婚姻や政治活動の際には相互の出自を強く意識している。[1]

第二、チンギス・ハーンを対象とした八白宮の祭祀と軍神祭祀、帝国の国旗チャガン・トゥク祭祀等、数多くの政治祭祀の存在である。モンゴル社会に古代から存在していた父系親族集団ごとの祭祀が再編成を経ても、本来の政治色を失わずに維持されて来た。これらの祭祀は社会主義中国の出現により壊滅的な打撃を受けたものの、強い生命力を持ち、復活しつつある。父系親族集団の政治祭祀と八白宮祭祀の存続で、モンゴルとしての民族意識が強化されている。[2]

第三、自らの文化と歴史を記した、豊富な手写本の存在である。父系親族集団の系譜と祭祀儀礼の指針、モンゴル全体に関する年代記、それに詩歌等、手写本の内容は多岐にわたる。自らが創出した文献、すなわち手写本の誕生を促しているのは識字率の高さと記録しようという学問的意識の強さに淵源する。チンギス・ハーンの祭殿である八白宮の一つに文書館があり、古代から記録を残す施設であった。こうした文書館の存在も手写本の価値を高めた可能性がある。

上で述べた三つの政治的・社会的特徴を有するオルドス・モンゴルは歴史的過程の中で、緩やかに遊牧から定住生活に入った。定住しても、遊牧民としての矜持と価値観は消えなかった。五種類の家畜に依拠した生活は共産中国によって占領されるまで続いた。

苛烈な中国化の中で、五畜は姿を消しつつあるが、唯一、羊は強い生命力を持ち続けている。羊は人類が最も早くから家畜化した動物の一つである。人類は羊を改良しようとしながら、同時に羊によって自身の進化が促された［クルサード二〇二〇］。モンゴル人もまた、「生きているのは羊の御蔭だ」、との価値観を抱いて来た。現代においては、羊を中心とした価値観も大きな変革期を迎えている。本書の写真を見れば分かるように、モンゴル人は皆、中国人と同じような人民服を着ており、フェルトの天幕も姿を消した。それでも、モンゴル人達は皆、心の中で、モンゴル精神を維持しようと努力している。

長城は中国のシンボルだ、と自他共に認められている。長城の役割は対内的には強権的統治下で暮らす中国人が外の自由かつ豊かな世界、ユーラシアの遊牧民世界へ逃亡するのを防ぐ役割を果たしていた。対外的には当然、騎馬の戦士達の南進を防御する機能をも有していた。対内的にも対外的にも、長城の伝統的な役割が機能しなくなったのは近代に入ってからである。ムスリムの蜂起が中国人難民を創出し、更にはモンゴル人の移動を促した。西からのカトリックは民族移動に拍車をかけ、長城は国際政治の沙漠の中へ崩落していった。

中国人は古代においては、長城を建設するのに沿線の植被を破壊した。現代では、環境を破壊し、沙漠化をもたらす行為をモンゴル人の草原地帯にまで広げている。草原では遊牧だけが合理的な生業で、農耕に不向きであると認識されて来たにもかかわらず、中国は調査研究もせずにひたすら反知性的な営みを堅持しているからである。環境をめぐる認識の違いから民族問題は発生し、文明間の衝突にまで発展している。

羊は大人しい動物の代名詞とされ、犠牲用の供物とされて来たのもまた、現代中国における、虐殺され、搾取されるモンゴル人のシンボルとして適切だろうとも見られている。しかし、多くのモンゴル人はそうした見解に賛同しない。「羊は狼の心を持つ」、と心底からの政治的抵抗を強調している。その羊はモンゴル人と中国人の取引の商品とされ、長城を横断して中国の市場経済を支えている。

中国発武漢肺炎が人類に未曾有のパンデミックをもたらした二〇二〇年、モンゴル国のバトトラガ前大統領は習近平国家主席に羊三万頭を寄付して北京当局への援助の手を差し伸べた。「モンゴル人はいつも、羊を追って来る。匈奴の時代も今も」、と中国の人々は反応していたものである。

私は日本で学んだ人類学の方法と理論を胸にモンゴルに帰り、草原で真の歴史に接した。モンゴル人の世界史を発信する際に、私は本書で「羅生門」的手法を採用した。同じ事件に参与した人物達には皆、それぞれ異なる視点と語り方がある、という方法である。その為、ムスリムの襲来とカトリックの伝播、それに中国人との政治的衝突といった、モンゴル人が均しく経験した民族の集合的記憶は、多くの登場人物達の物語からなる。異なる視点が織り成すモンゴル人と中国人との、百年間をカバーする民族史、民族誌である。

注

（1）私はその後、父系親族集団について専著『モンゴルの親族組織と政治祭祀――オボク・ヤス（骨）構造』を上梓している［楊二〇二〇a］。

（2）モンゴルの政治祭祀については、『チンギス・ハーン祭祀―

試みとしての歴史人類学的再構成』〔楊　二〇〇四ａ〕で体系的に網羅している。

謝　辞

本書の元となった現地調査は以下のような日本の財団からの助成で成し遂げたものである。記して関係各位に御礼申し上げる。

松下国際財団（一九九一年四月〜九月）

日本民族学振興会・澁澤研究助成（一九九二年四月〜一九九三年三月）

二十一世紀文化学術財団（一九九二年四月〜一九九三年十二月）

庭野国際平和財団（一九九二年四月〜一九九三年三月）

日本生命財団外国人研究助成（一九九二年四月〜一九九五年四月）

ＩＭＣ育英会（大分県・中野幡能会長　一九九一年〜一九九四年）

財団の他に、科研費「アルタイ・天山における遊牧の歴史民族学的研究」（松原正毅代表、一九九一年〜一九九三年）の援助も受けた。

本書を執筆するきっかけを与えてくれたのは、風響社社長の石井雅氏である。人類学者はどのように現地調査をし、現場で何に遭遇し、どういう風に苦悩するのかに関心がある、と石井社長は強い関心を寄せていた。現地調査時の人類学者の経験は十人十色であろうが、現地出身の人類学者の悪戦苦闘を書こう、と執筆を始めたのである。

人類学者には皆、その人なりの「マリノフスキー日記」があるのではないか、と私は推察している。フィールドワークという調査手法を確立した人類学の開祖の一人とされるマリノフスキーは調査地において、調査対象者の人格に対し深刻な嫌悪感或いは魅力を感じていた（マリノフスキー著・谷口佳子訳『マリノフスキー日記』平凡社、一九八七年）。時には性的な妄想にも苛まされるほどの精神的なジレンマに陥ってしまう可能性もあるであろう。私も調査の途中まで日記を付けていた。調査日誌と日記を別々に分けていたが、本書を執筆するに当たり、日記もすべて本書に織り込んだので、「楊海英流マリノフスキー日記」は残していない。

本書はいわば、ネイティブ人類学者の足跡を示したものである。ネイティブ人類学者は批判を浴びやすい。特定の民族・地域の代弁者だと一方的に断罪されがちである。異文化出身の人類学者が、被調査者側に立つと正義の味方、弱者の友と称賛されるのと対照的である。

実は私は修士課程を経ずに直接民博併設の大学院大学博士課程に入ったものである。学部は日本語・日本文学が専門だったし、修士課程で受けるべく人類学の基本的な理論や方法に関する教育と、論文の書き方等、全く身に付けていなかった。

十数人による指導教官達の、一時間に及ぶ面接試験で受かったものの、「あいつ大丈夫かな」、と心配されていた。

民博の大学院に入る為に、いかにも人類学らしきテーマを私は掲げていた。それは、「雲南のモンゴル族」に関する研究であった。十三世紀の南宋攻略時にモンゴル本土から雲南に入ったモンゴル軍の後裔達の文化変容について調べたかった。「モンゴル人であっても、本土の文化すら知らないから、まずはオルドスから調査しなさい」、と合格した後に言われた。

モンゴルのオルドスに帰ろうとした時に、天安門事件は勃発した。政治的抑圧が強かったので、アフリカを研究していた指導教官達は「北アフリカにも遊牧民がいる、連れて行ってやる」、と本気で助け舟を出してくれた。残念ながら、私はまだアフリカに足を踏み入れていないが、先生達の励ましの言葉は決して忘れない。

オルドスに帰る前に松原正毅先生が新疆ウイグル自治区に連れて行ってくださった。遊牧民のカザフ人社会に入り、天幕内でノートを取り始めた先生は「見ておきなさい」、とおっしゃっただけで、「指導」は何もなかった。その「何もない指導」こそが、ノートの取り方と整理方法（文章化）、写真の撮影方法、相手への質問方法であった。文字通り、師匠の背中を見て学んだものである。インタビューの合間と、他の科研メンバー達との共同研究会や会合の席で、私は中央ユーラシアに関する文献学的訓練を受けた。モンゴル学は基本的に文献学であることと、ユーラシア研究は古代から現在まで、通史的に捕らえないといけない、という厳しい訓練であった。フィールドワークから民博に帰ると、私は教えられた文献を民博の書庫で見つけては読み漁ったものである。

私が一年間の調査で入手した資料で博士論文を仕上げていく段階で、力強く支えてくださったのは国立民族学博物館併設・総合研究大学院大学の指導教官達であった。エスノセントリズムと言われても負けないくらい、自民族の視点を貫くよう、終始、励ましてくれた。「こいつ、世間に出たら耐えられるかな」、と心配する声もあったが、それでも「モンゴル人としての視点を維持せよ」との見方で一致していた。実際に世間に出た後、大学で教鞭を執るようになってからも、「ナショナリストで何も悪くない。もっとも、お前は民族主義者ではないし」、と民博の指導教官達からの叱咤激励を受け続けた。

民博にはずっと世界一流の研究者達が参集し、世界最新の研究情報が蓄積されていた。母校民博での学問的訓練と草原のモンゴル人の叡智から本書は生まれた。今日まで暖かく見守ってくださった方々のお名前を列挙できないが、常に感謝の気持ちで学恩に応えようとしているのである。

最後に、誤字脱字を直し、煩雑な図表を美しく作って下さった旧知の友、古口順子氏に感謝の意を伝えたい。

一次史料と参考文献

〈一次史料　モンゴル文〉

Buyan, Altanbaγan-a
1982 *Ordus-un Arad-un Duγuyilang-un Ködelkegen-ü Materiyal-un Emkidkel*（『オルドス人民のドグイラン運動資料集』中）, Ordus-un Teüke Nayiraγulqu Qoriy-a-ača Keblegülbe.

Damdinsüreng, Če
1959 *Mongγol Uran Jokiyol-un Degeji Jaγun Bilig*（『モンゴル文学珠玉百篇』）, Ulaanbaatar: MCMLIX.

Edükesig, Buyan Dorungγ-a
1981 *Ordus-un Arad-un Duγuyilang-un Ködelkegen-ü Materiyal-un Emkidkel*（『オルドス人民のドグイラン運動資料集』上）, Ordus-un Teüke Nayiraγulqu Qoriy-a-ača Keblegülbe.

Erkegüd Buu Šan
1991 *Sinelam-a-yin Čiqula Yabudal-un Tobčiyan*（『シニ・ラマ年譜紀要』）, Ordus-un Soyul-un Öb-ün Čobural 6.

Liu Jin Süe
1981 *Arban Buyantu Nom-un Čaγan Teüke*（『十善福白史』）, Kökeqota: Öbür Mongγol-un Arad-un Keblel-ün Qoriy-a.

Nasunbatu
1999 *Mani-yin Maγtaγal*（『マニ賛歌』）, Qayilar: Öbür Mongγol-un soyul-un keblel-ün qoriy-a.

Mao Zedüng
1949 *Qorsiy-a-yin tuqai Ügülel*（『論合作社』）, Ulaγanqota: Öbür Mongγol-un edür-ün sonin-u qoriy-a keblel tarqaγaqu kildüs.

Masijirγal
2009 Mani-yin Maγtaγal（『マニ賛歌』）, Kökeqota: Öbür Mongγol-un arad-un keblel-ün qoriy-a.

Mostaert Antoine
1956 *Erdeni-yin Tobči, Mongolian Chronicle by Saγang Sečen*, An Editor's Foreword by Francis Woodman Cleaves, Part I, II, III, IV, Cambridge, Massachusetts: Harvard University.

Qatagin Čaγandong,
1982 *Üüsin Teüke-yin tuqai*（『ウーシン旗の歴史』）, Üüsin Qosiγun-u Mongγol Kele Bičig-ün Alaban ger.

Yang Haiying,
2000 *Manuscripts from Private Collections in Ordus, Mongolia*（1）, International Society for the Study of the Cultural and Economy of the Ordos Mongols（OMS e.V.）, Köln, Germany.
2001 *Manuscripts from Private Collections in Ordus, Mongolia*（2）, International Society for the Study of the Cultural and Economy of the Ordos Mongols（OMS e.V.）, Köln, Germany.

伊克昭盟檔案館・中共烏審旗統戦部・中共嘎魯圖蘇木委員會
1986 *Sinelam-a-yin Qubisqaltu Ködelkegen-ü tuqai Materiyal-un Emkidkel*（1～10）.
1988 *Sinelam-a.*

1988 *Vangdamnim-a.*

〈一次史料　中文〉

丁錫奎
一九七〇『靖辺県志稿』台湾：成文出版社。

高照初
一九四三『米脂県志』西安：陝西省地方史編纂委員会。

賀菊芳
一九九五『紅石峡摩崖石刻』中共楡林地委宣伝部・楡林地区文化局・楡林地区民族宗教局・陝北文化研究会聯合出版。

李豊業
一九八九『祭山梁廟簡介』靖辺県：陝西省靖辺県祭山梁廟管理委員会。

劉厚基編
不明『図開勝跡』。

毛沢東文献資料研究会
一九七〇『毛沢東集』（五）東京：北望社。

陝西省参事室編
不明『三辺教案』西安：中共陝西省委党史資料征集研究委員会。

『神木県郷土志』
一九三七『神木県郷土志』北京：燕京大学図書館編。

蘇暁康・王魯湘
一九八八『河殤』現代出版社。

王生吉
一九〇五『関隴思危録』西安：陝西省地方史編纂委員会。

中国第二歴史檔案館・中国藏学研究中心合編
一九九二『九世班禅内地活動及返藏受阻檔案選編』北京：中国藏学出版社。

編者不明
不明『烏審旗歴史與現状』謄写版。

〈研究書・論文・その他――日本語〉

ウランゴワ
二〇二一「モンゴル人ネストリウス教徒の墓地調査」（李姝達訳）『アジア研究』一六号、二一―三一頁。

ウルゲン
二〇一五『中国におけるモンゴル民族の学校教育』東京：ミネルヴァ書房。

岡田英弘（訳注）
二〇〇四『蒙古源流』東京：刀水書房。
二〇一三『康熙帝の手紙』東京：藤原書店。

尾崎孝宏
二〇一九『現代モンゴルの牧畜戦略――体制変動と自然災害の比較民族誌』東京：風響社。

温都日娜
二〇〇七『多民族混住地域における民族意識の再創造――モンゴル族と漢族の族際婚姻に関する社会学的研究』広島市：渓水社。

カルピニ／ルブルク
一九八九『中央アジア・蒙古旅行記』（護雅夫訳）東京：光風社。

クルサード・サリー
二〇二〇『羊の人類史』東京：青土社。

グルバハール・ハイティワジ　ロゼン・モルガ
　二〇二一『ウイグル大虐殺からの生還――再教育収容所地獄の二年間』（岩澤雅利訳）東京：河出書房新社。
小長谷有紀
　一九八九「ヒツジに託す願い――モンゴル族、春のチンギス・ハーン祭典」『季刊　民族学』四八：三六―四六頁。
佐藤公彦
　二〇一五『中国の反外国主義とナショナリズム――アヘン戦争から朝鮮戦争まで』福岡：集広舎。
サライグル・サウトバイ／アレクサンドラ・カヴェーリウス
　二〇二一『重要証人――ウイグルの強制収容所を逃れて』（秋山勝訳）東京：草思社。
芝山　豊・滝澤克彦・都馬バイガル・荒井幸康編
　二〇二一『聖書とモンゴル――翻訳文化論の新たな地平』東京：教文館。
城地　孝
　二〇一二『長城と北京の朝政――明代内閣政治の展開と変容』京都：京都大学学術出版会。
杉山正明
　二〇〇〇『世界史を変貌させたモンゴル――時代史のデッサン』東京：角川書店。
相馬拓也
　二〇一八『鷲使いの民族誌――モンゴル国西部カザフ騎馬鷹狩文化の民族鳥類学』京都：ナカニシヤ出版。
棚瀬慈郎・島村一平
　二〇一五『草原と鉱石――モンゴル・チベットにおける資源開発と環境問題』東京：明石書店。
ダイアモンド・ジャレド
　二〇一二a『銃・病原菌・鉄――一万三〇〇〇年にわたる人類史の謎（上）』東京：草思社文庫。
　二〇一二b『銃・病原菌・鉄――一万三〇〇〇年にわたる人類史の謎（下）』東京：草思社文庫。
ドーソン
　一九六八『モンゴル帝国史　二』（佐口透訳　東洋文庫）平凡社。
利光有紀
　一九八八「毛を刈らない去勢山羊の話」『民博通信』三九：二九―三六頁。
中生勝美
　二〇一六『近代日本の人類学史――帝国と植民地の記憶』東京：風響社。
中村　洋
　二〇二〇『モンゴルの遊牧と自然災害〈ゾド〉――ゴビ地域の脆弱性に関する実証的研究』東京：明石書店。
ハスゲレル
　二〇一六『中国モンゴル民族教育の変容――バイリンガル教育と英語起用育の導入をめぐって』相模原市：現代図書。
潘洵
　二〇一六『重慶大爆撃の研究』東京：岩波書店。
費孝通編著
　二〇〇八『中華民族多元一体構造』（西澤治彦・塚田誠之・曾士才・菊地秀明・吉開将人共訳）東京：風響社。
フレーザー、J・G

二〇一一a『図説　金枝篇（上）』（吉岡晶子訳）講談社学術文庫。

二〇一一b『図説　金枝篇（下）』（吉岡晶子訳）講談社学術文庫。

包海岩
二〇一四「モンゴル牧畜社会における家畜糞文化研究——内モンゴル・士林後る盟の事例より」『三島海雲記念財団研究報告書』五一：一四六—一四九頁。

包宝柱
二〇一八『中国少数民族地域の資源開発と社会変動——内モンゴル霍林郭勒市の事例研究』福岡市：集広舎。

松原正毅
二〇二一『遊牧の人類史』東京：岩波書店。

松本ますみ
二〇〇七a「キリスト教宣教運動と中国イスラームの近代への模索」『中国21』二八：一二七—一四四頁。
二〇〇七b「近代中国におけるイスラームとキリスト教——宣教師派遣による宗教観対立と融和」『福音と世界』六：二一—三二頁。

マリノフスキー
一九八七『マリノフスキー日記』（谷口佳子訳）東京：平凡社。

ムカイダス
二〇二一『ウイグル人ジェノサイド』東京：ハート出版。

護　雅夫
一九九二『李陵』東京：中央公論社。

ユック・エル・エ
一九三九『韃靼・西藏・支那旅行記』（後藤富男訳）生活社。

楊海英
一九九〇「鄂爾多斯無定河流域定住蒙古民族の現状」『豊日史学』第五四巻二・三号、一三—三八頁。

一九九四a「絵画にみるモンゴルの伝統」『季刊　民族学』第六七巻、一一六—一二三頁。

一九九四b「変容するオルドス・モンゴルのカトリック——神父ジョセフのライフ・ヒストリーを中心に」『西日本宗教学雑誌』第一六号、一三—二三頁。

一九九六a「オルドス・モンゴルの祖先祭祀——末子トロイ・エジン祭祀と八白宮の関連を中心に」『国立民族学博物館研究報告』第二一巻三号、六三五—七〇八頁。

一九九六b「オルドス・モンゴル族オーノス部の家系譜」『関西外国語大学研究論集』第六三号、六六七—六七九頁。

一九九八『「金書」研究への序説』国立民族学博物館調査報告七。

一九九九a「資料紹介　オルドス〈大元加封詔〉について」『人文論集』（静岡大学人文学部）五〇．一、四七—五三頁。

一九九九b「モンゴルにおける〈白いスゥルデ〉の継承と祭祀」『国立民族学博物館研究報告別冊』二〇、一三五—二二二頁。

二〇〇二a『オルドス・モンゴル族オーノス氏の写本コレクション』国立民族学博物館・地域研究企画交流センター。

二〇〇二b「十九世紀モンゴル史における〈回民反乱〉——歴史の書き方と〈生き方の歴史〉のあいだ」『国立民族学博物館研究報告』第二六巻三号、四七三—五〇七頁。

二〇〇四a『チンギス・ハーン祭祀——試みとしての歴史人類学的再構成』東京：風響社。

二〇〇四b「資料紹介　《祈祷用ヒツジのトいの書》について」

二〇〇六『内陸アジア史研究』一九号、六五―八二頁。

二〇〇八「〈河套人〉から〈オルドス人〉へ――地域からの人類史書き換え運動」『中国二一』二四号（愛知大学現代中国学会）、三一五―三三〇頁。

二〇一〇『モンゴルのアルジャイ石窟――その興亡の歴史と出土文書』東京：風響社。

二〇一一a「〈糞の垂れた尻〉と〈お尻の割れた子供服〉――過去の「蒙疆」から竹内好と高橋和巳の中国観をよむ」『アジア研究』静岡大学人文学部アジア研究センター『アジア研究』第五号、四一―五一頁。

二〇一一a「内陸アジア遊牧文明の理論的再検討――今西錦司『遊牧論そのほか』と梅棹忠夫『文明の生態史観』の現在」『文化と哲学』二八：二一―四五頁。

二〇一一b『続　墓標なき草原――内モンゴルにおける文革・虐殺の記録』東京：岩波書店。

二〇一三『中国とモンゴルのはざまで――ウラーンフーの実らなかった民族自決の夢』東京：岩波書店。

二〇一四『モンゴルとイスラーム的中国』文春学藝ライブラリー。

二〇一六「中国シルクロード構想を脅かすモンゴルとバチカンの関係」『ニューズウイーク』一八（九月六日号）。

二〇一八a『モンゴル人の中国革命』（ちくま新書）東京：筑摩書房。

二〇一八b『墓標なき草原――内モンゴルにおける文革・虐殺の記録』上、岩波現代文庫。

二〇一八c『墓標なき草原――内モンゴルにおける文革・虐殺の記録』下、岩波現代文庫。

二〇一八d『「中国」という神話』文春新書。

二〇一八e『『十善福白史』と『輝かしい鏡』――オルドス・モンゴルの年代記』』東京：風響社。

二〇一九a『逆転の大中国史――ユーラシアの視点から』文春文庫。

二〇一九b『独裁の中国現代史――毛沢東から習近平まで』文春新書。

二〇二〇a『モンゴルの親族組織と政治祭祀――オボク・ヤス（骨）構造』東京：風響社。

二〇二〇b「描かれた神、呪われた復活」松原正毅編『中央アジアの歴史と現在――草原の叡智』勉誠出版、一四八―一六五頁。

二〇二一a『モンゴルの仏教寺院――毛沢東とスターリンが創出した廃墟』東京：風響社。

二〇二一b『中国人とモンゴル人』（産経NF文庫）東京：潮書房光人新社。

二〇二二「オルドス・モンゴルの家系譜について」静岡大学人文社会科学部アジア研究センター『アジア研究』第一七号、九三―一一三頁。

楊海英編
二〇〇七『灼熱の詩と冷酷な太陽――現代中国内モンゴル自治区の詩人ドルジニマの作品』静岡大学人文学部「アジア研究プロジェクト」。

楊海英・児玉香菜子
二〇〇三「中国・少数民族地域の統計をよむ――内モンゴル自治区オルドス地域を中心に」静岡大学人文学部『人文論集』五四号一、五九―一八四頁。

楊海英・新間　聡
　二〇一九（一九九五）『モンゴル最後の王女――文革を生き抜いたチンギス・ハーンの末裔』東京：草思社。

〈研究書・論文・その他――中文〉
巴図吉日嘎拉・楊海英
　二〇〇五『阿爾寨石窟――成吉思汗的佛教記念堂興衰史』東京：風響社。
Dirk Van Overmeire（ed）
　2008『在華聖母聖心会士名録（*Elenchus of CICM in China*）1865～1955』（古偉瀛、潘玉玲校訂）見証月刊雑誌社。
戴學稷
　一九八二「西方殖民者在河套鄂爾多斯等地的罪悪活動」『内蒙古近代史論叢』第一輯、呼和浩特市：内蒙古人民出版社、五九―一〇五頁。
　一九八三「一九〇〇年内蒙古西部地区蒙漢各族人民的反帝闘争」『内蒙古近代史論叢』第二輯、呼和浩特市：内蒙古人民出版社、四七―八三頁。
俄尼斯
　不明『旺定尼瑪』未公刊稿。
鄂托克前旗志編纂委員会
　一九九五『鄂托克前旗志』呼和浩特市：内蒙古人民出版社。
鄂托克旗志編纂委員会
　一九九三『鄂托克旗志』呼和浩特市：内蒙古人民出版社。
古偉瀛
　二〇〇二『塞外伝教史』台湾：南懐仁文化協会・光啓文化事業共同出版。
郝維民
　一九七九『第一、二次国内革命戦争時期的内蒙古人民革命党』（謄写版）呼和浩特：内蒙古大学蒙古史研究室。
　一九八二「伊克昭盟〝独貴龍〟運動」『内蒙古近代史論叢』第一輯、呼和浩特市：内蒙古人民出版社、一一八―一六八頁。
何知文
　二〇〇七『那順徳勒格爾伝略』東勝：鄂爾多斯研究会。
金海
　二〇〇五『日本占領時期内蒙古』呼和浩特市：内蒙古人民出版社。
靳仁
　一九八三「伊克昭盟的生物」『鄂爾多斯史志研究文稿』第三冊、伊克昭盟地方志編纂委員会、一四三―二四六頁。
Lazzrotto 等合著
　二〇〇五『義和団運動與中国基督宗教』台北：輔仁大学出版社。
李維漢
　一九七九「中国各少数民族和民族関係」『民族団結』第三期、八―一八頁。
梁氷
　一九八一「王悦豊伝略」政協伊克昭盟委員会文史委編『伊盟革命回憶録』第一輯、八一―一四八頁。
　一九八四「伊克昭盟的歴代開墾和近現代社会形態之変化」『鄂爾多斯史志研究文稿』第四冊、伊克昭盟地方志編纂委員会、一―一八八頁。
馬富綱憶述（梁氷整理）
　一九八一「阿拉廟起義前後」政協伊克昭盟委員会文史委編『伊

盟革命回億録』第二輯、七四—一一八頁。

内蒙古自治区人民政府参事室
一九八八『内蒙古歴代自然災害史料続輯』呼和浩特：内蒙古自治区人民政府参事室印。

奇忠義
一九九一『末代王爺』北京：新華出版社。

湯開建・馬占軍
二〇〇五「庚子拳変前後聖母聖心会陝西三辺地区伝教述論」Lazzrotto 等合著『義和団運動與中国基督宗教』台北：輔仁大学出版社、四二一—四四九頁。

楊植霖・喬明甫・薄一波
一九七九『王若飛在獄中』中国青年出版社。

于明珠
一九八九「草原上的明珠」中国人民政治協商会議内蒙古伊克昭盟委員会文史資料研究委員会編『伊克昭文史資料』第四輯、一二八—一三四頁。

王慶富
一九八三「哈諾墨拉伝略」中共伊盟盟委党史資料征集弁公室編『伊盟革命闘争史料』第二輯、七五—八四頁。

王文光
一九八八「奇宝璽自述」中国人民政治協商会議内蒙古伊克昭盟委員会文史資料研究委員会編『伊克昭文史資料』第三輯、一〇六—一二〇頁。

烏蘭
二〇〇〇『『蒙古源流』研究』瀋陽：遼寧民族出版社。

烏審旗志編纂委員会
二〇〇一『烏審旗志』呼和浩特市：内蒙古人民出版社。

徐明謙
一九八三『包虫病』烏魯木斉：新疆人民出版社。

章開沅
二〇〇四『輔仁大学』石家荘：河北教育出版社。

中共伊盟盟委党史資料征集弁公室編
一九八五『伊盟革命闘争史料』第六輯。

『中国近代史叢書』編写組
一九七二『義和団運動』上海：上海人民出版社。

〈研究書・論文・その他——モンゴル文〉

Arbinbayar and Sonom
2008 *Erten-ü Üliger*（『昔話』）, Kökeqota: Öbür Mongγol-un Arad-un Keblel-ün Qoriy-a.

Batunasun and Oyundalai
2006 *Čudai-yin Oyilalγ-a*（『チョーダイ概況』）, Üüsin Qosiγun-u Sülde Somun-u Čudai Γačaγan-u Nam-un Egür.

Čamqaγ-un Jaγun Jil Nayiraγulaqu komis
2007 Čamqaγ-un Jaγun Jil（『チャンホク百年』）, Kökeqota: Öbür Mongγol-un Sonin Medege keblel-ün Tobčiy-a.

Čaγanbodun
1989 Üüsin Baraγun Tusalaγči Čoγtuvčir bolun Čaγdursereng Vang-nar-un Qoγurundaki Jörčil（「ウーシン旗西協理ジョクトチルと王家との対立」）, in *Yeke Juu-yin Soγul Teüke-yin Materiyal*, 4, pp.29-44.

Čirmaγiltu
2008 *Mongγol Ündüsüten-ü Silγaraγsan Aradčilaγsan*

Qubisqalči Sinelam-a（『モンゴル民族の民主革命家シニ・ラマ』），Kökeqota: Öbür Mongɣol-un Arad-un Keblel-ün Qoriy-a.

Davajamsu and Gerelčoɣtu
2001 *Muqulai-yin Ongɣun Sülde*（『ムハライの聖なるスゥルデ』），Kökeqota: Öbür Mongɣol-un Arad-un Keblel-ün Qoriy-a.

Erkegüd Bou Šan & Erkegüd Asuru
2001 *Sangjidorji Kiged Tegün-ü Silüg-üd*（『サンギドルジとその詩作』），Begejing: Ündüsten-ü keblel-ün qoriy-a.

Erkegüd Babuu and Qasčoɣtu, A
2008 *Üüsin-u Oboɣ-a Orud-un Soyul*（『ウーシン旗の聖地オボー文化』），Kökeqota: Öbür Mongɣol-un Arad-un Keblel-ün Qoriy-a.

Erkegüd Babuu, Laɣšanbürin
2008 *Amurjirɣal-un Silüg-üd*（『アムルジャラガルの詩文』），Kökeqota: Öbür Mongɣol-un Arad-un Keblel-ün Qoriy-a.

Erkesečen
2005 *Čaɣan Sülde Kiged Tegün-ü Daɣaɣsad*（『チャガン・スゥルデとその追随者達』）,Qayilar: Öbür Mongɣol-un Soyul-un Keblel-ün Qoriy-a.

Joriɣtu Namjal Badai
2008 *Amurjirɣal Kiged Tegün-ü Silüg Daɣu-yin Sudulul*（『アムルジャラガルとその詩文に関する研究』），Kökeqota: Öbür Mongɣol-un Arad-un Keblel-ün Qoriy-a.

Kesigtü, Γa
1986 Vangdannim-a-yin Namtar（「ワンダンニマ略伝」），in *Yeke Juu Ayamaɣ-un Qubisqaltu Temečel-ün Duradqal*, 4, pp.418-439

Laɣšanbürin
2004 Saɣang Sečen-ü Tayilaɣ-a（『サガン・セチェン・ホン・タイジ祭祀』），Kökeqota: Öbür Mongɣol-un Arad-un Keblel-ün Qoriy-a.

Laɣšanbürin and Qasčoɣtu, A
2008 *Qutuɣtai Sečen-u tayilɣ-a*（『ホトクタイ・セチェン・ホン・タイジ祭祀』），Kökeqota: Öbür Mongɣol-un Arad-un Keblel-ün Qoriy-a.

Möngkejirɣal
1986 Jakiruɣči Janggi Nasunbatu（「管旗ジャンギ・ナソンベト」），in *Yeke Juu-yin Soyul Teüke-yin Materiyal*, 1, pp.122-159.

Möngkedalai
2006 *Qonjin Debter Orusiba*（『(モンゴルの結婚式用冊子) ホンジン・デプテル』），Qayilar: Öbür Mongɣol-un Soyul-un Keblel-ün Qoriy-a.

Möngkedalai and Qurčabilig
2009a *Qutuɣtai Sečen Sudulul-un Silimel Ügülel*（『ホトクタイ・セチェン・ホン・タイジ研究論集』），Kökeqota: Öbür Mongɣol-un Arad-un Keblel-ün Qoriy-a.
2009b *Saɣang Sečen Sudulul-un Silimel Ügülel*（『サガン・セチェン・ホン・タイジ研究論集』），Kökeqota: Öbür Mongɣol-un Arad-un Keblel-ün Qoriy-a.

Narasun, Se

1989 *Ordus-un Arad-un Duɣuyilang-un Ködelkegen*（『オルドスのドグイラン運動』），Kökeqota: Öbür Mongɣol-un Arad-un Keblel-ün Qoriy-a.

Nasunbatu Sümbürbatu

2008 *Nasundelger-un Namtar*（『ナソンデレゲル略伝』），Kökeqota: Öbür Mongɣol-un Arad-un Keblel-ün Qoriy-a.

Qurčabaɣatur

1990 *Qatagin Arban Ɣurban Ataɣ-a Tngri-yin Tayilɣ-a*（『ガタギンの十三嫉妬天神祭』）,Qayilar: Öbür Mongɣol-un Soyul-un Keblel-ün Qoriy-a.

Öbür Mongɣol-un Öberdegen Jasaqu Orun-u Mal Aju Aqui-yin Tingkim-un Mal-un Egülder-i Sayijiraɣulqu Tobčiy-a

1965 *Qonin-u Jokiyamal Kegeldügülge*（『綿羊人工受精』），Kökeqota: Öbür Mongɣol-un Arad-un Keblel-ün Qoriy-a.

Qadai

1964 *Činu-a Abalaqu Araɣ-a Tursilɣ-a*（『狼を狩る方法』）Kökeqota: Öbür Mongɣol-un Arad-un Keblel-ün Qoriy-a.

Qasbiligtu

1984 *Ordus-un Qorim*（『オルドスの婚姻儀礼』），Kökeqota: Öbür Mongɣol-un Arad-un Keblel-ün Qoriy-a.

1986 *Kesigbatu-yin Silüg-üd*（『ゲシクバトの詩文』），Begejing: Ündüsten-ü keblel-ün qoriy-a.

Qurčabaɣatur, L

1990 *Qatagin Arban Ɣurban Ataɣ-a Tngri-yin Tayilɣ-a*（『ガタギンの十三嫉妬天祭祀』）,Qayilar: Öbür Mongɣol-un Soyul-un Keblel-ün Qoriy-a.

Sambuu, Jamseren

1953 *Mal Aju Aqui Deger-e-ben Yaɣakiju Ajillaqu tuqai Arad-tu Ögkü Sanaɣulɣ-a Surɣal*（『人民に伝える牧畜を経営する方法』）Begejing: Öbür Mongɣol-un Öberdegen Jasaqu Orun-u Arad-un Jasaɣ-un Ordun-u Mal tariyalang-un Yamun.

Sayijiraqu

2007 *Qasar-un Takilɣ-a-yin Soyul*（『ハサルの祭祀』），Kökeqota: Öbür Mongɣol-un yeke Surɣaɣuli-yin Keblel-ün Qoriy-a.

Sayinjirɣal & Šaraldai

1983 *Altan Ordun-u Tayilɣ-a*（『黄金オルドの祭祀』），Begejing: Ündüsten-ü Keblel-ün Qoriy-a.

Sodnomjams（orčiɣulaba）

1950 *Neyigem-ün Kögjil-ün Teüke*（『社会発展簡史』），Čiɣulaltu Qaɣalɣ-a: Öbür Mongɣol-un Edür-ün Sonin-u Qoriy-a.

Sodnamjamsu（orčiɣulaba）

1952 *Neyigem-ün Kögjil-ün Tobči Teüke*（『社会発展簡史』），Begejing: Arad-un Töb Jasaɣ-un Ordun-u Ündüsten-ü Kereg Yabudal-un Kümis-eče takin Keblelgülbe.

Suqan Gereltü

2006 *Arjai Aɣyi* Kemekü Nom-un Tuqai, 全国阿爾寨石窟文化学術研討会学術組編『全国阿爾寨石窟文化学術研討会論文集』、207-214 頁。

Urtunasutu, Borjigin

2012 *Oboɣan Takilɣ-a-yin Soyul-un Kümün Jüi-yin Sudulul*（『オボー祭祀に関する文化人類学的研究』），

Kökeqota: Öbür Mongɣol-un yeke Surɣaɣuli-yin Keblel-ün Qoriy-a.

Urtunasun, Bö

2006 *Minu Üliger*（『私の物語』）, Kökeqota: Öbür Mongɣol-un Arad-un Keblel-ün Qoriy-a.

Yöngrinorbu

1986 Üüsin Qosiɣun-u Vang-un Üy-e Jalɣamjilaɣsan Toyimu ba Qosiɣu, Qariy-a, Somu, Egürge Tusiyal, Alban Yosu Jerege（ウーシン旗の歴代の王とハラー、ソム組織、及び役務について）, in *Yeke Juu-yin Soyul Teüke-yin Materiyal*, 1, pp.92-101.

〈研究書・論文・その他——欧文〉

Andrews, Peter A

1999 The Shrine Tent of Činggis Qan at Ejen Qoroɣa, in Klaus Sagaster（ed）, *Antoine Mostaert（1881-1971）, C. I. C. M. Missionary and Scholar*, Volume 1, K. U. Leuven, Ferdinand Verbiest Foundation, pp. 3-30.

Atwood, Christopher P

2004 *Encyclopedia of Mongolia and the Mongol Empire*, Fact on File, Inc.

Bawden, Charles. R

1962 Calling the Soul: A Mongolian Litany, *Bulletin of the School of Oriental and African Studies*, XXV, pp.80-103.

1963 Mongol Notes, The Louvain Fire Ritual, *Central Asiatic Journal*, VIII, pp.281-303.

1976 The 'offering of the fox' again, *Zentralasiatische Studien*, 10, pp.439-473.

1977 A Prayer to Qan Ataga Tegri, *Central Asiatic Journal,* XXI, no. 3-4, pp199-207.

1978 An Oirat manuscript of the 'Offering of the fox', *Zentralasiatische Studien*, 12, pp.7-34.

Bulag, Uradyn

1998 *Nationalism and Hybridity in Mongolia*, Oxford: Clarendon Press.

Chabros, Krystyna

1992 *Beckoning Fortune, A Sutdy of the Mongol dalalɣ-a Ritual*, Wiesbaden: Otto Harrassowitz.

Chiodo, Elisabetta

1996 The Jarud Mongols Ritual 'Calling the Soul with the Breast', *Zentralasiatische Studien*, 26, pp.153-171.

1999/2000 The White Standard（Čaɣan sülde）of the Čaqar Mongols of Üüsin Banner, *Ural-Altaische Jahrbücher*, 16, pp.232-246.

Damdinsüren, TS

1979 Two Mongolian Colophons to the Suvarcṇaprabhāsottama-Sūtra, *Acta Orientalia*（Academiae Scientiarum Hungaricae）, Tomus XXXIII, 1, pp.39-58.

Elliott, Mark C

2001 *The Manchu Way, The Eight Banners and Ethnic Identity in Late Imperial China*, Stanford University Press, Stanford, California.

Gervers, Michael and Schlepp, Wayne

1997 Felt and "tent Carts" in the Secret History of the

Mongols, *Journal of the Royal Asiatic Society*, Vol. 7,1, pp. 93-116.

Heissig, Walther

1978 *Mongolische Manuskriptkarten in Faksimilia*, Mongolische Ortsnamen Tell II, Wiesbaden: Franz Steiner Verlag GMBH.

1994 *Geschichte der mongolischen Literatur*, Band II, Harrassowitz Verlag, pp.591-614.

Heissig, Walther and Bawden, Charles

1971 *Catalogue of Mongol Books, Manuscripts and Xylographs*, The Royal Library, Copenhagen.

Heyndrickx, Jeroom

2004 Mission among the Mongols, *Verbist Study Notes*, Nr. 17, pp.1-45.

2009 Samt'aandjimba（1816-1900）: A Faithful Servant, A Guide and Catechist of Vincentian and CICM Missionaries in Their Mission among the Mongols, in Rachel Lu Yan and Philip Vanhaelemeersch（eds.）*Silent Force: Native Converts in the Catholic China Mission*, K. U. Leuven, Ferdinand Verbiest Foundation, pp.261-279.

Haenisch, Erich

1955 *Eine Urga-Handschrift des mongolischen Geschichtswerks von Secen Sagang*（*alias Sanang Secen*）, Berlin: Akademie-Verlag.

Hurčabaatur, Solonggod

1999 Die Divination mit der Schafsleber bei den Ordos-Mongolen, n Klaus Sagaster（ed）, *Antoine Mostaert（1881-1971）, C. I. C. M. Missionary and Scholar,* Volume 1, K. U. Leuven, Ferdinand Verbiest Foundation, pp.135-144.

Igor de Rachewiltz

1999 Father Antoine Mostaert's Contribution to the Study of the Secret History of the Mongols and the Hua-I I-Yü, in Klaus Sagaster（ed）, *Antoine Mostaert（1881-1971）, C. I. C. M. Missionary and Scholar*, Volume 1, K. U. Leuven, Ferdinand Verbiest Foundation, pp.93-109.

Isono Fujiko

1999 Father Mostaert and I, in Klaus Sagaster（ed）, *Antoine Mostaert（1881-1971）, C. I. C. M. Missionary and Scholar*, Volume 1, K. U. Leuven, Ferdinand Verbiest Foundation, pp.85-91.

Khazonov, Anatoly M

1994 *Nomads and the Outside World*, The University of Wisconsin Press.

2005 Nomads and Cities in the Eurasian Steppe Region and Adjacent Countries: A Historical Overview, in Stefan Leder and Bernhard Strec（eds.）*Shifts and Drifts in Nomad-Sedentary Relations*, Wiesbaden: Dr. Ludwig Reichert Verlag, pp.163-178.

Lattimore, Owen

1936 The Historical Setting of Inner Mongolian Nationalism, *Pacific Affairs*, Vol. IX, No. 3, pp:388-405.

1938 The Geographical Factore in Inner Mongol History, *The Geographical Journal*, Vol. XCI, No. I, pp:1-20.

1975 *Mongol Journeys*, New York: Ams Press.

Lovell, Julia

2006 *The Great Wall, China Against the World, 1000RC – AD 2000*, New York: Grove Press.

Matsumoto Masumi

2005 Protestant Christian Missions to Muslims in China and Islamic Reformist Movement, *Japan Association for Middle East Studies*, No.21-1, pp.147-171.

Millward James A, Dunnell Ruth W, Elliott Mar C, and Forêt Pholippe (eds)

2004 *New Qing Imperial History, The Making of Inner Asian Empire at Qing Chengde*, Routledge Curzon, London and New York.

Mostaert, Antoine

1926 Le Dialecte des Mongols Urdus (Sud), *Anthropos*, XXI, pp.851-869.

1927 Le Dialecte des Mongols Urdus (Sud), *Anthropos*, XXII, pp.160-186.

1935/36 L'《Ouverture du Sceau》et les Adresses chez Les Ordos, *Monumenta Serica*, I, pp. 315-336.

1950 Sur Quelques Passages de L'Histoire Secrète des Mongols (1), *Harvard Journal of Asiatic Studies*, Vol. 13, pp. 285-361.

1951 Sur Quelques Passages de L'Histoire Secrète des Mongols (Suite), *Harvard Journal of Asiatic Studies*, Vol. 14, pp. 329-403.

1952 Sur Quelques Passages de L'Histoire Secrète des Mongols, *Harvard Journal of Asiatic Studies*, Vol. 15, pp. 285-407.

1956a Carte Mongole des sept bannières des Ordos, in *Erdeni-yin Tobči, Mongolian Chronicle by Sayang Sečen*, Cambridge, Massachusetts: Harvard University, pp.81-124.

1956b Introduction, in *Erdeni-yin Tobči, Mongolian Chronicle by Sayang Sečen*, Cambridge, Massachusetts: Harvard University, pp.1-77.

1956c Remarques sur le Paragraphe 114 de *L'Histoire Secrète des Mongols, Central Asiatic Journal*, Vol. II, pp.1-11.

1957 Sur Le Culte de Sayang Sečen et de Son Bisaieul Qutuγtai Sečen Chez Les Ordos, *Harvard Journal of Asiatic Studies*, Vol. 3, pp.534-566.

1969 *Manual of Mongolian Astrology and Divination*, Cambridge, Massachusetts: Harvard University.

Pao Kuo-Yi

1964 Marriage Customs of a Khorchin Village, *Central Asiatic Journal*, Vol. IX, pp.29-59.

Pao Kuo-Yi

1966 Child Birth and Child Training in a Khorchin Mongol Village, *Monumenta Serica*, Vol. XXV, pp.406-439.

Pegg, Carole

1989 Tradition, Change and Symbolism of Mongol music in Ordos and Xilingol, Inner Mongolia, *Journal of the Anglo-Mongolian Society*, Vol. XII, Numbers 1 & 2, pp.64-72.

Perdue, Peter C

2005 *China Marches West, The Qing Conquest of Central Eurasia*, The Belknap Press of Harvard University Press, Cambridge, Massachusetts, London, England.

Sárközi, Alice

1972 A Mongolian Hunting Ritual, *Acta Orientalia* (Academiae Scientiarum Hungaricae) , Tomus XXV, pp.191-208.

Sagaster, Klaus

1999 *Antoine Mostaert (1881-1971), C.I.C.M. Missionary and Scholar* (Volume Two), Leuven: Ferdinand Verbiest Foundation.

Serruys, Henry

1970 Offering of the Fox. A Shamanist text from Ordos, *Zentralasiatische Studien*, pp. 311-325.

1974 Four Manuals for Marriage Ceremonies among the Mongols, part I, *Zentralasiatische Studien*, 8, pp.247-331.

1975a Four Manuals for Marriage Ceremonies among the Mongols, part II, *Zentralasiatische Studien*, 9, pp.275-360.

1975b A Catalogue of Mongol Manuscripts from Ordos, Journal of *American Oriental Society*, Volume 95, Number 2, pp.191-208.

1977a Mongol Texts Regarding an Anti-Christian Conspiracy in 1903, *Mongolian Studies*, Vol. IV, pp.39-55.

1974 *Kumiss Ceremonies and Horse Races, Three Mongolian Texts*, Wiesbaden: Otto Harrassowitz.

1977a A Letter of Protest from Ordos Against the Creation of Provinces, 1923, *Central Asiatic Journal*, Vol. XXI, No. 3-4, pp.251-258.

1977b Problems of Land in Üüsin Banner, Ordos, *Zentralasiatische Studien*, 11, pp. 205-222.

1977c Five Documents Regarding Salt Production in Ordos, *Bulletin of the School of the Oriental and African Studies*, Vol. XL, 2, pp.338-353.

1977d Documents from Ordos on the 'Revolutionary Circles', Part I, *Journal of the American Oriental Society*, Vol. 97, Number 4, pp.482-507.

1978a Documents from Ordos on the 'Revolutionary Circles', Part II, *Journal of the American Oriental Society*, Vol. 98, Number 1, pp.1-19.

1978b Twelve Mongol Letters from Ordos, *Zentralasiatische Studien*, 12, pp.254-272.

1979a More about the Otoɣ Lakes, *Bulletin of the School of the Oriental and African Studies*, Vol. XLII, 1, pp.61-65.

1979b A Question of Land and Landmarks Between the Banners Otoɣ and Üüsin (Ordos) , 1904-1906, *Zentralasiatische Studien*, 13, pp.215-237.

1981 *Hun-T'o: Tulum*, Floats and Containers in Mongolia and Centaral Asia, *Bulletin of the School of the Oriental and African Studies*, Vol. XLIV, 1, pp.105-119.

1982 Place Names along China's Northern Frontier, *Bulletin of the School of the Oriental and African Studies*, Vol. XLV, 2, pp.271-283.

Sárközi, Alice

1984 A Mongolian Text of Exorcism, in Mihály Hoppál (ed.) *Shamanism in Eurasia* (part 2), edition herodot, Germany, pp.325-343.

1999 Taboo in the *Dictionnaire Ordos* of Antoine Mostaert, in Klaus Sagaster (ed), *Antoine Mostaert (1881-1971), C. I. C. M. Missionary and Scholar*, Volume 1, K. U. Leuven, Ferdinand Verbiest Foundation, pp.127-133.

Tatár, Magdalene

1976 Two Mongol Texts Concerning the Cult of the Mountains, *Acta Orientalia* (Academiae Scientiarum Hungaricae), Tomus XXX, I, pp.1-58.

Taveirne, Patrick

1999 Antoine Mostaert and the Issue of the Catholic Mission's Property in Ordos, in Klaus Sagaster (ed), Antoine Mostaert (1881-1971), C. I. C. M. Missionary and Scholar, Volume 1, K. U. Leuven, Ferdinand Verbiest Foundation, pp.145-164.

2004 *Han-Mongol Encounters and Missionary Endeavors, A History of Scheut in Ordos (Hetao), 1874-1911*, Leuven University Press.

2005 The Boxer Movment and the Catholic Church in Southern Mongolia and Northwest China as Seen from the Western and Chinese Sources, in Lazzrotto等合著『義和団運動與中国基督宗教』台北：輔仁大学出版社、pp.387-418.

Tömörtseren, J

1975 Marriage Customs of Certain Chahar Banners, Translated from Khakha-Mongolian and annoted by John, G. Hangin, *Mongolian Studies*, Vol. II, pp.41-91.

Van Hecken Joseph

1947 *MGR. Alfons Bermyn, Dokumenten over het Missieleven*, Wijnegem: Drukkerij-Uitgeverij Hertoghs.

1949 *Les Missions chez les Mongols*, Petang, Peiking: Imprimeria des Lazaristes.

1963 Les Lamaseries D'Otoɣ(Ordos), *Monumenta Serica*, XXII,1, pp.121-167.

1969 Documents Mongols Ordos, Provenant des archives de la mission catholique de Boro Balɣasu, Mongolie Innerieure, *Zentralasiatische Studien*, 3, pp.209-224.

1970 Documents Mongols Ordos II, *Zentralasiatische Studien*, 4, pp.327-341.

1971 Documents Mongols Ordos III, *Zentralasiatische Studien*, 5, pp.105-118.

1972 Documents Mongols Ordos IV, *Zentralasiatische Studien*, 6, pp.401-423.

2003a Les Noms de Chrétiens Mongols et Quelques Tableaux Généalogiques de Familles Mongoles Chrétiennes, *Verbist Study Notes*, Nr.15, pp.86-103.

2003b Etudes Mongoles, *Verbist Study Notes*, Nr.15, pp.63-85.

Van Oost joseph

1932 *Au Pays des Ortos (Mongolie)*, Paris: Editions Dillen Et Cie.

Vreeland, Herbert Harold, III

1957 *Mongolian Community and Kinship Structure*, Greenwoos Press.

Yang Haiying

2021 La Decouverte, en 1934, Par A. Mostaert CICM, des Tombes du Peuple Erkut a ete Confirmée Recemment en Mongolie Interieure, *Courrier Verbiest*, Décembre, Vol. xxxiii, pp.30-31.

Yang Haiying & Uradyn E. Bulag

2003 *Janggiy-a Qutughtu: A Mongolian Missionary for Chinese National Identification. Mongolian Culture Studies* V, International Society for the Study of the Culture and Economy of the Ordos Mongols（OMS e. V.）, p.90, 2003, Köln, Germany.

＊

表

図

＊

写真・図表一覧

写真

ら

わ

や

ま

は

な

た

さ

か

索　引

あ

著者紹介

楊　海英（Yang Haiying）

1964年、中国内モンゴル自治区オルドス生まれ。総合研究大学院大学修了、博士（文学）。専攻、文化人類学。

現在、静岡大学人文社会科学部教授。

主な著書として、『草原と馬とモンゴル人』（日本放送出版協会、2001年）、『チンギス・ハーン祭祀──試みとしての歴史人類学的再構成』（風響社、2004年）、『モンゴル草原の文人たち──手写本が語る民族誌』（平凡社、2005年）、『モンゴルとイスラーム的中国──民族形成をたどる歴史人類学紀行』（風響社、2007年）、『モンゴルのアルジャイ石窟──その興亡の歴史と出土文書』（風響社、2008年）、『墓標なき草原──内モンゴルにおける文化大革命・虐殺の記録』（上・下2009年、続 2011年、岩波書店）、『植民地としてのモンゴル──中国の官制ナショナリズムと革命思想』（勉誠出版、2013年）、『中国とモンゴルのはざまで──ウラーンフーの実らなかった民族自決の夢』（岩波書店、2014年）、『ジェノサイドと文化大革命──内モンゴルの民族問題』（勉誠出版、2014年）、『チベットに舞う日本刀──モンゴル騎兵の現代史』（文藝春秋、2014年）、『逆転の大中国史』（文藝春秋、2016年）、『モンゴル人の民族自決と「対日協力」──いまなお続く中国文化大革命』（集広舎、2016年）、『「知識青年」の1968年──中国の辺境と文化大革命』（岩波書店、2018年）、『最後の馬賊──「帝国」の将軍・李守信』（講談社、2018年）、『モンゴルの親族組織と政治祭祀──オボク・ヤス（骨）構造』（風響社, 2020年）主な編著に『モンゴル人ジェノサイドに関する基礎資料』1～14（風響社、2009年～2022年）など多数。

静岡大学人文社会科学部研究叢書　No.76
羊と長城　草原と大地の〈百年〉民族誌

2023年2月20日　印刷
2023年2月28日　発行

著　者　楊　海英

発行者　石井　雅
発行所　株式会社　風響社

東京都北区田端 4-14-9（〒 114-0014）
Tel 03（3828）9249 振替 00110-0-553554
印刷　モリモト印刷

 ISBN 978-4-89489-346-7 C1039